Otto von Zwiedineck-Südenhorst

Mensch und Gesellschaft

Aus dem Nachlaß

Otto von Zwiedineck-Südenhorst

Mensch und Gesellschaft

Beiträge zur Sozialpolitik und zu sozialen Fragen

Bearbeitet von Otto Neuloh

Erster Band

DUNCKER & HUMBLOT / BERLIN

Gedruckt 1961 bei Berliner Buchdruckerei Union GmbH., Berlin SW 61
Printed in Germany

Zum 90. Geburtstag von

Universitätsprofessor Geheimer Hofrat

Dr. Otto Zwiedineck Edler von Südenhorst

* 24. Februar 1871 † 4. August 1957

Sozialpolitik ist eine der Erscheinungen in dem Bereich des praktischen Geistes. Solche Erscheinungen sind ohne Zweck nicht zu denken. Und so ergibt sich, will man das Wesen der Sozialpolitik erkennen, als unumgängliche erste Aufgabe ein Erfassen der mit Sozialpolitik verfolgten Zwecke. Wie bei so vielen Schöpfungen des menschlichen praktischen Geistes handelt es sich auch bei Sozialpolitik um ein System von zueinander in Beziehung stehenden Zwecken, die mindestens darnach unterschieden werden können, dass die Erreichung der einen Kategorie von Zwecken im Dienste anderer geschieht, oder wie man es auch fassen kann: näherliegende Ziele müssen erreicht werden, um höhere und schließlich ein letztes Ziel zu erreichen.

Otto von Zwiedineck über die Begriffsbestimmung „Sozialpolitik".
Faksimileauszug aus dem Nachlaß.

Otto v. Zwiedineck

Inhaltsverzeichnis

Voraussetzungen und Grenzen einer Nachlaßpublikation

> Wer wirklich ausgeprägte Persönlichkeit ist, der trägt seine Maßstäbe eindeutig in sich, ist ihnen folgend sich selber treu.

Das Wort Nikolai *Hartmanns* gibt uns eine erste und allgemeine Antwort auf die Frage, die — auch unausgesprochen — vor jeder Nachlaßbearbeitung und -veröffentlichung steht: Wann und in welchen Grenzen ist die Herausgabe des Nachlasses einer Persönlichkeit der Wissenschaft, Kunst, Literatur oder anderer Bereiche des Geisteslebens zu vertreten? Die Antwort lautet: Nur bei ausgeprägten Persönlichkeiten mit eigenen Maßstäben und einem eigenen Gesetz, nach dem sie „angetreten sind", ist ein solches Unterfangen vor der Öffentlichkeit und der Nachwelt zu verantworten. Das Andenken einer großen Persönlichkeit zu ehren, dürfte allein zur Rechtfertigung einer Nachlaßpublikation nicht ausreichen.

Ein literarischer Nachlaß wendet sich an die Nachwelt mit der Absicht, für sie und ihr geistiges Leben Gedanken und Erinnerungen schöpferischer Persönlichkeiten geschlossen zu bewahren, deren Verlust im kulturellen Schaffensprozeß eines Volkes und der Welt eine empfindliche Lücke, das Fehlen eines Gliedes in der Kette geistigen Fortschritts bedeuten würde. Ob allerdings ein solcher Nachlaß diese Bedeutung und Aufgabe haben und erfüllen kann, ist nicht allein von der Anerkennung eines geistig-produktiven Menschen als „wirklich ausgeprägte Persönlichkeit" abhängig, sondern vorwiegend von zwei weiteren Voraussetzungen: dem Erschöpfungsgrad der geistigen Zeugungskraft und der Art und Weise des Schaffens.

Die geistige Potenz ist unterschiedlichen Bedingungen unterworfen, als deren Folge wir im Hinblick auf den Wert eines Nachlasses vier Gruppen unterscheiden können:

Zur ersten Gruppe gehören jene schöpferischen Persönlichkeiten, die ihre ganze Kraft an ein Werk oder an wenige geistige Erzeugnisse verschwenden und sich in einer solchen Aufgabe verzehren. Wir können sie die „Ausgebrannten" nennen, weil von ihnen keine ungehobenen literarischen Schätze zu erwarten sind, wenn man die nachvollziehende Darstellung ihres Lebens und Schaffens selbst aus dem Nachlaßbegriff ausschließt. Die Literaturgeschichte bietet viele Beispiele solcher ausgebrannten Geistesschaffenden, denen nicht selten *ein* Werk Unsterblichkeit gesichert hat. Oft haben sie die Sternstunden der Menschheit bestimmt. Besonders reich war die Romantik an frühreifen und frühendenden Begabungen. *Novalis* (1772—1801), das Urbild der frühen Romantik, dessen Visionen von der „Blauen Blume" in der deutschen Jugendbewegung fortleben, konnte das dritte Jahrzehnt seines Lebens nicht einmal vollenden; Heinrich *von Kleist* (1777—1811), dessen Richter Adam im „Zerbrochenen Krug", „Michael Kohlhaas" und „Prinz von Homburg" Urtypen menschlicher Schwächen und Größe personifizieren, endete sein Leben mit 34 Jahren; Wilhelm *Hauff* (1802 bis 1827), durch den das „Wirtshaus im Spessart" bis heute im Bewußtsein des Volkes lebendig blieb, starb mit 25 Jahren, und der geniale Gestalter von „Dantons Tod" und des „Woycek", Georg *Büchner* (1813—1837), erreichte nur ein Alter von 24 Jahren.

Eine zweite Gruppe solcher Persönlichkeiten beschenkt die Welt mit einem Reichtum ihrer geistigen Zeugungskraft *bis zu einem Alter, in dem ihre schöpferische Quelle versiegt und ihre Kräfte versagen.* Als Jean *Sibelius* im Alter von über 90 Jahren starb, wartete die ganze kulturelle Welt gespannt auf die Kompositionen der letzten dreißig Jahre, seitdem der Künstler keine musikalischen Intuitionen mehr der Öffentlichkeit übergeben hatte. Aber es geschah nichts, weil *Sibelius* in den letzten dreißig Jahren seines Lebens nicht mehr komponiert hatte. Seine Kraft war frühzeitig erschöpft, ein Nachlaß deshalb nicht zu erwarten. Bei beiden Gruppen, den „Ausgebrannten" und den „Erschöpften", handelt es sich hin und wieder auch um frühreife geniale Begabungen, die sich selbst und ihre Leistung überleben. Wenn das Schicksal gütig ist, versagt es ihnen ein langes Leben, wenn nicht, so bedeutet es nicht selten eine langwährende Enttäuschung versiegender Schaffenskraft.

Der dritten Gruppe bleibt diese Enttäuschung erspart. Ihr Leben *erfüllt sich in einer unversiegenden geistigen Produktivität und Leistungsfähigkeit, die aber aus eigenem Entschluß von einer bestimmten Zeit an sich nicht mehr auswirkt.* Was sie der Welt in Sprache, Ton oder Gestaltung zu sagen hatten, haben sie gesagt und setzen von sich aus ein Ende. Vielfach bildet den Abschluß der produktiven Zeit eine Selbstbiographie, ein Selbstbildnis oder ein anderes, aus dem Innersten kommenden Schlußbekenntnis zum eigenen Schaffen. In dieser Gruppe der „Vollendeten", das heißt nicht im Sinne von Vollkommenheit, sondern von bewußter Erfüllung und Abgeschlossenheit, begegnen wir den meisten großen Persönlichkeiten der Wissenschaft. Man könnte zum Beispiel Werner *Sombarts* letztes Werk „Vom Menschen", das so viele überrascht hat, als ein solches Schlußbekenntnis oder auch Selbstverständnis auffassen, als den Willen, über das Gesagte hinaus der Nachwelt nichts zu vermachen. Auch Karl *Bücher,* Lujo *Brentano* und Gustav *Schmoller* haben in ihrem biblischen Alter einen solchen „Schwanengesang" gehalten. Von ihnen war ein Nachlaß in dem von uns gemeinten Sinne ebenso wenig zu erwarten wie von den anderen Gruppen.

In der vierten Gruppe erkennen wir jene ausgeprägten Persönlichkeiten, die sozusagen „in den Sielen sterben". Mit zunehmendem Alter wachsen ihre schöpferischen Kräfte in die Weite und in die Tiefe. Ihr geistiges Planen, Entwerfen, Verwerfen und Wiederansetzen wird von Jahr zu Jahr in- und extensiver, ebenso dehnt sich der Kreis ihrer geistigen und menschlichen Beziehungen. Entgegen allen physischen und psychischen Gesetzen, gegen körperliche und seelische Leiden formt dieser dynamische Zug in ihrem Wesen immer neue Gedanken und Pläne, aber manches davon bleibt unvollendet, manches wird ein Meisterstück, aber nur Teil der gedachten Monumentalität. Diese „Unvollendeten" im Sinne unversiegender Zeugungskraft, genialer Vielseitigkeit und entsprechend differenzierter, aber auch problemgeteilter geistiger Produktion sind die eigentlichen literarischen Erblasser, deren Nachlaß für die Nachwelt oft mehr bedeutet als das, was sie zu Lebzeiten vollendet und veröffentlicht haben. Innerhalb der Sozialwissenschaften ließen sich *Max Weber,* Theodor *Geiger,* Josef *Schumpeter* nennen.

In diese vierte Gruppe gehört auch Otto von Zwiedineck-Südenhorst *als eine „Singularität der Wissenschaft"* mit allen nur denkbaren Merkmalen seines geistigen Schaffens, vor allem aus drei Gründen:

Erstens ist Zwiedineck *mehr sozialwissenschaftlicher Essayist als* Verfasser umfassender Werke, ganz im Gegensatz zum Beispiel zu *Max Weber,* dessen umfangreiches Werk vorwiegend in seinen großen Veröffentlichungen, wie „Wirtschaft und Gesellschaft", niedergelegt ist. Hier zeigt sich innerhalb der Gruppe der „Unvollendeten" ein wichtiger Unterschied, der für die Nachlaß-Quantität und -Qualität erhebliche Bedeutung haben kann: der Unterschied zwischen den „Autoren der Bücher" und den „Autoren der Aufsätze". Bei den ersteren konzentriert sich das literarische Schaffen und das entsprechende Nachlaßgut vorwiegend auf bestimmte große Planungen mit teilweiser Ausführung, teilweiser Skizzierung. Bei den anderen verteilen sich die fertigen und unfertigen geistigen Erzeugnisse auf eine zunächst unübersehbare Fülle von Gebieten und Problemen, auf mehr oder weniger ausgiebige Einzelstudien von wenigen Seiten, auf denen manchmal mehr neue Gedanken zu finden sind als in umfangreichen Büchern anderer, bis zu Abhandlungen in Zeitschriften, Denkschriften, Festschriften usw. Das ist für Zwiedinecks Art und Weise des Schaffens charakteristisch und deshalb für die Nachlaßbearbeitung so vielversprechend und fruchtbar. Als Meisterleistung der wissenschaftlichen Monographie ist sein Werk in Aufsätzen und Reden zersplittert; entscheidende Elemente seines geistigen Schaffens finden sich in einer großen Zahl von Pamphleten und Gelegenheitsarbeiten. *Das Monumentale seiner wissenschaftlichen Potenz ist vielleicht nur ein einziges Mal in Erscheinung getreten,* und zwar in einem relativ frühen Stadium seiner geistigen Entwicklung: *bei der Veröffentlichung des „Handbuchs der Sozialpolitik“* im Jahre 1911, also im Alter von 40 Jahren. Dieses Werk verdient die Bezeichnung „monumental“ einmal wegen seiner räumlich und zeitlich umfassenden Darstellung sozialpolitischer Probleme, das heißt nicht nur der deutschen sozialpolitischen Fragen, sondern fast aller europäischen Länder und darüber hinaus anderer Erdteile — nicht nur aus der Gegenwart, sondern aus dem alten Israel sowohl wie dem antiken Griechenland und Rom. Zum anderen gebührt ihm diese Anerkennung wegen seiner großen Konzeption der Sozialpolitik auf soziologischer Grundlage, die es zum Bahnbrecher einer neuen Disziplin werden ließ, zu einem Standardwerk der sozialwissenschaftlichen Literatur. *Durch dieses Werk wurde von Zwiedineck zum Mitbegründer der wissenschaftlichen Disziplin für Sozialpolitik.* Weniger monumental ist demgegenüber die „Allgemeine Volkswirtschaftslehre“ aus dem Jahre 1932 (Neuauflage 1948), obwohl auch hier die anthropozentrische Grundauffassung eine über den allgemeinen Stand der wirtschaftswissenschaftlichen Lehrbuchliteratur hinausreichende Bedeutung und Geschlossenheit gewährleistet. Damit sind die großen literarischen Würfe aus der Feder Otto von Zwiedinecks schon genannt.

Alles, was darüber hinausgeht, hat mehr oder weniger den Charakter von Abhandlungen, Beiträgen, Artikeln, Sitzungsberichten, Niederschriften von Reden, vielleicht noch mit einer Ausnahme, der Habilitationsschrift über „Lohnpolitik und Lohntheorie“ aus dem Jahre 1900, die aber mehr theoretisch-monographischer Art ist. Monumental im Sinne der großen Anlage und geistvollen Ausführung ist und bleibt nur die „Sozialpolitik“.

Den zweiten Anlaß für die Einreihung des großen Gelehrten in die Reihe der „Unvollendeten“ bildet die Art, in der die meisten seiner Veröffentlichungen entstanden sind, nämlich aus der Rede oder dem mit sich selbst oder anderen diskutierenden Denken. *Er entwickelte sein Denken im Lehren, von der Unmittelbarkeit der Gedanken erfüllt.* Deshalb sind die meisten Veröffentlichungen zunächst gesprochene, dann konzipierte und ausgearbeitete Antworten auf Fragen, Veröffentlichungen anderer Autoren, auf Diskussionsbeiträge von Kollegen und Schülern. Somit gehört zu den meisten Zwiedineckschen Arbeiten ein Gegenüber, von dem der Anreiz zur eigenen, meist originellen wissenschaftlichen Äußerung ausgeht. Darum wurde das Essay das Mittel, mit dem er besonders dann zu wirken verstand, wenn es aus einem Vortrag entwickelt wurde. Diese Eigenart seiner wissenschaftlichen Arbeit steht keineswegs im Widerspruch zur Kennzeichnung Nikolai *Hartmanns* von der „ausgeprägten Persönlichkeit mit den eigenen Maßstäben". Im Gegenteil! Weil von Zwiedineck solche eigenen Maßstäbe hatte und ihnen ein Leben lang treu bleibend folgte, deshalb fühlte er sich immer wieder aufgerufen, sie anderen gegenüber in zahlreichen wissenschaftlichen Fragen zu vertreten, manchmal auch in allgemeinpolitischen oder künstlerischen Streitfragen und Aufgabenstellungen. Aus diesem Grund war seine Arbeit nie vollendet, beendet oder abgeschlossen, seine Kraft nie erschöpft. In einem handschriftlichen Dokument aus seinem Nachlaß, in dem er dem Präsidenten der Bayerischen Akademie der Wissenschaften seinen Dank für die Glückwünsche der Akademie zu seinem diamantenen Doktorjubiläum ausspricht, heißt es:

„Wie ich schon nach dem Abschluß des siebten Lebensjahrzehnts die Wahl in die Akademie als Anerkennung meiner bisher geleisteten Arbeit, aber damit nicht als Ermächtigung zu ruhendem Genießen dieses Erfolges, sondern als Verpflichtung zu weiterem Dienst aufgefaßt habe, so habe ich in der Begrüßung von 1944 in erster Linie einen Zuspruch in diesem Sinne erkennen zu dürfen geglaubt, der mich trotz der körperlichen Hemmungen immer wieder Mut und Kraft zur Arbeit gewinnen ließ.

Sind aber die Menschen nicht allzusehr geneigt, durch Anerkennungen, und namentlich solche von berufenster Seite, ihre Leistungsfähigkeit und ihre Leistung zu überschätzen und vermessen zu werden? Und hat nicht gerade das vornehmste, in der deutschen Geistesgeschichte erhabenste Mitglied unserer Akademie von 1808, hat nicht Goethe die Gefahr der Selbstüberschätzung, namentlich für die Geistesarbeiter, im Auge gehabt, als er in jenen Betrachtungen der biographischen Einzelschriften, in denen er sich als den ‚präsumptuösesten' Menschen, den er gekannt hat, kennzeichnete und seiner Vermessenheit Schuld an mancher Schicksalswende zuschrieb? Manche Entscheidung der Akademie schien mir, mich in dieser Richtung mahnen zu wollen.

Da empfange ich nun wieder nach zehn Jahren die inhaltsreiche Begrüßung der Akademie zum 30. Januar, die meinem Wirken auch in diesem Lebensabschnitt die für mich wertvollste Beurteilung zollt, wertvoll ganz besonders, da auch die Zustimmung zur innerweltlichen Orientierung meiner Lehrarbeit in dem Bemühen um die junge Generation von heute ausdrücklich bezeugt wird. Dieses Urteil beglückt."

Diese Ablehnung des „ruhenden Genießens" der Anerkennungen, die zur Vermessenheit führen können, dieses Bekenntnis zur innerweltlichen Orientierung stammt aus dem Jahre 1955, also kurz vor Vollendung seines 84. Lebensjahres, in dem Otto von Zwiedineck bereits durch sein schweres körperliches Leiden mit einer selten unterbrochenen Schlaflosigkeit nach normalen Maßstäben kaum noch leistungsfähig sein konnte.

Der Grundzug seines geistigen Schaffens aus der polaren Einstellung zum anderen ist auch für das dritte Merkmal entscheidend, mit dem wir ihn als „Unvollendeten“ und fruchtbaren Geist für die Nachwelt zu charakterisieren versuchen. *Zwiedineck war vielleicht einer der letzten Vertreter militanter Korrespondenz in den Sozialwissenschaften.* Es gibt kaum einen bedeutenden Namen dieser Wissenschaft aus den letzten 50 bis 60 Jahren, mit dessen Träger dieser große Gelehrte nicht Jahre — oft Jahrzehnte lang — in schriftlichem Gedankenaustausch gestanden hat, ganz abgesehen von seinen außerhalb der Wissenschaft liegenden musischen und politischen Interessen, die ihn zu immer neuen schriftlichen Auseinandersetzungen mit führenden Köpfen des Staates, der Musik, der Dichtkunst trieben. Innerhalb der Sozialwissenschaften reicht der Bogen seiner Korrespondenz von Gustav *Schmoller* über Heinrich *Herkner,* Othmar *Spann,* Willy *Hellpach,* Max *Sering, Max* und *Alfred Weber,* Werner *Sombart* bis zu Josef *Schumpeter* — um nur die wichtigsten Namen der bereits verstorbenen großen Männer der Sozialwissenschaften zu nennen. Diese Art der korrespondierenden Diskussion nahm er ebenso ernst wie die Abfassung seiner zahlreichen Abhandlungen und Beiträge. Auf welchem Niveau sie sich bewegte, wollen wir durch einige Briefstellen belegen, denen auch heute noch Allgemeininteresse zugesprochen werden kann.

In einem mehrjährigen Schriftwechsel mit dem ihm befreundeten *Waldemar Mitscherlich* über die Bedeutung der Sozialwissenschaft im besonderen und der Wissenschaft im allgemeinen heißt es in einem Antwortbrief von M. aus dem Jahre 1944:

„Ich habe mich gleich an die Lektüre von ‚Kausalität und Dogmatik in der Nationalökonomie‘ gemacht. Die Ausführungen haben ein besonderes Interesse für mich. Ich finde darin meinen Pessimismus ungerechtfertigt, daß unsere Wissenschaft mehr und mehr in handwerksmäßiger Plattheit des Tages versinkt und die Fühlung mit den tieferen Problemen verliert. ... Mir scheint die Eigenschaft einer jeden Theorie, die grundsätzlich etwas Neues gibt, unter anderem die zu sein, die bis dahin herrschende Theorie radikal vernichten zu wollen. So das Verhalten der Physiokraten den Merkantilisten gegenüber, wie von Ihnen aufgeführt, so aber auch das Verhalten der Sozialisten, das Verhalten des jungen Schmoller, für den die Wissenschaft der Nationalökonomie erst mit der historischen Schule beginnt.“

Und im März 1945 schreibt Mitscherlich zu Zwieninecks „Vom Glauben und anderen Irrtumsquellen der Nationalökonomie“:

„Was Sie mit Glauben bezeichnen, das bezeichne ich mit Idee. Jede Zeit hat ihren Idee-Glauben. Die Idee wird geboren aus den immateriellen und materiellen Lebenserfordernissen einer Zeit — hat sie dem Leben das gegeben, was für das Leben aufnahmefähig ist, dann stirbt sie als lebendige Kraft ab. — Die Wissenschaft nun befindet sich durchschnittlich im Banne der Idee — des Glaubens, erhält durch die Idee Richtung und Farbe, ja, sie wird von ihr oft in unzulässiger Weise beherrscht. — Dabei haben wir in der Wissenschaft zu unterscheiden einen konstanten Teil, der durch die Zeiten geht und immer reiner gestaltet wird, und einen variablen. Dieser ist es, der der Lehre das Gepräge gibt, ist das Zeit- und Stilgebundene der Lehre — Merkantilismus, Liberalismus, Historismus."

Mit einem allgemeinen Ausdruck der Freude am wissenschaftlichen Beruf verbindet der befreundete Gelehrte im Oktober 1945, also in der schlimmsten Notzeit nach dem Zweiten Weltkriege, das Bekenntnis:

„Das Schöne der Wissenschaft, soweit sie Wissen gibt, ist, daß sie über allen Mächten des Lebens steht, ob das heute Ja oder Nein zu einem Wissen sagt. Das ist erfreulich oder bedauerlich, nimmt aber dem Wissen, noch gibt es dem Wissen das geringste."

Ein weiteres Beispiel sei aus einer längeren Korrespondenz mit *Max Weber* ausgewählt, die im Anschluß an das Erscheinen des „Handbuchs der Sozialpolitik" im Jahre 1911 begann und bis 1915 fortdauerte[1]. Im März 1911 äußerte sich Max Weber zu dem Buch wie folgt.:

„Seit schon geraumer Zeit schulde ich Ihnen den Dank für Ihr großes Geschenk. ‚Die Sozialpolitik' ist doch ein erheblich umfassenderes, und daher auch anspruchsvolleres Buch geworden, als ich nach Ihren Andeutungen vermutet hatte. — Es ist ja doch nicht so leicht und populär wie ein auch für den Nichtfachmann gedachtes Werk zu sein pflegt, sondern stellt Ansprüche. — Die Fachleute werden dankbar die Gelegenheit ergreifen, sich einmal wieder umfassend über das ganze Gebiet hin mit einem Sachkenner innerlich auseinanderzusetzen, und es ist ein Segen, daß das skandalöse Buch v. d. B. nicht mehr allein auf dem Markte liegt. Hätte ich Zeit und Kraft, so würde ich gern einmal die Parallele zwischen Ihrer und der Herknerschen Leistung ziehen, so bitte ich Sie für lange Zeit, den guten Willen, den diese Zeilen dokumentieren sollen, für die Tat zu nehmen... in der Hoffnung, Ihnen einmal etwas fachlich Gründliches schreiben zu können."

In einem anderen Briefe aus dem Jahre 1913, in dem *Max Weber* ein auch für den heutigen Stand der soziologischen Diskussion interessantes Programm für eine Veröffentlichung entwickelt, heißt es:

„Die Probleme, die ich umfassen möchte, liegen auf der Hand: ausgeschlossen sind die ‚sozialpolitischen', alles, was nicht Arbeits-, sondern

---

[1] Da die gesamte, hier zitierte Korrespondenz handschriftlich geführt wurde und Max Webers Handschrift so schwer leserlich ist, daß selbst der Empfänger von Zwiedineck fast jedes Wort noch einmal mit eigener Hand nachvollzog oder nicht entziffern konnte, wie aus Fragezeichen hervorgeht, sind kleine Irrtümer in der Wiedergabe möglich, die wir den Leser zu entschuldigen bitten.

Arbeiterfrage ist; nur das erstere, der Standpunkt des Betriebes, kommt in Betracht: der Bedarf nach dem Produktionsmittel Arbeit und seiner Gliederung (hinsichtlich der Arbeit in Gelernte, Angelernte, Ungelernte mit ihren Übergängen, und zwar in einzelnen typischen Industriebranchen) sowie die Mittel, durch Lohnpolitik das Optimum an Leistung der Arbeitskräfte herauszuholen, die Möglichkeit oder Nichtmöglichkeit der Förderung durch ‚Aufsicht' dabei, faktische Erfahrungen mit den Lohnsystemen incl. der Gewinnbeteiligung, und innere Gliederung (Gruppenbildung) der Arbeiterschaft, soweit sie durch das Lohnsystem bedingt wird. In dem allgemeinen Beitrag ‚Arbeit', den Herkner zu übernehmen den Wunsch aussprach, sollen die physischen und psychischen Grundlagen, die Arbeitsteilung und ihre Wirkung im allgemeinen, die Maschine in ihrer Bedeutung für die Arbeit (insbesondere die Automatisierung) und die fachlichen Faktoren der ‚efficency' behandelt werden. — Hier muß es sich um die Aufgabe handeln, die konkreten Verhältnisse der Industrie und ihrer Unterschiede untereinander soweit wie möglich auf Typen zu bringen, also ein Problem, welches bisher eigentlich in zusammenfassender Weise noch nicht dargestellt ist. — Ich wüßte niemand, der berufener wäre als Sie, diese Probleme, die Sie ja zum Teil schon umfassend durchgearbeitet und behandelt haben, zu behandeln, da Sie eine so gute Kenntnis der Praxis der Industrie sich zu verschaffen gewußt haben. — Bücher, von Wiese, von Philippovich, Sombart, Herkner, von Schultze-Gävernitz, Schuhmacher, Lotz machen mit; tun Sie es auch!

Ein drittes Beispiel entnehmen wir einem Briefe von Zwiedineck selbst an Othmar *Spann* aus dem Jahre 1927, der eine kurzgefaßte grundsätzliche Stellungnahme zur universalistischen Gesellschaftslehre enthält:

„Dieser Umstand gibt mir Anlaß, meine Stellung zu den Grundsätzen Ihrer Stellung zur Wirtschafts- und Gesellschaftsauffassung zu kennzeichnen. Sie wissen längst, daß ich die Notwendigkeit — nicht nur Berechtigung — der von Ihnen vertretenen Ganzheitslehre anerkenne. Ich bejahe weitgehend Ihre Kritik der nichts als individualistischen Wirtschafts-, geschweige denn Gesellschaftsauffassung, und ich vermute, daß Sie auch mein Bemühen aus meinen Arbeiten kennengelernt haben, die ‚konkregale' (den Terminus haben Sie selbst seinerzeit geprägt) Natur der Entschließungen jedes einzelnen Wirtschaftens darzutun.

Aber was ich nicht mitmachen kann, das ist die Restlosigkeit, mit der Sie das wirtschaftliche Geschehen aus dem Bereich der individuellen Wirkungssphäre ausgeschaltet sehen wollen. Wir unterhielten uns darüber ja schon mündlich, und ich glaube, daß Sie jetzt noch bestimmter auf dem Boden stehen, den ich damals schon als eigentliche Grundlage Ihrer Lehre glaubte bezeichnen zu dürfen: die Teleologie der Auffassung des Gesamtwirtschaftsgeschehens. Daß das Wirtschaften eine zweckbestimmte Kategorie ist, darüber ist nicht zu streiten. Aber als Forscher halte ich an der Kausalitätsfeststellung als dem Hauptmittel unserer Aufgaben unbedingt fest.

Solange wir auf dem Boden einer Wirtschaftsordnung stehen, die die marktmäßige Gestaltung der Güterversorgung und die individuelle Selbstverantwortlichkeit festlegt, erheischen schon die praktischen Probleme der Sozialwirtschaft eine auf Ursachenfeststellung, auf Energieerkenntnis eingestellte Forschungsarbeit. Da aber unsere Universitäten die Aufgabe haben, das Denken der Generationen für die praktischen Probleme und deren Lösung zu schulen (und das heißt nichts anderes, als daß die Jünger der Rechts- und Staatswissenschaften auf das Erkennen der tatsächlichen Zusammenhänge und der realen Energetik hingeführt werden), so halte ich diesen Teil der wissenschaftlichen Arbeit für so wichtig, daß er nicht in den Hintergrund gedrängt werden darf gegenüber einer unverkennbar reizvollen und zweifellos auch veredelnden Wirksamkeit einer überwiegend auf das Sein-Sollende gerichteten Behandlung der Erscheinungen." ...

In einem drei Tage später geschriebenen Nachsatz zu diesem Briefe an Othmar *Spann* heißt es, offenbar nach reichlicher Überlegung:

„Ich möchte noch ausdrücklich feststellen, daß ich der Ganzheitsauffassung, wie Sie sie in Ihrer Antrittsrede vertreten haben, weitgehendst zustimme, sofern auch ich die gestalttheoretischen Aufgaben bejahe. — Aber ich kann nicht einsehen, daß damit die ‚Erklärungs'aufgabe hinfällig wird, denn indem ich die Verbindung (‚die organische Verbindung der Teile') nachweise, erkläre ich ja den Zusammenhang. Und ist es denn nicht so recht eigentlich die Kausalforschung, die auf die soziale Bedingtheit aller individuellen Entschlüsse hinführen mußte und die damit auch den Anstoß zur soziologischen Betrachtung des Wirtschaftsablaufs wie der Wirtschaftsgestalt gegeben hat. — Möglicherweise interessiert es Sie doch, daß man eine Synthese zwischen These (Individualismus) und Antithese (Universalismus) sucht."

Aus der sehr umfangreichen Anwort von Othmar *Spann* wollen wir mit Rücksicht auf eine nicht allzu breite Ausdehnung dieser Beispiele nur folgenden Satz zitieren:

„Der Einwand, daß das Individuum bei dieser ganzheitlichen Methode nicht gewürdigt werde, trifft nicht zu. Denn wenn es auch ausschließlich durch sein bestimmtes Gliedsein im Ganzen definiert wird (der Eisendreher ebenso wie die Fabrik, die Börse, die Maschine u. s. f.), so ist ihm damit nicht Eigenleben (‚vita propria') abgesprochen, nicht Initiative und Lebendigkeit! Jedoch ist damit allerdings gesagt, daß jede individuelle Betätigung des Wirtschafters, die nicht gliedhaft ist, sowohl das höhere Ganze wie zuletzt mittelbar auch den Einzelnen (das Glied als ein verfettetes überwucherndes Herz ist Herz eines kranken Organismus und darum selbst geschädigt) schädigt."

Daß solche Korrespondenzen durchaus persönlichen Charakter trugen, zeigt der folgende Kartengruß von Othmar *Spann* aus Upsala vom Oktober 1925:

„Herzliche Grüße aus dem schönen, sehr aufnahmefähigen und *weder ganz verschmollerten noch ganz grenzabgenutzten Schweden* sendet Ihnen ihr altergebener Spann.“

Nur ein einziges Beispiel sei aus dem nicht weniger umfangreichen und grundsätzlichen Schriftwechsel von Zwiedinecks mit dem späteren Reichskanzler Prinz Max *von Baden,* der sein Schüler war, angeführt. So heißt es in einem Briefe vom Juni 1912:

„Mein lieber Herr von Zwiedineck, Ihr Brief hat mein Empfinden und Denken in gleicher Weise stark berührt, und nichts hätte mich mehr freuen können, als daß Sie in diesem Augenblick aus den wissenschaftlichen Beziehungen, in die uns mein Wunsch nach Erkenntnis geführt hat, den menschlichen Inhalt haben zu Worte kommen lassen. —

Auch ich habe in meinem Leben empfunden und deutlich erfahren, daß unsere innere Anlage unser Schicksal ist. Das Leiden, das diese Erfahrungen notgedrungen in sich schließt, und der Drang, mich davon zu befreien, haben mich in den letzten Jahren dazu geführt, eine möglichst positive Haltung den Dingen gegenüber einzunehmen, die mir beschieden werden. Durch dieses Jasagen zu dem Unvermeidlichen werden wir innerlich zu Herren des Schicksals, denn die Erfahrung hat mich gelehrt, daß in uns eine Kraft tätig sein kann, aus allem den ewigen Gehalt zu schöpfen.“

Im November des gleichen Jahres heißt es in einem Glückwunschbrief zur Inaugurierung des 40jährigen Professors von Zwiedineck zum Rektor der Technischen Hochschule in Karlsruhe:

„Ich brauche Ihnen nicht zu sagen, wie sehr ich mich darauf gefreut hatte, meinen verehrten Lehrer über soziale Fragen sprechen zu hören und ihm meine besten Wünsche über seinen Amtsantritt persönlich auszusprechen.“

Wie sehr es Otto von Zwiedineck am Herzen lag, gerade diesen Teil seiner geistigen Produktivität der Nachwelt zu hinterlassen, geht aus der Tatsache hervor, daß er die gesamte persönliche Korrespondenz seit seinem Eintritt in die Arena der wissenschaftlichen Öffentlichkeit, also etwa seit 1900, aufbewahrt und nach Partnern geordnet hat. Es ist für den Außenstehenden kaum vorstellbar, welche Wogen von Briefen in fast sechs Jahrzehnten an die Gestade der Zwiedineckschen Lebensinsel gespült wurden und wieviel innere Anteilnahme und Liebe dazu gehörte, sie zu behüten und zu bewahren. Es ist weiterhin als äußerst glücklicher, geradezu ungewöhnlicher Umstand anzusehen, daß dieses in seinem Wert noch nicht ganz übersehbare Material erhalten geblieben ist; denn wo gibt es nach der Turbulenz der Kriegs- und Zwischenkriegszeiten heute noch eine so unberührte Insel geistigen und physischen Lebens wie das Zwiedinecksche „Haus an der Würm“ in München-Gräfelfing, in dem er 36 Jahre lang an *einem* Ort, in *einem* unzerstörten Haus, an *einer* Universität das Ergebnis eines halben Jahrhunderts in Druck und Schrift sammeln und für die Nachwelt erhalten konnte. Es handelt sich in der Tat um ein „Riesenmaß sammelnder, ordnender, denkerischer Arbeit" (Gerhard Albrecht).

Angesichts dieser nachweisbaren unerschöpflichen geistigen Potenz Otto von Zwiedinecks, angesichts seiner Art und Weise, als Essayist, als Verfasser zahlreicher Denkschriften und Streitschriften in der wissenschaftlichen Auseinandersetzung mit anderen sowie als Vertreter der militanten Korrespondenz von hohem geistigem Niveau zu schaffen, *dürfte die Zuordnung dieses Gelehrten in die Gruppe der „Unvollendeten", das heißt nicht zu erschöpfenden geistigen Begabungen, außerhalb jeden Zweifels stehen.*

Wir glauben, damit auch die Frage nach der Berechtigung der Nachlaßbearbeitung und -veröffentlichung im Falle Otto von Zwiedineck-Südenhorst rückhaltlos positiv beantwortet zu haben.

Der vorliegende Band bedeutet, angesichts der Fülle des hinterlassenen Materials, in mehrfacher Hinsicht nur einen Ausschnitt. Zunächst beschränken wir uns auf den Teil der wissenschaftlichen Produktivität des großen Gelehrten, der der Sozialpolitik und einigen sozialen Fragen gewidmet war[2]. Dabei ist der Gedanke maßgebend, diejenigen Teile seiner sozialpolitischen Interessen der Nachwelt zu erhalten, die entweder zu sehr verstreut sind, als daß sie jemals wieder zu einem geschlossenen Ganzen zusammengeführt werden könnten oder noch in Manuskriptform vorliegen und erstmalig veröffentlicht werden sollen. Schließlich ist auch eine weitere Auswertung der sozialwissenschaftlichen Korrespondenz-Diskussion vorgesehen, soweit die Möglichkeiten einer Veröffentlichung gegeben sind. Im ganzen handelt es sich also um drei Veröffentlichungspläne, von denen dieser erste Band durch eine ausführliche Darstellung von Mensch und Gesellschaft im Leben und Denken Otto von Zwiedineck-Südenhorsts und mit einer kurzgefaßten Wiedergabe seiner Konzeption der Sozialpolitik eingeleitet wird. Im übrigen bringt er, nach Sachgebieten geordnet, eine Auswahl der wichtigsten sozialpolitischen Abhandlungen für die drei Hauptgebiete: Sozialpolitik im allgemeinen, Sozialversicherung und Lohnproblem unter dem Leitgedanken „Stilwandlungen der Sozialpolitik im 20. Jahrhundert". Dieser Leitgedanke soll in einem zweiten Bande unter dem Titel „Grundlegung der Sozialpolitik" noch mehr in den Vordergrund treten. Die weitere Bearbeitung noch unveröffentlichter

---

[2] Der wirtschaftswissenschaftliche Teil des Zwiedineckschen Nachlasses wird unter dem Titel „Mensch und Wirtschaft", Aufsätze und Abhandlungen zur Wirtschaftstheorie und Wirtschaftspolitik, von Werner Mahr und Franz Paul Schneider herausgegeben. Der 1. Band erschien im gleichen Verlag im Jahre 1955.

Schriften in einem dritten Bande ist an vorläufig noch nicht erfüllte Voraussetzungen und Bedingungen geknüpft.

Für die entgegenkommende Bereitstellung des nachgelassenen Materials habe ich vor allem Frau Irmingard Großkopf-von Zwiedineck-Südenhorst, der Tochter und Alleinerbin des Gelehrten zu danken. Außerdem gilt mein besonderer Dank Frau Carola Kautter, die über zwei Jahrzehnte als treue Helferin von Geheimrat von Zwiedineck tätig war, für die wertvolle Hilfe bei der Erfassung und Ergänzung des Nachlasses.

Die Sozialforschungsstelle an der Universität Münster, Sitz Dortmund, deren Plänen und Aufgaben Otto von Zwiedineck ein von Jahr zu Jahr steigendes Interesse entgegenbrachte, hat die Bearbeitung des Nachlasses materiell und ideell in dankenswerter Weise gefördert. Das gleiche gilt für den Verlag Duncker und Humblot, mit dessen Inhaber Dr. Hans Broermann sich der Bearbeiter in der Verehrung des gemeinsamen Lehrers und großen Gelehrten einig weiß.

Dortmund, den 20. Januar 1961

Dr. Otto Neuloh

Teil A

Mensch und Gesellschaft im Leben und Denken von Zwiedineck-Südenhorst

Von Otto Neuloh

I. Die fünffache Antinomie in Zwiedinecks Leben und Schaffen

Daß nur Menschen wir sind,
der Gedanke beuge das Haupt uns,
doch daß Menschen wir sind,
hebet es freudig empor!

Dieses inhaltsschwere Wort Johann Wolfgang von Goethes, das Otto von Zwiedineck an manchen Stellen seines Nachlasses eingefügt hat, ist in der scheinbaren Widersprüchlichkeit für sein Leben und Denken zutreffend. Wenn man den Ablauf seines Daseins und die Wege seiner Gedanken nacherlebt, so glaubt man, auf eine große Zahl kontrastierender Tatsachen und Folgerungen zu stoßen, die zunächst anscheinend unlösbare Probleme darstellen. *Die folgenden derartigen Antinomien erscheinen uns für sein Leben und Denken im Beziehungsfeld „Mensch und Gesellschaft" von zentraler Bedeutung: Soziale Herkunft und sozialpolitisches Denken, musische Veranlagung und wissenschaftliche Berufung, historisches Interesse und theoretische Begabung, anthropozentrische Grundhaltung und wissenschaftliche Strenge, individualistisches Persönlichkeitsbewußtsein und universalistische Gesellschaftsauffassung.*

Die Darstellung und Analyse dieser fünf Gegensatzpaare wollen wir mit zwei Fragen versuchen: einmal, worin der Charakter des Widerspruchs im Leben und Denken des Gelehrten zu erblicken ist, und zum anderen, ob und in welcher Weise diese kontrastierenden Beobachtungen zu klären und zu lösen sind. Dazu bedarf es eines tieferen Einblicks in das Erleben der sozialen Umwelt durch Zwiedineck und in das Erdenken ihrer Bedingungen und Ursachen. Jedoch ist einschränkend zu sagen, daß dieser Einblick schon durch die Begrenzung der fünf Antinomien kein vollständiges Bild seines Lebens und Denkens mit allen Licht- und Schattenseiten vermitteln kann. Das ist auch gar nicht beabsichtigt.

1. Soziale Herkunft und sozialpolitisches Denken

Otto von Zwiedineck-Südenhorst entstammte einer österreichischen Adelsfamilie in Graz, aus der neben hohen und höchsten Offizieren führende Beamte der habsburgischen Monarchie hervorgingen. Schon sein Urgroßvater Anton *Zwiedineck* diente als Artillerieoffizier in den napoleonischen Kriegen und im Rußlandfeldzug 1812/13. Sein Großvater, Ferdinand *Zwiedineck Edler von Südenhorst,* war k.u.k. Oberst und auf der Höhe seines Lebens Mitglied der Militärkommission beim Deutschen Bundestag in Frankfurt am Main in dem schicksalsreichen

Jahre 1948. So kam es, daß sein Vater, Hans *Zwiedineck* Edler von Südenhorst, im Jahre 1845 zu Frankfurt am Main geboren wurde. Die Erhebung in den österreichischen Adelsstand erfolgte für seinen Großvater im Juni 1854 mit dem Prädikat „Südenhorst" und dem Ehrenwort „Edler von"[1]. Es handelt sich also nicht um einen Besitzadel, sondern um eine Adelsverleihung wegen militärischer Verdienste, den sogenannten Briefadel. Dieses Adelsprädikat bedeutete für das Leben und Denken Otto von Zwiedinecks Zeit seines Lebens eine hohe Verpflichtung, die sich in seiner Haltung und Gesinnung ausprägte. In den zahlreichen Nekrologen nach seinem Tode im Jahre 1957 wird er als Kavalier von echt aristokratischer Gesinnung, als Vertreter ritterlicher Kollegialität charakterisiert, der durch seine Erscheinung und durch seine Umgangsformen im Verkehr mit anderen Persönlichkeiten, Kollegen und Studenten entsprechende Wirkungen ausstrahlte. Die adelige Herkunft hat ihm in seiner beruflichen Entwicklung zweifellos manche Vorteile verschafft, zum Beispiel den, daß er schon in frühen Jahren als Konzipient in die österreichische Verwaltung (vier Jahre Wiener Handels- und Gewerbekammer, drei Jahre Versicherungsaufsichtsamt des österreichischen Innenministeriums) aufgenommen wurde. Auch bei anderen Gelegenheiten machte sich die Herkunft aus einer adeligen Familie günstig bemerkbar, zum Beispiel fand sich in seinem Nachlaß die Einladung zur Galatafel aus Anlaß des 25jährigen Regierungsjubiläums Kaiser Wilhelm II. im Jahre 1913, zu einer Zeit, als er Rektor der Technischen Hochschule Karlsruhe war. Aus einer Teilnehmerliste dieser Galatafel geht hervor, daß, bis auf wenige Ausnahmen, nur Persönlichkeiten adeliger Herkunft geladen waren.

Wiederholt hat Zwiedineck selbst darauf hingewiesen, daß er aus einer alten österreichischen Offiziers- und Beamtenfamilie stamme, in der das nationale Bewußtsein und die Treue zur Monarchie und zum kaiserlichen Hof gepflegt wurde. Sein Onkel wurde als Hauptmann des österreichischen Heeres in der Schlacht bei Königsgrätz schwer verwundet, durch seinen jüngeren Bruder Hans, den Vater Otto von Zwiedinecks, unter schweren Umständen gerettet und lebte als pensionierter Major in Graz. Der älteste Bruder seines Vaters war nach einem wechselvollen Leben im Auswärtigen Dienst der Habsburgischen Monarchie außerordentlicher Gesandter und bevollmächtigter Minister im K.u.K. Ministerium des Äußeren und wurde als solcher in den Freiherrnstand erhoben. Die politische Denkweise der Familie war, nach den eigenen Worten Zwiedinecks, deutschnational und konservativ. Als Otto von Zwiedineck im Jahre 1871, dem Jahr der Reichsgründung, in Graz geboren wurde, schrieb seine Mutter an die Mutter

---

[1] Nach einem im Nachlaß befindlichen Auszug aus dem österr. Adelsregister mit Stammtafel der Familie.

seines Vaters: „Ich kenne kein höheres Gefühl als den Wunsch, daß das Kind ein tüchtiger Deutscher sei, der für das deutsche Volk Wertvolles leisten möge." „In dieser, in gewissem Sinne mittelalterlich klingenden Anschauung bin ich in meinem Vaterhause aufgewachsen", fügt der Sohn in seiner Selbstbiographie hinzu.[2]

Wenn man sich die Komponenten dieser Herkunft: Adel, Offiziersfamilie, deutschnational und konservativ vergegenwärtigt und dabei an die Sozialstruktur der Gesellschaft denkt, in die Zwiedineck hineingeboren wurde und in der Adel, Militär und Geistlichkeit nicht nur die Politik, sondern auch das allgemeine Denken beherrschten, so wird deutlich, daß seine eigene, von ihm selbst oft gekennzeichnete Bewußtseinslage als „roter Professor" einen Widerspruch offenbart, der nicht ohne tieferes Eindringen in die Ereignisse und Erfahrungen des Lebens und Nachdenkens dieser Persönlichkeit zu klären ist.

Zu diesen die soziale Herkunft bestimmenden Tatsachen und Einflüssen kam hinzu, daß Otto von Zwiedineck in Graz geboren wurde, einer Stadt, die sein Vater in einer Schrift aus dem Jahre 1901 als „Pensionopolis" bezeichnete, das heißt als bevorzugten Wohnort für Pensionäre des Militärs und der Verwaltung „schon 50 Jahre vor Wiesbaden und Görlitz". „Neben den nach Hunderten zählenden hohen Militärpersonen, Obersten, Generalmajoren, Feldmarschalleutnanten, Feldzeugmeistern und Generalen der Kavallerie, die hier von den Anstrengungen des Dienstes ausruhen oder Zuflucht vor den Intrigen der Streber gefunden haben, sind es Beamte aller Verwaltungszweige, ungezählte Exzellenzen und Hofräte, aber auch Industrielle, Ingenieure, Unternehmer, die sich ein ausreichendes Kapital zurückgelegt haben, geborene und gewordene Rentner und mäßigbemittelte Adelige feudalen und liberalen Gepräges, die sich hier Villen und Familienhäuser bauen." Von dieser Stadt, in der der junge Zwiedineck 28 Jahre seines Lebens verbrachte, entwirft sein Vater folgendes anschauliche Bild: „Man kann dem Zauber dieser Stadt kaum entrinnen, so nahe drängt er sich an Wohnungen, Kanzleien und Werkstätten heran. Hier vermögen ihm keine engen, dumpfen Straßen, keine Häuserblöcke, keine Zinskasernen Trotz zu bieten, überall hin dringt der goldene Glanz, die leichte, erfrischende Luft von den nahen Bergen, vor keinem Auge verhüllt sich der blaue Himmel in Rauchschwaden. Hier läßt sich's wirklich wohnen, hier kann man versuchen, gesund zu leben, hier braucht auch der Berufssklave nicht ganz auf den Verkehr mit der Natur zu verzichten. Für den Rentner und Pensionisten, dem ruhiger Lebensgenuß zur Pflicht gemacht wird, bietet Graz — noch immer die Gelegenheit zu einem wohlbegründeten, be-

[2] Gefühltes, Erstrebtes, Erkanntes, in Mensch und Wirtschaft, 1. Bd., Berlin 1955, S. 6.

schaulichen Dasein." Graz ist also keine Industriestadt, keine Arbeiterstadt, keine Stadt der sozialen Probleme, durch die ein junger aufgeschlossener Mensch von adeliger Herkunft zum Nachdenken angeregt werden könnte, es sei denn, er entwickelt seine eigenen Maßstäbe für die Beurteilung des sozialen Lebens und macht seine eigenen Erfahrungen in der weiten Welt, wie Otto von Zwiedineck-Südenhorst es getan hat.

Den ersten Anstoß zum sozialpolitischen Denken und damit zur selbständigen geistigen Entwicklung gab ein kurzer Aufenthalt, im Anschluß an sein einziges Semester an der Universität Heidelberg, in London. *Das Erlebnis der „grauenhaften Armut im Dockarbeiterviertel dieser Weltstadt" hat ihn Zeit seines Lebens beschäftigt und dazu veranlaßt, sein Denken auf die sozialen und sozialpolitischen Probleme der damaligen Gesellschaftsordnung zu lenken.* Von dieser Zeit (1890) an hat er jede Gelegenheit wahrgenommen, sein praktisches soziales Wissen zu erweitern, sei es in der Armenfürsorge nach dem Elberfelder System[3] in Graz, sei es in seinen Untersuchungen der sozialen Verhältnisse der Weber im niederösterreichischen Waldviertel oder der Lage der Handwerkerfamilien während seiner Tätigkeit bei der Wiener Handels- und Gewerbekammer, und schließlich durch intensive Erforschung der Arbeitsverhältnisse in unterschiedlichen Industriebranchen und -gegenden, mit denen er bei den verschiedenen Stationen seiner beruflichen Entwicklung nicht nur in Wien, sondern in Karlsruhe, Breslau und München in Berührung kam. Nur auf der Grundlage dieses Einblicks in das soziale Leben der industriellen Gesellschaft ist ein Gedankengang zu verstehen, den er in seinem Handbuch für Sozialpolitik[4] niedergeschrieben hat:

> „Unter den Gegnern, welche die Notwendigkeit der sozialpolitischen Arbeit bestreiten, sind von vornherein alle jene auszuscheiden, die die möglichst scharfe Klassenschichtung fortgesetzt, ja wenn tunlich gesteigert wissen wollen. Es sind die Herrennaturen, die im Sinne des „aristokratisch-monarchischen Individualismus" Nietzsches von einer Moral, die die Interessen der Sklaven zur Geltung bringt, nichts wissen wollen, die sich einerseits jeder Unterwerfung ihrer Interessen, namentlich ihrer Vermögensinteressen, unter das Gemeinwohl aufs äußerste widersetzen, — andererseits aber, weit entfernt ein Herrschaftsprinzip zu negieren, den Staat und seine Macht im weitesten Ausmaße im Dienste eigener Interessen ausnützen wollen. — Sie träumen von der Herrlichkeit der in zwei Klassen differenzierten Menschheit, in Arbeitstiere und diejenigen, die sich die Rosenkranzkrone der Lachenden aufs Haupt setzen."

---

[3] Für eine genauere Kenntnis des „Elberfelder Systems" verweisen wir auf die Untersuchung von Wolfgang *Köllmann*, Sozialgeschichte der Stadt Barmen im 19. Jahrhundert, Tübingen 1959.

[4] a. a. O., S. 115 f.

Diese außerordentlich radikale Ablehnung einer Gesellschaftsordnung, in deren führender Schicht Otto von Zwiedineck-Südenhorst einen entscheidenden Teil seines Lebens zugebracht hat, ist von ihm nie verleugnet worden. Sie wurde dem sozialen Fortschritt der Zeit und dem Alter gemäß zwar sublimiert, aber nie aufgegeben. Das zeigt ein Satz aus einem Briefe, den der Bearbeiter dieses sozialpolitischen Nachlasses wenige Zeit vor Zwiedinecks Tode, als er bereits 82 Jahre alt war, erhielt:

„... daß ich einer Maxime des Handelns der Menschen huldige, die mich vom ersten Augenblick, in dem ich mich entschlossen habe, meine Arbeitskraft den sozialpolitischen Aufgaben persönlich und wissenschaftlich zu widmen, zeitlebens begleitet hat: *wir sind alle füreinander da.*"

Man wird zugeben, daß zwischen der adeligen Herkunft aus einer Offiziers- und Beamtenfamilie mit konservativer, monarchistischer Gesinnung und einer solchen Entschiedenheit sozialen Denkens und sozialpolitischen Handelns ein Kontrast besteht, den nur eine ausgeprägte Persönlichkeit mit selbständigen Maßstäben, tiefempfundenem Gerechtigkeitssinn und wissenschaftlicher Treue überwinden konnte.

Allerdings sind einige Begleitumstände seiner Herkunft für diesen selbständigen Weg förderlich gewesen. Zunächst einmal ist zu bemerken, daß er nicht aus dem Besitzadel stammte, sondern aus dem Verdienstadel, bei dem es keine Bedenken gab, eine bürgerliche Heirat einzugehen. So hat sein Vater die Tochter eines Eisenwarenhändlers in Graz geheiratet, der wiederum von einem aus Ungarn eingewanderten deutschen Lehrer abstammte. In der Familie dieses Großvaters mütterlicherseits waren 15 Kinder, die unter den Folgen wirtschaftlicher Not groß geworden sind. Von diesen Lebenserfahrungen aus hat das soziale Bewußtsein seiner Mutter die Entwicklung des jungen Otto von Zwiedineck nicht unwesentlich beeinflußt.

Auch in der eigenen Familie hat Zwiedineck schon in der Jugend soziale Not kennengelernt. In einem im Nachlaß vorhandenen Gesuch seines Vaters an das Karl Greinitz'sche Stipendium aus dem Jahre 1882, mit dem für den Sohn Otto eine Befreiung vom Schulgeld erwirkt werden sollte, werden folgende Umstände der wirtschaftlichen Lage der Familie klargelegt: Mit drei unversorgten Kindern beträgt das *Jahreseinkommen* mit Zulage und Renumeration für die Leitung der Landesbibliothek 2000 österr. Kronen. Dabei wird ausdrücklich erwähnt, daß die Mutter keinerlei Vermögen besitzt und der Vater ebenfalls vermögenslos ist. Sein Vater war eine sehr aktive Persönlichkeit und scheute nicht vor finanziellen Experimenten zurück, um seine Ziele zu erreichen. So geschah es, daß er durch mißglückte Zeitungsgründungen für den „Steyerischen Historischen Verein" und für andere wissenschaftliche Zwecke sich mit hohen Schulden belastete, so daß die Kinder, insbesondere Otto von Zwiedineck als einziger männlicher Nachkomme der Familie, sich frühzeitig bemühen mußten, auf eigenen Füßen zu stehen. Diese wirtschaftlichen Verhältnisse sind alles andere als das, was man unter der Situation einer adeligen Familie sich gemeinhin vorstellt. Während seines Studiums hat Zwiedineck oft unter sehr unzureichenden finanziellen Verhältnissen leben müssen. So schildert er aus der Zeit, da er in Wien sich auf seine Habilitation vorbereitete, daß er bei einem monatlichen „Tintengeld" von 40 Kreuzern seine Mahlzeiten in der Regel nur aus einem halben Liter saurer Milch mit einem Stück Brot bestanden. Erst im dreißigsten Lebensjahre, als er außerordentlicher Professor an der Technischen Hochschule in Karlsruhe wurde, erlebte er die Vorteile eines festen, wenn auch sehr bescheidenen Gehaltes. Nach der von dem Großherzog Friedrich von Baden im März 1902 unterzeichneten Bestallungsurkunde hatte er als etatmäßiger außerordentlicher Professor der Volkswirtschaftslehre ein Gehalt von 3600 Mark neben einem Wohnungsgeld von jährlich 620 Mark, das heißt also ein Monatseinkommen von 350 Mark. Mit dieser Berufung und diesem Einkommen endete erst die wirtschaftliche Notzeit des jungen Wissenschaftlers aus adeligem Hause.

Bedeutsamer als alle bisher genannten Faktoren war für die geistige Entwicklung Otto von Zwiedinecks zum sozialpolitischen Denken die Zeit, in der er zum Nachdenken über die Gesellschaftsordnung angeregt wurde. Als er im Jahre 1890 seine ersten Eindrücke in London aufnahm, trat die deutsche Sozialpolitik in die Phase höchster Aktivität ein. Zwar waren die großen Maßnahmen der Bismarckschen Sozialgesetzgebung schon einige Jahre vorher wirksam geworden, doch begann die staatliche Sozialpolitik ihre volle Initiative, den „Neuen Kurs", erst zu entwickeln, nachdem der Konflikt zwischen dem jungen Kaiser Wilhelm II. und dem Altreichskanzler zu dessen Entlassung geführt hatte und das große sozialpolitische Programm in die Verantwortung fortschrittlich denkender Männer der staatlichen Verwaltung gelegt wurde. *Es war bezeichnend für die Wandlung des Denkens in den führenden Schichten des damaligen Deutschen Reiches, daß an der Spitze dieser Avantgarde der staatlichen Sozialpolitik einflußreiche Vertreter des Adels standen.* Wir nennen nur zwei Namen, die aus der Geschichte der deutschen Sozialpolitik nicht mehr wegzudenken sind: Hans Hermann *Freiherr von Berlepsch* (1843—1926), dessen Konsequenz in der sozialpolitischen Planung soweit ging, daß er seinen Abschied nahm, als Kaiser Wilhelm II. einen anderen Kurs steuerte, und Karl Heinrich *von Boetticher,* den geistigen Vater mancher sozialpolitischen Gesetze und Verordnungen, die dem allgemeinen Standard der öffentlichen Sozialpolitik in Europa und darüber hinaus weit vorauseilten. In diesem Jahrzehnt 1890 bis 1900, in dem Otto von Zwiedineck seine entscheidende Wandlung zum sozialpolitischen Denken erfuhr, wurde das Deutsche Reich die führende Nation in der öffentlichen Sozialpolitik.

Die unmittelbaren Wirkungen gingen aber nicht von der hohen Politik aus, sondern von zwei anderen Einflußfaktoren, die die Voraussetzungen von Zwiedinecks eigener geistiger Konzeption der Sozialpolitik mitgeschaffen haben. Das waren seine akademischen Lehrer und der Verein für Sozialpolitik, in dem er mit diesen für ihn so wichtigen geistigen Führern in ständigem Gedankenaustausch stehen konnte.

Sein erster Lehrer an der Universität Graz, Richard *Hildebrand,* Sohn des berühmten Nationalökonomen Bruno *Hildebrand* (1812—1878), des Mitbegründers des Vereins für Sozialpolitik, war zwar nicht selbst sozialpolitisch interessiert, sondern mehr wirtschaftshistorisch, hat aber die Neigung des jungen Zwiedineck, sich mit den sozialen Bedingungen der verschiedenen Berufsschichten theoretisch und praktisch zu beschäftigen und kleinere empirische Enquêten durchzuführen, sehr gefördert. Einen weit stärkeren Einfluß übten jedoch Eugen *von Philippovich* in Wien und Karl Wilhelm *Bücher* (1847—1930) in Leipzig auf ihn aus. Bei Philippovich, der selbst Erhebungen über Arbeiterverhältnisse durchgeführt hat, war es nicht nur die Förderung der Zwiedineckschen Untersuchungen über die sozialen Verhältnisse im Waldviertel und die Lebensfähigkeit des Handwerks, zum Teil im Rahmen des Vereins für Sozialpolitik, sondern vor allem eine positive Einstellung zu seiner Habilitationsabsicht und zu der von ihm vorgelegten Habilitationsschrift über Probleme des Minimallohns. In dieser kommt neben einer strengen wissenschaftlichen Haltung die soziale Grundstellung des Habilitanden zum ersten Mal deutlich zum Ausdruck. Wiederholt hat Zwiedineck jedoch darauf hingewiesen, daß Karl *Bücher* von allen seinen akademischen Lehrern ihm am nächsten gestanden hat. Seinetwegen ist er im Jahre 1894 nach Leipzig gegangen, nachdem ihn seine damalige Dienststelle, die K.u.K. Finanzprokuratur, für ein Semester beurlaubt hatte. Professor *Bücher* galt zu dieser Zeit als repräsentative Persönlichkeit der Historischen Schule und war vor allem in methodologischer Hinsicht für junge Wissenschaftler, die die Hochschullehrerlaufbahn anstrebten, der führende Geist. Otto von Zwiedineck hat sich später von den theoretisch-wissenschaftlichen Arbeiten Karl *Büchers,* insbesondere seiner Stufentheorie, deutlich distanziert, weil er in ihnen eine theoretische Vergewaltigung der historischen Wirklichkeit sah. Trotzdem hat er die auch persönlich fruchtbare Zeit der Zusammenarbeit mit diesem großen Gelehrten immer wieder als die entscheidende Phase der Entwicklung seines sozialpolitischen Denkens bezeichnet. Wie persönlich die Beziehungen zwischen Lehrer und Schüler waren, geht aus einer Bemerkung Zwiedinecks über eine Silvesternacht mit Karl *Bücher* in Leipzig hervor. In dieser Nacht hat der Lehrer seine Überzeugung von der Notwendigkeit einer Umgestaltung der gesellschaftlichen Sozialordnung mit Leidenschaft zum Ausdruck gebracht, gleichzeitig aber den Schüler davor gewarnt, sich bei diesem Streben allzusehr auf den einzelnen Menschen und seine sozialen Verhältnisse einzulassen und zu verlassen, sondern immer das große der sozialen Ordnungsidee im Auge zu behalten. Als Ursache für diese den Schüler zunächst enttäuschende Mahnung erkannte Zwiedineck die vielen ungünstigen Erfahrungen Karl *Büchers* mit seinem Einsetzen für bedürftige Studenten bis zur Aufopferung seines eigenen Vermögens. Diese Mahnung hat für den späteren Universitätsprofessor als Menschen eine weitreichende Wirkung gehabt, nachdem auch er manche Enttäuschungen bei seinem persönlichen Einsatz für bedürftige Kollegen und Studenten erleben mußte. Auf diesem Hintergrund ist jene Erkenntnis zu sehen, die er in seiner letzten selbstbiographischen Abhandlung niedergeschrieben hat[5].

„Ich hatte bereits Gelegenheit, sehen zu lernen, daß es durchaus nicht bloß auf die betriebswirtschaftlichen Verhältnisse, die gesetzlich beeinflußt werden können, ankommt, wenn es gilt, das Elend zu bekämpfen, sondern weitgehend auch den Menschen, ob diese sozialen Maßnahmen zu Erfolgen führen. — — So traten die Erinnerungsbilder (London, Dockarbeiterstreik und Armenpflege Graz) mit der vollen Wucht ihres Grauens in den Hintergrund und mahnten mich an den damals gefaßten Gedanken festzuhalten: mitzuwirken bei der Aufgabe der menschlichen Gesellschaft ‚de sauver les misérables‘.“

Obwohl nicht unmittelbar in die Reihe Zwiedineckscher Universitätslehrer gehörend, muß in diesem Zusammenhang auch Lujo *von Brentano* (1840—1931) genannt werden, der sozialpolitisch wohl konsequenteste Vertreter des Vereins für Sozialpolitik. *Brentano* war der entschiedenste Vertreter jener Richtung des Vereins, die jede andere Aufgabenstellung aus dem Bereiche der Wirtschaftswissenschaften, zum Beispiel die Erörterung von Problemen der Grenznutzenschule und andere nationalökonomische Theorien, als gegen die Grundsätze des Vereins verstoßend ablehnte. *Brentano* ist mit dieser Haltung soweit gegangen, daß er sich mit *Max Weber* gelegentlich des Streites um die Objektivität sozialwissenschaftlicher Forschung überwarf. *Max Weber* schreibt in einem Briefe an Otto von Zwiedineck, daß die Differenzen mit *Brentano* eine solche Schärfe angenommen hätten, daß er ihm nicht mehr zu begegnen wünsche. Da der Verein für Sozialpolitik in seiner Mehrheit *Brentanos* strenge Auffassung von seinen Aufgaben

---

[5] Gefühltes, Erstrebtes, Erkanntes, a. a. O., S. 14 f.

nicht teilte, hat dieser schließlich seinen Austritt erklärt. Otto von Zwiedineck, der zunächst dem Standpunkt *Brentanos* nicht nur verstand, sondern auch verteidigte, hat dann die letzten Konsequenzen dieses Feuerkopfs, der auf ihn so großen Einfluß hatte, nicht für sich selbst gezogen, sondern auch intensiv an den theoretischen Arbeiten des Vereins mitgearbeitet. Damit sind wir schon bei dem Einflußfaktor angelangt, der für die geistige Entwicklung des jungen Gelehrten und seine wissenschaftliche Arbeit von allergrößter Bedeutung war.

Schon im Jahre 1895, also mit 24 Jahren, trat Zwiedineck dem „Verein für Socialpolitik" bei und hat von dieser Zeit an fast an allen Jahrestagungen sowie an vielen Arbeiten der Unterausschüsse teilgenommen. Die Untersuchungen, die er im Auftrage des Vereins auf Anregung von *Bücher* und *Phillippovich* über die Handwerksverhältnisse durchführte, haben wir bereits erwähnt. Bedeutsamer ist seine Tätigkeit in dem Unterausschuß zur Vorbereitung einer Enquête unter dem Titel: „Auslese und Anpassung der Arbeiter in der geschlossenen Großindustrie", jener berühmten soziologischen Untersuchung in den Jahren 1908 bis 1910, zu der *Max Weber* die Anleitung für die mit der Durchführung beauftragten jungen Wissenschaftler verfaßte und die Professoren *Herkner, Schmoller* und *Alfred Weber* das Befragungsprogramm entwickelten. Es handelt sich hier eigentlich um die erste betriebs-soziologische Untersuchung mit den Methoden einer Beobachtung und Befragung: nicht nur für Deutschland, sondern für Europa und die übrige Welt, 20 Jahre vor dem Erscheinen der Hawthorne-Studie von Elton *Mayo* und *Roethlisberger,* die fälschlicherweise so oft als Beginn der modernen betriebssoziologischen Forschung angesehen wird. Über die Tätigkeit dieses Unterausschusses, seine Sitzungen in Eisenach und die damit verbundenen ernsten und heiteren Situationen hat Zwiedineck in der Festgabe für *Alfred Weber* zu seinem 80. Geburtstag im Jahre 1948 eingehende Ausführungen gemacht, denen wir folgende Gedanken entnehmen[6]:

Zwiedineck bezeichnete hier diese große soziologische Erhebung als die „wissenschaftlich wertvollste Tat des Vereins für Sozialpolitik im zweiten Vierteljahrhundert seines Bestehens". „Es war Pionierarbeit, mehr als die erwähnten, gewiß auch wertvollen anderen." Vorher weist er auf die großen Untersuchungen über Preisbildung, Konsumvereine, Währung, Zahlungsbilanz, Krise der Weltwirtschaft, Wandlungen des Kapitalismus, und andere hin, die nach seiner Auffassung „mit der ursprünglichen Idee des alten Vereins für Sozialpolitik kaum noch etwas zu tun gehabt haben." Hier zeigt sich noch im hohen Alter von

[6] von Zwiedineck-Südenhorst: Vom Wirken von Max und Alfred Weber im Verein für Sozialpolitik, Sonderdruck aus Synopsis, Festgabe für Alfred Weber, Berlin 1948, S. 784 ff.

77 Jahren bei Zwiedineck der nachhaltige Einfluß der strengen Auffassung *Brentanos* über die Aufgaben des Vereins für Sozialpolitik. Diese Pionierarbeit, so fährt der Verfasser fort, ist in ihrer ganzen Konzeption fast restlos *Webersches* Geistesprodukt. „*Max Webers* Interesse war vor allem durch die Studien über die Psychophysik der Arbeit bestimmt, während es *Alfred Weber* vor allem um einen Einblick in die Vorgänge und Motive bei der Berufswahl, in den Berufswechsel und das Berufsschicksal der Industriearbeiter gegangen ist." — „Es waren herrliche Sommertage um den Inselberg, als die Mitglieder des mit der Vorbereitung der Enquête betrauten Unterausschusses in Eisenach im Juni 1908 zusammentraten, um den Arbeitsplan und den für die Erhebung durch die Bearbeiter notwendigen Fragebogen festzulegen. Die Erinnerung an jene Tage zähle ich zu den ergiebigsten, die ich je in wissenschaftlicher Kollektivarbeit erlebt habe. Ein Sprühregen von Ideen darüber, wie man den soziologisch belangreichen Bestimmungsgründen der Berufswahl, des Berufserfolges und damit des Berufsschicksals auf die Spur kommen könnte, ging von den beiden Brüdern aus." In einem weiteren Zusammenhang behandelt Zwiedineck einen Streit im Unterausschuß über die Repräsentationskraft der kleinen Zahlen, in dem *Max Weber,* entgegen der Auffassung anderer Mitglieder des Ausschusses, die Berechtigung von Schlußfolgerungen aus kleinen Einheiten, das heißt die repräsentativen Methoden der Massenbeobachtung, mit Entschiedenheit verteidigte. Obwohl der heutigen Generation der betriebssoziologischen Forschung infolge der größeren mathematischen Reife solcher Repräsentativmethoden eine Diskussion auf dieser Ebene nicht mehr verständlich erscheint, nimmt Otto von Zwiedineck gegenüber dem „Adlerflug eines Weber" doch eine zurückhaltende Stellung ein und zwar aus Sorge davor, daß die „Geisteswucht" der Brüder *Max* und *Alfred Weber* in den Schlußfolgerungen, trotz aller Gewissenhaftigkeit der Vorbereitung und trotz Erkenntnis kritischer Selbstkontrolle, zu weit gehen würde. Obwohl auch Zwiedineck gelegentlich in leidenschaftlicher Form und blitzendem Zorn in wissenschaftliche Diskussionen oder menschliche Situationen eingreifen konnte, waren ihm die „eruptiven Debattebeiträge" der beiden Brüder *Weber* mit ihrem „titanenhaften Geist" oft zu sehr auf Kampf eingestellt, statt auf Klärung und Übereinstimmung. Diese Abstand wahrende Grundhaltung Zwiedinecks läßt ihn auch die heiteren Noten dieser Kampfsituationen beobachten, von denen wir einige Tonart und Führung dieses Unterausschusses charakterisierende herausgreifen wollen:

> „Die Fülle der von ihnen *[Max und Alfred Weber]* gebrachten Vorschläge war so stupend, daß andere Ausschußmitglieder nur wenig zu Worte kamen und *Schmoller* am Schluß jener Eisenacher Tagung erklärte: Für

die nächste Beratung bedürfen wir einer Geschäfteordnung, in deren § 1 bestimmt wird, daß innerhalb einer Stunde die beiden Weber nicht mehr als 55 Minuten sprechen dürfen."

In der Korrespondenz Otto von Zwiedinecks fand sich ein Brief *Alfred Webers* vom September 1948, in dem er sich für dessen Beitrag zur Festschrift aus Anlaß seines 80. Geburtstages mit folgenden Worten bedankt[7]:

„Ich bin ganz ergriffen, nachdem ich (hinter einer ziemlich lang dauernden Schlaflosigkeit, die ich jetzt überwinde) Ihren so gütigen und in der Haltung so nobel wohlwollenden Aufsatz las, den Sie über meinen Bruder und mich zu meiner Festschrift beigesteuert haben. Ich habe wohl meines Bruders, aber nicht meine persönliche Tätigkeit für den Verein für Sozialpolitik als so bedeutsam angesehen, wie Sie sie beurteilen, aber ich darf Ihnen für eines sehr dankbar sein, daß Sie die Vornehmheit gehabt haben, hinter den Impulsen meines jeweiligen Handelns und Eingreifens ein Eintreten für das Allgemeine zu sehen. Ich würde das auch bezeichnen als ein Gefühl vor allem für die Aktualität der Arbeit um das allgemeine Schicksal, um das es sich jeweils handelt. Dies schien mir oft gegenüber gewissen, sich gerade seelisch entleerenden, allgemeinen Vorstellungen zu kurz zu kommen. Wie Sie andererseits in Ihrem Aufsatz andeuten, nehmen Sie für mich eine Art freundlicher Ehrenrettung vor gegenüber vielen, die bei der Impulsivität stehen bleiben und sich daran stoßen.

Eine kleine Nuance kann ich vielleicht nicht so unterzeichnen, wie Sie es schreiben: Ich habe mich in dem ‚Wertfreiheitsstreit', soweit seine begrifflich radikale Formulierung vorweggenommen wurde, auch vor meinem Bruder immer absichtlich etwas zurückgehalten und nie ganz ausdrücklich zu ihm in seinem engeren Sinne gesprochen. Denn die Dinge scheinen mir hier komplizierter zu liegen und vor allem für die gesamten historischen und politischen Wissenschaften das Ineinandergreifen von Objektivität und Wertung eine etwas andere Gegenüberstellung zu fordern, als sie in dem Streit vorgenommen wurde, ohne daß ich mich im Stande fühle, oder nach Lage der Diskussion für möglich halte, das entsprechend ausführlich zu begründen.

Doch das ist ganz nebensächlich. Es mindert nichts an der Dankbarkeit, die ich darüber empfinden muß, daß Sie es der Mühe Wert gehalten haben, die mich mitbetreffenden Tatsachen der Einstellung des Vereins und meiner Einstellung zum Verein in so wohlwollend einfühlender Weise zu behandeln, wie Sie es getan haben.

Empfangen Sie die Versicherung meiner herzlichen Verbundenheit,

Ihr *Alfred Weber*".

Von 1895 bis 1957, also 62 Jahre lang, hat Otto von Zwiedineck-Südenhorst dem Verein für Sozialpolitik seine Treue gehalten. Dafür

---

[7] Der Brief ist, da er mit Bleistift auf schlechtem Papier geschrieben wurde, besonders schwer leserlich. Trotzdem sind Irrtümer nur dem Worte, nicht dem Sinn nach möglich.

wurde ihm, kurz vor seinem Tode, die Ehrenmitgliedschaft, zuerkannt. Zweimal konnte er als Senior des Vereins entscheidend in seine Geschichte eingreifen: Das erste Mal im Jahre 1936, als es um die Frage ging, ob der Verein sich zum Nationalsozialismus und seinen Plänen der Politisierung der Wissenschaft bekennen wollte. Gemeinsam mit dem damaligen Vorsitzenden Werner *Sombart*[8] hat Zwiedineck sich gegen die Auffassung eines großen Teils der Mitglieder für die Auflösung des Vereins für Sozialpolitik ausgesprochen, „da seine wissenschaftlichen Ziele mit denen von den nationalsozialistischen Machtträgern verfolgten Wege der Sozialpolitik nicht mehr in Einklang zu bringen waren". Die Auflösung erfolgte dann einige Zeit später, nachdem der Versuch eines Teils der Vorstandsmitglieder, mit Unterstützung von Zwiedineck die Tätigkeit auf neuer Grundlage fortzusetzen, fehlgeschlagen war. Die zweite, für die Geschichte des Vereins noch bedeutsamere Gelegenheit, seine Autorität in die Waagschale zu werfen, ergab sich für Otto von Zwiedineck im Jahre 1946, als ein kleiner Kreis von Mitgliedern sich unter seiner Führung zu einer Besprechung über eine Neubegründung des Vereins für Sozialpolitik versammelte und beschloß, eine Tagung einzuberufen. Diese wurde im September 1947, 75 Jahre nach seiner Gründung im Jahre 1872, in Rothenburg abgehalten und von Zwiedineck als Senior mit einer außerordentlich wirkungsvollen Rede eröffnet, aus der wir folgende Gedanken hier festhalten wollen[9]:

> „Der Verein ist bei seiner Begründung eine in erster Linie politisch gedachte Vereinigung gewesen, in der die Professoren nur die Träger der Idee und die Organisatoren waren, vor allem *Schmoller* und *Brentano*, wie ihr Briefwechsel beweist; dann aber auch namentlich *Knapp, Held* und *Nasse*. Im Verein versammelten sich bei seiner Gründung 158 Teilnehmer, unter ihnen aber nur 24 Hochschullehrer. ...
>
> Zweck unseres Zusammentretens ist, wie ich es sehe, nichts dergleichen. ... Der politische Ziele verfolgende Verein hat von allem Anfang an daran gedacht, seine nach außen stehende Arbeit wissenschaftlich zu unterbauen. Galt es damals, der Öffentlichkeit klar zu machen, daß der Staat wirklich nicht ein Klassenstaat im Sinne von *Marx*, ein Staat ausschließlich zu Gunsten von Besitzenden sei, so galt es ebenso, ein größeres Ausmaß an positiver Staatsintervention... für Fragen der Sozialpolitik als berechtigt und notwendig zu erweisen. Die Wissenschaftsvertreter sahen sich in Übereinstimmung mit hervorragenden Politikern ... in einer Auffassung des Staates, die gleich weit von der naturrechtlichen

---

[8] Sombart begründete damals die Notwendigkeit der Auflösung nicht nur damit, daß der Verein sich überlebt habe, sondern mit der politisch-gemeinten Kritik: „Nicht mehr die Diskussion, sondern die Dezision beherrscht heute die Lage." Zitiert nach einer im Nachlaß befindlichen gedruckten Niederschrift der Mitgliederversammlung vom 30. Juni 1935 mit der Überschrift „Um den Fortbestand des Vereins für Sozialpolitik".

[9] Nach dem Original aus dem Nachlaß zitiert.

Verherrlichung seines Individuums und seiner Willkür wie von der absolutistischen Theorie einer alles verschlingenden Staatsgewalt entfernt war. Es war also eine mittlere Linie in dem ganzen, dem Staat gegenüber liegenden Wollen bei der Gründung des Vereines für Sozialpolitik klar formuliert, aber auch ausdrücklich als selbstverständliche Folge ehrlicher Wissenschaftlichkeit ebenso nach 25 Jahren auf der Kölner Generalversammlung 1897 wieder anerkannt und festgehalten. ...

Aber es ist immerhin zu erinnern: die scharfe, historisch-realistische, konkretisierende Reaktion gegen die klassische Naturrechtslehre hat der deutschen Nationalökonomie erst das Gepräge einer besonderen Schule gegeben, so daß kein geringerer als der Franzose *Gide* ... sagen konnte: ‚Erst seit dem Eisenacher Kongreß 1872 könne man von einer besonderen deutschen Schule sprechen.' "

Nachdem von Zwiedineck über den alten Kampf *Brentanos* gegen eine Verzerrung und Entartung des Programms des Vereins für Sozialpolitik gesprochen hat, fährt er fort:

„Der Verein wurde bald zu einem Institut sorgfältiger wissenschaftlicher Vorbereitung gediegener Politik, ein Institut für die phänomenologische Fundamentierung, aber nicht nur der wirtschaftspolitischen Stellungnahme zu aktuellen Problemen, sondern auch für die systematische Darstellung vieler Gebiete der Volkswirtschaftslehre, — und das alles außer den spezifisch sozialpolitischen Problemen, wie Koalitionsrecht, Wohlfahrtseinrichtungen, Landarbeiter- und Hausindustriefragen, Sozialversicherung usw.

So ist der Verein für Sozialpolitik auch ein Publikationsinstitut für volkswirtschaftliche Tatsachenforschung geworden. Die so sehr perhorreszierte Verbindung mit Wissenschaft hat, wie man wohl sagen darf, im Verein sowohl der Wissenschaft als auch der Politik Nutzen gebracht, und die warnende Haltung *Max Webers* gegen eine politisch-wissenschaftliche Vereinigung, indem er Wissenschaft als Beruf und Politik als Beruf im Gegensatz stellte, hat dem Verein nur sehr cum grano salis gegolten."

Nachdem Zwiedineck auf die Wirkungsmöglichkeit der Wissenschaft auf die Politik eingegangen ist, stellt er fest, daß sich die Verhältnisse für eine solche Wirkung im Laufe der Zeit erheblich geändert hat, im Gegensatz zur Geschichte des Vereins in der Periode seiner Gründung:

„Die damaligen Liberalen (das waren die Gründer) wollten von parlamentarischer Regierungsweise überhaupt wenig wissen und glaubten fest an die Kraft wissenschaftlicher Weisung. Aber schon 1890 hat *Schmoller* bei Übernahme des Vereinsvorsitzes die Lage als verändert gekennzeichnet. ... Denn damals war an die Stelle der alten staatlichen Beamtenbürokratie eine Bürokratie der bewußten klassenmäßig orientierten Verbände getreten und hatte eine Herrschaftsstellung gewonnen, die wenig geneigt war, wissenschaftlichen Rat einzuholen. Und das, obwohl der Gang der Wirklichkeit gezeigt hatte, daß Professoren nicht nur bei der Gründung, sondern namentlich auch in der großen Reaktion der 90er Jahre gegen die

Sozialpolitik die richtigen Wege gewiesen und den Gang der Entwicklung richtiger beurteilt haben als die Unternehmer und die Arbeiter. ... Die Professoren haben recht behalten, so meine ich, daß wir heute sowohl vor der Tatsache einer merklichen Wandlung des kapitalistischen Systems stehen, als auch vor einer Revision der Problematik der Gegner dieses Systems. Nur beispielsweise sei erinnert: Es hat sich einerseits das Gewinnstreben des Kapitalismus als unzulänglicher Antrieb für die große Menschlichkeitspflicht zur Hungerbekämpfung in der Oekumene erwiesen, und es hat andererseits eine wesentlich bedachtere Stellungnahme der Linksprogramme zur Sozialisierung die Oberhand gewonnen. ...

Eine wichtige Leistung der wissenschaftlichen Arbeit war es, daß sie, in dem sie solchen Wandlungen Bedeutung beimaß und sie studierte, auch die Machtverschiebungen rechtzeitig durchschaute, die aus ihnen erwachsen sind. — Was wäre an richtigen Erkenntnissen gewonnen worden, wenn die Klassische Schule nicht die apriorische Harmonietheorie aufgestellt hätte, die ein gewaltiger Irrtum war.

Für wirklich gerechtfertigt halte ich heute das Erinnern an den Verein für Sozialpolitik, weil an seiner Geschichte, seinem Wandel und Werden zwei Generationen deutscher volkswirtschaftlicher Hochschullehrer ohne Unterschied der Richtung — trotz des Gegensatzes zu *Schmoller* waren die Gelehrten der Grenznutzenschule *Böhm-Bawerk, von Wieser, Zuckerkandl, Philippovich, Maier* Mitglieder des Vereins — so intensiv beteiligt waren, daß sich in der Vereinsgeschichte eben auch ein so großer Teil des Werdens deutscher Wissenschaft unseres Faches spiegelt. ... Und so dünkt es mich möglich und deshalb notwendig, daß die Träger unserer Wissenschaft in einer Gemeinschaft zur Verteidigung der Bürde, der Freiheit und der Würde unserer Arbeit zusammenhalten, um gegen die Schwierigkeiten, ja Gefahren, die für sie nicht zu verkennen sind, wirksam zu werden: Schwierigkeiten intra et extra muros, wenn sie auch nicht gerade ein peccare bedeuten. — *Und deshalb, meine werten Kollegen, ist Wissenschaftstreue ohne Mut nicht möglich.*

Aus dem Nachdenken über den großen Zusammenhang des Universums, den Ursprung der Philosophie ist wie jede auch unsere Wissenschaft geboren, in deren Mittelpunkt der Mensch steht. ... In jeder Wissenschaft führt der Weg, wenn man sie nur in ihren letzten Aufgaben ganz und zutiefst erfaßt, zur Frage nach dem Sinn allen Geschehens, allen Seins. Mich dünkt, je näher eine Wissenschaft diesen Fragestellungen bleibt, umso mehr wird sie universellen Charakter behalten, umso höher steht sie auch in der Rangordnung der Wissenschaftlichkeit. Ich habe es für meinen Teil immer als besonders wichtig empfunden, gerade durch das, was ich meinen Schülern zu geben habe, solche Universalität des Schauens und Denkens der jüngeren Generation nahezubringen und damit fortzusetzen."

Wir haben diese bedeutende Rede Otto von Zwiedinecks so ausführlich zitiert, weil der Einfluß des Vereins für Sozialpolitik auf seine eigene geistige Entwicklung, aber auch seine selbständige Stellungnahme zu den kritischen Fragen innerhalb und außerhalb des Vereins nicht deutlicher zum Ausdruck kommen kann. Mit dieser Rede wurde Zwiedineck einerseits zur Personifikation der Kontinuität und der großen Tradition des Vereins für Sozialpolitik, andererseits zum Wegweiser für die künftigen Aufgaben im Sinne einer Universalität des Denkens und einer Universitas der Wissenschaft. Bei der Tagung des Vereins im September 1960 in Bad Kissingen hat der derzeitige Vorsitzende, Professor Neumark, die richtungweisende Bedeutung dieser Rede noch einmal unterstrichen, dabei allerdings zum Ausdruck gebracht, daß die Voraussagen von Zwiedinecks im Hinblick auf den Einfluß der Wissenschaft auf die Wirtschafts- und Gesellschaftspolitik zu pessimistisch gewesen seien. Der Verlauf dieser Tagung hat nach Auffassung des Bearbeiters, der an ihr teilnehmen durfte, allerdings erwiesen, wie begrenzt dieser Einfluß ist und in wie hohem Grade die Ausführungen des großen Gelehrten auch heute noch Geltung haben. Der Geist Otto von Zwiedinecks lebt somit weiter in der Richtung des sozialpolitischen Denkens, das ihn, den geborenen Adeligen aus einer Offiziersfamilie und dem aristokratisch-bürgerlichen Graz, zur Forderung und Anerkennung einer neuen Gesellschaftsordnung geführt hat. In kaum einer Frage ist diese Anerkennung wohl deutlicher zum Ausdruck gekommen, als in seiner Einstellung zur Mitbestimmung als einer modernen Form der Betriebsverfassung. In einer Begrüßungsadresse zur Einweihung des Neubaus der Sozialforschungsstelle an der Universität Münster in Dortmund, die er aus gesundheitlichen Gründen nicht selbst vortragen konnte und deshalb dem Bearbeiter dieses Nachlasses übertrug, führte er dem Sinne nach aus: Vieles, was damals als Sozialpolitik galt und sein wollte, führte den wahren, letzten Zielen der Sozialpolitik überhaupt nicht näher; im Gegenteil, es störte den sozialen Frieden. *Das wichtigste Ziel muß die Wiedergewinnung eines Vertrauensverhältnisses zwischen Betriebsleitung und Belegschaft sein, wie es einst auf der Basis des Patriarchalsystems, also eines Ordo von vorgestern, wirklich bestanden hat, und nunmehr auf dem Boden des neuen Ordo von heute und morgen herzustellen ist und gewonnen werden muß.* — Die für das Schicksal der Wirtschaft Verantwortlichen und die durch ihre Leistungen sie garantierenden Menschen sind es, die die geistige Verbindung zwischen den beiden ursprünglich dualistisch gegenüberstehenden Elementen bewirken. Unter dem Gesichtspunkt solcher realistischen Gliederung gewinnt auch das Problem des Mitbestimmungsrechtes einen anderen Charakter, nämlich das krampfhafte Denken in dem allzu tief verwurzelten Dualismus endlich zu überwinden. — *Dieser Dualismus ist heute nicht mehr wirklich. Weder Arbeit noch Kapital sind heute noch jene Einheit als die sie zur Zeit der Entstehung des kommunistischen Manifests von Marx wirklich gesehen werden konnte. — Diesen Begriff in solcher Absolutheit aufrecht zu erhalten, ist Anachronismus.*"

2. Musische Veranlagung und wissenschaftliche Berufung

Die ursprünglichen beruflichen Pläne Otto von Zwiedinecks waren nicht auf die Wissenschaft gerichtet, sondern auf die Landwirtschaft. Schon in früher Jugend hielt er sich in den Ferien mit Vorliebe auf einem großen Landgute in Ungarn nahe der steirischen Grenze auf, das einem Freunde seines Vaters gehörte. Außerdem versuchte er auch selbst unter Anleitung eines älteren Freundes Gemüsebau zu treiben, und er schreibt dazu: „Die Betriebsmittel für Samen und Dünger, soweit ich diesen von der Straße selbst nicht beschaffte, hatte ich von meinem Taschengeld zu beschaffen, zu dessen rationeller Verwendung mein Vater mich schon beim Eintritt in das Gymnasium dadurch anhielt, daß ich aus meinem Monatseinkommen von zwei Gulden auch meine Beschuhung zu bestreiten hatte. Da mir meine Mutter meine „Bodenprodukte", Spinat, Salat, Rettich, Erbsen abkaufte, hatte ich eine Ertragsrechnung zu führen." Zur Verwirklichung dieses Berufswunsches ist es dann vornehmlich deshalb nicht gekommen, weil einerseits in der Familie kein Vermögen vorhanden war und deshalb keine Aussicht bestand, einmal ein eigenes Landgut zu besitzen, zum anderen aber auch, weil sich während des juristischen Studiums, das zunächst als Vorbereitung auf den landwirtschaftlichen Weg gedacht war, die wissenschaftliche Berufung von selbst durchsetzte.

Der Wunsch, Landwirt zu werden, bedeutete auch aus anderen Gründen einen Widerspruch zu der ursprünglichen Veranlagung Zwiedinecks; denn er war in der Tiefe seines Wesens ein musischer Mensch. Nicht nur in dem Sinne, daß ihn die Musik sein Leben lang begleitet hat, vor allem als Meister auf dem Cello und der Geige, sondern auch im Sinne eines universalen Interesses für Kunst und Dichtung, mit denen er sich ernsthaft befaßte und auseinandersetzte. Anregungen darin erhielt er von beiden Eltern. Sein Vater trat schon mit 12 Jahren im Rahmen eines Musikverein-Konzertes in Graz mit der Darbietung des Violinkonzertes von Mendelssohn auf und war lange Zeit für die künstlerische Laufbahn als Geiger bestimmt[10]. Er veranlaßte den einzigen Sohn Otto schon mit sieben Jahren, Flöte zu spielen und mit 12 Jahren Geige zu üben. Auch mütterlicherseits war die musische Begabung eine Erbanlage. Der Großvater mütterlicherseits, Lehrer Laurenzius Erasmus *Dettelbach,* der in der Zeit von 1735

---

[10] Irene Frincks, Hans von Zwiedineck-Südenhorst, Dissertation Graz 1951.

bis 1780 lebte, war neben seinem Schulamt Chorleiter (Regenschori) und hatte eine Zeit lang das Hausorchester des Fürsten Esterhazy geleitet. In der für die Familie Dettelbach von Hans von Zwiedineck, dem Vater, zusammengestellten Stammtafel ist in einer handschriftlichen Fußnote vermerkt, daß der Großvater Dettelbach mit Mozart und Haydn in freundschaftlichen Beziehungen gestanden habe. Auch ein Sohn des Laurenzius Dettelbach war als Organist in Eisenstädt tätig, komponierte Orgelwerke und Kirchenmusikstücke. Aus den Familienbriefen, vornehmlich zwischen Mutter und Sohn, geht hervor, daß die Mutter auf eine musikalische Ausbildung und seinen ständigen Fleiß großen Wert legte.

In einem Brief vom April 1887, also in seinem 16. Lebensjahr, beruhigt er seine Mutter mit dem Satz:

„Ich besuche weiterhin die Schule, habe meine französischen und meine Cello-Stunden. — Du brauchst also keine Sorge zu haben."

Seine Begeisterung für die Musik und sein Eifer im Üben reichte so weit, daß er schon in jungen Jahren in Konzerten mitwirken konnte. So schreibt er in seiner Selbstbiographie: „In einem Konzert nahm ich drei Jahre später (mit 15 Jahren) mit der „Letzten Rose" von Spohr unter erheblicher Zustimmung des Publikums Abschied von dem kleinen Amaticello, um nach verschiedenen Zwischenepochen, nunmehr seit 45 Jahren, meiner Gagliano dankbar die verdiente Treue gehalten zu haben. Ich habe viele Jahre im Orchester gespielt und dabei das interessante Glück gehabt, unter Dirigenten von Ruf, wie Muck, Ernst Schug, Wilhelm Kienzle, „dressiert" zu werden. Die Hauptsache aber blieb freilich im Kammermusikzusammenspiel, das Sonatenspiel mit Klavier und das Zusammenspiel im Trio und Quartett. — Ich kann mir nichts Trostreicheres und Beruhigenderes denken, als etwa den Dankgesang eines Genesenden in Beethovens Quartett opus 132 — oder — eine von Bachs Solosuiten, wenn das Leben wieder einmal widerwärtig sein will."[11]

Im Nachlaß Otto von Zwiedinecks fanden sich viele Konzertprogramme, in denen er als Cellist mitwirkte. Das war aber nicht die einzige Art musischer Betätigung, zum Beispiel weist ein Programm aus der Festhalle in Karlsruhe vom Februar 1909 aus, daß Professor Dr. von Zwiedineck zunächst im Streichquartett opus 18 Nr. 4 c-moll von Ludwig van Beethoven mitspielte und später Dialektdichtungen „Ernstes und Heiteres in oberbayerischer Mundart" von Karl Stieler vortrug. Dann folgte eine weitere Mitwirkung im Streichquartett opus 96 F-Dur von Anton Dvorak. Literarische und philosophische Interessen haben im Anfang seines Studiums sogar vorgeherrscht. In

---

[11] Gefühltes, Erlebtes, Erkanntes, a. a. O., S. 37.

einem „Absolutorium“ der Universität Graz, unterzeichnet vom Dekan des rechts- und staatswissenschaftlichen Professorenkollegiums, vom September 1894, werden für das I. Semester 1889/90 unter anderen folgende Vorlesungen angeführt: Praktische Philosophie, fünfstündig; Geschichte der Philosophie, dreistündig; Grundzüge der Anthropologie, zweistündig; physikalische Geographie, dreistündig; und Shakespeares Leben und Werke, einstündig. Daneben finden wir nur zwei Vorlesungen seines eigentlichen Studiums, der Jurisprudenz. In seinem Heidelberger Semester stehen neben zwei juristischen Vorlesungen die Allgemeine Musiklehre, Harmonielehre und Kontrapunkt. Im dritten Semester 1890/91 sind sowohl Übungen über das deutsche Volkslied als auch die Hauptlehren der deutschen Reichsgeschichte vertreten. Erst dann treten diese Gebiete mehr und mehr in den Hintergrund, ohne daß sein Interesse daran erlahmt.

Diese künstlerische Veranlagung hat sich in seinem späteren Leben vor allem in der ihm eigenen meisterhaften Sprache niedergeschlagen. Obwohl sein Stil oft sehr gedrängt und mit Gedanken beladen ist, war er nichts weniger als professoral oder feierlich, sondern immer von einer geistvollen Natürlichkeit und ursprünglichen Lebendigkeit. Hin und wieder findet man geradezu barocke Passagen, das heißt einen Reichtum an Variationen, an Verbindungen, an schmückenden Worten und Bildern. Nicht umsonst hat er Goethe als Meister des Worts und der Gedanken so hoch verehrt, und es war zweifellos eine seiner größten Erlebnisse, als ihm die Goethemedaille für Kunst und Wissenschaft verliehen wurde.

Schon in den bisherigen Wiedergaben Zwiedineckscher Ausdrucksweise konnten wir manche Beispiele für die Meisterschaft des Wortes bringen, die ihm zu Gebote stand, ohne allerdings ausdrücklich darauf hinzuweisen. Eindrucksvoll wurde seine Sprachkunst besonders dann, wenn er außerhalb strenger wissenschaftlicher Diktion sich frei ausdrücken konnte, zum Beispiel in seinen Bekenntnissen zur Musik oder in seinen Beiträgen zu Festschriften oder zum Tode berühmter Persönlichkeiten und Kollegen. Nur einen Satz wollen wir stellvertretend für viele andere Bekenntnisse zur Erhabenheit der Musik herausgreifen: „Es wäre eine Lücke in der Reihe jener meiner Tätigkeiten, die mir das Leben erleichtert haben, würde ich nicht Deiner gedenken, edle Musik, die Du mir die Schönheiten, die das Leben mir brachte, noch zu steigern, aber über schwere kritische Stunden auch hinwegzukommen geholfen hast“[12]. Aus der großen Zahl von Nekrologen aus seiner Feder sind es vor allem die Schlußsätze in seinem Nachruf für den Präsidenten der Bayerischen Akademie der Wissenschaften, den be-

---

[12] Gefühltes, Erstrebtes, Erkanntes, a. a. O., S. 36.

rühmten Historiker des germanischen und des deutschen Rechts Heinrich *Mitteis,* in denen der Reichtum seiner Sprache deutlich wird. Sie lauten:

„Heinrich *Mitteis,* den die Musen auf seinem Weg so treu begleiteten, daß es eine müßige Frage ist, welche der ihm besonders gnädigen Klio, Euterpe oder Polyhymnia ihm mehr in den Schoß geworfen hat, den Forscher und geschichtsweisenden Aufheller vergangener Zeiten, haben die Idee der Treue und die wissenschaftlich gewonnene Überzeugung von ihrer Gestaltungskraft in der Welt der Taten, haben ihre Hoheit und ihre Würde, die Schönheit des Treuehaltens in seiner ganzen schöpferischen Lebensarbeit erfüllt. — Offenbar als Mitglied des Thomanerchors gewann er enge künstlerische und menschliche Beziehungen zu dem großen Bachinterpreten Professor Karl Straube, der durch seine selten universale Wissenschaftlichkeit auf den noch zwischen Wissenschaft und Kunst schwankenden Juristen Mitteis eine besonders starke Anziehung ausübte. — Die Erfüllung dieser Aufgabe (Rechts- und Verfassungsgeschichte in harmonischer Zusammenarbeit zu halten) bedeutete nichts geringeres als die Verpflichtung zu grundsätzlicher Universalität. Und diese ist hier ein die Wissenschaftlichkeit Mitteis wesentlich kennzeichnender Zug. Ihm ist an die Seite zu stellen die Überzeugung von der Kontinuität des kulturellen ‚Werdens'."

Ein weiteres Beispiel entnehmen wir seinen Erinnerungen an Lujo *Brentano* anläßlich der 110. Wiederkehr seines Geburtstages im Dezember 1954, in denen es u. a. heißt.

„Brentano war erfüllt von dem Glauben an den Aufstieg der Menschheit zu einer höheren Stufe der Gerechtigkeit. ..." Er sah „die Geschichte der Menschheit wie eine große Bilddarstellung, etwa des Jüngsten Gerichtes, ein Gemälde des Allgemeinmenschlichen in seiner Erhabenheit wie in seiner Erbärmlichkeit oder wie ein ins Riesige übersetztes, Jahrtausende hindurch spielendes Schauspiel Shakespeares." ...

Und so lautet der Schlußsatz:

„Wenn ich daran denke, daß in einer historischen Zeit tiefster Verelendung und Demütigung des deutschen Volkes einer der wertvollsten deutschen Staatsmänner, Ernst Moritz von Arndt, 1806, dem Jahre völliger Hoffnungslosigkeit, geschrieben hat: Ewig soll uns der Mensch, dessen Kräfte der Staat nicht alle binden darf, höher stehen als der Staat, so verpflichtet solche Gesinnung die späteren Geschlechter. Der tiefste Sinn des Kampfes Brentanos für die soziale Entwicklung Deutschlands liegt darin, daß dieser große Kämpfer unablässig dafür gerungen hat, den Arbeiter aus menschenunwürdigen Arbeitsverhältnissen zu befreien. Das bleibt sein unvergessenes Verdienst."

Um schließlich die eigentliche Musikalität der Zwiedineckschen Sprache zur Geltung kommen zu lassen, noch ein letztes Zitat aus einem Nachruf für Hans *Maier,* Ordinarius für Volkswirtschaftslehre und Finanzwissenschaft an der Universität Wien und korrespondierendes Mitglied der Bayerischen Akademie der Wissenschaften, zu seinem Tode im Oktober 1955:

„In Maiers Leben haben sonnige Zeiten mit schwer umwölkten reichlich gewechselt. Fast möchte man in der Art, wie er sich darauf einzustellen wußte, zu dem Schluß kommen, es lebten besonders fühlbar zwei Seelen in seiner Brust. Glaubt man seine vor vier Jahren erschienene Selbstdarstellung als Partitur seiner Lebenssinfonie vestehen zu dürfen, so überwiegen wohl die Sätze, die mit Allegro und Agitato zu überschreiben wären, und man vermißt das Adagio. Wohl wären den Notenblättern kurze Romanzen zu entnehmen, wenn er seiner Lehrer gedenkt, die den Naturburschen liebten und von ihm geliebt wurden, und ebenso bei Erinnerungen an Freunde, wie namentlich den idealistischen Dramatiker und Sänger von Wolfliedern. Die Unterbrechungen in weitaus vorherrschenden Allegrosätzen, die seiner wissenschaftlichen Arbeit und seinem Bemühen um die zerrissene Wissenschaft, für die er letzten Endes doch die Einheit zu erreichen vermochte, und nicht weniger den Fehden galten, die er durchzustehen hatte, führen in ihren fugierten Themen doch zu einem Ausklang in einen Choral mit einem cantus firmus, der der Tapferkeit einer Kampfnatur das letzte Lied sang.“

Diese Lebendigkeit der Sprache ist zugleich Ausdruck einer allgemeinen Vitalität, die sich vor allem in den menschlichen Beziehungen Zwiedinecks zu seiner Umwelt — nicht nur in der Familie, sondern auch im Kollegenkreise und gegenüber seinen Schülern — bei jeder Auseinandersetzung offenbart. Diese Vitalität hat ihm einen kämpferischen Geist verliehen, der bis zur Gereiztheit und zum heiligen Zorn sich steigern konnte, und andererseits eine Fähigkeit der Zuneigung und Liebe für die Menschen, die ihn alle Höhen und Tiefen durchmessen ließ. Nihil humani mihi alienum puto, dieser Ausdruck des Menschlich-Allzumenschlichen gilt für den vitalen Gelehrten Otto von Zwiedineck in jeder Hinsicht nicht nur mit seinem ernsten Hintergrund, sondern auch in seiner heiteren Bedeutung. Die kleine Szene aus der Festschrift für *Alfred Weber,* in der Zwiedineck den Geschäftsordnungsvorschlag Gustav *Schmollers* wiedergibt (nur 55 Minuten pro Stunde an Redezeit für die Brüder Weber), ist ein Beispiel für den humorvollen Sinn, der ihm bei aller Strenge der wissenschaftlichen Auffassung erfüllte. Er hat wiederholt, vor allem im Hinblick auf die Pädagogik an den Universitäten, die Meinung vertreten, daß der Humor der beste Erzieher sei, und in seine Vorlesungen und Übungen manche aufheiternde, entspannende Geschichte einfließen lassen. Der Humor gehört zu seiner vitalen Grundhaltung und findet einen klassischen Ausdruck in einem Wort von Romano *Guardini,* das Zwiedineck in eines seiner Vorlesungsbücher gelegt hatte:

„Er ist voll Erfahrung. Er hat Humor. Wunderbares Ding, der Humor, der alles Menschliche, auch das Unzulängliche und Sonderbare, mit hineinnimmt in die Unendlichkeit der Liebe Gottes, auf eine Lösung hofft, wo

Verstand und Tatkraft keine mehr sehen, und einen Sinn noch dort ahnt, wo Ernst und Eifer ihn längst aufgegeben haben.“

Man hat der Wissenschaft von Wirtschaft und Gesellschaft oft nachgesagt, daß sie, sowohl dem Gegenstand wie ihrer Methode nach, allzu sachlich, ernst und nüchtern sei, auf Tatsachen und Daten, auf Zahlen und Statistiken angewiesen, die keinen musisch begabten und literarisch interessierten Menschen erwärmen oder gar begeistern könnten. *Zwiedineck-Südenhorst ist eines der markantesten Gegenbeispiele gegen diese These. Er war stark genug, die Antinomie von wissenschaftlicher Strenge und künstlerischem Sinn zu überwinden.* In den mehr als fünf Jahrzehnten akademischer Lehrtätigkeit mit weit über hundert Lehrsemestern, in denen er über angeblich so trockene Stoffgebiete, wie theoretische Nationalökonomie, Versicherungswissenschaft und allgemeine und spezielle Statistik, vortrug, ist seine musische Veranlagung lebendig geblieben und täglich einmal erwacht, wenn auch nur dem täglichen einstündigen Spiel auf dem Cello. Er steht damit keineswegs allein. Wir brauchen nur an seine eigenen Worte über die Vielseitigkeit eines Heinrich *Mitteis*, Hans *Maier* und Lujo *Brentano* zu erinnern. Von Brentano, dem Nachkommen einer der berühmtesten Familie der deutschen Literaturgeschichte, berichtet er einmal als einem glänzenden Causeur, wenn er aus der reichen Familiengeschichte von seinem Onkel Clemens, der mit *Goethe* spazierenging, seiner Cousine Claudine *von Arnim* und seiner Tante Maximiliane in Wien in ironisierender Weise erzählte, weil ihre menschlichen Schwächen und Vorzüge in der Literaturgeschichte oft nicht oder falsch gesehen würden. Zumindesten gilt für diese ältere Generation der Wirtschafts- und Sozialwissenschaften, daß ihre universalen Köpfe stark genug waren, wissenschaftliche Berufung und Arbeit mit musischen Anlagen und Interessen in Einklang zu bringen. Vielleicht ist unsere Gegenwart auch unter dem Einfluß der geistigen Entwicklung der Wirtschaftswissenschaften so sehr in die Fragen des Tages und der materialistischen Lebenssicherung verstrickt, daß auch die verantwortlichen Geister der heutigen wissenschaftlichen Arbeit zu einer solchen Synthese nicht mehr die Kraft finden. Jedes Urteil in dieser Hinsicht bedarf aber des Fragezeichens und der Vorsicht, solange seine Berechtigung nicht empirisch erwiesen werden kann.

Zwiedinecks wissenschaftliche Berufung hat, wie wir gesehen haben, sich erst gegen andere starke Neigungen und Interessen (Landwirtschaft, Musik, Literatur und Geschichte) durchsetzen müssen, brach aber dann mit einer Stärke hervor, die alle Hindernisse, die ihm im Wege standen, überwinden konnte. Schon die erste Enttäuschung, die ihm in der Ablehnung seiner Habilitationsschrift durch seinen Lehrer Richard *Hildebrand* widerfuhr, hätte eine weniger starke Persönlichkeit zur Aufgabe veranlassen können. Otto von Zwiedineck aber hielt an dem einmal erkannten Ziel fest und erwartete mit Beharrlichkeit seine Stunde, die nicht mehr in Graz, aber während seiner Tätigkeit an der Wiener Kammer für Handel und Gewerbe kommen konnte und kam. Er hat es dem ausgesprochenen Vertreter der Grenznutzenschule *Böhm-Bawerk,* der damals österreichischer Finanzminister war, und seinem Lehrer *Philippovich* nie vergessen, daß sie trotz des historischen Charakters seiner Arbeit über den Minimallohn sich so intensiv und mit Erfolg für seine Habilitation eingesetzt haben. Auch Lujo *Brentano* hatte Kenntnis von dieser Schrift und ihre Annahme als Außenstehender der Fakultät befürwortet. So erreichte Zwiedineck das 30. Lebensjahr, bis er bei einem zweiten Versuch die venia legendi erreichen konnte. Schon ein Jahr später begann für ihn die erste Aufstiegsphase durch seine Berufung als etatmäßiger außerordentlicher Professor an die Technische Hochschule in Karlsruhe, an der er zehn Jahre später die Ehre eines Rektor Magnificus erleben durfte. Aber erst ein weiteres Jahrzehnt später setzte die zweite Phase einer schnellen akademischen Karriere ein, nachdem er in der Zwischenzeit ohne Erfolg in Berufungsverhandlungen mit acht Universitäten in Deutschland und Österreich und drei Technischen Hochschulen gestanden hatte. Erst nach dem ersten Weltkrieg wurde Zwiedineck als Ordinarius an eine Universität, und zwar nach Breslau, berufen. In einer Beurteilung seiner wissenschaftlichen Qualitäten, die zu dieser Berufung beitrug, heißt es:

„Zwiedineck-Sündenhorst ist ohne jeden Zweifel wissenschaftlich weitaus am bedeutendsten. Seine zahlreichen Arbeiten auf sehr verschiedenen Gebieten zeichnen sich durch Gründlichkeit, Scharfsinn und Unbefangenheit des Urteils aus. Mit besonderer Freude und bestem Erfolg hat er sich namentlich der Sozialpolitik zugewandt. Daß Z. bis jetzt noch keinen Ruf an eine große Universität erhalten hat, obwohl er häufig vorgeschlagen war, u. a. von Leipzig mit an erster Stelle, wird wohl von allen Fachgenossen als ein großes Unrecht empfunden. Es ist für Z. offenbar verhängnisvoll geworden, daß vor vielen Jahren ein Tübinger Professor, der inzwischen schon emeritiert ist, eine Vorlesung von ihm anhörte und daraufhin den Kollegen als schlechten Dozenten kennzeichnete. Demgegenüber lauten aber alle Erkundigungen über seine Lehrbefähigung sehr günstig. Er hat voll besetzte Auditorien, hat auch eine Reihe recht guter Seminararbeiten herausgebracht, obwohl an einer Technischen Hochschule die Nationalökonomie bekanntlich Luxusfach ist.“

Ein Jahr erst war Zwiedineck Mitglied der Rechts- und Staatswissenschaftlichen Fakultät in Breslau, als er einen Ruf auf den infolge des frühen Todes von *Max Weber* verwaisten Lehrstuhl der Universität München erhielt. Das war in zweifacher Hinsicht für ihn eine Lebensentscheidung und zugleich eine der größten Ehren, die zu jener Zeit im deutschen Universitätsleben, wenigstens im Bereich der Wirtschafts- und Sozialwissenschaften, zu vergeben war. Einmal hatte München zu jener Zeit den Ruf der ersten deutschen Universität, sogar vor Berlin. Das Vorlesungsverzeichnis enthielt in allen Fakultäten die glanzvollsten Namen. Wir erinnern nur an die Historiker Hermann *Oncken* und Hans *Joachimsen,* an die Vertreter der Literaturgeschichte Paul *Strich* und Karl *Voßler,* an den Altmeister der Theaterwissenschaft Arthur *Kutscher,* und unter den Wirtschafts- und Sozialwissenschaften an Lujo *Brentano,* dessen Lehrstuhl später Walter *Lotz* einnahm, an Karl *Rothenbücher,* den Schüler *Max Webers,* an *Adolf Weber* und manche andere. Der zweite Grund für die Auszeichnung, die mit dieser Berufung verbunden war, war die Tatsache, daß es sich nicht nur um die Nachfolge *Max Webers* handelte, der das Ordinariat nur eineinhalb Jahre innegehabt hatte, sondern um diejenige Lujo *Brentanos,* der dieser Lehrkanzel eigentlich jene Bedeutung und wissenchaftliche Weite verliehen hat, die für Otto von Zwiedineck 36 Jahre lang eine Verpflichtung bedeutete. Mit Rücksicht auf diese gegenüber den früheren Inhabern längste Zeit, in der er dieses Ordinariat innehatte, wäre es berechtigt, *diesen Lehrstuhl mit dem Namen Zwiedineck-Südenhorst zu verbinden als Vertreter einer dritten Generation ausgeprägter Persönlichkeiten mit eigenen Maßstäben und einer ihr eigenes Leben überdauernden Leistung für die Wissenschaft.*

Während dieser langen Münchner akademischen Lehr- und Forschungstätigkeit erhielt Otto von Zwiedineck wiederholt Berufungen an andere deutsche und ausländische Universitäten. Eine der schwersten Entscheidungen bei diesen Berufungsverhandlungen war die über einen ihm angebotenen Lehrstuhl an der Universität Wien. Daß er schließlich doch ablehnte, ging teilweise auf den Einfluß sehr prominenter Persönlichkeiten und Kollegen zurück, zum anderen erfolgte die Ablehnung aus eigener Überzeugung von der Bedeutung seiner Aufgaben in Deutschland und an einer deutschen Universität. Als Beispiel für die Beeinflussung von Seiten maßgeblicher Kollegen zitieren wir aus einem Brief von Professor Karl *Diehl,* Freiburg, vom Februar 1926:

„Nun komme ich noch auf einen anderen Punkt in Ihrer Karte, nämlich Ihre Verhandlungen wegen der Berufung nach Wien. So sehr ich mich über diesen ehrenvoll Ruf für Sie freue, so möchte ich Sie doch dringend bitten, den Ruf abzulehnen. Wir haben wahrlich in Deutschland Mangel an Vertretern der theoretischen Nationalökonomie mit realistischem Sinn, daß ich sehr bedauern würde, wenn wir Sie an Wien abgeben müßten. Ferner ist es doch Tatsache, daß gerade in Österreich die Nationalökonomen fast alle Theoretiker sind, so daß dort eigentlich mehr Bedürfnis nach anderen Spezialisten wäre. — In Ihrem Falle bewundere ich immer die Vielseitigkeit Ihres literarischen Schaffens, die dabei doch mit gründlicher und liebevoller Vertiefung in jedes einzelne Problem verknüpft ist.“

Der eigene Entschluß, in Deutschland und in München zu bleiben, ergab sich einmal aus dem Umstand, daß das „Haus an der Würm“ in München-Gräfelfing, ein altes, geräumiges ehemaliges Bauernhaus, für ihn eine unentbehrliche Atmosphäre bildete und die Universität München, wie bereits gesagt, den ersten Rang unter den Universitäten deutscher Sprache einnahm. Zum anderen aber war es das Bewußtsein, daß ihm vom Vater mit auf den Weg gegeben war, im Deutschen Reiche als Bindeglied zu Österreich wirken zu sollen, so wie er einmal sich dazu bekannte: *„als deutscher Professor für die Verbesserung der wirtschaftlichen Beziehungen zwischen dem Restösterreich und Deutschland erfolgreich wirken zu können.“* Diese Treue zur Universität München und seine wissenschaftliche Bedeutung wurden im Laufe seines langen akademischen Lebens vielfältig anerkannt und belohnt: durch vier Ehrenpromotionen als Dr. ing. e. h., Dr. jur. e. h., Dr. rer.pol. h. c., und Dr. oec. h. c., als Ehrenbürger der Universität München, als Mitglied der Bayerischen Akademie der Wissenschaften (außerdem war er korrespondierendes Mitglied der Österreichischen und der Ungarischen Akademie der Wissenschaften), als Ehrenmitglied des Vereins für Sozialpolitik und schließlich durch Verleihung der Goethemedaille für Kunst und Wissenschaft sowie des Großen Verdienstkreuzes des Verdienstordens der Bundesrepublik Deutschland. Die internationalen Ehrungen als Ehrenmitglied der Royal Statistical Society, London, und des Internationalen Statistischen Instituts, den Haag, seien nur am Rande erwähnt. Die Universität München hat nach seinem Tode seine wissenschaftlichen und organisatorischen Verdienste sowie die Bedeutung seiner Persönlichkeit durch die feierliche Enthüllung einer Büste in der Halle des Universitätsgebäudes in der Reihe der großen Gelehrten dieser international bekannten Hochschule gewürdigt.

3. Historisches Interesse und theoretische Begabung

Otto von Zwiedineck-Südenhorst ist als Wissenschaftler oft der jüngeren Historischen Schule zugeordnet worden. Dafür gib es in seiner geistigen Entwicklung und wissenschaftlichen Produktivität manche Merkmale, die man als beweiskräftig heranziehen kann. In den meisten Veröffentlichungen aus seiner Feder nehmen die historischen Fakten sowie die historische Analyse einen breiten Raum ein. Das gilt schon für seine Habilitationsschrift über den Minimallohn, aus welchem Grunde er hinsichtlich der Annahme dieser Schrift durch die vorwiegend theoretisch orientierte Faktultät der Universität Wien große Bedenken hatte. In seinen späteren umfangreicheren Veröffentlichungen, vor allem dem Handbuch für Sozialpolitik und der Volkswirtschaftslehre, sind längere Kapitel der historischen Entwicklung und Grundlegung der beiden Disziplinen gewidmet. Ebenso hat das Interesse für Sozialgeschichte und Wirtschaftsgeschichte einen Teil seiner selbständigen Abhandlungen bewirkt und bis in die letzten Jahre seines Lebens ihn noch mit der Wirtschaftsgeschichte des Mittelalters sich auseinandersetzen lassen.

Dieses historische Interesse ist nicht nur aus eigenen Quellen hervorgegangen und gespeist worden. Otto von Zwiedineck war sozusagen mit dem geschichtlichen Aspekt belastet. Schon sein Großvater hatte sich als K. u. K. Oberst und als Professor an der Artillerie-Hochschule in Wien für historische und technische Fragen interessiert. Sein Vater, Hans *von Zwiedineck-Südenhorst,* hatte seit dem Jahre 1885 den Lehrstuhl für Neuere und Neueste Geschichte an der Universität Graz inne und hat eine Reihe bedeutender historischer Werke, zum Beispiel über die Republik Venedig im Zeitraum des 30jährigen Krieges, über deutsche Geschichte im Zeitraum der Gründung des preußischen Königstums und über die Geschichte der Großmächte veröffentlicht. Sein Hauptarbeitsgebiet als Autor waren, genau wie bei seinem Sohn, nicht die Buchveröffentlichungen über große Probleme und besondere historische Zeiträume, sondern Monographien über bedeutende Persönlichkeiten der Geschichte; insbesondere waren es die Mitglieder des habsburgischen Kaiserhauses, denen er einen Teil seiner Forschungen und schriftstellerischen Arbeiten gewidmet hat, zum Beispiel über Leopold II. und Erzherzog Johann. Im Nachlaß seines Sohnes fand sich ein Vertrag mit den *Erzherzögen Friedrich und Eugen* vom März 1901 über ein dreibändiges Werk unter dem Titel: „Erzherzog Karl, des Heiligen Römischen Reiches Feldmarschall und Östereichischer Generalissimus". Dieses Werk sollte Leben und Wirksamkeit des Habsburgers mit der Geschichte seiner Zeit verbinden und der Bedeutung des Erzherzogs als Reformator der österreichischen Armee und als Heerführer ein bleibendes Denkmal setzen. Die Bearbeitung war auf sechs bis acht Jahre geplant. Infolge des unerwartet frühen Todes des Vaters im Jahre 1906, nach einer mehrjährigen schweren Krankheit, ist es zur Ausführung dieses monumentalen Geschichtswerks nicht mehr gekommen. Für die Bedeutung Hans von Zwiedinecks spielt die Anerkennung des großen Historikers Karl Lamprecht in der Vorrede zum 9. Band seiner „Deutschen Geschichte"[13] eine große Rolle: „Er war nicht bloß ein Gelehrter, was eine leichte Sache ist, sondern ein Mann. — Möchte die Nation seine „Deutsche Geschichte des 19. Jahrhunderts" nicht vergessen."

Professor Hans von Zwiedineck hatte nach einem schweren Weg über die Stelle eines Lehrers an der Landesoberrealschule in Graz und als Leiter der Landesbibliothek erst im letzten Drittel seines Lebens

[13] Zitiert nach Irene Frinks, Hans von Zwiedineck-Südenhorst, a. a. O.

die akademische Laufbahn erreicht, nach der er viele Jahrzehnte gestrebt hatte. Eine ordentliche Professur wurde ihm erst kurz vor seinem Tode zuerkannt. Gleichwohl hatte er als Historiker einen über Österreichs Grenzen hinaus bedeutenden Namen. Seine außerordentliche Aktivität befähigte ihn dazu, sich neben seinen beruflichen und schriftstellerischen Verpflichtungen organisatorisch stark zu engagieren. So begründete er den „Historischen Verein der Steiermark“ und empfand es als eine besondere Ehre, im September 1896 die Vierte Versammlung der gesamtdeutschen Historiker als erster gewählter Vorsitzender zu eröffnen und zu präsidieren. Unter den Teilnehmern dieser Tagung finden sich Namen, die sowohl in der Geschichtswissenschaft wie in den Sozialwissenschaften einen besonderen Klang hatten oder erhielten, zum Beispiel Friedrich *Meinecke,* damals noch Privatdozent und Kgl. Archivar, die Professoren Gustav *Schmoller,* Friedrich *von Wieser* und Georg Friedrich *Knapp* als maßgebliche Vertreter der Historischen Schule, ferner die beiden später bekanntgewordenen Wirtschafts- und Sozialhistoriker Eberhard *Gothein* und Karl *Grünberg* als Privatdozenten aus Bonn und Wien. Bei der 7. Versammlung dieses Verbandes im April 1903 in Heidelberg waren beide, Vater und Sohn von Zwiedineck-Südenhorst, als Professoren unter den Teilnehmern vertreten. An weiteren bedeutenden Namen der Sozialwissenschaft und der Geisteswissenschaften entnehmen wir der Teilnehmerliste, daß die Professoren *von Schulze-Gävernitz,* Heinrich *Sieveking,* Werner *Sombart,* Ernst *Troeltsch,* Walter *Troeltsch* und *Windelband* zugegen waren. Daß unter so vielen teils bereits anerkannten, teils erst sich entwickelnden Koryphäen der Wissenschaft der Vater Hans von Zwiedineck einmal den Vorsitz des gesamtdeutschen Verbandes innehaben konnte, bedeutete zweifellos eine außergewöhnliche Anerkennung seiner wissenschaftlichen und organisatorischen Leistung. Als Reorganisator des kulturhistorischen Museums am Johaneum in Graz, als Vorsitzender der historischen Landeskommission zur Erforschung und Bearbeitung der steirischen Landesgeschichte, als Mitglied der Wiener Kommission für neuer Geschichte sowie als Redakteur und Herausgeber einiger Zeitschriften, zum Beispiel der „Monatshefte für Theater und Musik“, der „Österreichischen Gartenlaube“, der von der Deutschen Partei in der Steiermark herausgegebenen „Deutschen Zeitung“ und der „Steirischen Zeitschrift für Geschichte“ offenbarte er eine Vielseitigkeit des geistigen Schaffens, die manche Parallele zu der Vielseitigkeit und Produktivität des Sohnes enthielt. Jedenfalls hat sich dieses eminente historisch-wissenschaftliche Interesse des Vaters auf den Sohn ausgewirkt und eine Zeit lang seinen wissenschaftlichen Weg stark beeinflußt. Das wird umso leichter verständlich, als zwischen Vater und Sohn immer ein herzliches Einvernehmen bestand. Zum

24. Februar 1902, dem 31. Geburtstag des Sohnes, der kurz nach seiner Ernennung zum etatmäßigen außerordentlichen Professor an der Technischen Hochschule Karlsruhe gefeiert wurde, schrieb der Vater in seiner Begeisterung:

„Lieber Otto! Hurra! Glück und Segen auf den neuen Wegen rufe auch ich Dir zu. Die Geburtstagsfeier wird Dich wohl überzeugen können, daß Dein Stern nicht der dunkelste ist. Allen Fleiß und alle Tüchtigkeit in Ehren, aber Glück, viel Glück ist auch dabei. Möge dieses wie Deine Tüchtigkeit vorhalten! Alles weitere wird sich finden. Es gleicht sich doch vieles aus in den Menschenschicksalen, wie mir scheint auch Deinem und meinem.
Ich lasse mir's aber nicht nehmen, wie ich Euer Liebden, dem ich bald als Oberkollegen den Vortritt werde lassen müssen, kenne, haben Euer Liebden schon mehr gewußt, als uns gesagt wurde.
Morgen schreibe ich Bücher, das heißt an Bücher.

In aufrichtigster Freude

Dein Vater".

Über den Einfluß der Universitätslehrer auf das historische Interesse Otto von Zwiedinecks haben wir bei der Behandlung seines sozialpolitischen Denkens schon ausführlich gesprochen. Es genügt, die Namen von Richard *Hildebrand, Philippovich,* Karl *Bücher,* Lujo *Brentano* ins Gedächtnis zu rufen und weiterhin an Gustav *Schmoller,* Adolf *Wagner,* Werner *Sombart,* und Heinrich *Herkner* zu denken, mit denen er viele Jahre und teilweise Jahrzehnte innerhalb und außerhalb des Vereins für Sozialpolitik zusammenarbeitete. Lange Zeit hat Zwiedineck sich zu diesem Kreise der sogenannten „Kathedersozialisten" zugehörig gefühlt, in denen die historische Forschung der Wirtschafts- und Sozialgeschichte sowie die sozialpolitische Überzeugung Anfang und Ende ihres Denkens bildeten.

Trotz dieser schwerwiegenden Beweisgründe ist von vielen Seiten, unseres Erachtens mit Recht, betont worden, daß Zwiedineck nicht der Historischen Schule zugeordnet werden kann, und zwar aus verschiedenen Gründen. Zunächst ist sein literarisches Schaffen sowie seine Forschungsarbeit zumindest in dem gleichen Umfange theoretischen Problemen zugewandt wie historischen und sozialpolitischen Fragen. Die Reihe der ökonomischen und soziologischen Gesetze, die in seinen Schriften entwickelt wurden, zum Beispiel das Gesetz der zeitlichen Einkommensfolge oder das Gesetz des abnehmenden Ertrages sozialpolitischer Arbeit, sind das Ergebnis tiefgründiger wissenschaftlicher Forschung mit einer logischen Strenge, wie sie bei den Hauptvertretern der Historischen Schule kaum anzutreffen ist. Zwiedineck war überzeugt von der Notwendigkeit der reinen Theorie unter Ausschaltung aller politischen und gefühlsmäßigen Versuchungen. In seiner Rede „Von den Grundlagen der sozialen Bewegungen und vom Schicksal der deutschen Nationalökonomie“, die er am 24. Februar 1938, an seinem 67. Geburtstage, als Abschiedsvorlesung hielt, hat er zu dieser Strenge des wissenschaftlichen Denkens ein eindeutiges Bekenntnis abgelegt[14]:

„Wie steht es nun mit der Nüchternheit, Trockenheit und Kälte jener theoretischen Arbeiter, die sich in jahrelanger Arbeit mühten, die Entstehung der Preise, die Kapitalbildung, die Problematik der Zinshöhe, überhaupt die Zinserscheinung, zu durchdringen und zu durchleuchten. Sind sie wirklich gefühlsfremde Trockenpeter, ohne Sinn für das pulsierende Leben des Alltags?

Ich sehe diesen Zusammenhang von einer anderen Seite ... und stelle die Frage: Was erwartet eigentlich der Staat, was die Lenker von Staaten, das Volk, von den Wirtschaftswissenschaftlern? Wollen sie von uns unsere politische Meinung oder gerade jene Leistung, die ihnen fern liegt, ja fern liegen muß, weil sie ein viel zu großes Quantum an Kraft und Zeit, weil sie eine ganze Lebensarbeit für sich voraussetzt, nämlich das Nichts-als-Wissenschaftliche?

Meines Erachtens geht es beim Gelehrten um die spezifische, seiner Stellung in der arbeitsteiligen gesellschaftlichen Gliederung des Volkes entsprechende Qualität, das, was er von den anderen voraus hat, und das ist die Wissenschaft. Es geht um seine Pflicht, dem Gemeinwohl als Wissenschaftler mit allen Fasern zu dienen und es geht dabei um die harte, eherne Notwendigkeit, alles Gefühlsmäßige, alles Schwanken des leichtbewegten Herzens auszuschalten, Herr darüber zu werden und alle Kräfte, die auf das Erkennen gerichtet sind, frei zu halten von einem Wunschleben. Es geht um eine eherne Notwendigkeit, die uns das Gesetz der Logik und Erfahrung auferlegt.... *Den Anspruch, als ehrlicher Wahrheitssucher gewertet und behandelt zu werden, muß jeder das Recht haben, wenn er nur die Demut des Erkennens in sich trägt, daß die späteren Geschlechter über ihn und noch Größere hinauswachsen werden.*“

Ein weiterer Grund, der eine einseitige Festlegung Otto von Zwiedinecks auf eine Schulrichtung innerhalb der Wissenschaft verbietet, ist die Methode seines wissenschaftlichen Arbeitens. Für ihn standen Abstraktion und Wirklichkeit immer gleichberechtigt nebeneinander. Wenn er im Interesse der Erkenntniserweiterung ein neues Problem zu untersuchen begann, so orientierte er sich zuerst anhand von Tatbestandsaufnahmen durch empirisch erhobenes Material darüber, was der Gegenstand selbst und sein realer Hintergrund zu der Frage auszusagen wußte, erst dann begann für ihn der Prozeß, durch zunehmende Abstraktionen von den zeitgebundenen Komponenten des Problems das Gesetzmäßige herauszuschälen. *Sein Forschungsweg war also ausgesprochen induktiver Natur, und in dieser Hinsicht unter-*

---

[14] Zitiert nach dem Originaltext in seinem Nachlaß.

schied er sich von den meisten Theoretikern der Sozialwissenschaften der damaligen Zeit, insbesondere der Grenznutzenschule. Er unterschied sich aber auch hier von den Vertretern der Historischen Schule, obwohl auch sie induktiv arbeiten, weil er mit historischer Quellenforschung und der Analyse der gefundenen Fakten sich nicht zufrieden gab, sondern immer versuchte, den theoretischen Extrakt zu gewinnen, der allein für ihn geeignet war, unsere wissenschaftlichen Erkenntnisse zu vermehren und zu erweitern. In dieser Methode des Arbeitens und Denkens ist er mehr mit Albert *Schäffle, Max Weber* und Vilfredo *Pareto* zu vergleichen als mit den Vertretern der Historischen Schule. Ebensowenig wie man — trotz seines ausgesprochenen Sinnes für historische Forschung und für realsoziologische Untersuchungen — *Max Weber* der Historischen Schule zuweisen kann, weil sein geniales typologisches Denken Ergebnis eines sauberen wissenschaftlichen Abstrahierens ist, ebensowenig kann man Otto von Zwiedineck der Historischen Schule oder irgendeiner anderen zuordnen, und das hat noch einen besonderen Grund, den wir an dritter Stelle kurz behandeln müssen.

Schon die bisherigen Einblicke in das Leben und Denken Zwiedinecks über Mensch und Gesellschaft zeigen mit aller Deutlichkeit seine umfassende Bildung und Begabung. Beginnend mit den Einflüssen des Elternhauses, insbesondere des Vaters, die auf Vielseitigkeit der Interessen und eines entsprechnden Wissens ausgerichtet waren, und ausgehend von seiner vielseitigen Begabung, in der das Praktische genauso viel Bedeutung hatte wie das theoretische Interesse, in der musische, literarisch, geisteswissenschaftliche und naturwissenschaftliche Neigungen nebeneinander sich entfalten konnten, bis hin zu dem breit angelegten Studium, für das wir einige Proben aus seinen ersten Semestern geben konnten, und schließlich bis zu der Vielseitigkeit seines wissenschaftlichen und literarischen Schaffens, zieht sich ein das ganze Leben beherrschender Trend universaler Schau mit einem entsprechend polyhistorischen Fundament. Dabei war er keineswegs ein ehrgeiziger Polyhistor, ebensowenig wie man ihn mit Unrecht als Eklektiker bezeichnet hat; denn in beiden Begriffen fehlt die für Zwiedineck entscheidende geistige Komponente: die Kraft einer Zusammenschau und Zusammenfassung einer Vielfalt von Fakten und Gedanken, die seine gesamte geistige Produktivität beherrscht. *Seine Methode ist die Integration aus Vielfalt, weil ihm die Fähigkeit zu eigen ist, die unterschiedlichsten Fragenbereiche als Einheit zu sehen.* Karl *Diehl* hat das einmal in einem Briefe aus dem Jahre 1932 in folgender Weise zum Ausdruck gebracht:

„Ich habe zu meiner Freude gesehen, in wie durchaus origineller und persönlicher Weise Sie den Stoff bemeistern. Das ist ein wohltuender Gegensatz zu dem stark eklektischen Charakter, den manche derartige Grundrisse aufweisen. ... Die Art, wie Sie immer die Brücke schlagen zu anderen Auffassungen und Methoden, gefällt mir sehr gut."

Nicht Vielwisserei und der Grundsatz: Wer vieles bringt, wird manchem etwas bringen, war Otto von Zwiedinecks Auffassung vom wissenschaftlichen Beruf, sondern eine umfassende Weite, eine Weite der Übersicht, Höhe der Warte und Tiefe der Einsicht. Insofern war er alles andere als ein Mitläufer der Zeit oder ein Epigone wissenschaftlicher Schulen, sondern ein Vorläufer, ein Bewahrer und, wenn man diesen Begriff im wissenschaftlich strengen Sinne gebrauchen darf, ein Prophet des Geistes. Hätte er diese für das Unwesentliche blinde, für das Wesentliche aber seherische Kraft nicht besessen, so wäre ihm nicht zu Lebzeiten und auch nach dem Tode der Ehrenname eines Nestors der Sozialwissenschaften zugesprochen worden.

4. Anthropozentrische Grundhaltung und wissenschaftliche Strenge

Das vierte Gegensatzpaar unserer Analyse von Zwiedinecks Leben und Denken über Mensch und Gesellschaft bildet eigentlich den Mittelpunkt seiner Persönlichkeit und seiner wissenschaftlichen Aktivität. *Seit seinen sozialen Früherlebnissen in London, in Graz und im Waldviertel ist das homo sum die Basis seines Lebens und seiner Aufgabe im Beruf.* Diese Grundhaltung hat ihn eigentlich zur Verbindung der Lehren von Wirtschaft und Gesellschaft geführt. Es war sein Ziel, Mensch und Wirtschaft, Mensch und Gesellschaft, die infolge der Theoretisierung und Mathematisierung der Wirtschaftswissenschaften sowie infolge der universalistischen Lehre von Othmar *Spann,* in der dieser einen unvereinbaren Gegensatz zwischen Individualismus und Kollektivismus entwickelte, als Polarität behandelt wurden, wieder als Einheit zu erkennen. Zunächst hat Zwiedineck dabei seine anthropozentrische Auffassung sozialpolitisch und weltanschaulich vertreten. In der Einleitung zu seiner großen Abschiedsvorlesung aus dem Jahre 1938 entwickelt er unter Zusammenfassung einer weitreichenden historischen Rückschau den Gedanken, daß schon seit vier Jahrtausenden, seit dem orientalischen Großkönigtum, die Beherrschung von Menschenmassen auf Mißachtung und Verachtung des einzelnen Menschen aufgebaut war. Er zog daraus die schon in der Antike geltende Schlußfolgerung, „daß das Volksganze gefährdet sein kann, wenn der Staat sich um das Schicksal des Einzelnen nicht kümmert, und wenn infolgedessen soziale Bewegungen aufkommen". Dadurch verbindet er die individualistische Betrachtungsweise mit der sozialen Dynamik in der Geschichte bis zu einer Art von kollektivistischer Denkweise. Von dieser historischen Perspektive muß man jederzeit ausgehen, um den Zwiedineckschen Gedankenweg bis zu seiner soziologisch fundierten Sozialpolitik, bis zu seiner Theorie des Wirtschaftens und der gesellschaftlichen Beziehungen zu verstehen.

Erst in einem späteren Stadium seiner wissenschaftlichen Arbeit hat er eine umfassende Lehre vom Verhalten des Menschen entwickelt. *Der Mensch und sein Verhalten wurde gewissermaßen sein Generalthema,* insbesondere, um die Rätsel seiner wirtschaftlichen Entscheidungen und seiner sozialen Natur als gesellschaftliches Wesen zu klären. Damit wollte er sich von dem gefühlsbetonten Humanitätsdenken für eine rein wissenschaftliche, ökonomische und soziologische Anthropologie freimachen. In seinem letzten Lebensbericht, den wir wiederholt zitiert haben, heißt es:

„Es ändert an diesem gefühlsbedingten Tatbestand nichts, daß die Entwicklung der wirtschaftlichen und sozialen Grundlagen in einen anderen neuen Aufgabenkreis führte, aber die Welt der Gefühle ist eben nur eine Komponente in dem soziologischen Kräftepolygon, in dem das Schicksal geschmiedet wird. Und es ist wohl eine Gesetzmäßigkeit biologischer Natur, daß die Geltung dieser Komponente im Lauf des Berufslebens immer mehr gegenüber anderen Komponenten zurücktritt. Auch darüber darf man sich keinen Illusionen hingeben: Neigung, Anlage, Fähigkeiten für irgendeine Berufstätigkeit, wirtschaftliche Interessen, persönliche Beziehungen und wieviel Zufälle sind in diesen Polygon zumeist von vornherein stärker als Gefühle, also auch als die Heimatliebe, die uns an Land und Menschen fesselt. So hat auch in meiner Berufswahl das sozial-wirtschaftliche Interesse sich durchzusetzen vermocht."

Man erkennt aus diesen Worten, daß der Mensch für ihn sowohl das rätselhafte Wesen als auch eine allgemeine biologische, psychologische, ökonomische und soziologische Kategorie in der Mitte seines wissenschaftlichen Interesses war. Weil er unter diesen verschiedenen wissenschaftlichen Aspekten die Komplexität des Menschen erkannte, war er sich bewußt, daß dieses wissenschaftliche Problem von einer Einzeldisziplin aus nicht auszuschöpfen war.

Von dieser Überzeugung ausgehend, hat er sich mit dem für die Nationalökonomie seinerzeit und auch heute noch gültigen Begriff des „homo oeconomicus" kritisch auseinandergesetzt und die Schwächen der klassischen Konstruktion dadurch aufzuzeigen versucht, daß er ihn, wenigstens nach den Theorien der Klassiker, als eine Fiktion bezeichnete. Wir zitieren aus seinen Ausführungen[15]:

„Denn die Fiktion des klassischen homo oeconomicus bestand ja nicht nur in der Annahme, ‚als ob' alle Wirtschafter sich von ihrem Eigennutz bestimmen ließen, sondern die Fiktion erstreckte sich auch darauf, daß der Eigennutz bei allen Wirtschaftern in gleicher Stärke vorhanden sei und von allen mit gleicher Kraft verfolgt wird. Diese Annahme ist aber nun

---

[15] Der Begriff homo oeconomicus und sein Lehrwerk. Jahrbücher für Nationalökonomie und Statistik, 1934, S. 513 ff.

und nimmermehr wirklich, sondern die ungeheure Verschiedenheit der wirtschaftenden Menschen bewirkt eine entsprechende Mannigfaltigkeit in der Stärke ihres Eigennutzes an sich. In der Energie, in der sie diesen zu erreichen suchen — und gewiß nicht am wenigsten — in der Ausstattung mit Mitteln, die ihnen zur Verfolgung ihres Eigennutzes zur Verfügung stehen."

Die einzige Konzession, die er einem abgewandelten Begriff des homo oeconomicus zu machen bereit ist, besteht darin, daß er nur als eine formale Kennzeichnung zu rechtfertigen sei:

„Der homo oeconomicus ist der Mensch, der den Aufgaben gerecht wird, die im Wirtschaften gestellt sind, der Mensch, der in allen wirtschaftlichen Angelegenheiten den Begriff des Wirtschaftens entsprechend handelt. Der homo oeconomicus ist damit allerdings auch ‚ein Begriff auch der reinen Vernunft'."

Aber schon in einem der nächsten Sätze schränkt er diese Konzession in einem entscheidenden Sinne wieder ein:

„Der Mensch muß nicht nur im eigenen Interesse, sondern auch im Interesse des Staates, des Volksganzen, dem er angehört, Mittelvergeudung vermeiden. — Es ist also durchaus kein bloß individualistischer Zug, mit dem der Begriff des homo oeconomicus wesentlich gekennzeichnet wird, sondern er ist gesamtwirtschaftlich bedingt."

Für Zwiedineck war der homo oeconomicus nur ein unvollkommener oder, besser gesagt, ein unvollständiger Mensch, ihm galt es, den Menschen im ganzen zu sehen, so wie er ist, und ihn nicht in einen ökonomischen Torso zu verwandeln.

Die Ablehnung des homo oeconomicus war eine natürliche Folge eines anderen Grundgedankens Otto von Zwiedinecks über das Verhalten des Menschen: daß der Mensch mit seinem Willen keine Konstante ist, sondern sich in ständiger Bewegung befindet. Diese soziale Dynamik des Menschenlebens ergibt sich schon aus seinem Gang durch die verchiedenen Altersstufen, aus seiner sozialen Umwelt, angefangen von der Familie, als der kleinsten Gruppe, über Beruf und Betrieb bis hin zu den größeren sozialen Einheiten der Gesellschaft. Und nicht zuletzt waren für ihn die psychischen und sozialen Bedingtheiten und Verhältnisse, in die er hineingeboren wird und mit denen er fertig zu werden hat, Grundlage einer ständigen Wandlung. *Darin liegt eine weitere scharfe Verneinung der Berechtigung von Theorien, die den Menschen als eine feste Größe in ihr System einbauen.* Es kann angenommen werden, daß Zwiedineck zu dieser Grundauffassung vom sich wandelnden Menschen auch durch die Berührung mit der Grenznutzenschule angeregt wurde, und zwar sowohl in positivem wie in negativem Sinne. Im positiven Sinne, weil die Grenznutzenschule, im Gegensatz zur Klassischen Schule, den Menschen und seine Entscheidungen bei seinem wirtschaftlichen Handeln wieder in den Mittelpunkt der wirtschaftswissenschaftlichen Lehre stellte, im negativen Sinne, weil die Grenznutzenschule aus dieser Erkenntnis ein System bereitete, das den Menschen zu einer Funktion des Nutzendenkens erniedrigte, und damit somit wieder zu einer homo oeconomicus. Mit Rücksicht auf diese von den Gedanken anderer Wissenschaftler, sei es der Historischen oder der Grenznutzenschule, unbeeinflußte Denkweise muß man diese anthropozentrische Lehre Zwiedinecks als den Denkweg eines Einzelgängers zu den zentralen Fragen der Wirtschafts- und Sozialpolitik anerkennen, einen Weg, der in seiner Auswirkung viele Kollegen und zahlreiche Schüler zu selbständigem Mitdenken zwang.

Um die volle Bedeutung dieser anthropozentrischen Grundauffassung zu erkennen, wollen wir einen eigenen Gedankengang einschalten, aus dem die Stellung Zwiedinecks in der Entwicklung des humanwissenschaftlichen Denkens deutlich wird. Dieser Gedankengang wurde vom Nachlaßbearbeiter im theoretischen Teil seines Buches „Der Neue Betriebsstil" in größerer Ausführlichkeit und mit einer materialmäßigen Fundierung entwickelt, worauf wir an dieser Stelle verweisen[16]. *Leitfaden dieses Gedankenganges ist die Wandlung der gesellschaftlichen Ordnungsprinzipien im 19. und 20. Jahrhundert.* Diese Wandlung wird zunächst in folgender Reihe gesehen: In der vorindustriellen Gesellschaft herrschte das *Traditionalprinzip,* dessen Grundlage das Geburtsprinzip war, das heißt: Tradition und Herkommen waren für die Stellung des Menschen in der Gesellschaft entscheidend. Sie bestimmten in der Regel seinen Beruf, seine soziale Umwelt und seine ökonomischen Verhältnisse. Die Sozialstruktur der Gesellschaft war durch die Gliederung nach Adel, Militär, Geistlichkeit und Bürgertum im Groben festgelegt. Dieses Traditionalprinzip wurde in der ersten Hälfte des 19. Jahrhunderts infolge der Liberalisierung des Geistes- und Wirtschaftslebens durch das Leistungsprinzip abgelöst, das es auch dem Nichtangehörigen der bis dahin herrschenden Stände ermöglichte, aus der durch Geburt und Tradition vorgegebenen Situation auszubrechen und zu Vermögen, Rang und Ansehen zu gelangen. Als Beispiel diene der Hinweis auf die breite Schicht der Unternehmer, die im Verlauf der zweiten Hälfte des 19. Jahrhunderts sich zu einer der führenden Schichten in Volk und Staat durchsetzten. Die sozialen Folgen dieses *Leistungsprinzips,* die Verelendung und Proletarisierung der Massen in Verbindung mit der in der modernen Technik und Industrie hervorgerufenen physischen und psychischen Gefährdung des Menschen, bildeten den Anlaß zum Durchbruch eines neuen gesellschaftlichen Ordnungsprinzips, das wir als *Sozialprinzip* bezeichnet haben. Damit ist nicht gesagt, daß das Leistungsprinzip aus

[16] O. Neuloh, Der neue Betriebsstil, Tübingen 1960.

der wirtschaftlichen und gesellschaftlichen Dynamik ausgeschieden wurde, vielmehr bildete das Sozialprinzip, manifestiert in einer Fülle von Gesetzen der Sozialversicherung und in Maßnahmen der Sozialpolitik, die Bannmeile für die Auswirkungen des Leistungsprinzips. Es war das Erwachen des sozialen Gewissens, nicht ohne Einfluß der zunehmenden sozialen Bewegung, das sich in der Durchsetzung des Sozialprinzips dokumentierte. Der fast unübersehbare Raum institutioneller Sozialpolitik, der seit den 80er Jahren, das heißt seit der Bismarckschen Sozialgesetzgebung, sich zuerst in Deutschland und dann in der übrigen Welt mit zahlreichen Ämtern und sozialen Organisationen bis hin zu den Arbeitsämtern und -ministerien gefüllt hat, ist der positive Niederschlag der Auswirkungen der Sozialpolitik.

Schon in der Zwischenzeit zwischen den beiden Weltkriegen und erst recht in der Zeit seit 1945 hat sich immer deutlicher erwiesen, daß das Sozialprinzip allein nicht in der Lage ist, die Ordnung der Gesellschaft zu sichern. Die ökonomische Sicherung der Menschen und ihres Zusammenlebens ist eine zu schmale Basis für eine langfristige Stabilisierung der Sozialordnung, ebenso wie der homo oeconomicus eine zu schmale theoretische Grundlage für eine Verhaltensweise des Menschen als soziales Wesen ist. Aus dieser Erkenntnis hat sich die Notwendigkeit ergeben, das Verhalten des Menschen als eine komplexe Ercheinung und anthropozentrisch zu erfassen und zwar unter drei verschiedenen Aspekten. Erstens: den Menschen als Träger und Mittelpunkt von Wirtschaft und Gesellschaft zu sehen, dem beide zu dienen haben, also nicht als Objekt, sondern als Subjekt des wirtschaftlichen und sozialen Geschehens. Zweitens: die Individualnatur des Menschen durch alle Lebensalter hindurch zu fördern, insbesondere im Bildungs- und Berufsleben. Drittens: die Sozialnatur des Menschen, als Gemeinwesen in Familie, Beruf, Betrieb, Nachbarschaft, Gemeinde, Staat und Volk zu pflegen. Diese komplexe Auffassung einer anthropologischen Lehre kann, in die Reihe der gesellschaftlichen Ordnungsprinzipien übertragen, mit *Humanprinzip* bezeichnet werden. Im Rahmen einer von diesem Prinzip primär gestalteten Ordnung ist der Mensch weder als homo oeconomicus noch als homo sociologicus noch in einer anderen Einzelperspektive zu sehen, sondern als homo humanus.

Wenn wir soziale Herkunft, geistige Entwicklung und gesellschaftliche Stellung Otto von Zwiedinecks auf diese Reihe der Ordnungsprinzipien projizieren, so können wir zweierlei feststellen: Einmal ist sein Leben und Denken über Mensch und Gesellschaft eine geradezu klassische Demonstration dieser Reihe; denn, ausgehend von seiner Herkunft aus einer adeligen Familie, durch deren gesellschaftliche Stellung er manche Vorteile hatte, ist er aus eigenem Entschluß über ein Leistungsprinzip, das er nicht nur für sich, sondern auch für die

Gesellschaft und ihr Funktionieren als notwendig anerkannte, zu einem Bekenntnis des Sozialprinzips als Grundlage einer neuen Gesellschaftsordnung vorgedrungen, in der das von ihm so frühzeitig erkannte Massenelend, vor allem der industriellen Arbeiterschaft, „die Wucht des Grauens“ unmöglich gemacht wurde. Bei diesem Ordnungsprinzip aber handelte es sich immer noch um die Aufgabe, „de sauver les misérables“, aber noch nicht um den ganzen Menschen und um die Gesamtordnung der Gesellschaft.

So gelangte Zwiedineck zu einer umfassenden Lehre vom Verhalten des Menschen als homo humanus, obwohl er diesen Begriff nie selbst verwendet hat, *und zur soziologischen Grundlegung der Sozialpolitik als einer Gestaltung des Gesellschaftsganzen nach dem Humanprinzip,* wie wir jetzt sagen können. Otto von Zwiedineck ist damit, daß er den Menschen als Träger und Zweck aller wirtschaftlichen und sozialen Maßnahmen ansah und daß er die Verbindung dieser Funktion mit der Gesamtordnung der Gesellschaft ohne den Rest eines Gegensatzes geistig bewältigte, zum ersten Vertreter des Humanprinzips als Ordnungsprinzips der Gesellschaft geworden.

Die Frage erscheint berechtigt, wie sich eine solche repräsentative Bedeutung mit der wissenschaftlichen Strenge vereinbaren läßt, die Zwiedineck, wie wir nachgewiesen haben, immer als erstes Gebot wissenschaftlichen Denkens aufgefaßt und praktiziert hat. Dazu ist zweierlei zu sagen. Einmal steht hinter der Auffassung von einer Antinomie anthropozentrischer Grundhaltung und wissenschaftlicher Strenge die Meinung, daß das Humanprinzip eine sozialpolitische Forderung sei und deshalb mit der Objektivität sozialwissenschaftlicher Denkweise nicht zu vereinbaren sei. Diese Auffassung ist irrig, denn das Humanprinzip ist nicht aus einer weltanschaulichen oder subjektivistischen Auffassung der Gesellschaftsordnung entstanden, sondern sowohl historisch wie theoretisch abgeleitet worden, ebenso wie Zwiedinecks anthropozentrische Grundhaltung. Beide sind Ergebnisse einer intensiven Erforschung des geschichtlichen Ablaufs der gesellschaftlichen Ordnung und einer ebenso intensiven Beobachtung der Wirklichkeit. Dieser Realitätssinn, der alle wissenschaftlichen Arbeiten Otto von Zwiedinecks auszeichnet, ist längst als eine wissenschaftlich einwandfreie Methode der Erforschung und theoretischen Durchdringung der wirtschaftlichen und soziologischen Probleme anerkannt worden, so daß selbst die strengsten Theoretiker der Sozialwissenschaften heute die Erforschung des menschlichen Verhaltens als eine Voraussetzung realitätsnaher Theorien ansehen, als eine Bedingung für die Entdogmatisierung der sozialwissenschaftlichen Forschung. In diesem Kampf für realistische Theorie in Zeit und Raum, in denen sich die Wirklichkeit vollzieht, ist Zwiedineck einer der ersten Pioniere gewesen, deren Saat in den Acker der empirischen Sozialforschung erst heute nach 50 Jahren durch die intensive Tatsachenerforschung der Nachkriegszeit, insbesondere in der Betriebssoziologie und durch ein immer tiefer dringendes Durchfurchen des Beziehungsfeldes Mensch und Gesellschaft aufgeht. Gerade durch die Verbindung von anthropozentrischer Grundhaltung und wissenschaftlicher Strenge, durch unvoreingenommene Beobachtung der Gegenwartserscheinungen und -vorgänge, durch seine lebendige Anschauung von Welt und Menschen, durch seine genauesten Informationen über die Wirklichkeit des behandelten Gegenstandes sowie ihrer geschichtlichen und gesellschaftspolitischen Bestimmungsfaktoren und schließlich durch die darauf aufbauende aktuelle Daseinsinterpretation ist Otto von Zwiedineck zu der ausgeprägten Persönlichkeit mit eigenen Maßstäben geworden, die *seine Stellung innerhalb der Sozialwissenschaften zu einer Schlüsselposition zwischen Gestern und Heute, zwischen historischer und theoretischer Wirtschafts- und Sozialwissenschaft, zwischen theoretischer und empirischer Soziologie und innerhalb der Geisteswissenschaften im allgemeinen werden ließ.*

5. Individualistisches Persönlichkeitsbewußtsein und universalistische Gesellschaftsauffassung

Nicht zu allen Zeiten seines Lebens ist Otto von Zwiedineck sich dieser Stellung im Rahmen der Geisteswissenschaften bewußt gewesen. Gerade weil er einen selbständigen wissenschaftlichen Weg eingeschlagen hatte und sich an keine Schule oder andere geistige Verbundenheitsformen anlehnen konnte, war er oft von dem Eindruck beherrscht, daß seine Leistungen und seine Persönlichkeit nicht anerkannt wurden. In seinem Briefwechsel mit Kollegen und Schülern finden sich manche Passagen tiefer Enttäuschung und Depression über diesen scheinbaren Mangel an wissenschaftlicher Anerkennung und Widerhall. Dafür zwei Beispiele. Das eine entnehmen wir einem Antwortbrief eines seiner Schüler aus dem Jahre 1947, aus dem man die ganz Bitterkeit der Anklagen entnehmen kann, die Zwiedineck hier erhoben hat. Darin heißt es:

„Sie führen gegen mich eine harte Anklage, die mich in Ihrem Munde besonders scharf trifft und mir nicht gerecht zu sein scheint. ... Sie fragen mich, weshalb ich Ihr ‚Kapital und Kapitalismus' in meinem kleinen Beitrag über das Kapital nicht erwähnt habe. Ich muß gestehen, daß ich heute — nach 17 Jahren! — es nicht mehr mit aller Sicherheit sagen kann. Ich vermute, daß der Grund darin liegt, daß zu jener Zeit — im Herbst 1930 — Ihr Beitrag noch nicht erschienen oder von mir noch nicht gelesen war. Einen anderen Grund kann ich mir nicht gut denken. Vor allem ist der von Ihnen vermutete nicht richtig. Denn daß ich Ihre Arbeit sehr schätze, geht schon daraus hervor, daß ich sie seit ihrem Erscheinen in meinem gedruckten Kolleggrundriß, den ich Ihnen schon mehrmals sandte, führe."

Wenn man sich vorstellt, daß eine Persönlichkeit von der Bedeutung Zwiedinecks nach 17 Jahren sich bei einem seiner Schüler beklagt, daß er ihn nicht zitiert habe, so wird deutlich, wie stark und wie langfristig das Gefühl des Nichtbeachtet- und Anerkanntwerdens diesen großen Gelehrten beschäftigt und bedrückt hat. Das andere Beispiel aus dem Jahre 1930, ebenfalls aus dem Briefe eines ehemaligen Schülers, bringt das noch klarer zum Ausdruck. Wir können uns dabei auf einen Satz beschränken:

„Bitte glauben Sie mir, verehrter Herr Geheimrat, alle jene Vermutungen beruhen nur auf Ihrer übergroßen inneren Bescheidenheit, die Sie ... die Hochachtung und Verehrung nicht sehen läßt, die man Ihnen überall entgegenbringt. — Das ist übrigens communis opinio."

In solchen Situationen und Korrespondenzen brach sein Persönlichkeitsbewußtsein oft mit aller Gewalt hervor und konnte entweder zu einer Bedrückung und Verletzung der ihm am nächsten stehenden Kollegen und Schüler führen oder zu einer neuen eigenwilligen geistigen Leistung.

Dieses individualistische Persönlichkeitbewußtsein hat er auch in manche seiner Veröffentlichungen einfließen lassen. *Innerhalb der allgemeinen Lehre vom Mensch in der Gesellschaft war für ihn die Freiheit ein zentraler Wert der gesellschaftlichen Ordnung.* Das Wort „Freiheit" aber galt ihm nicht als bloßes Prinzip um seiner selbst willen (er war deshalb keineswegs ein Anhänger des Liberalismus und der liberalistischen Schule), sondern namentlich für alle Bemühungen um die soziale Frage. Er sah die Freiheit als ein Problem an, als ein altes und ewig neues, bei dem das höchste Maß an Freiheitsgefühl der größtmöglichen Zahl von Menschen mit der möglichst geringen Freiheitseinschränkung im Interesse von Staat und Volk im Einklang gesetzt werden müssen. In den abschließenden Gedanken seiner schon erwähnten Abschiedsvorlesung im Februar 1938, also zu einer Zeit der schärfsten Freiheitsbeschränkung in Deutschland, offenbarte sich in ihm ein Bekennermut dieser individuellen Freiheit, der ihn zu einem politisch verdächtigen Staatsbürger werden ließ:

„Aber es ist nicht nur mein persönlicher Glaube, sondern es ist auch historische Wahrheit, daß ein gewisses, mit Selbstverantwortlichkeit gepaartes Freiheitsgefühl immer die Grundlage für große Taten eines Volkes gewesen ist, auch für seine wissenschaftlichen Leistungen. Das aber gilt — und damit lassen Sie mich als ein deutscher Professor, und das heißt als ein Bekenner schließen: — das gilt nicht etwa nur für die Naturwissenschaften, auch für die Geisteswissenschaften muß das deutsche Volk jene Freiheit des Forschens und Bekennens festhalten, die von Leibniz angefangen über Münchhausen und Wilhelm von Humboldt bis zu den gelehrten deutschen Männern der Jahrhundertwende, den Ranke, Mommsen, Harnack, Wilamowitz und so vielen anderen den Ruf des deutschen Geistes in der Welt groß werden ließen. Daran muß das deutsche Volk festhalten. Mit diesem Bekenntnis zur Notwendigkeit der Freiheit geistiger Arbeit und mit dem Wunsche, daß es unserem Volke nie an dem Prometheuscharakter innerhalb dieser Welt freier Geister fehlen möge, möchte ich in dem Andenken meiner Schüler, möchte ich in Ihrem Denken und Ihrem Wirken fortleben."

Besteht zwischen diesem Bekenntnis zur persönlichen Freiheit des Menschen, insbesondere des Forschers, und der Wissenschaft gegenüber seiner universalistischen Gesellschaftsauffassung ein echter Gegensatz? Um diese Frage zu beantworten, müssen wir zunächst rückverweisen auf die bereits zitierte Korrespondenz mit Othmar *Spann* aus dem Jahre 1927, in der Zwiedineck seine eigene Auffassung vom Universalismus entwickelte. So sehr er die Grundsätze der Spannschen Wirtschafts- und Gesellschaftsauffassung anerkannte, so entschieden betonte er die Notwendigkeit der Kausalforschung und die Möglichkeit einer Synthese zwischen Individualismus und Universalismus. Seine soziologischen und gesellschaftspolitischen Arbeiten dienten in erster Linie dieser Kausalforschung und dem Nachweis einer solchen Synthese. Ausgehend von dem Hauptanliegen der historisch-ethischen Schule, der Frage nach der Gerechtigkeit, bestand für ihn die Aufgabe einer universalistischen Gesellschaftsforschung darin, die Bedingungen der Erhaltung der Einheitlichkeit der Gesellschaft durch Beobachtung der gesellschaftsordnenden Vorgänge und Tatsachen zu ergründen. Bei dieser Beobachtung erkannte er eine Reihe von störenden Faktoren, die die Einheitlichkeit der Gesellschaft bedrohten oder gar unmöglich machten. Der wichtigste Störungsfaktor war für ihn die ungleich gewichtige Machtstruktur und der daraus folgende Machtmißbrauch. Den verschiedenen Formen des Mißbrauchs einer Machtstellung in Wirtschaft und Gesellschaft nachzuspüren, hat ihn viele Jahre seiner aktiven Forschertätigkeit beschäftigt. Aus den daraus entwickelten Erkenntnissen gelangte er zu einer Ablehnung von Gesellschaftsordnungen der Vergangenheit, in denen weder Freiheit noch Gerechtigkeit als Ordnungsgrundsätze anerkannt wurden. Auf dieser Grundlage erschien ihm sowohl die traditionale Gesellschaftsordnung und die patriarchalische Betriebsverfassung wie auch die politische Diktatur als unzeitgemäße Form der Sozialordnung. Im Grunde seines Wesens und seiner wissenschaftlichen Überzeugung war Zwiedineck Anhänger jener Gesellschaftsordnung, in der individuelle Freiheit und Gerechtigkeit auf der einen Seite, Einheit der Gesellschaft und Sicherung fortdauernder Erreichung der Gesellschaftszwecke auf der anderen am ehesten gewährleistet werden konnten. Wenn wir ihn unter diesen Voraussetzungen als einen Anhänger der demokratischen Verfassung und der Demokratie als Staatsform bezeichnen, so kann das nicht ohne die von ihm persönlich gemachten und wissenschaftlich begründeten Einschränkungen geschehen. So kam es ihm darauf an, in der Zeit nach dem Ersten Weltkrieg, als er die Sicherung der gesellschaftlichen Ordnung durch die Inflation sozialpolitischer Maßnahmen und durch Lohnforderungen der Gewerkschaften gefährdet glaubte, mit aller Energie auch diesen Organisationen gegenüber für die Einheit der Gesellschaft, für die Freiheit des Unternehmertums und die Gerechtigkeit gegenüber anderen Schichten des Volkes einzutreten. *Demokratie ist für Otto von Zwiedineck ein absoluter Wert, wenn sie alle diejenigen Bedingungen und Voraussetzungen erfüllt, die seinen Axiomen der gesellschaftlichen Ordnung entsprechen.* Deshalb hat er es zu jeder Zeit mit dem Mut des weitblickenden Forschers und mit der Leidenschaft eines politisch denkenden Menschen unternommen, gegen jede Verfälschung der absoluten Werte der Demokratie und jeden Mißbrauch von Macht, ganz gleich von welcher Seite er ausgeübt wurde, aufzutreten und in Wort und Schrift sich zu den Urbedingungen der gesellschaftlichen Ordnung zu bekennen.

Diese Art von universalistischer Gesellschaftsauffassung im Sinne der Erhaltung der Einheitlichkeit der Gesellschaft ist die Grundlage seiner großen Konzeption der Sozialpolitik, die wir in einem besonderen Kapitel dieses Teiles A darlegen wollen. Es dürfte genügend erwiesen sein, daß Otto von Zwiedineck damit nicht der universalistischen Schule Othmar *Spanns* zugerechnet werden kann. Seine große Bedeutung liegt eben darin, daß er die Ausgangsgedanken aller damals herrschenden Richtungen innerhalb der Sozialwissenschaften zu einer Synthese zusammenfassen konnte, einer Synthese, in die der einzelne Mensch als Persönlichkeit und als komplexes Phänomen ebenso einbezogen war wie die Gesellschaft als eine Ganzheit des Menschenbildes, als eine Menschenordnung, deren Sicherung er als die vornehmste Aufgabe der Sozialpolitik erkannt hat. *Insofern bedeutet Otto von Zwiedineck geradezu eine Verkörperung der Synthese und dieser Goethesche Grundzug seines Wesens macht Reichtum und Überlegenheit seines Denkens aus.*

Aufgabe dieser Darstellung und Analyse der fünf Antinomen war es, Mensch und Gesellschaft im Leben und Denken Zwiedinecks mit ihren Gegensätzen, Beziehungen und Verbindungen nachzuweisen. Wir können als Ergebnis feststellen, daß in seinem Leben und Werk Person und Lehre nicht zu trennen sind. Nur einer so ausgeprägten Persönlichkeit wie Otto von Zwiedineck konnte die Synchronisierung von blutvollem Leben und wissenschaftlichem Schaffen gelingen, nur einem Mensch auf dieser Warte mit einer seltenen Weite der Übersicht und Tiefe der Einsicht, die ihn stets zu dem Bestreben führte, die Zusammenhänge der Welt der Tatsachen mit der des Geistes und der Lehre nachzuweisen, konnte mancher große Wurf gelingen, die Rätsel, die Mensch und Gesellschaft uns aufgeben, zu lösen. Wie bei allen wirklich großen Persönlichkeiten der Weltgeschichte und vor allem innerhalb der Wissenschaft geschahen alle seine bedeutenden Leistungen mit einem tiefen Gefühl der Bescheidenheit. In einem Dankesbrief an eine hochgestellte Persönlichkeit für die Glückwünsche zur 50. Wiederkehr seiner Doktorpromotion, mit dem wir diese Ausführungen abschließen wollen, findet diese Bescheidenheit einen erhabenen Ausdruck:

„Ein Tag der Erinnerung, wie der der 50. Wiederkehr der Promotion, gibt dem Diener der Wissenschaft reichlich genug Anlaß, seine Lebensarbeit zu überprüfen. Denkt man zurück an das aus der Siegesgewißheit dank anständig bestandener Examina erwachsene Selbstbewußtsein zu Beginn jener 50 Jahre, dann ist, nachdem dieser Glaube an sich selbst mit wachsender Vertiefung der Arbeit einem wachsenden Ausmaß von Selbstkritik hat weichen müssen, an dem, was man geleistet hat, gar manches auszusetzen. Es wäre ja auch nicht richtig, wenn es nicht so wäre, da das Wort *Lamartines: „Wer sich nicht ändert, hat nichts gelernt‘* wohl auch auf unser wissenschaftliches Werden anzuwenden ist. Wenn gleichwohl solcher kritischen Selbstbeurteilung eine positive Wertung der Lebensarbeit gegenübertritt wie diejenige, die mir die Akademie der Wissenschaften hat zugehen lassen, so ist das ein warmer Sonnenstrahl in das in den herbstlichen Jahren alternde Herz, der beglückt.“

II. Zwiedinecks Konzeption der Sozialpolitik

In der anthropozentischen Grundhaltung Otto von Zwiedinecks und seiner universalistischen Gesellschaftsauffassung sind die wichtigsten Elemente seiner eigenständigen und eigenwilligen Konzeption der Sozialpolitik enthalten. Individuelle Freiheit und soziale Gerechtigkeit auf der einen Seite, Einheitlichkeit der Gesellschaft und die Sicherung ihres Fortbestehens auf der anderen sind in dieser Konzeption zu einer Synthese von wissenschaftsgeschichtlicher Bedeutung zusammengefaßt worden. Die historische Singularität des Zwiedineckschen Begriffs der Sozialpolitik und seiner soziologischen Fundierung läßt sich nur voll erfassen, wenn man sich den Standard der wissenschaftlichen Veröffentlichungen zur Sozialpolitik im ersten Jahrzehnt des 20. Jahrhunderts vergegenwärtigt. Denn in diesem Zeitraum reiften die Pläne und Gedanken des jungen Gelehrten an der Karlsruher Technischen Hochschule, die er im Jahre 1911 in der Reihe von „Teubners Handbücher für Handel und Gewerbe" zu einem monumentalen Werk „Sozialpolitik" zusammenfaßte.

1. Der Standard der sozialpolitischen Wissenschaft um 1910

Wenn man die etwa hundertjährige Geschichte der wissenschaftlichen Auseinandersetzung mit der Sozialpolitik überschaut, so gelangt man zu dem etwas deprimierenden Ergebnis, daß es bei diesen definitorischen und theoretischen Bemühungen um die geistige Klärung eines der wichtigsten Gebiete des menschlichen Zusammenlebens nur wenige Lichtpunkte gibt. Das ist um so erstaunlicher, als schon die ersten Denkansätze von Wilhelm Heinrich *Riehl* über das von ihm geprägte Wort „Sozialpolitik" richtungweisend und vielversprechend waren[17]. Das Erscheinungsjahr seines Hauptwerkes „Die Naturgeschichte des deutschen Volkes als Grundlage einer deutschen Sozialpolitik" ist nicht nur die Geburtsstunde dieses heute so selbstverständlichen Begriffes, sondern bedeutet auch den Auftakt zu den Versuchen einer soziologischen Grundlegung der sozialen Politik in dem ganz spezifischen Sinn, wie Riehl sie verstanden hat. Er selbst spricht von dem Plan, „ein Gesamtbild der Gesellschaft zu entwerfen", als Grundlage einer sozialen Volkskunde Deutschlands und als Teil der Gesell-

[17] W. H. *Riehl*, Die Naturgeschichte des deutschen Volkes als Grundlage einer deutschen Sozialpolitik, 1. Bd., „Land und Leute", 10. Auflage, Stuttgart 1899.

schaftswissenschaft. Dabei war *Riehl* von der Idee erfüllt, die bestehende Gesellschaft durch bessere Erkenntnis ihres gesellschaftlichen Zusammenlebens in einer sozialen Volkskunde zu erhalten, so daß die Gesellschaftswissenschaft für ihn eine absolut praktische Bedeutung für den Wiederaufbau der bürgerlichen Gesellschaft hatte. In diesem Sinne sah er als Voraussetzung aller Staatsweisheit das Einzelstudium des Volkes und der Realität des Volkslebens an. Unermüdliche Entdeckungsreisen und ein immer waches Auge für alle kleinen Zeichen des täglichen Lebens, insbesondere die Erforschung der zahllosen sozialen Gruppen, aus denen die Gesellschaft sich zusammensetzt, verschafften ihm das Material, das er zur soziologischen Grundlegung seiner sozialpolitischen Auffassung benötigte. Eine solche „naturgeschichtliche" Untersuchung des Volkslebens war für *Riehl* der einzig mögliche Weg, über die Gesellschaftwissenschaft zur theoretischen Klärung einer sozialen Politik zu gelangen. Ebenso wie seine Methode der Beobachtung, des „Erwanderns" als Vorläufer der realsoziologischen Forschung der Gegenwart angesehen werden kann, als mikrosoziologische Forschung, so sind die Schlußfolgerungen, die er daraus zieht, als Anfänge einer gesellschaftspolitisch orientierten Sozialpolitik zu verstehen, für die jedoch erst das Zwiedinecksche Handbuch von 1911 eine für die industrialisierte Gesellschaft zutreffende Konzeption brachte.

Wie ist es zu erklären, daß sechs Jahrzehnte, d. h. zwei Generationen von Wissenschaftlern an dieser von *Riehl* aufgezeigten engen Beziehung soziologischen und sozialpolitischen Denkens achtlos vorübergingen? *Es waren vor allem drei Erscheinungen, die zu einer frühzeitigen Loslösung des sozialpolitischen Denkens in Deutschland von ihrem soziologischen Ursprung führten:*

erstens, die Ethisierung und Politisierung der sozialpolitischen Wissenschaft durch die Historische Schule,

zweitens, die Institutionalisierung der sozialpolitischen Praxis durch den Staat und seine Gesetzgebung,

drittens, die dadurch hervorgerufene Verengung des Blickfeldes für Begriff und Inhalt der Sozialpolitik.

Bei der *ersten* Erscheinung handelt es sich um die wissenschaftlichen Auseinandersetzungen der älteren und jüngeren „Kathedersozialisten", die im Protest gegen die klassische Lehre von der Harmonie aller Interessen und gegen die sozialen Mißstände der industriellen Entwicklung sich zusammenfanden. Die aus dieser Protesthaltung resultierende Ethisierung der Sozialpolitik hat dazu geführt, daß ihre Verbindung zur soziologischen Forschung verlorenging. Sie war gleichzeitig der Anlaß für die Distanzierung der Soziologie von der Politisierung des Denkens und zu ihrer autonomen Entwicklung bis zur Formalsoziologie von *Simmel* und *von Wiese*. In dieser für die Entwicklung der deutschen Soziologie so entscheidenden Zeitspanne von drei bis vier Jahrzehnten, in der sie sich von den Realitäten des sozialen Lebens im Interesse einer strengen Objektivität mehr und mehr abwandte, haben die Wissenschaftler der Sozialpolitik in der Historischen Schule und im Verein für Sozialpolitik sich ganz der historischen Tatsachenforschung und den aus ihr sich ergebenden politischen Gestaltungsaufgaben gewidmet. Wer die Geschichte des Vereins für Sozialpolitik und seine umfassenden Vorarbeiten für die soziale Gesetzgebung Bismarcks kennt[18], für den ist diese Politisierung des sozialpolitischen Denkens aus ethischem Impuls durch Männer wie Gustav *Schmoller*, Adolf *Wagner*, Lujo *Brentano*, Bruno *Hildebrandt* und andere gleichbedeutend mit einem Verzicht auf eine theoretische Klärung und Durchdringung der Sozialpolitik als Wissenschaft. Denn die Hinwendung zur sozialpolitischen Aktion aus geschichtlicher Verantwortung führte zu einer Beschränkung ihrer gesamten Bemühungen auf die individuellen und sozialen Notstände der Arbeiterschaft, auf die zu ihrer Behebung notwendigen Staatsmaßnahmen in Gesetzgebung und sozialen Einrichtungen und schließlich auf eine sozialpolitische Lehre als Kunstlehre für das zweckmäßigste Vorgehen dieser Institutionen. *Das Vorurteil der Unwissenschaftlichkeit, dem wir heute noch gegenüber der Disziplin der Sozialpolitik so oft begegnen, geht auf diese Entwurzelung ihres gesellschaftlichen Aspekts zurück.*

Als *zweite* Ursache für die Ehescheidung zwischen Soziologie und Sozialpolitik bezeichneten wir die mit der Sozialgesetzgebung der achtziger Jahre beginnende Institutionalisierung, die zu einer ununterbrochenen Expansion sozialpolitischer Maßnahmen und Einrichtungen bis zu der fast unübersehbaren Dimension von sozialen Ministerien und Verwaltungsstellen der Gegenwart führte. Sie ist der Ursprung des institutionellen Denkens, zu dem wissenschaftliche Experten der Sozialpolitik die geistigen Grundlagen schufen und das die amtliche Sozialpolitik heute noch wesentlich beherrscht. Dieses Denken äußert sich in der Auffassung, daß soziale Probleme nur auf dem Wege von gesetzlichen Maßnahmen und durch Errichtung von sozialen Verwaltungsstellen gelöst werden können. Damit soll nichts gegen die Notwendigkeit sozialer Maßnahmen und Einrichtungen an sich gesagt werden, wohl aber gegen die Beschränkung der wissenschaftlichen Arbeit auf diesen Institutionalismus der Sozialpolitik, wie sie schon in den Versuchen der Begriffsbestimmung dieser Zeit, zum Teil bis in die Gegenwart hinein zum Ausdruck kommt. Unter dem Gesichtspunkt der

---

[18] Siehe vor allem Else *Conrad*, Der Verein für Sozialpolitik und seine Wirksamkeit auf dem Gebiete der gewerblichen Arbeiterfrage, Jena 1906 und Franz *Boese*, Geschichte des Vereins für Sozialpolitik 1872—1932, Berlin 1939. Berlin 1939.

wissenschaftlichen Erhellung des sozialpolitischen Feldes sehen wir die negative Auswirkung dieser Institutionalisierung des Denkens in der Loslösung der staatlichen und betrieblichen Sozialpolitik von einer gründlichen Erforschung und wissenschaftlichen Durchdringung der sozialen Zusammenhänge und zwischenmenschlichen Beziehungen. Was ursprünglich als Hilfe für den Staatsbürger, der im Zuge der industriellen Entwicklung in Not geriet, verantwortungsvoll in Gang gesetzt wurde, entwickelte sich zu einer autonomen Apparatur, unter deren Einfluß der wichtigste Impuls sozialen Fortschritts, der Selbsthilfewille, immer mehr eingeschränkt wurde. *Daß Sozialwissenschaft und Sozialforschung in der zweiten Hälfte des 19. Jahrhunderts nicht in Opposition zu dieser Institutionalisierung des sozialpolitischen Denkens standen, sondern ihre einflußreichsten Förderer wurden, ist einer der wesentlichen Gründe für die Verkümmerung der reinen Theorie der Sozialpolitik in dieser Zeit.*

Die *dritte* von uns genannte Erscheinung ist damit bereits begründet. Was die Kathedersozialisten mit der Ethisierung und Politisierung des Gebietes Sozialpolitik erreichten, stellte sich schließlich als eine gegen Gesetze wissenschaftlichen Denkens verstoßende Verengung des Blickfeldes heraus. Was in den 80iger Jahren mit dem großen Werk der Sozialversicherung begonnen wurde, erwies sich vor allem nach 1900 als bürokratische Verkümmerung des sozialpolitischen Handelns. Daraus läßt sich z. B. das ängstliche Bemühen eines so bedeutenden Mannes wie *Max Weber* erklären, scharfe Trennlinien gegenüber der Denkweise dieser sozialpolitischen Lehre und Praxis zu ziehen. Wir können auf die Stelle in seinem Brief an Otto von Zwiedineck verweisen[19], in der es heißt: „Die Probleme, die ich umfassen möchte, liegen auf der Hand: ausgeschlossen sind die „sozialpolitischen", alles was nicht Arbeits-, sondern Arbeiterfrage ist." Ebenso hat *Max Weber* in seiner Einleitung zu der Untersuchung über „Auslese und Anpassung der Arbeiterschaft in der geschlossenen Großindustrie[20]" mit Entschiedenheit jeden Anklang an sozialpolitische Gedankengänge ausgeschlossen und die Bearbeiter der einzelnen Monographien darauf hingewiesen; „den beabsichtigten Publikationen und ebenso den möglicherweise sich daran anschließenden Erörterungen liegt jede unmittelbar praktische ‚sozialpolitische' Tendenz fern. Ihr Zweck ist ein rein ‚sozialwissenschaftlicher'." Für *Max Weber* war diese Einstellung nicht gleichbedeutend mit einer Ablehnung der sozialpolitischen Bemühungen an sich, sondern nur der Sozialpolitik im Sinne der Historischen Schule als einer politischen Kunstlehre, sie ist damit Ausfluß seines sauberen wissenschaftlichen Denkens. Die Stellung Otto von Zwiedinecks im

---

[19] Siehe S. 15 f.

[20] Schriften des Vereins für Sozialpolitik, 133. Bd., Leipzig 1910.

Verein für Sozialpolitik und zu seiner sozialpolitischen Denkweise ist keineswegs mit der *Max Webers* gleichzusetzen. Zwiedineck könnte man eher als Vertreter einer Mischform von Soziologie und Sozialpolitik bezeichnen, ohne daß damit seine wissenschaftliche Strenge in Zweifel gezogen werden kann. Aus dem Briefwechsel zwischen ihm und *Max Weber* nach Erscheinen des Handbuches der Sozialpolitik, aus dem wir einige Passagen zitiert haben, geht hervor, welche hohe Anerkennung *Weber* dieser Zwiedineckschen Leistung zollte.

Die wichtigsten Ursachen der geistigen Unordnung der Sozialpolitik als Wissenschaft, die bis heute noch nicht vollständig überwunden werden konnte, dürften mit diesen drei Erscheinungen angedeutet sein. Diese Unordnung hatte zur Zeit der Veröffentlichung von Zwiedinecks Sozialpolitik in ihrer begrifflichen Erfassung wie in ihrem inhaltlichen Verstehen ein besonderes Ausmaß erreicht.

Schon die Wortbildung „Sozialpolitik“ hat zu mancher Kritik und Ablehnung geführt. Nicht nur die Tatsache, daß dieses Wort aus einem lateinischen und einem griechischen Teil gemixt wurde, so daß Rudolf *Stammler* es als „sinnloses Flickwerk“ bezeichnen konnte[21], sondern auch die Schwierigkeiten der inhaltlichen Begrenzung und Definition führten zu einer solchen Ablehnung. *Max Weber* verweigerte überhaupt eine Auseinandersetzung mit dem Begriff Sozialpolitik, da er ihn in den Bereich der Sozialwissenschaften als „der denkenden Ordnung der empirischen Wirklichkeit“ nicht einbeziehen wollte. Auch *von Wiese* hielt zu jener Zeit eine begriffliche Definition nicht für möglich, da er nicht eigentlich für Zwecke wissenschaftlicher Erkenntnisse geprägt worden sei[22]. So schwankte das Charakterbild von Wort und Begriff „Sozialpolitik“ in der Geschichte, und mancher wissenschaftliche Autor war und ist geneigt, ihn ganz fallen zu lassen und durch irgend ein anderes Wort zu ersetzen, z. B. Alexander Rüstow durch den Begriff „Vitalpolitik“[23]. Aber dieses Wort ist so zu einer Denkgewohnheit geworden, daß es sich langsam auch im Ausland verbreitet und daß man es deshalb nicht ohne große Bedenken beseitigen und ersetzen kann[24].

Welchen Standard die geistige Unordnung der deutschen Sozialpolitik um 1910 erreicht hatte, mag an der Tatsache deutlich werden, daß es zu jener Zeit bereits über 40 verschiedene Definitionen gab, bei denen

---

21 Rudolf *Stammler*, Wirtschaft und Recht, Jg. 96, S. 123.

22 Leopold *von Wiese*, Einführung in die Sozialpolitik, Leipzig 1910.

23 Alexander *Rüstow* in Mitteilungen der Industrie und Handelskammer Dortmund, Nr. 11, v. 15. 11. 51, S. 453 ff.

24 Siehe auch Karl *Pribam* in Soziale Praxis, Jg. 1924, S. 2: „Wenn die wissenschaftliche Forschung im Wege einer zu scharfsinnigen Abstraktion einen im Leben der Gegenwart derart tief eingewurzelten Begriff völlig von seinem Mutterboden loslöst, so entsteht die Gefahr, daß sich Wissenschaft und Praxis überhaupt nicht mehr verstehen“.

sich folgende Hauptmerkmale und inhaltlichen Schwerpunkte feststellen lassen:

Erstens: der Arbeiterschutz, der Ausgangspunkt der staatlichen Sozialpolitik in Deutschland. Die Definitionen der älteren Historischen Schule beziehen sich fast ausschließlich auf den Schutz der Arbeiterschaft, der Arbeitszeit, des Arbeitsplatzes, das Koalitionsrecht, den Lohnschutz, den Schutz des sittlichen, religiösen Empfindens, usw. Als Beispiel verweisen wir auf einen älteren Versuch von *Schönberg*[25], der die Sozialpolitik als wissenschaftliche Lehre von der Lohnarbeiterfrage und ihrer Lösung, als Lehre von reformbedürftigen Übelständen und Maßnahmen sowie von den Aufgaben, der Arbeiterklasse zu einer besseren und befriedigenden Existenz zu verhelfen, bezeichnet. Diese enge Auffassung hat sich bis in die Gegenwartsdiskussion erhalten, z. B. in dem Begriff von Helmut *Tormin*[26], der Sozialpolitik als Maßnahmen und Bestrebungen zur Behebung der Schäden, die der auf abhängige Arbeit angewiesenen Bevölkerung durch die kapitalistische Entwicklung zugeführt worden sind, definiert. Otto von Zwiedineck hat diese enge Begriffsbestimmung wiederholt als unzureichend abgelehnt, z. B. mit dem Satz: „Die Auffassung, daß man unter Sozialpolitik das Eingreifen des Staates zum Schutze oder wenigstens im Interesse der Arbeiterklasse zu verstehen habe, kann als die herkömmliche, als die verbreiteste bezeichnet werden. Sie ist gewiß nicht falsch, aber sie ist unvollständig. Sie ist nur eine Teilwahrheit, sie ist für gewisse historische Tatsachen richtig, sofern für einen bestimmten Staat zu gewisser Zeit oder vielleicht überhaupt sogar für eine bestimmte Entwicklungsepoche die Wahrnehmung des Interesses der Arbeiterklasse als der hauptsächlichste Inhalt schlechthin der Sozialpolitik gelten könnte und gegolten hat. *Unvollständig ist aber auch gegenüber dieser historisch bedingten Richtigkeit diese Auffassung, denn sie rückt in den Vordergrund und macht zum Wesen der Sozialpolitik, was nur deren Mittel und Weg ist. Sie verhüllt das letzte Ziel und damit das Wesen der Sozialpolitik*“[27]. An anderer Stelle des gleichen Beitrages betont er noch entschiedener, „daß alle Arbeiterwohlfahrtspflege der Vergangenheit nicht Wesenselement der Sozialpolitik sein muß, wenngleich sie zumeist den hauptsächlichsten, ja vielleicht zeitweise den ausschließlichsten Inhalt der Sozialpolitik bilden kann“[28]. In den die Zeit vor 1910 beherrschenden an den Arbeiterschutz gebundenen Definitionen kommt eine der historischen Ursachen der Vorbelastung der deutschen Sozialpolitik zum Ausdruck.

---

[25] Gustav *v. Schönberg*, Handbuch der Ökonomie, Berlin 1898, S. 6.

[26] Helmut *Tormin*, Einführung in die Sozialpolitik, Stuttgart 1949.

[27] Otto *v. Zwiedineck*, Zum Schicksal der Sozialpolitik in Deutschland. Schmollers Jahrbuch, XLVII. Bd., S. 108.

[28] a. a. O., S. 117.

Ein zweites Hauptmerkmal ist der Klassen- und Massenbegriff, bei dem sich der Einfluß der Arbeiterbewegung auf das Denken der wissenschaftlichen Sozialpolitik zeigt. In der sozialpolitischen Literatur der jüngeren Historischen Schule bilden Klassenbildung und Klassenkampf das Hauptthema. Das beginnt schon mit der „sozialen Frage" von Gustav *Schmoller* bis zu *Herkners* umfassendem Werk „Die Arbeiterfrage". *Von Wiese* vertrat in seiner 1910 erschienenen „Einführung in die Sozialpolitik" die Auffassung: „Fällt der für praktische Zwecke konstruierte Komplex Klasse, so fällt auch die Sozialpolitik"[29]. Er gibt aber ohne weiteres zu, daß die Vorstellung Klasse den Zutritt zu den Mannigfaltigkeiten der Gesellschaft verbaut und zwar genau so wie die ganze marxistische Entwicklungs- und Gesetzmäßigkeitsvorstellung. Trotzdem hat *v. Wiese* noch 1924 die Sozialpolitik bezeichnet als „Kampf der gesellschaftlichen Klassen um Macht, der speziell die Betätigung des Staates gegenüber diesen Klassen zum Gegenstand hat"[30]. Jedenfalls spielte der Klassen- und Massenbegriff in den Definitionen der sozialpolitischen Wissenschaft vor dem Ersten Weltkriege, vor allem aber in der Weimarer Zeit eine dominierende Rolle. Auch Zwiedinecks Auffassung von Begriff und Wesen der Sozialpolitik ging an diesem Phänomen der Klassengesellschaft nicht vorbei. In der allgemeinen Grundlegung seines Handbuchs befaßt er sich bereits in der Einleitung mit der Gesellschaft und den sozialen Klassen und versucht, die treibenden Kräfte der sozialen Differenzierung zu analysieren. Diese Einleitung aber dient der Analyse von Prozessen der Vergesellschaftung, der „Sozialisierung", wie er selbst formuliert, die nur eine Vorstufe zur Entwicklung seines Begriffs darstellt, in dem die Kategorien Klasse, Massen, Stände oder Schichten überhaupt nicht vorkommen. Sozialpolitik ist für ihn nicht Klassenpolitik, nicht Politik einer Klasse oder für eine Klasse, sondern Gesellschaftspolitik. Da demnach die Objekte seines sozialpolitischen Denkens Menschentum und Einheitlichkeit der Gesellschaft sind, ist der Klassen- und Massenbegriff für ihn nur ein Mittel, um Störungsfaktoren für die Ziele der Sozialpolitik zu kennzeichnen.

Aus diesen Gründen steht die Zwiedinecksche Auffassung dem dritten Hauptmerkmal der sozialpolitischen Begriffsbestimmungen näher: Ausgleich der sozialen Gegensätze. Denn hinter dieser Vorstellung der Abschwächung von Klassengegensätzen steht als Aufgabe der Sozialpolitik, den inneren Zusammenhang in einem Volke zu erhalten, damit die sozialen Gegensätze nicht zu einer Gefahr für Staat und Gesell-

---

29 Leopold *v. Wiese,* Einführung in die Sozialpolitik, a. a. O., S. 616.

30 In seinem Beitrag „Sozialpolitik als Wissenschaft", Handwörterbuch der Sozialwissenschaften, 9. Bd., Stuttgart, Tübingen, Göttingen 1956, S. 551 hat *v. Wiese* diesen Begriff im Prinzip aufrecht erhalten, darüber hinaus aber eine weitere Fassung nach der soziologischen Grundlegung hin vorgeschlagen.

schaft werden. Die Gruppe der sozialpolitischen Wissenschaftler, die diese Ausgleichsidee in den Mittelpunkt ihrer Definition stellt, ist ebenfalls verhältnismäßig groß. Zu ihr gehören sowohl *Philippowich*, der die Angleichung der verschiedenen Gesellschaftskreise durch den Staat als Ziel der Sozialpolitik hinstellt[31], wie auch von *Bortkiewicz*[32] mit seinem schon im Jahre 1892 gemachten Vorschlag, die Sozialpolitik als die in Gesetzgebung und Verwaltung sich äußernde Stellungnahme des Staates zu den sozialen Gegensätzen zu bezeichnen. Dieses Ziel ist nicht sehr unterschiedlich von dem Motiv, das Bismarck zu seiner Sozialgesetzgebung veranlaßte, wobei allerdings das sozialpolitische Interesse sich auf die Angleichung einer bestimmten Gesellschaftsgruppe, der industriellen Arbeiterschaft bezog. Auch gegenüber diesem Kreise von Autoren nimmt Otto von Zwiedineck insofern eine Sonderstellung ein, als er die sozialen Gegensätze sozusagen aus der makrosoziologischen Perspektive sieht. Dafür spricht seine allgemeine Formulierung, „daß kein der gesellschaftlichen Einheit gefahrbringendes einseitiges Übergewicht wirksam werden darf", ganz gleich, um welche Schicht der Bevölkerung es sich handelt, Arbeiterschaft oder Unternehmerschaft, Bürgertum oder Aristokratie. So stellt er mit aller Deutlichkeit fest, welche gesellschaftliche Gruppe in der zweiten Hälfte des 19. Jahrhunderts durch ihr einseitiges Übergewicht für die gesellschaftliche Einheit gefahrbringend war, indem er sagt: „Über *eines* freilich konnte der ehrliche, die wissenschaftlichen Notwendigkeiten des gesamten Gesellschaftskörpers im Auge behaltende Sozialreformer nicht hinwegsehen, *einen* Vorwurf kann man der offiziellen Sozialpolitik Deutschlands in der Vergangenheit nicht ersparen: das Maß von Energie, das notwendig gewesen wäre, um gewisse als richtig erkannte sozialpolitische Maßnahmen gegen den Willen von interessierten Unternehmern durchzusetzen, war zu klein, als daß immer überzeugungstreues Vorgehen hätte erwartet werden können"[33]. *Für Zwiedineck war die Gesamtheit und die Gemeinschaft des Volkes entscheidend, innerhalb dessen die einzelnen Klassen und Stände nur bestimmte Funktionen haben,* die in ständiger Wechselwirkung stehen und ohne deren gegenseitige Ergänzung auf die Dauer die Gesellschaft nicht lebensfähig erhalten kann. So entwickelt Zwiedineck aus der Ausgleichsidee, die er ebenfalls vertritt, einen komplexen Begriff der Sozialpolitik mit soziologischen Merkmalen.

Das vierte Hauptmerkmal der über 40 sozialpolitischen Begriffsbestimmungen um das Jahr 1910 *betrifft die Güterverteilung,* nach der modernen wissenschaftlichen Terminologie etwa der sozialen Umverteilung vergleichbar. So nennt Adolf *Wagner* Sozialpolitik diejenige

[31] *Philippovich,* Grundriß der Sozialökonomie, 1926, S. 492.

[32] *v. Bortkiewiecz,* „Der Begriff Sozialpolitik", in: Jahrbuch für Nationalökonomie und Statistik, Bd. 17, Jena 1892, S. 232 ff.

Politik des Staates, welche Mißstände im Gebiete des Verteilungsprozesses mit Mitteln der Gesetzgebung und Verwaltung zu bekämpfen versucht[34]. Die gerechte Aufteilung des Sozialprodukts auf der Grundlage einer entwicklungsfähigen Produktion wird hier als der eigentliche Sinn der Sozialpolitik angesehen. „Die Menschen können einer großen Quote von Sach- und Geistesgütern nur dann teilhaftig werden, wenn der Erfolg von Arbeit und Produktion sich fortschreitend vergrößert“[35]. Diese enge Verbindung von Wirtschafts- und Sozialpolitik finden wir bei den Autoren um die Jahrhundertwende bis in die Gegenwart vielfältig vertreten. Aus ihrer Gruppe können wir nur wenige kurz zu Wort kommen lassen, um die Denkweise zu charakterisieren. L. *v. Wiese* bezeichnet schon in seiner „Einführung“ im Jahre 1910[36] die Sozialpolitik als „erwachsene Tochter der Nationalökonomie“. Er meint, daß jeder Sozialpolitiker ein Volkswirt sein müsse, schränkt das aber gleichzeitig ein, indem er hinzufügt: Er darf nicht nur ein Volkswirt sein. Besonders energisch hat sich Heinrich *Herkner*[37] in seinem sehr bekannt gewordenen Beitrag in Schmollers Jahrbuch „Unbestrittene und bestrittene Sozialpolitik“ für eine Bindung der Lehre der Sozialpolitik an die Nationalökonomie ausgesprochen. Wirtschafts- und Sozialpolitik sollten nach seiner Auffassung eine sich vollständig durchdringende Einheit bilden. Diese Auffassung ist auch in der Gegenwart unter den Wissenschaftlern der Sozialpolitik noch sehr verbreitet. So verlangt *Adolf Weber* eine nachhaltige Verbesserung der Beziehungen der arbeitenden Menschen zur Güterwelt im Interesse der Gemeinschaft, der Freiheit und Würde des Menschen[38]. In dem fast zum Dogma erhobenen Satz, daß die beste Wirtschaftspolitik auch die beste Sozialpolitik sei, hat die Verbindung von Produktivität und sozialer Umverteilung eine immer noch lebendige Formulierung gefunden. Von den Autoren der Gegenwart ist Walter *Weddigen* einer der energischsten Vertreter des Zusammenhangs von Wirtschafts- und Sozialpolitik, der allerdings eine mehr ökonomisch ausgerichtete Definition als Sozialpolitik im engeren Sinne bezeichnet, während er im weiteren Sinne einen stark soziologisch beeinflußten Begriff vorschlägt[39]. *Weddigen* vertritt hier in eigenständiger Form ein Gedankengut, das sein Lehrer Zwiedineck-Südenhorst auch in den

---

[33] Otto *v. Zwiedineck,* Zum Schicksal der Sozialpolitik in Deutschland, a. a. O., S. 93.

[34] Adolf *Wagner,* Über die soziale Frage, Berlin 1872.

[35] K. *v. Balas,* Die Grundlage der Sozialpolitik, Jena 1926, S. 3.

[36] Leopold *v. Wiese,* Einführung in die Sozialpolitik, a. a. O., S. 14.

[37] Heinrich *Herkner,* Unbestrittene und bestrittene Sozialpolitik, Schmollers Jahrbuch, XLVIII. Bd.

[38] *Adolf Weber,* Vorlesungen über Volkswirtschaftspolitik, Berlin 1940, Seite 218.

[39] Walter *Weddigen,* Die Aufgaben der Sozialpolitik. Soziale Welt, Jg. 3, H. 2, S. 156.

Grundriß seiner sozialpolitischen Konzeption beachtet hat. Denn zu dieser Zeit sah er die Gesellschaft vorwiegend als ein Ergebnis von wesentlich wirtschaftlichen Zweckverfolgungen, wobei er allerdings betonte, daß die Gesellschaft Selbstzweck und Inhalt für das Wirtschaftsleben geworden ist[40]. Eine Priorität der Wirtschaftspolitik gegenüber der Sozialpolitik hat Zwiedineck später jedoch ausdrücklich abgelehnt. „*Die gesunde und kraftvolle Erhaltung der Gesellschaft in ihrer Einheit bleibt unverrückbar das Ziel der Sozialpolitik.* Weg und Objekt der sozialpolitischen Arbeit können sich ändern, z. B. die Teilgruppe, deren Förderung jeweils im Interesse der Gesamtgesellschaft für geboten erachtet wird[41]. Diese Prinzipien seiner sozialpolitischen Auffassung gelten auch für das Verhältnis von Produktivität und Güterverteilung.

Das fünfte Hauptmerkmal hat eine mehr ethische Ausprägung, die von der Menschenwürde ausgeht und sich auf sittliche Gesetze und Menschenrechte beruft. Unter dem Einfluß einer allgemeinen Humanitätsvorstellung oder einer speziellen religiösen Verantwortung finden wir um 1900 diese Ziele der Sozialpolitik in breiten Kreisen der Wissenschaftler und Praktiker als ihre eigentliche Aufgabe formuliert. Es handelt sich dabei um ein modifiziertes ethisches Motiv, das, wie bereits oben gesagt, schon in der zweiten Hälfte des 19. Jahrhunderts durch den Verein für Sozialpolitik Eingang in die Wissenschaft gefunden hatte. Otto von Zwiedineck hat in seiner anthropozentrischen Grundhaltung weniger der ethischen Ausprägung dieses Merkmales Rechnung getragen, als dem homo humanus im Gegensatz zum homo oeconomicus. Wir haben schon in einem früheren Abschnitt dieses Buches nachgewiesen, daß Zwiedineck eine umfassende Lehre vom Verhalten des Menschen zur soziologischen Grundlgung der Sozialpolitik als einer Gestaltung des Gesellschaftsganzen entwickelt hat. Der Mensch und sein Verhalten wurde geradezu ein Generalthema seiner wissenschaftlichen Forschung, das er mit dem Ziel verfolgte, sich von dem in dieser Gruppe vorherrschenden gefühlsbetonten Humanitätsdenken für eine rein wissenschaftliche soziologische Anthropologie freizumachen. Nicht Menschenwürde und Menschenrechte waren für ihn Gegenstand einer wissenschaftlichen Sozialpolitik, sondern die soziale Bezogenheit des Menschenlebens in den verschiedenen Altersstufen, unter verschiedenen sozialen Umweltbedingungen in Familie, Beruf und Betrieb und als Mittelpunkt der sozialwissenschaftlichen Lehre. *Nicht die bürgerliche Mitleidsreaktion und das sozialpolitische Gewissen, die den jungen Zwiedineck stark beeinflußt haben, waren damit für den reifen Wissenschaftler Merkmale seiner sozial-*

[40] Sozialpolitik, a. a. O., 6. Kapitel.
[41] Schmollers Jahrbuch, XLVII. Bd., S. 110.

politischen Theorie, sondern die Wandelbarkeit des Menschen und seine Einordnung in die großen sozialen Gebilde.

Damit haben wir die Schwerpunkte des sozialpolitischen Denkens im ersten Jahrzehnt des 20. Jahrhunderts als Markierungen des wissenschaftlichen Standards dieser Zeit auf dem Gebiet der Sozialpolitik aufgezeigt und zugleich Zwiedinecks Einstellung und Distanz zu ihnen angedeutet. In seiner abstandwahrenden Grundhaltung gegenüber den herrschenden Meinungen der wissenschaftlichen Sozialpolitik sind die Ziele seines eigenwilligen Denkens deutlich geworden, die er 1911 in seinem Handbuch der Sozialpolitik einer selbständigen Konzeption mit den ihr eigenen Prinzipien zugrundegelegt hat.

2. Definition und Inhalt der Sozialpolitik in Zwiedinecks Konzeption

„Sozialpolitik ist die auf Sicherung fortdauernder Erreichung der Gesellschaftszwecke gerichtete Politik“[42]. Seit dem Jahre 1911, in dem Otto von Zwiedineck diese Definition erstmalig veröffentlichte, ist wohl kein Lehrbuch und kaum eine bedeutendere Veröffentlichung in diesem Wissenschaftszweig ohne eine Auseinandersetzung mit dieser Begriffsbestimmung erschienen. Das gilt bis heute, z. B. für das Handwörterbuch der Sozialwissenschaften, in dessen 1956 erschienenen 9. Band keiner der fünf Beiträge zum Stichwort Sozialpolitik an ihr vorübergeht. Schon daraus mag zu ersehen sein, daß sie für den Standard der sozialpolitischen Wissenschaft um 1910 völlig neue Aspekte und Perspektiven eröffnete und in der gegenwärtigen Diskussion über Sozialpolitik als Wissenschaft noch immer lebendig ist. Leider wird von den meisten Autoren nur diese Definition herangezogen, analysiert und kritisiert, ohne den weiten soziologischen und sozialpolitischen Hintergrund zu beachten und zu beobachten, aus dem Zwiedineck ihre Elemente in einem abstrahierenden Verfahren gewonnen hat.

Denn Otto von Zwiedineck hat in seiner monumentalen Veröffentlichung von 1911 nicht nur einen Begriff (concept), sondern eine Konzeption, d. h. ein durch Geschlossenheit in den Prinzipien und Zielen ausgezeichnetes Denksystem der Sozialpolitik als Wissenschaft entwickelt. Wir haben also vor einer Beurteilung seiner Definition danach zu fragen, was die Grundidee, das Ordnungsprinzip, der wissenschaftliche Aspekt, das wissenschaftliche Objekt und die Finalität seiner Vorstellung von Sozialpolitik ist. Beginnen wir mit dem wissenschaftlichen Aspekt.

Schon im Vorwort zu seinem Handbuch aus dem Jahre 1911 steht folgender in der damaligen wissenschaftlichen Behandlung der Sozialpolitik seit Wilhelm Heinrich *Riehls* „Naturgeschichte des deutschen Volkes“ völlig in Vergessenheit geratene und deshalb neuartige Aspekt:

---

[42] Otto *von Zwiedineck*, Sozialpolitik, a. a. O., S. 38.

„Das vorliegende Handbuch legt abweichend von den in unserer Literatur bereits vorhandenen ausgezeichneten Darstellungen der sozialpolitischen Probleme das Hauptgewicht auf eine allgemeine soziologische Grundlegung — wobei ich hoffe, im Gebrauch des Wortes „soziologisch“ nur in einem Sinn verstanden zu werden — und auf die Skizzierung der einzelnen sozialpolitischen Probleme, mit besonderer Berücksichtigung jener Hauptprinzipien, die sich aus einer solchen Grundlegung gewinnen lassen.“ Und im letzten Absatz dieses Vorwortes bekennt sich der Verfasser zu der gefestigten Überzeugung, daß soziale Politik nicht bloß auf ethischen Idealen aufgebaut werden müsse, daß man vielmehr in ihr selbst — ein soziologisches Phänomen d. h. eine unter gewissen historischen Voraussetzungen notwendig eintretende Bewegungsphase in der Entwicklung der menschlichen Gesellschaft zu erblicken habe. Der wissenschaftliche Aspekt der Zwiedineckschen Konzeption ist also bewußt und mit voller Absicht soziologischer Natur, wir können hinzufügen, mit makrosoziologischer Perspektive. Diesem Hochsitz wissenschaftlicher Beobachtung und Analyse sind alle Erscheinungen und Erscheinungsformen der Sozialpolitik, die in den bis dahin geltenden Definitionen und Publikationen als vielfältige Objekte und Ziele vorherrschend waren, untergeordnet: der Arbeiterschutz, der Klassen- und Massenbegriff, der Ausgleich sozialer Gegensätze, die Güterverteilung und die Menschenwürde und Menschenrechte. Die soziologische Betrachtungsweise der Sozialpolitik hat Zwiedineck bis zu seinem Lebensende nie aufgegeben, nur nach der einen oder anderen Seite erweitert oder vertieft oder konkretisiert, was in seinem in diesem Buche zusammengefaßten Schrifttum eindeutig zu belegen ist.

Deshalb sind auch seine „Grundprinzipien der Sozialpolitik“ ausgesprochen soziologischen Ursprungs. *Als wichtigstes derartiges Prinzip erscheint ihm die Vergesellschaftung, die eine Umstellung in den Beziehungen der Menschen und zwar der Einzelwesen zueinander, der Einzelwesen zu den Gruppen und der Gruppen untereinander mit sich bringt.* Dabei unterscheidet er intensive und extensive Vergesellschaftungsvorgänge. Als extensiv bezeichnet er „soziale Gruppierungen in Verbindung mit einem gewissen, aber doch bescheidenen Maß von Anpassung“. Für die intensiven Vergesellschaftungsvorgänge ist dieses disziplinierende Moment der Anpassung, durch das die Isoliertheit des Individuums überwunden wird, das entscheidende Kriterium. Den Prozeß der Vergesellschaftung nennt Zwiedineck „Sozialisierung“. Darunter faßt er viele jener soziologischen Erscheinungen zusammen, die wir in der modernen soziologischen Theorie unter dem englischen Begriff „socialisation“ verstehen, der in der deutschen Literatur genau so wie bei Otto von Zwiedineck als Sozialisierung bezeichnet wird. Denn die Anpassung intensiviert sich nach Auffassung von Zwiedineck durch das Bewußtsein einer inneren wechselseitigen Abhängigkeit der einzelnen von einer Einheit, zu der die Individuen auf Grund bestimmter Interessen zusammenwachsen. Diese Interessen sind keineswegs nur materielle, sondern auch immaterielle und als solche besonders vergesellschaftend wirkende Interessen. Dabei wurzelt die Gesellschaft in ihrer Gruppierung in einer Art von Komplementarität der Interessen aller Glieder, die bei einer höheren Stufe der gesellschaftlichen Entwicklung zum Bewußtsein der Notwendigkeit der gesellschaftlichen Einheit und ihres Wirkungsbereiches führt. Aus diesem Bewußtsein entwickelt sich die Ordnung der Gesellschaft nicht im Sinne der mechanischen Betrachtungsweise des älteren Naturrechts, sondern im Sinne der organischen Einheit des menschlichen Lebens, der Sicherung des menschlichen Zusammenlebens. Mit diesen Gedankengängen braucht man nur die Vorstellungen moderner Soziologen über Sozialisierung und „socialisation" zu vergleichen, um eine auffallende Kongenialität festzustellen. Zum Beispiel sagt dem Sinne nach Ralf *Dahrendorf*[43]: Grundmechanismus der Gesellschaft: Prozeß der Sozialisierung durch Verinnerlichung (gleich Internalisierung) von Verhaltensmustern — das Hineinnehmen von gesellschaftlichen Normen und Vorschriften in den einzelnen als Bestimmungsgrund des Verhaltens. Der Mensch wird als homo sociologicus zum zweiten Male geboren. René *König*[44] formuliert das etwa so: Durch den Sozialisierungsvorgang wird der Mensch zum Mitglied einer Gesellschaft (Integration des Individuums in die Gesellschaft). In diesen Begriffsbestimmungen sind die meisten Zwiedineckschen Elemente der Vergesellschaftung oder Sozialisierung enthalten: die Anpassung mit ihrem disziplinierenden Moment, die Überwindung der Isoliertheit des Individuums sowie das Bewußtsein ihrer Abhängigkeit als Grundlage der Erhaltung der Gesundheit des Gesamtorganismus. Alle diese Merkmale werden von ihm in dem Satz zusammengefaßt: *„Nicht eine Idee, sondern eine wissenschaftlich und das heißt vorurteilsfrei durch die Beobachtung festgestellte Tatsache ist der Zusammenhang zwischen Entwicklung der Menschheit und innerer Verkettung des Menschen."* Auch in der Weiterführung dieser Gedanken durch Zwiedineck können wir eine Parallelität zur heutigen soziologischen Theorie erkennen und zwar in der Richtung, daß die Sozialisierung niemals ein bewußter Vorgang ist, sondern einfach als Wirkung von gesellschaftlichen Vorgängen entsteht, „ohne irgendwie zum Objekt oder auch nur Mittel zum Zweck gewesen zu sein".

Aus solchen Grundprinzipien der Zwiedineckschen Konzeption folgt *als Objekt seiner Wissenschaft der Sozialpolitik die Gesellschaft als*

---

[43] Ralf *Dahrendorf*, Homo Sociologicus, Köln u. Opladen 1959, S. 37.
[44] René *König*, Soziologie, Das Fischer-Lexikon, Frankfurt 1958, S. 220.

Ganzheit und als Einheit. Bei seiner inhaltlichen Bestimmung des Gesellschaftsbegriffs begegnen wir allerdings der schwächsten Stelle, jedenfalls soweit man nur die Darstellung im Handbuch von 1911 zu Grunde legt. Denn hier wird die Gesellschaft zwar als Ergebnis aller verschiedenartigen Vergesellschaftungsvorgänge angesehen, aber unter Hervorhebung des „Verkehrs von Wirtschaftseinheiten als unentbehrliches Requisit der Bedürfnisbefriedigung". Die Existenz der Gesellschaft sieht er deshalb nur unter dem Gesichtspunkt von beruflicher Gliederung und wirtschaftlicher Differenzierung innerhalb einer Bevölkerung und kommt somit zu einem außerordentlich verengten Vorstellungsbild von Gesellschaft, das er der Auffassung vom Volk als Gemeinschaftsform gegenüberstellt. „Der Zusammenhang ist abgesehen von den durch Bluts- und Geschlechtsbeziehungen hergestellten Verbindungen ein überwiegend wirtschaftlicher, auf ein bestimmtes Gefühl der Glieder für die Gemeinschaft kommt es durchaus nicht unbedingt an." Diese Verengung des wissenschaftlichen Objekts der Sozialpolitik hat, wie wir bereits wissen, Otto von Zwiedineck später aufgehoben, z. B. in seinem Beitrag in Schmollers Jahrbuch[45], indem er ausdrücklich erklärt: „Wenn ich 1911 die Gesellschaft als ein Ergebnis von wesentlich wirtschaftlichen Zweckverfolgungen aufgefaßt habe, so ändert das an dem soziologischen Inhalt der Definition nichts." Und in seinem 1929 in der Internationalen Kirchlichen Zeitschrift Stockholm erschienenen Aufsatz heißt es lapidar: „Das Objekt der Sozialpolitik ist die menschliche Gesellschaft schlechthin. — Es gilt, den Menschen als Objekt sozialpolitischen Bemühens mehr als bisher mit der Idee zu erfüllen, daß jeder der Ganzheit der Gesellschaft zu dienen hat. Nur durch diese bewußte Trennung von Staat und Gesellschaft ist es ihm später möglich geworden, den soziologischen Aspekt seiner Konzeption auch in dem wissenschaftlichen Objekt voll zur Geltung kommen zu lassen, d. h. die wirtschaftspolitische Verengung des Blickfeldes zu überwinden. „Über die Existenz des Staates wurden die speziell gesellschaftlichen Zusammenhänge lange Zeit ganz übersehen, daher auch keine Beziehung der Sozialpolitik zur Gesellschaftspolitik gefunden, obwohl Gesellschaft ein selbständiger Zusammenhang ist. In der Geschichte gibt es genug Beispiele, daß trotz des Zusammenbruchs des Staatsorganismus der gesellschaftliche Zusammenhang fast ungestört weiterfunktionierte." Für Zwiedineck ist deshalb Voraussetzung für alles Denken und Tun auf dem Gebiete der Sozialpolitik die Kenntnis der Entwicklung der menschlichen Gesellschaft, der Kräfte, von denen sie getrieben wird und der in dieser Entwicklung erkennbaren Tendenzen, denn ihr „wissenschaftlicher Charakter wird stets bewirkt durch das Maß von Kenntnissen über die sozialwissenschaftlich belangreichen

---

[45] Schmollers Jahrbuch, XLVII. Bd., S. 110.

Tatsachen, durch die Gewinnung verläßlicher Einblicke in die ursächlichen Zusammenhänge überhaupt ... und ganz besonders durch die ständige Beobachtung der Dynamik des Wirtschaftslebens“[46]. Je mehr nach Zwiedinecks Auffassung das sozialpolitische Vorgehen durch wissenschaftlich begründeten Einblick in die spezifisch soziologischen Bedingtheiten, in die Zusammenhänge des Gesellschaftslebens und insbesondere in den Werdegang, die Entstehung der jeweilig erreichten gesellschaftlichen Organisation vorbereitet ist, um so klarer werden die Urteile über die Mittel und Wege ausfallen, die zur Erreichung der sozialpolitischen Ziele führen sollen, *desto sicherer werden die Aufwendungen, die für Sozialpolitik gemacht werden, zweckmäßig gemacht und umsomehr können die sozialpolitischen Maßnahmen von dem Prinzip der kleinsten Mittel geleitet werden. „Das Maß wissenschaftlicher Fundierung ist damit allerdings auch ein die verschiedenen Richtungen der Sozialpolitik trennendes Kriterium.“* Diese These muß man zweimal lesen, um ihre volle Bedeutung für die wissenschaftliche Fundierung der Sozialpolitik und ihre Praxis in Vergangenheit und Gegenwart zu erfassen. Sie bedeutet nicht nur eine Absage an alle Richtungen der sozialpolitischen Lehre, die sich auf Deskription und Forderungen vom Arbeiterschutz bis Menschenrechte beschränken, sondern auch eine Absage an die heute noch übliche kasuistische Praxis der Sozialpolitik in Gesetzgebung und Verwaltung anstelle einer soziologisch fundierten Ordnungspolitik. Für Otto von Zwiedineck ist das Erkennen der ursächlichen Zusammenhänge der Gesellschaft Voraussetzung für die Idee einer von der tatsächlichen eventuell abweichenden Gestaltung dieser Gesellschaft und des Verhältnisses ihrer Teile zueinander. Damit kommen wir zum letzten Punkt der Konzeption, der Finalität seiner Vorstellung von Sozialpolitik.

Eine soziologisch fundierte Sozialpolitik hat nach Zwiedineck ein Erkennen zur Voraussetzung und ein Gestalten zur Folge. Ziel des Gestaltens ist die Erhaltung der Einheitlichkeit der Gesellschaft. Die sozialpolitische Lehre braucht damit ihre wissenschaftliche Neutralität nicht aufzugeben; denn wissenschaftlich sind und bleiben die Prüfung der Tauglichkeit der Mittel, die zur Erreichung dieser Ziele dienen, und im Zusammenhang damit die Feststellung möglichst aller und nicht allein der beabsichtigten Folgen, die eintreten können. „Wissenschaftlich ist auch die Kritik der sozialpolitischen Ideale, denn sie müssen, wie *Max Weber* sagt, an dem Postulat der inneren Widerspruchslosigkeit des Gewollten geprüft werden.“[47] Im Hinblick auf diese Ideale stoßen wir bei Zwiedinecks Konzeption auf drei Probleme: das Gesellschaftsideal als Leitbild der Sozialpolitik; die Gesellschafts-

[46] Handbuch, a. a. O., S. 64.
[47] Handbuch, a. a. O., S. 66.

zwecke, auf deren Erreichung diese Politik gerichtet sein soll und — dem Inhalt seiner Definition entsprechend — auf die der Sicherung solcher Gesellschaftszwecke dienende Praxis.

In der sozialpolitischen Literatur ist gegenüber der Zwiedineckschen Definition oft der Vorwurf erhoben worden, daß der Begriff der Gesellschaftszwecke zu abstrakt sei, als daß er über den materiellen Zusammenhang der Gesellschaft Rechenschaft geben könne. „Man kann bezweifeln, ob sich wirklich die Mehrzahl der Praktiker der Sozialpolitik in Parlamenten, Büros und Versammlungen viel über solche ‚Gesellschaftszwecke' — Rechenschaft geben[48].“ Abgesehen davon, daß sich jedenfalls nach dem heutigen Stand der Sozialpolitik im mitteleuropäischen Raum die wenigsten Praktiker über Ziel und Zweck der Gesellschaftsordnung im klaren sind bzw. sich um eine solche Klärung bemühen, weil sie in der Tagespolitik ertrinken, kann man diesen Einwand u. E. nur erheben, wenn man die Ausführungen Zwiedinecks über das Gesellschaftsideal und das, was er unter Gesellschaftszwecken versteht, nicht heranzieht. Einige Hinweise mögen das verdeutlichen. *Otto von Zwiedineck ist von der Wandelbarkeit und der Notwendigkeit einer Dynamik der Ordnungsvorstellungen der Gesellschaft zutiefst überzeugt.* Niemand, der seine Lebensgeschichte und seinen Denkweg zur Sozialpolitik kennt, vermag daran zu zweifeln. Die scharfen Urteile des geborenen Aristokraten über die Vergangenheit des Adels und seines Verhaltens in der Sozialgeschichte sowie über die Herr-im-Hause-Gesinnung der Unternehmer, vor allem der Großindustrie, bei einem Gelehrten, der Zeit seines Lebens enge Beziehungen zu führenden Persönlichkeiten des deutschen und österreichischen Unternehmertums unterhalten hat, lassen über diese seine Überzeugung von der Wandelbarkeit und Dynamik der Gesellschaft keinen Zweifel aufkommen. Jedes Sozialsystem hat nach dieser seiner Überzeugung eine eigene Auffassung von der Gesellschaft, ein eigenes Gesellschaftsideal. Jedes Ideal bedingt eine in mehr oder minder engen Grenzen veränderliche Sozialpolitik. Andererseits vermag keine soziale Konstruktion des Wirtschafts- und Gesellschaftskörpers die Konjunktur der politischen Macht oder Ohnmacht völlig zu paralysieren. Der am wenigsten berechtigte Vorwurf, den man deshalb gegen Zwiedinecks Konzeption der Sozialpolitik erheben kann, ist der, daß er mit der Sicherung fortdauernder Erreichung der Gesellschaftszwecke eine konservative, bestehende gesellschaftliche Machtkonstrukturen und Verhältnisse stabilisierende Aufgabenstellung der Sozialpolitik vertrete. In seiner anthropozentischen Grundhaltung war er allen neuen, aus der sozialen Dynamik fließenden Ideen gegenüber

---

[48] Leopold *v. Wiese*, Beitrag Sozialpolitik als Wissenschaft, Handwörterbuch der Sozialwissenschaften, 9. Bd., S. 550.

so aufgeschlossen, daß er deshalb den Beinamen „der rote Professor“ erhielt. Nur aus dieser wissenschaftlichen und politischen Aufgeschlossenheit gegenüber neuen Ideen heraus läßt sich seine Feststellung verstehen, daß Weg und Objekt der sozialpolitischen Arbeit sich ändern können, je nach der Teilgruppe, deren Förderung jeweils im Interesse der Gesamtgesellschaft für geboten erachtet wird. Mittel, Wege und Ausmaß solcher Förderung aber richten sich nach den Idealen, die die Gesellschaft in einem bestimmten Raum zu einer bestimmten Zeit beherrschen. Als um die Jahrhundertwende eine Gesellschaftsschicht vorhanden war, die unter Verhältnissen lebte, in denen die Wirkungen der Vergesellschaftung oder Sozialisierung nicht erkennbar waren, eine Schicht, die ohne sozialbewußte Arbeit den der Vergesellschaftung immanenten Zwecken entsprechenden Grad von Lebensführung und Kultur nicht erreichen konnte, war es nach Zwiedinecks Auffassung die Aufgabe der Gesellschaft und damit des Staates, diese Gesellschaftsklasse zu fördern. Mit der gleichen Zielbewußtheit hat er in der Zeit nach dem Zweiten Weltkrieg die Förderung anderer Gesellschaftsschichten, z. B. den Schutz der Unternehmer für notwendig befunden, um den weiteren Fortgang der Vergesellschaftung, d. h. der Integrierung der einzelnen oder der gesellschaftlichen Gruppen in die Gesamtgesellschaft sicherzustellen. Das gleiche gilt von seinem Eintreten für die Schichten der Flüchtlinge und Vertriebenen, der Kriegsbeschädigten, Sozialrentner und anderer Glieder im Netzwerk der Gesellschaft. „Jede Auflösung einer Masche in dem Netz bedeutet eine Verminderung der Tragkraft des Netzes[49].“ *Die Feststellung von der Wandelbarkeit der Gesellschaftsideale in der Zwidineckschen Konzeption schließt eine Festlegung auf bestimmte Leitbilder der gesellschaftlichen Ordnung von vornherein aus.* In seinem Denksystem gibt es jedoch einige Grundwerte der Ordnung, deren stabilisierende Funktion unabhängig von der Wandlung der Gesellschaftsideale absolut gesetzt wird. Die einen ergeben sich aus seiner anthropozentischen Grundauffassung vom homo humanus, mit den zentralen Werten der Freiheit und Gleichheit der Menschen, die anderen aus seiner universalistischen Gesellschaftsauffassung mit den zentralen Werten der Gerechtigkeit und Einheitlichkeit. Alles was Zwiedineck darüber hinaus zum Problem der Gesellschaftsideale konkret gesagt hat, ist zeit- und situationsgebunden und hat deshalb in einer Analyse seiner Konzeption keinen Platz.

Mit diesen Ausführungen über den Sinn der Gesellschafts*ideale* in der soziologischen Fundierung der Sozialpolitik *ist zugleich die Wandelbarkeit der Gesellschaftszwecke festgestellt, deren fortdauernde Erreichung nach Zwiedineck sichergestellt werden soll.* Erst angesichts

[49] Handbuch, a. a. O., S. 31.

solcher Gesellschaftszwecke wird Sozialpolitik eine Kategorie von Politik, d. h. die Sozialpolitik umfaßt praktisches Wollen im Hinblick auf das Soziale und tatsächliches zielbewußtes Gestalten. „Sozialpolitik ist also eine Willensrichtung für die Gestaltung der gesellschaftlichen Zusammenhänge und Daseinsbedingungen — nach der Vorstellung eines gewissen Seinsollens[50].“ Mit dieser Zweckbestimmung der Sozialpolitik sind ihre Grenzen als Wissenschaft erreicht. Denn sie beginnt dort eine Kunstlehre zu werden, wo die Willensrichtung nach solchen Vorstellungen des Seinsollens sich vollzieht. *Es kann keinesfalls Aufgabe der Wissenschaft sein, letzte Gesellschaftsziele und Zwecke als absolut falsch oder richtig zu beweisen, weil nur naturnotwendige Zwecksetzungen wissenschaftlich beweisbar sein können.* In diese Gedanken von Zwiedineck spielt noch der Werturteilsstreit hinein, dessen Nachwirkungen die Entstehung seines Werkes sehr beeinflußt haben. Daß im übrigen in der Skala der Gesellschaftszwecke die wirtschaftlichen eine besondere Bedeutung haben, wie bereits betont, darf angesichts der Tatsache, daß Zwiedineck ursprünglich von der Nationalökonomie und nicht von der Soziologie an die Probleme der Sozialpolitik herangetreten ist, nicht verwundern.

Im Hinblick auf das dritte Problem, die Art und Weise, wie solche Ziele und Zwecke erreicht und gesichert werden sollen, d. h. mit welchen Mitteln und Methoden der staatlichen Gewalt, ist die Zwiedinecksche Kritik oft von ungewöhnlicher Schärfe. Die schon um das Jahr 1910 schwer übersehbare Dimension von sozialpolitischen Gesetzen und Maßnahmen ließen ihn eine Schematisierung des Menschen befürchten, die dem Gemeinwesen nicht nur nicht förderlich, sondern geradezu nachteilig sind. Der Überfluß an Paragraphen, „die wie ein Zaumzeug den über dem Durchschnitt Stehenden fesseln“, kann zu einer Zerstörung der Schwungkraft, der Quelle von Arbeits- und Schaffenslust führen. Hier offenbaren sich die Schattenseiten des institutionellen Denkens in der Sozialpolitik mit der Beeinträchtigung der Selbstverantwortung und einer Verflüchtigung der gegenseitigen Hilfe. *Zwiedineck hat nie unterlassen daran zu erinnern, daß neben der Hebung der Lebensbedingungen der Arbeiterschaft, neben ihrer materiellen Förderung, auch das andere Gleis, die ideelle Förderung mit einer möglichst hohen Assimilierung des Arbeiterdaseins an das erreichte Kulturniveau im Interesse der Sicherung der Gesellschaftszwecke liegt.* „Mit Lohnerhöhungen allein ist es nicht getan[51].“ Zur innerbetrieblichen Pazifirung z. B. gehört das pädagogische Prinzip, das Vertrauen zu veredeln, gehört vor allem die Gleichung, die die Sozialpolitik zu vertreten hat: Mensch sei gleich Mensch! Dieses ganze

[50] Handbuch, a. a. O., S. 62.
[51] Handbuch, a. a. O., S. 145.

Arbeitsgebiet sozialer Bildung und Aufklärung kostet nach Zwiedinecks Überzeugung den Unternehmer nichts, nur ein gewisses Maß von Selbstkritik und nicht selten fehlender Selbstzucht. Mit solchen Empfehlungen und Forderungen an die Praxis der Sozialpolitik im Staat und seinen Gliederungen einschließlich des industriellen Betriebes, wurde Otto von Zwiedineck zum Pionier jener betriebssoziologischen Erkenntnisse und betriebssozialen Ziele und Maßnahmen, die heute bereits die Personalpolitik eines großen Teiles der deutschen Industrie beeinflussen. *Und er ist nicht müde geworden, auch in Hinsicht auf moderne Grundsätze der Betriebsverfassung, z. B. das Mitbestimmungsrecht, auf die Notwendigkeit ihrer Erfüllung mit einem der Sicherung der Gesellschaftszwecke förderlichen Geiste hinzuweisen.*

Von den zuvor behandelten vier Species der Zwiedineckschen Konzeption (wissenschaftlicher Aspekt, Grundprinzipien, Objekt und Finalität) der Sozialpolitik ist in seiner Definition nur zum Teil die Rede. Weder der wissenschaftliche Aspekt, d. h. die soziologische Grundlegung, noch die Grundprinzipien der Vergesellschaftung bzw. Sozialisierung, noch die Gesellschaft als Einheit und soziales Phänomen treten in Erscheinung. Es wird lediglich diejenige Aufgabe der Sozialpolitik genannt, die die fortdauernde Erreichung der Gesellschaftszwecke sichern soll. *Aus dieser Diskrepanz zwischen Definition und Konzeption ergeben sich verschiedene Einsichten.* Zunächst einmal ist damit erwiesen, daß man Zwiedinecks Auffassung von Sozialpolitik nicht von der Definition aus analysieren und verstehen kann. Man muß sich der Mühe unterziehen, das gesamte Denksystem zu erfassen und als „denkende Ordnung der empirischen Wirklichkeit" zu begreifen. Hätte der Autor eine der Konzeption kongruente Definition geben wollen, so wäre er aller Voraussicht nach auf die Notwendigkeit jener Zweiteiligkeit gestoßen, die in der neueren sozialpolitischen Literatur fast regelmäßig für die Begriffsbestimmung vorgenommen wird, nämlich: die Wissenschaft von der Sozialpolitik als Erkenntnisobjekt und die Praxis der Sozialpolitik als Erfahrungsobjekt, mit anderen Worten, Praxis und Lehre schon definitorisch voneinander zu trennen[52]. In der von Zwiedineck bis zuletzt aufrecht erhaltenen ursprünglichen Fassung ist die Definition ein Mixtum beider Seiten, da die Grundform des Satzes lautet: Sozialpolitik ist die Politik, d. h. die Praxis und nicht die Lehre, während die Richtung dieser Politik: die Sicherung fortdauernder Erreichung der Gesellschaftszwecke die eigentlichen soziologischen Elemente der Konzeption andeutet, ohne sie ausführlich zu nennen. Wir können an dieser Stelle nicht darauf eingehen, wie die Zwiedinecksche Definition differenziert und erweitert werden müßte, um seine Gesamtkonzeption aufnehmen zu können; das soll in einer

[52] Vergleiche Leopold *v. Wiese* im Handwörterbuch der Sozialwissenschaften, a. a. O., S. 551.

späteren Veröffentlichung geschehen. Wir können aber mit einer vorläufig unbegründeten Formulierung die Richtung andeuten, in der eine solche Erweiterung und Vertiefung erfolgen könnte, wobei wir Sozialpolitik als Wissenschaft und als Praxis trennen: *Die Wissenschaft der Sozialpolitik ist die Lehre von der Ordnung der Gesellschaft durch Vergesellschaftungsprozesse zwischen Einzelnen, Einzelnen und Gruppen und innerhalb sozialer Gruppen, von den Störungen dieser Ordnung und den Mitteln zur Sicherung fortdauernder Erreichung der Geesllschaftszwecke. Sozialpolitik als Praxis ist das auf die Ordnung der Gesellschaft und der Vergesellschaftungsprozesse gerichtete Handeln, mit dem Ziele der Sicherung fortdauernder Erreichung der Gesellschaftszwecke.*

Trotz der Unvollständigkeit der Zwiedineckschen Definition gegenüber seiner Konzeption hat die von ihm vorgeschlagene Begriffsbestimmung in der sozialpolitischen Literatur eine starke Verbreitung und — wenigstens zeitweise — Allgemeingültigkeit erworben, vornehmlich aus zwei Gründen: *Einmal hat sie einen völlig neuen Gesichtspunkt in die Diskussion über das Wesen der Sozialpolitik* mit der zentralen Aufgabenstellung fortdauernder Erreichung der Gesellschaftszwecke *eingeführt,* und das zu einer Zeit, als die Bindung an institutionelles Denken mit der fast stereotypen Formulierung von Maßnahmen, Gesetzen und Einrichtungen zum Schutz der Arbeiterklasse oder zur Eingliederung der Arbeiterschaft oder zum Ausgleich der Klassengegensätze oder durch gerechtere Güterverteilung in den seinerzeit mehr als 40 bestehenden Definitionen dominierend war. *Zweitens hat sie jede historische Bindung,* d. h. jeden Bezug auf eine durch soziale und politische Verhältnisse bestimmte Situation, zum Beispiel die Notlage und Emanzipation der Arbeiterschaft, die Ungleichheit der Einkommensverteilung, in der richtigen Erkenntnis *vermieden,* daß jede Zeitepoche die Begriffe nach ihren eigenen Erlebnisinhalten formt. *Die allgemeine Formulierung „Gesellschaftszwecke" gibt also der Begriffsbestimmung Zwiedinecks nicht nur eine zeitlose und objektive Bedeutung, sondern zugleich auch einen Maßstab für die kritische Beurteilung einer sozialpolitischen Epoche.* Wie dieser Maßstab angewendet werden kann, hat der Gelehrte selbst an einer Fülle von historischem Material nachgewiesen und damit die Aufgabe gestellt, daß jede Zeitphase sozialpolitischer Entwicklung zu einer eigenen Interpretation im Interesse der Kontrollfunktion dieser Definition verpflichtet ist. Dazu gibt er selbst zwei wichtige Hinweise. Erstens: die Beziehung auf das „Soziale" als das Gesellschaftliche, die Gesellschaft, ihre Lebensinteressen und ihre Sozialsphären betreffend. Zweitens auf die soziale Zweckmäßigkeit, d. h. die Prüfung der jeweiligen Gesellschaftsideale auf ihre sozialpolitischen Wirkungen hin. Aus dieser gedanklichen Verbindung einer immer und überall wirkenden Sozialsphäre mit der aus der historisch bedingten Situation der Gesellschaft ermittelten Zweckmäßigkeit von Zielen, Methoden und Maßnahmen, ergibt sich der Ansatz für die inhaltliche Deutung der jeweils zu erreichenden Gesellschaftszwecke. Eine wissenschaftliche Fundierung der Sozialpolitik hat also folgende Aufgaben zu erfüllen:

Erstens: Eine soziologische Tatbestandsaufnahme und Analyse der sozialen Wirklichkeit der natürlichen und künstlichen Vergesellschaftungsprozesse, mit ihren Wirkungen auf das Verhalten der Menschen und auf die Gesellschaft als Ganzes.

Zweitens: Die kritische Prüfung der sozialpolitischen Ideale an dem „Postulat der inneren Widerspruchslosigkeit des Gewollten" (Max *Weber*), d. h., die Aufdeckung und Klarlegung der letzten Wertmaßstäbe, die für die gesellschaftlichen Ordnungsvorstellungen einer Zeitphase maßgebend sind, sowie die Aufdeckung von Irrtümern, Widersprüchen und Halbheiten in den Beziehungen des einen Ideals zum anderen, z. B. des sozialpolitischen zum ethischen.

Drittens: Die Prüfung der Tauglichkeit der Mittel, die zur Erreichung der gewollten Zwecke, z. B. zur Beseitigung von Spannungen, Lösung von Konflikten im Interesse der Sicherung der Gesellschaftszwecke dienen und im Zusammenhang damit die Feststellung der Folgen, die eintreten können.

Hinsichtlich der praktischen Durchführung einer so fundierten Sozialpolitik hat Zwiedineck selbst die These aufgestellt, daß die Aufgaben der Sozialpolitik unausgesetzt wachsen und daß sie zu jeder Zeit andere Ziele verfolgen muß, um die Einheitlichkeit der Gesellschaft zu sichern. *Dabei ist unverkennbar, daß er hinsichtlich der Wandlung dieser Ziele und der Mittel ihrer Durchführung der Reform gegenüber der Revolution entschieden den Vorzug gegeben hat.* Um diese Grundeinstellung zu unterstreichen, haben wir an den Anfang der im nächsten Teil folgenden ausgewählten Beiträge das Thema „Revolution oder soziale Reform" gestellt, aus dem wir nur einen Satz vorwegnehmen wollen: „Die Revolution, die ihrer Natur nach nur im Verfassungsrecht eine entscheidende Förderung zu bringen vermag, kann insofern auch der sozialpolitischen Arbeit des unablässigen Vorbeugens, Ausgleichens, Korrigierens förderlich sein, aber es kommt immer auf das Maß ihrer Zerstörungen, der Desorganisierung an, die sie begleiten, ob sie überhaupt diese Arbeit fördert und nicht schädigt. *Schon deshalb kann sie niemals etwas von den großen und erhabenen Aufgaben der sozialen Reformpolitik erfüllen, so wenig, wie ein chirurgischer Eingriff die Hygiene zu ersetzen vermag. ... Nur durch* unablässige sozialpolitische Arbeit wird das Problem der steten Sicherung des gesellschaftlichen Gesamtinteresses einer wirklichen Lösung zugeführt."

3. Die Tragfähigkeit der Konzeption

Wenn es der eigentliche Zweck wissenschaftlicher Bemühungen sein soll, „Ordnung und System in die Betrachtung der lebendigen Mannigfaltigkeiten zu bringen[53], so können wir feststellen, daß die Konzeption der Sozialpolitik, wie sie Otto von Zwiedineck entwickelt hat, diese Aufgabe in einer hervorragenden Weise gefördert hat. Er hat die zu seiner Zeit herrschenden Vorstellungen von Sozialpolitik nicht nur durch einen makrosoziologischen Aspekt überhöht, sondern damit auch die Grenzen des Blickfeldes der Vergangenheit in mancher Beziehung durchbrochen. Eine Beschränkung des sozialpolitischen Denkens auf Arbeiterschutz und Arbeiterfragen, auf Klassenkampf und sozialen Ausgleich, auf Güterverteilung und Menschenwürde sowie Menschenrechte ist seit dem Erscheinen seines großen Werkes der Sozialpolitik wissenschaftlich nicht mehr haltbar und wird heute auch in amtlichen oder nichtamtlichen Erläuterungen überwiegend abgelehnt. *Zwiedineck war nach W. H. Riehl der erste, der die Sozialpolitik aus ihrem inneren Wesen heraus zu erklären versuchte.* Ihm deshalb mangelnde Konkretheit des sozialpolitischen Denkens vorzuwerfen, kann nur demjenigen verziehen werden, der sich nicht dem vollen Gehalt und Inhalt seiner Konzeption auseinandergesetzt hat.

Darüber hinaus hat Zwiedineck der Sozialpolitik eine von anderen Bereichen der Politik einschließlich der Wirtschaftspolitik unabhängige Stellung in der Wissenschaft erwirkt. In dieser Hinsicht war ihm allerdings ein anderer großer Gelehrter der Sozialwissenschaften vorangegangen. In einem heute selten noch beachteten Beitrag „Die Ideale der Sozialpolitik“ aus dem Jahre 1897[54] hat Werner *Sombart* bereits versucht, die Autonomie der Sozialpolitik als Wissenschaft zu begründen. Gleich bei einem der ersten Sätze glaubt er auf die richtige Fährte zu gelangen, indem er von einem heute vergessenen Autor namens *Brüll* aus dem Rotteck-Welckerschen Staatslexikon notiert: *„Sozialpolitik oder Gesellschaftslehre im engeren Sinne* ist derjenige Zweig der Staatswissenschaften, welcher sich mit den Beziehungen der öffentlichen Gewalt zu den einzelnen produktiven Ständen und zu deren gegenseitigen Interessen — befaßt.“ Hiermit glaubt *Sombart* in dreifacher *Hinsicht einen Fortschritt in der Bereinigung der wissenschaftlichen Behandlung der Sozialpolitik zu erzielen.*

Erstens erkennt er darin eine Abkehr von den bisher betonten Idealen der Ethik, der Religion, der Rassenhygiene und des Materialismus, „die Herrschaftsansprüche an die Sozialpolitik erheben“. Er fol-

---

[53] Werner *Sombart,* Ideale der Sozialpolitik; Archiv für soziale Gesetzgebung und Statistik, Bd. 10, Berlin 1897, S. 5.

[54] W. *Sombart,* Ideale der Sozialpolitik; Archiv für soziale Gesetzgebung und Statistik, Bd. X, Berlin 1897.

gert daraus das Ende der Heteronomie fremder Disziplinen und die Autonomie des sozialpolitischen Denkens.

Zweitens findet *Sombart* das sozialpolitische Ideal in der höchsten Entfaltung der produktiven Kräfte, in der wirtschaftlichen Vollkommenheit eines hochentwickelten Wirtschaftssystems, also im „Produktionsideal", dem er sozialen Charakter verleihen will. Er etiquettiert die Sozialpolitik als „Wirtschaftspolitik erster Klasse".

Drittens möchte er als Sozialpolitik diejenigen Maßnahmen bezeichnen, die sich auf die Gestaltung der „sozialen Ordnung" erstrecken. In dieser Aufgabe decken sich nach seiner Meinung Inhalt und Ausdruck der Sozialpolitik am besten.

Bis auf das *Sombartsche* Produktionsideal, mit dem er den autonomen Charakter der sozialpolitischen Wissenschaft wieder verleugnet, bestehen zwischen seiner und der Zwiedineckschen Konzeption manche Parallelen, wobei allerdings Zwiedineck den einmal gewiesenen Weg viel weiter gegangen ist als *Sombart.*

Das ist wahrscheinlich der tiefere Grund, weshalb andere sozialwissenschaftliche Autoren bis in die Gegenwart auf dem gleichen Wege sich immer wieder auf Zwiedineck beziehen und nicht auf den *Sombartschen* Autonomieversuch. Alfred *Ammon* z. B. hat an diesem Versuch scharfe Kritik geübt und über eine weitgehende Anerkennung der Zwiedineckschen Gedanken einen eigenen Standpunkt gewonnen[55]. Nach seiner Meinung kann die Autonomie der Sozialpolitik wissenschaftlich begründet werden. Dazu muß sie eine eigene Zwecksetzung haben, die nicht von einer anderen abgeleitet ist. Diese Zwecksetzung ist die Erhaltung und Stärkung des inneren Zusammenhangs und Zusammenhalts der Gesellschaft, genau wie bei Zwiedineck. Das können wir aber, sagt *Ammon,* nicht so voraussetzen, daß dieses Ziel von der Wissenschaft gesetzt wird, sondern von den Menschen, die Gesellschaft wollen. Wir konstatieren einfach, daß es da ist, ohne Rücksicht darauf, ob es berechtigt oder nicht berechtigt ist. Auf diese Weise erhalten wir die volle wissenschaftliche Objektivität und Eindeutigkeit. *Als Aufgabe der wissenschaftlichen Sozialpolitik bleibt also die Untersuchung der Möglichkeiten des inneren Zusammenhalts der Gesellschaft, die an die tatsächlichen Zustände anknüpfen muß.* Sie muß sowohl die gesellschaftsbindenden und -fördernden Kräfte als auch die gesellschaftsfeindlichen und -störenden Tendenzen untersuchen. Sie muß ferner die Mittel prüfen und ausfindig machen, die geeignet erscheinen, um die Stärkung der gesellschaftsbindenden und die Schwächung der gesellschaftsgefährdenden Kräfte zu erreichen. Die Aufgabe der Analyse, die zur Erkenntnis solcher Kräfte und Tendenzen führt, ist eine Auf-

---

[55] Alfred *Ammon,* Sozialpolitik als Wissenschaft, Schmollers Jahrbuch, L. Bd., S. 417.

gabe der soziologischen Grundlegung einer wissenschaftlichen Sozialpolitik. Von den Ergebnissen dieser soziologischen Vorarbeit aus hat dann die Wissenschaft der Sozialpolitik die Prüfung und Feststellung der für die Erhaltung des Bestandes der Gesellschaft erforderlichen und geeigneten Mittel vorzunehmen, ohne sich dabei von Idealen und anderen Voreingenommenheiten leiten zu lassen. Denn die Gesellschaftsordnung und die Ziele ihrer Gestaltung werden als Hypothese in die wissenschaftliche Aufgabe der Sozialpolitik eingesetzt.

Mit dieser Beweisführung, die ganz der Auffassung von Zwiedineck-Südenhorst entspricht, will *Ammon,* wie er ausdrücklich betont, die Schalen, die sich um den Begriff Sozialpolitik gelegt haben, die über typologische, geographische, geschichtliche, ethnologische, juristische, ethische Vorstellungen und „anderes Drum und Dran" reichen, abstreifen und eine neue Ordnung des sozialpolitischen Denkens gegen die herrschende geistige Unordnung erreichen.

Wir haben die *Ammonsche* Beweisführung so ausführlich wiedergegeben, nicht nur, weil sie am besten die geistige Verwandtschaft zur Zwiedineckschen Konzeption aufzeigt, sondern auch weil sie in mehr oder weniger starken Variationen auch bei anderen, teilweise später in die Arena der sozialpolitischen Diskussion eintretenden Autoren immer wiederkehren. Wir denken dabei an Adolf *Günther*[56], an Heinz *Marr*[57] mit seinem Begriff der organischen Sozialpolitik, Adolf *Geck*[58] und wenigstens in einem Teil der von ihm entwickelten Gedanken auch an Eduard *Heimann*[59]. Selbst Alexander *Rüstow* findet mit seiner noch nicht vollständig veröffentlichten Konzeption der Vitalpolitik Anschluß an diese Gedankengänge.

Die Tragfähigkeit der Zwiedineckschen Konzeption bis in die Gegenwart könnte nicht deutlicher nachgewiesen werden als durch die Tatsache, daß ein so profilierter Wissenschaftler der Sozialpolitik wie Hans *Achinger*[60] sein Hauptwerk unter den Titel stellt: „Sozialpolitik als Gesellschaftspolitik". Auch er bezieht sich an mehreren Stellen ausdrücklich auf Zwiedineck-Südenhorst und seine präzisen Formulierungen zur Gesellschaftsgestaltung durch Sozialpolitik. Das Zwiedinecksche Handbuch nennt er eine „meisterhafte Darstellung" und schließt sich damit dem Urteil so vieler anderer sozialwissenschaftlicher Autoren an. Wir zitieren davon nur Eduard *Heimann* mit dem Satz: „Es ist ungemein bedauerlich und ein wirklicher Übelstand, daß von den deutschen Grundrissen der Sozialpolitik gerade dieses hervor-

---

[56] Adolf *Günther*, Sozialpolitik, 1. Teil Theorie d. Sozialpolitik, Berlin 1922.
[57] Heinz *Marr*, Soziale Praxis, Jg. 1923, Nr. 24.
[58] Adolf *Geck*, Soziale Praxis, Jg. 40, Heft 2.
[59] Eduard *Heimann*, Soziale Theorie des Kapitalismus, Theorie der Sozialpolitik, Tübingen 1929.
[60] Hans *Achinger*, Sozialpolitik als Gesellschaftspolitik, Hamburg 1958.

ragendste bisher nicht neu aufgelegt wurde"[61]. Und Alfred *Ammon* schreibt dazu: „Ich muß meiner vollen Zustimmung zu dieser Äußerung Heimanns Ausdruck geben"[62]. *In der Wissenschaft der Sozialpolitik läßt sich die Tragfähigkeit der Zwiedineckschen Konzeption also eindeutig nachweisen. In der sozialpolitischen Praxis der öffentlichen und privaten Institutionen fehlt es noch weithin an der erforderlichen Einsicht in die Notwendigkeit einer derartigen wissenschaftlichen Grundlegung ihrer Tätigkeit.*

[61] Eduard *Heimann,* Markt, Wirtschaft, Klassengesellschaft, Sozialpolitik. Kölner Sozialpolitische Vierteljahresschrift, 3. Jg.

[62] Alfred *Ammon,* Schmollers Jahrbuch, L. Bd., S. 445.

Teil B

Ausgewählte sozialpolitische Schriften von Otto von Zwiedineck-Südenhorst

Einleitung

Die Hauptgebiete seiner sozialpolitischen Interessen

Das Generalthema dieser Veröffentlichung „Mensch und Gesellschaft“ läßt eine breite Auswahl von Publikationen und Nachlaßmanuskripten erwarten. Angesichts der Vielfältigkeit und Intensität der geistigen Produktivität Otto von Zwiedineck, mit der wir ihn im Vorwort in die Gruppe der ausgeprägten Persönlichkeiten mit unerschöpflicher geistiger Kraft eingereiht haben, könnten diese Erwartungen zweifellos erfüllt werden. Mit Absicht sind aber dieser Nachlaßbearbeitung von vornherein bestimmte Grenzen gesetzt, die wir nun mit Rücksicht auf die Fülle des Materials noch enger ziehen müssen. Abgesehen von dem wirtschaftswissenschaftlichen und wirtschaftspolitischen Schrifttum[1] ist auch das von Zwiedineck intensiv bearbeitete Gebiet der Bevölkerungstheorie und Bevölkerungspolitik ausgeschlossen worden, dessen veröffentlichtes und unveröffentlichtes Produktionsvolumen eine eigene Bearbeitung rechtfertigen würde. Das gleiche gilt für die rein soziologischen Arbeiten, die wir zwar in das Literaturverzeichnis aufgenommen haben, aber im folgenden nicht berücksichtigen können.

Prüft man an Hand des Literaturverzeichnisses nur das sozialpolitische Schrifttum Otto von Zwiedinecks, so treten deutlich drei Hauptinteressengebiete in Erscheinung: das Lohnproblem, mit dessen Erforschung er seine eigentliche wissenschaftliche Tätigkeit begann, die differenzierten Fragen der Sozialversicherung, zu deren Untersuchung er durch seine langjährige Tätigkeit in den österreichischen Versicherungsbehörden angeregt wurde, und die Sozialpolitik im allgemeinen. Was er darüber hinaus zum Beispiel in den seit 1896 durchgeführten Untersuchungen über die Heimarbeit, die Arbeitsverhältnisse in den verschiedenen Handwerkszweigen in Leipzig, Graz und Wien, ferner über die Arbeitslosigkeit und die Fabrikinspektion veröffentlicht oder hinterlassen hat, bezieht sich entweder auf Erstlingsarbeiten oder auf ganz bestimmte Anregungen und Gelegenheiten, die in seinem Leben und Schaffen nicht allzulange nachgewirkt haben. Vom Gedanken der Geschlossenheit seiner sozialpolitischen Konzeption aus gesehen, findet sich das meiste, was Otto von Zwiedineck bis zu seinem Lebensende zur inhaltlichen Bereicherung und Begründung beigetragen hat, in diesen drei Gebieten verzeichnet. Um aber den weiterführenden Ar-

---

[1] Vgl. Mensch und Wirtschaft, herausgegeben von Werner *Mahr* und Franz Paul Schneider, Berlin 1955.

beiten an dieser Konzeption den ihnen gbührenden Platz einzuräumen, haben wir trotz der anderen Zeitordnung des Erscheinens der Beiträge die Sozialpolitik im allgemeinen an den Anfang gestellt und die Fragen der Sozialversicherung und das Lohnproblem folgen lassen.

Jede Nachlaßbearbeitung ist darauf angewiesen, eine Auswahl zu treffen, deren Berechtigung angezweifelt werden kann. Der Bearbeiter hat sich bemüht, unter weitgehendem Verzicht auf Auszüge aus Büchern die in wissenschaftlichen Bibliotheken erreichbar sind, nur einzelne Abhandlungen und Beiträge von grundsätzlicher Bedeutung (darunter zwei ausführliche Buchbesprechungen) zu den angegebenen Gegenständen auszuwählen, die in der Zeitschriftenliteratur so verstreut sind, daß sie dem interessierten Leser kaum zur Verfügung stehen, vor allem nicht in der Geschlossenheit, in der sie ihm in diesem Buche dargeboten werden.

Soweit die Abhandlungen und Beiträge bereits an anderer Stelle veröffentlicht wurden, sind sie insofern überarbeitet worden, als zeitlich gebundene Passagen und Materialien gestrichen und die Auslassungen durch Punkte kenntlich gemacht wurden. Dagegen ist die Ausdrucksweise des Textes, um den originalen Quellencharakter zu wahren, so weit wie möglich beibehalten worden. Lediglich offensichtliche Satzfehler, Auslassungen und Irrtümer wurden sinngemäß berichtigt. Ebenso wurde die Schreibweise und Zeichensetzung, soweit sie nach heutigem Verständnis ungewöhnlich sind, der besseren Lesbarkeit willen abgeändert. Sämtliche Kursivhervorhebungen stammen vom Bearbeiter. Erklärungen und Zusätze stehen wie üblich in eckigen Klammern. Die Fußnoten wurden angesichts der oft unvollständigen Quellenangaben ausgiebig ergänzt und in eine einheitliche Zitierweise gebracht.

Nicht alle Ausführungen in den nun folgenden „Ausgewählten sozialpolitischen Schriften" von Otto von Zwiedineck-Südenhorst können vom heutigen Stand der sozialpolitischen Diskussion aus beurteilt werden, bei manchen ist eine synoptische Betrachtungsweise der Zeitgeschichte, insbesondere ihrer Sozialgeschichte erforderlich. Das entspricht der Wandelbarkeit der sozialpolitischen Problematik. Die Grundprinzipien und Grundlinien der Zwiedineckschen Konzeption der Sozialpolitik bleiben davon unberührt und werden hoffentlich noch lange Zeit das wissenschaftliche Bemühen um die Klärung ihrer Grundlagen anregen. Nur in dieser Erwartung ist eine so umfangreiche Bearbeitung und Veröffentlichung zu vertreten.

I. Zur Sozialpolitik im allgemeinen

Revolution oder soziale Reform (1919)*

Als Anzeige von Gustav Schmollers nachgelassenem Werk „Die soziale Frage"[1]

1. Revolutionsgesetze

Das unmittelbare Erleben der großen Revolutionen von 1918 und 1919 mit ihren Begleiterscheinungen hat wohl jeden, der das Bedürfnis hat, sich über die Gesellschaftsschicksale Rechenschaft zu geben, vor Fragen gestellt, auf die die Wissenschaften — es kommen ja verschiedene Disziplinen in Betracht — bisher wenig befriedigende Antworten gegeben haben. Zu größter Wirksamkeit und hohem Ansehen ist die denktheoretische Antwort Hegels gelangt. Aber seine Lehre von der immanenten Negativität ist eine Antwort nur für Wenige, und nur Wenigen unter diesen Wenigen kann sie genügen. Mit der Erkenntnis, daß alles Seiende sich selbst negiert, mit der Erfassung des ewigen Prozesses des Werdens ist für irgendeinen konkreten Fall, für ein bestimmtes Erleben, weder über das Wie, Wann und Wohin des Umsturzes, noch über das Warum der betreffenden konkreten Entwicklung ein befriedigender Aufschluß gewonnen.

Aber Karl Marx hat es unternommen, dieses Prinzip der Hegelschen Geschichtsphilosophie für das Schicksal der kapitalistischen Gesellschaft zu verwerten und jenem Prinzip darnach eine bestimmte Deutung zu geben. Dabei hat sich Marx freilich in einen schweren Widerspruch verstrickt, an dem selbst seine Anhänger nicht vorüberkommen, denn auch die sozialistische Kritik konnte es nicht übersehen, daß wohl das Kommen der sozialistischen Gesellschaftsordnung mit der immanenten Negativität in Einklang zu bringen sei, aber ganz gewiß nicht die Behauptung, daß diese sozialistische Gesellschaftsordnung dann die endgültige, letzte sein müsse.

Nun kann und soll dennoch die Möglichkeit durchaus nicht in Abrede gestellt werden, daß durch Marxens Anwendung des Hegelschen Prinzips eine Erklärung für unser eigenes Revolutionserleben, für die Revolution von 1918—1919, gewonnen sein konnte. Diese Möglichkeit hat mit dem eben erwähnten inneren Widerspruch jedenfalls nichts zu tun. Ob die von uns erlebten Revolutionen wirklich als jene letzte notwendige

---

* Schmollers Jahrbuch, XLIII. Bd., Heft 4.

[1] Gustav Schmoller, Die soziale Frage. Klassenbildung, Arbeiterfrage, Klassenkampf, München-Leipzig 1918.

Revolution einzuschätzen sind, die im Sinne des Marxismus funktioniert, ist eine Frage für sich, auf die ich noch zurückkomme. Aber eines ist hier nicht zu übersehen, es sei hier schon hervorgehoben: die Marxische Zusammenbruchslehre ist als Revolutionstheorie nur ganz singulär gerade auf die den Kapitalismus zu vernichten bestimmte Revolution anwendbar.

Eine universalere Revolutionsbedeutung, die ganz allgemein auf die Begründung der Notwendigkeit nicht nur der einen antikapitalistischen Revolution, also jener, die die kapitalistische Gesellschaftsordnung abschließt, sondern der Revolution überhaupt eingestellt ist, liegt in dem Versuch vor, die Wiederkehr von Revolutionen als gesetzmäßig notwendig hinzustellen. Es wird als soziologisches Gesetz behauptet, daß die Menschheit, auf einer gewissen Stufe der Gesellschaftsentwicklung angelangt, den Übergang von einer Gesellschaftsordnung zu einer anderen durch Revolutionen vollziehen müsse, oder wie das, mit einer sehr eigenartigen Fassung des Begriffes Utopie einmal gesagt wurde, die Menschheit bewege sich zwischen Topien und Utopien auf und ab, auf jede Topie folge eine Utopie, auf diese wieder eine Topie und so immer weiter[2]. Es ist aber nicht nur begrifflich widersinnig, die Revolutionsphase als Utopie aufzufassen, weil die Unwirklichkeit im Wesen der Utopie liegt, die Revolutionsvorgänge aber Wirklichkeit — und eine sehr wenig erstrebenswerte Wirklichkeit — sind, also alles eher als utopisch im herkömmlichen Verstande, sondern es ist auch unhistorisch und widerstreitet den Tatsachen, die Revolutionsphase deshalb als Utopie zu bezeichnen und zur vorausgegangenen wie zur nachfolgenden Gesellschaftsordnung, den „Topien“ in Gegensatz zu stellen, weil sie Bewegung bedeutet, während die „Topien“ Perioden der Quieszens seien. *Es ist das eine völlig aprioristische Auffassung* und sie ist wirklichkeitswidrig, sofern sie behauptet, *daß die zwischen zwei Revolutionen liegende Gesellschaftsordnung eine absolute Stabilität aufweise,* das heißt, keine oder nur eine einseitige, ausschließlich im Sinne des bei der Revolution wirksam gewordenen Wollens sich vollziehende Entwicklung.

Diese wie jede andere Revolutionstheorie muß scheitern, wenn sie sich nicht an die Tatsachen hält, und zwar an die Tatsachen, die der Revolution vorausgehen und die ihr folgen, ebensogut und genau wie an diejenigen ihres eigenen Verlaufes. Nur mit der Erfassung typischer Revolutionsursachem kommt man an die Probleme heran, die eben jeder als lösungsbedürftig empfindet, der, mag er auch immerhin den Revolutionserfolg schätzen, die furchtbaren Begleiterscheinungen, die Zerstörung von Werten und Kräften als schwere Gesellschaftsschädigungen erkennt und vermieden zu sehen wünscht.

---

[2] So Gustav Landauer, Die Revolution, in der Sammlung „Die Gesellschaft“, herausgegeben von Martin Buber, ein nicht nur im Aufbau, sondern auch in den begrifflichen Grundlagen außerordentlich konfuses Buch.

Das aber ist ja gerade die große Frage, ob die Verbindung zwischen verschiedenen Gesellschaftsordnungen, der Übergang von einer zur anderen nur auf dem Wege über Chaos und Aufruhr und Individualismus („Heroismius und Bestialität, Einsamkeit der Großen und armselige Verlassenheit des Massenatoms") geschehen muß, weil er nur so geschehen kann. Ja, man könnte mit gutem Grunde das Problematische an dem, was man die soziale Frage nennt, geradezu in dem Sinne formulieren, daß man zu den Klassengegensätzen entweder mit dem Glauben an die Notwendigkeit revolutionärutopischer Zwischenszenen Stellung nimmt, oder daß man den Kampf gegen die Klassengegensätze mit dem starken Willen aufnimmt, jene Phasen revolutionärer Störungen mit ihren Folgen zu vermeiden und mit der Überzeugung, daß sie vermieden werden können. Will man nicht bloß nach mehr oder minder zuverläßlichen Instinkten, sondern mit klarem Bewußtsein zu dieser Alternative Stellung nehmen können, dann hat man sich vor allem an die ehrliche und gewissenhafte Wissenschaft der Sozial- und Wirtschaftsgeschichte zu halten, nur mit ihrer Hilfe wird man festen Boden unter die Füße bekommen in dem furchtbaren von so vielen Dogmen und Schlagworten erfüllten Widerstreit der Meinungen. Und deshalb konnte das aus dem Nachlaß Gustav Schmollers jetzt herausgekommene Werk, das hier anzuzeigen mir zu besonderer Freude gereicht, gar nicht zeitgemäßer erscheinen.

2. Schmollers Stellung zur Revolution

Mit einem eigenartigen Empfinden greift man nach diesem Buche, das man von dem stärksten Glauben an die Kraft und die Richtigkeit vor allem der staatlichen Sozialpolitik, als dem unentbehrlichen Korrektiv der sozialwirtschaftlichen Entwicklung und als Gegengewicht der dieser Entwicklung immanenten Kräfte getragen und erfüllt weiß. „Die soziale Frage", hat Schmoller diese Sonderausgabe der im ersten und zweiten Bande seines Grundrisses der allgemeinen Volkswirtschaftslehre enthaltenen sozialpolitischen Abschnitte genannt. Die „teilweise Umarbeitung und die Fortführung bis zu den jüngsten Ereignissen" haben ihn in den letzten Lebensmonaten beschäftigt. Die letzten und freilich allerentscheidendsten sozialen Geschehnisse, die das deutsche Volk zu erleben hatte, liegen also schon nach der Fertigstellung dieser Sonderausgabe, und man könnte sich versucht fühlen zu meinen, daß das Buch dadurch etwas von seiner Aktualität eingebüßt haben muß. Und gerade das Gegenteil trifft zu.

In dem Augenblicke, da das Deutsche Reich und insonderheit der preußische Staat mitten in einer so furchtbaren Krankheitskrisis befangen ist, wäre es nur sehr heilsam, wenn ein möglichst großer Teil des deutschen Volkes über Klassenbildung und Klassenkampf in verläßlich wahrheitsgetreuer Weise etwas genauer orientiert wäre, und man kann nichts mehr für dieses Buch wünschen, als daß sein reicher geschichtswissenschaftlicher Inhalt mit seinem abgeklärten Urteil weitesten Kreisen zugänglich gemacht würde. Aber nicht nur die historischen Teile werden diese Geltung behalten, auch die gegenwartspolitischen Abschnitte sind durch die politischen Ereignisse seit den Novembertagen 1918 zum allerkleinsten Teile nur überholt...

Wohl lasse ich sagen, daß den Epochen des sozialen Friedens solche der sozialen Kämpfe gegenüberstehen, und Schmoller sagt ausdrücklich, daß aus dem Ringen nach Macht und Herrschaft, nach Vermögen und Einkommen auf Grund der durch neue Arbeits- und Berufsteilung entstandenen neuen Lebensbedingungen ein Kampf der Klassen, nicht bloß der Individuen entstehen müsse. Aber dieser Kampf ist eben noch nicht schon Revolution, sondern er kann ebenso zu Reformen wie zu Revolutionen führen. Die dauernde Emporhebung der unteren Klassen haben beide zum Ziele. „Größere politische Rechte und größeres Einkommen kann sich eine untere Klasse aber nur erringen, wenn sie technisch, wirtschaftlich oder moralisch emporsteigt, wenn sie als Träger des Gesamtfortschrittes sich darstellt, wenn sie in den engeren Reihen Gehorsam und Zucht ausbildet, sich fähigen maßvollen Führern unterordnet", nicht, „wenn sie bloß mit Knütteln dreinschlägt, nur Haß und Unverständnis den oberen Klassen entgegensetzt, nur unausführbaren Utopien nachjagt"...

So begegnet man bei Schmoller auf Schritt und Tritt dem aus der umfassenden Kenntnis gesellschaftlicher Wirrsale geborenen Verstehen der Kampftatsachen, der Kampfformen und damit auch der sozialen Revolutionen. Nihil humani mihi alienum puto gilt im vollsten Sinne von diesem Kämpfer für soziale Gerechtigkeit, der er mit allen Elementen seines Geistes war. Aber wie voll er auch die Revolution in Ursprung und Motiven begreift, immerhin „heute können wir hoffen, müssen wir wünschen, daß die freie Diskussion genügt, auch die großen sozialen Reformen friedlich herbeizuführen, daß nicht Gewalt und Terrorismus sie durchsetzen, daß eine hochstehende Regierung für sie gewonnen werde, sie in aller Form Rechtens zustande bringe und ihnen damit auch die Garantie dauernden Bestandes verleihe".

Aber so ist allerdings auch nur bei unablässiger Aktivität der Staatsregierung eine Lage der Dinge zu erwarten, die diesen Voraussetzungen „friedlichen Herbeiführens" notwendiger Reformen entspricht. Daher die scharfe Ablehnung der laissez-faire-Politik, daher diese bis zum letzten Atemzug unwandelbare, wirklich feindselige Gegnerschaft gegen den Geist der chrematistischen Volkswirtschaftslehre der Smith und Ricardo, vor allem dieses letzten, des ihm so sehr verhaßten Ricardo. In jedem Zusammenhang ist er der überzeugte Anhänger des bewußten Eingreifens der Autorität für die Beseitigung der Ungerechtigkeiten, der Härten, der direkten Gefährdungen unterer Schichten, kurz all der Erscheinungen, die auf die Dauer niemals ohne Wirkung auf die Gefühle und Urteile über das Bestehende bleiben können. Und wie er so die „optimistische“ Naturlehre der Volkswirtschaft bekämpft, die so lange, gerade auch in Deutschland der positiven Arbeit des Staates sich im Gewande des Liberalismus wirksam entgegengestemmt hat, so bestreitet er auch mit allem Reichtum der ihm zu Gebote stehenden Tatsachenkenntnis das Bestehen jener Gesetzmäßigkeit, deren Geltung zum Pessimismus, gegenüber der bestehenden Rechts- und Wirtschaftsordnung führen muß, und aus deren Anerkennung und Anhängerschaft in anderer Weise, aber nicht minder den stetigen Aufstieg hemmend die schroffe Proteststimmung gegen die staatliche Regelung des Arbeitsverhältnisses geboren und großgezogen wurde.

Mag man einer Auffassung von Rodbertus-Jagetzow oder auch von Karl Marx zustimmen oder mag man überzeugt sein, daß die Kapitalsinteressen selbst darauf gerichtet sind, eine gewisse Harmonie zwischen Auflieferung von Produkten auf die Märkte einerseits, Aufnahmefähigkeit der breiten Massen dank ihrem Einkommen andererseits dauernd zu erhalten, so lehrt doch gerade der geschichtliche Verlauf der Klassengegensätze, daß niemals auf die werktätige Einflußnahme der Autoritäten im Staate verzichtet werden kann.

Der politische Sinn, der aus der Durchdringung der Fülle des historischen Geschehens sich entwickelt, sich aus diesem bildet und in diesem historischen, politischen, ökonomischen und psychologischen Kennen der Gesellschafts- und Klassenschicksale verankert ist, der führt mit notwendiger Konsequenz ebenso zum Gegensatze gegen den unorganischen Individualismus, den die französische Revolution geboren hat, wie zur unbedingten Ablehnung eines von Augenblicksinteressen geleiteten Scheinkollektivismus, wie er vorläufig wenigstens als Begleiterscheinung unserer heutigen Revolution sich einstellen zu wollen schien.

3. Vom Charakter der Revolution 1918/19

Da hört man jetzt immer wieder aus allen Wald- und Straßenwinkeln von den verschiedensten Seiten und liest es in allen Wendungen und umrändert von Parteifahnen, daß diese unsere Revolution die große soziale Revolution sei und sein müsse, jene Revolution, die die großen sozialistischen Denker der materialistischen Geschichtsauffassung, die Begründer des wissenschaftlichen Sozialismus vorausgesehen, vorausgesagt, die sie erwartet und gewünscht haben.

Die conscious minority wenigstens ganz gewiß hat geglaubt, die letzte Stunde für alles, was Kapitalismus oder auch nur Kapitalwirtschaft heißt, habe geschlagen. Und hat sie das nicht mit Recht geglaubt? Ist nicht eine lebensgefährliche Wunde nach der anderen dem Kapitalismus versetzt worden? Die energische Kürzung der Mehrwertsbildung mit Einführung des Achtstundentages, gleichzeitig die „gründlichen" Erhöhungen der Arbeitslöhne, die doch auch nichts anderes als Unterbindung der Mehrwertsbildung werden sollten! Wenn man einen aus den „Vielen" fragt, wie er sich die Sache mit den Lohnerhöhungen vorstelle, erhält man nur die Antwort, daß man so unter die Arbeiter bringe, was bisher der Kapitalist bekommen hätte.

Nun war Marx ja trotz seiner Neigung, alle Thesen und behaupteten Zusammenhänge restlos zu Ende zu denken, doch selbst nicht in dem Maße folgerichtig und folgesicher, daß er vor dem so häufigen Zusammensturz seiner Hoffnungen bewahrt worden wäre, der immer eingetreten ist, sobald irgendeine beträchtlich kritische Gestaltung der Marktlage sich fühlbar machte. Er war Sanguiniker und bei aller „Genialität", mit der er die großen kapitalistischen Gesetzmäßigkeiten in den historischen Materialien nachzuweisen vermochte, fehlte ihm doch die Nüchternheit, um die Voraussetzungen für das Eintreten des erwarteten sozialen Zusammenbruchs in den Tatsachen richtig zu kontrollieren. Und deshalb haben alle die wohl Recht, die überzeugt sind, auch Marx würde die Novemberrevolution als die erlösende vom Kapitalismus endgültig befreiende letzte Revolution erkannt haben, mit Enthusiasmus sie als seine Revolution begrüßt haben.

Mit welchem Recht, daß ist freilich eine andere Frage. Man mag mit Bernstein der Meinung sein, daß schließlich Marx gegen Marx Recht behält, daß Marx die Wissenschaft preisgegeben haben soll und preisgegeben haben würde. Aber man kann mit noch größerem Recht, mit besseren Gründen mit Schmoller sagen, der idealistische Ethiker Marx, voll Mitleid mit den Arbeitern, würde dem Materialisten Marx, der jede Gewaltwirkung nur unter dem Kausalgesetz gelten lassen wollte, durchgegangen sein, dann wird man auf das richtige Verhältnis Marx' zu der Revolution von 1918 bis 1919 kommen. Soweit es bloß auf das Hoffen, Wünschen und Wollen ankäme, von denen die Aktionen begleitet waren und heute noch sind — dann ließe sich eher noch ein Zusammenhang zwischen den tatsächlichen Vorgängen und der Marxistischen Ideologie wenigstens für einen Teil der Führer annehmen. Aber darauf kommt es an und für sich schon nicht an, ganz abgesehen davon, daß bei den Massen, die dann der conscious minority Gefolgschaft leisten, immer nur ein mehr oder minder bestimmtes Gefühl vorhanden sein kann, daß es sich um ein ôte toi que m'y mette handelt...

Von all diesen und ähnlichen Tatsachen der schließlichen Neugestaltung muß jedoch abgesehen werden, denn die utopisch orientierte Revolution muß nach ihren Motiven nicht nach der folgenden Topie geprüft werden, wenn man über ihren marxistischen Sinn Klarheit gewinnen will. Marxistisch gedacht, müßte der Revolution, die als die große „soziale" zu gelten hätte, jenes Anwachsen der industriellen Reservearmee vorausgegangen sein, das eine unausbleibliche Folge der Verkleinerung des „variablen" Kapitalteiles ist. Relative Übervölkerung und wachsende Arbeitslosigkeit infolge der Verringerung der beschäftigten Arbeiter im Verhältnisse zum Gesamtkapital, wären die Tatsachen, die dann jenes „Unerträglich" bewirken, von dem bei allen maßgebenden Marxinterpreten, insbesondere Bebel und Kautsky, die Rede ist, und das allein als das Kriterium für die Unvermeidlichkeit des Eintrittes in die neue Gesellschaftsform erscheint[3].

Nein, um es kurz zu sagen, den Voraussetzungen des wissenschaftlichen Sozialismus entsprechen die Ereignisse der Novembertage 1918 und die sich anschließenden Bürgerkriegs-Feuerbrände nicht. Solange man wenigstens für den Marxismus die Wissenschaftlichkeit als seinen wesentlichen Charakterzug in Anspruch nimmt, solange man in ihm den Vollzug der Entwicklung von der Utopie zur Wissenschaft rühmt und als sein Hauptverdienst gegenüber allem vorausgegangenen Utopismus, Putschismus, Blanquismus usw. geltend macht, hat man auch kein Recht davon abzusehen, daß die Kausalitäten der Wirklichkeit die Voraussetzungen sind, an die der große Denker und Historiker Marx das Kommen des neuen sozialen Staates und der unkapitalistischen Wirtschaftsverfassung geknüpft hat. Niemand kann aber ohne erhebliche Künsteleien und Sophismen behaupten, geschweige denn beweisen, daß diese Voraussetzungen erfüllt gewesen seien. Arbeitslosigkeit gab es überhaupt nicht und welche große Rolle spielte doch die industrielle Reservearmee in der Zusammenbruch-Theorie! Und die Lebensführung des großstädtischen arbeitenden Proletariats, soweit es die Novemberrevolution gemacht hat, war vergleichsweise gegenüber der verschiedener anderer Bevölkerungsschichten nicht schlechter, sondern eher besser, d. h. jener der anderen angenähert worden. Keinesfalls können die eigentlich kapitalistischen Energien als Verursacher einer Verelendung nachgewiesen werden, es sei denn, daß man den Krieg überhaupt als ausschließlich kapitalistisches Phänomen ansieht. Man mag vollständig davon absehen, daß die revolutionären Massen zum großen Teil überhaupt nicht unmittelbar dem arbeitenden Proletariat zugerechnet werden konnten, auch während des Krieges war die Lage des nicht kriegsgewinnlerischen Mittelstandes überwiegend ausgiebiger verschlechtert worden als die des großen Teiles der klassenbewußten namentlich großstädtischen Arbeiterschaft. Und vor dem Kriege: wer wollte den Beweis erbringen, daß die Akkumulations-Tendenz und die Verelendung in Deutschland und Rußland schroffer zutage getreten sei als in den Vereinigten Staaten von Nordamerika, wo

---

[3] August Bebel, Die Frau und der Sozialismus (1883), 34. Aufl., S. 339, und Karl Kautsky, Das Erfurter Programm (1892), 3. Aufl., S. 136 f.

keine Revolution ausgebrochen ist? Wer könnte einwandfrei dartun, daß die Arbeitslosigkeit gerade in den Revolutionsländern sich besonders gesteigert habe? (von Rußland wenigstens wird man gerade das Gegenteil behaupten dürfen). Und hieße es nicht der Tüchtigkeit der deutschen Arbeitnehmerverbände Unrecht tun, wenn man bestreiten wollte, daß die Einkommenverhältnisse der deutschen organisierten Arbeiterschaft sich in den Jahren vor dem Kriege auch trotz mancher krisenhaften oder wenigstens depressiven Wirtschaftsphase in einem beständigen gesunden Aufstieg bewegt haben? Daß die Quote des gesellschaftlichen Produktes, die der Lohnarbeit zukommt, immer kleiner geworden ist, ist unbeweisbar. Der Gesamtwohlstand ist so gewachsen, sagt Schmoller, daß der größere Reichtum der oberen Klassen doch Raum auch für die bessere Lebenshaltung der unteren läßt. Alle politischen und wirtschaftlichen Institutionen haben die Härte der älteren Gesellschaftszustände abgestreift...

Da also, in den Lebensverhältnissen der Klassen, sind die Energien, die die Revolution zum Ausdruck gebracht haben, nicht zu suchen. Eher könnte man sagen, daß die Besorgnis vor einem Unterliegen der gewerkschaftlichen Kraft gegenüber der Gefahr eines immer vollständigeren Zusammenschlusses der Arbeitgeber in ihren Verbänden und die Angst vor einem Anwachsen der arbeitgeberischen Machtstellung mitgewirkt haben, also ein phychologisches Moment, nicht eine sozialwirtschaftliche Tatsache. Wenn ich den sozialwirtschaftlichen Tatsachen sozusagen die marxistische Physiognomie abspreche, so liegt es mir ganz fern, zu bestreiten, daß die deutsche Arbeiterschaft was den Lohn, und zwar den Reallohn, also die Lebensführung anlangt, gar manches gegenüber dem nordamerikanischen Fachgenossen aufzuholen hatte. Darin ist Schmoller, der diese Lohnverschiedenheit in der vergleichenden Lohngeschichte (1. Kapitel des zweiten Buches) als „groß" registriert, vorbehaltlos zuzustimmen. Auch wäre es geradezu lächerlich, wenn man die Schmählichkeit des Lohnstandes in so manchen Industrien Deutschlands verschweigen oder auch nur als Nebensächlichkeit behandeln wollte. Aber wenn es auch im Zusammenhang mit der Revolution gelungen ist, mit überkommenen Vorstellungen von den „gerechten" und „natürlichen" Abstufungen der Arbeitseinkommen und der Einkommen überhaupt aufzuräumen, mindestens schwere Breschen in diese Vorstellung zu legen, so ist — wieviel Berechtigtes auch in diesen Wandlungen immerhin zu erkennen sein mag — die Dauer dieses Erfolges noch sehr in Frage gestellt, was nicht wohl möglich wäre, wenn diesem wie allen anderen Revolutionserfolgen der Charakter der ehernen Notwendigkeit innewohnte, mit der die in der kapitalistischen Wirtschaftsordnung wirkenden Tendenzen sich durchsetzen.

Man braucht die sozialistischen Revolutionserfolge auf ökonomischem Gebiete durchaus nicht in Zweifel zu ziehen und wird doch *die Auf-*

fassung von einem marxistisch-sozialökonomischen Charakter des Ursprungs der Revolutionen nicht mitmachen müssen! Ihren Ursachen nach ist die deutsche Revolution von 1918/1919 meines Erachtens — soweit der Zeitgenosse sie in ihrer ganzen Kausalität richtig erfassen kann — nicht viel anders zu erklären als die große Revolution von 1789. Wie es damals der tiers état war, der schon vor dem Ausbruch der Revolution, ja seit der Mitte des Jahrhunderts an Kraft außerordentlich gewonnen hatte, so ist es jetzt der Arbeiterstand und vornehmlich der Großindustrie-Arbeiter, der namentlich durch eine geschickte Interessenorganisation und die Politik ihrer Führer zu einer gewissen Kraft im Klassenkampf gekommen und sich seiner Bedeutung für den gesamtgesellschaftlichen Apparat bewußt geworden war und der, aus diesem Bewußtsein heraus, sich mit dem untergeordneten politischen Rang nicht mehr begnügend, durch die Revolution die politische Konsequenz seiner auf wirtschaftlichem Gebiete erreichten Machtstellung zu erreichen suchte und erreichte.

Der Krieg, die schlechte Politik der Reichsführer, die Unfähigkeit einzelner Reichsorgane, insbesondere die Ernährungs- und sonstigen Bedarfsdeckungs-Schwierigkeiten trotz aller Zwangswirtschaft, die Kriegsgewinne und das Treiben der Kriegsgewinnler usf., all das sind nur nebensächlichen Umstände, stimmungsfördernde Momente, mit ihnen allein gewinnt die Revolution noch keinen Sinn. Auch ohne sie mußte die politische Wandlung eines Tages kommen, die mit der Revolution erreicht worden ist. Eine andere Frage ist es, ob sie gewaltsam kommen mußte, wie es eine andere Frage ist, ob die jetzt als Revolutions-Wirtschaftsprogramm auftretenden Forderungen, Pläne und Hoffnungen, durch die eben die Revolution den Charakter der „sozialen" schlechthin erhalten soll, mit eherner Notwendigkeit zur Erfüllung gelangen müssen oder ob das, was wirklich erreicht werden wird, nur auf diesem Wege erreichbar war, weil es über den Rahmen dessen, was die *soziale Reform* leisten kann, hinausgeht...

Eine Klärung des bevorstehenden Gesellschaftsschicksals ist bisher nur negativ soweit eingetreten, als immer weniger Neigung dafür zu bestehen scheint, daß der Staat an die Stelle des privaten Unternehmers und Kapitalisten tritt. Er wird als Kapitalist, als Eigentümer der Produktionsmittel ebenso wie der Privatkapitalist, ja wegen seiner minderen Leistungsfähigkeit noch mehr verpönt. Ob mit Recht mag dahingestellt bleiben, um nur ein Beispiel zu nennen, auf dem gewiß sozialisierungsreifen Gebiete der Forstwirtschaft wird die Ablehnung des Staates als Bewirtschafter wohl schwer zu begründen sein. Die vorrevolutionäre Sozialpolitik hat jedenfalls bei allen Entwicklungen über den Privatunternehmer hinaus namentlich für den Bergbau und für vertrustete Industriezweige an das Eintreten des Staates gedacht, aber durchaus nicht doktrinär. Schmoller selbst ist durchaus kein unbedingter Anhänger jeder Verstaatlichung gewesen. Wo das freie Spiel der Kräfte in unserer alten Wirtschaftsverfassung Zustände geschaffen hatte, die unbedingt nach Beseitigung dieses freien Kraftspiels schrieen, wo die Verstaatlichung oder Kommunalisierung auch ihm als möglicher Weg der Abhilfe erschien, hat er rückhaltlos ihre Schwächen betont und war bestrebt zu zeigen und zu überzeugen, daß die Vorteile zweier einander ausschließenden Systeme vereinigt werden können und müssen. Ich erinnere an seinen Standpunkt in der Bekämpfung der Bodenspekulation. Wie in so vielem anderen suchte er auch da einen Weg in der Mitte durch. Aber nicht, weil er eine Kompromißnatur überhaupt gewesen wäre. Schmoller war ein entschlossener Kämpfer, das haben verschiedene Leute ganz gründlich erfahren. Wenn er es in späteren Jahren auf sozialpolitischem Gebiet nicht mehr mit der früheren Vorbehaltlosigkeit war, so war es — das ist mein Eindruck — die Summe seiner historischen Beschäftigung, die immer mehr auf die Überzeugung hinauswuchs, daß der Weg des gesunden gesicherten Aufstiegs der Menschheit in der Mitte zwischen den mehr oder minder äußersten Pfaden führt und daß nur ein mühsames zähes Feilen und Verbessern an einem Prinzip durch das seine Schäden und Schwächen beseitigt, seine die Einzelmenschen-Schicksale bedrohenden Schärfen und Schroffheiten abgearbeitet werden, zu gesunden Zuständen führen können. Nicht aber der Sprung aus einer Wirtschaftsverfassung in ihr Gegenstück, das genau ebenso Fehler und Schwächen hat wie jene, nur vielleicht nicht solche, die die Individual-Schicksale, sondern die das Gesamtschicksal bedrohen ...

Gegenüber der Unerbittlichkeit der ehernen Gesetzmäßigkeiten, jener „Unvermeidlichkeit" des Zusammenbruchs der kapitalistischen Gesellschaft, die immer und immer wieder geweissagt wurden, mußte ja von vorneherein immer schon alle Sozialpolitik, alle auf Verringerung der Spannung in den Klassengegensätzen gerichtete Arbeit des Staates und der sonstigen autoritären Gewalten sowie der privaten Verbände, der Selbsthilfe usw. als völlig müßiges Beginnen erscheinen. Freilich wird heute geltend gemacht[4], Marx selbst habe sich trotz seiner Verelendungstheorie schon seit den Tagungen der Internationale in Genf für das Wirken der Gewerkschaften eingesetzt. Aber selbst wenn dieser mit Marxens Haupt- und Elementarlehren bekanntlich nicht übereinstimmenden praktischen Politik ganz vorbehaltlos Erfolge seitens der „klassenkampfbewußten" Literatur zugesprochen werden, so ist damit noch nicht die geringste Anerkennung der Sozialreform ausgesprochen, die der Kathedersozialismus immer gefordert hat, und man hätte angesichts des Kampfes gegen den Staat und seine soziale Politik vielleicht allen Grund, heute, da dieser Staat ein anderer geworden ist, die Lebensarbeit des Mannes, der den Verein für Sozialpolitik begründet und den

[4] Vgl. Hermann Müller, Karl Marx und die Gewerkschaften, Berlin 1918.

Kampf gegen Treitschke geführt hat, als nutzlos hinzustellen. Ja, *wir stehen vor der Tatsache, daß von ganz links wie von ganz rechts der alten Sozialpolitik jeder Wirkungswert abgesprochen wird* ...

Aber lassen wir solche Betrachtungen, die vielleicht als Verteidigung eingeschätzt werden könnten. Sie dürften vorerst noch sehr entbehrlich sein. Die Wirklichkeit rollte nicht so rasch vorwärts und gleich wie das *nach*revolutionäre politische Leben Frankreichs trotz der tieffurchenden Umwälzungen in so vielen Dingen dem *vor*revolutionären ähnlich geblieben ist, so wird auch die nachrevolutionäre Wirtschaft der vorrevolutionären wenigstens soweit ähnlich sein, daß man auf Sozialpolitik in der alten Richtung nicht wird verzichten können. Und es wird vieles geben, was das utopische Wollen der Revolution nicht zu leisten vermocht haben wird und was die Sozialpolitik unter der folgenden Gesellschaftsordnung zu leisten haben wird. Die soziale Frage wird nach wie vor an die Pforten pochen, hinter denen augenblicklich die große nächste Generation geboren wird, die neue Gesellschaft voll vom Glauben an das Glück der Gleichheit und Freiheit unter gleichen Menschen ...

Die Überzeugung von der Notwendigkeit der Klassenschichtung mit der Verschiedenheit von Macht, Ehre und Besitz, als dem wesentlichen Instrument, das den gesellschaftlichen Fortschritt in Bewegung hält, ist ebenso ein stärkstes Argument für die Ablehnung aller utopischen Bestrebungen, wie sie eine Grundlage für die unablässig ringende und sich mühende Sozialpolitik ist, sie verschließt sich nicht dem Begreifen der sozialen Sturmflutvorgänge, mit denen die Dämme eingerissen, Verfassung und Gesetz gestürzt werden, sie führt nur zur Skepsis an der Dauerhaftigkeit eines Zustandes, in dem der Gegensatz überwunden erscheint, aber doch nie überwunden sein kann. Wer die Klassengegensätze für notwendig hält, muß darum nicht blind sein für die Gefahren der Ausbeutung, der Klassenherrschaft und der Entartung des Klassenkampfes, und wenn ihm ehrlich an der Überwindung dieser Gefahren gelegen ist, darf er auch die quantitativen Verschiebungen in dem Klassenverhältnis nicht aus dem Auge lassen, durch die der Rücktritt einer Klasse von der Vormachtstellung notwendig wird. Einem Manne wie Schmoller war es allzugut bewußt, wie sehr der berufliche und damit der soziale Aufbau der Gesellschaft Mitteleuropas und insonderheit Deutschlands ein ganz anderer geworden war, so daß auch der Aufbau der Güterproduktion sich ändern muß und daß die Frage wohl gerechtfertigt ist, *ob mit den Mitteln der alten Gesellschaftspolitik auch die Aufgaben der neuen Gesellschaft gesichert werden können.*

4. Neuaufbau und Schwäche der vorrevolutionären Sozialpolitik

Nun ist es ja Torheit, zu bestreiten, daß die Märkte und die Unternehmerwelt darauf bedacht gewesen sind, die Gütererzeugung der veränderten sozialen Struktur anzupassen, sie mehr auf die Massenbedürfnisse einzustellen, denn das lag allzusehr schon im Interesse des Verwertung suchenden Kapitals selbst. *Aber was zweifellos massenhaft versäumt worden ist, das ist die Beseitigung der einseitigen Betriebsherrschaft, die wenigstens gegendweise*[5] *bis zur unerträglichen Schroffheit und Härte des Unteroffiziersstils gesteigert war.* Und die Entbehrlichkeit dieser Betriebsverfassung war in gut geleiteten Unternehmungen bei Aufrechterhaltung der unentbehrlichen und segensreichen Ordnung und Disziplin längst erwiesen. Trotz gewisser unverkennbarer Schwierigkeiten (zum Beispiel die ungeheure Fluktuation im Bergwerksbetriebe!) konnte das Arbeitsverhältnis so ausgestaltet werden, daß und wie es mindestens den nach der quantitativen Bedeutung der Arbeitnehmerschaft veränderten Machtverhältnissen besser entsprochen hätte. Und warum ist das nicht geschehen? Warum hat der my house my castle-Standpunkt so hartnäckig festgehalten werden müssen und warum hat er das Gefühl der Entrechtung nähren müssen? Hat wirklich die Sozialreform versagt? War sie unzulänglich in den Mitteln, die sie einsetzte? Waren falsch die Wege, die sie gegangen ist? Die Antwort läßt sich nicht mit einem glatten Ja oder Nein geben, weil das, was sich Sozialpolitiker nannte, ein recht merkwürdiges Gemisch war, wenigstens in Deutschland ganz gewiß. Aber wenn nur diejenigen als Sozialpolitiker gelten, die unablässig auf diese offene Wunde an dem Arbeitsverhältnis hingewiesen und ihre ernsteste Behandlung gefordert haben, dann ist die Frage nach der Zulänglichkeit der Mittel und der Richtigkeit der Wege zu bejahen, nur freilich mit dem Zusatz — und der kann nicht stark genug betont werden —, daß die *Macht, die hinter diesem sozialpolitischen Wollen stand, zu schwach war,* und daß das Maß, in dem es sich durchzusetzen vermochte und in dem die Mittel eingesetzt wurden, unzulänglich war.

Unzufrieden, verstimmt und schwer besorgt hat der überzeugte, ehrlich das Gesamtwohl der Gesellschaft verfolgende Sozialpolitiker in Deutschland den Dingen gegenübergestanden, er wußte gut genug, mit welchem Gebiete sozialpolitischer Wirksamkeit man Staat machte und worauf man stolz sein durfte, und wußte ebenso genau, welche noch so gut wie vollständige unbebaut geblieben waren. Man wird nicht sagen können, daß die herrschende Klasse (oder richtiger gesagt die herrschenden Klassen) in Deutschland schlechthin ihre Pflichten bereits vernachlässigt, sich einem trägen Genußleben hingegeben, in schmutziger Weise sich vor dem Kriege bereichert haben. Aber wir standen im Begriffe, da hinein zu wachsen, standen am Anfange einer Periode, in der die neue Generation doch schon nicht frei von Entartungserscheinungen war, in der die herrschenden Klassen eine recht große Zahl unfähiger und arbeitsscheuer, ja

---

[5] Nicht etwa industrieweise, was für sie sprechen konnte, wohl aber mit merklichem Unterschied zwischen Nord- und Süddeutschland.

arbeitverachtender Elemente umfaßten, einer Periode, die in unheimlichem Umfang ein Anwachsen des gefährlichen Drohnentums gebracht haben könnte. Aus diesen Eindrücken heraus und auf der Grundlage der historischen Kenntnis über die Wirkungen solcher Änderungen in der herrschenden Klasse mußte auch die Sozialpolitik Forderungen stellen und den Staat zur Verwirklichung von Maßnahmen bestimmen, die der Entartung entgegenwirken konnten. Vor allem auf einem Gebiete: auf dem des Erbrechts und der Erbschaftsbesteuerung. Daß die Sozialpolitiker auch hier ganz anders, viel weitergehendes gewollt haben als der Staat geleistet hat, dafür darf auch wieder Schmoller als einer der vornehmsten Kronzeugen angerufen werden. Seine Ausführungen über das Erbrecht könnten im Motivenbericht zu einem ganz scharfen Erbschaftssteuer-Gesetzentwurf stehen, einschließlich der Zitierung *Jaurès*, der dem Utopismus auch da mit den Worten entgegentrat: „Die allgemeine und gleiche Teilung aller Güter unter alle Bürger ist ein absurdes, barbarisches, niederdrückendes und unhaltbares System."

So ist also auch in dieser Richtung, was die Eindämmerung des Vermögenwachstums der einzelnen anlangt, die Sozialpolitik in der Lage und entschlossen gewesen, zu denselben Zielen hinzuführen, die heute von den politischen Führern der Arbeiter angestrebt werden. — Es wäre mit den Grundsätzen der Sozialpolitik vollkommen vereinbar, wenn die Erbsteuer den Gedanken verfolgen würde, daß, abgesehen von einem Individualminimum, ein Vermögen, welches nicht Arbeits- und damit Erwerbsgrundlage ist, auch in direkter Erbfolge nicht über die vierte oder die fünfte Generation hinaus erhalten bleiben darf, daß es also in vier bis fünf Erbgängen progressiv belastet im Steuerweg eingezogen werden sollte.

Auf ganz anderem Boden liegt die *Reform der Güterverteilung durch Einkommenspolitik*. Es scheint, als ob die politische Neugestaltung noch vor der Sozialisierung diese Reform im Wege der Lohnsteigerungen bringen sollte. Daß es sich bei den Lohnsteigerungen um ein Zauberlehrlingsproblem handelt, ist vielen der verantwortlichen und unverantwortlichen Vertreter und Führer der Arbeiterklasse nicht mehr zweifelhaft. Für uns handelt es sich nur um die Frage, ob Revolution und soziale Reform hierin auseinandergehen. Auch die vorrevolutionäre Sozialpolitik hat Einkommen- und insbesondere lohnpolitische Aufgaben verfolgt, hat eine bessere „Verteilung" sich zum Ziel gesetzt. Was aber diese sozialpolitischen Absichten von den Lohnbewegungen scheidet, die seit der Revolution unsere Wirtschaft in beständiger Erschütterung halten, ist folgendes: die soziale Reform verbindet ihre Lohnerhöhungspolitik mit der Voraussetzung gesicherten Fortschritts, und das heißt ebenso, daß die bisherigen Mittelstandsberufsschichten nicht zermahlen werden, wie daß auch die Kapitalbildung gesichert bleibt. Die Lohnbewegungen aber, von denen ein Ende noch nicht abzusehen ist, sind bei der Masse getragen von der Idee der Besiegung des Kapitals und der Überwindung des Kapitalprofits...

Es ist nicht Sache der Wissenschaft zu prophezeien oder Prognosen zu stellen. Aber die Befürchtung, daß man sich in Illusionen bewegt, ist wissenschaftlich, d. h. nach unserer Kenntnis von den Zusammenhängen im Wirtschaftsleben, jedenfalls nicht unbegründet und bei aller Objektivität berechtigt. Warnung ist bei unserer Sachlage geradezu ihre Pflicht.

Die Bedürfnisdeckung der gesamten Nation erfolgte vor dem Kriege mit Hilfe des Ertrages der im Auslande angelegten Kapitalien. Nunmehr muß das Auslangen vollständiger denn je mit der produktiven Arbeitskraft der Nation gefunden werden. Und so möge man nur ja nicht das Plus an Lebensführung, das sich aus den gewaltigen Lohnerhöhungen ergeben kann, überschätzen. Und noch fraglicher ist es, ob die Umwertung, die mit der Erhöhung des nominellen Arbeitsertrages eintreten soll, sich dauernd erhalten kann ...

Aber hat denn die Revolution an sich überhaupt mit diesen Lohnerhöhungen etwas zu tun? Lohnsteigerungen sind schon vor der Revolution in sehr beträchtlichem Maße eingetreten. — Soweit scheint die soziologische Auffassung von der Verteilung und insbesondere von dem Schicksal des Arbeitslohnes und seinem Verhältnis zum Kapitalprofit recht zu haben, daß die Höhe des Lohnes eine Machtfrage und kein ökonomisches Problem ist. Das gilt aber gewiß nur vom Nominallohn. Über dessen Kaufkraft, *also über den Reallohn entscheiden eben doch andere Abhängigkeiten* als die Machtstellung. Der Inhalt an Lebensführung der mit dem Geldlohn erreicht werden kann, ist eine technisch und ökonomisch bedingte Größe und ihr hauptsächlichster Bestimmungsgrund ist die Produktivität der Arbeit ...

Solcher schwerer Verstöße, die den ökonomischen Tatsachen und Bedingtheiten Gewalt antun, hat sich die sozialreformerische Arbeit freilich nicht schuldig machen dürfen, sie hat immer nur das wirtschaftlich Mögliche angestrebt und hat dieses daher auch mit den Mitteln der ökonomischen Wirtschaft zu ermitteln gesucht. Ich weiß, daß man gerade auf Schmoller hinweist, wenn man von Theoriefeindlichkeit redet, und es ist kaum abzustreiten, daß er lange wohl allzu gering von dem Nutzen „theoretischer“ Forschungen gedacht hat. Auch in der „sozialen Frage“ bricht er die Wiedergabe der älteren Lohntheorien da und dort an entscheidenden Stellen ab. Und dennoch täte man schwerstes Unrecht, wenn man die Gewissenhaftigkeit antastete, mit der er sich über die theoretischen Möglichkeiten sozialpolitischer Forderungen Rechenschaft zu geben bemüht war. Und wie richtig beurteilt er doch gerade auch aus der Fülle des historischen Stoffes heraus die Wirkungen von Lohnsteigerungen. Mögen seine dogmenhistorischen Übersichten immerhin auch dogmenkritisch nicht standhalten, mag er sich darin von gewissen Vorurteilen — wie zum Beispiel gegenüber Ricardo — zu einseitig haben beherrschen lassen: so bleibt doch nie zu übersehen, daß Schmoller, wenn er darin auch nicht selbst originell geschürft hat, mit Aufnahme dieser ins Theoretische gehenden Betrachtung die notwendigen Gedankengrundlagen sozialer Reformarbeit richtig erkannt hat.

Und Schmoller bleibt bei all seinem Idealismus, der aus jedem Kapitel seines Buches spricht, eben im Gegensatze zu und in vorteilhaftem Unterschiede von manchem Theoretiker, der Realist, der mit beiden Füssen auf der festgefügten Erde stehen will. Er sieht vor allem die Ungleichheit der Menschen und infolgedessen das Fehlen der Voraussetzungen für die Geltung der absoluten ökonomischen Theorien zur Erklärung der Lohngestaltung.

Und das ist im gegenwärtigen Augenblick sehr wesentlich. Es ist einfach unrichtig, wenn man allgemeingültig eine bestimmte Gesetzmäßigkeit zwischen Lohnhöhe und Leistung behauptet. Die Lohnsteigerung wirkt nicht gleichmäßig und sie wirkt nicht nur individuell verschieden, sondern sie hat gewiß in verschiedenen Kulturperioden, in verschiedenen Kulturgebieten verschieden gewirkt, nicht nur bei den Europäern anders als bei den Negern, sondern auch in Australien anders als in West- und Mitteleuropa und hier wieder, wenn wir es genau nehmen, im Frieden anders als im Kriege. Es kommt wohl auf die Menschen, aber nicht auf sie allein, sondern auch auf die Umweltverhältnisse an, sie sind mitbestimmend für das Verhalten der einzelnen und der Massen.

5. Realismus und Theorie in der sozialen Reform

Die von Schmoller stets so sehr hervorgehobenen psychologischen und soziologischen Hemmungen der Allgemeingültigkeit theoretisch erkannter Gesetzmäßigkeiten, die ebenso typisch auftreten wie diese selbst, sind für jedes sozialpolitische Wirken, das nicht Donquichotterien treiben will, von entscheidendem Gewicht .Über sie setzt sich der Sozialrevolutionarismus genauso hinweg wie über die Wirklichkeitsschranken für die Verbesserung des Loses und insonderheit der Lebensführung der Millionen Proletarier. Der Sozialrevolutionär läßt eben keine Schranken gelten, sein mehr oder minder von einem Ideal getragener Wille ist für ihn der Leitstern. Gegen den Sozialpolitiker, der seine Maßnahmen an den theoretischen Zusammenhängen auf ihre Möglichkeit und Zweckmäßigkeit hin prüft, wird freilich eingewendet, daß die Theorien sich ja widersprächen und daß deshalb doch keiner die überzeugende Kraft innewohnen könne, die Stütze gegen sozialrevolutionäre Neugestaltungen zu bilden. An dieser Anschauung tragen freilich auch Sozialpolitiker selbst schuld, soweit sie mit einstimmen in dieses Urteil gegen viele Theorien.

Aber die Dinge liegen nicht so. Wohl bestehen Widersprüche in verschiedenen Theorien über ein und dasselbe Phänomen, aber ebenso läßt sich bei so vielen eine Übereinstimmung in einem Kern erkennen, und gerade dieser Kern hat dann zumeist den höchsten Wirklichkeitswert. Gerade um diesen handelt es sich für die Sozialreform. Für sie kommen die statischen Probleme der Theorie gewiß nicht unmittelbar, wenn überhaupt in Frage. Auf den einen Kern stößt man aber zum Beispiel eben in der Lohntheorie allenthalben, daß der Lohn als Anteil am Sozialprodukt seinem Realwert nach abhängig ist von der Produktivität der Arbeit. Selbst die an sich nur den Zusammenhang zwischen Lohn und Kapital behauptende Lohnfondstheorie führt in ihren besten Formulierungen auf den Zusammenhang der Lohnhöhe mit der Arbeitsproduktivität hinaus. Und wenn die Ausbeutungstheorien das Lohnproblem theoretisch damit zu lösen glauben, daß die Verteilung und deshalb natürlich auch der Anteil der Arbeit zu allen Zeiten eine Frage der Macht und der Organisation war, so irren sie sich gründlich, denn eben diese Lösung ist nur eine soziologische, mit der man zu keinem Schluß über die Grenzen der realen Arbeitseinkommen gelangen kann. *Das Maß von Lebensführung, das der Arbeiter bei überlegener Machtstellung erreichen kann, hängt eben unentrinnbar davon ab, was die Arbeit im Zusammenwirken mit der Natur und den Kapitalgütern tatsächlich leistet.*

Daß die vorrevolutionäre Sozialpolitik das mögliche in der Richtung der Einkommensgestaltung der Arbeiterschaft erreicht hat, soll mit den Andeutungen über die Grenzen der Lohnhöhe wahrlich nicht behauptet werden. Aber man vergleiche den Einkommenaufbau der Gesellschaft in den Zeiten, als ein Rodbertus die Forderung aufstellte, es müsse verhütet werden, daß der Arbeitslohn ein immer kleinerer Bruchteil des gesellschaftlichen Produktes werde, mit dem Einkommensaufbau unserer Tage. Man stößt sehr bald auf Verhältnismäßigkeiten in diesem Aufbau, der so manche Forderungen als schwere Illusion erkennen läßt, die von so vielen Hoffenden genährt werden ...

Das auf die sichere Erreichung der Gesamtgesellschafts-Zwecke gerichtete Wollen — und das ist ja Sozialpolitik schlechthin — darf nur die hier überzeugend zutage tretende Begrenztheit der Einkommenspolitik nicht unbeachtet lassen, wie das die sozialrevolutionäre Aktion nolens volens tut. Das ist das so sehr zu beklagende und sozial*politisch* wie auch, und zwar schon ganz gewiß sozialrevolutionär Gefährliche, daß der Eindruck von der üppigen Lebensweise einiger Weniger nicht etwas bloß den Protest gegen die Ungleichheit, sondern auch Illusionen, unerfüllbare Hoffnungen in den Massen auslöst. Sehr nüchtern drastisch gesprochen: es ist nach der natürlichen und nach der kulturell am höchsten entwickelten menschlichen Produktivität unmöglich, daß alle Zensiten [Steuerzahler] die Lebensführung eines Millionärs erreichen, es ist aber auch noch ein viel geringeres Maß von Lebensüppigkeit als allgemeine oder durchschnittliche Lebensführung unmöglich. Gleichbleibende Preise vorausgesetzt — bei steigendem Masseneinkommen allerdings eine unerfüllbare Voraussetzung! — ist es ganz ausgeschlossen gewesen, allen Zensiten ein Dreitausend-Mark-Einkommen zu gewähren.

Es kann sich aber auch gar nicht um mechanische stupide Gleichmacherei handeln — das sehen die Denkenden unter den Sozialrevolutionären wohl ein. — *Nur ein Ausgleich im Sinne einer sozialen Gerechtigkeit und Zweckmäßigkeit kommt in Frage.* Nicht Gerechtigkeit allein! Denn wie ich anderwärts schon ausgeführt habe, in dem Mangel an einem einheitlichen gleichartigen Rechtsgefühl wurzelt ja zum großen Teil der Komplex der sozialen Frage, weil sich die Klassen als Träger verschiedener Rechtsideale gegenüberstehen. — Immer ist die Zugehörigkeit zu einer bestimmten Qualitätsgruppe — gleichviel ob die Qualität, von Natur aus vorhanden, anerzogen, selbsterworben oder sonstwie gewonnen, zu irgendeiner Monopol- oder Machtstellung geführt haben mag — das, was zu einem bestimmten Standpunkte führt, von dem man aus sich die Begriffe „gerecht" und „ungerecht" zurecht legt. — Eben deshalb ist der sehr subjektive Begriff der sozialen Gerechtigkeit wohl ein gegenüber Extremen zuverlässiger Kritiker, im übrigen aber unzulänglich für positives Wirken. Und daher kommt es auf die soziale Zweckmäßigkeit an.

„*Das Ziel der Sozialpolitik ist letzten Endes* — es lassen sich sehr viele Zwischenziele bestimmen — *eine Wirtschafts- und Arbeitsverfassung, die ein Aufsteigen der Arbeiterschaft sichert,* und zwar ein Aufsteigen in dem Maße, daß die Spannung in der Lebensführung und in der Teilnahme an den Kulturerrungenschaften zwischen Arbeitern und den übrigen Gesellschaftsklassen sich vermindert. Allein mit diesem Ziele, daß sich nur quantitativ und vielleicht im Zeitmaß der Erreichbarkeit von dem der Sozialrevolutionäre zu unterscheiden scheint, ist auch im Auge zu behalten, daß die Sozialpolitik nicht an den Symptomen hängen bleiben darf. Und Absurditäten des Einkommensaufbaus sind nur Symptome von dem Wirken gewisser Kräfte, die wenigstens einigermaßen gezügelt werden können. Man kommt nicht darum herum, daß die Fortschritte im Handel und im Kapitalismus, wie Tönnies einmal sagt, der bewußten Bedachtnahme auf den eigenen Vorteil parallel verlaufen. *Die Eindämmung eines die gesellschaftlichen Interessen beeinträchtigenden Maßes von Egoismus ist es, worauf eine wirksame Sozialpolitik abzielen muß.* Was der Sozialrevolutionarismus bisher geleistet hat, sieht nicht entfernt darnach aus. Im Gegenteil. Jenes schon erwähnte ôte-toi que je m'y mette, das an allen Ecken und Enden zu spüren ist, es ist menschlich so begreiflich, aber es war immer in den sozialen Kämpfen der Vergangenheit, im Griechenland der Antike nicht anders als in Rom oder in den Popolanen-Revolutionen der italienischen Stadtstaaten das Prinzip der sozialen Bewegung, und immer hat es in den Abgrund geführt.

Sollen wir in dem heutigen europäisch-amerikanischen Wirtschaftssystem davor bewahrt bleiben, dann müssen wir wieder Sozialpolitik treiben, frei von dem Rousseauschen Grundgedanken, frei von dem Glauben an den von vornherein guten Menschen, müssen alles daran setzen, den Egoismus der Besitzenden in seiner Wirksamkeit zu hemmen, aber auch die Durchschnittsintelligenz der Arbeitermassen auf jene Höhe zu heben, daß das Verständnis für die Wirklichkeiten, für die gesellschaftlichen Bedingtheiten des allgemeinen Aufstieges weitere Verbreitung finde. Das alles ist freilich langsam wirkende Arbeitspolitik, die sich ein durch Leidenschaftlichkeit, Empörung und Haß zu erklärendes Draufgängertum nicht gestatten darf.

In seinem Buch „La cité antique" sagt Fustel de Coulanges: die griechischen Staaten schwankten immer zwischen zwei Revolutionen; die eine plünderte die Reichen, die andere setzte diese wieder in den Besitz ihres Vermögens. Das konnte nicht anders sein, solange die Klassen sich immer nur mit der Auffassung gegenüberstanden, daß jede Förderung des Wohles der einen die Verschärfung des Elendes der anderen bedeute und daß immer nur eine Klasse im Besitz der Lebensgenüsse stehen könne. Erst mit dem allmählichen Erkennen, daß es auch gesellschaftliche Interessen gibt, die *über* dem Klassengegensatze stehen, gemeinsame Interessen, ist eine Hauptvoraussetzung für eine andere Gestaltung, einen anderen Verlauf der Klassenkämpfe gegeben. Wohl wird es auch in Zukunft ähnlich gehen wie im alten Griechenland, aber die Formen und der Kraftaufwand, unter denen sich der Kampf vollzieht, können und müssen andere werden, müssen jenen der Gesamtgesellschaft so verderblichen Charakter mit allen Wertvernichtungserscheinungen abstreifen. *Wenn nur erst einmal wieder eine gewisse Abkehr von dem maßlosen Materialismus erreicht sein wird, in den unser deutsches Volk mehr als andere und in kürzerer Zeit durch die weltwirtschaftlichen Beziehungen und durch das bisher unerlebte Tempo der technisch-ökonomischen Entwicklung hineingestürzt worden ist.*

6. Revolution oder soziale Reform

Wie immer aber die soziale Revolution sich gestalten mag, die revolutionäre Phase bleibt eben doch letzten Endes in ihren ökonomischen Wirkungen weit hinter den Erfolgen einer stetigen sozialen Reformarbeit zurück. Sogar schon Engels schrieb, was in den Kreisen der bewegten und erregten Massen leider so völlig unbekannt ist, für die der Name Marx ein Glaubensbekenntnis mit sehr selbstgewähltem Inhalt ist, er schrieb: Wir, die „Revolutionäre“, die „Umstürzler“, wir gedeihen weit besser bei den gesetzlichen Mitteln als bei den ungesetzlichen und dem Umsturz... Und wenn wir nicht so wahnsinnig sind, ihnen (scil. den Ordnungsparteien) zu Gefallen uns in den Straßenkampf treiben zu lassen, dann bleibt ihnen zuletzt nichts anderes übrig, als selbst diese ihnen so fatale Gesetzlichkeit zu durchbrechen[6].

Wir stehen mitten in der Prüfung darüber, ob der große Kern unserer Arbeiterschaft sich zu jenem Wirklichkeitssinn emporgerungen hat, mit dem sie zu erkennen vermag, daß Vergesellschaftung der Arbeit nichts anderes heißen kann als organisieren, das heißt eben Positives schaffen, aufbauen, nicht aber hemmen und stören, ein Anspannen aller Kräfte zur möglichst raschen Wiederherstellung der Lebensausstattung und Wiedergewinnung der technischen Leistungsfähigkeit, nicht aber ein Brachlegen aller Energien und damit eine Verkürzung der individuellen Güteranteile, wodurch die für alle Grade unentbehrliche zuversichtliche Stimmung untergraben wird.

Wo sorgsam wissenschaftliches Forschen und Wägen die soziale Politik begleitet, da kommt auch der überzeugte Sozialist nicht darüber hinweg, daß zwischen Revolution und Revolution ein Unterschied besteht, und daß daher aus den Erfolgen einer Revolution kein Schluß auf den Wirkungswert dieser Methode überhaupt gezogen werden darf. Und so weist Hermann Müller[7] wissenschaftlich ganz im Geiste des Schmollerschen Historismus darauf hin, daß die Revolutionserfolge des Bürgertums früherer Tage ganz für sich zu beurteilen sind, ganz ohne Tragweite für die neuen Gestaltungsaufgaben, ihre Lösungsmöglichkeiten und die Wege zu ihrer Lösung. Damals galt es „Umwandlungen über Nacht“ zu vollziehen, es handelte sich nur um die Gewinnung von Ellbogenfreiheit in wirtschaftlichen Dingen, um die Zerstörung von Fesseln, nicht aber um eine positive Leistung, um ein Aufbauen, wie es der Inhalt der Vergesellschaftung ist und sein muß, wenn „jedem Mitgliede der Gesellschaft die Existenz gesichert werden“ soll. „Der Traum, daß das das Werk einer raschen und plötzlichen Umwälzung sein kann, mag schön sein, aber ein Traum ist es doch.“

Nur durch unablässige sozialpolitische Arbeit wird das Problem der steten Sicherung des gesellschaftlichen Gesamtinteresses einer wirklichen Lösung zugeführt. Die Aufgaben selbst aber, wie die Voraussetzungen für ihre Lösungen, sind in beständigem Fluß, sind immer wieder neuartig. Auch innerhalb eines die Individuen sehr stramm zügelnden sozialistischen Normen-Apparates werden sie es sein.

Daß die Beschränktheit und die Relativität des Wirkungswertes der revolutionären Methode als des „unsicheren Weges“ heute auch in

[6] Vorrede zu Karl Marx, Die Klassenkämpfe in Frankreich 1848 bis 1850, Berlin 1895.

[7] Hermann Müller, a. a. O.

sozialistischen Kreisen immer mehr erkannt werden, daß man auch in diesen Kreisen nicht mehr an ein Allheilmittel-System glaubt, nicht mehr verkennt, daß Gruppen- oder Klassengegensätze innerhalb der Gesellschaft doch niemals ganz aufzuhalten sind und soziale Reformarbeit immer wieder notwendig machen werden: all das ist der große Fortschritt in der Auffassung sozialer Probleme, den wir vor allem der Vertiefung in die historischen Prozesse und in die psychologischen Abhängikeiten aller sozialen Ordnungen danken, daß ist der Fortschritt, an dem nicht nur die Methodik des marxistischen Sozialismus, sondern auch der ökonomische Historismus der Schmollerschen Schule ein Verdienst hat, ja ich zögere nicht zu sagen, letzterer das Hauptverdienst. Dabei war Schmoller durchaus kein Optimist, er hat die Schwere der Kämpfe und ihre kraftzehrende Schädlichkeit ernst genug eingeschätzt.

Geirrt hat Schmoller freilich in der Meinung, daß das „große Erbe der Hohenzollern" noch nicht so verbraucht sei, um nicht das Niederreißen des durch sie repräsentierten sozialen Königtums aufhalten zu können. „Die festeste monarchische Verfassung und Verwaltung" des preußischen Staates war eben doch keine Garantie dafür, daß dieser Staat auch die soziale Reform am kühnsten in die Hand nahm. Dieser Irrtum mag vielleicht wohl auch in dem Glauben an das Näherrücken einer allgemeinen konservativen Strömung gewurzelt haben, in einem Glauben, der bei einem die ganze Menschheitsgeschichte umspannenden Geist — sei es mit oder ohne Anerkennung des Wundtschen Gesetzes der Kontraste — ganz selbstverständlich erscheint. Mit der Wertung der Revolution als einem Mittel, die menschliche Gesellschaft dem — oder, richtiger gefaßt einem sozialen Friedenszustand zuzuführen oder wenigstens näher zu bringen, hat dieser Irrtum doch nichts zu tun. Gewiß sind politische Ziele von den ökonomischen nicht zu trennen und jene treten immer wieder in den Dienst dieser. Aber alle ernste, auf einen gesunden Gesellschaftskörper gerichtete Arbeit muß sich dennoch von dem Glauben an die besondere Eignung irgendeiner Verfassungsform für ihre Zwecke freizuhalten suchen. Die Revolution, die ihrer Natur nach nur im Verfassungsrecht eine entscheidende Wendung zu bringen vermag, kann insofern auch dieser sozialpolitischen Arbeit des unablässigen Vorbeugens, Ausgleichens, Korrigierens förderlich sein, aber es kommt immer auf das Maß ihrer Zerstörungen, der Desorganisierung an, die sie begleiten, ob sie überhaupt diese Arbeit auch fördert und nicht schädigt. Und deshalb schon kann sie niemals etwas von den großen und erhabenen Aufgaben der sozialen Reformpolitik erfüllen, so wenig wie ein chirurgischer Eingriff die Hygiene zu ersetzen vermag.

Zum Schicksal der Sozialpolitik in Deutschland (1924)*

1. Für und wider Sozialpolitik

Von den Umwertungen, die Krieg und Nachkriegszeit gegenüber den Vorkriegswerten gezeitigt haben, erwiesen sich manche als wenig beständig. Auch der Bestand der Sozialpolitik dieser politischen Neugestaltungsepoche wird von vielen in Frage gestellt, ja noch mehr, man spricht von einer Krisis der Sozialpolitik überhaupt, wenigstens für Deutschland, und es scheint kaum einen stärkeren Beweis für den krisenhaften Zustand der deutschen Sozialpolitik geben zu können als die Tatsache, daß ihr hervorragendes Organ, die Soziale Praxis, das Problem der Krisis der Sozialpolitik in aller Breite zur Diskussion stellt. *Das bedeutet nicht mehr und nicht weniger, als daß die Zukunft, daß der Fortbestand der Sozialpolitik in Frage gestellt ist.*

Und welches sind nun die Tatsachen, die für das Bestehen einer solchen Krise in Deutschland sprechen, die als Krisensymptome anzusehen sein sollen? Ist als solches etwa zu deuten, daß die Energie in jüngster Zeit erheblich gewachsen ist, mit der von wissenschaftlicher Seite, insbesondere von einer neuen manchesterlichen Geistesströmung in der deutschen Nationalökonomie, an dem Verhältnis zwischen Staat und Volkswirtschaft Kritik geübt wird? Hatten denn wissenschaftliche Bemühungen, die Erfolgsmöglichkeit sozialpolitischer Arbeit in Zweifel zu ziehen, ja sie rundweg in Abrede zu stellen, jemals ganz aufgehört? Zeigt denn nicht die Literaturgeschichte der Antisozialpolitik vom ersten Tag sozialpolitischen Geschehens bis heute eine geschlossene Linie, und ist nicht gerade auch in den Jahren der Hochkonjunktur für die deutsche Sozialpolitik eine ansehnliche Zahl von Kämpfern aus den akademischen Kreisen mit wissenschaftlichen Argumenten gegen Richtung und Maß der Sozialpolitik zu Felde gezogen? Dabei ist für Deutschland etwa an Richard Ehrenberg, an Julius Wolf und die von ihm begründete Zeitschrift für Sozialwissenschaft, aber auch daran zu erinnern, daß gewisse ökonomische Lehrmeinungen, auch wenn sie sich nicht ausdrücklich gegen irgendeine Politik wandten, im letzten Grunde den Zielen sozialer Politik grundsätzlich verneinend gegenüberstanden.

Die Tatsache einer literarischen Befehdung sozialpolitischen Wollens und wirklichen Geschehens durch einige, und mögen es immerhin auch viele sein, nationalökonomische Schriftsteller kann noch nicht für das Vorhandensein einer Krisis in der Sozialpolitik geltend gemacht wer-

* Schmollers Jahrbuch, XLVII. Bd., H. 1—4.

den. Mag auch immerhin ein Unterschied anzuerkennen sein zwischen der wissenschaftlich sorgfältigen Kritik Adolf Webers an gewissen Erscheinungsformen der sozialpolitisch geschätzten Selbsthilfe oder den weniger wissenschaftlichen Angriffen Georg Bernhards gegen die staatliche Sozialpolitik einerseits und den Richtlinien, die Andreas Voigt oder gar Ludwig Mises in neuerer Zeit für die Wirtschaftspolitik verfechten, andererseits: im Grunde sind es doch nur Variationen desselben Themas in mehr oder minder scharfer Form, Bedenken gegen das Korrigierenwollen des freien Wirtschaftslebens mit Ablehnung der Beeinträchtigung der Selbstverantwortlichkeit und der Auffassung, als könnten ökonomische Gesetzmäßigkeiten durch Macht — gleichviel ob solche der Koalitionen oder der staatlichen Normen — überwunden werden. Es kann für den auch rückwärts schauenden Beobachter dieser literarischen Erscheinungen kaum zweifelhaft sein, daß man, wenigstens was die Stellung der Wissenschaft zu den sozialpolitischen Problemen, Bestrebungen, Leistungen und Auswirkungen anlangt, im wesentlichen einem Neuklassizismus gegenübersteht. Das bedeutet zunächst wohl eine Vertiefung der Angriffe nach der theoretischen Seite und damit eine Steigerung des speziell wirtschaftswissenschaftlichen Charakters der Diskussion, aber es besagt nichts über das Schicksal des tatsächlichen Geschehens.

Weit eher als Krisensymptom bedeutsam ist die Wandlung in jenen Kreisen, die als die verläßlichsten Träger der Sozialpolitik im engeren Sinne in Deutschland angesehen werden mußten, wie namentlich in den Kreisen des Vereins für Sozialpolitik. Auf dem Hintergrunde eines ungeheuren technisch-ökonomischen Aufschwungs, der spielend die Lösung aller wirtschaftlichen Aufgaben zu sichern schien, war, als dieser Verein ins Leben trat, der Kampf zwischen Ungleichen, zwischen den besitzenden, ihrem Eigeninteresse hemmungslos nachjagenden Arbeitgebern und den besitzlosen und deshalb wehrlosen Arbeitern grell aufgeflammt. Damals, 1872, hatten sich die Männer, die Sozialpolitik wollten, in dem Protest gegen den Optimismus der Laissez-faire-Politik zusammengefunden, und zwischen diesem Optimismus einerseits, dem völlig zum Radikalismus drängenden Verzweifeln an der bestehenden Gesellschaft seitens der Sozialisten andererseits suchten sie den vermittelnden Weg tatkräftiger staatlicher Politik, den Weg des Ausgleiches in dem ungleichen Kampf der Arbeitsvertragsparteien. Und nun nach einem halben Jahrhundert fruchtbarster Wirksamkeit zeitigte dieser Verein, der stets Männer von sehr verschiedener politischer und wirtschaftspolitischer Schattierung umfaßt hatte, auf seiner Jubiläumstagung (September 1922 zu Eisenach) eine überraschend weitgehende Übereinstimmung der Mitglieder hinsichtlich der Skepsis gegenüber der Sozialpolitik der Gegenwart. Die Frage nach der wirtschaftlichen Möglichkeit, die Sozialpolitik auf der Stufe, die sie mit und nach der Revolution erreicht hat, fortzusetzen, ja sie im selben Stile und Zeitmaß weiter fortzuentwickeln, diese Frage stand im Vordergrund der Beratungen der Eisenacher Tagung. Hatte man sich vor 50 Jahren nicht gescheut, ja, hielt man es für notwendig, der Wirtschaft zugunsten der Ziele sozialer Politik in den Arm zu fallen, so gab man jetzt der Überzeugung Ausdruck, daß man der sozialen Politik um der Sicherung der wirtschaftlichen Notwendigkeiten willen ein Halt zurufen müsse. Der Eindruck von dieser Veränderung der Sachlage für die „bürgerliche" Sozialpolitik erfährt eine Bekräftigung durch die fast programmatischen Erklärungen, zu denen der derzeitige Führer dieses Vereins, Heinrich Herkner, sich veranlaßt gesehen hat. Allerdings sind die Wortführer im Verein für Sozialpolitik auch ganz überwiegend Professoren — auf der Eisenacher Tagung 1922 zum hier maßgebenden Verhandlungsgegenstand 15 Akademiker gegen 3 Nichtakademiker — aber deren Stellung zur Sozialpolitik ist eben anders zu beurteilen, sofern mit der Änderung der Haltung von ursprünglichen Verfechtern, ja Vorkämpfern der Sozialpolitik eine Verschiebung des Kräfteverhältnisses im Kampf um die Sozialpolitik offenbar eintritt, während dies bei der Wirksamkeit der akademischen Sozialpolitikgegner gewiß nicht ohne weiteres behauptet werden kann.

Zu einer Minderung des sozialpolitischen Impetus, zu dieser Skepsis, wie man es bei manchen nennen muß, in den Reihen der alten Reformer gesellt sich aber allerdings hinwiederum eine Steigerung der Wucht, mit der sich auch von ganz links her Kräfte gegen die gleichwohl niemals einheitlich gewesene Phalanx der Sozialpolitik bewegen. Viel klarer und aktiver als in früheren Zeiten und trotz bemerkenswerter Zersplittertheit auch dieser radikalsozialistischen und kommunistischen Angriffsparteien droht all das, was als Sozialpolitik vertreten und verteidigt wird, hinweggefegt zu werden durch Neugestaltungen auf der Grundlage einer einseitigen Klassenpolitik, die von der Erhaltung, ja auch nur von Resten des alten Gesellschaftsgerüstes nichts wissen will. Natürlich ist diese Anfeindung der Sozialpolitik mit der oben erwähnten wirtschaftsliberalen nicht auf eine Linie zu stellen. Ziele und Motive sind vollständig andere. Die Verneinung der Sozialpolitik des früheren wie des heutigen Staates seitens der linksradikalen sogenannten Sozialisten — „sogenannt" weil ein extremer Individualismus allenthalben durchbricht und der Name allein gleichgültig ist — ist nur eine notwendige Folge aus der völligen Ablehnung der bestehenden Gesellschaft und ihrer Rechts- und Wirtschaftsordnung. *Die Sozialpolitik will die Gesellschaft durch eine Korrektur ihrer Rechts- und Wirtschaftsordnung in ihrem Bestande und auf der erreichten Höhe ihrer Zivilisation und Kultur sichern.* Der Wirtschaftsliberalismus will die Gesellschaft, wie sie besteht, aber nicht die Korrektur ihrer Wirtschaftsordnung, weil er sie für überflüssig, ja für der wirtschaftlichen Leistungsfähigkeit abträglich hält. Der Radikalsozialismus will überhaupt eine andere Gesellschaft.

Von rechts und links, kann man wohl sagen, die Feindschaft, im sozialpolitischen Zentrum selbst die Schwächung mindestens durch Zweifel: wer steht dann noch für das, was als Sozialpolitik geschaffen wurde und immer noch gilt? Wer hält und stützt sie außer dem Trägheitsmoment, daß geschaffene Gesetze, Einrichtungen und Zustände trotz aller Schwächen und Gegnerschaft fortwirken und bestehen? Es ist innerhalb wie außerhalb des Gesetzgebungsapparates, auf dessen Wollen es vor allem ankommt, immer noch eine große Zahl. Aber freilich, da die Zahl allein nicht immer entscheidet, ist es nicht gleichgültig, wie weit auch in der Zahl nur die Tradition und die Scheu vor dem unbekannten Novum wirksam sind, in das man sich stürzen müßte, wenn die Sozialpolitik der auf Kapitalwirtschaft aufgebauten Gesellschaft vernichtet und an ihrer Stelle etwa gesetzt werden sollte, was den durch die Sozialpolitik Begünstigten eine mindestens gleichwertige Lage wie bisher schaffen will.

Entscheiden muß und wird letzten Endes die innere Kraft der Überzeugung. Die Frage nach der Zukunft der Sozialpolitik, die Frage im weitesten Sinne gefaßt, ist aber auch angesichts der Parteiverhältnisse sehr ernst zu nehmen. Gewiß um so mehr, als den Hemmungsfaktoren heute in der Sozialdemokratischen Partei eine scharf vorwärtstreibende Kämpferin für die Sozialpolitik gegenübersteht. Das müßte insofern überraschen, als zwischen sozialistischen Bestrebungen und der Denkweise, in der sich reformatorische Sozialpolitik bewegte, die längste Zeit ein ganz scharfer Trennungsstrich zu ziehen war, ja, man darf wohl sagen, als eine tiefe Kluft zwischen beiden bestand. Sah die Sozialpolitik die Hebung der proletarischen Massen und die Besserung ihrer Daseinsbedingungen, abgesehen von dem Kulturideal, doch in erster Linie als ein Mittel zur Abschwächung der sozialen Gegensätze an, so fehlte nicht nur dieser Gesichtspunkt in der sozialdemokratischen Ideologie, sondern er ist sogar durch den gerade entgegengesetzten Wunsch, ausgesprochenes Proletarierbewußtsein zu erhalten und damit den Klassengegensatz zu pflegen, ersetzt gewesen.

Diese Sachlage hat sich in Deutschland bekanntlich geändert, seitdem in den Reihen der Sozialdemokratie sich die Erkenntnis Bahn zu brechen begann, daß die absolut deterministische Einstellung der Entwicklungsideologie ebensosehr aus taktischen wie aus tatsächlichen Gründen nicht aufrechtzuerhalten sei, und seitdem die Sozialdemokratie, zu ausschlaggebendem Einfluß im staatlichen und gemeindlichen Leben gelangt, die Unmöglichkeit einer radikalen Umstellung des Gesellschaftsorganismus auf die Basis einer sozialistischen Wirtschaft einsehen gelernt hat.

Angesichts des mutigen Bekenntnisses eines Mannes von der Vergangenheit Karl Kautskys[1], umgelernt zu haben, und gegenüber einer offenen Preisgabe der „alten“ marxistischen Dogmatik von solcher Seite ist an dem Sieg eines revisionistischen Geistes in der praktischen Politik der Sozialdemokratie wohl nicht mehr zu zweifeln. Selbst eine rein sozialistische Regierung auf dem Boden einer entsprechenden Volksstimmung, erklärt Kautsky, könnte nicht daran denken, den Kapitalismus sofort und radikal abzuschaffen, wenn sie nicht den Stillstand der Produktion riskieren wolle, und Dietzgen stimmt ihm zu, daß die regierenden Genossen während einer längeren Übergangsperiode für Arbeitsgemeinschaft des Lohnproletariates mit dem Unternehmertum eintreten müßten[2]. Auf Jahrzehnte wäre ein erheblicher Teil der Produktion rein kapitalistisch zu betreiben und selbst in den monopolistisch gearteten Produktionszweigen der Bergwerks- und Eisenindustrien, die die relativ höchste Sozialisierungsreife erreicht hätten, könne auf lange Zeit die Initiative individuellen Unternehmergeistes nicht entbehrt werden, wenn die Produktivität der Arbeit erhalten oder gar gestärkt werden soll. Der Staatsbetrieb mit seiner Schwerfälligkeit, geringerer Produktivität und mit einer der Korruption leichter zugänglichen Bürokratie könnte nicht mehr das Ziel oder auch nur ein geeigneter Weg zum Ziel genannt werden. Aber selbst sofern das staatliche oder gemeindliche Eigentum der meisten Produktionsmittel erreicht wäre, müßte — und das ist wohl die stärkste Absage an das alte marxistische Dogma! — eine Waren-, Geld-, Lohnarbeit- und Profitwirtschaft für unabsehbare Zeiten beibehalten werden. Eine Bändigung der autokratischen Unbotmäßigkeit des Privatkapitals wird nur dort, wo es dem Gemeinwohl gefährlich werden könne, gefordert. Mag nun nach Kautsky diese nur sehr teilweise Entindividualisierung des Kapitals bloß „die erste Phase“ des Sozialismus zu erfüllen haben, der eine zweite mit einem kommunistischen Verteilungsprinzip „Jedem nach seinen Bedürfnissen“ folgen könne, so hat man doch gerade nach Kautsky vorerst nur mit dieser ersten zu rechnen, deren Verteilung nach dem Grundsatz „Jedem nach seinen Leistungen“ geregelt bleiben müsse; die zweite sei vorläufig müßige Spekulation, sie müsse aus wirtschaftlichen Gründen abgelehnt werden.

Damit verblaßt das Schemen des Zukunftstaates unter dem helleren Licht rationaler Überlegung der ökonomischen Voraussetzungen und Möglichkeiten. Die neue Grundlage für die sozialdemokratische Politik, also für die Politik von morgen, ist die Einsicht 1. in die Unentbehrlichkeit der „Mehrwertbildung“ und der Mehrarbeit im Dienste der Gesellschaft; 2. in die Unentbehrlichkeit der potenzierten Arbeitskraft

[1] Karl Kautsky, Die proletarische Revolution und ihr Programm, 1922.
[2] Dietzgen in der „Neuen Zeit“, 41. Jg. (1923), Bd. 1, S. 370 ff.

des Unternehmers, wenn überhaupt Mehrwert entstehen soll; 3. in die Unzulänglichkeit der tatsächlichen Produktivität gegenüber dem Ausmaße der Bedürfnisse der Masse; 4. in die Notwendigkeit, die Befriedigung der an und für sich unbegrenzten Bedürfnisse der Masse zu regulieren, d. h. in Schranken zu halten durch ein entsprechendes Verteilungsprinzip, demzufolge der Anteil jedes einzelnen am Produktionsertrag nur nach Maßgabe seines Beitrages zu demselben wachsen kann.

Mit dieser völlig neuen Grundlegung ist aber auch das Verhältnis der Sozialdemokratie zur Sozialpolitik ein anderes geworden, denn bei einer so völlig veränderten Stellung zum Grundprinzip der Wirtschaft, insbesondere mit der Bejahung des individualwirtschaftlichen Arbeitgebertums und des Lohnsystems, muß auch für den sozialdemokratischen Sozialisten die *Sozialpolitik* zu dem werden, was sie für den bürgerlichen Sozialpolitiker ist: *eine Summe von Maßnahmen mit dem Ziele, die Gesamtgesellschaft im Bestand und in ihrer Leistungsfähigkeit dadurch zu fördern, daß mit dem Schutze und der Unterstützung der schwachen Schichten die Gegensätze und Spannungen zwischen den Teilen des Ganzen vermindert werden.*

Damit ist allerdings wieder durchaus noch keine größere Einheitlichkeit auf seiten jener Parteien zu erwarten, die der Sozialpolitik mit voller Bejahung gegenüberstehen. Im Gegenteil! War die Zersplitterung unter den bürgerlichen Sozialpolitikern bisher schon recht bedenklich groß, so wird mit dieser Schwenkung der Sozialdemokratie die Sachlage für die Verwirklichung sozialpolitischer Ideen eher erschwert, wenn nicht aus anderen Gründen, so mindestens wegen Meinungsverschiedenheiten über die Methode und den Weg zu einem Ziele. Wahrscheinlich wird aber das Maß sozialpolitischer Forderungen am häufigsten Gegenstand der Gegensätze sein.

Der Wille zur Förderung der Stellung der Arbeiter gegenüber dem komplementären Produktionsfaktor Kapital wird in den maßgebenden Körperschaften und Verwaltungsstellen nach dieser eben erörterten Wandlung in der Sozialdemokratie und dank der politischen Machtstellung dieser Partei stets genügend stark zur Geltung kommen. Die an maßgebenden Stellen tätigen Vertreter der Arbeiterinteressen werden keine Gelegenheit vorübergehen lassen, um das nach ihrer Meinung für die Arbeiter Wünschenswerte als notwendig oder unentbehrlich zu erreichen. Die Frage nach der Zukunft der Sozialpolitik in dem weitesten Sinne, daß man Sozialpolitik entweder zu bejahen oder zu verneinen sich entschließen kann, die Frage nach dem Willen zur Sozialpolitik wird danach also zweifellos zu bejahen sein. Auf den Gebieten der Verfassung des Arbeitsverhältnisses, des Arbeiterschutzes im engeren Sinne, der Arbeitseinkommenspolitik usw. wird nach den angedeuteten Veränderungen in der Ideologie der Sozialdemokratie von dieser mehr denn je Regsamkeit zu erwarten sein. Gewiß kommt es auf die Sozialdemokratie nicht allein und um so weniger an, je mehr Zersplitterung in den Linksparteien aufkommt, wofür nach den heute zu stellenden Auspizien manche Erscheinung am politischen Himmel zu sprechen scheint. Der Wille zur Sozialpolitik, der nach dem Stande der literarischen Diskussion gar nicht maßgeblich eingeschätzt werden kann, wird aber möglicherweise, je mehr die parteipolitische Machtstellung der Sozialdemokratie abebbt, aus wahltaktischen Gründen bei den anderen Parteien an Boden gewinnen. Jedoch wird im folgenden noch davon zu reden sein, daß gerade für die Zukunft sozialpolitische Aufgaben in Frage kommen, für deren Lösung am wenigsten die politischen Parteien und ihre Stellung zur Sozialpolitik maßgebend sein werden, sondern die Arbeitgeberschaft, so daß es auf deren Willen zur Sozialpolitik neben ihrer Einsicht in die Zweckmäßigkeit ankommen wird, in der Verfolgung ihres Erwerbswirtschaftsplanes die Gesichertheit der Gesellschaft nicht aus dem Auge zu verlieren.

Nun sind die jüngsten Tatsachen unseres staatlichen und wirtschaftlichen Erlebens allerdings danach angetan, daß man heute schon diesen Willen zur Sozialpolitik nicht mehr für ausschlaggebend ansehen kann. Die wichtigsten Einrichtungen unserer Sozialpolitik sind erschüttert. So ist der ganze Komplex von positiven Schöpfungen der Sozialpolitik, sind alle Veranstaltungen, die nur mit beträchtlicherem Aufwand verwirklicht werden können, in ihrem Bestand oder ihrem Werden bedroht, und da, in dieser Welt der Tatsachen, wurzeln alle Zweifel an der Zukunft der Sozialpolitik. Deshalb handelt es sich ganz vornehmlich auch um die Frage nach der Abhängigkeit gewisser sozialpolitischer Leistungen von dem Maß der Wirtschaftshemmung, die durch andere Maßnahmen der Sozialpolitik bewirkt werden. Mit einem Wort, es gibt noch ein Zukunftsproblem in einem viel engeren Sinn. Es schließt diese Fragestellung aber durchaus nicht bloß das Problem des Maßes, in dem man sozialpolitische Forderungen verwirklichen will, und der Grenzen, innerhalb deren man sie erfüllen kann, in sich. Methoden der sozialpolitischen Arbeit, das Zeitmaß, in dem sie fortschreiten, aber vor allem auch die Richtung, in der sie sich zu bewegen hat, sind ebenso problematisch, und die Richtung namentlich ist es um so mehr, als der Begriffsinhalt der „Sozialpolitik“ noch bedauerlich ungeklärt schwankt, *so daß es nur zu begreiflich ist, wenn die wissenschaftliche Prüfung sozialpolitischen Wollens und Geschehens auf innere Widerspruchslosigkeit sich immer noch so notwendig und ergiebig erweist.*

2. Von der Sozialpolitik der Vergangenheit

Politische Einstellung mag es vielleicht ermöglichen, die Revolution von 1918 nicht als eine Zäsur in der Entwicklung der Sozialpolitik gelten zu lassen. Jede rein sachliche Betrachtung wird ihr diese Bedeutung gewiß nicht absprechen.

Es ist durchaus nicht ausgemacht, sondern sehr bestreitbar, ob das Gegensätzliche zwischen den beiden durch Krieg und Revolution getrennten Perioden sozialer Politik wirklich besonders in dem Maß des Angestrebten oder Erreichten liegt. Es genügt, sich derjenigen Strömungen zu erinnern, die die Entelechie der Sozialpolitik vor dem Krieg überhaupt in etwas anderem sahen, als es die staatliche und von den verantwortlichen wie unverantwortlichen Stellen überwiegend gewollte Sozialpolitik war, und deshalb fragt es sich, ob nicht etwas von diesem „Andern" Wirklichkeit geworden ist. Eine dieser Strömungen war innerhalb der bürgerlichen Sozialpolitik unverkennbar. Bei einer Reihe solcher Sozialpolitiker war in den Jahren ziemlich unmittelbar vor Kriegsausbruch die Besorgnis über die Unzulänglichkeit der offiziellen Sozialpolitik so lebhaft geworden, daß es zu dem Versuche kam, diejenigen Kreise zu einer einheitlichen bürgerlich-sozialpolitischen Angriffsfront gegen die in den Banden einer älteren Tradition gefesselte Sozialpolitik zu sammeln, die in dieser keine Gewähr mehr für die Wahrnehmung der Interessen der großen Masse der Arbeiter glaubten erblicken zu können. Man war in diesen Kreisen *besorgt um das Schicksal des Selbsthilfegeistes, der nach den in Großbritannien gemachten Erfahrungen als besonders wertvolles Element der gesellschaftlichen Kraft angesehen werden mußte;* man glaubte, daß die sozialpolitische Arbeit, zumal angesichts der Syndizierungsvorgänge in der Industrie einerseits, einer nicht zu verkennenden Tendenz zur Überführung von privaten Unternehmungen in öffentliche oder öffentlich kontrollierte und garantierte Betriebe andererseits, vor eine neue Sachlage gestellt gewesen sei, der gegenüber die alten Grundsätze der Sozialpolitik nicht mehr den gewünschten Erfolg erwarten ließen. Ganz besonders aber richteten sich die Zweifel und Bedenken darauf, ob die in Deutschland bishin vorherrschende Methode der sozialen Hilfe, die staatlich legitimierte, insbesondere die gesetzliche Sozialpolitik dann überhaupt noch einigermaßen zulänglich bleiben könne. Jedenfalls hielt man die als etwas Gesundes eingeschätzte Selbsthilfe, also die Wirksamkeit der Gewerkvereine für schwer bedroht. Die Aussichten des gewerkschaftlichen Kampfes waren wenigstens in gewissen Teilen des Reiches und insbesondere in der Schwerindustrie unverkennbar beeinträchtigt durch die mächtig aufgekommene Konzentrationsbewegung in der Unternehmerwelt und nicht viel weniger durch die auch in Kreisen der öffentlichen Verwaltung merklich gewordene Neigung, die traditionell gewordenen Bahnen der Arbeiterpolitik öffentlicher Körperschaften zu verlassen. Drohte von dieser Seite der Wirksamkeit der Arbeiterverbände, also der gewerkschaftlichen Selbsthilfe, eine Beeinträchtigung, so schien freilich mindestens sehr viel von dem, was bishin sozialpolitisch ins Aktivum gebucht werden konnte, nicht mehr gefestigt. Und selbst wenn die Kraft der Tradition innerhalb jener Kreise, die für die autoritäre, also offizielle Sozialpolitik maßgebend waren, für ein Minimum vertrauenswürdig war, glaubte man doch Bedenken tragen zu müssen, daß diese traditionelle Sozialpolitik den neuen Aufgaben nicht gewachsen sein würde.

Neue Aufgaben aber waren unverkennbar erwachsen mit der Reaktion, die in Arbeitgeberkreisen gegenüber der Gewerkschaftsentwicklung aufgekommen war und sich zu erfolgreicher Strategie in den Arbeitskämpfen entfaltet hatte. Das Entscheidende für die Gestaltung der Aufgaben der Sozialpolitik war die Tatsache, daß der Kampf zwischen den Parteien des Arbeitsverhältnisses, sagen wir kurz der Kampf um die Höhe des Ertrages, also im Grunde genommen zunächst kein sozialer, sondern ein wirtschaftlicher Kampf, dadurch permanent geworden war, daß beiderlei Gegner ihre Kriegführung immer planmäßiger organisierten, daß man eben nicht mehr mit einzelnen gelegentlichen Schlachten sich begnügte, sondern daß alle irgendwie geeigneten Mittel, die im geregelten Wirtschaftsgange von einer oder von beiden Parteien benutzt wurden, in den Dienst der Bekämpfung der gegnerischen Interessen gestellt wurden.

Es läßt sich heute kaum mit Sicherheit sagen, was die eben angedeutete Gruppe von linksgerichteten Sozialpolitikern als die geeignetsten Mittel der Sozialpolitik gegenüber dieser neuen Sachlage angewandt wissen wollten. Eine ins Positive gehende programmatische Erklärung liegt nicht vor, und es dürfte kaum wirksam widerlegt werden können, wenn die Möglichkeit, zu einer sozusagen sozialliberalen programmatischen Einigung zu gelangen, für die nähere Vorkriegszeit in Deutschland überhaupt sehr skeptisch beurteilt werden mußte. Es sei nur an eines der wichtigeren unter den Mitteln der Sozialreform erinnert, an die Sozialisierung von wirtschaftlichen Unternehmungen durch Verstaat- oder Verstadtlichung, ein Mittel, das jedenfalls von vielen liberal denkenden Sozialpolitikern als überaus wertvoll und verwendbar angesehen wurde. Und mit welcher Schärfe haben doch — um nur eine ausgesprochene Oppositionsgruppe zu nennen — *Alfred und Max Weber* auf der Tagung des Vereins für Sozialpolitik in Wien 1909 ihre Hiebe gegen Verstaatlichung und Verstadtlichung geführt, in wie grellen Farben haben sie diese Wege der Sozialreform als den Anfang vom Ende der Sozialpolitik an die Wand gemalt, weil nur ein von Arbeitgebergesinnung freies Gemeinwesen auf die Dauer Sozialpolitik treiben könne und weil der bürokratische Apparat, dessen Glieder in den Verhandlungen mit den Arbeitern als Arbeitgeber immer wieder Hemmungen erfahren, der Mentalität des Arbeitgebers rettungslos verfallen sei. Ob man es bei diesem und so vielen ähnlichen Werturteilen wirklich auch mit eigentlich dem Wesen nach sozialpolitischen Gedankengängen und Motivreihen zu tun hat, ist nun allerdings eine besondere und nichts weniger als nebensächliche Frage, auf die wir noch zurückkommen müssen.

Aber gleichviel wie es mit der Einheitlichkeit in diesem oder einem anderen Kreise von Gegnern der autoritäten Sozialpolitik stand, mit der Tatsache allein, daß die autoritäre und traditionelle Sozialpolitik durchaus auch in bürgerlichen Kreisen nicht allgemeines Vertrauen besaß, ist die Vergangenheit noch nicht eigentlich gekennzeichnet, auch nicht, wenn man die Schwäche der gubernalen Träger der offiziellen Sozialpolitik gegenüber den Aufgaben in den Vordergrund rückt und im Hinblick auf diese Schwäche das Schicksal alles durch Selbsthilfe der Arbeiterschaft Erreichten und Erreichbaren sehr pessimistisch beurteilen zu müssen glaubte.

Heinz Potthoff hat unlängst[3] den Charakter der „früheren Sozialpolitik", das ist eben jener Phase der Sozialpolitik Deutschlands, die als die „Vergangenheit der Sozialpolitik" zu verstehen ist, mit dem Namen des Freiherrn v. Stumm neben dem des „Alten Fritz" kennzeichnen zu dürfen geglaubt, denn beide verkörperten die Parole: „Alles für das Volk, aber nichts durch das Volk." Das „Räsonnier Er nicht!" des absoluten Monarchen sei gewissermaßen verbunden gewesen mit dem Hausherrnstandpunkt des seinen Arbeitern gewiß wohlwollenden patriarchalischen Arbeitgebers v. Stumm, der Kaiser und Regierung gegen Gewerkschaften und Sozialdemokratie scharfgemacht hat. Diese Charakterisierung ist gewiß nicht ganz unberechtigt[4]. Die Zahl jener mit unbedingter Selbstlosigkeit und Überzeugungstreue die Entwicklung des Kampfes zwischen Kapital und Arbeit verfolgenden linksorientierten bürgerlichen Sozialpolitiker war nicht klein, die vor dem Krieg eine freiheitlichere und das heißt mehr auf Selbsthilfe begründete Gestaltung der sozialpolitischen Arbeit für ein dringendes Gebot der Stunde hielten, die, wie Max Weber es einmal formuliert hat, die Autoritätsansprüche irdischer, nur durch den Besitz ökonomischer oder organisatorischer Machtmittel sich legitimierender Herrschaftsgewalten ablehnten[5].

Es dreht sich bei dieser Kritik an jener Sozialpolitik eben am wenigsten eigentlich um das Maß des Anzustrebenden, Angestrebten oder Erreichten, und wohl mit Recht konnte das sozusagen Quantitative nicht

[3] Heinz Potthoff, Wandlungen der Sozialpolitik, in: Soziale Praxis, 31. Jg. (1923), Nr. 50.

[4] Vgl. darüber u. a. den Aufsatz des Staatssekretärs Dönhoff in der Berlepsch-Nummer der Sozialen Praxis, 31. Jg. (1923).

[5] Max Weber in dem privaten Entwurf zu einem Aufruf zur Beratung der angedeuteten Fragen.

den Kern der Kritik bilden; denn wenigstens in den Kreisen der Einsichtigen hat man nicht übersehen, „daß das Maß von sozialpolitisch zu wertenden Leistungen der industriellen Unternehmungen wie auch der Landwirtschaftsbetriebe eben auch nur unter dem Gesichtswinkel der Eigenart der deutschen Arbeiterschutz- und Arbeitseinkommenpolitik gewürdigt werden dürfe, so daß irgendwelche Vergleiche der deutschen Arbeiterschutzgesetzgebung mit jener des Auslandes allzuleicht zu schiefen, weil einseitigen Ergebnissen führen mußten. Mußte man feststellen, daß z. B. in der Richtung der Arbeitszeitregelung oder in der des Heimarbeiterschutzes durch Lohnsatzungen die Arbeiterschaft Großbritanniens bessergestellt war als die deutsche, so konnte man doch nicht wieder umhin, mindestens bis 1908 das, was durch die soziale Versicherung in Deutschland für die Arbeiterschaft erreicht war, als einen Vorsprung, ein Plus zu bezeichnen. Nun handelt es sich freilich durchaus nicht bloß um den Stand der sozialen Gesetzgebung[6]. Der Stand der Arbeitsbedingungen ergab sich in den wichtigsten Beziehungen aus dem freien Parteiwillen, also aus dem Kampf und damit aus dem Kräfteverhältnis der beiden Arbeitsvertragsparteien, und es ist nur selbstverständlich, daß das, worum Tag für Tag gerungen wird, in weit höherem Maße als der Inhalt und das eigentliche Objekt des sozialen Strebens gilt.

Wenn Erfolge der sozialpolitischen Energie in Deutschland zu verzeichnen waren, so glaubte man sie dem nichtstaatlichen Element des sozialpolitischen Apparates verdanken zu müssen, und man hat sogar für die Überlegenheit der Arbeiter der Schwerindustrie, für die keine direkte Wirksamkeit der Gewerkvereinsorganisation behauptet werden konnte, eine indirekte geltend gemacht, insofern die anderweitigen Gewerkschaftserfolge auch auf die nichtgewerkschaftlichen Arbeiterschaften in anderen Industriegebieten nicht ohne Wirkung haben bleiben können. Nun, die Unexaktheit aller solchen Beweisführungen oder richtiger Plädoyers steht hier nicht zur Erörterung, aber wichtig für den hier zu verfolgenden Gedanken ist es, daß gerade die Kritiker der Vergangenheits-Sozialpolitik die tatsächliche Wirksamkeit eines Selbsthilfeinstrumentes der Arbeiterschaft behaupten, ja, daß sie sogar die Anerkennung dieser Wirksamkeit zur Rechtfertigung ihrer eigenen Methode benötigen, indem sie die deutsche Gewerkschaftsarbeit gegen die nur destruktive „action directe“ und die Sabotage des französischen Syndikalismus, die sich als die weit weniger fruchtbaren Mittel erwiesen hätten, als erfolgreicher und rationeller verteidigen. Nicht nur eine defensive, sondern eine offensive Energie der Arbeiterberufsvereine ist mit

---

[6] Wie das z. B. an der Arbeitszeit-Gesetzgebung am deutlichsten zutage trat; denn es gab wohl eine Reihe von außerdeutschen Staaten, deren Gesetzgebung einen allgemeinen Maximalarbeitstag kannte, aber in allen diesen Staaten war die Praxis in den maßgebenden Industrien weit unter das Maximum herabgegangen, die Maximalarbeitstagsnorm war veraltet, gegenstandslos.

beträchtlichen Erfolgen im vorrevolutionären Deutschland wirksam gewesen und war ein recht bedeutender Teil der Sozialpolitik überhaupt. Die Methode der Selbsthilfe wurde also geübt, und es fehlte ihr auch die offizielle Geltung nicht — trotz der Hemmungsbestimmung des § 153 der Gewerbeordnung und des § 61 BGB. Die offizielle Anerkennung und Förderung der kollektiven Vertragschließung durch Reichs-, Staats- und Gemeindeverwaltungen schloß die Anerkennung der Selbsthilfeorganisationen mit ein.

Nur die Grenzen in der Betätigung der Selbsthilfemethode, nicht entfernt diese selbst und grundsätzlich, waren Objekt der Meinungsverschiedenheit zwischen der offiziellen Sozialpolitik und jener der fortschrittlichen bürgerlichen Sozialreformen. Gegen das knappe Maß, in dem die Methode wirksam werden konnte, wandte sich die Kritik. Zur grundsätzlichen Frage wurde das Problem des Maßes allerdings überall dort, wo das Koalitionsrecht durchlöchert war. Solche Löcher bestanden für die landwirtschaftlichen Arbeiter und das Gesinde.

Man brauchte sich nun nicht auf den Standpunkt der Staatsrechtsdogmatik der großen französischen Revolution zu stellen, die nur den Staat und die Individuen kannte (il n'y a que l'état et les individus) und andere Faktoren, insbesondere Teilgruppen der Gesellschaft, als Machtträger im Staat nicht gelten lassen wollte, um die Kraftentfaltung sozialer Organisationen als Gefahr für den Staat und seine Machtstellung einzuschätzen. Aber es war klar, daß die Gefahr für den Staat um so größer werden mußte, je mehr sich der Gegensatz der klassenmäßig gegliederten Gruppen mit der Umgestaltung der Wirtschaft verschärfte. Nicht zum mindesten schon mit den quantitativen Verschiebungen, mit Änderung der Mengenverhältnisse auf seiten der beiden Arbeitsvertragsparteien mußte die wirtschaftlich-soziale Gruppierung auch für das Staatsleben eine immer nur noch wachsende Wichtigkeit bekommen.

Die Folgerichtigkeit der alten allgemeinen Koalitionsverbote aus dieser staatsrechtsdogmatischen Grundauffassung ist kaum widerlegbar. War aber einmal die Organisierungsfreiheit für Interessentenmassen festgesetzt, dann müßte doch auch darüber gewacht werden, daß kein der gesellschaftlichen Einheit gefahrbringendes einseitiges Übergewicht wirksam würde. Wann und wo dann der Moment für ein ausgleichendes Eingreifen der Staatsgewalt gegeben erscheint, ist in höchstem Maße Sache der Auffassung, ist Gefühlssache. Deshalb ist auch kaum je eine Formel darüber denkbar, welches Maß von organisatorischer Kraft auf der Arbeiterseite erforderlich war und ist, um dem geschlossenerem Arbeitgebertum mit genügendem Erfolge, d. h. bis zur Gleichmäßigkeit gegenüberzutreten. Und weil es eine solche Formel nicht gab, sollte die Staatsautorität es darauf ankommen lassen, daß in dem Gegensatz:

hie Arbeitgeberverband — hie Arbeitnehmerorganisation! das Endergebnis völliges Zusammenbrechen eines der beiden Kämpfer ist? — Darauf ließen es bekanntlich auch großbritannische Regierungen liberaler Richtung nicht ankommen. *Nur das Maß von Selbstverwaltung und Selbsthilfe, mit dem die staatliche Sozialpolitik am zweckmäßigsten arbeitet, kann umstritten sein, nicht aber Recht und Pflicht des Staates, einzugreifen, wo die Selbsthilfe sich als unzugänglich oder in einer die Gemeinschaft gefärdenden Weise übermächtig erweist.* Diese Gefährdung ist nun auch wieder bei verschiedenen Arbeitergruppen überaus ungleich. Die Landarbeiterfrage beispielsweise ist ja an und für sich von Land zu Land verschieden zu beurteilen, je nach der Abhängigkeit der Volksversorgung durch die eigene Landarbeit.

Und ebenso bedeutsam ist die allgemeine Verschiedenheit der Volksanlagen hinsichtlich der intellektuellen und psychologischen Grundlagen der Selbsthilfe. Sie konnte, ja mußte in dem Maße und in dem Tempo sozialpolitischer Arbeit sich bemerkbar machen, auf diesen Grundlagen mußte jeder Staat das Maß der Bewegungsfreiheit der organisierten Arbeitsvertragsparteien einstellen.

Nicht um eine Apologie der offiziellen deutschen Sozialpolitik der Vergangenheit kann es sich hier handeln. Die Gesamtstimmung in gewissen Beamtenkreisen nicht anders wie die in politischen Parteien, die Stellung des Kaisers zu den aktuellen und nichtaktuellen Fragen und viele andere ähnliche Dinge sind ja in der Tat Umstände, die zum mindesten in den letzten Jahrzehnten jene typische Unbeständigkeit und Unsicherheit in die deutsche Sozialpolitik brachten, die Männer wie Berlepsch, Posadowsky auf die Dauer nicht mitmachen konnten. Aber es kommt nicht bloß darauf an, daß die Sozialpolitik durch diese Umstände als unfreiheitlich, patriarchalisch-autoritär bevormundend gekennzeichnet war, sondern es gilt den Gegensatz zur Gegenwartssozialpolitik zu erfassen und verstehend zu werten. Und so gilt es auch, das abfällige Urteil über die Vorkriegssozialpolitik aus richtigen Ursachen und Bedingtheiten heraus zu erklären, gewiß zum Beispiel nicht daraus, daß die Streikmöglichkeit in Deutschland so viel schlechter gewesen wäre als in Großbritannien[7] oder gar in den Vereinigten Staaten von Nordamerika. Aber es ist gewiß, daß der Ton in den großen Betriebsstätten der deutschen Industrie ein anderer war als jenseits des Kanals und des Ozeans, und daß man insofern gelten lassen muß, sozialfreiheitlich war der Geist, der in den Betrieben Deutschlands herrschte, allerdings nicht. Das konnte, da es von Tausenden und aber Tausenden als bedrückend empfunden wurde, als sozialpolitisch rückständig beurteilt werden, der ökonomischen Leistungsfähigkeit aber ist es zugute gekommen und hat indirekt

---

[7] Auch noch nach dem bekanntlich von den Trade-Unionisten Gewerkschaftsanhängern freudig begrüßten Gesetz von 1875 [Trade union act].

durch das Medium der reicheren Güterversorgung auch die Erreichung sozialpolitischer Ziele in manchem erleichtert.

Über eines freilich konnte der ehrliche, die wirtschaftlichen Notwendigkeiten des gesamten Gesellschaftskörpers gleichwohl im Auge behaltende Sozialreformer nicht hinwegsehen, einen Vorwurf kann man der offiziellen Sozialpolitik Deutschlands in der Vergangenheit nicht ersparen: das Maß von Energie, das notwendig gewesen wäre, um gewisse als richtig erkannte sozialpolitische Maßnahmen gegen den Willen von interessierten Unternehmern durchzusetzen, war zu klein, als daß immer überzeugungstreues Vorgehen hätte erwartet werden können. War das schon bedauerlich, so war noch bedauerlicher, daß auch der Apparat, der die Tatsachen festzustellen hatte, die die Grundlage für sozialpolitische Arbeit zu bilden hatten, daß der Apparat als staatliche Einrichtung an der Erreichung seiner Zwecke, an der Verwirklichung seiner Aufgaben von der eigenen Regierung gehemmt worden ist. Es ist bezeichnend genug, daß unsere Lohnstatistik so schmählich rückständig geblieben war, weil alle Bemühungen des hierfür kompetenten Amtes an der Schwäche der Reichsregierungen scheiterten, die nicht genügend Kraft aufbrachten gegenüber den der Sozialpolitik abgeneigten politischen Parteien, die Durchführung solcher sozialwissenschaftlich wertvoller und sozialpolitisch notwendiger Aufgaben durchzukämpfen. Dieses Verhalten der Regierungen war übrigens ebenso kurzsichtig wie das der Parteien, sofern die Tatsachenfeststellung gar häufig durchaus nicht immer in einer dem Schlagwortschatz radikaler Beschwerden entsprechenden Weise ausgefallen wäre.

So hat, um nur ein Beispiel zu erwähnen, die durch das preußische Abgeordnetenhaus veranlaßte Erhebung über die Zweckmäßigkeit des staatlichen Betriebes in den Bergwerken durchaus keine Gefährdung der eben „herrschenden“ sozialpolitischen Grundtendenzen gezeitigt. Gelangte doch die intelligente Führerschaft der Sozialdemokratie zu einer Beurteilung dieser Frage in völliger Übereinstimmung mit den Ergebnissen jener Erhebung: zur Ablehnung des weniger produktiven staatlichen Betriebes für die Kohlen- und Eisenindustrie. Eine ordentliche lohnstatistische Erhebung würde freilich manche parasitäre Erscheischeinung bloßgelegt, aber auch viel Erfreuliches von dem Einkommensaufbau des deutschen Volkes enthüllt haben, das geeignet gewesen wäre, den sozialwirtschaftlichen Organismus als im großen und ganzen im Kern gesund erkennen zu lassen. Nicht der kleinste Vorteil für den Staat als solchen wäre es gewesen, daß der Wille zur Erkenntnis der Wahrheit damit bewiesen worden wäre. Allzeit rächt sich der falsche Mut zur Geheimnistuerei, vielleicht der verhängnisvollere Zug der über den Parteien stehen wollenden und dennoch allzuoft parteipolitisch stützungsbedürftigen deutschen Vorkriegsregierungen, der jenen Mut als Angst erscheinen läßt.

Solche Züge waren dem Eindruck, den man von dem sozialpolitischen Wollen der Vergangenheit gewinnen konnte, ebenso nachteilig gewesen wie das Auftreten mancher an und für sich von dem besten Willen für das Wohl der Arbeiter und von der Notwendigkeit der sozialpolitischen Arbeit durchdrungenen Beamten in führenden Stellungen, die tatsächlich das Wort: „Alles für die Arbeiter, nichts durch sie!" im Interesse der Gesamtgesellschaft verfolgen zu müssen glaubten. Und dabei ist in der Tat nicht etwa an die Minister zu denken, für die ja im „Inneren"-Ressort das Umlernen schon sprichwörtlich geworden war, sondern an die Landräte, Richter, vor allem aber an die „dii minorum gentium" und gewiß nicht zuletzt an die Polizeiorgane bis zum Polizeisoldaten und Wachmann. Dort saß mindestens ebensosehr der auf die Spitze getriebene Unteroffiziergeist, der, wo er nicht am Platze war, ebensoviel, ja noch mehr verderben konnte und verdarb, als er nützen konnte, wo er hingehörte. Wie man die Normen handhabte, die dem Staatsorgan die Möglichkeit bieten sollten, Ausartungen hintanzuhalten, darauf kam es vor allem an.

Gerade in Kreisen fortschrittlicher Sozialpolitiker kann man oft der Ansicht begegnen, daß a contrario etwa so zu argumentieren sei: da die autoritäre Sozialpolitik, die alles für die Arbeiter, nichts durch sie werden lassen wollte, gescheitert sei und zur sozialen Revolution geführt habe, während gleichzeitig unter gleichfalls schwierigen Verhältnissen in Großbritannien die Revolution ausgeblieben sei, so müsse doch wohl die ihrem Wesen nach demokratische Methode der englischen Sozialpolitik als die erfolgreichere Geltung haben: der Verlauf der sozialen Ereignisse habe zugunsten der Sozialpolitik des Vereinigten Königreiches entschieden. Diese Anschauung der Dinge geht nach verschiedenen Seiten in die Irre, ziemlich sicher wohl in der Beurteilung des Charakters und auch der Hauptmotive der deutschen Revolution von 1918. Gerade diese Äktiologie der Novembervorgänge ist aber ein viel zu verwickelter Komplex von Zusammenhängen zwischen sehr verschiedenen teils historischpolitischen, teils massenpsychologischen, teils ausgesprochen wirtschaftlichen Tatbeständen, so daß das Problem ihrer Klarstellung überhaupt noch nicht, am wenigsten aber hier gelöst werden könnte. Anders aber steht es mit der Beurteilung der englischen Sozialpolitik. Über sie, ebenso wie über die gesamten Arbeiterverhältnisse Großbritanniens in der jüngsten Vergangenheit, sind trotz einer Reihe guter literarischer Arbeiten, unter denen beispielsweise die Bücher von Dibelius[8],

---

[8] Dibelius, England, 2 Bde., Stuttgart-Leipzig 1923, insbesondere Bd. II, Schlußbetrachtungen.

Walter[9], Leubuscher[10], auch H. Levy[11] zu nennen sind, nur allzu festsitzende Vorurteile verbreitet. Die Arbeiterverhältnisse des Inselreiches sind freilich schwer genug zu begreifen, nicht nur für den Deutschen, sondern für den Kontinentalen überhaupt, und Karl Hillebrand hat mit dem Urteil recht gehabt, daß das England Gladstones und Mills „inselhafter" hinter seinem „Silbergürtel" geworden sei als das England Walpoles und Humes[12]. So paradox es klingt, England hat bei zunehmendem Verkehr mit dem Festlande, fast könnte man sagen, sich nur um so mehr gegen festländische Einflüsse abgeschlossen. Jedenfalls wird man aber von England zum Unterschied von Deutschland zu sagen berechtigt sein, daß sofern irgendwelchen Ideen gelingt, vom Ausland nach Großbritannien vorzudringen, sie dort alsbald eine viel weitergehende Assimilation an das, was man die nationale Mentalität nennen könnte, erfahren, als das bei Deutschland der Fall zu sein pflegt. Dieser Zug, der auf die Eigenart der britischen Volksseele zurückzuführen ist, ist denn auch in erster Linie dafür heranzuziehen, wenn man die Besonderheit der sozialen Ideenwelt dieses Landes zu irgendwelchen Erklärungen innerpolitischen, also auch insbesondere sozialpolitischen Geschehens verwenden will. Ganz besonders gilt dies aber von der Beurteilung des englischen Sozialismus und der sozialistischen Bewegung, auch von der Stellungnahme des Parlaments und der Regierung zum Sozialismus.

So hat man zu registrieren, daß freilich in Großbritannien das unbedingte Vertrauen der Industriearbeitermassen in den marxistischen Zukunftsstaat die längste Zeit überhaupt völlig fehlte, daß aber die Aufruhrstimmung gerade seit der Jahrhundertwende und insbesondere unmittelbar vor Kriegsausbruch, also zwar später als auf dem Kontinent, aber eben doch ähnlich wie in Frankreich und Deutschland, ja stärker als in letzterem Lande, sich entfaltet hat, nur eben mit jenem weit klareren, nüchtern materiellen, realistischen Sinn, der dem Englädertum unüberwindbar in den Knochen sitzt. Man erinnere sich doch nur der gewaltigen Aufstandsbewegung, die, 1911 einsetzend, das Vereinigte Königreich bis zum Kriegsausbruch in Atem hielt und gerade 1912/13 dermaßen anschwoll, daß man 1914 am Vorabend einer gewaltigen sozialen Revolution zu stehen meinte. Und wenn auch der urenglische puritanische Zug der Selbstüberhebung mit dem alttestamentlichen Glauben, das auserwählte Volk Gottes zu sein, dem, wie jede Sünde des einzelnen, jede Untugend des Volkes, jede Unwahrheit und Brutalität

---

[9] Walter, Die neuere englische Sozialpolitik, 1914.

[10] Charlotte Leubuscher: Sozialismus und Sozialisierung in England, 1921.

[11] H. Levy, Die Grundlagen des ökonomischen Liberalismus in der Geschichte der englischen Volkswirtschaft, 1912, und ders.: Soziologische Studien über das englische Volk, 1920.

[12] Karl Hillebrand, Zeiten, Völker und Menschen, Bd. III, S. 119.

gerechtfertigt, ja geheiligt erscheint, — wenngleich dieser Grundzug des puritanischen Engländertums es bewirkt hat, daß auch in den unteren Schichten der Arbeiterschaft der Krieg und die Notwendigkeit von Britanniens Sieg ein Abklingen der Kampfesleidenschaft für die sozialen Interessen auszulösen vermochte, so ist die gesellschaftsfeindliche Stimmung, ist der Egoismus der Arbeiterschaft doch auch während des Krieges nie ganz erloschen. Er hat 1921 im Riesenaufstand der Bergarbeiter den beredtesten Ausdruck gefunden und solche Formen angenommen, daß die weitsichtigsten Politiker des Landes in schwerster Sorge befangen waren.

Nicht minder irrig als der Glaube an eine stärkere Befriedigung des englischen Wirtschaftslebens ist aber auch die Auffassung, als ob Großbritannien als der typische Repräsentant nichtautoritärer Sozialpolitik zu gelten habe. Allerdings lag das Höchstmaß wirtschaftlicher Bewegungsfreiheit, lag das rationalistische Verfolgen des individuellen Interesses, das der ganzen britischen Wirtschaftsentwicklung den Stempel aufdrückt, ganz im Geiste des Puritanertums, und es ist wahr, daß schon vor dem demokratischen Umbau des Staates, in den dreißiger Jahren des vorigen Jahrhunderts, die Auswirkungen der schrankenlosen Freiheiten des Arbeitgebers in den Fabriken und des Bodenkapitalisten in den Großstadtslums Eingriffe des Staates wohl herausgefordert hätten, daß diese aber nicht erfolgt sind. Mit der Heiligsprechung der Willensinstinkte, die rein materiellen Zwecken dienstbar sind, sofern nur der geschäftliche Erfolg die Auserwähltheit wahrscheinlich werden läßt, hat der Puritanismus den Grund gelegt zu jener Gattung von Individualismus, der sich in den unbegrenzten Gefilden des Common sense auslebt. Aber all diese Dinge ändern nichts an der Tatsache, daß seit der Säkularisation, noch in vorpuritanischer Zeit, der Staat in der Lehrlingsgesetzgebung der Elisabeth Wege einer zielbewußten Sozialpolitik für England und Wales beschritten hatte. Es ist mit der Säkularisation der Kirchengüter unter Heinrich VIII. die Vorstufe der Sozialpolitik, die Armenpolitik, Sache der Landesverwaltung geworden. Seit dem 16. Jahrhundert entwickelte der Staat ein beträchtliches Maß von Aktivität, die in den beiden gleichbedeutenden Elisabethinischen Gesetzen (statute of apprentices 1562 und act for the relief of the poors 1602) zu einer den Wandel von Jahrhunderten überdauernden Größe gelangte. Das Ausklingen der friedensrichterlichen Wirksamkeit auf dem Gebiete der Lohngestaltung gegen Ende des 18. Jahrhunderts bedeutete zwar noch keinen deutlichen Wendepunkt, aber die Epoche des Werdens der kapitalistischen Industrie kündigt sich mit einem nicht zu verkennenden Überwiegen des nackten produktionspolitischen Interesses des Staates an, das mit den Interessen der Arbeitgeber parallel zu laufen scheint: etwa von 1775 bis 1824 ist die Zeit, in der zwar wohl Gesetze zum Schutze der Arbeiter

(Kinder!) erlassen werden, in der aber die staatliche Autorität sich ausdrücklich gegen jedes Betätigen der Selbsthilfe wendet und die Entfaltung dieses Gedanken unmöglich macht. Als mit dem Sturze der Tories 1832 dem im wahren Sinne kapitalistischen Industrieindividualismus auch in der Richtung der staatlichen Politik zum Siege verholfen war, trat auch die Unterbrechung in jener staatlichen Aktivität nach der sozialpolitischen Seite ein, und als dann wieder mit dem Chartismus der revolutionäre Geist zusammengebrochen war, baute der kluge „Common sense" auch konservativer Staatsmänner die Brücke sozialer Gesetzgebung in den vierziger Jahren. Dann aber allerdings, nachdem die Tradeunions der Arbeiterelite in der Erkenntnis der Macht ökonomischer Gesetzmäßigkeiten ihre „friedlichen Methoden" auszubauen begonnen hatten, brachte auch die Gesetzgebung diesen Selbsthilfebestrebungen immer mehr Verständnis entgegen. Gewiß nicht zum mindesten dank der außerordentlich praktisch nüchternen Wirtschaftsarbeit der Arbeiterverbände konnte sich die englische Gesetzgebung der Aktivität in sozialpolitischen Dingen entschlagen. Die Parteiverhältnisse waren den Interessen der Arbeiter zudem überaus günstig, da ja der außerordentlich einfache Wettbewerb zwischen zwei großen Parteien, die mit ausschlaggebender Überlegenheit über alle anderen einander in der Staatsleitung ablösten, zu merklichem Entgegenkommen an die Arbeiter führte, so daß diese ohne eigene Vertretung im Parlament ihre Interessen dennoch zu Geltung gebracht sahen. Das gilt namentlich auch wieder von dem Trade-union-act von 1875, für das die Gewerkvereine ausdrücklich den Konservativen ihren Dank erklärten[13], was in Deutschland undenkbar gewesen wäre, und zwar um so weniger denkbar, als das Gesetz wahrlich die Sicherung des Koalitionsrechtes praktisch noch in der Hauptsache in die Hände der Rechtsprechung legte.

Aber ganz abgesehen davon: das, was man auch bei dieser Phase der englischen Sozialpolitik, die die wichtigsten Lebensinteressen, Lohn und Arbeitszeit, der Eigeninitiative der Arbeiter, der Selbsthilfe anheim gab, nur allzugern vergißt, ist die wirkliche Unzulänglichkeit dieser Selbsthilfe und damit des ganzen Hauptgrundsatzes der alten britischen Sozialpolitik. Die Voraussetzung dafür, daß sie zulänglich gewesen wäre, allem anderen voran die Allgemeinheit der Organisierung der Arbeiterschaft und Beständigkeit der Beschäftigung, traf ja nicht zu.

Daß und wie sehr gerade in Großbritannien selbst der Vorsprung, den die deutschen Arbeiter erreicht hatten, anerkannt worden war, ist bekannt genug. Das Entscheidende ist aber noch ein anderes.

---

[13] H. v. Nostiz: Das Aufsteigen des Arbeiterstandes in England, Jena 1900, S. 307.

Das starke Überwiegen der Ungelernten in Großbritannien[14] und die erheblich stärkere Unbeständigkeit in deren Beschäftigung (namentlich in den Verkehrsgewerben), also eine unvergleichlich größere durchschnittliche Arbeitslosigkeit als in Deutschland, und demzufolge auch die Unvermeidbarkeit des Momentes, in dem die wirtschaftliche Fürsorgearbeit der Gewerkvereine sich als unzulänglich erweisen mußte: all das mußte in dem Augenblicke schwer ins Gewicht fallen, in dem der Vorsprung Großbritanniens im Wettbewerb um den Weltmarkt sich verminderte. So kam es denn auch, und die wichtigen Wirkungen sind das Aufkommen des neuen Tradeunionismus mit einer vehementen Angriffsenergie und die Rückkehr des Staates zu einer hohen sozialpolitischen Aktivität, die unter Lloyd George bekanntlich ein Maß erreichte, wie es kein europäischer Staat aufzuweisen vermochte. Nur gilt es dazu auch noch im Auge zu behalten, daß in den Gesetzgebungsarbeiten von 1905 bis 1912[15] das Selbsthilfeprinzip gegenüber der staatlich organisierten „sozialen Hilfe" ganz gewaltig in den Hintergrund getreten ist[16]. Und war nun etwa dieser Galopp im Nachholen dessen, was zum großen Teil in Deutschland der Staat schon geleistet hatte, und das Übertrumpfen dieser Leistungen, dieser „sozialgesetzgeberische Rekord" von besseren sozialen Wirkungen begleitet als die deutsche Sozialpolitik? War das Überhandnehmen der Disziplinlosigkeit der Arbeiter, der Verlust der Autorität der Führer, die wachsende Abneigung gegen Einigungsversuche, das Ausarten der Streiks zu umfassenden Ruhestörungen, das Anwachsen des Radikalismus: waren das alles bessere Erfolge der Sozialpolitik? Und will man vielleicht mit Ernst behaupten, Deutschlands Entwicklung der Klassengegensätze wäre eine andere gewesen, wenn man die Wege der englischen Sozialpolitik seit der zweiten Hälfte des vorigen Jahrhunderts vor allem seit 1872, also von der Politik des Non interference an, von allem Anfang und im selben Rhythmus der Entwicklung gegangen wäre? Das, was wir an wirklich annehmbaren Argumenten für die Stellungsnahme zu einer solchen Frage heranziehen können, spricht jedenfalls nicht für die Bejahung.

Es möge aber immerhin eingeräumt sein: Man kann nicht beweisen, daß die deutsche Gewerkschaftsarbeit unter dem Einfluß des glänzenden Wirtschaftsaufschwunges von den neunziger Jahren ab nicht auch zu be-

---

[14] Vgl. Walter, a. a. O., S. 42 ff.

[15] Unemployed workmen act 1905. — Trade disputes act 1906. — Workmen compensation act 1906. — Kleinsiedlungsgesetz 1907. — Old age pensions act 1908. — Coal miners regulation 1908 (Achtstundentagsgesetz). — Arbeitsvermittlungsgesetz 1909. — Trade board act 1909. — Staatliche Versicherungsgesetze 1911. — Coal minimum wage act 1912.

[16] Namentlich das Arbeitsnachweisgesetz tat einen starken Schritt in der Richtung der Abkehr von den früheren politischen Grundsätzen: die Selbstverwaltung wurde bei den Arbeitsnachweisen ganz aufgehoben, die Leitung zentralisiert und ganz in die Hände des Ministeriums gelegt. Vgl. Walter, a. a. O., S. 72.

trächtlichen, vielleicht sogar den Friendly Societies überlegenen Einrichtungen wirtschaftlichen Charakters gelangt wäre, auch wenn die staatliche Fürsorge nicht vorausgegangen wäre. Es kann sein.

Aber daß damit etwa die massen- und parteipolitischen Erfolge des marxistischen Dogmas hintangehalten worden wären, glaubt doch wohl auch der begeistertste Verfechter einer liberaleren Sozialpolitik nicht. Jene Erfolge stehen auf einem anderen Konto, und gewiß ist die — vielleicht kann man hier sagen „durchschnittliche" — völkerpsychologische Eigenart der deutschen Arbeiterschaft nicht der letzte soziologische Faktor, der für die Erklärung eines so ganz anderen Schicksals des Marxismus in Deutschland einerseits, Großbritannien anderseits berücksichtigt werden muß[17].

So ganz gleichgültig sollte man aber doch auch nicht an der Tatsache vorbeigehen, daß nicht nur die Fabier und die christlichen Sozialisten in Großbritannien Vorkämpfer für ein stärkeres Eingreifen der Staatsgewalt in sozialen Dingen gewesen sind, sondern daß auch die liberalistische Richtung, die von den Trade-unions dauernden Einfluß auf den Arbeitsvertrag erhoffte, sich schließlich doch enttäuscht sah und das für das England nach 1832 neuartige und unverkennbar großzügig gedachte Gesetzgebungswerk Lloyd Georges als notwendig begrüßten. Daß die konservative Partei einer Staatseinwirkung sympathisch gegenübersteht, ist an sich nicht überraschend. Wir besitzen aus kritischer Zeit aber ein Dokument, das hinsichtlich des Maßes der von der Partei für gewünscht erachteten Einflußnahme des Staates doch über das im Vereinigten Königreiche zu Erwartende hinausgeht. Ein Bericht, der von einem aus Anlaß der schweren Unruhen von 1911 und 1912 eingesetzten Komitee an die Partei erstattet wurde, sieht in der Intervention des Staates gegen die durch die syndikalistische Agitation heraufbeschworenen Umtriebe eine Pflicht, fordert aber in der Richtung dieser Abwehr nicht nur ein Vorgehen des Staates gegen diese Angriffe auf die Gesellschaftsordnung, sobald sie schon im Gange sind, sondern eine umfassende vorbeugende Gesetzgebungs- und Verwaltungsaktion. Angesichts der Gefährdung der ganzen Gesellschaft sei es die Pflicht des Staates, die Arbeitsbedingungen zu beaufsichtigen und zu kontrollieren, und man fordert Aktivität des Staates bei Arbeitsstreitigkeiten, insbesondere unter Hinweis auf die rege Tätigkeit der deutschen Fabrikinspektorate, deren Erfolge ausdrücklich Anerkennung finden, ja, der Bericht tritt ganz offen für das Prinzip der Mindestlohnsatzung ein. *Die Kritiker der deutschen Sozialpolitik der Vergangenheit sollten sowohl der scharfen Wendung zur gesetzlichen Methode als auch dieser Anerkennung der Arbeit deutscher staatlicher Organe der Sozialpolitik mehr Aufmerksamkeit zuwenden.*

---

[17] Es sei hier besonders auf die vortrefflichen Beobachtungen bei Dibelius, a. a. O., erstes Kapitel, aufmerksam gemacht.

Wollte man gewissenhaft und ehrlich die Frage beantworten, ob die soziale Politik, wie sie von den wechselnden englischen Regierungen bis zum Arbeitslosengesetz 1905 vertreten worden war, in Deutschland eine andere Sinnesrichtung der industriellen Arbeitermassen ausgelöst hätte als die der marxistischen Dogmatik entsprechende, wenngleich mit dem revisionistischen Einschlag, so müßte man so viele Imponderabilien in Rechnung stellen, daß das Schlußergebnis recht unbestimmt bliebe, zumal da eine exakte Entscheidung nicht möglich ist, wieviel von der englischen Arbeiterbewegung und insbesondere vom englischen Sozialismus spezifisch nationales Gepräge hat und wieviel andererseits von der Eigenart der deutschen sozialdemokratischen Partei und von der freien Gewerkschaftsbewegung auch als spezifisch deutsch zu werten ist. Die Tatsachen aber, daß in Großbritannien selbst die Erkenntnis der Unzulänglichkeit der Freibeweglichkeitspolitik, die die Sorge für die Zukunft des einzelnen Arbeiterindividuums vollständig dem freien Spiel der Kräfte überantwortete, sich im Jahrzehnt vor dem Kriege so durchgesetzt hatte, daß man sich im Lande des Manchestertums zu einem Minimallohngesetz entschließen konnte, spricht für den Schluß: es kann niemand aus dem historischen Gang der Dinge die Behauptung begründen, daß die englische Sozialpolitik, die das Prinzip, die Arbeiterschaft zur Selbstverantwortung und Selbsthilfe zu erziehen, mit nachhaltiger Passivität des Staates für gewisse Aufgaben verwirklichte, weniger Fiasko gemacht habe als die deutsche der staatlichen Bevormundung mit Zwangsgesetzen. Jedenfalls nicht in der Bahn der wirklich sozialpolitischen Bestrebungen, der Wahrnehmung gesamtgesellschaftlicher Interessen auf dem Gebiete der Klassengegensätze[18].

Welches von beiden Systemen die größere individuelle und organisatorische Bewegungsfreiheit und damit vielleicht die weitergehende Förderung der Persönlichkeitsentfaltung bewirkt hat, ist eine andere, sozialpolitisch nur mittelbar interessierende Frage. Von ihr wird noch in anderem Zusammenhang zu reden sein.

3. Die vermeintliche Sozialpolitik von gestern

Wohl in allen am Krieg unmittelbar beteiligten Ländern von nennenswert entwickelter Sozialpolitik hat der Krieg mit der ihm eigentümlichen Selbstsüchtigkeit der politischen Interessen Änderungen in dem Stande der Sozialpolitik herbeigeführt. Seit Kriegsbeginn sind denn auch in Deutschland schon zwei Phasen der sozialpolitischen Entwicklung zu unterscheiden. „Der Krieg hatte es unmöglich gemacht, in dem Arbeitgeber den alleinigen Vertreter der Industrie zu sehen." Dieses

---

[18] Industrial unrest a practical solution. Report of the Unionist Social Reform Committee, by Hills, Ashley Woods, London 1914.

unmittelbar auf die englischen Verhältnisse gemünzte Wort[19] galt vielleicht noch in höherem Maße für Deutschland, und deshalb sind auch während des Krieges zahlreiche Tatsachen zu registrieren, die trotz der anfänglichen Suspendierung eines Teiles der Arbeiterschutznormen einen nicht zu übersehenden Fortschritt der sozialen Reform bedeuteten. Namentlich die Hebung der „offiziellen" Geltung der Gewerkschaften (und zwar besonders wieder seit der Erlassung des Hilfsdienstgesetzes) rechtfertigt es, die Sozialpolitik der Kriegszeit, schon von der der Vorkriegszeit als einen besonderen Abschnitt aufzufassen. Als im Frühjahr 1918 die große Kundgebung der Gesellschaft für soziale Reform stattfand, durfte in der Tat damit gerechnet werden, daß für die volle Koalitionsfreiheit das Eis gebrochen sei, und daß die Selbsthilfe noch umfassender als vor dem Kriege zur Wirksamkeit gelangen würde. Und als Prinz Max von Baden in seiner Programmrede im Reichstage trotz der schweren Stunde, in der sie gesprochen war, den Willen zum Ausbau der Sozialreform in dieser Bahn bekundete, durfte man überzeugt sein, daß dieser kluge und wahrhaftige Fürst als Staatsmann bemüht sein werde, die vorwiegend autoritäre Sozialpolitik immer mehr mit demokratischen Zügen zu durchsetzen, soweit sie der Gesamtgesellschaft zum Heile gereichen. Diesen Sinn konnte auch der Abschluß einer Zentralarbeitsgemeinschaft im November 1918 noch haben, er konnte als wichtiger Schritt zur sozialen Friedewirkung mit demokratischen Mitteln eingeschätzt werden.

Ganz anders atmet der ungeheuere Ballast sozialpolitischer oder wenigstens als solcher bezeichneter Gesetze und Verordnungen, mit dem in kurzer Zeit schon die deutsche Republik ihr Schiff durch die hochgehenden Wogen politischer Kämpfe gesicherter steuern zu können hoffte, einen Geist, der mit dem der Vorkriegssozialpolitik sehr viel schärfer kontrastierte. Der Krieg hat in den kriegführenden Ländern, allenthalben besonders aber in den stärker industrialisierten, also vorzüglich in England und in Deutschland in den Gebieten der Schwerindustrie, eine Erstarkung des Selbstbewußtseins der Arbeiterschaft bewirkt. Wie die Webb sagen, hatten die Arbeiter in sozialer und politischer Hinsicht ungeheuer gewonnen: die mechanische Arbeitsleistung kam für das Schicksal der Nation zu augenscheinlichster Bedeutung, und jeder Ressortminister war eifrig bedacht, die irgendwo auftauchenden Arbeiterforderungen so rasch wie möglich ihrer Erfüllung näher zu bringen. Die Arbeiterschaft merkte, daß man sie brauchte, und erkannte ihre Macht der ganzen Gesellschaft gegenüber. Die mechanische Arbeitskraft war rein ökonomisch mit dem Kriegszustande wertvoller geworden, und zu dieser ökonomischen Machtstellung gesellte sich mit dem Umsturze die politische.

---

[19] Jason, Past and Future. Zitiert bei Leubuscher, a. a. O.

Wie umstritten es auch sein mag, die Revolution, die wenigstens vorübergehende Niederringung einer öffentlichen autoritären Gewalt, die in der Regel als Auswirkung lange niedergehaltener Energie sich entpuppt, kann segensreich wirken, aber ungeheuer ist immer die Gefahr der Wandelbarkeit des Menschen, die sich in ihm mit dem Maße der gewonnenen Macht einstellt. Selbst *Muckle* sagt von den Führern, sie betreten den Boden der Revolution als Jünger des Ideals, der Humanität, denen das Blutvergießen tiefen Abscheu einflößt; erst die Widerstände der Revolution hätten sie von dem lichten Pfad des Ideals abgedrängt. Für das Verstehen der Unstimmigkeiten in der Sozialpolitik der deutschen Republik nach dem Umsturz ist diese Wandelbarkeit ebenso im Auge zu behalten wie das psychologische Phänomen der Machtausartung, wenn die Besorgnis des Machtverlustes besteht. Diese Gesichtspunkte vermögen freilich nicht zu entschuldigen, wenn klare Widersprüche zwischen dem sozialpolitischen Geschehen und den Grundsätzen, die seine Quelle sein sollen, auftreten.

Was man von der Nachkriegssozialpolitik in Deutschland vor allem erwarten muß, ist die Entfaltung der Selbsthilfe und ihrer Mittel, damit also die methodische Verschiebung des Schwergewichtes der Arbeit, und was man davon erhoffen durfte, war die größere Beweglichkeit in der Gestaltung der Arbeitsbedingungen, die größere Elastizität in der Anpassung an die konkreten Verhältnisse der einzelnen Industrie, vielleicht doch auch einzelner Gegenden und selbst Betriebe. Das ausgiebigste Mittel der Selbsthilfe ist nun allerdings richtig eingesetzt worden, aber nur im Dienste der Tendenz, zu generalisieren, zu normalisieren und zu egalisieren. Und Hand in Hand ging ein ungeheueres Tempo des gesetzgeberischen Apparates. Deshalb schon kann die „Sozialpolitik von gestern" nicht bloß als Reaktion gegen den methodischen Charakter der Vorkriegssozialpolitik gelten, denn die Neigung zu gesetzlichen Regelungen irgendwelcher Fragen ist eher größer als kleiner geworden. Das Tempo der Gesetzgebungsarbeit hat freilich wesentlich dazu beigetragen, daß Fehler sich reichlich eingestellt haben[20]. Das kann angesichts der ganz neuartigen Verhältnisse sowie des verwirrenden Tempos der Geldentwertung nicht allzuschwer angerechnet werden und um so weniger, als es galt, die vielen ineinander übergreifenden Gesetzesmaterien in Übereinstimmung zu halten. Sie interessieren sozialpolitisch nur dort, wo sie grundsätzlichen Charakter haben, d. h. Ausfluß von Irrtümern über Zusammenhänge und Kausalbeziehungen im Gesellschafts- und insbesondere im Wirtschaftsleben sind.

Sozialpolitisch maßgeblich und interessant sind aber durchaus nicht bloß Irrtümer, gleichviel ob praktischer Natur oder theoretischen Ur-

---

[20] Man hat dabei wohl vor allem an die Arbeitsrechtsnormen zu denken, aber nicht weniger an andere Gebiete der Gesetzgebung, z. B. das Steuer-, Wohnungs-(!) und Siedlungswesen.

sprungs, sondern auch die mehr oder minder großen Linien des Wollens, die Zielsetzung und solche Züge, die dem ganzen Werk, das als die Sozialpolitik der Nachkriegszeit gilt, das Gepräge geben, die aber — das sei hier schon festgestellt — es fraglich erscheinen lassen, ob überhaupt diese Politik mit ihrem Werk als Sozialpolitik gelten kann. Die Aufwerfung dieser Frage ist schon ein Urteil, wir sind uns dessen wohl bewußt. Eben deshalb erheischt sie auch eine Klarstellung, was man unter Sozialpolitik zu verstehen hat. Aber was wir im Auge haben, fällt nicht unter die Kategorie des Irrtums. Wenn die autoritären Machtträger z. B. eine Politik des „Existenzminimums" in der Lohngestaltung verfolgen, so liegt, wenn diese Politik sich über Wirtschaftstatsachen hinwegsetzt, ein Irrtum über das Verhältnis zwischen Macht und ökonomischer Gesetzmäßigkeit vor, jedenfalls ein Irrtum über die Möglichkeit, sozialistisches Wollen durchzusetzen.

Freilich, Irrtum beging und begeht, wer es anders erwartete. Und es ist außer den schon berührten psychologischen Bedingtheiten dieses Geschehens auch der sieghaften Kraft jenes Dogmas zu gedenken, das nicht etwa nur auf Massenintelligenzen, sondern bekanntlich auf ehrliche Denker schon so verhängnisvoll bestechend gewirkt hat; und wenn man die Metamorphose zwischen Subjekt und Objekt der Sozialpolitik überlegt, daß das ursprüngliche Objekt der Sozialpolitik, die unverantwortliche Masse der Arbeiter, zum Subjekt und zum Träger der Verantwortung für das Geschick der Gesamtgesellschaft geworden war, so ist es nichts weniger als überraschend, daß diese Träger der sogenannten Sozialpolitik des Umsturzgeistes erst durch den Zusammenbruch ihrer Politik von der Unvereinbarkeit der immer noch bestehenden Kapitalwirtschaft mit kollektivistischen Verwaltungsmaximen überzeugt werden konnten.

Nicht die Mißgriffe und Torheiten dieser Politik, nicht die Irrwege der in der Idee ebenso reizvollen wie in der Durchführung gefährlichen Demokratisierungsbestrebungen sind hier zu verfolgen. Unsere Aufgabe besteht nur darin, jene Verirrungen der Nachkriegspolitik zu kennzeichnen, die den Glauben an die Möglichkeit einer Sozialpolitik in einem schwachen Deutschland zu ersticken drohen. Aus diesen Fehlern von gestern muß gelernt werden.

Zur Revision des Begriffes Sozialpolitik

Wieviel auch von und über Sozialpolitik geredet und geschrieben wird, so viel ist bis heute noch durchaus nicht in dem Sinne erreicht, daß ein Aneinandervorbeireden oder auch nur ein Aneinandervorbeidenken ausgeschlossen wäre. Eine Communis opinio besteht nicht[21],

---

21 Allerdings ist es eine arge Übertreibung, wenn in einer „Theorie der Sozialpolitik" von nicht weniger als elf „möglichen Auffassungen von Sozial-

wenngleich *die Auffassung, daß man unter Sozialpolitik das Eingreifen des Staates zum Schutze oder wenigstens im Interesse der Arbeiterklasse zu verstehen habe,* als die herkömmliche, als die verbreitetste bezeichnet werden kann. Sie *ist gewiß nicht falsch, aber sie ist unvollständig, sie ist nur eine Teilwahrheit,* sie ist für gewisse historische Tatsachen richtig, sofern für einen bestimmten Staat zu gewisser Zeit oder vielleicht überhaupt, sogar für eine bestimmte Entwicklungsepoche die Wahrnehmung des Interesses der Arbeiterklasse als der hauptsächlichste Inhalt schlechthin der Sozialpolitik gelten konnte und gegolten hat. Unvollständig ist aber auch gegenüber dieser historisch bedingten Richtigkeit diese Auffassung, denn sie rückt in den Vordergrund und macht zum Wesen der Sozialpolitik, was nur deren Mittel und Weg ist, sie verhüllt das letzte Ziel und damit das Wesen der Sozialpolitik. Faßt man den Begriff mit ausgesprochener Einstellung darauf, daß bei Sozialpolitik unter Politik ein Funktionieren des Staates verstanden werden soll (so, wie es Bortkiewicz getan hat[22]), dann wird man allerdings rein formal zu der ganz befriedigenden Lösung gelangen, daß Sozialpolitik die in Gesetzgebung und Verwaltung sich äußernde Stellungnahme des Staates zu den sozialen Gegensätzen ist. Danach braucht allerdings nicht eine bestimmte positive oder negative Aktivität des Staates vorzuliegen, auch das Nichteingreifen der staatlichen Autorität kann als sozialpolitisches Verhalten gewertet werden müssen, wenn sich darin ein bestimmtes Wollen gegenüber dem Klassengegensatz äußert, mag ein solches Wollen auch auf nichts anderes gerichtet sein als darauf, daß in dem Kampf zweier Klassen eine von beiden dank ihrer Machtmittel ohne staatliche Hilfe die Oberhand über die andere gewinnt.

Für unsere Fragestellung nach der Zukunft der Sozialpolitik kommen wir jedoch mit dieser formalen Lösung zu keinem Ergebnis, das befriedigen kann: „Eine Stellungnahme des Staates" zu den sozialen Gegensätzen wird wohl nur dann nicht zu konstatieren sein, wenn eine Staatsleitung zu schwach oder, was wohl kaum viel anders ist, zu schlecht ist, um in dem Kampf der Klassen ein einigermaßen klares Wollen zu entwickeln. Wollen wir insonderheit für unser deutsches Volk den Glauben an Fortbestand oder Wiedergewinnung eines zielbewußten gesetzgeberischen Wollens und einer solchen entsprechenden Verwaltung nicht völlig preisgeben, so werden wir mit diesem Wollen auch eine sozialpolitische Einstellung des Staatswesens, also Sozialpolitik in diesem formalen Sinn erwarten dürfen.

---

politik" geredet wird. Vgl. Adolf Günther: Theorie der Sozialpolitik, 1 u. 2, Handbuch der Wirtschafts- und Sozialwissenschaften, Bd. 9, Berlin und Leipzig, 1922.

[22] L. v. Bortkiewicz, in: Jahrbuch für Nationalökonomie und Statistik, Jg. 1899.

Über den Inhalt dieser Stellungnahme, über das sozialpolitische Ziel, darüber insbesondere, ob die bisherige deutsche Sozialpolitik — und damit ist nun die Sozialpolitik der republikanischen Ära gemeint — fortgesetzt werden wird oder fortgesetzt werden kann: darüber ist damit natürlich nichts gesagt. Dieser formale Begriff der Sozialpolitik ist für uns belanglos. Es kommt auf die Willensrichtung an, mit der vor allem zunächst Gesetzgebung und Verwaltung den sozialen Gegensätzen gegenübertreten, denn die Auswirkung dieses Wollens gegenüber den Interessen der miteinander im Widerstreit stehenden sozialen Klassen ist das, was unter Sozialpolitik im materialen Sinne zu verstehen ist. Dabei ist unseres Erachtens aber eines unfraglich: *Sozialpolitik ist nicht Klassenpolitik, nicht Politik einer Klasse oder für eine Klasse, sondern Sozialpolitik ist auf die Sicherung fortdauernder Erreichung der Gesellschaftszwecke gerichtet, sie will letzten Endes immer das Ganze der Gesellschaft erhalten, entfalten und fördern und einzelne Gruppen, diese oder jene Klasse unterstützen und kräftigen nur um des Ganzen willen.* Weil eine Staatsführung es um der gesamten staatlich geeinten Gesellschaft willen als notwendig erkennt, die unterste besitzlose Klasse unselbständig Erwerbstätiger in ihrer materiellen Existenz zu kräftigen, richtet sie ihr Augenmerk auf die Reform des Arbeitsverhältnisses, auf die Existenzsicherung für die Fälle der Erwerbsunfähigkeit, mit einem Wort treibt sie Arbeiterinteressenpflege. Aber diese muß nicht entfernt allzeit der Hauptinhalt der Sozialpolitik sein. Sie war es für die unmittelbar hinter uns liegende Epoche der Machtentfaltung des Kapitals, und sie wird es gewiß wieder sein. Aber sie war es schon nicht ausschließlich, da die Handwerker-, Kleinhandels-, „Angestellten"-Politik und alle anderen Kategorien von Mittelstandspolitik auch Inhalt der Sozialpolitik waren.

Es hat den Anschein, als ob sich diese universalere Auffassung vom Wesen der Sozialpolitik in neuerer Zeit allgemeiner durchsetzen wollte. Ohne ausdrücklich von irgendeinem Redner formuliert zu sein, war sie aus Herkners Referat und der sich anschließenden Diskussion auf der Jubiläumstagung des Vereins für Sozialpolitik herauszufühlen, und immer deutlicher wird sie in den Aufsätzen sowie in den Redaktionsbemerkungen der Sozialen Praxis, ja in der ganzen Führung des Blattes. Erst in den anziehendsten Aufsätzen, die dieses Organ zur Krisis in der Sozialpolitik veröffentlicht hat, „Rückblick und Ausblick" von dem Mitherausgeber Dr. *Marr,* ist es zur nicht mehr mißverständlichen Prägung der entscheidenden Gedanken gekommen, wenn er „die Herausführung unseres sozialpolitischen Denkens und Handelns aus der Enge seines bisherigen Klassenstandpunktes" begrüßt und die „besondere Mission der deutschen Bildungsschicht" darin gesehen wissen will, daß sie sich „frei halte vom Klassenkampf (d. h. aber auch von moralisierender Parteinahme) und für das Ganze denke und wirke ohne die geringste Vorliebe für eine Klasse".

Ich darf mit besonderer Befriedigung diese Wendung registrieren, da ich in meinem Handbuch (Sozialpolitik, 1911, 6. Kapitel) die universale Auffassung der Sozialpolitik ausdrücklich immer wieder herauszuarbeiten bemüht war. *„Sozialpolitik ist die auf Sicherung fortdauernder Erreichung der Gesellschaftszwecke gerichtete Politik"*, schrieb ich, und es ändert an dem Inhalt dieser Definition nichts, daß ich damals die Gesellschaft als ein Ergebnis von wesentlich wirtschaftlichen Zweckverfolgungen aufgefaßt habe, zumal ich betonte, daß dieses soziologische Ergebnis selbst Voraussetzung der weiteren Zweckerreichungen geworden ist, so daß die Gesellschaft selbst Zweckinhalt für das Wirtschafts- und damit auch für das Kulturleben gewonnen hat. Einheitlich, meinte ich damals schon, würde sich vom Wesen aller Sozialpolitik wenig anderes aussagen lassen, als daß in den verschiedenen Vertretungsweisen sozialpolitischer Ideen eine Gegenbewegung gegen eine dem jeweiligen Gesellschaftsideal abträgliche oder geradezu entgegengerichtete Individualpolitik ist. *So vieles an der Sozialpolitik hat negativen Charakter. Das Positive erhält sie in den verschiedenen Schattierungen, in denen sie vertreten wird, in der Hauptsache erst mit dem Gesellschaftsbild, das der betreffenden Richtung als Ideal vorschwebt.*

Bleibt demnach das Ziel der Sozialpolitik unverrückt dasselbe: die gesunde und kraftvolle Erhaltung der Gesellschaft in ihrer Einheit, *vor allem gegen ihre Gefährdung durch die Gegensätze der Teile,* so kann sich gleichwohl die unmittelbare Aufgabe, sozusagen der Weg, den sie zu diesem Ziel gehen zu müssen meint, ändern und damit das unmittelbare Objekt der sozialpolitischen Arbeit: das ist jene Teilgruppe, deren Förderung jeweils im Interesse der Gesamtgesellschaft für geboten erachtet wird. *In dieser Subjektivität der Meinung über das, was eben für den gesellschaftlichen Organismus notwendig ist, liegt die Wurzel der Problematik aller Sozialpolitik.* Schon das Maß von Gegensätzlichkeit zwischen den Gruppen, das als zulässig angesehen wird, ohne der Gesellschaft gefährlich zu werden, wird sehr verschieden hoch gegriffen. Ebenso besteht aber auch über das erträgliche Maß von Bindungen, die dem einzelnen durch die sozialpolitischen Maßnahmen auferlegt werden dürfen, bekanntlich nichts weniger als Übereinstimmung, ja, diese Meinungsverschiedenheit geht in Kreisen überzeugter Sozialpolitiker so weit und ist so wenig parteimäßig orientiert, daß man bei Angehörigen des Sozialismus wie der rechtsgerichteten Sozialreform auf eine bestimmte Haltung in Fragen der Grenzen des Zwanges nicht ohne weiteres rechnen darf.

Nur eines sei berührt, was auch sehr maßgebend den Begriff Sozialpolitik betrifft. Wenn man, wie manche Sozialpolitiker es tun, gewisse

Mittel der Sozialpolitik, wie z. B. Verstaatlichung und Verstadtlichung, eben deshalb verurteilt, weil Bindungen, „Unselbständigkeit, Knechtschaft" durch den bürokratischen Apparat der verstaatlichten Unternehmung geschaffen werden, also nicht nur, weil vielleicht die Persönlichkeit durch den bürokratischen Apparat absorbiert wird, sondern weil alle jene innerhalb des bürokratischen Apparates gewährten Vorteile für den Beamten und Arbeiter in Gehalt und Pension, Krankenversicherung usw. nur „Ketten" seien, mit denen die Angestellten an den Staatsfelsen und damit an die Unterordnung unter einen Staatswillen geschmiedet werden, wenn man es als Gift bezeichnet hat, daß den Arbeiterkreisen das persönliche Lebensziel der Arbeiter für ihre Kinder eine pensionsberechtigte Stellung sei (Alfred Weber): so ist das eben allerschärfst zugespitzte Individualpolitik, nicht aber Sozialpolitik, was da vertreten wurde. Und selbst wenn man zugeben könnte, daß Verstaatlichung und Verstadtlichung das Aufkommen und die Entfaltung von charaktervollen Männern und überhaupt Menschen gefährden, so daß also von diesem Gesichtspunkte aus diese Organisierung der Wirtschaft durch Staat und Stadt zu bekämpfen sei, so ist eben doch auch diese skeptisch-kritische Willensrichtung, wie der ganze Kampf gegen die Metaphysik des Bürokratismus, nicht sozialpolitisch, sondern kulturpolitisch orientiert.

Wenn die Überzeugung derjenigen, die eine bestimmte sozialpolitische Ideologie vertreten, darauf eingestellt ist, daß die Gesellschaft als Ganzes durch solche Sozialisierungsvorgänge besser gesichert wird, also im konkreten Fall zum Beispiel, daß die Klassengegensätze durch sie eine befriedigendere Abschwächung erfahren können als bei Verzicht auf Verstaatlichung oder Verstadtlichung, so ist die Entscheidung zugunsten der Sozialisierung dennoch das, was sozialpolitisch höher zu werten ist, mag immerhin mit dem Verzicht auf sie vielleicht ein größeres Maß individueller und insbesondere charakterlicher Entwicklungsmöglichkeit erwartet werden können ...

Nun wird man gegen unsere Auffassung vom Wesen und Inhalt der Sozialpolitik freilich einwenden, daß das Objekt, die Gesellschaft selbst ja umstritten sei, daß das Ziel auch der Klassenpolitik eine mehr oder minder bestimmte Gesellschaft sei, nur eben eine Gesellschaft, die im wesentlichen sich homogen aus Angehörigen einer, beispielsweise der Arbeiterklasse zusammensetzen solle. Jedes Sozialsystem, mag es nun weltanschauungsmäßig bestimmt sein oder nicht, ist getragen von der Vorstellung, daß es der Verwirklichung gewisser Wertstrebungen förderlich ist, daß die durch das System zu bewirkende Gestaltung des Gemeinschaftslebens die Sicherung gewisser Werte am verläßlichsten erreicht. So hat jedes Sozialsystem aber notwendig eine eigene Auffassung von der Gesellschaft, also ein Gesellschaftsideal, und Natur und Art des Gesellschaftsideals bestimmen die Aufgaben und die Mittel zu ihrer Lösung, zu seiner Verwirklichung, kurz *jedes Gesellschaftsideal bedingt eine in mehr oder minder engen Grenzen veränderliche Sozialpolitik.* Diese umfaßt inhaltlich — darin ist Briefs Auffassung im wesentlichen zutreffend[23] — eine Summe spezifisch technischer Normen im weitesten Verstande. Es handelt sich um solche Regelungen des sozial relevanten Individuallebens, des Lebens der Individuen in ihrem Verhalten zueinander, durch die die Annäherung oder Erreichung des Gesellschaftsideals bewirkt werden soll.

Nun ist ohne weiteres zuzugeben, daß eine ganze Reihe sozialpolitischer Mittel sich im Dienste verschiedener, ja auch sehr entgegengesetzter[24] Gesellschaftsideale verwendbar und zweckmäßig erweisen kann. Das gilt vor allem von der Fülle kraftökonomischer Normen, des Arbeiterschutzes, auf die weder eine privatkapitalistisch organisierte noch eine sozialistische Gesellschaft auf die Dauer so leicht verzichten wird. Aber in der Hauptsache werden für die sozialistischen Gesellschaftssysteme sozialpolitische Mittel, die in den Dienst der bestehenden „bürgerlichen" Gesellschaft gestellt werden, immer nur surrogativen Charakter haben, sie werden von den Anhängern eines sozialistischen Gesellschaftsideals, solange dessen Verwirklichung nicht erreichbar erscheint, wohl auch nicht nur hingenommen, sondern je nach dem stärkeren Maß von Einsicht oder Doktrinarismus sogar aus Opportunitätsgründen, vielleicht auch aus Gründen der Massenpsychologie gefördert werden, aber immer werden sie von dieser Seite konsequenterweise nur als Interimistikun eingeschätzt werden. So jedenfalls der Komplex sozialer Versicherungen, ganz besonders aber alles, was als soziale Lohnpolitik erscheint, die ja mit dem politischen Programmpunkt der Überwindung des Lohnsystems überhaupt unvereinbar ist.

Schon dies weist darauf hin, daß *der Begriff und Inhalt von Sozialpolitik nichts zu tun hat mit dem Gegensatz von Sozial- und Individualprinzip in den Gesellschaftstheorien etwa in dem Sinne, als ob Sozialpolitik nur mit dem Sozialprinzip vereinbar wäre.* Sozialpolitik ist insoweit etwas Neutrales, als bei dem Begriff noch gar nicht in Frage kommt, ob die Gesellschaft letzten Endes dem individuellsten Interesse zu dienen hat, ob also das Individuum ihr gegenüber letzter Zweck sei, oder ob das soziale Ganze, die „abstrakte" Einheit aller Individuen, oberster Zweck ist. Die Gesellschaft ist an und für sich ,wenn man von den extremen Zuspitzungen des Individualprinzips absieht, sowohl mit

[23] Götz Briefs, Zur Kritik sozialer Grundprinzipien, in: Archiv für Sozialwissenschaft und Sozialpolitik, Bd. 49, S. 37.

[24] Dabei ist trotz aller Einwände gegen die Antinomie von Individual- und Sozialprinzip dennoch vor allem an individualistische Gesellschaftsideale einerseits, einseitig oder übermäßig sozial orientierte, insbesondere sozialistische anderseits zu denken. Vgl. das im Text Folgende.

dem Individual- wie mit dem Sozialprinzip motivierbar. Den vom Sozialprinzip beherrschten Gesellschaftstheorien ist sie Selbstzweck, den vom Individualprinzip getragenen ist sie Mittel zum Zwecke. In beiden Fällen weist die Ratio auf die Bekämpfung jener Energien hin, die die Gesellschaft gefährden. Nur eine Theorie, die „individual-absolutistisch" (Briefs) den gesellschaftlichen Zusammenhang mißachtet, ja verurteilt, weil sie in jeder gesellschaftlichen Beziehung Bindungen der Individuen und damit deren Beeinträchtigung wittert, kann keinen Raum haben für sozialpolitische Ideen.

Aber nur formal begrifflich kann die Sozialpolitik diesen im übrigen neutralen Charakter haben. Sie ist wie ein Gefäß, wohl von bestimmtem allgemein zwecklichem Charakter, aber erst der Inhalt entscheidet darüber, in wessen Dienste der Zweck verfolgt wird und insbesondere: wem zum größten Vorteile.

In einer breit angelegten Polemik gegen die Dietzelsche Kategorisierung der gesellschaftlichen Theorien nach dem Sozial- und dem Individualprinzip hat Briefs die Anschauung vertreten, daß das Motivische der Sozialtheorien für ihre Kategorisierung von sekundärer Bedeutung sei, schon weil bei der Entstehung und Verfechtung dieser Theorie eine konsequente Besinnung auf einen zentralen Angelpunkt weltanschaulichen Denkens fehle, die unmittelbaren Eindrücke von Lebenstatsachen, und ein bestimmter Wille sie zu überwinden, seien das Primäre. Dem ist entgegenzuhalten, daß allerdings die unmittelbaren Postulate und Reformideen soundso oft nicht, ja vielleicht nie, bewußt nach einem der beiden Prinzipien konstruiert werden, aber der ordnende Verstand hält sich eben nicht an die unmittelbare Veranlassung eines Theorems, wenn er in die Fülle der Erscheinungen Ordnung bringen will, sondern er konstruiert sich ein Schema und am zweckmäßigsten ein antinomisches, dessen gedankliches Prinzip am besten geeignet erscheint, alle Elemente, die es zu ordnen gilt, gegeneinander zu differenzieren. Daß die Antinomie von Individual- und Sozialprinzip nicht absolut durchgreift, sich gegenüber der Tatsachenwelt nicht restlos als Antinomie bewährt, ist einzuräumen und Briefs darauf gerichtete Ausführungen sind gewiß beachtenswert. Aber wenn auch das absolut und restlos Antinomische in der Gegenüberstellung von Sozial- und Individualprinzip fehlt, insbesondere auch das Zweckmittelverhältnis zwischen Individuum und Gesellschaft angesichts der Eigengesetzlichkeit beider Elemente zu einer Kategorisierung ungeeignet ist, ja, wenn sogar unbestritten ist, daß auch der Sozialismus von Rechten der Individuen (der Entrechteten) seinen Ausgang nimmt, so ist es doch eine bedenkliche Übertreibung, der Antinomie *nur* Schlagwortwert beizumessen. Und zwar nicht nur deshalb, weil eben der „polare" Charakter des Gegensatzes der beiden Prinzipien nicht ganz zu widerlegen ist, sondern vor allem, weil in den

Sozialtheorien in irgendwelchen Beziehungen doch ganz charakteristisch eines oder das andere von den beiden Elementen Individuen oder Gesamtheit — nicht gerade Gesellschaft (soweit ist Briefs im Recht) — dem anderen grundsätzlich und aprioristisch geopfert wird. Wie der Individualismus zwar wohl den gesellschaftlichen Zusammenhang gelten läßt, aber diesen auch von den einzelnen restlos zu ihrem einseitigen Vorteil ausnutzen läßt, so spielen zwar gewiß auch für den Sozialismus die Rechte der Individuen eine große Rolle, ja, er macht sie zur Basis seiner Sozialpostulate und seiner Konstruktionen, aber nur die Rechte der aus irgendwelchen Gründen Schwächeren, der Entrechteten, und er opfert der „Gesellschaft der Gleichen" die Interessen der in Wahrheit Ungleichen, der überdurchschnittlichen Einzelnen, mögen sie weniger oder viele sein[25].

Will man sich über Sozialpolitik auseinandersetzen, so ergibt sich unter allen Umständen die Notwendigkeit, wenigstens innerhalb gewisser Grenzen klarzustellen, von welchem Gesellschaftsideal die sozialpolitischen Ideen geleitet sind. Andernfalls läßt sich jedenfalls über die Zukunft dessen, was Sozialpolitik sein soll, vernünftigerweise nicht reden. Nun liegt es ja nahe, immer an jene Sozialpolitik zu denken, deren Vergangenheit als solche feststeht, also die Vorkriegssozialpolitik, die in Deutschland wie in England und in den meisten Staaten wohl die Auswüchse des Kapitalismus bekämpfte, aber die Funktionen des Kapitals im Dienste und zum Nutzen der Gesellschaft für so wichtig hielt, daß sie den Fortbestand des privaten Kapitalzinsbezuges bejahte, jene Sozialpolitik also, die vor dem Kriege in erster Linie die Interessen der unselbständigen Arbeitermassen gegen die einseitig individualistische und rationalistische Wirtschaftsweise mit vollster Ausnützung der durch die Machtstellung des Kapitalbesitzes gebotenen Möglichkeiten zu schützen bestrebt war.

Was diese Sozialpolitik kennzeichnet, ist streng genommen eben nicht bloß die Bekämpfung aller Energien, die die Klassengegensätze zum Ausleben bringen, alles dessen, was die einseitige Klassenherrschaft zu bewirken oder zu verschärfen vermag, sondern *charakteristisch ist für diese Sozialpolitik der Ausgangspunkt einer soziologischen Grundanschauung,* die am kürzesten sich dahin formulieren läßt, daß, auf einer gewissen Stufe der gesellschaftlichen Entwicklung angelangt, die Menschen um klassenmäßige Schichtungen und Gruppenbildungen nicht ganz herumkommen, daß der zu zweckmäßigster Dienstleistung des Sachgüterbestandes und der produktiven Kräfte führende Privatkapitalbesitz immer wieder den Anstoß zu klassenmäßiger Sonderstellung der Kapitalbesitzer geben wird, daß aber die Klassenbildung durchaus nicht bloß auf der Basis des Gegensatzes vom Kapitalbesitz und Nicht-

[25] Vgl. hierzu Briefs, a. a. O.

besitz vor sich geht, sondern daß auch andere schichtende Faktoren am Werk sind. Gleichwohl bekämpft eben diese Sozialpolitik die einseitige Herrschaft des Kapitalbesitzes über die Wirtschafts- und Gesellschaftsentwicklung als eine und allerdings die ergiebigste Quelle des Klassenhasses und damit des Klassenkampfes und sucht unablässig nach Mitteln und Wegen, um durch Einschränkung der Bewegungsfreiheit des Kapitals, ja sogar durch Beeinflussung der Richtungen, in denen Kapital eingesetzt wird, die Einheit der Gesellschaft gegenüber den sie auflösenden Kampfenergien zu retten. Eine Sozialpolitik voll dieses Geistes widerspricht sich nicht, wenn sie dennoch die Bedeutung der auf Ertrag abzielenden Arbeit des Privatunternehmers in ihrer Wirksamkeit für den Ablauf der Wirtschaft anerkennt, wenn sie Kapitalertrag, Rentabilität des Kapitals, also Mehrwertbildung als unentbehrlich im überaus komplizierten Organismus der Wirtschaft gelten läßt, wenn sie das Maß der Rentabilität im großen Zug der Entwicklung sogar als den Regulator für die Innervierung der produktiven Kräfte und damit der Produktion anerkennt. Solange ein sozialistischer Ideenkreis sich auf diese Grundlagen der Wirtschaftsauffassung einstellt, kann auch seine Politik als eine die Gesellschaft bejahende gelten und sie auf die Gesellschaftserhaltung gerichtete Politik als Sozialpolitik. Das allein läßt schon erkennen, daß die positive Abgrenzung der Gesellschaftsideale durchaus nicht so streng eindeutig erfolgen muß, um sozialpolitischen Zielen dienstbar zu sein.

4. Das Wirtschaftsproblem

Aus solcher Erfassung des Begriffes Sozialpolitik folgt, daß das, was bisher Sozialpolitik war, daß alle Arbeiterwohlfahrtspflege der Vergangenheit nicht Wesenselement der Sozialpolitik sein muß, wenngleich sie zumeist den hauptsächlichsten, ja vielleicht zeitweise den ausschließlichen Inhalt der Sozialpolitik bilden kann. Zwecks Abschwächung der Klassengegensätze setzt die Sozialpolitik Mittel ein, die in der Regel eine jeweils zu schwache Schicht auf Kosten anderer oder aller anderen fördern und kräftigen soll. Auch der Fall ist möglich, daß die zu begünstigende Klasse selbst auch zur Trägerin der Kosten der sozialpolitischen Maßnahmen wird. Das wird in der Regel wieder nicht von vornherein beabsichtigt sein, kann jedoch unvermeidlich notwendig erscheinen und ist deshalb durchaus noch kein innerer Widerspruch zwischen Zweck und Mittel. Paradigma für diesen Fall ist die Sozialversicherung; zu ihrer Bewerkstelligung wird die Arbeiterschaft selbst herangezogen. Das unmittelbare Ziel ist die Zukunftssicherung der Arbeiter gegenüber Gefährdungen verschiedener Art. Die Beitragspflicht empfindet die Mehrheit der Versicherten als Last, obgleich das Versicherungsverhältnis eine notwendige Ergänzung des Wirtschaftsplanes des einzelnen Arbeiters ist. Mittelbar wird damit das Interesse der Gesamtgesellschaft wahrgenommen, der die sichere Versorgung der Einzelexistenzen der Arbeiterklasse zugute kommt. Sozialpolitik „kostet" also, und diese *Kosten* müssen als Lasten auch planmäßig verteilt werden. Ob und wie dies gelingt, hängt nicht bloß vom Willen der Faktoren ab, die die Maßnahmen festsetzen oder durchführen, sondern es läßt sich die Auswirkung nur innerhalb gewisser Wahrscheinlichkeitsgrenzen erwarten. Letzten Endes entscheiden bei der großen Mehrheit der sozialpolitischen Eingriffe ökonomische Gesetzmäßigkeiten.

In letzter Linie ist eine sozialpolitische Maßnahme demnach wohl nicht nur nach dem Wollen eines bestimmten sozial zuständlichen Erfolges zu beurteilen, sondern nach diesem Erfolge selbst. Sozialpolitik ist nun aber in ihren Wirkungen durchaus nichts Homogenes. Sie ist es nicht bezüglich des mit ihnen beabsichtigten Nutzens, darüber ist hier weiter kein Wort zu verlieren, sie ist es aber auch nicht, bezüglich der Kosten, die freilich als Wirkungen vielfach unterschätzt werden, und zwar nicht etwa was ihre Höhe, sondern was das Maß betrifft, in dem die mit den sozialpolitischen Einrichtungen bedachten Schichten selbst zu den Kosten herangezogen werden, teils gewollt, teils aber auch — und das ist das für die vorliegende Betrachtung Wichtige — ungewollt.

Die Maßnahmen und Einrichtungen, die die Sozialpolitik ins Leben ruft, wirken ihrem Zweck nach schon verschieden:

a) insofern sie unmittelbar einkommenspolitisch eingestellt sind, liegt die Sache sehr einfach: Kaufkraft und Konsummöglichkeit sollen innerhalb der Gesellschaft verändert werden, es sollen auf der einen Seite Reinerträge gemindert werden zugunsten der Einkommen anderer Schichten. Das gilt offenbar von jeder Art sozialer Lohnpolitik und was mit ihr auf einer Linie steht: bestimmte Zweige des Versicherungswesens;

b) sofern sie die Persönlichkeit in ihrer physischen Leistungsfähigkeit gegen übermäßige Ausnutzung schützen. (Alters-, Geschlechts-, hygienischer Schutz, Betriebsschutz usw.), oder sofern sie der Sicherung der Bewegungsfreiheit dienen und die Stellung des Arbeiters im Arbeitsvertragsverhältnis kräftigen wollen, haben sie zwar nicht schlechthin geradezu Veränderung des Einkommensaufbaues zum Ziel, aber es entstehen direkt oder indirekt, möglicherweise, ja wahrscheinlich in der Regel Kosten, die sich als Minderung der Reinerträge darstellen, demzufolge also doch auch auf den Einkommenaufbau wirken können und tatsächlich zumeist wirken. Hier ist auch an alle jene Einrichtungen zu denken, die unmittelbar der Staat oder eine öffentliche Gebietskörperschaft ins Leben ruft und unterhält, um durch unparteiische Führung Übervorteilungen der Arbeiter seitens der Arbeitgeber hintenanzuhalten, wie z. B. Arbeitsnachweise, Schiedsgerichte, Lohnämter u. dgl., durch deren Funktionieren doch auch Gewinnschmälerungen für die Unternehmungen bewirkt werden können;

c) sofern sie die Wirtschaft der Angehörigen einer Klasse fördern will, wie z. B. durch einzelne Versicherungszweige, Organisierung der Bedürfnisbefriedigung auf kollektivem Wege und ähnliches, werden die Kosten der Einrichtung von denjenigen, denen sie zugute kommen soll, unmittelbar selbst zu bestreiten sein. Das kann namentlich, wo wirtschaftspädagogische Ziele mitverfolgt werden, der Fall sein, z. B. wenn die Absicht darauf gerichtet ist, die Wirtschaftsweise gewisser Berufsschichten zu beeinflussen, indem ein Zwang zu bestimmter Einkommensverwendung ausgeübt wird. Auch wenn die Sozialpolitik die Förderung des Gewerkschaftswesens verfolgt, sind die für die Gewerkschaften und ihre Leistungen erforderlichen Beiträge im Grunde materielle Belastungen der einzelnen Arbeiter, mag auch immerhin der Nutzen der Gewerkschaftsarbeit der ganzen Klasse wieder zugute kommen.

Neben solchen sichtbaren Kosten und Lasten sozialpolitischer Maßnehmen und Einrichtungen stehen aber diejenigen Wirkungen, die auf einem anderen Boden als dem unmittelbaren Wirkungsbereich der Sozialpolitik zutage treten und deshalb auch als Wirkungen dieser übersehen oder mindestens unterschätzt zu werden pflegten, auch heute noch vielfach nicht anerkannt werden. Diese Lasten, die zum Teile die Gesamtheit der Gesellschaft treffen, damit aber eben auch die zu Begünstigenden, sind hauptsächlich in zwei Folgen zu erkennen, deren ursächlicher Zusammenhang mit der Sozialpolitik nicht so offen zutage liegt und deshalb gern in Abrede gestellt wird: es ist einmal die Einbuße an Unternehmungsenergie, die wieder in verschiedenen Erscheinungen sich äußert, und es ist zweitens die Wirkung auf die Preise aller Produkte.

Sofern die Kosten sozialpolitischer Maßnahmen, mag das nun der Tendenz derselben entsprechen oder nicht, die Ertragsaussichten der Unternehmungen vermindern, muß wenigstens theoretisch, d. h. ceteris paribus, also insbesondere ohne Dazwischentreten von sozusagen historischen, sozialrechtlichen jedenfalls nicht ökonomischen Einflüssen, mit der Ausschaltung jener in der Konkurrenz stehenden Unternehmungen gerechnet werden, die als Grenzunternehmungen bisher die niedrigsten Erträge abgeworfen haben. Der Fall ist namentlich im Zusammenhang mit den sozialökonomischen Wirkungen der Lohnerhöhungen reichlich erörtert und braucht hier nur nach einer Seite hin besprochen zu werden. Im Grunde genommen ist er nämlich innerhalb der deutschen Volkswirtschaft seit dem Umsturz wenig aktuell geworden. Die Kosten der Sozialpolitik, die in der Nachkriegszeit sehr gewaltig gewachsen waren, konnten von den Unternehmungen fast ausnahmslos glatt auf die Konsumenten abgewälzt werden, zum Teil freilich, nämlich wo das

Reich Unternehmer oder Konsument war, auf die Steuerzahler und die — Gläubiger, allerdings so, daß sie auch wieder vor allem in gewissen Opfern der Geldentwertung zu erkennen sind (Gehalts- und Lohnzahlungen in entwerteter Valuta). Der außerordentliche Warenhunger, der aus der Kriegszeit auch nach dem Umsturz noch fortbestand, der durch die Befürchtung der Nachfrager, daß der Markt unzulänglich versorgt wird, ebenso verschärft wurde wie durch die Angst vor der Geldentwertung: dieser Warenhunger hat Marktverhältnisse gezeitigt, die eine fast beständige relative Monopolstellung der Warenanbieter herbeigeführt haben. Die eigentliche Schwierigkeit ergab sich für die Unternehmung aus dem Kreditbedürfnis, das seit der Erhöhung der Betriebskosten mächtig gesteigert wurde. *Die Kosten der Sozialpolitik sind ja zum großen Teil Betriebskosten,* das gilt auch für den größeren Teil der Mehranforderungen infolge der Nachkriegs-Sozialpolitik, wenngleich die Mehranforderungen an das Anlagekapital, die beispielsweise durch die Arbeitszeitverkürzung notwendig geworden ist (Wohnungsbau für Bergarbeiter zwecks Wettmachung des Produktionsausfalles durch Vermehrung der Arbeiter!) darüber nicht vergessen werden darf ...

Die stärkste Förderung fand die nachrevolutionäre Sozialpolitik nach der wirtschaftlich-organisatorischen Seite, einerseits in der Zerrüttung des Notenbankwesens, anderseits sie ergänzend in der ungeheueren Übernachfrage. Aber es wolle nicht übersehen werden, daß die Nachhaltigkeit dieser Übernachfrage nur mit Hilfe des Bankapparates, und zwar auch wieder dank der völligen Ungehemmtheit der Kreditgewährung und Notenausgabe, möglich geworden ist.

Um das nur kurz zu erhärten: weder die Lohn- und Gehaltspolitik noch die vielgeschmähte, aber doch auch gerade sozialpolitisch so sehr verteidigte Arbeitslosenunterstützung wären denkbar gewesen in einer Volkswirtschaft, deren Geld- und Kreditschöpfung durch Banknoten-Ausgabenormen ähnlich geordnet und eben auch gebunden war, wie dies in Deutschland vor dem 4. August 1914 der Fall gewesen ist. Und hier ist ebenfalls — nicht etwa nur im Achtstundentag! — ein Punkt, wo die Sozialpolitik die Grundsätze gesunder Wirtschaft über den Haufen gerannt hat ...

Sozialpolitisch ist selbstverständlich jede Betriebseinstellung überaus beklagenswert, wirtschaftlich ist sie ein hartes, aber gesundes und in der freien Verkehrswirtschaft eben unvermeidliches Korrektiv, wenn man es versäumt hat, rechtzeitig der Verfolgung sozialpolitischer Ideale ein Halt zuzurufen. Aber man glaube nur ja nicht, daß diese wirtschaftliche Konsequenz nicht auch sozialpolitisch wertvoll sein könne. Es ist doch wohl heilsamer, wenn das Produktionsleben ohne Unterbrechung seinen Gang mit nicht erhöhten Löhnen und selbst mit gedrückter Lebensführung fortsetzt, als wenn die Lohnforderungen sich durchsetzen, aber der Wirtschaftsorganismus zusammenbricht.

Die Behauptung, Arbeitslosigkeit infolge Betriebseinstellung wegen zu hoher Lohnforderungen sei notwendig, klingt nach allem eher als nach Sozialpolitik. Ist denn nicht gerade das die große Frage der sozialen Ordnung, ob alle solche Wendungen im Wirtschaftsleben, die in den Bereich des Konjunkturhaften fallen, durch eben die Ordnung des gesellschaftlichen Organismus vermieden werden können? Wenn die sozialistische Wirtschaft solche Störungen mit ihren verheerenden Wirkungen nicht kennt, gibt es dann überhaupt eine Wahl für das sozialpolitische Wollen? Ja, wenn dem so wäre! Wir sind heute doch soviel besser in der Lage, auf diese Frage zu antworten und zu diesem „Wenn" Stellung zu nehmen als vor der russischen Revolution; wir brauchen uns nicht mehr mit Deduktionen zu begnügen, auch das Wirtschaftserleben des deutschen Volkes nur während des letzten Lustrums belehrt reichlich darüber, daß eine Reihe von Konjunkturmomenten nicht ohne Störungen überwunden werden können, und daß jene Art von Statik, mit der die sozialistische Ideologie rechnet, mindestens irreal ist. Selbst wenn es gelänge, über die Störungen, die von den Naturtatsachen ihren Ausgang nehmen, Herr zu werden, so bliebe immer noch die Problematik, die sich aus den Herrschaftsverhältnissen über diese Naturfaktoren ergibt: Die Konkurrenz der Völker um die Schätze der Natur vermag auch der sozialistisch konstruierte Gesellschaftskörper nicht aus der Welt zu schaffen oder auch nur in ihren Ausstrahlungen zu umgehen — es müßte denn gelingen, die Volksmassen eines Staates zum freiwilligen Verzicht auf eine reichere Lebensführung zu bestimmen, wie sie anderen, über die betreffenden Naturschätze verfügenden Völkerschaften durch ihr Siedlungsschicksal oder ihre natürliche Bevölkerungsbewegung u. dgl. beschieden ist. Mit einem Wort: keine soziale Konstruktion des Wirtschafts- und Gesellschaftskörpers vermag die Konjunktur der politischen Macht oder Ohnmacht völlig zu paralysieren. Um den Komplementärfaktor aller Wissenschaft: Natur geht es. Er kann politisch beherrscht werden, und diese politische Herrschaft ist das Felsenriff, an dem die Sozialpolitik des politisch machtlosen Volkes zerschellen muß, wenn sie auf eine bestimmte Größe des Sozialproduktes als Basis einer gewissen Daseinsführung der Arbeiterklasse eingestellt ist.

Sozialpolitik hat immer nur in einer normalen Wirtschaft eine gewisse Sicherheit bezüglich der ihr immanenten Dynamik, d. h. in einer lebensfähigen Wirtschaft, in der das harmonische Verhältnis[26] zwischen den untereinander komplementären Produktivgütern besteht oder wenig-

---

[26] Damit ist selbstverständlich die beständige Labilität des Gleichgewichts im Wirtschaftssystem nicht in Abrede gestellt.

stens immer wieder, und zwar vor allem unter dem Einfluß der Freigestaltung, hergestellt werden kann. Sobald der Wirtschaftsmechanismus aufhört, normal zu funktionieren und zu reagieren, verschwimmen in dem Gesamtbild auch die Veränderungen, die durch sozialpolitische Maßnahmen ausgelöst werden. Es wurde bereits festgestellt, daß sich sozialpolitisches Wollen in Deutschland in der Nachkriegszeit durchzusetzen und zu erhalten vermochte, ohne daß geraume Zeit die Wirkungen sicher zu erkennen waren. Sie sind es freilich heute noch nicht so ganz, weil die Wirkungen anderer die Leistungsfähigkeit der deutschen Volkswirtschaft beeinträchtigender Umstände mit jenen der Arbeitszeitverkürzung, Lohnpolitik usw. konkurrieren, so bekanntlich insbesondere die Verkleinerung des Gebietes, Verlust von Bodenschätzen u. dgl. ...

Darüber sollte nun freilich eigentlich kein Zweifel bestehen, daß das gegenüber dem (insbesondere nach den Kriegsentbehrungen außerordentlich angeschwollenen) Bedarf zutage getretene Produktionsdefizit innerhalb gewisser Grenzen dem Unternehmertum zugute kommen mußte und daß die sozialpolitisch motivierte Verkürzung der täglichen Arbeitszeit die Sache der Unternehmer fördert, und zwar immer dann, wenn dadurch eine Versteifung der Marktlage bewirkt wird. Der Schrei der Arbeitgeber nach Verlängerung der Arbeitszeit ist vom Standpunkt des einzelnen Konkurrenten bei solcher Sachlage — es handelt sich um eine monopolähnliche Stellung der Anbieter, im Sinne der Liefmannschen Terminologie[27] um „relative Konkurrenz" — wohl begreiflich, aber die Forderung ist dennoch kurzsichtig. Denn der einzelne Unternehmer, dessen Wunsch, bei günstiger Preislage und damit gegebener größerer Gewinnmöglichkeit über eine größere Produktmenge zu verfügen, wohl verständlich ist, erfährt mit dem Augenblicke, in dem eine Erhöhung der Produktmenge Tatsache wird, eine Verschlechterung seiner Marktstellung, und wenn durch Beseitigung einer allgemeinen die Produktion einengenden Norm alle Konkurrenten zur Ausnutzung der günstigen Gewinnmöglichkeit übergehen können, ändert sich sofort das Bild auf den Märkten, und die Preisgestaltung wird eine den Konsumenten günstige, den Anbietern ungünstige Tendenz annehmen. Wenn die Arbeitszeitverlängerung eine Produktionssteigerung bringt, dient sie einem anderen sozialpolitischen Ziel, der Hebung des Reallohnes, jedenfalls unvergleichlich besser als eine nominelle (Geld-) Lohnerhöhung, sei es mit, sei es ohne Indexrichtlinie. Was so paradox erscheint, daß die kürzere Arbeitszeit den Unternehmern förderlich, den Arbeitern nachteilig wirken kann, ist nichts als eine nüchterne, sehr elementare ökonomische Wahrheit, die allerdings für die Wirtschafts- und Sozialpolitik erst durch eine striktere Erfassung der

---

[27] Robert Liefmann, Grundsätze der Volkswirtschaft, Bd. II, S. 83 ff.

Voraussetzungen wertvoll wird, unter denen dieser Zusammenhang nicht nur auftreten „kann", sondern auch auftreten muß.

Wir abstrahieren vollständig von dem technisch-physiologischen wie psychologischen Problem, *ob* die Arbeitszeitverkürzung eine wesentliche Verminderung der Arbeitsleistung und damit der Produktmenge bewirkt hat und umgekehrt, ob der Übergang zu einer längeren Arbeitszeit als dem Achtstundentag eine auch nur annähernd proportionale Produktion auslösen wird. Wir abstrahieren von dieser Frage nicht nur, weil nach den uns heute zur Verfügung stehenden Beobachtungen und Erfahrungen ihre Beantwortung weit davon entfernt ist, allgemein spruchreif zu sein, weil ferner die praktische Durchführung des Achtstundentages, seine Durchsetzung mit Pausen zeitliche Lagerung der Nahrungsaufnahme, Schichtwechsel u. dgl. von größtem Einfluß auf die Ergiebigkeit der Arbeit ist, worauf Gewerbemedizinalrat Gerbis mit wertvollen konkreten Vorschlägen hingewiesen hat[28], weil Tatsachen physiologischer und psychologischer Natur weit ausschlaggebender sind, worauf in den Arbeiten Max Webers[29], den Schriften des Vereins für Sozialpolitik, insbesondere von Marie Bernays u. a.[30], lange vorher aufmerksam gemacht worden ist, Zusammenhänge, deren Nichtauswertung beim Übergang zum Achtstundentag den schlagenden Beweis dafür liefert, daß der tatsächlich erreichte Stand der Betriebsrationierung in der gewerblichen Produktion noch weit entfernt ist von dem Maß des Möglichen. Daraus folgt aber wieder — und damit kommen wir zum eigentlichen Grund, weshalb wir auf die Frage nach jenem „ob" nicht eingehen können —, daß man sich auf das ökonomische Räsonnement des Unternehmers und sein Urteil über das optimale Ausmaß der täglichen Arbeitsdauer durchaus nicht in dem Sinne verlassen kann, daß auch nur sein privatwirtschaftliches Interesse mit der Verlängerung der täglichen Arbeitszeit sicher wahrgenommen wird, was jedenfalls gegen die im übrigen namentlich methodisch anregenden Ausführungen Heimanns[31] zur „Theorie des Achtstundentages" einzuwenden bleibt.

Ob man der wirtschaftlichen Seite des Problems der Arbeitszeitregulierung im Sinne sozialpolitischer Ideale mit jener individualwirtschaft-

---

[28] Gerbis, Fehler in der Praxis des Achtstundentages, in: Soziale Praxis, 32. Jg. (1923), Sp. 1013.

[29] Max Weber, Zur Psychophysik der industriellen Arbeit, in: Archiv für Sozialwissenschaft und Sozialpolitik, Bd. 27—29.

[30] Marie Bernays, Untersuchungen über Auslese und Anpassung der Arbeiterschaft der geschlossenen Großindustrie, in: Schriften des Vereins für Sozialpolitik, 133. Bd., Leipzig 1910, S. 182 ff. Auch an Ritzmanns Arbeit über den Einfluß der Wohnlage auf die Arbeitsergiebigkeit ist zu erinnern. Vgl. Ritzmann: Einkommens- und Wohnverhältnisse der Arbeiter der Maschinenfabrik Gritzner AG in Durlach. Beilage zum Jahresbericht des Großherzoglich badischen Gewerbeaufsichtsamtes 1913, Karlsruhe 1914.

[31] Eduard Heimann, Zur Theorie des Achtstundentages, in: Soziale Praxis, 32. Jg. (1923), Sp. 827.

lichen Betrachtungsweise, wie sie gerade Heimann zum mindesten in den Vordergrund rückt, ganz gerecht wird, ist sehr zu bezweifeln. Gewiß ist es eine wirtschaftliche und insoweit wirtschaftswissenschaftliche Aufgabe, die Stellung der beiden Arbeitsvertragsparteien zum Achtstundentag und zur „neunten Arbeitsstunde" im Sinne einer rationalen Nutzen- und Kostenvergleichung sich klarzumachen, Arbeitgeber wie Arbeitnehmer überlegen sich den Nutzen wie die Kosten, die für sie mit der neuten Stunde verbunden sind. Für den Arbeitgeber muß als Endergebnis in der Regel mit einer Produktionsvermehrung eine Minderung der Einheitskosten des Produktes zu erreichen sein, für den Arbeiter eine solche Steigerung seines Arbeitseinkommens, daß ihm im Rahmen seines gesamten Wirtschaftsplanes dieses Einkommensplus die Mühsal der neunten Stunde lohnt. Wenn sich nun die Entschließungen der beiden Parteien ausschließen, dann läuft die Entscheidung auf eine Machtfrage hinaus; durch die Übermacht einer der beiden Parteien wird die andere zu einem ihrem Wirtschaftsplan widerstreitenden Handeln, zum Verzicht auf Erträge irgendwelcher Art, gleichviel ob materielle oder psychische, gezwungen. Deshalb allein schon ist es gewiß nicht gleichgültig, wenn in jenen individualwirtschaftlichen Überlegungen irrationalen, insbesondere auch suggestiven[32] Vorstellungen eine maßgebende Rolle zufällt, wenn sie von inneren Widersprüchen beherrscht sind, die so verhängnisvoll werden können, daß sie die Fäden des Interessengewebes der Sozialwirtschaft zerreißen und die Grundpfeiler des sozialen Gebäudes lange unmerklich, aber unaufhaltsam zermürben. Die Sozialpolitik ist ganz unmittelbar aufs höchste daran interessiert, daß die hier vorliegenden Aufgaben der Aufklärung gelöst werden.

Aber es ist wirtschaftlich nicht minder wichtig, zu erfassen, daß in den individualwirtschaftlichen Überlegungen der Arbeitgeber wie der Arbeiter eine gemeinschaftliche Größe vorkommt, die für das Ergebnis der Überlegungen absolut maßgebend ist, es ist das Entgelt, gegen das sich die Arbeiter zur Einsetzung ihres Leistungswillens in der neunten Stunde entschieden, und das die Arbeitgeber eben noch aufwenden können und wollen, um den Nutzen der Mehrproduktion zu erzielen. Die Verlängerung der Arbeitszeit schlechthin kann nicht zu dem angestrebten Ziele führen, nur der feste Wille des einzelnen Arbeiters, seine Leistungsfähigkeit so voll wie möglich einzusetzen, kann die erforderliche Mehrproduktion bringen. Gewiß gibt es Mittel und Wege, insbesondere solche der maschinellen Technik (Arbeitsmaschinen mit zwangsläufigem Tempo), der Arbeits- und Betriebsorganisation, um die Arbeitsintensität zu erhöhen oder wenigstens um ein gewisses Minimum der Intensi-

[32] Auf die Bedeutung der Suggestion in den Räsonnements der Arbeitgeber hat Pfarrer Mennicke gegen Heimann mit Recht hingewiesen. Vgl. Soziale Praxis, 32. Jg. (1923), Sp. 894.

tät zu erzwingen; aber diese Mittel, die ja unter allen Umständen eingesetzt werden müssen, schon um die weniger leistungswichtigen Arbeitskräfte in das höhere Tempo der arbeitsfreudigeren hereinzubekommen, können in der Hauptsache die treibende Kraft des wirtschaftlichen Interesses nicht ersetzen. Und deshalb bleibt neben allen solchen Maßnahmen der Erfolg der Arbeitszeitverlängerung abhängig von dem Verhältnis zwischen utility und disutility der — sagen wir — neunten Stunde, kurz er ist wesentlich mit eine Frage des Lohnes. Freilich nicht eine Frage des Geldbetrages, nicht des Nominal- sondern des Reallohnes. Es fragt sich, ob das dem Arbeiter gebotene Entgelt für die Arbeit der neunten Stunde auch jenen Nutzwert bietet, der in der Überlegung der Arbeiter hinter dem zu erwartenden Geldbetrage steht. Und insbesondere: Welche Sicherheit besteht, daß der Arbeiter wirklich teilhat an dem Mehrprodukt, das er in der neunten Stunde schaffen hilft, und das ihm als Voraussetzung dafür hingestellt wird, daß seine materiellen Daseinsbedingungen eine Verbesserung erfahren können? ...

Schon diese Zusammenhänge weisen darauf hin, daß zwar *wohl die Produktionssteigerung als Reallohnförderung zum wichtigen Mittel der Sozialpolitik gemacht werden muß, daß aber die Einsetzung dieses Mittels von einer weitgehenden Überwachung der kapitalistischen Monopolgestaltungen begleitet sein muß,* deren Aufgabe darin bestünde, der durch entsprechende Gesetze gestützten Verwaltung die Möglichkeit zu positiven Eingriffen in die Preisgestaltung an die Hand zu geben ...

Es handelt sich ferner um eine Reihe von Vorgängen, für die freilich nicht etwa nur die Träger der staatlichen Sozialpolitik, sondern auch die Arbeitgeber mitverantwortlich zu machen sind, weil sie, wenn überhaupt, mindestens mit viel zu geringer Energie der Entwicklung sich entgegengestemmt haben: es ist da ebensowohl an die Preisgabe der Lohndifferenzierung nach Menge und Qualität der Leistung bis auf einen kleinen Rest als auch an die Unzulänglichkeit der Lohnzuschläge für Familienangehörige, es ist auch an die Widerstandslosigkeit gegenüber der Unsinnigkeiten zu erinnern, mit denen man die Arbeitslosenunterstützung die längste Zeit nach dem Umsturz handhabte, sowohl dem Maße nach als in der Unkontrolliertheit, und es ist vor allem an die Politik der Indexlohnsteigerungen zu denken. Heute ist das Urteil über die Lohn- und Gehaltspolitik fast einheitlich: es ist eine Verurteilung, sofern man sie als Haupttriebrad in der Inflationsmühle erkennt[33]. Es kann sich daher hier nur darum handeln, die Vorgänge theoretisch als Irrwege zu beleuchten.

Ein schlimmes Übel aller ins Theoretische gehenden und deshalb mit dem Stigma des Verläßlichen einhergehenden Wertungen der sozialpoli-

---

[33] Besonders erfreulich ist die erfrischende Ehrlichkeit, mit der ein ursprünglicher Vorkämpfer dieser Politik, Heinz Potthoff, jetzt die Fehlerhaftigkeit anerkennt. Vgl. Soziale Praxis, 32. Jg. (1923), Nr. 49 und 50.

tischen Vorgänge liegt in der Absolutheit, mit der man den sozialpolitischen Mitteln gewisse Wirkungen zuschreiben zu dürfen meint. Eine Aussage über den Wirkungswert solcher Maßnahmen ist nur dann annehmbar, wenn alle Voraussetzungen und Bedingungen, aber auch wirklich alle, unter denen die Wirkungen beobachtet worden sind, erfaßt sind. Es kommt darauf an, daß für die Anwendung einer solchen Maßnahme in einem anderen Falle und das heißt z. B. auch zu einer anderen Zeit oder bei einer anderen Bevölkerung usw. die Voraussetzungen des gleichen Wirksamwerdens vorliegen. Es handelt sich also um das „ceteris paribus", das so oft so ganz oberflächlich geprüft und formuliert wird.

Wer über die Zweckmäßigkeit, Nutzen und Schattenseiten, also über den ganzen Kausalitätskomplex des Achtstunden-Normalarbeitstages oder der indexmäßigen Lohnsteigerung oder der Goldlohnberechnung eine Aussage tun will, hat die Pflicht, den sozialen Organismus, innerhalb dessen diese Maßnahmen durchgeführt werden sollen, genau zu kennzeichnen und dabei insbesondere den sozialen und beruflichen Aufbau der Bevölkerung nicht zu vergessen. Die Quoten, mit denen die verschiedenen Klassen und die Berufe an der erwerbstätigen, einschließlich der diesen „zugehörigen" Bevölkerung beteiligt sind, entscheiden mit darüber, wie weit jene Maßnahmen der Lohnarbeiterschaft zum reinen Nutzen oder von ihr selbst getragen werden. Es ist also, nicht wesentlich anders wie bei dem Lohnproblem, die Bevölkerungsgliederung nach Alter, Beruf, Besitz und Einkommen sehr maßgebend dafür, ob die mit der Arbeitszeitverkürzung etwa eingetretene Verminderung der Sachgüterherstellung, der Transport- und sonstiger Leistungen nur die wohlhabenden Schichten belastet, d. h. in ihrer realen Lebensführung verkürzt, oder ob auch das Sachgütereinkommen der Arbeitermassen dadurch unvermeidlich geschmälert wird.

In einem Gesellschaftskörper, in dem die Bevölkerung auf die Wohlhabenden, die Mittleren und die unteren Schichten z. B. etwa wie 1 : 2 : 3 sich verteilt, ist es wohl denkbar, daß sozialpolitische Errungenschaften für die unteren Schichten — gleichviel ob das Erleichterungen ihrer Arbeitslast oder Erweiterungen ihres materiellen Lebensspielraumes sein mögen — diesen auch wirklich fast voll zugute kommen, auch da schon freilich niemals ganz ungeschmälert. Je mehr sich aber dieses Verhältnis zuungunsten der oberen und mittleren Schichten verschiebt, je größer also die Quote ist, die die unteren Schichten von der Gesamtbevölkerung ausmachen, um so kleiner muß der reine Nutzertrag irgendeiner Maßnahme für sie werden, und es muß irgendeine Maßnahme, die zwar wohl als solche zunächst den Bedachten voll zugute kommt, wie eben die Arbeitszeitverkürzung, mit ihren Kosten von dieser Schicht selbst auch unvermeidlich zum größten Teil getragen werden.

Gehen wir also von der Annahme aus, die Minderung der Arbeitsleistung infolge einer Arbeitszeitkürzung auf acht Stunden betrage ein Fünftel der bisherigen, so engt sich damit allein — in Deutschland kommen bekanntlich noch viele andere Einschränkungsquellen hinzu — der Lebensspielraum (Nahrung, Kleidung, Wohnung, Bildung usw.) schlechthin ein. Soll die daraus sich ergebende Verkürzung der Lebensführung von den oberen und mittleren Schichten allein getragen werden, so wäre die Voraussetzung dafür notwendig, daß deren gesamter Bedarf mehr als ein Fünftel des bisherigen „Sozialproduktes" in Anspruch nahm, da ihnen andernfalls nach Verkürzung um das Fünftel überhaupt die Daseinsführung unmöglich gemacht wäre. Es kommt also offenbar darauf an, wie groß der Anteil auch an der Gesamtbevölkerung und wie groß ihr Überflußkonsum vorher gewesen ist. Das ist aber zunächst nur eine rein theoretische Betrachtungsweise, die eine völlige Homogenität des Konsums der verschiedenen Schichten voraussetzt. Sobald man die wirkliche Zusammensetzung des Sozialproduktes und des Konsums der verschiedenen Schichten ins Auge faßt, wird also die ungeheuere Komplizierung des Problems sichtbar. Mit großer Wahrscheinlichkeit dürfte man zu dem Ergebnis kommen, daß die Einschränkung des Luxus- und des eben noch entbehrlichen Verbrauchs dieser Schichten nicht annähernd den Ausfall an Sozialprodukt decken werden. Die Herstellung jener Güter, an deren Verbrauch die breiten Massen vor allem beteiligt sind, ist es ja vor allem, die von dem Leistungsrückgang betroffen wird. Konkret gesprochen: die Verminderung der Kohlenproduktion, der Erzförderung, Baumaterialien-, Kunstdüngererzeugung usw. kann niemals durch Einschränkung des Verbrauchs der oberen und mittleren Schichten wettgemacht werden. Vielleicht wird man für die deutsche Volkswirtschaft unterstellen dürfen, daß zwei Millionen Reiche mehr an Nahrung, Wohnung, Heizung, Licht und Kleidung verfügbar haben, als nach vernünftigen Gesichtspunkten als notwendig beurteilt werden kann. Aber die Gütermenge dieses Mehrkonsums der Reichen an Brot, Fleisch, Kohle, Wasserkraft, ja selbst an Stoffen, Leder usw. würde bei Aufteilung auf die Gesamtbevölkerung nur ganz und gar bedeutungslose und unbefriedigende Quoten für den einzelnen liefern. Ein großer Teil dieses Stoffmaterials aus dem Verbrauch der Reichen ist zudem überhaupt in so kleinen Mengen vorhanden, daß seine Aufteilung unter allen Umständen nur einer kleinen Minderheit zukommen könnte, der großen Masse vorenthalten bleiben müßte.

Verteilungsänderungen durch Verschiebungen in den Nominaleinkommen sind also keine Lösung des Problems, ein Produktionsdefizit für die breite Masse der Bevölkerung auszugleichen. Die sozialpolitische Maßnahme der Lohnerhöhung prallt an den Wirtschaftstatsachen, am Mangel und an der Knappheit völlig wirkungslos ab, sobald der soziale und berufliche Aufbau der Bevölkerung ein solcher ist, daß vielleicht neun Zehntel der Schicht der niederen Einkommensträger, vielleicht ein Fünfzigstel nur derjenigen der Wohlhabenden, der Rest der Mittelschicht zugerechnet werden kann. Man hat die australische Wirtschafts- und Sozialpolitik in ihrem experimentellen Wert doch nicht richtig erfaßt. Es lassen sich schon Schlüsse aus den sozialen Gesetzgebungstaten ziehen, die nicht bloß für dieses so besondere Wirtschaftsgebiet gelten. Zu dem Verwertbaren gehört die Tatsache, daß die Minimallohnpolitik des ganzen Common wealth, durch Lohnämter und Schiedsgerichte verstärkt, durch eine sozialpolitische Hochschutzzollpolitik nicht nur zu keiner Steigerung, sondern zu einer Senkung der Reallohneinkommen geführt hat und deshalb auch nicht die erhoffte Pazifierung zu einer dauernden machen konnte. Bei dem Bevölkerungsaufbau Australiens war das nicht anders zu erwarten[34].

Daß die Sozialpolitik Dinge gewollt hat, die in einer reichen Volkswirtschaft vielleicht zu verwirklichen waren, ist nicht ihren Verfechtern allein zum Vorwurfe zu machen. Fehler im ökonomischen Mechanismus, namentlich das Versagen der Kreditkontrolle, waren es, durch die sich jene Durchkreuzungen des sozusagen natürlichen Wirtschaftsablaufes so lange erhalten konnten, Maßnahmen, die bei gesunder Währung und geordnetem Bankwesen längst zu Betriebseinstellungen mit aller Not der Arbeitslosigkeit und damit zur Umkehr geführt haben würden. Wenn oben davon die Rede war, daß die Sozialpolitik die Wirtschaft, d. h. hier die ökonomische Überlegung, über den Haufen gerannt hat, so hat die Entwicklung gelehrt, daß auch das doch nur vorübergehend möglich ist.

Ich habe wiederholt den unmittelbar ökonomischen Charakter sozialpolitischer Maßnahmen nachdrücklich betont[35]. In jüngster Zeit findet diese Auffassung in der Abwehr der Angriffe auf den Achtstundentag stärkeren Widerhall[36], und das ist in jeder Hinsicht erfreulich: *Rationalisierung des Gebrauches der menschlichen Kraft zwecks günstigster Gestaltung der produktiven gegenüber den zehrenden Lebensperioden ist der wichtigste sozialwirtschaftliche Zug der Sozialpolitik.* Nur ist ein Doppeltes zu bedenken.

---

[34] Vgl. hierüber die vortrefflichen Arbeiten von Knibbs, Prices, Price-Indexes and Cost of Living in Australia, Melbourne 1912. Fast in allen Staaten (jedenfalls im wichtigsten Neu-Süd-Wales hat die Nominallohnerhöhung um 10 % in den Jahren 1910—1912 einen Rückgang des Reallohnes um 5 % (vielfach noch mehr!) nicht aufhalten können.

[35] Otto v. Zwiedineck-Südenhorst, Arbeiterschutz und Arbeiterversicherung, 2. Aufl. 1911, insbesondere S. 13 ff. und ders.: Sozialpolitik, Leipzig 1911, insbesondere 12. und 16. Kapitel.

[36] Besonders klar in Frieda Wunderlichs Aufsatz: Sozialpolitik und Wirtschaftspolitik, in: Soziale Praxis, 32. Jg. (1923), Nr. 31. — Ferner bei Marr, a. a. O., und nun auch in Heimanns Aufsatz in der Kölner Soz. Vierteljahrsschrift, 3. Jg., H. 2.

Einmal: man darf nicht so weit gehen, anzunehmen, daß das physiologisch Rationelle die Gewähr biete für die Erreichung der höchsten Nutzleistungen für die Gesamtheit, weil es Leistungen gibt, die nur mit ungeheurer Konzentration des Kraftkonsums erreicht werden können, vielfach nur auf Kosten der Lebensdauer der Leistenden. Was in Zeiten gesichertster Daseinsführung tausendfach von einzelnen und gerade von den Wertvollsten der Nation bewährt worden ist, das muß in Zeiten der tiefsten Not füglich auch von der großen Masse erwartet werden dürfen.

Und zweitens ist der Wirkungsbereich der Sozialpolitik, indem die Produktivkraft Mensch gefördert, erhöht wird, beschränkt. Durchaus nicht jedes sozialpolitische Mittel wirkt „biotechnisch" oder „eugenisch" förderlich, und bei allen jenen, denen diese kraftökonomisierende Nutzwirkung zuzuerkennen ist, gibt es ein Optimum, bei dessen Überschreitung der Nutzen mit den Kosten nicht mehr genügend mitsteigt. *Auch hier gilt ein Gesetz vom abnehmenden Ertrag.*

Wo das Optimum liegt, welches die gesamtwirtschaftlichen wie die kulturellen Bedingungen sind, unter denen das Optimum früher oder später erreicht wird: dafür gibt es heute noch keine Normen; wir müssen leider die Sozialpolitik sich experimentell vorwärts tasten lassen. Es gehört zu ihrem Schicksal, daß wir die ihr gezogenen Schranken, wirtschaftliche, psychologische, kulturideale, politische, namentlich aber die ersten, nur durch oft recht bittere Erfahrungen erkennen lernen, und daß es deshalb im Ausbau der Sozialpolitik so leicht immer wieder Rückschläge gibt. Uns obliegt aber, *Sorge zu tragen, daß das Verhältnis zwischen Wirtschaft und Sozialpolitik als Grenzproblem erfaßt und daß keiner von beiden ein absolutes Primat zugeschrieben wird.*

5. Caveant consules!

Wir sind ausgegangen von der Frage, ob und in welchem Sinne die Auffassung haltbar ist, daß die Sozialpolitik sich in einem Zustand der Krise befindet. Versteht man das Wort im medizinisch-pathologischen Sinne, so mag vielleicht manches dagegen sprechen, einen solchen Krisenfall in dem derzeitigen Zustand, insbesondere der deutschen Sozialpolitik als gegeben zu erachten. Krise ist eine Krankheitsphase, in der es sich entscheidet, ob der erkrankte Organismus sich entweder dank seiner immanenten Kräfte zur Gesundung durchkämpft oder stirbt. Die Sozialpolitik wird man natürlich nicht einem Organismus vergleichen können, aber es läßt sich gewiß die Auffassung vertreten, daß ein tertium comparationis in der der Unsicherheit des Fortbestandes dessen, was man als Sozialpolitik verstanden wissen will, vorliegt. Um zu dem Problem dieser Unsicherheit richtig Stellung nehmen zu können, war der Begriffsinhalt außer Zweifel zu stellen. Sozialpolitik in jenem umfassenderen und allgemeineren Sinn, wie er im vorstehenden festgelegt wurde, wird sich immer wieder zu neuem Leben, zur Gesundung durchringen, man möchte sagen, läutern.

Sozialpolitik will und muß Macht gegen Macht setzen. Die Macht, gegen die sie sich wendet, ist in erster Linie die der wirtschaftlichen Überlegenheit, und die Partei, mit der sie es zu tun hat, ist in der Regel in der Lage, die Gesetzmäßigkeit des Ablaufes im Wirtschaftsleben für sich geltend zu machen, so daß in der Tat der Erfolg der sozialpolitischerseits eingesetzten Macht von der Frage abhängt, *ob Macht oder ökonomisches Gesetz letzten Endes die Oberhand behält.* Die Alternative ist aber in Wirklichkeit nicht so absolut. Die Gesetzmäßigkeit, die das verstehende Beobachten in das ökonomische Geschehen hineinverlegt, kann immer nur die Grenzen des Geschehens und die allgemeinen Tendenzen zum Gegenstand haben, sie kann nur so behauptet werden, daß im Rahmen des gesetzmäßigen Ablaufes noch Bewegungsfreiheit besteht und innerhalb dieses Spielraumes kann auch die sozialpolitisch orientierte Macht wirksam werden. Der Anpassungsprozeß, der sich im freien Wirtschaftsleben unablässig abspielt, vollzieht sich im Charakter von Schwingungen, deren Amplituden durch die sozialpolitische Arbeit mit bestimmt werdern wollen und können. Die Korrektur, die die Sozialpolitik vornimmt, liegt in dem Hintanhalten physischer, psychischer und ökonomischer Folgen, die aus dem freien Walten der Starken gegenüber den Schwächeren zu entstehen drohen. Was die Stärke ausmacht, ist durchaus nicht bloß der Besitz. Wie wenig er es ist, beweisen die Vermögensvernichtungen, die die Nachkriegszeit in Mitteleuropa massenhaft herbeigeführt hat. Die Überlegenheit, die der Besitz gibt, ist ebenso wie jede andere nur eine verhältnismäßige. Auch die geistige Kapazität schafft nur eine relative Machtstellung. Denn einmal ist im wirtschaftlichen Geschehen so gut wie alles nur wahrscheinlich; je richtiger das Kommende als wahrscheinlich erfaßt wird, um so sicherer und größer ist der Erfolg, und darin gehen Tüchtigkeit und Glück durchaus nicht immer Hand in Hand. Zweifellos sind Überlegenheiten am problematischsten in jenen Phasen der sozialen Wirtschaftsentwicklung, in denen dynamische Faktoren stärker zur Geltung kommen, und die Bestimmbarkeit dynamischer Faktoren macht auch den Grad der Wahrscheinlichkeit zu einem Moment, das die Rationalität auch des fähigsten Kopfes immer nur eine relative sein läßt.

Immerhin, gerade die Rationalität des ökonomischen Handelns ist es ganz vornehmlich, worin die Starken den Schwachen überlegen sind. Insofern ist etwas Wahres an dem Wort des Gildensozialisten *Cole,* daß das Fortbestehen des Wirtschaftssystems eine Sache des Willens ist und insofern haben auch die Verfechter des Machtmoments gegenüber den ökonomischen Gesetzmäßigkeiten ein Argument, das für die Beeinflußbarkeit der Wirtschaftsgestaltung spricht.

Denn die Entwicklung der Rationalität ist in weiten Grenzen eine Sache des Willens. Wo aber der Rationalisierung Schranken in der geringeren Intelligenz gesetzt sind, bleibt noch der Politik, dem planmäßigen Eingreifen des Staates ein Feld der Wirksamkeit, um die Bedingungen für den Kampf ums Dasein auszugleichen. Dahin sind vor allem alle Maßnahmen zu rechnen, die der Aufklärung, der Hebung des geistigen Niveaus, der Urteilskraft der breiten Schichten zu dienen haben, und es ist dringend geboten, daß jene Berufsstände, die am unmittelbarsten mit den breiten Schichten des Volkes regere Fühlung haben oder gewinnen können, Pfarrer, Ärzte, Verwaltungsorgane und vor allem die Lehrer, in den Dienst der Aufklärung über die wahren Ursachen des Zusammenbruchs der vermeintlichen Sozialpolitik gestellt werden.

Freilich gehört dieser Weg der Sozialpolitik zu den kostenden, die eine gewisse wirtschaftliche Kraft des Staates zur Voraussetzung haben, und er erscheint fürs erste daher nur beschränkt gangbar. Sollte aber nicht das Verständnis der Arbeitgeber für die Wichtigkeit dieses Mittels hell genug sein, um sie zu seiner Förderung bereitwillig zu machen?

Aber es ist nicht der einzige Weg. Noch ein anderer durchfurcht das Gebiet der Rationalisierung. Auch wir halten es für den Angelpunkt aller kommenden Sozialpolitik: es gilt die Freude zu Arbeit zu einem Grundpfeiler unseres Gesellschaftskörpers zu machen, es gilt alles daran zu setzen, daß die Arbeit nicht bloß als Mittel der Wirtschaft angesehen wird, sondern wie Marr[37] gesagt hat, als Lebenserfüllerin, als die Seele der Wirtschaft. Vieles ist in dieser Richtung im Werden, vieles muß ins Werk gesetzt werden, um diesem Ziel näher zu kommen. Die Umgestaltung der Serien- zur Gruppenfabrikation[38] ist eines der Mittel. Wir müssen daran glauben und hoffen, daß die Arbeitgeber so viel gelernt haben, um einzusehen, daß sie am allermeisten zur Lösung dieses Problems beizutragen haben und daß sie erkennen, wie sehr ihre eigene Sache gefördert wird, wenn sie sich als Organ des Gesellschaftskörpers ansehen, als Offiziere, die ihrer Truppe mit Selbstverleugnung in den Kampf nicht gegeneinander, sondern gegen all das vorausgehen, was uns bedroht: Kargheit der Natur, politische Feinde, unser gegenseitiges Mißtrauen und unsere Zwietracht. Freilich kommt jetzt schon wieder reichlich andere Kunde auf, daß manche Arbeitgeber nichts oder zu wenig gelernt haben. Auch hier gilt ein Caveant consules!

Nichts wäre verkehrter, nichts weniger Staatskunst, als wenn der Staat diesen für eine innere Umstellung der breiten Schichten günstigen Augenblick versäumte. Das was organisch gewachsen ist, darf, wenn-

---

[37] In seinen trefflichen Erörterungen in: Soziale Praxis, 32. Jg. (1923), a. a. O.

[38] Vgl. Lang-Hellpach, Gruppenfabrikation, Berlin 1922.

gleich es noch so viele Schädigungen ausgelöst haben mag, nicht dieser wegen der Vernichtung anheimgegeben werden, wenn es anders genützt werden kann; vielmehr muß die Organisation der Arbeiterschaft dem Gesellschaftskörper und seinen Interessen assimiliert und eingefügt werden. Darin hat sich die Staatskunst der Briten bewährt, daß sie auch in der Sozialpolitik solche Mächte erhalten und in den Dienst des ganzen zu stellen wußten. Von der Sozialpolitik gilt mutatis mutandis das Wort *Cavours:* „Eine Politik, die die Kräfte in Banden schlägt, statt sie zu entfesseln, wird niemals dem wahren Staatsmann zusagen und insoweit wird jeder große Staatsmann ein Stück Liberalismus in sich tragen." Die Gewerkschaften müssen in den Dienst der Idee gestellt werden, daß die Sozialpolitik, die von dauerndem Erfolg begleitet sein will, es mit dem Kapital nicht anders halten kann wie der Herr mit Mephisto, wenn er sagt:

> Des Menschen Tätigkeit kann allzu leicht erschlaffen,
> Er liebt sich bald die unbedingte Ruh;
> Drum geb' ich gern ihm den Gesellen zu,
> Der reizt und wirkt und muß als Teufel schaffen.

Die Arbeitgeber aber müssen es als ihren höchsten Beruf erfassen lernen, die Arbeit so zu gestalten, daß sie den Arbeitern zur Freude werden kann.

Gänzlich unhaltbar ist die Auffassung, weil der Staat finanziell geschwächt sei, könne die Sozialpolitik nicht fortbestehen. Das Staatswesen höherer Kultur, in dem diese Auffassung herrschend würde, müßte sich selbst aufgeben. Caveant consules!

Und noch eines! Sozialpolitik ist nicht im Gegensatz zur nationalen Bewegung, sondern als ein notwendiges Element derselben zu denken. Die Nation gewinnt und erhält sich Kraft nur, solange sie sich als Einheit fühlt. *Das deutsche Volk,* dessen Eigenart es ist, mehr als andere Völker alles geistige Leben tiefer zu erfassen, *kommt auch um das Schicksal nicht herum, ganz wie seinerzeit den Humanismus, so jetzt wieder die soziale Frage tiefer, eindringlicher erleben zu müssen.*

Von den Grenzen sozialpolitischer Arbeit (1929)*

Der durchaus nicht in allen Sprachen heimische Begriff „Sozialpolitik“ stellt sich inhaltlich als ein Wollen dar und es hat den Anschein, daß sich dieses Wollen einer Grenze nur im „Können“ gegenübergestellt sieht. Was ist dieses Wollens Inhalt? Eine bestimmte Gestaltung der Gesellschaft, nämlich eine solche, bei der die aufkommenden Klassengegensätze die Gesellschaft als Ganzes und ihre Funktion nicht gefährden. *Die Gesellschaft als Ganzes mit ihrem Wert für alle einzelnen gilt es in der Sozialpolitik zu schützen und der Weg, auf dem dies geschieht, ist die Förderung der Interessen verkürzter, unter so ungünstigen Daseinsbedingungen lebender Schichten, daß in diesen Schichten eine Feindseligkeit, ein „Ressentiment“ gegen die bestehende Gesellschaft aufkommt.* Die Feindseligkeit richtet sich freilich zunächst gegen irgendeine andere Schicht, die als die „verkürzende“ erscheint, also insbesondere z. B. gegen die Arbeitgeber. Aber die ganze Gesellschaft wird davon betroffen, wenn die Funktionen darunter leiden, die den Angehörigen der einzelnen Schichten zufallen. Die Gesellschaft ist der ungeheure Beziehungskomplex, in dem die Menschen unter der Wirkung der Arbeitsteilung in wachsender gegenseitiger Abhängigkeit untereinander verbunden sind. Wegen dieser Verbundenheit sollte jedes einzelne Individuum seine Existenz von den Leistungen von Hunderten und Tausenden Schaffender abhängig wissen, und es wäre ein Gebot der Ratio, menschlicher Vernunft, daß keiner gegen das Interesse dieser Verbundenheit handelt. Die Gesellschaft mit der heute für sie charakteristischen Abhängigkeit der Teile voneinander ist entstanden durch immer weitergehende Arbeitsteilung, um auf diesem Wege die Leistungsfähigkeit der Gesamtheit im Interesse aller einzelnen zu steigern. *Die Politik, die sich den Schutz der Gesellschaft zum Ziel setzt, ist demnach auf die Sicherung fortdauernder Erreichung der Gesellschaftszwecke gerichtet.* Eine Entwicklung der Gesellschaft, die nicht allen einzelnen förderlich ist, muß danach allerdings als widersinnig erkannt werden, und *so ist die Sozialpolitik notwendig letzten Endes auch auf eine Beeinflussung, auf eine Korrektur der Gesellschafts-Struktur und der Gesellschafts-Entwicklung eingestellt.*

Umgekehrt ist jedes bewußte Bemühen, die Gesellschaftsentwicklung in gesunden, ihren Zwecken dienenden Bahnen zu halten als sozial-

---

* Stockholm, Internationale sozialkirchliche Zeitschrift, 1929, Nr. 2.

politisch relevant anzuerkennen, gleichviel wer der Träger dieses Bemühens ist. Vornehmlich ist es ja der Staat, der mit seiner Gesetzgebung aus dem staatlichen Interesse heraus diesen Kampf zugunsten der Einheitlichkeit der Gesellschaft trägt, weil eben der Staat selbst auf die durch die Vergesellschaftung erreichte Leistungsfähigkeit der Wirtschaft nicht verzichten kann, die Leistungsfähigkeit, die wieder von dem Gesellschaftsaufbau abhängig ist.

Dadurch aber, daß der Staat — freilich auch dank seiner größten Macht, nicht nur um seines Interesses willen — der maßgebendste Träger des sozialpolitischen Geschehens ist — wir brauchen nur an die vielen Gebiete staatlicher Sozialgesetze zu denken, ohne die ein Kulturstaat heute gar nicht mehr gedacht werden kann — dadurch sind eben doch der sozialpolitischen Wirksamkeit scheinbar wenigstens Grenzen gezogen mit der Reichweite der Geltung solcher Gesetze einerseits und anderseits damit, daß eine sehr fortschrittliche Sozialpolitik eines Staates über seine territorialen Grenzen hinaus doch nicht wirksam wird, ja im Gegenteil, daß der einseitige Fortschrittswille zur Sozialpolitik in einem Staate an dem Versagen anderer Staaten sogar scheitert, weil man in der Rückständigkeit des sozialpolitischen Geschehens geradezu einen Vorsprung im weltwirtschaftlichen Wettlauf um den Erfolg glaubt sehen zu müssen.

Diese Auffassung ist aber bekanntlich durchaus nicht so ganz Allgemeingut, vielmehr ist es eine große Gruppe von „Volkswirten“ (d. h. zunächst Politikern, die berufen sind, das volkswirtschaftspolitische Geschehen mitzubestimmen), die von der Überzeugung erfüllt sind, daß jeder Schritt vorwärts in der sozialpolitischen Arbeit auch der nationalen Leistungsfähigkeit zugute komme, so daß also geradezu das Zurückbleiben anderer Staaten auf dem Gebiete des sozialen Fortschrittes nur gewünscht werden könne, da dann ihre Leistungsfähigkeit eben auch zurückbleiben würde hinter der des sozialpolitisch voranschreitenden Landes.

Unter diesem Gesichtswinkel erscheint die nationale und territoriale Abgegrenztheit der sozialpolitischen Bestrebungen in ihrer Tragweite durchaus nicht so durchsichtig, wie das in der Regel angenommen wird. Wohl sind die Bemühungen um Internationalisierung des sozialpolitischen Fortschrittes so rege, daß diese territorialen Grenzen allmählich an Bedeutung verlieren dürften. Nur darf man den Weg dahin ja nicht für glatt halten. Die sozialpolitischen Leistungen sind in den einzelnen Ländern immer noch außerordentlich verschieden und für die Länder, die, wie Deutschland und Österreich, besonders hohe sozialpolitische Aufwendungen machen, gilt ganz besonders auch die Frage, *ob es richtig ist, daß jeder Fortschritt in der Richtung sozialpolitischer Ausgleichungstendenz der Gesellschaft als Ganzen zum Heil gereicht.*

Unsere Betrachtung muß sich also anderen Fragen der Begrenztheit solchen Wollens zuwenden. Vor allem handelt es sich um folgendes: Das sozialpolitische Wollen muß bestimmte Wege gehen, muß bestimmte Mittel einsetzen, und diese Mittel verursachen Kosten. Was sie kosten, läßt sich freilich nicht immer in Ziffern fassen. Wenn wir etwas weiter zurückgreifen und uns an die ältere Sozialpolitik erinnern, etwa die Sozialpolitik zu Beginn des 19. Jahrhunderts, so tritt uns das Wirken Robert Owen's vor Augen, das mit dem Aufkommen des Vollkapitalismus, und zwar einer ungehemmten Auswirkung des kapitalistischen Prinzips, zeitlich zusammenfiel. In jener Zeit des ungezähmten Verfolgens kapitalistischer Interessen begann der Kampf gegen die 14—16stündige Arbeitszeit, gegen die Verwendung von Kindern und Frauen zur Untertagearbeit in den Bergwerken u. dgl. Dieser Kampf begann vor allem in England, nachdem allerdings schon vorher das Interesse an einem Kinderschutzgesetz unter Maria Theresia in Österreich zu gewissen Maßnahmen geführt hatte.

Man begann, wenn auch nicht allzu rasch, endlich immer allgemeiner zu erkennen, daß die Gesellschaft namentlich durch solche Kinderarbeit gefährdet sei, und deshalb setzte dann auch hier die Arbeit ein. Aber der Begriff „Gefährdung der Gesellschaft" weitete sich immer mehr aus. Er änderte sich mit dem ethischen Urteil, änderte sich mit humanitären Idealen, änderte sich namentlich in dem Maße, als die Stumpfheit breiter Volksschichten gegenüber dem Elend, wie es ja im Mittelalter weit verbreitet war, dem regen Mitschwingen des Gefühls gewichen ist. Heute erachtet man die Gesellschaft als gefährdet nicht nur, wenn die Kinderarbeit die physische Kraft der Kinder zu dezimieren droht und ihre Ausbildung gefährdet und unterbindet, sondern man erachtet es als eine nachteilige Entwicklung, daß die einzelnen Arbeiter zu früh invalid werden, zu früh der allgemeinen Versorgung zur Last fallen und zu rasch aus der erwerbenden in die zehrende Bevölkerungsgesellschaft zurückfallen. Heute erachtet man es als ein Interesse der Gesamtgesellschaft, als eine Notwendigkeit der Entwicklung, daß genügend intelligente, genügend geistesgegenwärtige und genügend frische Menschen in der Fabrik an der Arbeit sind, heute sieht man das Gesellschaftsinteresse gefährdet, wenn die Massen nicht genügend geistige Qualitäten haben, heute fordert man lebensfrohe, arbeitsfrohe Menschen. *So ist es wohl nur begreiflich, daß die Ziele der Sozialpolitik unausgesetzt wachsen und daß die neuere Sozialpolitik andere Ziele verfolgen muß, um die Einheitlichkeit der Gesellschaft zu sichern, wie die ältere.*

Ein gewaltiger Sprung vorwärts, vor allem in der sozialen Versicherung, ist bekanntlich geschehen durch die kaiserliche Botschaft Wilhelms I., mit der Bismarck die große Tat der Sozialversicherung eingeleitet hat.

Existenzsicherung gilt heute als eine Aufgabe der Sozialpolitik, in deren Bereich allerdings auch eine Unsumme vorbeugender Maßnahmen fallen, die darauf gerichtet sind, durch Ausgestaltung des Betriebsschutzes die Lebenskraft der Arbeitenden solange wie möglich zu erhalten, ein Weg, mit dessen Begehung die Sozialpolitik übrigens im höchsten Maße Wirtschaftspolitik treibt, insoferne eben die Pflege des Produktionsfaktors „Arbeit" ein ausgesprochen wirtschaftliches Problem ist. Wollen wir aber die Ziele der sozialpolitischen Bestrebungen voll erfassen, so dürfen wir nicht übersehen, daß die gesellschaftliche Einheit am meisten leiden kann durch das Gefühl des Entrechtetseins und daß demzufolge das Recht zur Wahrung des eigenen Interesses jeder Schicht der Bevölkerung gesichert sein muß. Gerade in dieser letzteren Beziehung nun scheinen sich mit der Entwicklung unserer Wirtschaft in technischer Beziehung, mit dem Aufkommen großer Riesenbetriebe den sozialpolitischen Bestrebungen unüberwindliche Schranken entgegenzustemmen. Sozialpolitik konnte, wenigstens weitgehend, entbehrt werden, solange das Verhältnis zwischen Arbeitgebern und Arbeitnehmern ein unmittelbar menschliches Zusammenwirken gewesen ist, wie das etwa noch vor 50 Jahren in den Eisenbetrieben mittlerer Größe stattfinden konnte. Dank der Kleinheit der Betriebe war die persönliche Note in den Beziehungen zwischen Arbeitgeber und Arbeiter noch lebendig und versöhnlich wirksam.

Die ungeheuren Menschenmassen, die heute in einem Betriebe tätig sind, scheinen es unmöglich zu machen, daß diese rein menschliche Beziehung zwischen Betriebsleitung und Arbeiter lebendig bleibt. Wir müssen es verstehen lernen, daß wenigstens vorübergehend der Hausherrenstandpunkt des Unternehmers zeitweilig an die Stelle solcher menschlichen Fühlung getreten war. Aber die Entwicklung steht nicht still, und es ist bezeichnend genug, daß heute gerade hervorragende Unternehmer es sind, die es als eine ganz besonders wichtige Aufgabe erkennen, jeden Weg zu gehen, durch den jeder einzelne Arbeiter des Betriebs das Gefühl bekommen kann, daß noch eine menschliche Beziehung zwischen ihm und der Betriebsleitung besteht. *Eine neue Strömung ist unverkennbar in der Unternehmerschaft in der Richtung wirksam geworden, daß sie sich zum Ziele setzte, ihre Betriebsleitungen auf die Notwendigkeit solcher Pflege der Arbeiter als Menschen so eingehend wie möglich hinzuweisen.*

Die Hauptgefahr der Klassenscheidung liegt darin, daß die Schaffenden, die physisch Arbeitenden sich verkürzt erachten und einen größeren Anteil am Sozialprodukt immer wieder erreichen wollen und erreichen zu können glauben. Sie erachten ihre Leistungen als zu groß, ihren Anteil als zu klein. So entstehen die Maximen weniger zu leisten, also die Forderung der Arbeitsverkürzung, und mehr zu erhalten, also die

Forderung der Lohnerhöhung, selbstverständlich Hand in Hand mit letzterer die Forderung höherer sozialer Versicherungsleistung, höherer Krankheitsfürsorge, Ausdehnung der Versicherung auf die Arbeitslosigkeit, höhere Altersrente u. dgl. mehr.

Wie stellt sich nun die Sozialpolitik zu diesen Forderungen? Kann es ihre Aufgabe sein, restlos diese Forderungen zu ihren eigenen zu machen? Die Frage ist jedenfalls nicht mit einem einfachen „Ja“, aber selbstverständlich auch nicht mit einem einfachen „Nein“ zu beantworten. Die Forderungen nimmt sie wohl auf, aber sie kann sie, wenn sie nicht Klassenpolitik, sondern eben Sozialpolitik sein will, wenn sie nicht bloß die Interessen einer Klasse, sondern immer auch die Interessen der Gesamtheit, der Gesamtgesellschaft im Auge behalten will, nur soweit selbst vertreten, als sie die Gesellschaft nicht schädigen und nicht gefährden. Es kann für die Sozialpolitik nicht gleichgültig sein, wenn sie feststellen muß, daß die Existenz von Bergwerken, die Fortführung von Bergwerksbetrieben bedroht ist durch die Konkurrenz ausländischer Bergwerke, wenn die Kohlenzechen von Südwales ihre Beziehungen zu Frankreich oder zu den großen transatlantischen Schiffahrtsgesellschaften verlieren, weil die Streikunsicherheit wegen des Achtstundentages die Abnehmer zur Versorgung bei sicheren Quellen zu zwingen droht, wenn die Belastung mit höheren Löhnen und Versicherungsbeiträgen die deutschen Goldschmiede zwingt, gewisse Arbeiten in Italien machen zu lassen. So scheinen solche und ähnliche Fälle ein nicht zu übersehendes Argument zu sein gegen die Fortführung der Sozialpolitik wie aller Maßnahmen, die den Verlust der auswärtigen Märkte herbeizuführen drohen, weil die Stellung auf diesen Märkten wegen der Verteuerung der Arbeit durch diese sozialpolitischen Maßnahmen nicht behauptet werden kann.

Freilich ließe sich gegenüber solchen Eindrücken geltend machen, daß gerade die sozialpolitisch am weitesten geschützte Industrie Englands die längste Zeit die gesichertste Weltstellung gehabt hat, nämlich die Baumwollindustrie. Es ließe sich ferner geltend machen, daß die deutsche Sozialversicherung, die in den 80er Jahren begründet wurde, ohne jede Beeinträchtigung der deutschen Wirtschaft Wirklichkeit werden konnte, obwohl sie keine geringen Lasten den deutschen Unternehmungen auferlegte. Es war wohl berechtigt, wenn Macaulay gesagt hat: wenn England jemals seine Vormachtstellung auf dem Gebiet der Industrie und des Handels an irgendeine andere Nation einmal abtreten müsse, so werde das nur eine Nation kraftvoller, gesunder Menschen sein können, nicht, wie er mit einem deutlichen Seitenblick auf die damaligen deutschen Arbeitsverhältnisse hinzufügte, ein Volk von degenerierten Zwergen. Er war berechtigt ein solches Wort zu sprechen, das wenigstens für die damalige Zeit das Problem der nationalen, der staatlichen Begrenzheit des sozialpolitischen Wollens erledigte.

Und dennoch, wirtschaftliche Gefahren bleiben bestehen. Es gibt ein Gesetz der Massenproduktion, das besagt, daß nur bei einer gewissen Mindestgröße des Absatzes vollkommene Produktionsmethoden möglich sind und daß entsprechend diesem Gesetze auch sehr häufig der Absatz nur durch einen Export in jenem Umfange erreicht werden kann, der notwendig ist, um auf der Höhe der technischen Leistungsmöglichkeit zu bleiben, mit anderen Worten, die deutsche Industrie kann, um die Fortschritte in der Technik mitmachen zu können, in einer ganzen Reihe von Fällen nicht auf den Auslandsmarkt verzichten, und sie kann auf dem Auslandsmarkte nur dann mit Erfolg auftreten, wenn ihre Produktionsbedingungen nicht durch sozialpolitische Maßnahmen so verteuert werden, daß ihre Erzeugnisse auf dem Weltmarkt nicht mehr wettbewerbsfähig sind.

Es ist ferner zu berücksichtigen, daß, wenn durch eine sozialpolitische Belastung die Kapitalgewinne soweit beeinträchtigt werden, daß das Erträgnis des Kapitals im Inlande wesentlich geringer bleibt als im Auslande, daß dann eine Kapitalabwanderung einsetzt, was in Deutschland natürlich um so gefährlicher ist, als die deutsche Arbeiterschaft ja gerade am allermeisten darunter zu leiden hat, daß Deutschland durch den Krieg und durch die Nachkriegsverhältnisse so kapitalarm geworden ist. Eine Wirtschaftsgesellschaft kann aber nicht nur auf Kapital, sondern sie kann auch auf Unternehmerköpfe nicht verzichten. Und daß Gefahren eines Verlustes von Unternehmerköpfen bestehen, wenn die Bewegungsfreiheit derselben zu klein wird, unterliegt keinem Zweifel. Mag sein, daß sie in der Massenproduktion heute da und dort durch tüchtige Beamte ersetzt werden können, gerade für die große Zahl der arbeitsintensiven Industrien, in denen die Massen der Arbeiter beschäftigt sind, kommt das nicht in Frage.

Nicht der Wunsch entscheidet im wirtschaftlichen Kampfe, sondern es gibt eine gewisse Bedingheit der sozialwirtschaftlichen Lebensfunktion, über die auch die energischste Maßnahme nicht hinwegkommt. Wenn die Arbeiter in Lodz im Jahre 1905 die Fabriken und wir dürfen auch sagen, wenn die Arbeiter in Oberitalien 1920 die Betriebe, nachdem sie sie mit Gewalt in Besitz genommen hatten, den Fabrikanten zurückgeben mußten, weil sie selbst die Leitung nicht fruchtbar in Szene zu setzen vermochten, so ist das eben auch ein Symptom solcher Gesetzmäßigkeit, über die die Theorie und der Wunsch nicht hinausfinden. Übertreibungen der Sozialpolitik haben zweifellos mitgewirkt in der Richtung, in der sich die deutsche Wirtschaft in der Nachkriegszeit bewegt hat, den Ruin der deutschen Währung herbeizuführen.

Diese so wichtige Begrenztheit der Sozialpolitik durch die Kraft wirtschaftlicher Zusammenhänge ist am allerdeutlichsten in dem aktuellen Problem unserer Zeit zu erkennen, in dem Kampfe gegen die Arbeitslosigkeit. Nur allzu nahe freilich liegt 1. die Behauptung, daß die Kräftigung des inneren Marktes helfen müsse, die Arbeitslosigkeit zu beseitigen, und daß diese Kräftigung des inneren Marktes durch nichts so leicht erreicht werden könne, als durch die Erhöhung der Löhne, und 2., daß die Arbeitslosigkeit mit Arbeitsangebot am erfolgreichsten bekämpft werden könnte durch Abkürzung der Arbeitszeit, derart, daß z. B. dort, wo 10stündig gearbeitet wird, die Verkürzung der Arbeitszeit auf 8 Stunden die Einstellung von 20 Proz. Arbeitslosen ermöglichen müsse. Beide Gedankengänge sind leider nicht richtig. Beide Maßnahmen, sowohl Lohnerhöhung bei gleichbleibender Leistung als auch die Arbeitszeitverkürzung und die Einstellung von entsprechend mehr Arbeitern, also für das gleiche Produkt ein Mehraufwand an Löhnen, bedeuten eine Verteuerung der Produktion und infolgedessen letzten Endes unvermeidlich die Einschränkung der Nachfrage auf den Märkten und namentlich der Nachfrage nach Gütern, die mit beträchtlichem Bedarf an menschlicher Arbeitskraft hergestellt werden. Die Geldlohnerhöhung bewirkt dann das Gegenteil von dem, was erreicht werden soll, statt Verminderung nur Steigerung der Arbeitslosigkeit.

Das Wichtigste an der Wirkung dieser Maßnahmen ist die Unvermeidlichkeit einer Minderung der Leistung des einzelnen Arbeitstätigen, also eine Herabdrückung der individuellen Produktivität und gerade das ist der Anfang der Verarmung. Mehr Kaufkraft kann uns wohl helfen. Aber eine geldmäßig (nominelle) Lohnerhöhung bedeutet zunächst, wenn sie nicht Hand in Hand geht mit einer Steigerung der Produktion, nichts anderes als eine Kaufkraftverschiebung auf Kosten anderer Schichten, deren Kaufkraft dann eben doch infolge der Verteuerung der notwendigen Lebensbedürfnisse soviel kleiner wird, daß entbehrliche Güter von ihnen nicht mehr oder nur in viel geringeren Mengen gekauft werden können und daß infolgedessen die Herstellung dieser entbehrlichen Güter oder der Luxusgüter immer mehr eingeschränkt werden muß.

Und nun kommt das Entscheidende! Gerade in der Produktion solcher entbehrlicher und Luxusgüter steckt zum größten Teile mehr Arbeitskraft als in denjenigen Gütern, die Objekt des Massenkonsums sind. Zum größeren Teil ist die Produktion entbehrlicher Güter arbeitsintensiv. Tritt also Erzeugung von Massengütern an die Stelle der entbehrlichen Güter, so wird damit zu einem großen Teil Arbeitskraft freigesetzt.

Mehr Kaufkraft für den einzelnen entsteht also, wenn das Sozialprodukt nicht größer wird, nicht durch Lohnerhöhung, sondern nur durch Vermehrung der Beiträge zum Sozialprodukt, ferner eben auch nur dann, wenn mit Beschäftigung der Arbeitslosen das Gesamtprodukt der Gesellschaft vermehrt wird, nicht aber wenn die Leistung des einzelnen abnimmt und die Einstellung der Arbeitslosen etwa durch Verkürzung der Arbeitszeit ermöglicht werden sollte. Wenn man nun also feststellen muß, daß bei einer bestimmten Sachlage in einem gegebenen Augenblick keine Lohnerhöhung, keine Arbeitszeitverkürzung vertreten werden könnte, so heißt das nicht, die Sozialpolitik in Frage ziehen. Die Antwort darauf, ob diese gerechtfertigt bleibe, kann nur ein unbedingtes „Ja" sein, wenn wir die Sozialpolitik in dem Sinne verstehen wollen, wie ich das in meinen einleitenden Ausführungen gekennzeichnet habe.

Keine Sozialpolitik und insbesondere nicht die deutsche Sozialpolitik darf an der gesamten Wirtschaftslage achtlos vorübergehen, ohne die Gesellschaft zu gefährden. Deutschlands weltwirtschaftliche Lage läßt die Grenzen der Sozialpolitik sehr deutlich erkennen. Das Reich braucht zur Erfüllung seiner Verpflichtungen jetzt jährlich 2,5 Milliarden Mark. Es muß außerdem, um leben zu können, Rohstoffe und Halbfabrikate, und zwar nicht bloß Lebensmittel, sondern auch Rohstoffe für die Industrie im Werte von ungefähr 4,5 Milliarden Mark einführen. Das sind zusammen etwa 7 Milliarden Mark. Und wenn wir diesen 7 Milliarden Mark die Tatsache gegenüberstellen, daß das gesamte deutsche Volkseinkommen zur Zeit auf etwa 45—48 Milliarden Mark veranschlagt wird, so ergibt sich daraus, daß die deutsche Wirtschaft diese 7 Milliarden Mark, also ungefähr $^1/_7$ ihres gesamten nationalen Einkommens an das Ausland hingeben muß; d. h. nichts anderes als daß die Deutschen um $^1/_7$ mehr arbeiten müssen als die Völker, mit denen sie auf dem Weltmarkt in Konkurrenz treten wollen, daß sie also ein- bis eineinhalb Stunden täglich mehr Arbeit geleistet haben müssen, um nur auf der gleichen Basis mit ihren Weltmarktkonkurrenten erst in die Produktion eintreten zu können. Kein geringerer als John Rae hat, als er sich für den Achtstundentag einsetzte, seine Landsleute davor gewarnt, daß sie in der Forderung der Arbeitszeitverkürzung zu weit gehen; wenn er in unseren Tagen leben würde, würde er ganz gewiß auch im Hinblick auf die Dichte der deutschen Bevölkerung und auf die verhältnismäßige Armut an Naturschätzen, die der deutsche Boden enthält, eine Verminderung der Arbeitszeit in der Gegenwart für untunlich erklärt haben.

Aber — die sozialpolitischen Aufgaben liegen nicht bloß im Materiellen, sondern die näheren Aufgaben der Sozialpolitik sind gegeben durch das letzte Ziel einer Abschwächung der Klassengegensätze, natürlich gewiß auch Verminderung der Spannungen zwischen den klassentypischen Lebensstandards, aber nicht minder Herbeiführung eines Sichverstehens der den verschiedenen Klassen Angehörenden und all das um des Interesses der Gesamtgesellschaft willen. Liegt denn aber nicht gerade die Aufklärung der Arbeiter ganz besonders in der Richtung, in der dieses Ziel erreicht werden kann? Gilt es nicht die Arbeitsfreude und die Arbeitswilligkeit auch dadurch zu haben, daß falsche Phantome bekämpft werden, daß die Massen darüber aufgeklärt werden, daß sie nur dann besser leben können, wenn die gesamte nationale Arbeitskraft und das heißt natürlich einschließlich aller geistigen Arbeiter produktiver wird? Sollte es nicht wichtig sein, daß die Massen darüber aufgeklärt werden, wieviel anders die Situation geworden ist, gerade dadurch, daß wir sozialpolitisch schon vorwärts gekommen sind, weil es ein großer Unterschied ist, ob man von dem 12- zum 10-Stundentag oder vom 9- zum 8-Stundentag, oder von der 48-Stundenwoche zur 44-Stundenwoche übergeht? Weil es ferner ein großer Unterschied ist, ob eine Lohnerhöhung auf Kosten der anderen Schichten erreicht werden kann, wenn das Verhältnis zwischen den oberen, den mittleren und unteren Schichten etwa 1 : 2 : 3 ist oder wenn es, wie es heute ungefähr der Fall sein dürfte, 1 : 9 : 90 ist? Wenn die „arbeitende" Schicht einmal ein so großer Bruchteil der Gesellschaft geworden ist, dann kann eine maßgebliche Verbesserung ihres Loses immer nur durch eine Steigerung ihrer eigenen Leistungen erreicht werden; eine Verminderung ihres Leistungsaufwandes wird immer in erster Linie ihre eigene wirtschaftliche Lage zu verschlechtern geneigt sein. Die Verbesserung der Lage der unteren Schichten wird, auch soweit sie auf Kosten der oberen, d. h. materiell besser gestellten Schichten erfolgt und in einer Einkommen-Herabdrückung in den Unternehmer- und Kapitalisten- und selbst in den Mittelstandskreisen sich auswirkt, letzten Endes zum Nachteil der Arbeitnehmer-Masse in der Wirtschaft ausschlagen, weil nicht die Lebensführung der Vermögenden dadurch zu einer Einschränkung gezwungen wird, sondern weil diese Einkommenminderung sich vor allem in einer Verminderung der Spartätigkeit auswirkt, also in einer wesentlichen Abschwächung der Kapitalbildung, also in einer Veränderung jenes Wirtschaftsfaktors, der unter Umständen — nämlich dann um so mehr je kapitalärmer eine Gesellschaft ist — die wichtigste Grundlage für eine Belebung der Wirtschaft und damit für eine günstige Gestaltung des Arbeitsmarktes bildet: Kapitalkraft ist eine der wichtigsten Voraussetzungen der Möglichkeit sozialen Fortschrittes, in der Kapitalausstattung ist vielleicht die wesentlichste sachliche Grenze des sozialpolitischen Wollens zu sehen, die wirksam wird trotz jener großen Elastizität der Wirtschaft, die langsames, maßvolles Beeinflussen der Wirtschaftsstruktur so oft schon ermöglicht hat ohne zu schädigen.

Solange die kapitalistische Wirtschaftsordnung besteht, hat die Sozialpolitik wohl die Auswüchse dieses Systems zu bekämpfen, sie darf aber nicht die Wurzeln der wirtschaftlichen Energien untergraben, sie darf nicht den Säftestrom in dem Baum der Wirtschaft abbinden. In dem Kampf gegen die einseitige kapitalistische Interessenverfolgung kann die Sozialpolitik zu weit gehen, wenn sie die Einschränkung des Kapitalertrages ohne Bedacht auf die Rolle des Kapitals verfolgt. Die Gefährdung der gesellschaftlichen Wirtschaft tritt infolge Übersteigerung des sozialpolitischen Aufwandes ein nicht allein durch Beeinträchtigung der weltwirtschaftlichen Wettbewerbsfähigkeit, Kapitalabwanderung, Auswanderung der Unternehmer und höchstqualifizierten Arbeiter u. dgl., sondern auch wenn durch sozialpolitische Maßnahmen das Selbstverantwortungsgefühl völlig entbehrlich gemacht wird.

Wo die Grenzen für die Sozialpolitik gegenüber den wirtschaftlichen Notwendigkeiten liegen, läßt sich namentlich angesichts der Elastizität der Wirtschaft nie exakt sagen. Es ist das Schicksal der Gesellschaft, daß diese Schranken des sozialpolitischen „Dürfens" so oft nur die bittere Erfahrung zeigt. Ein Warnungszeichen ist es aber immer, wenn eine Preissteigerung auf sozialpolitische Maßnahmen zurückgeführt werden muß.

Eine Sozialpolitik darf daher nicht bloß voluntaristisch orientiert sein. Eine nichts als voluntaristische Sozialpolitik ist zum Scheitern verurteilt, weil und soweit sie die Wirtschaftsergiebigkeit bedroht, d. h. soweit sie die Beschaffung von Mitteln weniger erfolgreich werden läßt, als sie sein könnte. Gerade im Hinblick auf diese sachlichen Grenzen wird die Einflußnahme auf die Menschen als Aufgabe der Sozialpolitik immer wichtiger. Es gilt — wenn Lohnerhöhungen und Arbeitszeitkürzungen nicht mehr der Ausgleichung der Gegensätze dienen — neue Wege zu gehen, insbesondere die Jagd nach dem höchsten Ertrage zu bekämpfen ebenso wie die Maßlosigkeit im Genießen. *Der Mensch muß Objekt sozialpolitischen Bemühens werden, mehr als bisher gilt es ihn zu erfüllen mit der Idee, daß jeder der Ganzheit der Gesellschaft zu dienen hat* und sich nur als ihr Funktionär zu fühlen hat, mag er einfacher Arbeiter oder Leiter eines Riesenbetriebes mit ungeheurer Verantwortung oder mag er auch nur ein armseliger Kapitalist sein. *Sozialpolitik in diesem Sinne wird nie Grenzen finden.*

Sozialpolitik, Wissenschaft und Symbolik (1930)*

I.

Die Bedeutung der Wissenschaft — im folgenden ist damit die Nationalökonomie gemeint — für die Sozialpolitik ist noch recht umstritten und ungeklärt, zum Teil aus Gründen terminologischer Unbestimmtheiten. Wenn man nämlich z. B. geltend macht, gerade die Anfänge der sozialpolitischen Aktion seien ebenso wie die soziale Bewegung ohne Mitwirkung der Wissenschaft aufgekommen, so ist diese Schlußfolgerung unrichtig, denn gerade am Anfang der hierher fallenden Entwicklung treten sozialpolitisch scheinende Tatsachen auf, denen dieser Charakter insofern gar nicht zuzuschreiben ist, als sie nicht mit sozialpolitischen Zielen bewirkt waren. *Die ersten Arbeiterschutzgesetze der industriekapitalistischen Aera sind nicht Akte der Sozialpolitik, wenn man unter dieser die bewußte Politik zur Sicherung fortdauernder Erreichung der Gesellschaftszwecke versteht.* Das Telos jenes Geschehens ist nicht sozialpolitisch zu deuten.

Es sind jetzt rund hundert Jahre her, seitdem man zum ersten Male eigentlich daran gegangen ist, das zu schaffen, was man als wissenschaftliche Grundlagen der Sozialpolitik in Anspruch nehmen könnte. Man hat in den großen englischen Parlamentsenquêten, namentlich der durch den älteren Peel 1815 eingeleiteten, dann der der zwanziger und dreißiger Jahre die Feststellung von Tatsachen unternommen, die das Fundament für die Beurteilung von Behauptungen und daran sich knüpfende Forderungen der arbeitenden Massen bilden sollten. Aber man dachte dabei weder daran, daß das, was da in Angriff genommen wurde, wissenschaftlichen Charakter haben könnte, noch daß es um die Sicherung der Gesellschaft geht. Durch jene berühmten Reports geht vielmehr vor allem der Zug der Humanität: ob man irgendeinen derselben, sei's über die woolen manufacture, die children employed in manufacturies, sei's über die ribbon weavers oder eine der Reden des älteren Peel aus jenen Jahren liest: immer ist es im wesentlichen das Einbekennen der „Unwürdigkeit" des Standes der Frauen- und Kinderbeschäftigung und deren Ausbeutung durch zu lange Arbeitszeiten, worauf die Zusammenfassungen der Berichte ausklingen.

Das Objekt des Interesses war der Mensch, und was Peel auf dem Wege der Staatsintervention mit dem Kinderschutzgesetz zu erreichen

* Soziale Praxis, Jg. 39, Heft 12.

hoffte, sollte um des Menschen und der Menschheit Würde willen geschehen. Und forscht man nach den ideologischen Wurzeln dieser „Tugend“, wie Godwin den Wunsch, das Wohl der Menschen zu fördern genannt hat, so ist natürlich in erster Linie daran zu erinnern, daß man sich damals kaum ein Jahrzehnt nach dem Fallen des Beiles auf die Häupter der französischen Königsfamilie befand und daß alle Kriegs- und sonstige Not nur dazu beigetragen hat, jene geistige Atmosphäre zu schaffen, in der mindestens das Mitleid mit den Kindern in ihrer Verkümmertheit revoltierend wirken mußte. Vom Doktrinarismus Godwins bis zum Eudämonismus des unverkennbar nach praktischer Wirksamkeit verlangenden Bentham zieht durch die ganze zeitgenössische Literatur, wenngleich wohl nirgends so klar gefaßt, wie bei dem philosophischen Bentham, das Postulat des individuellen Glückes der möglichst großen Zahl. Man glaubt damals auch, daß die Wissenschaft dazu berufen sei, daß es ihr Zweck sei, dieses Glück zu fördern. Das blieb auch das maßgebende Motiv, als der Verlauf der Enquêtearbeiten andere Übelstände, insbesondere die Gefährdung großer Massen durch Wohnverhältnisse (Epidemien!), Verwilderung der Lebensweise, Sinken der Moralität usw. in den Vordergrund drängte.

In der „sozial-religiösen“ Pflichtenlehre Robert Owens trat allerdings neben die philanthropische Motivation und die Überzeugung von der Unverantwortlichkeit des einzelnen für jede Art seines Seins und Werdens sowie die daraus folgende Ableitung sozialer Pflichten der Besitzenden die Idee, daß die kollektive Produktion der individualistischen überlegen sei. Owen ist es also, der den Gedanken an die Forderung des Glücks der einzelnen mit der Idee der überlegenen Leistungsfähigkeit der daraus wachsenden Gesellschaft verbindet. Aber wenn auch gelegentlich der jeden Klassenhaß verpönende Philanthrop die Erfüllung der sozialen Pflichten damit stützt, daß sie im wahren Interesse der Unternehmer liegen, so ist er doch weit entfernt, die soziale Pflicht des Arbeitschutzes als eine innerkapitalistische Notwendigkeit hinzustellen. Eine ausgesprochen versöhnliche, friedliche Natur, hat er den tatsächlichen Gegensatz zwischen Kapital und Arbeit wohl gesehen, aber seine Gefahr für die Wirtschaft nicht entsprechend gefürchtet. Sein Ziel war Glücksvermehrung und ganz und gar nicht etwa Rettung der Gesellschaft vor dem Untergang, denn diese Gefahr hat eben doch erst der Blick auf die große Linie der Entwicklung erfaßt, der rückschauende Blick, der auch die Voraussetzung für die Entfaltung der technischen Seite des Kapitalismus umspannte.

Den mittelbaren Zusammenhang zwischen Fernhaltung der Kinder von der Erwerbsarbeit und dem Gesellschaftsinteresse haben schon die Pädagogen zu Maria Theresias Zeiten, also von jedem Verdacht einer kapitalismusfreundlichen Tünche freie Menschen, gesehen und geltend gemacht, und die bekannte Initiative des Generals Horn zum Schutz der Rekrutierungsbedürfnisse des Staates ist ja zwar offenbar auch auf das Interesse der Gesellschaft an einem wehrhaften Staat, aber nicht etwa auf ein kapitalistisches Interesse, eingestellt gewesen. Jedenfalls kann für die längste Zeit der Geschichte des Arbeiterschutzes innerhalb der kapitalistischen Aera dieses Gebiet der Sozialpolitik nicht als eine innerkapitalistische Interessenangelegenheit aufgefaßt werden, sondern es war ein Ausfluß des Wollens, das sehr bewußt zumeist einen Fortschritt in der Eudämonisierung der Arbeitermassen getan wissen wollte. Daß man die kapitalistische Produktion und insoweit die bestehende Gesellschaft damit sichern müsse, das haben bekanntlich die unmittelbaren Interessenten auf der Kapitalsseite, die Unternehmer, die längste Zeit selbst am wenigsten wahrhaben wollen. Einzusehen begannen sie diesen privatwirtschaftlichen Nutzen des Arbeiterschutzes zumeist erst, als die Ansprüche, die die moderne Technik an den arbeitenden Menschen stellt, keinen Zweifel darüber ließen, daß eine kapitalistische Unternehmung mit einen Geschlecht verkommender Schnapstrinker und Taugenichtse nicht Erfolge erzielen kann. *Die Entdeckung eines unmittelbaren inneren Zusammenhanges zwischen dem Produktionsinteresse der kapitalistischen Wirtschaft und dem wichtigsten und dringendsten Gebiet sozialpolitischer Arbeit, dem Arbeiterschutz, war ein Ergebnis wissenschaftlicher, und zwar historisch-wirtschaftswissenschaftlicher Arbeit.* Es wuchs allmählich die Einsicht, daß die Schrankenlosigkeit der individualistischen Interessenverfolgung im Rahmen des großbetrieblichen Industriekapitalismus eine Gefahr für die Gesellschaft bedeutet, deren Fortbestand die Voraussetzung für das Funktionieren des Wirtschaftssystems sein mußte. Die soziale Aktion, die aus dieser Sorge heraus sozusagen gegen die soziale Bewegung wirksam zu werden hatte, die Maßnahmen zum Arbeiterschutz, zur Befreiung des Arbeiters durch die Koalitionsfreiheit usw. die aus diesen Überlegungen heraus geschaffen wurden, waren sozialpolitisches Geschehen im eigentlichen Sinne. Und sein Pate zum mindesten ist die Wissenschaft, die die Voraussetzungen gesicherten Funktionierens der freien Gesellschaftswirtschaft zu erforschen hat.

Die das herausgearbeitet hat, war freilich eine historisch-psychologische Forschungsrichtung, und es wird eine Gegensätzlichkeit denn auch in erster Linie zwischen der theoretischen Richtung der Nationalökonomie und der Sozialpolitik versucht und behauptet. Da aber scheint es ganz überzeugend und logisch einwandfrei, daß zur Sozialpolitik, also zu absolut praktischem Wollen, eine Wissenschaft in kein Verhältnis gelangen könne, so oft im Mittelpunkt der Wissenschaft eine Theorie steht, die, wenn ihr Weltfremdheit und Wirklichkeitsferne vorgehalten wird, damit verteidigt wird, daß die Theorie an der Wirklichkeit überhaupt nicht kontrolliert werden könne, daß die Nichtübereinstimmung ihrer Ergebnisse mit den Tatsachen für ihre Richtigkeit völlig belanglos bleiben müsse. Nicht genug daran: Die Wirtschaftswissenschaft und insonderheit die nationalökonomische theoretische Arbeit muß vorurteilsfrei sein, und das heißt nichts geringeres, als daß ihre Aufgabe zwar wohl in der Erforschung aller Art von Gesetzmäßigkeiten im wirtschaftlichen Geschehen, also in allen ökonomischen Zweckverfolgungen und Mittelverwendungen besteht, daß sie aber die *Zwecke* selbst, das Wollen der wirtschaftenden Menschen ganz und gar nichts angehen, daß diese sich einer Kritik der Wirtschaftswissenschaft ebenso vollständig entzogen, wie sich die Wissenschaft ja auch von irgendeiner Zielsetzung fernzuhalten hat. Wie soll es angesichts solcher wissenschafts-theoretischen Grundsätze möglich sein, daß solche Wissenschaft zur Stütze sozialpolitischer Bestrebungen werden könne? Eine andere als bloß analytische, beschreibende Arbeit kommt für die Wissenschaft demzufolge der Sozialpolitik gegenüber gar nicht in Frage, da ja das Wesentliche an der Sozialpolitik doch gerade das ganz bestimmte Wollen ist, das sich zu den Zielsetzungen und Zwecken der einzelnen in Gegensatz stellt und andere Ziele setzt.

Es genügt heute nun doch nicht mehr, die enge Beziehung zwischen Sozialpolitik und nationalökonomischer Wissenschaft damit zu erhärten, daß Vertreter dieser (auch der theoretischen Wissenschaftsrichtung) seit Generationen, namentlich in Deutschland, sich sozialpolitischer Arbeit hingegeben haben und daß sie jedenfalls — wenigstens als denkende Menschen und Politiker — auch an der Zielsetzung der Sozialpolitik teilgenommen haben. Das genügt heute wirklich nicht mehr, sondern es wird allmählich Zeit — und dringendst Zeit — daß die Kluft zwischen Sozialpolitik und nationalökonomischer Wissenschaft nicht größer hingestellt wird als notwendig ist, um die beiden Kategorien Wissenschaft und Politik klar zu scheiden.

Darüber ist viel zu sagen. Ich muß mich hier auf Andeutungen beschränken. Das Entscheidende aber liegt wohl darin, daß Sozialpolitik ihrem Wesen und ihrem Sinne nach nicht identifiziert werden darf mit der überaus mannigfaltigen Erscheinungsmasse, in der sie auftritt, den Gesetzen und ihrer Durchführung, den Organen, Organisationen, Einrichtungen, Anstalten usw., die sie ins Leben ruft, und daß *zwischen sozialpolitischen Zwecken und Zielen einerseits, Mitteln und Wegen der Sozialpolitik andererseits ganz klar geschieden werden muß.*

Es ist nun sehr wichtig, daß man sich der verschiedenen Deutbarkeit der Sozialpolitik als Ganzen wie der einzelnen sozialpolitischen Maßnahmen, der Mittel, bewußt wird, um das Verhältnis der Wissenschaft zu ihr richtig zu erfassen. Welcher Leser dieser Blätter denkt dabei nicht an Heimanns „Theorie der Sozialpolitik“? Wenn geltend gemacht wird, daß die Wissenschaftlichkeit dieses Buches eine gewisse Begrenztheit erkennen läßt, so möchte ich das vor allem von der allzu geringen „Zirkumskriptheit“ der Begriffe „Freiheit und Würde“ behaupten, nicht schlechthin von den „Deutungen“, die bei *Heimann* eine so große Rolle spielen. Ausdeutung liegt durchaus im Bereiche der wissenschaftlichen Arbeit, und das festzustellen ist um so notwendiger, als strengste wissenschaftliche Arbeit und gerade auch theoretische Arbeit kaum davor zu bewahren ist, daß sie sogar in Symbolik hinübergleiten. Man darf nur freilich die Symbolik nicht von einem selbst gesetzten Ziel aus treiben.

Heimann erhebt die Sozialpolitik zu einem symbolischen Ideal. Sie bedeutet ihm den Weg des Freiheitsdranges der Arbeiter von unten nach oben. — Wer könnte, wer möchte dagegen Einspruch erheben? Es ist doch das Recht des geistigen Arbeiters, auch im absolut Praktischen das Symbolhafte zu sehen. Nur daß es allerdings auch innerhalb dieses ihn beglückenden geistigen Prozesses seine Pflicht bleibt, beides auseinanderzuhalten.

Alles Praktische ist irgendwie da, ist Erscheinung, aber was es bedeutet, daß ist viel weniger einfach als diese Dasein-Tatsache. Und zwar um so weniger einfach, als gerade dafür, wie das Praktische wirkt — und es soll ja wirken —, das was es bedeutet so belangreich wird. Das gilt von sozialpolitischer Praxis mehr — leider viel mehr als von so vielem anderen praktischen Geschehen. *Das, was eine sozialpolitische Maßnahme bedeutet, ist für ihre Wirksamkeit mitunter viel wichtiger als wie sie ist.* Und nun ist es so selbstverständlich, daß in den verschiedenen Gruppen der Gesellschaft die Sozialpolitik verschieden gesehen wird, und zwar sowohl ihr Ziel als die einzelnen Mittel, in denen sie in die Erscheinung tritt. Es ist eine restlose Einigung über die Bedeutung aller dieser Dinge als ausgeschlossen zu betrachten. Nicht nur zwischen Unternehmer und Arbeiter, sondern selbst innerhalb rein wissenschaftlicher Denkarbeit wird sie nicht zu erreichen sein. Das bringt schon die mehr oder minder große Verschiedenheit in der Neigung zu einer historischen Tatbestandswürdigung mit sich. Ausgeschlossen aber auch um so mehr, als das motivische Element, die stärkste Wurzel aller Deutungen, im Laufe der Zeit unverkennbar und aus innerer logischer Notwendigkeit heraus beständigem Wandel unterliegt. Es lohnt sich, die Aufmerksamkeit darauf zu lenken, daß Heimann 1923 die Sozialpolitik als eine nüchterne illusionslose Angelegenheit empfunden hat (im Zusammenhang mit dem Angrenzen an die Symbolik ist der Ausdruck „empfunden“ wohl gerechtfertigt), illusionslos wie das System, zu dem sie gehört, die aber jeder wollen müsse, dem das Leben der Menschen hier und jetzt am Herzen liege. „Sie ist nicht Sozialismus.“ Da sie ihm heute schlechthin die Methode der Sozialisierung, der Weg zum Sozialismus, der institutionelle Niederschlag der sozialen Idee im Kapitalismus, also des Primären im menschlichen Leben, der kämpfenden und gestaltenden Kraft des Menschen ist, wird er sie heute wohl nicht mehr als eine nüchterne Angelegenheit gelten lassen. Heute, da „die soziale Freiheitsordnung, die mit dem Privateigentum unvereinbar ist, den arbeitenden Menschen in seinen Freiheits- und Machtbereich einsetzen und mit der Sozialpolitik (in der sozialen Idee) Verwirklichung finden soll.

Solcher Wandel in der Deutung ist subjektiv-persönlich bedingt. Er ist es aber natürlich auch sachlich. Schon weil die einzelnen „Erscheinungen" der Sozialpolitik quantitativ andere Tatsachen geworden sind.

In der Tat „notwendig", d. h. unvermeidlich erscheint die Deutungswandlung, denn die Sache selbst ist doch tatsächlich etwas Anderes geworden. Man braucht nur irgendein Erscheinungsgebiet der Sozialpolitik, das eine gewisse Entwicklung aufzuweisen hat, herauszugreifen, um den Wandel in der Sache wie in ihrer Bedeutung zu erfassen. *Viele sehen es doch so, daß die Sozialpolitik* mit ihrer Lohnpolitik, dem Schichtungswesen und mit der sozialen Versicherung in Großbritannien und in Deutschland wenigstens *die Bedeutung einer Planwirtschaft im Bereich der Verteilungsvorgänge gewonnen hat,* die ihre Wirkung mittelbar weit in das Gebiet der freien Produktionswirtschaft erstreckt und erstrecken muß. Während das Wesen der Volkswirtschaft in dem System doch heute schon als tiefgehend durchsetzt von einem, die Verteilungsvorgänge — gerade das gilt als das Charakteristische — weitgehend bestimmenden zentralen Wirtschaftswollen darzustellen. Das Wollen nimmt seinen Ausgang von einer ganz bestimmten Wertung und einer ihr entsprechenden Rangordnung der Nutzen, die die verschiedenen Gesellschaftsgruppen aus den jeweils erlangbaren Quoten des Sozialproduktes gewinnen können. Es ist wie ein zentrales Zuweisen von Mitteln ähnlich dem Verteilen von Nahrungsmitteln durch den Hausvater unter seine Kinder nach seinem Urteil über den Nutzen, den sie bei jedem auswirken sollen. Die Tragweite dieser Deutung ist gar nicht abzusehen.

Es ist wohl auch keine kleine Gefahr innerer Widersprüche mit den Deutungen verknüpft. Gerade auch Heimann hat sich dieser Gefahr nicht ganz zu entziehen vermocht. Er sieht in der Sozialpolitik die Verwirklichung der sozialen Idee im Kapitalismus, zugleich aber auch den Abbau des Kapitalismus, er sieht in ihr die Sicherung der kapitalistischen Produktivitätsgrundlage vor den von der sozialen Bewegung drohenden Gefahren, sie selbst aber auch wieder als die endgültige Vernichterin dieser Grundlage, denn es gibt keine Grenzen der Sozialpolitik, und da jedes Stück vorwärts auf dem Wege der Sozialpolitik ein Stück des Kapitalismus abbaut, d. h. zum Verschwinden bringt, so ist die Vernichtung desselben als Werk der Sozialpolitik zu erwarten und soll als solches erhofft werden.

Aber abgesehen von solchen Widersprüchen: es liegt bei aller Freiheit, die der deutenden Wissenschaft für eine verstehenwollende Symbolik zugestanden werden mag, jedenfalls nicht weiter diesseits der Grenzen wertungsfreier Deutung, wenn die Sozialpolitik als Befreiung von der Versklavung des Menschen, von der Arbeitsdämonie und kapitalistischen Konkurrenz gedeutet wird, als wenn die klassische oder die neoklassizistische Nationalökonomie das in der kapitalistischen Wirtschaft verwirklichte Maß von Freiheit als Gewähr für das erreichbare Höchstmaß von Wirtschaftlichkeit erklären zu können meint.

Die Stellung der Nationalökonomie zur Sozialpolitik kann schon dem bisher Gesagten zufolge keine beständige sein. Das ergibt sich aber insbesondere noch aus zwei weiteren Überlegungen.

Es ergibt sich das einmal aus einer wichtigen Erkenntnis über die Labilität des exaktesten Teiles der Wissenschaft, der eigentlichen Theorie der Sozialwissenschaft, welche Labilität wieder ihre Quelle in der Unbestimmtheit oder richtiger in der apriorischen Festlegung des Begriffsinhaltes der Kategorie homo oeconomicus hat. Es ist jedenfalls gar nicht richtig, in dem Aufbau der Theorie der Wirtschaft auf dieses Schema das Hemmnis für die Ableitung von sozial annehmbaren nationalökonomischen Lehrsätzen zu erblicken. Die Annäherung der Theorie der freien kapitalistischen Wirtschaft an die sozialpolitische Ideenwelt kann nämlich ganz außerordentlich weitgehend gesteigert werden, je nachdem man sich den homo oeconomicus mehr oder weniger weitsichtig, und das heißt schließlich mehr oder weniger wirtschaftlich konstruiert. Welch große Zahl von Abstufungen in dem Maße sozialer Wirksamkeit ist doch denkbar zwischen dem homo oeconomicus, der rational seinen privatwirtschaftlichen Nutzen im Rahmen der Zwecke einer Wirtschaftsperiode verfolgt und der dementsprechend rücksichtlos über das ökonomische Schicksal Schwächerer hinwegschreitet, und andererseits einem solchen, der nicht nur die ganze Spanne der eigenen Erlebenswahrscheinlichkeit, sondern darüber hinaus auch weitere Zukunftsträume mit einem Weitblick für die Ausstrahlungen seines ökonomischen Handelns in seine Überlegungen einbezieht, der einen Konflikt zwischen Gegenwartsvorteilen und auf die Dauer zu erwartenden Schädigungen ausgeschlossen erscheinen läßt. Mit einem homo oeconomicus von solchem Typus operierend, würde der Theorie ja allen aus einer sozialen Bewegung (infolge Arbeiterausbeutung u. dgl.) zu gewärtigenden Gefahren voraussetzungsgemäß schon Rechnung tragen. Eine Wirtschaftgesellschaft aus solchen homines oeconomici bestehend würde ja die Ausartungen der kapitalistischen Wirtschaft gar nicht aufweisen können. Eine solche Theorie, die die Gesichertheit der Wirtschaftsgesellschaft gegen die Klassengegensätze dadurch zur Voraussetzung machen kann, daß sie die Menschen sozial, d. h. mit Wahrung der Gesellschaftsinteressen handelnd, setzt, wäre eine sozialpolitische Wirtschaftstheorie, die die besondere Sozialpolitik überflüssig machte. Ob eine solche Theorie nicht noch wirklichkeitsfremder wäre als jene, die dem homo oeconomicus nicht als einen so edlen Weisen konstruiert, ist hier nicht zu beantworten. Was hier in Frage kommt, ist allein die Feststellung, daß *eine grundsätzliche Vereinbarkeit von sozialpolitischen Ideen und theoretischer Betrachtung nur eine Frage der theoretischen Voraussetzung ist.*

Das zweite aber, was die Wandelbarkeit der Wissenschaftseinstellung zur Sozialpolitik so auffallend werden läßt, ist der Umstand, daß die Wissenschaft eben immer wieder zu neuen Mitteln und neuen Wegen und damit zu neuen „sozialpolitischen Quantitäten", zu neuen Forderungen, neuen Belastungsproben, zu neuen Fragen über die Grenzen des sozialpolitischen Könnens von der Seite der Wirtschaftszusammenhänge her, Stellung zu nehmen hat. Nicht um die Sozialpolitik schlechthin, nicht um ihr Sein oder Nichtsein geht es, wenn von der nationalökonomischen Kenntnis aus, sei's über die Institutionen der Schlichtung oder der Arbeitslosenversicherung oder die planmäßige Verkürzung der Kapitalerträgnisse beurteilt werden, sondern es geht nur um eben diese Mittel und ihre Geeignetheit, den damit verfolgten Zweck zu erreichen. Werden solche Mittel als Zwecke selbst verfolgt — was bei oberflächlicher Auffassung des Sinnes und Wesens der Sozialpolitik nur zu häufig vorkommt — dann ändert das an der Aufgabe der Wissenschaft ganz und gar nichts. Die Wissenschaft kann also die längste Zeit sozialpolitikfreundlich erscheinen und mit einem Male, geradezu entgegengesetzt, den Eindruck erwecken, umgeschwenkt zu haben, alles nur deshalb, weil in den Mitteln und Maßnahmen die Änderung eingetreten ist, etwa weil in der ersten Phase — um mit Heimann zu sprechen — innerkapitalistische Mittel, Mittel des ersten und zweiten Typus, sozialpolitisch gefordert wurden und dann Mittel des dritten Typus, die die ökonomischen Allgemeininteressen preisgeben, oder auch nur, weil die Mittel immer mehr in die Zone der Grenzproblematik der Wirtschaft hineingewachsen sind. Die Wissenschaft ist dabei ganz und gar ihren Grundsätzen treu geblieben.

II.

Was aber die Wandlung anlangt, die in der Stellung der Wissenschaft eingetreten zu sein scheint, sei es gestattet, einer Erinnerung Raum zu geben.

Es war auf der berühmten Tagung des Vereins für Sozialpolitik in Köln im Jahre 1897, einer der eindrucksvollsten und wirksamsten Kundgebungen für das Koalitionsrecht der Arbeiter, dessen Ausbau nicht nur, sondern dessen Aufrechterhaltung sogar in jener Zeit in Frage stand. Damals hatten „die Professoren“ nach der Arbeitgeberseite hin die Front zu halten, denn von diesen wurde ihnen Voreingenommenheit zugunsten der Arbeiter, Unkenntnis der Wirklichkeit, Unbekümmertheit um das wirkliche Leben und Weltfremdheit, wurde ihnen Schreibtischspekulation zum Vorwurf gemacht, als sie die segensreiche Wirksamkeit der englischen Gewerkvereine geltend machten und den Unsegen der Koalitionsverbote mit historischen Daten belegten. Und damals war es der des Sympathisierens mit der Sozialdemokratie gewiß nicht verdächtige Herr v. Rottenburg, der diejenigen, die die Koalitionsfreiheit bekämpften, anklagte, daß sie es seien, die keine positive Politik treiben, weil *positive* Politik treiben nichts anderes heiße als die Tatsachen kennen. *Und um die Tatsachen kennenzulernen, empfahl er den Arbeitgebern, mehr Professorenbücher zu lesen.*

Das Lied, das heute gegen die Wissenschaft erklingt, ist im wesentlichen dasselbe, nur die Richtung, aus der der Angriff kommt, ist eine andere, die Front ist verkehrt. — Wieder und wieder ist es „Weltfremdheit“, „Voreingenommenheit“, günstigen Falles „Studierstubenspekulation“, was ihr als Hauptgrund dafür entgegengehalten wird, daß sie unfähig sei, als Führerin und Mittlerin zwischen den beiden sozialen Hauptparteien zu wirken. Glaubte man, den Professoren damals vorhalten zu dürfen und zu müssen, sie seien so stark von Vorurteilen erfüllt, daß sie die Arbeit gar nicht erkennten, die die Unternehmer zu leisten hätten, nicht erfaßten, daß diese auch Arbeiter seien und daß sie verstandesmäßig Schlußfolgerungen aus dem Prinzip der Freiheit ableiteten, die dort, wo der rauhe Wind der Wirklichkeit weht, nicht zu erwarten seien: so müssen diejenigen, die wissenschaftliche Argumente in den Kampf der Parteien zur Geltung zu bringen bemüht sind, „sich heute sagen lassen, daß sie die Geltung als Führer nicht erlangen könnten, da sie und solange sie von den Elementen der unabänderlichen Gesetze der Weisheit nur jene des Verstandes, nicht auch die des Herzens und der Seele erkennten und befolgten“. „*Berlepsch, Posadowsky und Francke* konnten deshalb wirkliche Führer sein, weil sie über alle Wissenschaft hinaus ihren Blick auf das Wesentliche gerichtet hielten und in allem Sein den Herzschlag des Göttlichen fühlten, das unter allen Umständen zur sozialen Reform auffordert.“

Es kann mir hier nicht daran liegen zur Geltung zu bringen, daß die Professoren gar nicht den Beruf haben, schlechthin Führer zu sein, weder dort, wo die Arbeitgeber sie als solche nicht gelten lassen wollen, noch auch für jenen Bereich, für den Gewerkschaftsführer ihnen die Fähigkeit aberkennen, sobald sie nicht derselben Meinung sind wie sie selbst. Es ist ja eben *das Schicksal der Wissenschaft, daß sie* als solche im wesentlichen nie viel mehr sagen kann und deshalb auch *nicht mehr sagen darf als: Sage mir, welches Ziel Du verfolgst, und ich will Dir sagen, ob die Mittel, die Du dafür einsetzest, geeignet sind, Dich dahin zu führen!*

Es wäre schlimm bestellt, wenn die Professoren, deren wissenschaftliche über den Parteigegensätzen stehende Arbeit sich auf dem Felde sozialpolitischen Wollens und Trachtens, Paktierens und Kämpfens zu bewegen hat, nicht längst schon erfaßt hätten, wie undankbar ihre Aufgabe ist — es gibt kaum eine undankbarere im Bereich der Wissenschaft! — Und wenn sie darüber die Lust, den Mut oder die Kraft verloren hätten, immer und allen Widerwärtigkeiten, die sie in Kauf nehmen müssen, zum Trotz auf ihrem Posten auszuharren und nach ihrer Überzeugung die Führer im Willen zur Tat zu bekräftigen oder vor ihr zu warnen, so wäre es nicht zu verwundern. Die Aufgabe, ehrlich zu sagen, wie nach ehrlichem, intensivem Durchforschen der Tatsachen, der Zusammenhänge und Kräfte des Wirtschaftslebens das tatsächliche Geschehen und das Gewollte sich voraussichtlich auswirken werden, diese Aufgabe ist im Wirkungsbereich der Sozialreform deshalb so undankbar, einmal weil von den beiden im Vordergrunde der sozialpolitischen Arena kämpfenden Parteien (es sind nicht die einzigen) vor allem von den Interessengruppen der industriellen Unternehmer und der industriellen Gewerkschaftsführer der Kampf — wie jeder Kampf — strategisch und taktisch geführt werden muß, d. h. nichts anders als: mit solcher Zuspitzung und Überspitzung der Postulate wie der Argumente, daß zwischen Tatsachen und Behauptungen, zwischen Wirklichkeit und Theorie in der Regel mehr oder weniger gewaltige Spannungen bestehen, die im Kampf für ein begeisterndes Ziel hingenommen werden, die aber vor dem Forum der ausschließlich dem Erkennen der Wahrheit dienenden Wissenschaft nicht Stand halten können und als Irrtümer gekennzeichnet werden müssen, soweit sie es sind.

Theorien? Ja, Theorien, denn das ist ja das Charakteristische für die Stellung der sozialen Parteien zur Wissenschaft, daß sie dieser bloß verstandesmäßige Durchleuchtung der Zusammenhänge zum Vorwurf machen, selbst aber bemüht sind, für ihr Wollen rationalistische Argumente aus der Sozialwissenschaft herbeizuschaffen und Abhängigkeit zwischen den Tatsachen, Kausalzusammenhänge zu behaupten, die ihrem Sinne nach nichts anderes sind als Theorie. Und so steht eben gar nicht, wie die Rufer im Streite und die Kritiker an der Mannheimer Tagung behaupten, Verstand auf der Seite der Professoren, dem Herzen und der Seele auf der Seite der Führer, sondern es stehen sich ganz nüchtern und nackt Theorie und Theorie gegenüber.

Wer wie ich das kaum vorstellbare Elend von Textil-Heimarbeitern im niederösterreichischen Waldviertel und den wirklich, trotz maßloser Überarbeitung von bis an 100 Wochenstunden, zur Verzweiflung treibenden Mangel und die Not dieser Menschen mit eignen Augen wahrgenommen hat, bei dem kann wahrhaftig vorausgesetzt werden, daß Herz und Seele für die Ausrottungsidee sozialer Mißstände restlos gewonnen sind. *Aber solches Erfülltsein von Herz und Seele mit der Idee eines solchen Zieles hat nicht das geringste zu tun mit der Aufgabe der Wissenschaft,* die auch darin bestehen kann, *den Wollenden zu sagen: Euer Ziel in Ehren, aber Euer Weg ist falsch!*

Wer es mit der Wissenschaft ehrlich meint, der darf ihren Vertretern und der von ihnen vertretenen Überzeugung nicht deshalb schon mit offenem Mißtrauen begegnen, weil diese Überzeugung auch einmal dem sozialpolitischen Gegnern sympathischer, mundgerechter erscheint. So steht es aber in Deutschland — und das leider zum Unterschiede von der Lage der Dinge in anderen Ländern —, daß das von Überzeugung getragene Urteil der Wissenschaft in der Regel bloß dann der Achtung vor der Sachlichkeit unbedingt sicher sein kann, wenn es dem interessenmäßig Gewollten einer Partei in ihren Argumentenkomplex hineinpaßt, daß diese Achtung aber versagt wird, wenn die wissenschaftliche Meinung unbequem ist. *Die Aufgabe der Wissenschaft ist also zweitens auch deshalb so undankbar, weil sie nie auf Anerkennung ihres Ringens und Mühens um Wahrheit bei den Parteien rechnen kann.* Wohl aber ganz verläßlich darauf, daß, so oft sie das Verhältnis zwischen Zwecken und Mitteln, mit denen die sozialpolitischen Führer oder ihre Gegner operieren, verurteilen muß, sie das schmähende Verdikt der Parteilichkeit erfährt und hinnehmen muß, daß ihren Trägern, vornehmlich den Professoren, Herz und Seele und Verständnis für die Ziele der Sozialpolitik abgesprochen werden.

Die Wissenschaft kennt freilich nur das Ziel, die Wahrheit zu erkennen. Die aber, die ihr dienen, halten es auch für ihre Pflicht, sich zu dem, was sie ihrem besten Wissen und Gewissen nach als Wahrheit erkennen und ehrlich errungen zu haben überzeugt sind, auch zu bekennen und dafür zu wirken, daß diese Wahrheit zum Segen der menschlichen Gesellschaft von anderen erkannt werde. Und ihnen gilt es gleich, ob sie sie den Hörern der ersten Universitätssemester oder einer öffentlichen Versammlung vortragen, nur die Methode der Darbietung darf verschieden sein, nicht der Inhalt. Diesen zu widerlegen, ist das Recht Jedes, der mit persönlicher Uninteressiertheit die Dinge zu schauen sich bemüht, sie wirklich anders sieht. Und Meinungsverschiedenheiten ergeben sich bekanntlich nicht nur aus der Verschiedenheit der Gründlichkeit, mit der die Tatsachen und ihr Zusammenhang erforscht werden, aus dem Maße des Zu-Ende-Denkens der Dinge, sondern reichlich genug auch aus der Möglichkeit verschiedener Ausdeutung der Tatsachen und der unter ihnen bestehenden Kausalbeziehungen. Darin liegt, so möchte mich dünken, der Hauptnutzen von gegenseitigen Aussprachen, daß man das Anders-Sehen der Dinge beim Gegner und bei sich rascher erkennt und danach viel sicherer zu einer Einengung des Gegensatzgebietes gelangen kann. Das gerade aber ist in der Tat Sache des guten Willens, nicht nur belehren zu wollen, sondern auch mißtrauensfrei zuzustimmen, wenn die Argumente des Gegners es ermöglichen und gar, wenn sie sachlich nicht widerlegbar sind.

Ich glaube, das Verhältnis zwischen unserer Wissenschaft und Sozialpolitik liegt viel klarer, als man zumeist annimmt. Nur darf man die Zwiegespaltenheit dieser Problematik nicht übersehen.

1. Das, was als die äußere Erscheinungswelt der Sozialpolitik bezeichnet werden kann: ihre Maßnahmen, ihre Wege und ihre Mittel sind durchaus der Kritik der nationalökonomischen Wissenschaft unterworfen. Diese ist es, die auf Grund der Kenntnis von der Dynamik der Bewegung und dem Gleichgewichtsstreben innerhalb der Volkswirtschaft die Kompetenz hat, die Wege und Mittel, mit denen die Sozialpolitik in diesen Bewegungsmechanismus eingreifen will, auf ihre Zweckmäßigkeit und Fähigkeit zu beurteilen, den Zielen der Sozialpolitik näher zu führen.

2. Was aber den Sinn und das Wesen und damit doch auch die eigentlichen Zwecke der Sozialpolitik betrifft, ist diese Beziehung der Wissenschaft zu ihnen durchaus nicht ganz in Abrede zu stellen, wenngleich ihre Einflußsphäre eng abgegrenzt ist. Sie ist beschränkt darauf, die Zielsetzung der Sozialpolitik, da und soweit diese das Schaffen und Verteilen der Güter zum Gegenstand hat, auf die innere Widerspruchsfreiheit zu kontrollieren. Das ist ihre negative Funktion gegenüber der sozialpolitischen wie gegenüber jeder ins Wirtschaftliche gehenden Politik. Die positive Annäherungsmöglichkeit an sozialpolitische Zwecke liegt dort, wo sie die Fundamente der gesellschaftlichen Wirtschaft zu ergründen und festzustellen hat, und da ist es nicht mehr die Folge solcher Feststellungen, wenn sie die aus dem hemmungslosen Kapitalverwertungsstreben drohenden Gefahren für den gesicherten Fortbestand der gesellschaftlichen Einheit und des Funktionierens der „sozialen Kooperation" erkennend, die Notwendigkeit einer auf Sanierung des Gesellschaftskörpers gerichteten sozialen Zielsetzung behauptet, weil andernfalls dies auf fortgesetzte Güterversorgung und damit auf Kultursicherung gerichtete System zusammenbricht und sich selbst aufhebt.

Zum Schluß dieser Ausführung muß ich nochmals auf Heimanns Ideologie zur Theorie der Sozialpolitik zurückkommen, die in schönem Schwung und innerem Adel aus wissenschaftlichen Problemstellungen in symbolisierende Deutung und nur solche hinübersetzt.

Welche Kluft besteht doch zwischen der gewerkschaftlichen Wegsuchung und ihren Mitteln und dem, was Heimann als Wege und Grundsätze der Sozialpolitik für möglich hält! Dort notwendig alles auf die materielle Daseinsgestaltung der Arbeitermassen eingestellt. Der Weg wird fast zum Ziel. Hier ganz offenbar Preisgabe dieses Mittelkomplexes für die Idee der Freiheit der Menschen und Würde der Arbeit. Alles, was „befreit“, ist Mittel, alles was innerlich seelisch, charakterhaft von Versklavung durch die Arbeitsdämonie der kapitalistischen Wirtschaft „frei macht“, soll Sozialpolitik sein, auch wenn es hinsichtlich der Güterversorgung nicht nur antikapitalistisch, sondern auch antirational die Daseinsbedingungen des Arbeiters herausdrückt. — Hier ist wissenschaftlich fundamentierte „Deutung“ zum voluntaristischen Symbol geworden: der dritte Heimannsche Typus von Sozialpolitik, der jede Beeinträchtigung des ökonomischen Gesamtheitsinteresses ignoriert, sofern nur Freiheit und Würde darüber gefördert werden, führt allerdings zur Grenzenlosigkeit der Sozialpolitik, aber — wenn wir die Dinge zu Ende denken — auch zur Kulturlosigkeit und zum Hungerzustand verprimitivierter Massen.

Solche Sozialpolitik, wie sie Heimann denkt und will, verzichtet auch auf die Sicherung des gesellschaftlichen Fundaments des freien oder „organisierten“ kapitalistischen Wirtschaftssystems und liegt daher auf einer anderen Ebene als die — nun sagen wir einmal — wissenschaftlich begleitbare Sozialpolitik. Diese hält die absolute Freiheit der Arbeit auf einer gewissen Stufe der Vergesellschaftung und der Technik aller Leistungen überhaupt für unerreichbar, geht aber von der Überzeugung aus, daß die Würde der Arbeit im wesentlichen heute erobert ist und daß nur für ihre dauernde Verteidigung allerdings die Sozialpolitik fortgesetzt zu wirken haben wird. Die Freiheit der Arbeit ist Phantom, sobald ein die Produktionsfaktoren kombinierender Kopf aus seiner gesellschaftlichen Funktion heraus dem einzelnen Arbeiter seine Aufgabe zu diktieren hat — gleichviel ob der führende Kopf selbstverantwortlicher Unternehmer im kapitalistischen System oder bolschewistischer Beamter ist.

Anders ist die Freiheit des Menschen: was kann, was soll sie mit der Wissenschaft, was die Wissenschaft mit ihr zu tun haben? Ich fürchte, diese Frage wird niemals ohne Berührung mit Weltanschauungsgrundsätzen behandelt werden können, führt also unvermeidlich zu Zielsetzungen, die freilich allein schon in der Heimannschen Deutung der Sozialpolitik als Weg zur Freiheit und Würde vorliegen. An dieser Feststellung endet die Zone wissenschaftlicher Kritikmöglichkeit. Das in solcher Deutung enthaltene Werturteil über das Ausmaß tatsächlich bestehender oder nicht bestehender, aber „notwendiger“, Freiheit und Würde rückt sie aus dieser Zone.

Wissenschaftlich läßt sich nur noch eine nahe Verwandtschaft der Heimannschen Hoffnung seines dritten Typus mit einer Geistesströmung feststellen, die die Abkehr von der Leben verderbenden Hast des Erwerbsstrebens fordert. Und es ist ein breiter Strom, den man wohl erkennen kann und demgegenüber der wertfrei wissenschaftlich Arbeitende die Augen nicht verschließen darf. Der Strom ist breit, und sehr verschiedene Quellwässer fließen in ihm noch unvermengt nebeneinander. An einem Ufer kann man in den schwer fließenden Wassern jene geistige Einstellung sehen, die die überraschende Kraft des bolschewistischen Experiments zu tragen scheint, am anderen: schäumende, glitzernde, hellgrüne Wogen: die starke Hoffnung in den Besten unserer akademischen Jugend, daß es ihre Aufgabe sein werde, beizutragen zum Finden dessen, was zwischen Ganges und Wallstreet, zwischen der Lebensverneinung auf Buddhas Spuren einerseits und dem Lebensverlust unter der Arbeitsdämonie andererseits als eine neue Lebensform für die Wiedergewinnung eines edleren Lebensinhaltes gesucht werden muß, wenn die „Freiheit des Menschen" gewonnen werden soll.

Solche Hoffnungen und Zielsetzungen können — das läßt sich ganz sachlich erkennen — auch in der Bahn der sozialpolitischen Gesellschaftsführung liegen. Sobald sie aus dem Bereich des sozialen Wirkenwollens heraus und hinüberführen in den einer individuellen Asketisierung, die Abkehr von der Welt überhaupt — „an den Ganges": liegen die Ziele wie die Mittel außerhalb des Ökonomischen, im Wirkungsbereich der Pädagogik, der Ethik, der Religion. Da Heimann „in hoc signo" verstanden sein will, wird ihn nationalökonomische Kritik nicht treffen können. Um so größer ist freilich die Gefahr, daß der reiche Inhalt dieses Buches als Sozialpolitik verstanden werden wird, was er nur zum Teil ist, denn den Boden der Tatsachen gibt er in einem Maße preis, wie es Sozialpolitik nicht soll.

Sozialpolitik am Scheideweg (1951)*

Wer an der Jubiläumstagung des Vereins für Sozialpolitik in Köln 1897 teilgenommen hat, konnte Zeuge einer Auseinandersetzung zwischen den führenden Köpfen der Sozialpolitik aus den Kreisen der Wissenschaft und den energischsten Vertretern des Hausherrn-Standpunktes im Gebiet der rheinischen Industrie sein. Obgleich dieser für jeden Teilnehmer unvergeßliche Zusammenstoß zwischen Wissenschaft und kapitalistischem Unternehmertum über ein halbes Jahrhundert zurückliegt, ist es durchaus nicht unzeitgemäß, daran zu erinnern, *daß es die Vertreter der Wissenschaft waren, die — wenn sie für die Notwendigkeit der sozialpolitischen Arbeit eintraten — richtiger in die Zukunft gesehen haben,* indem sie sorgfältiger und gewissenhafter das Kräftepolygon zu durchforschen bemüht waren und immer sind, als dessen Resultierende die Entwicklung der Wirtschaftsverfassung und der sozialen Hierarchie mit Wahrscheinlichkeit gesehen werden durften.

So ganz durchsichtig standen die Symptome für eine Prognose dieser Entwicklung damals freilich nicht.

Der Ausklang des neunzehnten Jahrhunderts stand in der offiziellen deutschen Sozialpolitik im Zeichen der Aera Stumm, die optimistisch als Patriarchalismus gedeutet werden konnte, aber letzten Endes doch bedeutete, daß man in industriellen Kreisen das Schicksal des Arbeitsverhältnisses, mit ihm aber auch das der Sozialpolitik, im wesentlichen im Lichte einer Machtbilanz glaubte sehen zu dürfen.

Dem entsprach es, daß bei einem gemeinschaftlichen Festmahl am Vorabend der Verhandlungen über das Vereins- und Koalitionsrecht der Arbeiter der Vorsitzende des Vereines der Industriellen einen nicht mißzuverstehenden Appell an die Referenten für jene Verhandlungen glaubte richten zu dürfen, sie mögen sich hüten, „Mißverständnis zwischen den Unternehmern und ihren Arbeitern hervorzubringen", was er damit begründete, daß wenige Wochen vorher *Adolf Wagner,* eine der führenden akademischen Persönlichkeiten in der Front der sozialpolitischen Kämpfer, in einer Rede in Bochum ungeachtet seiner streng konservativen Einstellung die Gründung eines christlichen Bergarbeitervereins als einen Akt der Gerechtigkeit bezeichnet hatte, ein Ereignis, das — wie er damals in Köln sagte — von der Regierung und den besitzenden Klassen hätte mit Kußhand begrüßt werden müssen.

---

* Deutsche Versicherungszeitschrift, V. Jg., 1951, Heft 10.

Wie stand es damals um die sozialpolitische Wirklichkeit? Unbestreitbar hatte die Aera des Liberalismus eine Fülle freiheitlicher, die Arbeiterinteressen begünstigender Gesetze, Verordnungen und Institutionen formal in Kraft gebracht[1].

Immer noch stand die deutsche Sozialpolitik mit der Sozialversicherung, die über alle Zeiten gesichert schien, an der Spitze der Staaten. Es war auch nicht gleichgültig, daß in den meisten Ländern des Reiches eine progressive Besteuerung für Einkommen und Besitz bestand.

Dieser positiven Sozialgesetzgebung stand die Würdigung dieser Gesetzeslage durchaus nicht einheitlich gegenüber. Weitgehende Meinungsverschiedenheiten sind gerade auf jener Kölner Tagung bezüglich der wirklichen Geltung des Koalitionsrechtes zutage getreten. Die Kritik an der Rechtsprechung über Anklagen wegen Verletzung des Koalitionsrechtes, wie sie in den Verhandlungen laut geworden ist, ließ keinen Zweifel, daß zwar das Koalitionsrecht de lege bestand, aber vom Kammergericht und dem Oberverwaltungsgericht in Berlin de facto illusorisch gemacht wurde.

Nun war freilich, auch wenn und wo der sozialpolitisch positiven Gesetzeslage die praktische Rechtsprechung nicht zuwiderlief, das Elend im Arbeiterdasein noch nicht aus der Welt geschafft[2]. Immerhin muß es als ein Zug jener Zeit registriert werden, daß man in Sachen der Sozialpolitik durchaus noch nicht auf den Staat rechnen konnte, wenn es um Interessen der Arbeiter ging. So wurde es denn auch damals in Köln als eine politische, aber auch als eine mutige Tat mit einer begeisterten Ovation für den Freiherrn von *Berlepsch* bezeugt, als dieser, der wegen seiner Ablehnung des Geistes der Aera Stumm nicht lange vorher aus dem Amte des preußischen Handelsministers ausgeschieden war, in einer Rede bei jenem Festmahl in Köln den Emanzipationskampf des vierten Standes für ebenso berechtigt wie notwendig erklärte, wie den hundert Jahre vorher begonnenen Emanzipationskampf des dritten Standes[3]. Bedeutete dieser Glaube an die evolutionäre Emanzi-

---

[1] So das allgemeine Wahlrecht, die Gewerbefreiheit, Freizügigkeit, Koalitionsfreiheit, vielfache Arbeiterschutznormen u. a. m.

[2] Unvergeßlich sind mir die Bilder von dem Wohndasein, die ich 1890 als junger Student im Eastend Londons bei den dort in Massen wohnenden Dockarbeitern gefunden habe. Ein mehrere Monate dauernder Streik dieser Arbeiter war kurz vorher zusammengebrochen. Sie hätten von ihrem Koalitionsrecht wohl Gebrauch machen können, aber da sie nicht organisiert waren, hat auch dies ungehemmte Recht ihnen keinerlei Besserung gebracht, was noch Jahre später festgestellt werden konnte.

[3] Es sei der Kampf eines neuen heranwachsenden Standes — sagte er in einem dem Wohle dieses vierten Standes geltenden Trinkspruch —, der mit Recht seinen Teil an den geistigen und materiellen Vorteilen beanspruche, die die Stände, die diesen Kampf früher geführt hatten, bereits genössen. Unter diesem Gesichtspunkt könne und müsse man alle Fragen des Wieviel und des Wie der Arbeiterförderung nur nach ihrer Ausführbarkeit und nach Nützlichkeit für das allgemeine Wohl entscheiden.

pation des vierten Standes und der darauf gerichtete Wille nicht ein Schwimmen gegen den Strom?

Gegenüber jener „Unvermeidlichkeit“ des Zusammenbruches der kapitalistischen Gesellschaft, die immer wieder geweissagt wurde, mußte alle Sozialpolitik, alle auf Verringerung der Klassengegensätze gerichtete Arbeit des Staates und der sonstigen autoritären Gewalten sowie der privaten Verbände, der Selbsthilfe usw. von vornherein als müßiges Beginnen erscheinen.

Jene Auffassung des Ministers mußte also offenbar als eine Auflehnung gegen die zum Dogma gewordene Ideologie des Marxismus erscheinen, die namentlich in den zum Doktrinarismus neigenden Deutschen besonders tief verankert war. Denn ein Dogmenkomplex war es, was so viele von den auch wissenschaftlich geschulten Führern der Industriearbeiterschaft zu Gegnern der sozialpolitischen Zielsetzung machte. Nur eine Minderheit bildeten die Revisionisten, jene Einsichtigen, die im Exil englische Verhältnisse, die Trade-Union-Politik und das Fabiertum kennen- und werten gelernt hatten[4].

Die Gegnerschaft von Rechts und von Links gegen die Sozialpolitik war vor allem aus der Tatsache zu erklären, daß damals Sozialpolitik überwiegend einseitig als eine Summe von Maßnahmen und Eingriffen in den natürlichen Wirtschaftsablauf gesehen wurde, die nur einer Klasse zugute komme. Man sah in der Sozialpolitik nur eine Klassenpolitik. Es war ein sehr kurzsichtiger Irrtum. *Und wieder ist es der Verein für Sozialpolitik, aus dessen gesamten Wirken man eine richtige Orientierung für die Erfassung des Wesens der Sozialpolitik aus ihren letzten Zielen gewinnt.*

Der Verein für Sozialpolitik hat jene Geister zu sammeln gesucht, die von Klasseninteressen, doktrinärer Parteischablone und hergebrachter nationalökonomischer Lehrmeinung frei neben einem politischen an einen sozialen Fortschritt glaubten und ihn suchen wollten, die mit offenem Blick für soziale Mißstände und Kämpfe die soziale Wirklichkeit erkennen, an das Bestehende anknüpfen und für die soziale Reform eintreten wollten[5].

---

[4] Sie sahen ihre Aufgabe darin, Gegenwartspolitik zu treiben und alles, was die Arbeiterlage verbessern konnte, anzustreben. Sie wurden zu ehrlichen Vorkämpfern für die Fabrikgesetzgebung, in der sie freilich auch einen der gangbarsten Wege zur Vergesellschaftung der Großindustrie mit evolutionärer Taktik erkennen zu dürfen glaubten.

[5] Der Verein für Sozialpolitik war, wie Schmoller 1897 ausgeführt hat, entstanden aus der Notwendigkeit, eine Sammlung aller jener zahlreichen Denker und Politiker, Geschäftsleute, Journalisten, Menschenfreunde und Nationalökonomen herbeizuführen, die zwischen den Elementen, einerseits jenen, die aus dem politischen Radikalismus und Republikanismus der vierziger und fünfziger Jahre des neunzehnten Jahrhunderts erwachsen, utopischen und revolutionären, jedenfalls die ganze gegenwärtige Gesellschaftsordnung ver-

Wenn wir das Arbeitsgebiet des Vereins, das in den mehr als 60 Jahren seiner Aktivität in 188 Bänden seiner Schriften bezeugt ist, überblicken, so ist damit schon der Nachweis erbracht, daß in diesem Kreis um das soziale Schicksal nicht nur Deutschlands, sondern mindestens Europas besorgter Menschen soziale Probleme nicht bloß in der Beseitigung von schwersten Mißständen gesehen wurden, wie sie in den Ausartungen des industriellen Hochkapitalismus seit den napoleonischen Kriegen von England aus in der gewerblichen Produktion Europas aufgekommen waren[6]. Überblickt man die Betätigungsgebiete dieser für die Entwicklung der Sozialpolitik repräsentativen wissenschaftlich-politischen Organisation, so ergibt sich nicht nur als negatives Resultat, daß Sozialpolitik *nicht*, jedenfalls nicht mehr als Klassenpolitik gesehen werden darf, sondern es wird darin auch positiv offenbart, daß *das Arbeitsgebiet der Sozialpolitik viel umfassender sein muß: Ihr Objekt ist die menschliche Gesellschaft schlechthin.*

Klassenpolitik als Wahrnehmung und Verfechtung von Interessen nur eines Teiles des Ganzen *kann sozial sein*. Sie ist es in dem Sinne lange gewesen, daß die Sozialpolitik eben schlechthin das Interesse des vierten Standes wahrnehmen mußte, um das Fortbestehen der Leistungsfähigkeit der Gesellschaft zu bewirken. *Klassenpolitik* kann jedoch auch unsozial, ja antisozial sein, wenn sie vergißt, daß nicht Kraft für den Kampf von Klassen gegeneinander vergeudet werden darf. Daher ist es selbstverständlich, daß echte Sozialpolitik auf Abschwächung der Klassengegensätze gerichtete Maßnahmen umfassen muß.

Mit der Verselbständigung der vielen Teilprozesse als wirtschaftliche Grundlage der Existenz ist die Wirtschaftsgesellschaft entstanden. Dies ist geschichtlicher Vorgang. Die Fragestellung nach dem *Zweck* kann gewiß, wie Schäffle es getan hat, mit dem Hinweis auf das Fortschreiten der Menschheit in der Richtung der Zivilisation beantwortet werden. Eine ganz andere Frage ist es, welche Kräfte zur Entstehung

---

nichtenden Ideen zuneigten und andererseits denjenigen entgegengesetzten Elementen, die optimistisch und zufrieden alles Bestehende vortrefflich fanden.

[6] Die Aufgabengebiete der sozialpolitischen Arbeit sah man nicht nur in dem Verhältnis zwischen Arbeitgeber und Arbeitnehmer, in den Problemen der Gewerkvereine, Unternehmerverbände, der Haftpflicht, des Schlichtungswesens, der Arbeitszeit, des Arbeitslohnes und allen sonstigen spezifischen Arbeiterfragen. Ich erinnere an die umfassenden Untersuchungen und Verhandlungen, die der Verein veranstaltet hat über agrarische, insbesondere bäuerliche Zustände, Erbrecht, Wohnungs- und Gemeindewesen, insbesondere Verwaltungsorganisation der Städte, Auswanderung, Handelspolitik, Lage des Handwerks, Schiffahrtsverhältnisse, Personalkredit, Hausiergewerbe, Preisbildung, insbesondere in ihrer Tragweite auf die Lebenskosten, Konsumvereine, Währungsfragen, Wandlungen des Kapitalismus und die klassisch vorbildlichen Untersuchungen über Auslese und Anpassung, Berufswahl und Berufsschicksal in verschiedenen Zweigen der Großindustrie, die Not der geistigen Arbeiter u. v. a.

dieser vom Staate durchaus verschiedenen Kategorie von Menschverbundenheit geführt haben, der jeder einzelne mit so vielen Interessen seiner Bedarfsdeckung, seines Erwerbens von Mitteln eingegliedert ist[7].

Seit dem Aufkommen der neuen Techniken, die zu Großbetriebsgestaltungen führten, ist die innerbetriebliche Arbeitszerlegung ungeheuer gesteigert worden. Diese Atomisierung der Arbeitsprozesse ist natürlich begleitet von dem völligen Verlust des Gefühls für und der Einsicht in den Wert der eigenen persönlichen Leistung im Gesamtgefüge der Wirtschaft. Man steht damit vor einer psychologischen und in weiterer Folge soziologisch wirksamen Veränderung des Verhältnisses des Menschen zu seiner Arbeit. Er kann nur ungefähr ahnen, zu welchem Stäubchen seine Leistung in dem Riesenprozeß der Güterproduktion und des gesamtgesellschaftlichen Geschehens herabgesunken ist. Damit sinkt sein Selbstbewußtsein als arbeitendes Individuum so unheimlich, daß ihm der Anschluß an irgendeine Massengruppe ähnlich Atomisierter, für die alle die Arbeit nur noch Lohnbeschaffung und in keiner Weise Lebenserfüllung ist, ja zur Erlösung aus dem quälenden Gefühl der Vereinsamung, Vereinzelung und Wertlosigkeit wird.

Es ist der sozialpsychologische Komplex von Zusammenhängen, deren Ergebnis auf der einen Seite eben mit dem Einsamkeitsgefühl zu einem soziologischen und philosophischen Forschungsproblem geworden ist, auf der anderen Seite zu einem der wichtigsten Probleme der Sozialpolitik, weil das ökonomische Schicksal der Gesamtgesellschaft durch das Versagen des Verantwortungsbewußtseins für die Gesamtheit bedroht ist. Wie ernst diese Gefahr zu nehmen ist, beweist überzeugend die Tragweite von Arbeitskämpfen, wenn diese zum Abbrechen von Funktionen in dem gesellschaftlichen Gesamtmechanismus führen, von deren Erfüllung die Leistungsmöglichkeit von Tausenden abhängt.

So ist die Wirtschaftsgesellschaft, ohne geplant zu sein, allmählich entstanden, und es ist das eherne Gesetz des unablässigen Fortschreitens der Arbeitsteilung, das diesen Zusammenhang immer mehr verdichtet, die Abhängigkeit des einzelnen vom anderen unüberwindbar, ihre Verbundenheit immer unauflösbarer, weil unentbehrlicher macht, da der Verzicht auf die Eingegliedertheit in diese Verbundenheit nur

---

[7] Es ist eine Vielheit von Ursachen, Veranlassungen und Motiven, die hier zusammenwirken, deren sich die an diesem Werdeprozeß beteiligten Menschen, abgesehen von ihrem unmittelbaren Augenblicksnutzen, jedoch zumeist gar nicht bewußt geworden sind. So ist es auch wohl begreiflich, daß man erst später erkannte, daß nicht das Nebeneinander der verschiedenen Funktionen und Glieder in seiner Bedeutung erfaßt werden muß, sondern daß es um eine organische Betrachtungsweise geht, die, indem sie in den natürlichen Massen- und Wechselwirkungen des menschlichen Trieblebens die Grundlagen des Zusammenlebens aufzeigt, endlich doch auch von der Notwendigkeit des Willens zur Einheit und zur Wahrung der Interessen dieser gesellschaftlichen Einheit überzeugt hat.

mit dem Verzicht auf die erreichte Güterbeschaffung und Lebensführung denkbar ist. Aber nicht nur das Interesse an der Bereicherung der erreichten Lebenshaltung zwingt hierzu. Es ist durchsichtig genug, daß die Vermehrung der Erdbevölkerung die Steigerung der Leistungsfähigkeit notwendig macht, wenn das Niveau der Lebensführung überhaupt nur erhalten bleiben soll. Sie erzwingt immer wieder technische Fortschritte auf naturwissenschaftlicher Grundlage, und so ist der unablässige Verdichtungsprozeß des Gesellschaftsgewebes unvermeidlich.

Und nun nochmals einen Blick zurück. Im Jahre 1872 war die Voraussetzung gegeben für die Männer von Eisenach gegen den Strom zu schwimmen, gegen den Dogmatismus der damals herrschenden Manchesterschule und gegen die öffentliche Meinung, die im Eigeninteresse des Individuums das Wohl der Volkswirtschaft gesichert und wirtschaftlich nur das Produktionsproblem sahen, die Männer, die damals Sozialpolitik wollten und zu dem Protest gegen den Optimismus der Laisser-faire-Politik sich zusammengefunden hatten, sie suchten den vermittelnden Weg tatkräftiger staatlicher Politik, den Weg des Ausgleichs in dem ungleichen Kampf der Arbeitsvertragsparteien, und sie haben sich nicht gescheut, weil sie es für notwendig befanden, der Wirtschaft zugunsten der Ziele der Sozialpolitik in den Arm zu fallen, und die „Jungen" waren es, die *in der Wirtschaft wieder den Menschen entdeckten und ihm in der Wirtschaft und im Staat zu seiner Geltung und seinem Recht verhelfen wollten.*

Es war 50 Jahre später, wieder in Eisenach, als 1922 auf der zweiten Jubiläumstagung des Vereines für Sozialpolitik einer tiefgehenden Skepsis gegenüber der Sozialpolitik weitgehend übereinstimmend Ausdruck gegeben wurde. Man erinnerte sich an jenes Entdecken des Menschen vor 50 Jahren, scheute sich aber wieder nicht zu erklären: Es sei notwendig, geworden, hinter dem Menschen die Wirtschaft wieder zu sehen und neben und vor der Verteilung das Produktionsproblem „in seiner Wucht und Kraft, seiner brutalen Rücksichtslosigkeit des Schaffens von Erträgnissen" zu erkennen. Man hielt also nicht zurück mit der Überzeugung, daß man der Sozialpolitik um der Sicherung der wirtschaftlichen Notwendigkeit willen ein Halt zurufen müsse.

Und nun Sozialpolitik heute! — Steht nicht heute der ehrliche Sozialpolitiker, dem es um die Gesunderhaltung der Wirtschaftsgesellschaft, um die fortdauernde Erreichung der Gesellschaftszwecke, materielle und geistige Kultur gerade für die breiten Schichten geht, wieder vor der undankbaren Aufgabe, gegen einen Strom zu schwimmen, gegen den Glauben an die Allmacht der zentralorganisierten Wirtschaft, die nicht der Staat sein soll und die doch im letzten Grunde, so wie sie sich uns sogar in dem Paradigma Großbritanniens zeigt, nichts anderes sein und keine andere Form annehmen kann als die des Staates?

So gilt es denn die Wandlungen in den Voraussetzungen der Sozialpolitik seit den zwanziger Jahren ins Auge zu fassen.

Gewiß ist nach wie vor das Denken und Trachten der ehrlichen Sozialpolitiker auf Annäherung der Wirklichkeit an das Prinzip der verteilenden Gerechtigkeit eingestellt, wie das *Schmoller* 1875 in seiner berühmten Streitschrift gegen Treitschke schrieb. Aber so wenig bestimmt die Vorstellung eines Volkswohlstandes ist, weil dieser Begriff als ideal nur subjektiv gefaßt werden kann, ebenso vielen Unbestimmtheiten unterworfen wie Postulate begreifend, ist auch der im Willen verankerte Gerechtigkeitssinn mannigfaltig. In dem Mangel an Einheitlichkeit und Gleichartigkeit des Rechtsgefühls wurzelt zum großen Teil der Komplex sozialer Gegensätze. Die Herbeiführung irgendeiner Lösung nach Gerechtigkeit ist nicht leichter als die Quadratur des Zirkels (Hasbach), und wie die Koalitionsfreiheit, sind auch so viele andere Fragen der Sozialpolitik überhaupt streng genommen keine wissenschaftlichen Fragen, keine Fragen, die mit absoluter Bestimmtheit nach klarem pro und contra entschieden werden könnten, sondern es sind, soweit sie nicht offenbar Machtfragen sind, die nur durch Macht entschieden werden, Fragen einer Zweckmäßigkeit, bei der eben nicht nur jeweils das Interesse einer der beiden Sozialparteien, sondern auch das Gedeihen der Volkswirtschaft als Ganzes die Richtlinie liefern sollte.

Schon das Nebeneinanderbestehen von Sittlichkeit und Recht mit verschiedenem Inhalt macht es unmöglich, ein sozialpolitisches Programm auf den Gerechtigkeitssinn abzustellen. Treten doch, je fortgeschrittener die Kultur einer Gemeinschaft ist, Recht und Sittlichkeit um so mehr auseinander. Ihre Wiederannäherung erheischt immer wieder eines besonderen Aufschwunges. Die Richtlinie für das sozialpolitische Wollen der Unternehmer wird zweckmäßig sein und in ihrem eigenen und im Gesellschaftsinteresse liegen, wenn sie ihren höchsten Beruf erfassen, die Arbeit so zu gestalten, daß sie das Verhältnis, die Einstellung des Arbeiters zu seiner Arbeit, zu seinem beruflichen Sein bessern, veredeln, und das ist vor allem zu erreichen in der Richtung, daß ihm die Arbeit zur Lebensfreude wird.

Was der große Sozialpraktiker *Bosch* schon vor 30 Jahren als die Aufgabe hingestellt hat, gilt auch heute vordringlich: *Das Mißtrauen zwischen Unternehmer und Arbeiter zu zerstören und durch Vertrauen zu ersetzen. Und zu diesem Ziel hin führt ein Weg, für den der deutsche Unternehmer erfahrungsgemäß leider wenig begabt ist.* Ich formuliere es damit, daß der Unternehmer und alle seine Betriebsleiter in ihren nächsten dienstmäßig Untergeordneten nicht nur den Berufsträger, den Erfüller einer Aufgabe, sondern den Menschen sehen sollen. *Hier liegt, wie das das Institut für Sozialforschung in Dortmund in einer Reihe von Hinweisen den Unternehmern nahezubringen bemüht ist, ein Gebiet so-*

zialpolitischer Wirksamkeit, das ohne Kosten sehr einträglich ist. Dieser Weg, der nicht nur psychologisch ebenso wichtig wie zweckmäßig ist, ist eben auch wirtschaftlich um so bedeutsamer, als keine anderen Voraussetzungen ihn zu gehen bestehen, als die Wandlung der menschlichen Gesinnung des Unternehmers, oder genauer des obersten Managers, der auch auf seine zwischen ihm und seinen letzten Arbeitern stehenden Hilfskräfte Einfluß nehmend ebensoviel Geduld wie Selbstüberwindung gegenüber den Regungen des Unwillens betätigen muß, die das von Mißtrauen geleitete Verhalten des arbeitenden Menschen nur allzuleicht auslöst.

Das wird viel erfolgreicher sein, als so vieles autoritäre Eingreifen, das vom Staat erwartet wird. Wenn vorhin gesagt ist, daß vor einem halben Jahrhundert hinsichtlich der sozialen Bedürfnisse der Appell an den Staat wenig Aussicht auf Erfolg hatte, so muß ich selbst daran erinnern, daß ich damals in meinem Buch über den Minimallohn geglaubt haben formulieren zu dürfen: Wo die Möglichkeit der kollektiven Vertragschließung vorliegt, bedarf es keines weiteren positiven Aktes staatlicher Lohnpolitik. Das war zu rechtfertigen in einer Zeit, in der es noch als Ziel der Sozialpolitik gelten mußte, der kollektiven Vertragsschließung notwendigen Repräsentation „der Arbeitschaft" irgendeines Produktionsgebietes die Anerkennung seitens der Arbeitgeber zu erwirken (mögen sie organisiert sein oder nicht) wofür allerdings gegebenenfalls auch die Unterstützung durch das Gesetz erforderlich sein konnte. Wie ganz anders steht es heute damit. Mit einer zeitgemäßen Plötzlichkeit hat sich darin eine Wandlung in unheimlicher Dimension mit dem Schrei nach Staatshilfe vollzogen.

Man hat nach dem ersten Weltkrieg geglaubt befürchten zu müssen, die offizielle staatliche und die gebietskörperschaftliche Bürokratie könnte die Regierung an sich reißen. Daran ist heute nicht mehr zu denken. Heute hat die Bürokratie der Verbände der Arbeiter, Angestellten, Beamten, Arbeitgeber und Unternehmer unvergleichlich mehr Einfluß und in entscheidenden Augenblicken „Macht" — und hierin liegt ein Tatbestand, der *die Kontinuität, die Lebendighaltung der Klasseninteressen sehr wahrscheinlich macht, deren Zurücktreten gegenüber dem Gesellschaftsinteresse nach wie vor schlechthin Ideal und Postulat der Sozialpolitik ist. Soll es das Schicksal der nächsten Generation sein, daß Machtverhältnisse ausschlaggebender sind als das verläßliche Wissen um die Dinge, in denen wir leben?*

Der Ruf nach dem Staat von so vielen Seiten und in so vielen Richtungen kann vielfach nichts anderes sein, als der Appell an uns selbst. Und das gilt ganz besonders von der Inanspruchnahme des Staates in Richtungen, die finanzielle Aufwendungen notwendig machen, bei denen es wieder die wirtschaftliche Energie ist, die allzuleicht von der Steuerhöhe her gebremst wird, so daß eine kostende sozialpolitische Aufwendung doch auch zum Nachteil des Gesamtgesellschaftsinteresses sich auswirkt.

Dieses Finanzthema hat seine besondere Aktualität in der Sozialversicherung, die so lange Zeit als wertvollster Quaderstein in dem Aufbau der deutschen Sozialpolitik gelten durfte. Sie ist durch die Kriegspolitik des Staates nicht nur um ihre Vermögensreserven für die Rentenversicherung, sondern auch um den psychologisch viel zu sehr unterschätzten Charakter ihres finanziellen Aufbaues gebracht worden, den sie von Anfang an erhalten hatte. Die Zwangsversicherten wie die freiwillig Weiterversicherten konnten das Bewußtsein in sich tragen, daß die Fürsorge für ihre Existenz in Zeiten des Bedarfs nicht aus staatlicher Versorgung, sondern aus dem Arbeitsverhältnis aus einer lebenslangen Berufserfüllung fließt, an der sie selbst in den Betrieben, denen sie ihre Leistungen widmeten, Teil hat.

Es fließen diese Gedanken zusammen mit dem sozialpolitisch unentbehrlichen Prinzip, das Selbstverantwortungsgefühl nicht verkümmern zu lassen, das durch staatliche Erfüllung eines problematischen Anspruches auf Existenzsicherung (das Recht auf Existenz neben dem Recht auf den vollen Arbeitsvertrag und dem Recht auf Arbeit bilden bekanntlich die drei sozialistischen Grundrechtsideen) schwer beeinträchtigt wird. Und damit berührt sich dieses Thema wieder mit der Erkenntnis, daß *letzter Zweck der Sozialpolitik das Menschentum ist, die Bewahrung der Arbeitenden vor dem Versinken in ein Proletariatsgefühl, was nichts anderes bedeutet als Mangel an Interesse für die Gesellschaft, der man zugehört.*

Auch die Stellung des Versicherten in der Verwaltung seines Versicherungsträgers hat sich geändert. Ein wertvoller Zug von Beteiligung an der Verwaltung ist gefallen. Noch um die Jahrhundertwende hat man es für zweckmäßig erachtet, die Sozialversicherungsträger in solcher Größe zu halten, daß die Versicherten selbst untereinander Kontrolle ausüben sollten und konnten. Die Vermassung hat auch hier einen guten Gedanken tot gemacht. Mit der Preisgabe dieser für die Krankenversicherung wichtigen Kontrollmöglichkeit ist die Tendenz, den Kassenbeitrag nach Möglichkeit aus der Kasse herauszuholen, wesentlich ungehemmter zur Geltung gekommen. Es ist aber auch durch die Entwicklung der Versicherungsträger zu Riesenkörpern das Verhältnis der Versicherten zu diesen Trägern anonym geworden, ohne Interesse für ihr finanzielles Schicksal.

Der Gefahrenausgleich, den man durch Vergrößerung der Mitgliederzahl glaubte erreichen zu können, wäre durch Mit- oder Rückversicherung zweckmäßiger zu erreichen gewesen. Auch hier spielen bürokratische Machtinteressen ihre Rolle, nicht zum Vorteil der richtigen Bewertung der Versicherung als leistender Gefahrengemeinschaft. Es ist communis opinio, daß die Krankenversicherung krank ist.

Eine Wandlung in den Voraussetzungen für eine Besitz und Einkommen ausgleichende Wirksamkeit der Sozialpolitik ist unverkennbar seit den Weltkriegen, und zwar nicht nur in Deutschland eingetreten. In Deutschland war der Einkommensaufbau im letzten Viertel des neunzehnten Jahrhunderts, übrigens gewiß auch in England, geeignet für die Annahme, daß eine Besserstellung der breiten Schichten zum Teil durch die Steigerung des Sozialproduktes, zum Teil aber gewiß auch durch Verkürzung der Einkommen der oberen Einkommenschichten möglich ist, ohne das gesamtgesellschaftliche Interesse zu gefährden. Die Möglichkeit dieser Perspektive ist gewiß auch von menschlichen Qualitäten, und nicht zu vergessen, auch von dem Vorhandensein einer entsprechenden sozialorientierten Weltanschauung abhängig.

Aber eine entscheidende Voraussetzung dafür ist zweifellos der Aufbau der Einkommensstruktur. Aber Verteilungsänderungen durch Verschiebungen in dem Nominaleinkommen sind durchaus keine verläßliche Lösung des Problems, das Realeinkommen der breiten Masse der Bevökerung zu heben. Es handelt sich hierbei gleichzeitig um ein Produktionsproblem, denn es gilt, gegebenenfalls ein Produktionsdefizit bei den Gütern für die großen Konsumentenmassen auszugleichen. Dazu kommt: Je größer die Quote ist, die diese breite Masse als untere Konsumentenschicht von der Gesamtbevölkerung ausmacht, um so kleiner muß der reine Nutzertrag irgendeiner Änderung des Nominaleinkommenaufbaues und namentlich eine Verkürzung der hohen Einkommen für jene breiten Schichten werden.

Über das Ausmaß dieser Wandlung können keine bestimmten ziffermäßigen Aussagen gemacht werden, da eine einigermaßen verläßliche statistische Feststellung über Einkommensaufbau und Vermögensverhältnisse seit dem Zusammenbruch für Deutschland jedenfalls noch nicht veröffentlicht ist. Es kann allerdings nur ein merklicher Rückgang der hohen Einkommen und ein entsprechendes Anwachsen der Einkommen der unteren Kategorien als sicher angenommen werden.

Über das Verhältnis der Höhe der Gesamteinkommen der hohen und niederen Einkommenkategorien bestehen gewiß reichlich unrichtige Vorstellungen[8]. Die Quoten der Anteile der verschiedenen Schichten haben sich jedenfalls seit 1912 sehr zum Nachteil der oberen Schichten geändert[9].

---

[8] Auf Grund der Einkommensteuerdaten für Preußen 1912 ergibt sich, daß eine Erhöhung der Einkommen von weniger als 900 Mark (etwa 41 000 000 Einwohner betreffend) auf 3000 Mark 17 Milliarden Goldmark erfordert haben würde, daß aber hierzu das gesamte Einkommen der Schicht mit mehr als 3000 Mark nicht entfernt gereicht hätte, da es nur 3 Milliarden betrug.

[9] Für die sehr beträchtlichen Verschiebungen, die in dem Einkommensaufbau in den Kriegszeiten eingetreten sind, ist es symptomatisch, wenn die

Soll man in dem Ausharren in dem angebahnten Beruf einen idealistischen Zug oder ein Zeichen von zu geringem Realismus erkennen dürfen? — non liquet? Aber in Zeiten tiefgehender Peripetien, wie wir eine erleben, ist Optimismus soziale Pflicht. Er ist es um so mehr, als unverkennbar unter den Wandlungen in den Voraussetzungen für die Erfolgsmöglichkeit der Sozialpolitik eine Wandlung des Menschen seit der Kriegsepoche nicht die unwichtigste ist. Ungeachtet aller demokratischen formalrechtlichen Sicherungen scheint die Kraft der Persönlichkeit seltener zu werden. Über die Sehnsucht nach innerer geistiger Freiheit und nach Sicherung der Humanität scheinen Masseninstinkte Herr zu werden und das selbständige Denken schrumpft gegenüber den technischen Künsten in der Verbreitung kollektiven Denkens durch Presse, Rundfunk und Film.

Es könnte scheinen, daß mit dem Gedanken, der letzte Zweck alles sozialpolitischen Wirkens sei der Mensch mit seinen Interessen, eine unerwünschte Relativität in die Ziele und Aufgaben der sozialpolitischen Arbeit kommen kann. Der Gedanke soll aber nur ganz eindeutig besagen, *daß der Geist der Menschlichkeit, der in Jahrtausenden und jedenfalls im Abendland seit der Christianisierung, wenn auch nicht ohne Schwankungen, doch in einem Trend aufwärts geführt und vertieft wurde, im Arbeitsverhältnis herrschend werden soll.* Die Überlegung, daß es immer erst nur eine Minnderheit ist, die diesen Begriff des Menschentums und der Verpflichtung im Sinne dieses Menschentums kennt, kann ebensowenig diese Zielsetzung beeinträchtigen, wie die schmerzliche Erkenntnis, daß dieses Menschentum in der jüngsten Zeit so grauenhaft verleugnet wurde. Ja, gerade diese Erkenntnis verpflichtet in einer Zeit, in der immer noch so viele Menschen und ganze Völker denken, es könnte darum gehen, durch Gewalt mehr Land zu beherrschen und mehr Güter durch die Arbeit anderer Völker zu gewinnen, sie verpflichtet nur um so mehr im Bereich friedlicher Arbeit. Denn wirklich kann es doch nur darum gehen, das politische und wirtschaftliche Sein so zu gestalten, daß Menschen als Menschen sich gegenüber- und zueinanderstehen, und es gibt in den so außerordentlich komplizierten und verwirrenden Zusammenhängen der menschlichen Wirtschaftsgesellschaft wohl keinen zweckmäßigeren und vornehmeren sozialethischen Leitsatz als den, daß wir alle füreinander da sind und füreinander zu wirken haben.

österreichische Statistik feststellt, daß 1951 der Reallohn des „Arbeiters" nahe an 100 % von jenem von 1936 steht, der des akademischen ordentlichen Professors nicht einmal 50 % erreicht. Es ist nur einer der massenhaften Fälle von Daseinsmisere in den freien, insbesondere den akademischen Berufen, die bei dem immer noch viel zu großen Andrang zum akademischen Studium nicht ernst genug genommen werden kann.

Sozialpolitik gestern und morgen (1952)*

I. Erfahrungen und Überlegungen

Es gibt manches Geschehen in der Geschichte der Menschheit, das der Überwindung oder Abschwächung des Gegensatzes von Arm und Reich zu dienen bestimmt war. Man weiß von solchen Bemühungen aus dem 3. Jahrtausend v. Chr., denn schon 2670 v. Chr. hat der Sumererkönig Urukagina ein sozialorientiertes Gesetz zur Rettung der Theokratie erlassen, und es ist natürlich auch an das bekannte viel präzisere Gesetz Hammurabis mit sehr eingehenden Schutzbestimmungen für die Nichtbesitzenden zu erinnern[1]. Ziemlich zu derselben Zeit gab es übrigens auch in Ägypten in einer Totenstadt Konflikte, die zu einem Streik führten und autoritäres Eingreifen notwendig machten. Israel, das antike Griechenland und wieder in anderer Art das antike Rom haben ihre die Gesellschaft und das Staatsgefüge bedrohenden sozialen Spannungen und reichlich genug politische Aktionen der Staatsgewalt und solche der Selbsthilfe gehabt, denen oft sozialpolitische Züge im modernen Sinne eigen waren. Auch für das Mittelalter existieren genügend Nachrichten über Konflikte zwischen Arbeitgebern und Arbeitnehmern im Handwerk, an die man mit dem Willen zu obrigkeitlichen Regelungen herangetreten ist, mit der Tendenz, eine gewisse Pazifizierung im Arbeitsverhältnis herbeizuführen.

Die Mißstände, die seit dem Aufkommen der neuen gewerblichen Techniken seit dem ausgehenden 18. Jahrhundert zu großbetrieblichen Gestaltungen und mit ihnen zu innerbetrieblichen weitgehenden Arbeitszerlegungen führten, haben durch ihren Zusammenhang mit dem Aufkommen des neuartigen Kapitalismus namentlich im Abendland ihren besonderen Charakter.

Die Ausartungen des industriellen Hochkapitalismus, wie sie namentlich in England seit den Napoleonischen Kriegen zur Alltagserscheinung geworden waren, hatten die Kluft zwischen Arbeitgeber und Arbeitnehmer so gewaltig aufgerissen, daß einsichtige Denker nicht mehr daran zweifeln konnten, es gehe gar nicht mehr bloß um so etwas wie den

---

* Wirtschaftliche Entwicklung und soziale Ordnung, herausgegeben von Lagler-Messner, Wien 1952.

[1] Darüber jetzt Alex. Scharff und Ant. Moorgat, Ägypten und Vorderasien im Altertum, München 1950, S. 241 ff.; Urukagina schützt Witwen und Waisen, schafft Knechtschaft ab, setzt Freiheit ein.

Jahrtausende nachweisbaren Gegensatz von Arm und Reich, auch nicht mehr bloß um das Schicksal der den Machtpositionen des Unternehmertums ausgelieferten Arbeitermassen, sondern um das Schicksal der ganzen Wirtschaftsgesellschaft.

Nun ist freilich das, was mit Parlamentsenquêten und von ihnen ausgehenden Gesetzgebungsakten eingeleitet wurde (wie z. B. Fabrikinspektion, Regelung der Arbeitszeit für Frauen und Kinder in besonders bedrohten Gewerben), um jene so häufigen sozialen Explosionen nicht nur niederzuschlagen, sondern prophylaktisch zu behandeln, Klassenpolitik gewesen: Das Studieren, Planen und Handeln war unmittelbar auf die Verbesserung der rechtlichen und tatsächlichen Lage der Employee gerichtet, auf die arbeitenden Massen der Großbetriebe der Industrie und des Bergbaues.

Je mehr die Entwicklung zu Riesenbetrieben in der Produktion und zu Belegschaftsmassen der einzelnen Unternehmung führte, die sich als Träger sozialer Interessen bewußt wurden — mindestens durch ihre Führer — und je mehr mit dieser Entwicklung machtmäßige Lösungen gesucht und möglich wurden, um so mehr mußte man erkennen lernen, welche Bedeutung der neutrale Charakter dieser über das Schicksal einer einzelnen Klasse hinauswachsenden, sorgenden und wirkenden Sozialpolitik gewinnen kann.

Es hat sich mit dem Ausgang des zweiten Weltkrieges freilich in besonders bedrohender Wucht wiederholt, was schon nach dem ersten Weltkrieg mit den Machtverschiebungen deutlich geworden war: Es gilt den in Jahrtausenden trotz so vieler Zäsuren und gewaltigen Abstürzen immer wieder gewachsenen Funktionszusammenhang der menschlichen Gesellschaft vor Siechtum und völligem Verfall zu schützen. Denn dieser Zusammenhang bedeutet eine Zivilisation, die zum größten Teil nicht ohne einen Verlust an Gesittung preisgegeben werden kann. Es ist klar, daß Voraussetzung für ein in dieser Richtung wachgewordenes Wollen das Erfülltsein von einem bestimmten Gesellschaftsideal ist.

Aber die Geschichte der sozialen Bewegung läßt genügend sozialkritische Situationen erkennen, in denen Ideale bezüglich der Gesellschaftsform, insbesondere der Ordnungsform, recht gleichgültig, jedenfalls unwirksam geworden sind oder, mit anderen Worten, in denen andere als sozialpolitische Ziele trotz der Wucht, mit der diese verfolgt wurden, um der Interessen der Gesamtgesellschaft willen gewinnen konnten und schließlich gewinnen mußten, nach dem alten Erfahrungssatz: Primum vivere deinde philosophari. Nun geht es gewiß auch bei den auf die Gesellschaftsgestaltung gerichteten Ideen und Idealen keineswegs um ein weltfremdes philosophari im engeren Sinne, sondern um recht reelle materielle Interessen. Auch wenn man Spanns Ideen und Lehren nicht schlechthin folgt, muß man sein großes Verdienst anerkennen, in allen Erscheinungen des sozialen Seins nicht Letztes, sondern den Teil eines übergeordneten Ganzen gesehen und gezeigt zu haben. Von Spann darf wohl auch gesagt werden, *was von neuen Theorien, die sich mit großer Schärfe gegen schon bestehende Theorien wenden, weitgehend gilt, sie müssen, wenn sie sich durchsetzen sollen, überspitzt vorgetragen werden,* um Beachtung zu finden, und wenn nach einem Menschenalter, währenddessen die alte gegen die neue Lehre heftig gekämpft hat, Heerschau gehalten wird über den Stand der Dinge, so stellt sich heraus, daß auch die Anhänger der alten Lehre an dem Wertvollen der neuen Lehre nicht mehr vorbeigehen können, so daß so vieles von der neuen Lehre schon Allgemeingut geworden ist, so weitgehend, daß jeder es Nützende sich der zugrunde liegenden Theorie nicht bewußt wird.

Wie die Sozialpolitik nach ihrer Auffassung als eine Politik mit dem Ziel, die dauernde Erreichung der Gesellschaftszwecke zu sichern, zwar wohl Schutz auf Förderung der Arbeitermassen in Angriff zu nehmen hatte, so hat freilich doch auch die Ganzheit, der diese Arbeitermasse eingegliedert ist, den Nutzen gezogen, aber es ist nicht etwa die Wirksamkeit einer zufälligen Kausalität, vielmehr ist die Wirksamkeit auf das Ganze, auf die Gesellschaft teleologisch, also bewußt und gewollt, zu verstehen, und sie ist immer und immer wieder in diesem Sinne anzustreben. Das heißt aber nichts anderes, als von vornherein immer wieder und wieder die Gesellschaftsinteressen wahrzunehmen und darnach *in jeder neuen Lage, in die die Gesellschaft gelangt, die Frage aufzuwerfen, ob und in welchen Teilen des Ganzen ein pathologischer Zustand eingetreten ist, und es ist dieser zum Gegenstand therapeutischer Bemühungen zu machen.*

Das, was nun hier mit der Verbindung des „primum vivere“ mit dem Ganzheitsinteresse gemeint ist, ist nichts Geringeres als eine gesunde, also leistungsfähige Sozialwirtschaft mit allen Wirkungsmöglichkeiten für die Entfaltung wahrer, insonderheit geistiger Kultur in die Tiefe und in die Breite, das heißt in breitere Schichten der Gesellschaft.

Sinnvoll und überhaupt im wahren Sinne effizient kann eine auf Gestaltung der Gesellschaftsordnung und des Wirtschaftsprozesses gerichtete Politik nur sein, wenn die Gesellschaft nicht gerade unter der Wirksamkeit einer sozial sein sollenden Politik kulturell absinkt oder gar zerbricht. Von dieser Gefahr wird im folgenden zu handeln sein.

Das Gesellschaftsideal kann sehr mannigfaltig gedacht werden und ist auch, wie die Geschichte der sozialen Ideen lehrt, so reichlich mannigfaltig gedacht worden, daß mit gewissen Ordnungsprinzipien allein auch nur eine Systematisierung dieser Ideale gar nicht erreicht werden kann. Man denke etwa an die ideale Gesellschaft der Utopia, von der Mytlodäus bei Thomas Morus berichtet, einerseits und unsere heutige Verkehrswirtschaft mit einer mehr oder minder starken Überlegenheit des Finanzkapitalismus von Wall Street anderseits. Welche riesige Skala von Varianten zwischen diesen beiden Modellen ist doch denkbar! Sozialpolitik muß aber, wenn sie auf Dauer Bestand und Wirkung haben soll, immer auf die Leistungsfähigkeit der Gesamtgesellschaft abgestellt sein, sie muß ihr angemessen sein. Dabei gilt es zu erkennen, daß, je höher entwickelt eine Wirtschaftsgesellschaft ist, daß heißt je stärker, in je höherem Grade die einzelnen durch die Intensivierung der Arbeitsteilung technisch-beruflich spezialisiert und differenziert sind, um so weniger läßt sich eine pyramidenähnliche Schichtung der Gesellschaft vermeiden, wobei aber diese Pyramide durchaus nicht etwa schlechthin als eine menschliche Rangabstufung gedeutet werden kann. Wie aber das Absinken der gesellschaftlichen Leistungsfähigkeit in der Regel eine Verminderung der Möglichkeit für die Durchsetzung sozialpolitischen Wollens und seiner Verwirklichung zur Folge haben wird, so ist auch bei der Gestaltung der Sozialpolitik auf diese Leistungsfähigkeit unbedingt Bedacht zu nehmen. Und das um so mehr, wenn die Sozialpolitik durch ihr Wirken das Niveau der Gesamtgesellschaft mindestens zu sichern, womöglich zu heben bestimmt sein soll. Nun kommt es offenbar darauf an, wie die sozialpolitischen Maßnahmen mit ihren wirtschaftlichen Erfordernissen den normalen Ablauf der Sozialwirtschaft beeinflussen oder überhaupt zur Leistungsfähigkeit der Wirtschaftsgesellschaft stehen. Drei mögliche Fälle sind insbesondere auseinanderzuhalten:

1. Die Sozialwirtschaft ist so leistungsfähig, daß ihr Sozialprodukt hinreicht, um eine geforderte Erhöhung der Lebensführung der von der Sozialpolitik zu fördernden Schichten zu ermöglichen.
2. Das Sozialprodukt ist nicht groß genug, um eine Forderung der Sozialpolitik zu erfüllen, z. B., die Erhöhung der Nominallöhne zu einer Erhöhung der Reallöhne gelangen zu lassen: Dann besteht die Gefahr des Versagens der Sozialpolitik und der Sozialwirtschaft.
3. Die sozialwirtschaftliche Leistungsfähigkeit ist so erheblich, daß sie auch eine Verkleinerung ihres Sozialproduktes unter dem Einfluß der sozialpolitischen Maßnahmen (Arbeitszeitkürzung u. ä.) vertragen kann.

Als in Deutschland 1872 der Verein für Sozialpolitik sich für die Einleitung einer gründlichen und ehrlichen Sozialpolitik einsetzte, war die Sachlage des dritten Falles gegeben.

Unter allen Umständen geht es um die Frage: Wo liegen die Grenzen für die Sozialpolitik? Die Antwort kann lauten: Wahrscheinlich in der Änderung der Kaufkraft der Geldeinheit, wenn das Verhältnis zwischen Produktionsleistung der Arbeit und dem Einkommen, das die Arbeiter für die Leistung beziehen, sich in der Richtung verschiebt, daß die Leistung wertmäßig zurückbleibt, so daß der Realwert der Einkommen sinkt. Die Antwort kann aber auch lauten: Die Grenzen liegen bei der Unternehmungsfreudigkeit, wenn durch die Kosten der Sozialpolitik die Reinerträge der Unternehmungen schrumpfen.

Diese Überlegungen führen zur Analyse der Maßnahmen der Sozialpolitik darauf hin, ob sie eine Beeinträchtigung des Sozialproduktes bewirken oder nicht. Eine solche Analyse führt zur Gegenüberstellung zweier Gruppen von Maßnahmen und Wegen:

a) Maßnahmen, die die Wirtschaft mit Kosten belasten: *Kostende Sozialpolitik;*

b) Maßnahmen und Methoden, die wirtschaftlich keine Kosten verursachen: *Kostenlose Sozialpolitik.*

II. Kostende Sozialpolitik

Die Überlegung, welchen Aufstieg die Lebensführung der breiten Massen der Bevölkerung in den 25 Jahren vor dem Ausbruch des ersten Weltkrieges erfahren hat, veranlaßt, daran zu erinnern, daß dieser Aufstieg unter wesentlich anderen Arbeitsbedingungen vor sich gegangen ist, als sie uns heute selbstverständlich geworden sind. Es gab noch keine 48-Stunden-Woche, der 10-Stunden-Arbeitstag herrschte vor, Sonntagsruhe war in den ersten Jahren nur vereinzelt verwirklicht, und vor allem die Entscheidung über eine Reihe von Arbeitsbedingungen war durch die Überlegenheit der Arbeitgeberposition bestimmt. Das Koalitionsrecht war zwar gesetzlich formuliert, war aber in der Durchführung vielfach so erheblich gehemmt, daß von einem wirklichen Kollektivvertrag als Grundlage des Arbeitsverhältnisses nur sehr teilweise geredet werden konnte. Auch dieser Aufstieg gehört zu den Dingen, die man erlebt haben muß, um eine Vorstellung davon zu gewinnen, wie weitgehend eben doch die intensive Ausnutzung menschlicher Arbeitskraft der Entfaltung der Unternehmungen gedient hat, allerdings gleichzeitig auch die produktiven Kräfte der Gesamtgesellschaft durch die in jenem Zeitraum eingetretene gewaltige Förderung auf dem Wege technischer Errungenschaften (Elektrotechnik, chemische Industrie!) gehoben worden sind. Das Sozialprodukt wurde damit so sehr vermehrt, daß eine sehr wesentliche Hebung des Lebensniveaus breiter Bevölkerungsschichten und insbesondere der industriellen Arbeiter möglich geworden ist. Man muß sich beispielsweise nur daran erinnern, welch armseliges Licht durch ein Öllämpchen oder eine Kerze in den Wohnräumen von Industriearbeitern verbreitet wurde, verglichen mit der Helligkeit einer elektrischen

Birne[2]. Gerade in dieses Vierteljahrhundert vor dem Weltkrieg, das nach der Aufhebung des Sozialistengesetzes begann, sind die Wirkungen jener sozialpolitischen Maßnahmen gefallen, mit denen gleichzeitig die Steigerung der Leistungsfähigkeit der industriellen Produktion und damit der ganzen Wirtschaftsgesellschaft fühlbar geworden ist. Es darf allerdings auch nicht vergessen werden, daß und wie sehr gerade durch Arbeiterschutzmaßnahmen nachhaltig die Leistungsfähigkeit, die technische Produktivität der individuellen Arbeitsleistung gehoben wurde. Erinnert sei nur an die Wirkung der Sonntagsruhe auf die kontrollierte Leistung von Akkordarbeitern.

So hatte die Sozialpolitik in den neunziger Jahren sich zu entfalten begonnen und bis zum Ausbruch des ersten Weltkrieges Erfolge aufzuweisen gehabt, die der wirklich nur Sozialpolitik Wollende nicht nur übersehen, sondern als erfreuliches Ergebnis anerkennen mußte. Würde man eine Gewinn- und Verlustrechnung für das wirtschaftliche Unternehmen aufzustellen gehabt haben, so würde es schwergefallen sein, die Kosten, die dieses wirtschaftliche Unternehmen aufzuwenden gehabt hat, einwandfrei auch nur annähernd in eine Ziffer zu bringen. Es wird keinem Kenner der Dinge ernstlich einfallen, zu behaupten, daß nicht da und dort Lohnerhöhungen oder Arbeitszeitkürzungen durch Streiks oder Aussperrungen in dieser oder jener Industriegruppe Ertragsausfälle nach sich gezogen haben. Es mag auch da und dort durch eine Konfliktsituation eine Exportlieferung zum Scheitern gekommen sein, aber das, was vor allem von der Sozialpolitik angestrebt wurde, die Besserstellung der großen Masse der Arbeiterschaft im Betrieb, also im Berufsleben, aber auch im privaten Leben, konnte für jeden, der mit diesen Dingen in Fühlung gestanden hat, in Gewißheit bestehen. Was aber freilich bis zum Ausbruch des ersten Weltkrieges nicht gewonnen war, das war eine grundsätzliche Neigung zum sozialen Frieden auf der Basis einer Einsicht, daß eben gerade in der zurückliegenden Zeit eines Vierteljahrhunderts eine solche Besserstellung von Millionen Arbeitern Tatsache geworden war.

Will man sich diesen offenbaren Mißerfolg, daß eine solche von Einsicht getragene Neigung nicht gereift war, zu erklären suchen, so kann es vielleicht am richtigsten mit der alten Wahrheit getan werden, *daß die Welt allzu rasch vergißt, was war.*

Man möchte übrigens fast auch glauben, daß *eine Art von Gesetzmäßigkeit sich hier wieder in dem Sinne bewähren will, daß auch alles sozialpolitische Wollen und Wirken einer sinkenden Erfolgsrate unter-*

---

[2] Auch in Großbritannien ist erst von den neunziger Jahren an ein merklicher Aufstieg eingetreten. Vgl. hierzu B. Pfister, Sozialpolitik als Krisenpolitik, Stuttgart 1936, S. 8, zit. Bowley, The change in the distribution of the national income 1880 bis 1913, London 1920.

worfen ist. Je bedeutsamer die ersten Fortschritte einer Politik sind, um so kleiner erscheinen und um so weniger werden die folgenden Fortschritte in der Fortsetzung einer solchen Politik empfunden.

Die Verbesserung der Lebensführung der breiten Arbeiterschichten konnte sehr erheblich sein und wird erheblich sein können: *Einmal erreicht aber wurde und wird das Erreichte als Selbstverständlichkeit empfunden.* Verhältnismäßig nur wenige Arbeiter haben genügend Wahrheitssinn und Mut, den Fortschritt als bedeutsam unumwunden anzuerkennen. So wird es auch in Zukunft sein. Das ist der Menschen Art, und nicht um solche Anerkennung als Dauerwirkung kann es ehrlicher Sozialpolitik gehen.

Erreicht werden muß aber, daß die breiten Schichten verstehenlernen, daß das Schicksal der Gesamtgesellschaft ihr eigenes Schicksal ist, und zwar um so mehr, je größer ihre Quote an der Gesamtbevölkerung ist.

III. Kostenlose Sozialpolitik[3]

Unternehmer, die nicht nur große Männer der wirtschaftlichen Konzeption, sondern auch große Menschen gewesen sind, haben sich zumeist auch als Sozialpraktiker bewährt. So hat vor 30 Jahren auch Bosch auf eine sozialpolitische Aufgabe hingewiesen, die gerade in Deutschland von den Unternehmern so sehr wenig erfaßt worden ist. Bosch hat als eine ganz wichtige Funktion des Unternehmers in der Industrie seinen Berufsgenossen ans Herz gelegt, gegen das Mißtrauen zwischen Unternehmer und Arbeiter anzukämpfen und Vertrauen zu erwecken. Es ist recht wichtig, der Ätiologie dieses Krankheitsgebietes im Bereich des Arbeitsverhältnisses mehr Aufmerksamkeit zu schenken, als dies bisher geschehen ist. Ganz besonders schlimm stand und steht es damit vielfach in der deutschen Wirtschaft. Ich habe es schon wiederholt als Problem, um das es hier geht, formuliert, daß der Unternehmer und seine Betriebsleiter bis in die Stufe der Meister und Vorarbeiter in ihren nächsten dienstmäßig Untergeordneten nicht nur den Berufsträger, den Erfüller einer betrieblichen Aufgabe, sondern auch den Menschen sehen und als solchen behandeln sollen.

Der sozialpolitisch positiv eingestellte Volkswirt darf gewiß nicht verkennen, daß die großen Unternehmerpersönlichkeiten aus einem besonderen Holz geschnitten zu sein pflegen, ja wohl auch sein müssen. Aber es ist eine recht einseitige Orientierung, wenn dabei zweierlei übersehen wird: Einmal, daß gerade in Deutschland hervorragende Unternehmer, auch wenn sie aus einem für den Kampf um die Durchsetzung des Wirtschaftsplanes ihres Unternehmens geeigneten Holz geschnitten sind,

[3] Vgl. Otto Neuloh, Zur sozialen Ordnung der Mittelschicht des Ruhrbergbaues, in: Soziale Welt, 2. Jg. Heft 2.

doch auch ein vortreffliches Verhältnis zu ihrer gesamten Belegschaft zu gewinnen wußten und wissen, und zweitens, daß aber gerade in Deutschland die Zahl der Betriebe besonders groß ist, in denen das Menschliche in dem Verhältnis zum Arbeiter ganz zurücktritt gegenüber dem nur vom wirtschaftlichen Interesse bestimmten Dienstverhältnis.

Die Dinge liegen auch innerhalb des deutschen Wirtschaftsgebietes ganz und gar nicht einheitlich. Und so gibt es Gebiete, in denen es mit diesem Verhältnis auffallend unerfreulich stand und steht, territoriale Gebiete, aber auch bestimmte Kategorien von Betrieben.

Während einer vierjährigen Tätigkeit als ständiger Sachverständiger der Reichswirtschaftsenquête 1926—30 hatte ich Gelegenheit, unmittelbare Eindrücke von der sozialen Gesinnung der Eigentümer mittelgroßer sächsischer Unternehmungen zu gewinnen. Es war eine Einstellung, die alles, was man in der Weimarer Republik glaubte an sozialer Reife voraussetzen zu dürfen, in erschütterndem Maße vermissen ließ, und es waren besonders schlimme Fälle gerade solche, in denen gerade tüchtige Arbeiter sich zum Fabrikbesitzer hinaufgearbeitet hatten.

Übrigens ist auch in der Welt sozialer Beziehungen Mannigfaltigkeit das Normale. Aber ich glaube mich keinerlei Generalisierung einzelner Beobachtungen schuldig zu machen, wenn ich die Verschiedenheit der Berufsauffassung einerseits in der Hierarchie der industriellen Betriebsstruktur und korrespondierend andererseits die Verschiedenheit des militärischen Stils und seiner Präponderanz im bürgerlichen Dasein in einen Zusammenhang bringe. Es liegt ja auch nur zu nahe, daß, wo ein immerhin ein paar Jahre dauernder Erziehungsprozeß in einem Geiste, wie er im preußischen Heer und der kaiserlichen Marine aus alter Tradition herrschte, sich in seinen Wirkungen auch in das spätere Berufsleben der so Erzogenen fortsetzte, der sich des Menschen bemächtigt hat.

Ich habe im Zusammenhang mit Lohnstudien um die Jahrhundertwende das employer-employee[4]-Verhältnis sowohl in Österreich als in vielen Teilen Deutschlands kennengelernt. Es war ein starker Eindruck von der unvergleichlich größeren Härte und Schroffheit, mit der nicht etwa gerade die Fabrikherren, sondern vor allem die Zwischenglieder zwischen der obersten Leitung und den in der Rangliste Untenstehenden diesen gegenüber in deutschen Betrieben aufzutreten pflegten.

Es hat an Schroffheit auch das employer-employee-Verhältnis in Großbritannien nicht fehlen lassen. Es genügt eigentlich, auf die Rolle des Armenfürsorgewesens in der Form des Allowancesystems hinzuweisen: Es war Lohnergänzung aus Armensteuereingängen! Die damit zusammenhängende Einstellung der Unternehmer zu den Arbeitslosen

---

[4] Ich verwende absichtlich diese Bezeichnung, weil es sich nicht nur um die „Arbeitgeber“-Beziehung zum Arbeiter handelt, sondern auch und gerade viel entscheidender um die Einstellung der Zwischenstellen in den Betrieben.

(ablebodied) als eine Kategorie von Landstreichern und Bettlern war begreiflich genug; sie beherrschte das Arbeitsverhältnis im ersten Drittel des 19. Jahrhunderts in vielen Industriegegenden. Im vollsten Sinn des Wortes erschütternd sind die Eindrücke, die man aus dem Studium der Blaubücher, der Kommissionsberichte des englischen Parlaments aus der Zeit der Konflikte der zwanziger und dreißiger Jahre gewinnt. Und daß sich auch hundert Jahre später namentlich in den Kohlengruben ein über Menschenschicksale hinwegsetzender Herrenstandpunkt (my house my castle) durchsetzen konnte, bezeugt manche Kunde noch aus den zwanziger Jahren unseres Jahrhunderts sogar während der Regierung MacDonalds.

Nun wäre mit einer anständigen, mindestens wirklichem Christentum genügenden Haltung viel darin zu bessern. Um an einer typischen Verkehrsform zu exemplifizieren: Das Duzen des Arbeiters durch einen Vorgesetzten, das als Geringschätzung empfunden wird, wäre so leicht zu beseitigen. Es ist heute nicht mehr wie vor zwei Generationen. Das „Du", mit dem der alpenländische Sensenwerkbesitzer (der „Hammerpoppel") mit seinen Hammerschmieden verkehrte, war äußerer Ausdruck einer Arbeitsverfassung, nach der der Hammerherr als ein verläßlicher Schützer nicht nur des Schmiedes, sondern auch seiner ganzen Familie galt und wirkte. Dieser Charakter des Arbeitsverhältnisses ist nicht nur mit der Anwanderung aus einer agrarisch-forstlichen Umwelt in dichtere Siedlungsgebiete, dem Gesetz der Standortswahl folgend, sondern natürlich auch mit der Vergrößerung der Betriebseinheiten verlorengegangen, und mit dem Arbeitsverhältnis haben die äußeren Zeichen des einst so vielfach im besten Sinne patriarchalischen Verhältnisses den Charakter der Vertraulichkeit einbüßen müssen.

Aber es kommt natürlich nicht nur auf grammatikalisch pronominale Verkehrsgewohnheiten an. C'est le ton qui fait le chanson. Es überaus zu beklagen, daß alle diese Leitungsfunktionäre nicht Gelegenheit haben, bei sozial einsichtigen Betriebsleitern in die Schule zu gehen, um zu lernen, wie man das Vertrauen von einfachen Menschen gewinnt, deren Mißtrauen aus doch immerhin sehr augenscheinlichen Verschiedenheiten der materiellen Daseinsführung und aus Tradition geboren ist und — in Deutschland vielfach wenigstens aus der Kaserne stammt.

Man kann es gerade unter dem Gesichtspunkt der Unentgeltlichkeit solcher Wandlung im Arbeitsverhältnis als einer wirksamen sozialpolitischen Maßnahme nicht genug begrüßen, wenn von sozial pazifizierenden, grundsätzlich neutralen Einrichtungen systematisch solche Formen anständigen Verkehrs mit der Belegschaft von den in Frage kommenden Funktionären gefordert werden[5]. Sie liegen wirklich ganz weit-

[5] Hierfür zu vergleichen die Arbeit der, wenn auch manchmal etwas einseitig optimistischen, im ganzen aber überaus verdienstvollen Zeitschrift Soziale Welt (Dortmund), hrsg. von der Sozialforschungsstelle Dortmund im Na-

gehend im Interesse der Unternehmungen selbst. *Die patriarchale Arbeitsverfassung hat ihre Schönheiten und Zweckmäßigkeiten gehabt.* Auch hier wird so viel Wertvolles vergessen, darunter einer der wertvollsten Züge, den das Arbeitsverhältnis bewähren konnte, die Treue zum Werk. *Aber es gilt endlich zu erkennen, daß jene Verfassung mindestens für die abendländisch-amerikanische Welt ein Anachronismus geworden ist, da ja die objektive Gesetznorm, unvermeidlich und notwendig generalisierend, an die Stelle der subjektiven Fürsorglichkeit treten mußte.*

Insoweit ist die USA-Industrie glücklicher, deren Unternehmerschaft von vornherein, ohne die patriachalische Vorstufe mit ihrer Traditionskraft überwinden zu müssen, einer Arbeiterschaft gegenüberstand, in der das Streben nach und das Rechnen mit späterer Selbständigkeit und überdies freilich eine zumeist günstige Arbeitsmarktlage das Rückgrat für die Haltung gegenüber dem Unternehmer streiften.

IV. Eine neue Aufgabe für morgen

Es gilt aber die Sozialpolitik auch unter einem anderen Gesichtspunkt zu sehen.

Sozialpolitik ist, auf das Ganze gesehen, eine Summe von Institutionen, die, wie etwa der Ideenkreis der Versicherung, eine große Gefahrenquelle für die Gesellschaft und einen gewaltigen Schadenkomplex zu bekämpfen hat und damit eine dreifache Aufgabe lösen muß:

1. Schadensvermeidung oder -verhütung.
2. Bekämpfung und Unterdrückung eingetretener Schäden in ihrem Werdeprozeß auf ein möglichst geringes Ausmaß.
3. Die Versicherung gegen solche Gefahren, also die Aufteilung der tatsächlich eingetretenen Schäden, die einzelne betroffen haben, auf alle von derselben Schadensgefahr Bedrohten.

Es ist berechtigt, wenn man mit Otto Neuloh[6] der Sozialpolitik in Deutschland den Vorwurf macht, daß sie die erste Aufgabe zu wenig erkannt und schon gar nicht in Angriff genommen hat. Hier wird die Sozialpolitik von morgen tiefschürfend zu wirken unternehmen müssen. Daß es bisher nicht geschehen ist, hängt mit dem Glauben an die Zulänglichkeit von Gebots- und Verbotsnormen zusammen, deren Reichhal-

---

men der Arbeitsgemeinschaft sozialwissenschaftlicher Institute. Zu ihrem Bestreben, als Sozialpolitik Gesellschaftspolitik und betriebliche Sozialpolitik zu propagieren vgl. auch L. H. Adolph Geck, Sozialpolitische Aufgaben, Tübingen 1950, und W. Weddigen, Deutsche Sozialpolitik, Jena 1933.

[6] Otto Neuloh, Zur sozialen Ordnung der Mittelschicht des Ruhrbergbaues, in: Soziale Welt, 2. Jg., Januar 1951. Derselbe: Sozialforschung — eine öffentliche Angelegenheit, ebenda, 1. Jg., Heft 2, Januar 1950.

tigkeit den Deutschen seit so langer Zeit kennzeichnet und wenig beliebt gemacht hat.

Es muß endlich eingesehen werden, daß es mit der Gesetzes- und Behördenfunktion allein nicht getan ist. Der Glaube an das Alleskönnertum des Beamten ist an diesem Versäumnis mit schuld, es hat nur ein institutionelles Denken gezüchtet. „Dieses institutionelle Denken ist in Verbindung mit der herkömmlichen Auffassung, soziale Krankheitserscheinungen durch möglichst bis ins einzelne gehende Gesetze bekämpfen zu können, bis heute ein Erbteil der Bismarckschen Sozialpolitik geblieben. Länder, wie die USA und England, die vielfach Jahrzehnte später als Deutschland zur Einrichtung sozialpolitischer Behörden und zum Erlaß sozialer Gesetze, meistens Rahmengesetze, kamen, sind über die Auffassung der öffentlichen Sozialpolitik in Deutschland längst hinausgegangen und zu den eigentlichen Aufgaben durchgestoßen, die einer Sozialpolitik gestellt sind[7], deren Aufgabe Sicherung der Gesellschaftszwecke ist. Dies mit der Konsequenz, daß alle Verantwortung für irgendwelche Schäden dem Herrn Staat überwiesen wird, der aber schließlich niemand anderer ist als wir alle zusammen. *Je schwächer aber wirtschaftlich die Leistungsfähigkeit eines Staates ist, um so wichtiger wird in der Reihe der Schadenbekämpfungsmethoden die erste: Die Schadenverhütung.* Aber wenn die Krankenkassen und die Invalidenversicherung auf einem beschränkten Gebiet die Verhütung des Siechwerdens betreiben, so ist das absolut unzulänglich.

Es gilt die Kosten der Sozialpolitik zu vermindern dadurch, daß Schäden überhaupt verhütet werden und nicht bloß, daß, wenn sie voll wirksam geworden sind, sie dem Geschädigten vergütet werden. *Dieser Gedanke muß auch noch in der Sozialversicherung in ganz anderer Intensität verwirklicht werden, wenn nicht die tiefe große Idee der Versicherung in die allgemeine staatliche Versorgung abgleiten soll.*

Freilich darf der Versicherungsapparat mit seiner Beschäftigung von so viel tausend Büroarbeitern nicht als unentbehrliche Institution zur Verminderung der Arbeitslosigkeit aufgefaßt werden. Demokratische Institutionen haben nur dann einen Sinn, wenn sie nicht bloß formales Recht zur Abstimmung und zur Produktion der Fiktion einer „öffentlichen Meinung“[8] schaffen, sondern wenn sie die Individuen der Gemeinschaft zum Bewußtsein ihrer eigenen Verantwortlichkeit für ihr Schicksal und damit für das Schicksal der Gesellschaft erziehen und zum Tragen dieser Selbstverantwortung bringen.

Der Geist der Sozialpolitik im Sinne eines steten Bedenkens der Wirkung alles sozialen Geschehens auf die Gesamtgesellschaft muß in brei-

---

[7] Otto Neuloh, a. a. O.

[8] Karl Jaspers. Die geistige Situation der Zeit, 5. Aufl., Berlin 1932.

ter Front in die deutschen Menschen gesät werden. Dann wird man darauf verzichten lernen, immer nur den Staat als Mädchen für jeden Notfall als verantwortlich in Spruch zu nehmen.

Im vorstehenden sind manche Schatten scharf geworden. Aber wo es zu verstehen gilt, darf auch die Ehrlichkeit eines subjektiven Eindrucks nicht unterdrückt werden, wenn sie auf Beseitigung von Mißständen hinarbeiten wollen, und zwar gerade um so mehr, je stärker der Eindruck ist, wie viel von den Mißständen wirklich nur durch menschliche Haltung überwunden werden könne. Das kann und wird erreicht werden, wenn dort, wo die Einstellung des einzelnen zur Gesellschaft die erste pädagogische Behandlung bildet, in der Schule, in diesem Sinne gewirkt wird.

Wenn heute Professoren zur sozialen Friedfertigkeit mahnen und vor den Kampfmitteln warnen, die das Verhältnis zwischen Bedarf und Dekkung verschlechtern, unter dem Gesichtspunkt des Gesellschaftsinteresses warnen, so haben jene von ihnen, die vor 50 und mehr Jahren zu den unerschrockenen Kämpfern für die Rechte des vierten Standes, also der großen und breiten Schichten der Arbeiter, gehörten, die für die Förderung der Interessen der Arbeiter in einzelnen Fällen auch auf Kosten von Unternehmergewinnen sich vorbehaltlos einsetzten, das Recht, heute auch daran zu erinnern, daß allzu scharf nicht nur schartig, sondern das Werkzeug gebrauchsunfähig machen kann. Beide Arbeitsparteien haben die Pflicht, ihr Wirken nicht nur als ein Mittel zur Gewinnung eines Einkommens aufzufassen, sondern als Leistung im Dienste der ganzen Wirtschaftsgesellschaft, in die sie eingegliedert sind.

Das ethische Prinzip, von dem die Menschheit, allermindest aber die christliche abendländische Gesellschaft erfüllt sein muß, das Prinzip, von dem ihr wirtschaftliches Handeln getragen sein sollte, ist das des Solidarismus. Es gilt unter allen Umständen, eine verheerende Wirkung der Kriegszeit und ihrer Nachwirkung in dem Denken und Trachten der Individuen nicht zu übersehen und den von ihr ausstrahlenden pathologischen Zustand zum Gegenstand der sozialpolitischen Zielsetzung zu machen. Diese Wirkung ist ein unheimliches Umsichgreifen des Egozentrismus, also des kontradiktorischen Gegensatzes einer dem Solidarismus entsprechenden Haltung jedes einzelnen, die seine tätige Bereitschaft zum Handeln aus dem Bewußtsein zur Pflicht macht, daß wir alle nach einem über uns waltenden Willen füreinander da sind.

Die ungeheure, vorher kaum je in solcher Intensität gekannte Lebensgefahr durch die Extension der Kriegshandlung hat in den das Kriegsende überlebenden Massen in Mitteleuropa und besonders in Deutschland vielfach eine Steigerung des Verlangens nach Lebensgenüssen ausgelöst, die in ihrer Unbeherrschtheit gewiß weder erfreulich noch zweckmäßig, aber im Hinblick auf das, was an Wiederaufbau geleistet wurde — es ist nicht gleichgültig, daß das gerade im Ausland Anerkennung findet —, menschlich begreiflich ist.

Mehr als bedauerlich, geradezu verhängnisvoll könnte es werden, wenn ein anderer, heute nicht zu übersehender soziognomischer Zug an einer großen Teilmasse der Berufsarbeiterschaft — es ist mindestens eine bedenklich große Minderheit — eine Verbreiterung und Vertiefung erfahren sollte. Wer durch ein langes Menschenleben Gelegenheit gehabt hat, das Verhältnis der Menschen zur Arbeit: Arbeitsunlust und Arbeitsscheu[9], zu beobachten, muß zu dem Schluß kommen, daß die Quote der Arbeitsfreudigen merklich kleiner geworden ist. Es darf angenommen, ja gehofft werden, daß sich nur vorübergehend die inertia militantium so vieler nachhaltig bemächtigt hat. Aber zur Zeit muß mit einer wirklichen Gewandeltheit der Menschen gegenüber der Zeit vor der Kriegsperiode seit 1914 gerechnet werden.

Es gibt aber auch zu denken, daß das Gefühl für Solidarität, das, soweit wir nach ethnosoziologischen Forschungsergebnissen behaupten dürfen, am Anfang des Menschendaseins für das menschliche Zusammenleben fundamentale Bedeutung gehabt hat und die Ungleichheit in dem Erfolg der der Nahrungsbeschaffung gewidmeten Arbeit auszugleichen vermochte, mit der Entwicklung der menschlichen Gesellschaft fast verlorengegangen und nur als Ausnahme von wenigen Institutionen und Organisationen (zumeist auf religiöser Grundlage) weitergepflegt und dadurch erhaltengeblieben ist.

Alfred von Martin[10] hat für das Verhältnis des Menschen zur Arbeit nur im Zeitraum seit der Reformation die große Wandlung nachgewiesen, von der man wohl nichts anderes so bestimmt behaupten darf, wie daß die geistige Bewegung einer Zeit den Menschen der Zeit formt und ihn daher auch in seinem Verhältnis zur Arbeit, in seiner Auffassung von der Bedeutung der Arbeit für ihn, auch in seinem Innenleben selbst bestimmt. Damit allein schon ist er von der jeweiligen Geistesbewegung seiner Zeit beherrscht und damit — das ist das hier entscheidende — jeweils ein anderer als seine demselben Volk oder Stamm angehörenden Voreltern.

---

[9] Ich habe 1890 als freiwilliger Armenpfleger nach dem Elberfelder System dieses Verhältnis zu beobachten begonnen.

[10] Alfred v. Martin, Die bürgerlich-kapitalistische Dynamik der Neuzeit seit der Renaissance und Reformation, Histor. Zeitschrift, 172. Band.

Wandlungen in den Voraussetzungen der Sozialpolitik (1953*)

Post tot discrimina rerum — wenn man sich Europa im Schicksalsaugenblick des Zusammenbruches 1945 vergegenwärtigt — liegt für den, der mit Besinnlichkeit über die sieben Jahrzehnte seit dem Beginn staatlicher sozialpolitischer Aktivität zurückzuschauen vermag, die Frage nach den Wandlungen in den Leistungen und Aufgaben der Sozialpolitik nahe genug.

Der Bogen, in dem das — Sozialpolitische — wirklich gesehen werden darf, ist sehr groß. Geht es doch nicht nur um das körperliche, sittliche, seelische und kulturgeschichtliche Dasein von so vielen Millionen Menschen, sondern, wie man heute doch wohl sagen darf, mindestens auch darum, daß der Irrtum einer großen Idee, als die der Zusammenbruchglaube des Marxismus für das kapitalistische Wirtschaftssystem aufgefaßt werden muß, durch die Welt der sozialpolitischen Tatsachen erwiesen worden ist, daß in der Wirklichkeit des industriekapitalistischen Arbeitsverhältnisses Marxens Mehrwertlehre und seine in ihrer Konsequenz liegende Verelendungstheorie die Grausamkeit ihres Determinismus, ihrer inneren Unabwendbarkeit, verloren hat.

Will man aber das ganze Gebiet des — Sozialpolitischen —, beginnend mit der Kritik um die Wende vom 18. zum 19. Jahrhundert, die Kritik an den grauenerregenden Zuständen in den Bergwerken und den großindustriellen Betriebsstätten Englands und dann folgend die ersten ganz elementaren Verbotsgesetzgebungsakte (vom Kinderschutz 1802 angefangen) bis zum Ausbau der Sozialversicherung mit der Arbeitslosenversicherung in den schon sehr komplizierten Gesetzen auf Wahrscheinlichkeitsgrundlage, will man also dieses — Sozialpolitische — in seinem Werden und Wirken erfassen, so geht es nicht nur um das, was er geschaffen und wie es gewirkt hat, sondern auch um die Zukunft, um das was werden will, werden kann und soll.

Eine Überlegung darüber führt zur Frage nach den Voraussetzungen, unter denen all dies Wirklichkeit werden konnte und geworden ist. Elementare Voraussetzungen waren:

1. die Welt der Tatsachen grauenerregender Zustände, die die Kritik herausgefordert haben;

---

* Scritti di Sociologia e politica in onore di Luigi Struzo, Bologna 1953, Bd. III.

2. die Einsicht in die Notwendigkeit, durch Sozialpolitik die Gefahr des Verfalles der Gesellschaft des Abendlandes zu bannen;
3. der entscheidende Wille hierzu bei denjenigen Stellen in Staat und Gesellschaft, die über die Autorität und Kraft verfügten, entscheidend wirksame Änderungen in der Sozialordnung herbeizuführen;
4. soweit für die als notwendig erkannten Sozialreformen es um tiefergreifende Änderungen in den Spannungen zwischen den besitzenden und den nichtbesitzenden Schichten zugunsten dieser letzteren gehen mußte, war es eine Voraussetzung, daß die Leistungsfähigkeit der Besitzenden und damit die materielle Leistungsfähigkeit der ganzen Wirtschaftsgesellschaft groß genug waren, um die Kosten der sozialpolitischen Erfordernisse zu tragen.

In diesen Voraussetzungen ist durch die Sozialpolitik in der Mehrzahl der abendländischen Staaten Wandel geschaffen worden. Wohl gibt es immer noch da und dort Mißstände in den Arbeitsverhältnissen und im Zustande der Betriebsstätten, dic bekämpft werden müssen. Aber im allgemeinen haben sozialpolitische Normen nicht nur richtiges Handeln erzwungen, richtige Betriebsordnungen, geeignete Einrichtungen zur Sicherstellung der Pflichterfüllung und dgl., sondern es ist auch die Erkenntnis bei der großen Zahl der Betriebsleitungen wach geworden, daß alles, was in der Betriebsgestaltung dem Arbeiter förderlich und damit geeignet ist, die Freude zur Arbeit bei der Arbeiterschaft an die Stelle des Mißmutes treten zu lassen in der Betriebsrechnung positiv zu bewerten ist.

Im Bereich dieser Aufgabe kommt es allerdings in kapitalschwachen Volkswirtschaften zu Schwierigkeiten, wenn zwar die Einsicht in die Zweckmäßigkeit der sozialpolitisch geforderten Maßnahmen und der beste Wille bei den Betriebsleitungen vorhanden sind, aber die Finanzierung der notwendigen Ausstattung der Betriebsstätten aus privaten Vermögensmitteln nicht erreichbar ist.

Hierin ist nun eine wesentliche Wandlung in der Verwirklichung sozialpolitischer Erfordernisse insoweit eingetreten, als in der Frage der Kapitalbeschaffung und damit im Bereich der makroökonomischen Wirtschaftsdisposition der Staat in eine neue Stellung gedrängt wird.

Die Neigung, dem Staat im normalen Ablauf der Sozialwirtschaft als aktiven Faktor nicht nur institutionell eine größere Rolle zuzuschreiben als bisher, ist durchaus nicht mehr bloß in parteipolitischen Programmen, also bei politischen Wollen zu finden, sondern man glaubt das Eingreifen des Staates in den wirtschaftlichen Prozeß auch theoretisch begründen zu können und zu dürfen. Ist doch durch J. M. Keynes[1] der Staat

[1] J. M. Keynes, The general theory of employment, interest and money, London 1936.

als ein unentbehrlicher Faktor in dem Gesamtgefüge der Volkswirtschaft theoretisch gekennzeichnet worden, jedenfalls dann, wenn die Theorie von der Voraussetzung ausgeht — und sie muß gegebenenfalls davon ausgehen — daß die Träger der hohen Einkommen ihre Einnahmen zum Teil — horten —, statt sie dem Kaufkraftstrom des Verkehrs wieder zu übermitteln. Dann sei es Sache des Staates, die so dem Verkehr entzogene Kaufkraft ihm wieder zur Verfügung zu stellen, gegebenenfalls durch künstliche Kaufkraftschöpfung.

Die Wirksamkeit des Staates hat aber in seinem schon ursprünglichen Betätigungsgebiet der Sozialpolitik eine gewaltige Intensivierung erfahren.

Das spezifisch sozialpolitische Aufgabengebiet des Staates war von Anfang an schon durch gesellschaftliche Interessen bestimmt, wenn man daran erinnert, daß für die Beschränkung der Kinderarbeit, für den Frauenschutz, die Fabrikinspektion, ja auch für körperlichen und sittlichen Schutz die Initiative von militärischen Stellen gekommen ist. So war damit auch schon die Staatsgewalt von Anfang an notwendig geworden. Sie war es aber auch, die gesetzliche Voraussetzungen dafür schaffen mußte, daß die Selbsthilfe — mag sie zu Beginn auch wirklich nur aus eigener Kraft begonnen worden sein (wie England in den Trade unions, den Friendly Societies und den Pioneers of Rochdale — den Konsumvereinen) — in ihrer Wirksamkeit gesichert war durch das Koalitionsrecht.

Gerade auf diesem Gebiet der Selbsthilfe, auf dem der Staat im wesentlichen nur durch institutionelle Einrichtungen, durch rechtliche Sicherung der Idee zur Verwirklichung helfen mußte, ist neuestens die Stellung des Staates dem Wesen nach eine andere geworden und es scheint wohl, sie hat eine andere werden müssen, wenn Sozialpolitik ihren Charakter als auf Sicherung fortdauernder Erreichung der Gesellschaftszwecke gerichtete Politik behalten soll. Die Idee der kollektiven Vertragschließung ist entstanden aus dem Gedanken, daß die beiden Parteien des Arbeitsvertrages, Arbeitgeber und Arbeiter durch Zusammenschluß der Interessenten auf beiden Seiten sich, wie es der Idee der Gerechtigkeit entspricht, gleich mächtig gegenüberstehen und miteinander verhandeln sollen, wie es durch so viele Jahrzehnte seit der Wirksamkeit der modernen großindustriellen Technik nicht der Fall war.

Es ist nun richtig, wenn im Hinblick auf die heutigen Verhältnisse und insbesondere die wichtigste Funktion der Selbsthilfe, auf die Gewerkschaftsarbeit in Deutschland, gesagt und geschrieben wird, daß gelegentlich der Lohnbewegung im Frühsommer 1951 unverkennbar eine Wandlung in der Stellung der Gewerkschaften und in ihrer Aufgabe zutage getreten ist.

Jene Lohnverhandlungen, aber mindestens ebensosehr die diesen Verhandlungen folgenden innergewerkschaftlichen Klärungen ließen keinen Zweifel darüber, daß nicht mehr die Bergbauunternehmungen verhandeln, sondern an ihre Stelle der Staat als Tarifvertrag-Gegenpartei getreten ist. Freilich war er damit im Grunde genommen gar nicht mehr der Vertreter nur der Zechen oder der Kohlenbergbauleitung, sondern der Gesamtheit der Gegeninteressenten der Belegschaft, also um es kurz zu sagen, auch aller Kohlenverbraucher. Die seltsame Lösung des Konfliktes beweist zur Genüge, welche Bedeutung die Wandlung in der Parteieinstellung hat. Da die 12 %ige Lohnerhöhung von den schwächsten Zechen, von den Grenzproduzenten unter den Kohlenzechen, nicht getragen werden wollte, es also zu Produktionseinschränkungen hätte kommen müssen, kann mit dem mächtigeren Vertragspartner, mit der Belegschaft, nur der Staat — recte dicitur: die Wirtschaftsgesellschaft — das Defizit tragen. Um das zu vermeiden, ist man einen ganz neuen Weg gegangen: Steuernachlaß und Schwarzverkauf von Kohle.

Es ist gewiß nicht gleichgültig, daß die Belegschaftsdelegierten der drei Steinkohlenbezirke sich in ihrem Protest gegen die Lösung (sie forderten 14 %) nicht durchgesetzt haben und zur Abwehr den Streik gefordert haben. Aber noch wichtiger ist, daß die Souveränität in der Lohngestaltung nicht mehr in der kollektiven Vertragschließung der Arbeitsvertragsparteien verankert geblieben ist. Die Tatsache, daß in den Verhandlungen der Staat an die Stelle der Arbeitgeber getreten ist, kann nicht anders denn als Symptom einer Überlegenheit der Gewerkschaftsmacht gedeutet werden. Der Staat ist zur Ausgleichung der Machtungleichheit aktiv geworden. Ob hierbei politische Motive eine Rolle mitgespielt haben oder nicht, ist für das Ergebnis irrelevant. Der Staat mußte die Gesamtwirtschaftsinteressen schützen und zu diesem Zweck sie in dem Kollektivvertrag vertreten.

Die Sachlage ist in das richtige Licht gerückt durch eine prinzipielle Erklärung des Deutschen Gewerkschaftsbundes, nach der er gegebenenfalls sich Mehrheitsbeschlüssen von Interessengruppen, also Teilen ihrer Gesamtheit, in ihren eigenen Reihen nicht beugen werde, sondern schon die Lohnfrage auf eine höhere Ebene zu heben entschlossen sei. Man darf erwarten, daß die verantwortungsbewußte Gewerkschaftsführung in Deutschland sich nicht darüber täuscht, daß die gesamtwirtschaftliche Situation immer noch kritisch genug ist, um das noch sehr — labile Gleichgewicht — der ganzen Gesellschaftswirtschaft ins Wanken zu bringen, sobald Überspannungen in Ansprüchen der Lohnarbeiter den Fortgang der Produktion und damit das Sozialprodukt gefährden. Die Erreichung der Gesellschaftszwecke, wie sie sich in einem über Jahrtausende hinziehenden Werdeprozeß bis zur heutigen Leistungsfähigkeit entwickelt haben, darf nicht — mit Hilfe — der Sozialpolitik gefährdet werden, sondern sie muß im Gegenteil gesichert werden. Die Verteidigung und Durchsetzung der Interessen einer breiten Schicht der unvermeidbar geschichteten Gesellschaft[2] setzt eine gewisse Kraft der Führung dieser Schicht voraus, wie es das Jahrhundert Sozialpolitik, das hinter uns liegt, gelehrt hat. Ob man die erforderliche Stärke nun als Macht kennzeichnen will, oder solches ablehnen zu müssen glaubt, ist sehr unwichtig gegenüber dem allerdings absoluten Postulat: daß die Führung die so sehr empfindlichen Zusammenhänge in der gesellschaftlichen Wirtschaft durchschaut und sich darin frei hält von einer Ideologie, nach der in einer solchen Gesellschaft Gleichheitsschwärmerei Segen stiften kann.

Die Phase in der Entwicklung des Verhältnisses des Staates zum wirtschaftlichen Prozeß, in der der Staat sich begnügen konnte, zu korrigieren, also nur Überschreitungen der durch den gesetzlichen Schutz gezogenen Grenzen hintanzuhalten, evtl. zu ahnden, wo irgendwelche Energien sich zum Nachteil des gesellschaftlichen Ganzen und insbesondere gegen klare Staatsinteressen geltend machten, muß nach der heutigen Lage der Dinge als abgeschlossen erkannt werden. Vielleicht kehrt sie wieder.

Nicht sua sponte, sondern gedrängt, ganz besonders durch außenpolitische Spannungen, und schließlich in Deutschland vollends durch den Zusammenbruch der staatlichen Autorität gegenüber auswärtigen Kräften ist der Staat zu einer ganz neuen Stellung gekommen. Sie bedeutet eine ungeheure Vermehrung staatlicher Aufgaben, Pflichten und Aufwendungen bei wesentlich beeinträchtigter Leistungsfähigkeit und erhöhter Verantwortung.

Immer allgemeiner, immer umfassender wird der Appell: — Staat hilf! Staat, Du hast die Pflicht, die Existenz des einzelnen zu sichern, wenn die freie Wirtschaft uns diese Existenz nicht zu beschaffen vermag! —. Auch zu dieser durch die Kriegswirkungen und ihre Folgen in vorher nie gedachten Ausmaßen erweiterten Programmatik der Sozialpolitik muß die Wirtschaft nun Stellung nehmen.

Da es sich nicht mehr nur noch um Korrekturen der Staatsgewalt gegenüber den Entartungen und dem Versagen der freien Wirtschaft handelt, sondern um auf Millionen von Menschen sich erstreckende Versorgungskomplexe: Bombengeschädigte und das ganze große Flüchtlingsproblem handelt, ist ja die Stellung des Staates auch im Rahmen der Gesamtwirtschaft grundlegend verschoben. Wohl war der Staatshaushalt schon seit Jahrzehnten der größte Verbrauchswirtschaftskörper geworden, aber er war damit in seiner Mittelbeschaf-

---

[2] Die Unvermeidlichkeit der Schichtung zeigt die tatsächlich klassenartige Schichtung, wie sie heute in der Sowjetunion besteht.

fung nur wie ein maßvoll besonnener, ja zurückhaltender Kostgänger der produktiven Wirtschaft aufgetreten: Sorgfältig nach wirklicher Leitungsfähigkeit der Steuerfähigen tastend.

Jetzt, mit der Notwendigkeit in die Verbrauchswirtschaftskreise und ihr Marktauftreten sich einzumischen, war der Aufgabenkreis des Staates, waren aber auch seine Ansprüche gegenüber den Wirtschaftsplänen aller einzelnen zu etwas quantitativ wie qualitativ völlig anderem geworden. Er steht heute in dem ganzen Getriebe der Wirtschaft neben Produzenten und Konsumenten als Dritter auf gleicher Ebene mit diesen.

Der Staat kann aber schließlich und letztlich das, was als Forderung einer breiten Schicht erreicht werden soll, nur verwirklichen, wenn die Leistungsfähigkeit des Gesamtwirtschaftskörpers, das Sozialprodukt, eine entsprechende Höhe aufweist. Daß dabei in den Vorstellungen darüber, was durch staatliche Hilfe für die Masse der breiten Schichten erreicht werden kann, mindestens vielfach sehr viel Irrealität herrscht, sollte jeder Politiker sich zu sagen sich verpflichtet halten.

Ganz konkret gesprochen: Wenn das Ideal des amerikanischen Arbeiters, das dieser allerdings in einer ziemlich großen Quote erreicht — bekanntlich gehört dazu auch schon der Besitz eines Autos — auch auf dem europäischen Kontinent erreicht werden soll, dann muß die Produktivkraft der europäischen Volkswirtschaften allerdings noch sehr wesentlich mehr gesteigert werden, als es im Zeitalter der Weltkriege möglich war und ist. Es müßte aber andererseits allerdings auch die Lebensführung auf das amerikanische Niveau (immer USA) abgestimmt bleiben, wozu die hohe Mechanisierung der Haushalte und Schematisierung und Uniformierung des äußeren und inneren Lebens gehört, sonst hat eine solche Absteckung des sozialpolitischen Zieles keine Rechtfertigung.

Nur annähernd können hier Ziffern der Befriedigung des Bedürfnisses dienen, von der Veränderung der ökonomischen Leistungsfähigkeit eines Sozialkörpers eine Vorstellung zu schaffen, wie sie durch den zweiten Weltkrieg eingetreten ist. Eines sei vorausgeschickt: Jede Gesellschaft ist zu einer bestimmten Zeit ein Komplex von Kräften und Willen zur Deckung des Bedarfes der ihr eingegliederten Menschen. Dabei geht es aber natürlich nicht nur um materielle Interessen, sondern auch um solche der Zivilisation ideeller Natur und ausgesprochen geistige Kulturinteressen. Die für die in Frage kommenden Größen verfügbaren absoluten Zahlen sind weder für die unmittelbare Vorkriegszeit noch für heute verläßlich zu gewinnen. Das Statistische Amt der Deutschen Bundesrepublik hat mit Hilfe von statistisch fundamentierten Schätzungen Größen zu ermitteln gewußt, die zwar nicht als absolute verwendet werden können, aber geeignet sind, von dem relativen Ausmaß der quantitativen Veränderung des Verhältnisses in dem Faktor — Menschliche Arbeitskraft — zu dem Boden und dem Kapital eine annähernde Vorstellung zu verschaffen. Gegenüber der gewaltigen Dezimierung der Kapitalkraft hat das Gebiet der Bundesrepublik von Herbst 1936 bis 1949 einen Bevölkerungszuwachs (Geburtenüberschuß und Wanderungssaldo) von $8^1/_2$ Mill. Menschen aufzunehmen gehabt. Dieser Gesamtbevölkerungsbestand hat aber eine wesentliche qualitative Wertverminderung erfahren durch Verminderung der gesellschaftlichen Leistungsfähigkeit. Sowohl biologisch als auch arbeitswirtschaftlich sind von Belang: 1. der Altersaufbau zeigt eine wesentliche Verschlechterung; 2. der Gesundheitszustand der im produktiven Alter stehenden (20—45jährigen) Individuen ist erheblich ungünstiger geworden.

Von der sogenannten — zehrenden — Bevölkerung hat sich die Bevölkerungsquote der Individuen bis zum vollendeten 14. Lebensjahr, also der Kinder von 1936 auf 1949 etwas (um 0,1 %), gegenüber 1910 allerdings fast um ein Drittel, vermindert, dagegen die Quote der Alten (über 65jährigen) von 5 % (1910) auf 7,9 (1936) und 9,6 % (1949) erhöht.

Zieht man jedoch die geringe Besetzung der Nachwuchsjahrgänge, also der heute unter 9jährigen und der 23- bis 37jährigen, in Betracht, so ist trotz der Flüchtlingszuwanderung und vieler Tüchtigkeit, die mit ihr gekommen ist, mit einer Gefährdung der Gesamthöhe des Sozialproduktes in den nächsten Jahrzehnten — wahrscheinlich für 50 Jahre — zu rechnen, wozu sich dann aber noch die Abwanderung gerade besonders leistungsfähiger und kräftiger Persönlichkeiten ins Ausland nachteilig bemerkbar machen kann.

Gilt es wenigstens eine Vorstellung von der Verhältnismäßigkeit zwischen den Einkommen der Schichten der sozialpolitisch Belastbaren zu den Einkommen der Schichten jener Einkommenträger zu gewinnen, die durch die Sozialpolitik gehoben werden sollen, also der sozialpolitisch zu Hebenden, so sei es gestattet auf Verhältnisse abzuheben, die zwar wohl weit zurückliegen, aber für die Sozialpolitik unvergleichlich günstigere Proportionen gezeigt haben, als sie heute bestehen. Die interessante Württembergische Einkommensschichtung zeigte nach der Statistik mit dem Stichtag 1. April 1910 folgende Zensitengruppen:

1.	Einkommensgruppe mit bis 949	Mark: 29,2 %
2.	Einkommensgruppe mit 950 bis 1699	Mark: 36,2 %
3.	Einkommensgruppe mit 1700 bis 2599	Mark: 14,1 %
4.	Einkommensgruppe mit 2600 bis 5999	Mark: 8,4 %
5.	Einkommensgruppe mit 6000 und mehr	Mark: 2,1 %

Danach stellte sie das Verhältnis des Wohlhabenden (5) zur mittleren (4) und zur unteren Schicht (1—3) wie 1 : 4 : 43. Je mehr sich dieses Verhältnis zu ungunsten der beiden oberen Schichten verschiebt, je größer also die Quote der unteren Schichten an der Gesamtbevölkerung ist, um so kleiner muß der reine Nutzertrag irgendeiner Maßnahme zugunsten dieser unteren Schicht werden, die von den beiden oberen getragen werden soll.

Die Schwächung der mittleren und oberen Schichten stellt sich als Abflachung der Einkommenspyramide dar. Sofern sie relativ eine Verbreiterung der untersten Schicht bringen kann, kann sie als fortschreitende Proletarisierung gedeutet werden. Soweit nun damit eine Hebung des Lebensraums dieser unteren Schicht (Basisschichte) eingetreten ist, erscheint eine solche Kennzeichnung nicht gerechtfertigt. Wohl aber ist die Konsequenz zu beachten, daß jede weitere Hebung nur durch Steigen des Sozialproduktes und nicht mehr durch Mehrbelastung der oberen Schichten möglich wird.

Die Feststellung der für die Beurteilung der Schichtungs-Änderungen maßgebenderen Realeinkommenbewegung in den wichtigeren Schichten ist mit großen Schwierigkeiten verbunden. Außer den technischen Schwierigkeiten der Erhebung solcher Massen kommt hier noch hinzu, daß die Einkommen in der Regel für einen längeren Zeitraum festgesetzt werden und die Einkommenbildung, wenigstens teilweise, unverkennbar politischen Charakter hat, sofern die einzelnen Gruppen der Einkommenbezieher über mehr oder minder große Machtmittel verfügen, Erhöhungen für sich durchzusetzen. Infolgedessen schwankt nicht nur die absolute Höhe der Einkommen innerhalb einer Gruppe, sondern auch das Verhältnis zwischen den verschiedenen Einkommenkategorien. Da namentlich den Beamten Machtmittel überhaupt kaum — nur in einzelnen Fällen konnten solche eingesetzt werden — zur Verfügung stehen, sind sie in dem im übrigen allgemeinen Zug der Entwicklung mit ihren Einkommen erheblich zurückgeblieben. Noch ungünstiger als sie sind die Pensions- und Rentenbezieher in der Regel gestellt.

So ist denn ein Vergleich zwischen verschiedenen Kategorien von Arbeitskräften, also z. B. Industrie-Lohnverdienern einerseits, Beamten anderseits, nur über längere Zeiträume hinweg geeignet, eine Änderung der Niveauverhältnisse der Schichteneinkommen einigermaßen richtig sehen zu lassen.

Die Wandlung in den Einkommensverhältnissen ist gewiß nicht schlechthin in einen allgemein gültigen Zusammenhang mit Kriegswirkungen zu bringen. Aber es ist die Schwächung des Mittelstandes schon nach dem ersten Weltkrieg Tatsache gewesen. Für Deutschland ist infolge der gigantischen Inflation (1919—1923) mit dem Abschluß durch eine neue Währung eine solche Kontrolle nicht durchführbar, aber sie liegt für England vor. Bowley[3] konnte für fünf englische Städte feststellen, daß 1914 mehr als ein Viertel aller Kinder (27 %) in Familien lebten, in denen der Vater zwar regelmäßig verdiente, aber nicht soviel, daß die poverty-line überschritten wurde. Zehn Jahre später[4] wurde nur noch ein Fünftel der Kinder in Familien in solchen Armutsverhältnissen gezählt.

Eine solche Verschiebung, die offenbar die Schrumpfung der unteren Schicht als einen Wesenstrug der Entwicklung in der Einkommens-Struktur erkennen läßt, ändert das graphische Bild der Schichtung der Gesellschaft nach den Einkommen. Das Bild ist nicht mehr pyramidenähnlich, es gewinnt die Form einer Zwiebel.

Ob und wieweit solche Entwicklung der Sicherung fortdauernder Erreichung der Zwecke förderlich ist, läßt sich nicht nach bloßen quantitativen Verhältnissen schließen. *Hierfür kommt es darauf an, ob und inwieweit die Umgestaltung der Einkommen-Struktur begleitet wird von einer Verbreitung geistiger Kultur und der Geltung eines sittlichen Pflichtgefühls, das jeden einzelnen in den Dienst der Gesamtheit zwingt.*

Nicht schlechthin eine Voraussetzung, aber eine Komponente in dem gesamten Komplex jener Faktoren, die für die Ziele und Wege der Sozialpolitik von Belang sind, ist noch zu bedenken. Es ist die Denkgebundenheit der vielen in der Arbeiterschaft im großen und ganzen und insbesondere im Hinblick auf die Revolution als Weg statt einer sozialen Reform. Auch hier hat sich unter dem Einfluß der Weltkriege und ganz besonders der Weltwirtschaftskrise zu Beginn der dreißiger Jahre eine alles eher als belanglose Änderung vollzogen. Es ist richtig, wie Fustel de Coulanges in seinem Buch über die antike Stadt schrieb: Die griechischen Staaten schwankten immer zwischen zwei Revolutionen — die eine plünderte die Reichen, die andere setzte diese wieder in den Besitz ihres Vermögens. Das konnte nicht anders sein, solange die Klassen sich immer mit der Aufassung gegenüberstanden, daß jede Förderung des Wohles der einen die Verschärfung des Elends der anderen bedeute und daß immer nur eine Klasse im Besitz der Lebensgenüsse stehen könne. Erst mit allmählichem Erkennen, daß es auch gesellschaftliche Interessen gibt, die über dem Klassengegensatz stehen, gemeinsame Interessen, auf die aber doch auch die Teile der Gesellschaft, die Klassen, nicht verzichten wollen, ist eine Hauptvoraussetzung für eine andere Gestaltung, einen anderen Verlauf der Klassenkämpfe gegeben gewesen.

---

[3] A. L. Bowley, The change in the distribution of the national income, 1880—1913.

[4] A. L. Bowley and Margaret H. Hogg, Has poverty diminished? 1925. Dazu B. Pfister, Sozialpolitik und Krisenpolitik, Stuttgart-Berlin, 1936.

Die ideologische Grundlage des Revolutionsglaubens, die Zusammenbruchstheorie des Marxismus hatte zwar schon in der Vorkriegszeit viel von ihrer Kraft verloren und kein geringerer als Friedrich Engels war es, der vor der Methode des Straßenkampfes gewarnt hat[5]. Revolution als ein Mittel hat zur Zeit wenigstens wohl keine große Position in dem Denken der großen Mehrheit der Arbeiterschaft, mag auch der vom Standpunkt der Gewerkschaften „illegale" Streik immerhin noch ab und zu die Labilität zwischen ihm und einer revolutionären Explosion fühlbar machen, so kann für den in die breiten Schichten hinein Horchenden kein Zweifel darüber bestehen, daß die Arbeiter, wie überzeugte Sozialisten schon 1918 schrieben, nicht mehr so geneigt sind, alles auf diese Karte zu setzen, wie früher, „als sie tatsächlich nichts anderes zu verlieren hatten als ihre Ketten"[6]. Man braucht nicht zu ignorieren, daß auch heute am marxistischen Dogma und an der kommunistischen Staatsgestaltung herum (so vieles hinzu- und so manches weg-)gedeutet wird, um zwischen beiden die Übereinstimmung herzustellen. Man muß trotzdem beachten, daß die Einheitlichkeit dessen, was man als Proletariat zu denken gewohnt war, nicht Wirklichkeit ist. Die gerade auch unter dem Einfluß der neuzeitlichen Technik eingetretenen vielfachen Arbeitszerlegungen innerhalb der gewerblichen Produktionsprozesse bedeuten eine mehrfache Geschichtetheit der ganzen Arbeiterschaft nach Einkommen, Verantwortung und Einsicht in die großen gesamtwirtschaftlichen Zusammenhänge, die auch zu einer Differenzierung der politischen Mentalität führen konnte und geführt hat.

Die Kampfweise einer Störung der Produktion, gleichviel von welcher Vertragsseite, also das Kampfmittel des Streiks seitens der Arbeiter, der Aussperrung von Arbeitern durch die Unternehmungen anderseits wirken sich in großen Zahlen so rasch als Verschlechterung der Güterversorgung aus, daß jeder solche Fall geeignet ist, die Wertung dieser Kampfmethode herabzusetzen, wo man die Wirkungen in der Verschlechterung der Deckung des Bedarfs zu fühlen bekommen hat. *Die Gewerkschaftsleitungen sind sich der Tragweite für die Gesamtwirtschaft und damit ihrer Verantwortung für eine Gefährdung des Sozialproduktes durch den Streik im wesentlichen immer deutlicher bewußt geworden.*

Was aber ebenso zu bedenken ist, hängt mit der Frage zusammen, ob auch darüber hinaus eine friedliche Gesinnung, wie sie die Sozialpolitik als Politik für Sicherung fortdauernder Erreichung der Gesell-

---

[5] Friedrich Engels, Die Lage der arbeitenden Klasse in England nach eigener Anschauung und authentischen Quellen, Stuttgart 1892 (Neuaufl.).

[6] H. Müller, Karl Marx und die Gewerkschaften, Berlin 1938, S. 101.

schaftszwecke herbeiführen will, auch Wirklichkeit geworden ist. In Staaten mit aktiver Sozialpolitik ist gewiß im großen und ganzen erreicht, daß der Arbeiter nicht mehr nur als Mittel, sondern selbst als Zweck der gesellschaftlichen Wirtschaft gilt, und daß in diesem Zusammenhang die Lebensführung merkliche Verbesserungen erfahren hat. Wie erfreulich es nun auch ist, daß diese Feststellung möglich ist, so muß doch mit großer Vorsicht an die Beantwortung der Frage herangetreten werden, ob diese Verbesserung der Lebensführung mit einem gewissen Grad von Befriedigtheit in den aufgebesserten Schichten verbunden ist. Diese Frage kann freilich keineswegs sehr positiv beantwortet werden. Sozialpolitisch sehr pflichttreue Unternehmer und Betriebsleiter stehen immer wieder aufs neue vor Erfahrungen, die auf das Gegenteil schließen lassen. Irgendein der Arbeiterschaft zugestandenes Entgegenkommen in der Betriebsgestaltung ist in der Regel so rasch selbstverständlich geworden, daß es nicht mehr als Fortschritt empfunden wird. Man steht eben hier einer physiologisch wie auch psychologisch sehr allgemeinen Erscheinung gegenüber, mit der nicht ganz unbedenklichen Konsequenz, daß das Ausprobieren irgendeiner Betriebsreform seitens eines Unternehmers, also ein Experiment, wenn die Arbeiterschaft auch nur einigermaßen darin einen Vorteil erkannt zu haben glaubt, nicht ohne Risiko als Versuch wieder aufgegeben werden kann.

Darüber hinaus aber kommt auch zur Geltung, daß je höher das erreichte Niveau der Betriebseinrichtung und Arbeitsordnung im Interesse der Arbeiterschaft ist, um so größer jeder weitere Fortschritt sein muß, um als solcher überhaupt zur Geltung zu kommen. *Und insoweit steht man vor einer dem Weber-Fechnerischen Gesetz analogen Erfahrung, daß die sozialpolitische Arbeit auch einem Gesetz vom abnehmenden Ertrag unterliegt.*

Nicht ganz ohne Zusammenhang damit ist noch ein anderer Zug in dem Wandel des Menschen wirksam. Gleichviel ob man einer unitarischen oder einer pluralistischen Kulturauffassung zuneigt: Wandlungen des Menschen gehen dauernd vor sich, sie sind nur zeitweise schroffer und wirken sich dann in verschiedenen Lebensgebieten auffallender aus. Es hat den Anschein, daß die abendländische Menschheit z. Zt. in einer solchen schroffen Phase steht, sofern die materiellen Daseinsinteressen gegenüber ideelleren, insbesondere geistig kulturellen stark in den Vordergrund treten. In den viereinhalb Jahrtausenden seit dem Gesetzgebungsakt des Königs Urukagina von Lagâs (cirka 2600 v. Chr.), der als Dokument eines Schutzes des Menschen gegen den Menschen in einem sozialen Sinne gelten kann, da er Freiheit schuf und Knechtschaft aufhob, ist ein Aufstieg der menschlichen Kultur unter dem Einfluß einer Sehnsucht nach Freiheit und Humanität zwar durchaus nicht ohne sehr erhebliche Zäsuren, aber doch in einem positiven Trend unverkennbar. Es ist nicht ausgeschlossen, daß dieser Trend in unserer Gegenwart einen scharfen Bruch erfährt, und zwar in der Richtung, daß innerweltliche Freiheit und Humanitas im edelsten christlichen Sinne nicht mehr als Ideale die Menschen leiten.

Die Notwendigkeit der Tatsachenforschung (1952)*

Grußwort des Nestors der Sozialpolitik zur Übernahme des Neubaus der Sozialforschungsstelle Dortmund

Die feierliche Stunde der Einweihung der neuen Heimstätte für Sozialforschung rechtfertigt, daran zu erinnern, daß gerade 80 Jahre seit der Gründung des Vereins für Sozialpolitik (V. f. S.) zu Eisenach verflossen sind, daß damit eine Tat Geschichte wurde, die weit über die Grenzen des damals glücklichen Deutschlands Bedeutung gewinnen sollte.

Es ging darum, die namentlich in den 60er Jahren des vorigen Jahrhunderts weit vorherrschend gewordene Meinung des Wirtschaftsliberalismus darin zu bekämpfen, daß das Prinzip des laissez faire auch auf alle Arbeiterfragen auszudehnen sei. Das von der klassischen Schule der politischen Ökonomie her geltende Dogma, daß mit vollster individueller Handlungsfreiheit die Harmonie der Interessen aller einzelnen gesichert sei, konnte aber nicht nur durch propagandistische Bemühungen wirksam bekämpft werden, vielmehr galt es, *durch Tatsachenermittlung und systematische ursächliche Erklärung der alles andere als harmonischen Arbeitsverhältnisse in den Kreisen der Industrie verläßliche Grundlagen für die Aufklärung und Propaganda zu gewinnen.*

Ursächliche Erklärung aber bedeutet ehrliche, nach Wahrheitserkenntnis strebende wissenschaftliche Arbeit: Forschung.

Und so hat der V. f. S. von allem Anfang an diesen Weg beschritten, und wir haben als junge Studenten unseren ehrlich sozialpolitisch eingestellten Lehrern mit wirklicher Begeisterung mitgeholfen, das Tatsachenmaterial zusammenzutragen, aus dem dann in den Generalversammlungen des V. f. S., in denen jede Denkrichtung vertreten werden konnte, gewisse Erkenntnisse als Grundlagen für politische Zielsetzungen und für die Wege zu den Zielen gewonnen wurden. Es ist nicht gleichgültig, daß wir als junge Mitarbeiter in den 90er Jahren auf diesen Forschungswegen manche gar nicht ungefährliche Situation durchzustehen hatten, wie ich selbst in einem Betrieb, dessen Arbeitsverhältnisse für gewisse Klarstellungen besonders wertvoll waren, nur durch eine Flucht mit Sprüngen über verschiedene

* Soziale Welt, Jg. 3, 1951/52.

Hindernisse hinweg mich vor sehr bedrohlicher brachialer Züchtigung retten konnte.

Gesunde wirtschaftspolitische Arbeit kann auf Kenntnis der Wirklichkeit und der in ihr waltenden Zusammenhänge nicht verzichten, das heißt aber nichts anderes als Forschungsarbeit. Diese ist in wachsendem Maße Schwierigkeiten begegnet, und erst durch die Arbeit der großen Reichswirtschaftsenquête 1926 bis 1930 hat sie eine gewisse Basis und damit die Möglichkeit zu der so notwendigen Intensivierung gewonnen. Es ist beklagenswert genug, daß das Ergebnis dieser so intensiven mehrjährigen Arbeit nicht zu einer friedlichen Auswertung gelangt ist, weil eine hybride Politik das ganze wirtschaftliche Geschehen in andere Bahnen riß.

In der Gründung des Forschungsinstitutes der Universität Münster ist nach meinem Ermessen eine neue Form der Verwirklichung der Forschungsaufgaben Tatsache geworden und damit die Vervollkommnung jenes Gedankens verwirklicht, der im V. f. S. aufgegriffen und bis zum ersten Weltkrieg, wenn auch so oft nur mit sehr bescheidenen Mitteln verfolgt, doch eine ganz stattliche Reihe wirklich wissenschaftlicher Leistungen zum Enstehen gebracht hat. Dabei ist z. B. zu denken an die hochwertvollen Erkenntnisse, die die zehnjährige Untersuchung zur Handwerkerfrage oder jene über die Auslese und Anpassung der Arbeiterschaft der geschlossenen Großindustrie zutage förderte.

Der so ganz wesentlich geänderten Tatsachenwelt entspricht es, daß dieses neue Organ der Sozialforschung nicht nur mit anderen Mitteln ausgestattet sein muß, sondern daß es neue Methoden, neue Wege gehen wird, die den neuen Aufgaben gerecht werden müssen.

Was aber nun den Kreis der Aufgaben anlangt, die in diesem Haus einer sorgfältigen Bearbeitung und, wenn möglich, einer Lösung — „wenn möglich", denn kein ehrlich wissenschaftlich Denkender wird jemals für irgendeine Aufgabe die Sicherheit einer Lösung behaupten, wo es um menschliches Handeln geht —, also einer Lösung zugeführt werden soll, so ist wahrscheinlich die Fülle der Ideen weit größer als das, was in absehbarer Zeit erreicht werden kann. Und ich zweifle gar nicht, daß die Männer, denen die Forschungsstelle anvertraut ist, gar kein Bedürfnis nach Vorschlägen von außen her haben.

Ein altes Mitglied des V. f. S. braucht nur die Probleme Revue passieren zu lassen, die vom V. f. S. in den letzten 30 Jahren seiner Publikationstätigkeit in seinem Auftrag bearbeitet worden sind, und zu überlegen, wie aktuell eine Erneuerung solcher Forschungsarbeit gegenüber der Tatsachenwelt von heute wäre.

Im Vordergrund steht mit unheimlicher Dringlichkeit die Wohnungsfrage. Gerade an diesem schon immer der Sozialforschung bedürftigen Thema zeigt sich, wie fundamental anders die wichtigsten Lebensfragen, die schon in der Vorkriegszeit zum Kritisieren, Studieren und Reformieren herausforderten, heute gesehen werden müssen. Die überaus lehrreiche Darstellung in „Ordnung und Planung im Ruhrraum" durch Dr. Neuloh[1] kann geradezu als Paradigma dafür gelten, daß und wie tief in alle Bedarfsdeckungsaufgaben, also offenbar Wirtschaftsfragen, von soziologischen Gesichtspunkten aus gestellte Ansprüche eindringen. Mit der einfachsten, dürftigsten Unterkunftsbeschaffung konnte nur begonnen werden, aber immer mehr weitete sich mit der Bedachtnahme auf andere als Wohnzwecke der Gesichtskreis, der dann beim Wohnungsbauplanen immer allgemeiner sich durchsetzen konnte. So galt es, den Wohnungsbau namentlich in den Dienst der Beschaffung von Arbeitskräften für die wichtigsten Produktionszweige zu stellen, wobei man durch die Art der Siedlung dem Heimatgefühl der Arbeiter Rechnung trug. Die Berücksichtigung von solchen sekundären Zwecken in der Erfüllung der Bedarfsdekkung konnte dabei oft eine soziologisch recht bedeutsame Korrektur von Wertungen sein. Und wenn ausländische Besucher des Ruhrgebietes rückhaltlos ihre Bewunderung über das ausdrücken, was in den sieben Jahren seit 1945 geleistet wurde, so ist das mit zu danken der intensiven Durchdenkung von Mitteln und Wegen, die für eine bestimmte Bedarfsdeckung verfügbar sind, um einer Mehrheit von Zwecken zu dienen, so daß wirklich das Allgemeininteresse gewahrt wird, indem Individual- oder Gruppeninteressen berücksichtigt werden.

Als aus der Schule des vorigen Jahrhunderts stammend, bekenne ich, daß wahrhaftig nicht alles, was Sozialpolitik hieß und sein wollte, den Zielen der Sozialpolitik näherführte, im Gegenteil, den sozialen Frieden störte. Das wichtigste Ziel mußte die Wiedergewinnung des Vertrauensverhältnisses zwischen Betriebsleitung und Belegschaft sein, wie es einmal auf der Basis des Patriarchalsystems, also eines Ordo von vorgestern wirklich bestanden hatte und nunmehr auf dem Boden des neuen Ordo von heute und morgen herzustellen ist.

Es wird heute in der Vergleichung verschiedener Methoden der Sozialpolitik gestritten, ob sozialer Betriebspolitik oder betrieblicher Sozialpolitik der Vorzug zu geben sei. Dasjenige, worum es unter allen Umständen gehen muß, hat m. E. vor dreißig Jahren Bosch damit gekennzeichnet, daß er das Arbeitgeber-Arbeitnehmerverhältnis als eine Menschenbeziehung kennzeichnete, und er hat es daher als eine ganz wichtige Funktion des Unternehmers in der Industrie seinen Berufsgenossen ans Herz gelegt, den Kampf gegen das doch recht

[1] Gemeint ist: Otto Neuloh, Sozialpolitische Probleme des Ruhrgebietes, in: Ordnung und Planung im Ruhrraum, Dortmund 1951, S. 107 ff.

begreifliche Mißtrauen der Arbeiter gegen den Unternehmer ernstlich aufzunehmen.

Ich möchte es hier ausdrücklich aussprechen: Wir Volkswirte aus dem 19. Jahrhundert, die wir noch jene offene Feindseligkeit der Unternehmerschaft — gerade auch des rheinisch-westfälischen Industriegebietes — gegenüber der Verwirklichung des gesetzlich verankerten Koalitionsrechtes erlebt haben, wir haben im Hausherrnstandpunkt der Großindustriellen von jeher das schwerste Hemmnis für eine soziale Befriedigung des Arbeitsverhältnisses gesehen, und es dünkt mich auch heute ein ganz besonders wichtiges Aufgabengebiet der Sozialpolitik, diesen Standpunkt aus der Welt zu schaffen. Es wäre gewiß ein Fehler, die vielen Fälle zu ignorieren, in denen die Betriebsleiter erfüllt sind von der Mahnung Boschs und danach handeln. Aber es geht nicht bloß um ihre Haltung, sondern es geht auch um die Stabsoffiziere und Unteroffiziere der Betriebe, und hier liegt, worauf eine Reihe von Sozialpolitikern schon hingewiesen hat, eine sozialpädagogische Aufgabe vor. Auch hier gilt es, zweckmäßige Methoden zu erforschen, um ein solches pädagogisches Ziel zu erreichen.

Nicht weniger wichtig aber ist es, dem seit dem Kommunistischen Manifest, also seit 100 Jahren, allzutief verwurzelten *Dualismus* den Kampf anzusagen. *Es ist längst nicht mehr der nackte Gegensatz zwischen Kapital und Arbeit, um den heute soviel Kraft verbraucht wird, durch den soviel Leistungsfähigkeit und Leistungsmöglichkeit beeinträchtigt und vergeudet wird. Dieser Dualismus ist deshalb als nicht mehr wirklich, als anachronistisch, zu verurteilen, weil weder Kapital noch Arbeit heute noch jene Einheit sind, als die sie z. Z. der Entstehung des Kommunistischen Manifestes von Marx gesehen werden konnte.*

Kapital bedeutete damals allerdings die Verbundenheit des Geldkapitalbesitzes mit dem, was man als Unternehmerinitiative zu bezeichnen pflegte: das Erkennen einer Marktlage mit einer nicht befriedigten und doch kaufkräftigen Nachfrage und das Erkennen des Weges, auf dem das dieser Nachfrage entsprechende Angebot zu leisten, die nachgefragten Güter auf den Markt zu bringen sind. Kapital sind dem Erwerb von Einkommen gewidmete Vermögensbestände, insbesondere in der liquidesten Form des Geldes. Aber nicht durch ihre Existenz, sondern nur durch Investition dieser Wertbestände werden Erträge werden Gewinne erzielt. Investition ist Gestaltwandel der Werte. Diesen mit Erfolg, d. h. mit Ertragserzielung durchzuführen, ist eine geistige Leistung, manchmal freilich von großer Primitivität, in den großen Produktionsaufgaben aber von höchster Genialität. Diese geistige Leistung, diese Kopffunktion, das Erkennen von Produktionsaufgaben, das Kombinieren des Zusammenwirkens von Sachgütern und Leistungen und damit das Disponieren über diese verschiedenartig kostenden Mittel, zusammen mit dem Entschluß zum Tragen des Risikos, sind nicht mehr Sache des Kapitalisten, sondern einer besonderen Kategorie von Arbeitern, irgendwelchen Technikern, namentlich Ingenieuren, aber auch Kaufleuten, kurz allen jenen, die gewissermaßen als die Katalysatoren der technischen Fortentwicklung wirken.

So ist es also nur eine logische Konsequenz, diese neue, immer umfassendere besondere Kategorie von Arbeit dem Dualismus Kapital-Arbeit entgegenzustellen. Gewiß ist Muskelarbeit, die physische Leistung, ist die Blutfunktion des Kapitals, die vom Herzen aus geleitet wird, unentbehrlich für das Zustandekommen von Produktionsleistungen. Aber beide werden nur zu ihrer Funktion gebracht durch die geistige Verbindung, durch die Innervierung, die die Katalysatoren leisten. *Dieser Trialismus ist geeignet, die Härte des Gegensatzes in dem Produktionsprozeß und damit im sozialen Gefüge aufzulockern. Ihn gilt es in der Wirklichkeit zu der ihm gebührenden Geltung zu bringen (Mitbestimmungsrecht!).*

Lassen Sie mich bitte diese Andeutungen mit dem sehr schlichten, aber doch unerfüllbaren Wunsch abschließen, noch einmal jung zu sein, um in dem Rahmen dieser Forschungsstelle der Universität Münster an den Arbeiten mitwirken zu können, die der Aufhellung der vom Klassenhaß und immer noch wirksamen Klassengegensatz in tiefstem Dunkel gehaltenen soziologischen Voraussetzungen einer menschlichen Annäherung zwischen den an der produktiven Arbeit Beteiligten dienen soll.

II. Zu Fragen der Sozialversicherung

Die soziale Versicherung der Verlagsarbeiter (Heimarbeiter) (1901)*

1. Einleitung

In der Mehrzahl der grundlegenden Fragen auf dem Gebiete der sozialen Versicherung hat man es mit *zwei Gruppen von Prinzipien* zu tun, die keineswegs immer in Übereinstimmung zu bringen sind. Wie der Ausdruck „soziale Versicherung" schon andeutet, handelt es sich eben bei den Institutionen dieses Zweiges sozialpolitischer Tätigkeit *einerseits um die Erfüllung von Forderungen, welche die Sozialpolitik aufstellt, andererseits* um Grundsätze, welche auf einem ganz anderen Gebiete der volkswirtschaftlichen Praxis zur Ausbildung gelangt sind, *um die Grundsätze der Versicherungstechnik.*

Die sozialwirtschaftliche Politik ist nur zu gern bereit, die Durchführung als unerläßlich erkannter Aufgaben, durch welche gewisse Gebrechen der bestehenden Sozial- und Wirtschaftsordnung und insbesondere ihre Folgen für breite Schichten der Gesellschaft behoben werden sollen, kurz und bündig der sozialen Versicherung zuzuweisen. Ob die Prinzipien des Versicherungswesens sich für die Beseitigung der Mißstände oder wenigstens für die Paralysierung ihrer nachteiligen Wirkungen als geeignet erweisen, danach wird nur zu häufig zunächst gar nicht gefragt, oder es wird die Frage doch zu wenig gründlich in Erwägung gezogen. *Es gibt eine Reihe von Problemen sozialpolitischer Natur, deren Lösung man allgemein auf dem Boden der sozialen Versicherung erwartet, die aber eben doch nicht auf diesem Wege ihre Lösung finden können.*

Wenn ich weiterhin meinte, daß die Fragen der Technik der Versicherung es sind, welche so häufig die Versicherung als ein ungeeignetes Mittel zum Zweck erscheinen lassen, so muß ich dazu bemerken, daß es sich hierbei keineswegs bloß um die als Versicherungstechnik im engeren Sinne bezeichnete Versicherungsmathematik handelt, sondern überhaupt auch um den ganzen Komplex von Erfahrungsgrundsätzen, welche auf dem Gebiete des Versicherungswesens zur Ausbildung gelangt sind, und zwar kommen nicht etwa nur die in der Privatversicherung gewonnenen Erfahrungen, sondern auch die durch die Praxis in der öffentlichen Versicherung entwickelten Prinzipien hierbei in Betracht.

Fast könnte es freilich scheinen, als müßte die Anwendung von versicherungstechnischen Grundsätzen auf die Arbeiterversicherung davon

* Zeitschrift für die gesamte Staatswissenschaft, 57. Jg. (1901), H. 4.

abhängig sein, daß die Arbeiterversicherung wirklich auch als Versicherung im eigentlichen Sinn, nicht bloß als öffentliche Fürsorge erkannt wird. Meines Erachtens ist es aber ein logischer Fehler, einen solchen Zusammenhang zwischen den beiden Fragen zu konstruieren. Bei der bekannten Streitfrage, ob die Arbeiterversicherung Versicherung oder öffentliche Fürsorge sei, ist nämlich die Fragestellung insoweit eine verfehlte, als die Begriffe „Versicherung" und „öffentliche Fürsorge", vor allem aber der letztere, so überaus schwankend sind wie bisher. Nicht von der Beantwortung dieser Frage läßt sich daher nach meinem Dafürhalten die Anwendbarkeit von Versicherungs-Prinzipien abhängig machen, sondern umgekehrt wird vielmehr zu sagen sein, daß, wenn für eine Zusicherung von Ansprüchen auf bestimmte Leistungen, welche gleichwohl eine öffentliche Fürsorge beinhaltet, versicherungstechnische Prinzipien in gewissen Grundlagen in Anwendung kommen, man es mit einer Versicherung und nicht mehr bloß mit öffentlicher Fürsorge zu tun hat.

De lege lata ließe sich ein bestimmter Unterschied zwischen den beiden Begriffen Versicherung und öffentliche Fürsorge zunächst wohl vielleicht in der Richtung schon feststellen, daß das Ausmaß der Ansprüche bei der Versicherung ein bestimmtes, bei der öffentlichen Fürsorge ein unbestimmtes ist. Sobald die Leistung für den Schadenfall als Fürsorge, sei es des Staates, der Gemeinde oder sonst eines öffentlichen Gemeinwesens gedacht ist, ist das Ausmaß der Fürsorge meines Wissens stets — ich erinnere an den wichtigsten Fall öffentlicher Fürsorge, die Armenversorgung — in das Ermessen der die Fürsorge zuerkennenden Behörde gestellt. Wo es sich hingegen um ganz bestimmte Leistungen handelt, die im Schadens- oder Bedarfsfalle zu präzisieren sind, pflegt der Sprachgebrauch stets den Ausdruck Versicherung anzuwenden, und dies steht m. E. mit der Terminologie der Gesetzgebung in Übereinstimmung. De lege ferenda stünde natürlich nicht im Wege, auch für die Armenversorgung oder andere Einrichtungen öffentlicher Fürsorge (die Pensionsansprüche an den Staat halte ich gegen Menzel allerdings nicht für eine öffentliche Fürsorge-Einrichtung, sondern für einen Teil des aus dem Dienstvertrage den Arbeitgeber belastenden Arbeitsentgeltes) ein bestimmtes Ausmaß der Ansprüche festzusetzen. Dann würde man in der Armenversorgung noch ebensowenig wie in dem allowance system, das den Arbeitern eine bestimmte Lohnhöhe zusicherte (vgl. *Cunningham,* The growth of english industry and commerce Vol. II page 494), eine Versicherung zu erblicken haben, insolange nicht die Fundierung dieser Fürsorgeansprüche auf einem anderen Wege als dem der Verteilung der Lasten auf die Allgemeinheit erfolgt. *Erst wenn die Beschaffung der Mittel zur Sicherung der Leistungen durch Aufstellung eines bestimmten Planes, des Versicherungsplanes, erfolgt, der ökonomisch und mathematisch fundiert, die Erfüllbarkeit der Leistungen nach menschlicher Voraussicht erwarten läßt, wird von einer Versicherung zu reden sein.* Die Fragestellung, ob die Arbeiter- oder soziale Versicherung als Versicherung im eigentlichen Sinn abzusehen ist, bedeutet vorläufig nur einen Streit um Begriffe.

Übrigens sind die Fragen der Versicherungstechnik eng verknüpft mit Problemen der ökonomischen Terminologie und, was noch mehr ins Gewicht fällt, mit Fragen der verwaltungsrechtlichen Praxis, die auf dem Gebiete der Arbeiterversicherungs-Gesetzgebung aufgetaucht sind, und es erscheint damit schon ihre Berücksichtigung gerechtfertigt. Langjährige Erfahrungen der deutschen wie der österreichischen Verwaltung hinsichtlich der Durchführung der Arbeiterversicherungsgesetze und namentlich der Handhabung einzelner gesetzlicher Bestimmungen über den Umfang der Versicherungspflicht sowie die überaus reiche Judikatur hierüber liefern der sichersten Beweis dafür, daß die juristische Technik der sozialen Versicherung eben auch nicht als reife Frucht vom Baume der Versicherungsgesetzgebung fallen konnte, daß die sorgfältigste Berücksichtigung derselben aber auch ganz unentbehrlich ist, wenn die Ziele der sozialen Versicherung erreicht werden sollen.

Ein Problem der sozialen Versicherung, bei welchem die Fragen der Technik von besonderer Wichtigkeit sind, ist in neuerer Zeit wiederholt zum Gegenstand von Untersuchungen gemacht worden, es ist die Frage der *Versicherungspflicht der Heimarbeiter*[1]. Den Ausgangspunkt für die Erörterung bildet überwiegend das Bestreben, die Lage der Heimarbeiter zu bessern, die Versicherung und insbesondere die Krankenversicherung der Heimarbeiter wird als eines der wichtigen Mittel erörtert, die bei diesem sozialen Reformwerk in Betracht kommen. Das Problem wird dabei zum Teil de lege lata, zum Teil de lege ferenda behandelt, aber meines Erachtens mit zu geringer Berücksichtigung der zwei grundlegenden Fragen:

1. Welche Kategorien von Personen, die der hausindustriellen Produktionsorganisation eingegliedert sind, sollen der sozialen Versicherung teilhaftig gemacht werden?
2. Welche von denjenigen, die der Versicherung teilhaftig gemacht werden sollen, können derselben teilhaftig gemacht werden?

Die erste der beiden Fragen steht allerdings nicht unmittelbar und eigentlich im Zusammenhang mit den Fragen der Technik. Die Beant-

[3] O. Weigert, Die Krankenversicherung in der Hausindustrie, in: Soziale Praxis, Jg. 6 (1896/97), Sp. 857, und ders.: Die obligatorische Krankenversicherung der Hausindustriellen, in: Schmollers Jahrbuch, XIV. Bd., S. 467 ff. — P. Blankenstein: Die Ausdehnung der Krankenversicherung auf die Hausindustrie, in: Archiv für soziale Gesetzgebung und Statistik, 10. Jg. (1897), S. 868 ff. — Eugen P. Schwiedland, Ziele und Wege einer Heimarbeitsgesetzgebung, Wien 1899, S. 53 ff. — Ders., Die Krankenversicherung der Verlagsarbeiter, in: Schmollers Jahrbuch, XXV. Bd., S. 175 ff. — Ziegler, Die sozialpolitischen Aufgaben auf dem Gebiete der Hausindustrie, Berlin 1890.

wortung fällt eben in das spezielle Gebiet der sozialen Wirtschaftspolitik, und es spielen sozialethische Erwägungen mit herein, denn es handelt sich dabei auch um die Frage der sozialen Gerechtigkeit. Allein ganz außer jedem Zusammenhang mit der Technik steht auch diese Frage nicht.

Jede Versicherung bestimmter Leistungen in einem Schadensfalle wurzelt in dem Versicherungsplan, der die Aufbringung der Mittel zur Dekkung der in der Versicherung eingegangenen Verbindlichkeiten an Leistungen regelt. Die Geldbeschaffung ist demnach ein Grundelement der Versicherung, ohne Entgelt wird keine Versicherung geleistet. Von dieser Erwägung ausgehend, kommen in der sozialen Versicherung wieder zwei Momente in Betracht:

1. Sind die Elemente, welche der Wohltat der Versicherung unmittelbar teilhaftig werden sollen, fähig, die Kosten der Versicherung zu tragen und inwieweit sind sie es?
2. Wenn sie nicht zahlungsfähig oder wenigstens nicht genügend leistungsfähig sind, inwieweit können die nur mittelbar interessierten Faktoren, das sind die Arbeitgeber, als eventuell Haftpflichtige und die Allgemeinheit, der Staat, hinsichtlich der Aufbringung der Mittel herangezogen werden, ohne daß die Lastenverteilung als eine Verletzung der ökonomischen Gerechtigkeit erscheint?

Ist nun schon von diesem Gesichtspunkte aus eine entsprechende Kategorisierung aller Formen der Heimarbeit, oder allgemeiner und daher auch richtiger gesagt, der Verlagsarbeit bzw. der verschiedenen dieser Produktionsorganisation eingegliederten Arbeitnehmer-Typen notwendig, so ist eine solche noch mehr bedingt durch die weitere Frage, welche Arbeiterkategorien mit Rücksicht auf die technische Durchführbarkeit versichert werden können und wie deren Versicherung durchzuführen ist. Die systematische Einteilung der Verlagsarbeiter in bestimmte Kategorien ist an und für sich freilich ein spezifisches Problem der sozialökonomischen Theorie, mit Rücksicht auf die Versicherungszwecke aber wird sie zu einer Aufgabe der Versicherungstechnik, und zwar um so mehr, als sie noch mit einer anderen Aufgabe der Versicherungstechnik zusammenhängt.

Aufgabe der Versicherungstechnik, und zwar ganz besonders der Technik der Zwangsversicherung ist es nämlich, nicht nur die Aufbringung der Mittel zur Bestreitung der Erfordernisse zu regeln, sondern auch Kautelen zu schaffen, daß diese Mittel tatsächlich aufgebracht werden: Die Sicherung des Einfließens der Beiträge. Nach dieser Richtung hin ist die Feststellung der *Haftung einer bestimmten Person* zum unentbehrlichen Korrelat der Zwangsversicherung geworden. Sie bildet das *Gegenstück zur Selbstverantwortung des einzelnen* in der freiwilligen Versicherung Versicherten, seine Versicherungsprämien längstens innerhalb der sogenannten Respirofrist zu entrichten, bei sonstiger Gefahr, seiner Versicherungsansprüche verlustig zu gehen; da ein solcher Verlust der Versicherungsansprüche, sofern die Voraussetzungen der Versicherungspflicht überhaupt zutreffen, dem Prinzip des Zwanges widerstreitet, muß eben ein anderer Hebel zur tatsächlichen Aufbringung der Mittel in Anwendung gebracht werden. Bisher hat man denselben nur in der Haftung bestimmter Personen, die Beiträge einzuzahlen, eventuell hinterzogene Beiträge jederzeit — wenigstens in beschränktem Maße — nachzahlen zu müssen, gefunden. Es bedarf aber wohl keiner besonderen Begründung, daß die Statuierung einer Haftung des Arbeitgebers — und nur diese kann als sicherheitsbietend in Betracht kommen — die Klarstellung der Arbeitsverhältnisse zur Voraussetzung hat.

Als erste Aufgabe ergibt sich demnach bei dem Problem der Versicherung der Heimarbeiter eine solche morphologische Kategorisierung der Heimarbeitsformen und insbesondere der Glieder der verlagsmäßigen Produktionsorganisation, welche speziell für die Zwecke der Versicherungstechnik genügend klare Unterscheidungsmerkmale bietet, um auf Grund dessen eine differenzielle Behandlung der einzelnen Kategorien hinsichtlich der Versicherungspflicht sowie gegebenenfalls hinsichtlich der Durchführung der Versicherung zu ermöglichen.

2. Die Kategorisierung der Heim- und der Verlagsarbeit im Hinblick auf die Versicherung

Für eine solche Kategorisierung der Heimarbeitsformen zu Zwecken der Versicherung läge es am nächsten, die Unterscheidung nach dem größeren oder geringeren Ausmaße der Selbständigkeit des einzelnen Arbeitstypus in der Produktionsorganisation vorzunehmen. Allein eine Klassifikation der Heimarbeiter in diesem Sinne ist überaus schwierig, vor allem schon deshalb, weil der Begriff der Selbständigkeit des Arbeiters so sehr schwankt und daher kaum als unterscheidendes Kriterium durchweg festgehalten werden kann[2].

Der Gesichtspunkt der Selbständigkeit ist wohl auch in der Literatur bei der Unterscheidung der verschiedenen Typen von Heimarbeit aufgegriffen worden, allein neigt man überwiegend doch dazu, andere Momente, die allerdings auch mit der größeren oder geringeren Selbständigkeit in einem inneren Kausalzusammenhang stehen, in den Vordergrund zu

---

[2] Ich verweise beispielsweise auf die Definition der Selbständigkeit bei Liefmann: Über Wesen und Formen des Verlages, Freiburg 1899, S. 33, der jeden Verlagsarbeiter für selbständig hält, weil er hinsichtlich der Art und Weise der Arbeitsleistung unabhängig ist vom Arbeitgeberwillen, von einer Vertragsbestimmung: der Arbeitsordnung. Persönliche (nicht ökonomische) Unabhängigkeit ist aber nicht Selbständigkeit. Nur die erstere hat Liefmann im Auge. Ich verkenne nicht, daß sie essentielles Merkmal ist.

rücken. So schreibt Schmoller[3]: „Wo die Heimarbeiter noch nicht verschuldet sind, wo sie auf dem Lande über ein Häuschen und ein Ackerstückchen zum Kartoffelbau verfügen, sind sie natürlich in ganz anderer Lage als besitzlose Mieter, die verhungern, wenn der Faktor nicht Beschäftigung bringt. Wo die Heimarbeiter selbst noch eine Unternehmerstellung, eventuell anderen Verdienst haben, ihre Arbeit oder ihre Waren auch selbst verkaufen, z. B. auf Jahrmärkten vertreiben können, ist ihre Lage gleichfalls noch besser, als wo ihre zerstreute Lage, ihre Marktunkenntnis, ihre Unfähigkeit zu anderer Arbeit sie ganz vom Verleger abhängig macht. Je höher ihre technische Kunst steht, desto weniger haben sie bei jeder Haussekonjunktur zu fürchten, daß alle möglichen Kräfte sich ihrer Beschäftigung zuwenden. Wo sie, wie in den aus dem Handwerk entstandenen Hausindustrien, noch Werkzeuge eigen haben, den Rohstoff einkaufen, ein fertiges Produkt verkaufen (Kaufsystem), ist ihre Lage natürlich im Durchschnitt besser, weil unabhängiger, als wo sie für den Webstuhl teure Miete zahlen, den Rohstoff geliefert und angerechnet bekommen, das fertige Produkt gegen Lohn abliefern (Lohnsystem)."

Aus der obigen Gliederung gewinnt man für die Versicherungszwecke nur die Sonderstellung jener Kategorie von Hausindustriellen, die übrigens schon von *Marx* als „altmodische" Hausindustrie der „modernen" gegenübergestellt wurde[4]. Die Ausscheidung dieser Kategorie aus dem Kreise der in die Versicherungspflicht einzubeziehenden Heimarbeiter halte ich allerdings auch vom Standpunkte der Sozialpolitik für ganz gerechtfertigt. Es wird in der Regel bei Hausindustriellen dieser Kategorie auch das Bedürfnis nach der Versicherung nicht vorliegen, und zwar aus dem maßgebenden Grunde, weil bei diesen Personen die ökonomische Existenz wahrscheinlich in der Mehrzahl der Fälle nicht von der Arbeitsfähigkeit des Individuums unmittelbar und ausschließlich abhängen dürfte[5]. Freilich arbeitet man da nur mit einer Vermutung, aber

---

[3] Gustav Schmoller, Grundriß der allgemeinen Volkswirtschaftslehre, Bd. I, Leipzig 1900, S. 426.

[4] Karl Marx, Das Kapital, 4. Aufl., Bd. I, Hamburg 1890, S. 427.

[5] Hierin glaube ich, wird nach wie vor vor allem das Kriterium für das Vorhandensein der Versicherungsbedürftigkeit zu erblicken sein (vgl. die Botschaft Kaiser Wilhelms I. vom 17. November 1881). Und es scheint mir im Zusammenhang damit keineswegs schlechthin zulässig zu sagen: Wo kein Arbeitgeber vorhanden sei, (Arbeitgeber in dem engeren Sinne, wie ihn die Terminologie der neueren Sozialwissenschaften gebraucht), dort könne auch kein die Zwangsversicherung begründendes Arbeitsverhältnis vorliegen. M. E. gibt es Arbeitskreise, bei welchen die ökonomische Existenz von der Arbeitsfähigkeit des Individuums abhängt, die also der Versicherung bedürfen, wo aber ein Arbeitgeber in dem erwähnten Sinne nicht vorhanden ist. Es gibt eine Reihe von Gewerben, in welchen die allein oder selbst die mit einem Gesellen arbeitenden Gewerbeinhaber die Grundlagen ihrer wirtschaftlichen Existenz in ihrer eigenen Arbeit finden müssen. Mit vollem Recht wurde daher auch die Bestimmung des § 2 Z I in das Invalidenversicherungsgesetz für das Deutsche

doch mit einer solchen, für die nicht allein genügend Belege in individuellen Verhältnissen vorliegen, sondern die auch in der Erwägung ihre Stütze finden, daß diejenigen Hausindustriellen, welche sich bisher den freien Absatz ihrer Erzeugnisse an den letzten Konsumenten erhalten konnten, entweder ökonomisch so gut gestellt und so gut organisiert sind, daß sie der Kapitalmacht des Verlages noch nicht verfallen sind, oder nicht bedingungslos und ausschließlich auf den Erwerb aus der hausindustriellen Beschäftigung angewiesen sind, denselben vielmehr nur nebensächlich suchen. Beides schließt die Ausdehnung des Versicherungszwanges aus. *Es bleibt demzufolge für die Versicherungszwecke nur die Unterscheidung der verschiedenen Arten verlagsmäßiger Heimarbeit.*

Eine solche Unterscheidung ist bereits in der Arbeiterversicherungs-Gesetzgebung des Deutschen Reiches vorgenommen. Das Krankenversicherungsgesetz setzt nach der Fassung vom 10. April 1892 die Versicherungspflicht für die gewerblichen Arbeiter schlechthin fest, ohne Rücksicht darauf, ob sie inner- oder außerhalb der Betriebsstätten der Arbeitgeber beschäftigt werden. Diesen Arbeitern stellt das Gesetz im § 2 Z. 4 die selbständigen Gewerbetreibenden gegenüber, welche in eigenen Betriebsstätten und für Rechnung anderer Gewerbetreibenden mit der Herstellung oder Bearbeitung gewerblicher Erzeugnisse beschäftigt werden (Hausindustrie), indem auf diese die Anwendung der Vorschrift über die Versicherungspflicht durch statutarische Bestimmung einer Gemeinde für ihren Bezirk oder eines weiteren Kommunalverbandes für seinen Bezirk oder Teile desselben, endlich zufolge des Gesetzes vom 30. Juni 1900 auch durch Bundesratsbeschluß erstreckt werden kann, und zwar auch für den Fall, daß sie die Roh- und Hilfsstoffe selbst beschaffen, und auch für die Zeit, während welcher sie vorübergehend für eigene Rechnung arbeiten.

Die völlig unbefriedigende Situation, die durch diese gesetzliche Differenzierung der beiden Kategorien von Verlagsarbeitern geschaffen worden ist, ist in der Literatur schon mehrfach erörtert worden. Daß die Definition des Begriffes Hausindustrieller, dem übrigens der Begriff des „Hausgewerbetreibenden“ im Invalidenversicherungsgesetz vom 13. Juli 1899 ganz genau entspricht, nicht allein vom theoretischen Standpunkte, sondern auch für eine verwaltungsrechtliche Rechtsprechung gänzlich unzulänglich ist, ist bekannt genug[6]. Auch die grundlegenden Entscheidungen des Reichsversicherungsamtes, insbesondere jene vom 15. Oktober

---

Reich vom 13. 7. 1899 aufgenommen, wonach durch Beschluß des Bundesrates die Versicherungspflicht für bestimmte Berufszweige allgemein oder mit Beschränkung auf gewisse Bezirke auch auf Gewerbetreibende und sonstige Betriebsunternehmer ausgedehnt werden kann, welche nicht regelmäßig wenigstens einen Lohnarbeiter beschäftigen.

[6] Blankenstein, a. a. O., S. 869.

1891 (Amtliche Nachrichten Inv. 91 Nr. 77 S. 181), mit der über das Wesen der hausgewerblichen Tätigkeit bestimmte Grundsätze ausgesprochen wurden[7], führten zu keinem Ziele. Infolge dieser Entscheidungen sollen für die Einreihung des Verlagsarbeiters in die Kategorie der Hausgewerbetreibenden entscheidend sein: das Dispositionsrecht des Arbeiters über die Einteilung und den Verlauf der Arbeit, Anfang, Ende, Umfang und Reihenfolge in der Arbeit, die Beiziehung von fremden Gehilfen und von Familiengliedern seitens des Arbeitnehmers, das Nebenhergehen einer anderweitigen Beschäftigung in der Familie und im Hauswesen oder auch für andere Arbeitgeber sowie für eigene Rechnung, die Benutzung des eigenen Werkzeuges seitens des Arbeitnehmers, Freiheit von der Kontrolle des Arbeitgebers u. a. m. Keines dieser Merkmale begründet eine durchgreifende befriedigende Unterscheidung. Jedes findet sich sowohl bei Typen, die man unzweifelhaft als völlig unselbständige Heimarbeiter erklären wird, wie auch bei solchen, die unverkennbar das Gepräge des Hausgewerbetreibenden mit etwas grösserer Selbständigkeit an sich tragen[8].

Selbst wenn aber auch solche Merkmale zutreffende Abgrenzungen der einzelnen Kategorien schaffen würden, so ginge es doch keineswegs an, solche zur Grundlage einer differenziellen legislativen Behandlung der Kategorien zu machen, weil diese Kriterien alle, ohne Unterschied, von dem Leiter der verlagsmäßigen Produktionsorganisation, dem Verlagsunternehmer, in der Weise verschoben werden könnten, daß er sich der Beitragsleistung und der Haftung entziehen könnte.

Aus diesem Grund sind aber auch die in der wissenschaftlichen Literatur vertretenen Unterscheidungen gewisser Typen für eine eventuell differenzierende Gesetzgebung nicht zu verwerten. Ich verweise da namentlich auf die Ausführungen Büchers[9], Philippovichs[10] und Som-

---

[7] Graßmann, Landmann und Rasp, Kommentar zum Invalidenversicherungsgesetz vom 13. Juli 1899, 2. Aufl., München 1901, S. 200.

[8] Wenn das Reichsversicherungsamt meint, die vom Gesetzgeber betonte Selbständigkeit des Hausgewerbetreibenden könnte nicht in der wirtschaftlichen, sondern müsse in der persönlichen Unabhängigkeit gefunden werden, in welcher der in der eigenen Betriebsstätte Tätige gegenüber dem in der Fabrik des Arbeitgebers Beschäftigten steht, so ist demgegenüber wohl zu bedenken, daß damit doch kein Unterscheidungsmerkmal zwischen Hausgewerbetreibenden und Heimarbeitern geschaffen wird.

[9] Karl Bücher, Artikel „Gewerbe“, in: Handwörterbuch der Staatswissenschaften, 4. Bd., 2. Aufl., S. 380 f. — Bücher unterscheidet zunächst den unmittelbar verlegten Hausarbeiter und den durch eingeschobene Zwischenpersonen mittelbar verlegten. Er unterscheidet weiter drei Formen des Betriebes, je nachdem Hausarbeiter oder Verleger Rohstoff und Werkzeug bzw. eines von beiden herstellen.

[10] Vgl. Eugen Philippovich, Grundriß der politischen Ökonomie, II. Bd., Freiburg 1899, S. 93 ff., und insbesondere S. 94, wo er in der Hauptsache Übereinstimmung mit Büchers Formen des Betriebes feststellt.

barts[11]. Es sind Formen, in welchen sich der verlagsmäßige Betrieb abspielt, die hier herausgearbeitet werden, nur Formen, deren Unterscheidung wohl begründet ist, die jedoch keineswegs auch in der Natur der Gewerbe bedingt sind, vielmehr innerhalb ein und desselben Gewerbes ohne Unterschied gebräuchlich sind und demzufolge begreiflicherweise auch willkürlich von den Verlagsunternehmern geändert werden können.

Besonders erwähnen muß ich die von Schwiedland vorgenommene Kategorisierung von Verlagsarbeitern[12], weil sie mit spezieller Berücksichtigung der Versicherungszwecke gedacht ist. Schwiedland denkt an eine Spezialisierung der Gesetzgebung für einzelne Gewerbe und meint, daß hierbei die einzelnen Arbeiter und daher auch die Arbeiterkategorien anschaulich erfaßt und beschrieben werden müßten. Es genügte dann, zu erklären, daß durch Bundesratsbeschluß oder sonstwie auch verlegte Unternehmer der Versicherungspflicht unterworfen werden können, und bei der Anführung der einzelnen Gewerbe in der bezüglichen Verordnung die Arten der zu versichernden verlegten Meister zu erwähnen. Die Kategorisierung der Arbeiter erläutert Schmiedland am Beispiele der Tischlerei. Abgesehen davon, daß in einer solchen Spzialisierung der gesetzlichen Bestimmungen wie in jeder kasuistischen Gesetzgebung an und für sich, namentlich aber mit Rücksicht auf die fortwährend im Flusse befindliche Entwicklung des gewerblichen Lebens nicht ein Fortschritt erblickt werden kann, ist eine Aussicht auf eine Besserung der Judikatur, eine größere Sicherheit und Gleichmäßigkeit in den Entscheidungen der Verwaltungen und in der Handhabung der Bestimmungen über die Versicherungspflicht kaum zu gewärtigen, wenn die Kategorisierung etwa in der Weise erfolgen würde, wie sie Schwiedland an der Tischlerei exemplifiziert. Sein Typus I, das ist der für mehrere Verleger arbeitende Kleinmeister, wird sich von seinem Typus II, dem Meister, der nur für *einen* Verleger arbeitet, manchmal, gewiß in bestimmten Zeitpunkten, aber gewiß nicht durchgreifend, gewiß nicht konstant auseinanderhalten lassen. Ich will zugeben, daß dieser Umstand namentlich für Zwischenmeister häufig als Kriterium einer größeren Selbständigkeit anzusehen sein wird, allgemein gilt das aber gewiß nicht. Ein und derselbe Meister erhält bald für längere Zeit von einem Verleger genügend Aufträge, bald ist er genötigt, bei mehreren Verlegern auch gleichzeitig Arbeit zu suchen, gleichzeitig für mehrere zu arbeiten. Das sind ganz zufällige Erscheinungen, die in dem geschäftlichen Interesse ihren Grund haben und deshalb von vornherein als völlig unbeständig kein maßgebendes Unterscheidungsmerkmal bilden können. *Dem Verlagsunterneh-*

[11] Werner Sombart, Artikel „Hausindustrie", in: Handwörterbuch der Staatswissenschaften, 4. Bd., 2. Aufl., S. 1141 f.

[12] Eugen P. Schwiedland, Die Krankenversicherung der Verlagsarbeiter, a. a. O., S. 175.

mer, der sich der Beitragspflicht für die Versicherung seiner Heimarbeiter entziehen will, kommt man mit solchen Kategorisierungen nicht bei.

Endlich aber finde ich den Typus I des verlegten Kleinmeisters an und für sich insofern viel zu wenig scharf umgrenzt, als mit demselben die Grenze zwischen dem Verlagsarbeiter und dem selbständigen Handwerker ganz ins Ungewisse verschoben wird.

Ich bin weit davon entfernt, die Schwierigkeiten zu verkennen, die sich einer solchen Abgrenzung in den Weg stellen, es ist zweifellos ungemein schwer, eine erschöpfende Definition für den Begriff der Verlagsarbeit zu geben, für die überaus verschiedenen Typen verlegter Heimarbeit gemeinsame und doch ausschließlich auf sie zutreffende Merkmale festzustellen.

Dadurch, daß man einerseits den Begriff des Verlages soweit ausdehnen muß, daß als verlegte Arbeit nicht bloß die in der Wohnung[13], sondern auch die in der eigenen Betriebsstätte des verlegten Arbeiters betriebene Arbeit angesehen werden muß, andererseits als Glieder des Verlagssystems auch solche Arbeiter erfaßt werden müssen, welche weder in der eigenen Wohnung noch in der eigenen Betriebsstätte, sondern bei einem bereits verlegten Heimarbeiter Arbeit verrichten, gerät man in die Schwierigkeit der Unterscheidung des Verlagsbetriebes von dem selbständigen Gewerbebetriebe[14].

Zu einer auch in Hinsicht auf die Unterscheidung des Verlags von selbständiger gewerblicher Arbeit befriedigenden Abgrenzung des Verlages ist man meines Erachtens in der Literatur noch nicht gelangt, sofern an der Einschränkung des Begriffes auf unselbständige Arbeiter festgehalten werden soll. Ich räume ein, daß drei Umstände sehr häufig beim verlegten Betriebe zutreffen werden: 1. Der Mangel in der Unmittelbarkeit des Absatzes an den letzten Konsumenten des Erzeugnisses, 2. die Beschäftigung des Verlagsarbeiters in der eigenen Wohnung oder

[13] Aus diesem Grunde scheint mir auch die Definition Büchers (im Artikel „Gewerbe“ des H. d. St., a. a. O.) zu eng, wenn er sagt: Verlagssystem ist diejenige Art des gewerblichen Betriebes, bei welcher ein Unternehmer regelmäßig eine größere Zahl von Arbeitern außerhalb seiner Betriebsstätte in *ihren Wohnungen* beschäftigt. Dann und insoweit wird Liefmanns Ausführungen (a. a. O., S. 60 f.) zuzustimmen sein.

[14] Ich vermag auch insoweit Blankenstein nicht zuzustimmen, wenn er meint, es biete weniger Schwierigkeiten, die Hausgewerbetreibenden von den selbständigen Gewerbetreibenden zu unterscheiden, als von den Heimarbeitern und wenn er glaubt, das Vorhandensein der Kundschaft sei das charakteristische Unterscheidungsmerkmal für den selbständigen Gewerbebetrieb, denn gerade über die Frage, was man als Kundschaft in diesem Sinne anzuerkennen habe, dürften die Meinungen recht geteilt sein. Bemerkt er doch selbst, man dürfe nicht außer acht lassen, daß auch Gewerbetreibende Kunden eines anderen Gewerbetreibenden sein können und berührt damit die schwache Seite dieses Kriteriums der Selbständigkeit (vgl. Blankenstein, a. a. O., S. 871).

Betriebsstätte und 3. die Beschäftigung des Verlagsarbeiters nur für einen Arbeitgeber. Allein von der Erschöpfung der Merkmale, welche einen gewerblichen Betrieb zu einem verlegten Betrieb stempeln, kann da ebensowenig die Rede sein, wie davon, daß auch nur eines dieser Merkmale bei jedem Verlagsarbeiter zutreffen müßte und, was das schwierigste dabei ist, es wird eine Menge von Gewerbebetrieben geben, bei welchen eines und das andere dieser Merkmale vorliegt, die aber dennoch als unselbständige Verlagsbetriebe nicht angesehen werden können. Sowie der Mangel der Unmittelbarkeit des Absatzes schon danach eine ganz verschiedene Bedeutung erlangt, ob das Erzeugnis des betreffenden Betriebes ein bereits für das Publikum gebrauchs- oder genußfertiger Artikel oder etwa nur ein Halbfabrikat ist, für welches als Konsumenten zunächst eben nur Gewerbebetriebe in Betracht kommen, so schließt auch die Beschäftigung seitens mehrerer Gewerbebetriebe durchaus die Verlagsmäßigkeit des Betriebes noch nicht aus.

Ganz besonders aber muß das eine festgehalten werden, daß vom Standpunkte der Wirtschaftspolitik und zumal im Hinblick auf sozialpolitische Maßnahmen zugunsten der verlegten Arbeiter die Charakterisierung des Verlages, wie sie Bücher gibt, gerade mit Rücksicht auf das Verhältnis des Verlagsarbeiters zum selbständigen Lohnwerker einer extensiven Interpretation bedarf. In der Tat ergibt sich gerade bezüglich der selbständigen gewerblichen Betriebsform des Lohnwerkes eine Schwierigkeit in der Bestimmung des Wesens der Verlagsarbeit. Liefmann hat in neuester Zeit versucht, den Unterschied zwischen beiden nach der Art des Arbeitgebers in folgender Weise festzustellen: beim Lohnwerker sei der Arbeitgeber Konsument, beim Verlag wolle der Arbeitgeber dagegen das Produkt vertauschen[15]. Es ist das schließlich kein anderer Gedanke als der, den Bücher mit den Worten ausgedrückt hat: Lohnwerk ist zerstreute Kundenproduktion, Verlag ist dezentralisierte Warenproduktion[16].

Diese Formulierung der Wesenheit beider Betriebsformen führt dazu, daß eine Reihe von Arbeitsverhältnissen, die, obgleich von einer Warenproduktion nicht die Rede sein kann, dennoch als Verlagsverhältnisse angesehen, mindestens aber wirtschafts- und sozialpolitisch behandelt werden sollen, als Lohnwerk gelten müßten. Namentlich gilt dies von den Heimarbeitern der Kleingewerbetreibenden, wie insbesondere der größeren Kunden- und Massengeschäfte der Bekleidungsindustrie in größeren Städten, die ja alle nicht Waren erzeugen, sondern Kundenproduktion betreiben. Die von solchen Gewerbetreibenden beschäftigten Heimarbeiter, Sitzgesellen, wie sie in Österreich zumeist genannt werden, bedürfen des auszubauenden Verlagsarbeiterschutzes nicht minder

---

15 Liefmann, a. a. O., S. 38 und 72.
16 Bücher, a. a. O., S. 389 f.

als die verlegten Arbeiter wirklicher Warenproduzenten. Es gilt eben dabei wirklich, wie Schmoller[17] sagt, eine soziale Klasse, eine Schicht von Arbeitern mit bestimmten, in der Hauptsache gleichartigen Existenzbedingungen zu erfassen, mag nun das privatrechtliche Verhältnis, in dem die einzelnen Arbeiter zu ihren Arbeitgebern stehen, im Zusammenhang mit der volkswirtschaftlichen Funktion des Produktionsleiters auf andere gewerbliche Arbeitsverhältnisse noch zutreffen oder nicht. Ob man so weit gehen kann, den für Kunden auf Bestellung arbeitenden Gewerbetreibenden als Verleger aufzufassen, weil er aus dem Durchlaufen der Arbeit eines persönlich unabhängigen (d. h. in keiner bestimmten Arbeitsdienststellung stehenden) Arbeiters durch seine Hände einen Gewinn zieht, und ob daher der Arbeiter in diesem Verhältnisse als Verlagsarbeiter anzusehen ist, auch wenn er nicht Waren-, sondern Kundenproduzent ist, ist wohl mindestens fraglich. Jedenfalls erscheint es bedenklich, eine solche extensive Interpretation der erwähnten Charakterisierung des Verlages der Judikatur zu überlassen. Hieraus geht wohl schon zur Genüge hervor, daß die Merkmale, wenngleich häufig charakteristisch, doch zu wenig wesentlich, ich möchte geradezu sagen, zufällig genug sind, um sowohl eine erschöpfende Definition des Begriffes Verlag als auch eine durchgreifende Einteilung damit auszuschließen.

Ich gelange daher unter solchen Umständen zu dem Schluß, daß die Gesetzgebung sich auf das gefährliche Experiment einer Definierung der verlagsmäßigen Heimarbeit, insoweit sie, oder insoweit sie nicht in die Versicherungspflicht einbezogen werden soll, ebensowenig einlassen darf, wie auf eine der bisher üblichen Einteilungen in Kategorien oder Typen und eine Definierung solcher.

Gleichwohl aber glaube ich, daß beiden Problemen der Technik der Versicherung, der Erfassung der Heimarbeit wie auch einer gewissen Unterscheidung genugsam Rechnung getragen werden kann. *Zu diesem Ende gehe ich von der Grundlage jeder Versicherungspflicht, dem unmittelbaren Arbeitsverhältnisse zwischen einem Arbeitgeber und einem Arbeitnehmer aus;* es muß ein Arbeitsverhältnis vorliegen, durch welches die Erwerbstätigkeit des Arbeitnehmers veranlaßt, durch welche für ihn eine Erwerbsgelegenheit erst geschaffen wird, aus dem er also seinen Erwerb ableitet, abhängig von dem Unternehmergeist des Arbeitgebers, so daß die Unselbständigkeit seines Erwerbs außer Frage steht.

Hierbei erinnere ich zunächst an die Bemerkung Büchers, daß der wichtigste Unterschied zwischen Handwerk und Verlagssystem darin liege, daß das Produkt, ehe es in die Hand des Konsumenten gelangt, noch ein- oder mehreremal (je nach der Zahl der eingeschobenen kommerzi-

---

[17] Gustav Schmoller, Die geschichtliche Entwicklung der Unternehmung, in: Schmollers Jahrbuch, XIV. Bd., S. 1059.

ellen Mittelglieder: Ferger, Verleger, Großhändler, Kleinhändler) Warenkapital wird: d. h. Erwerbsmittel für eine oder mehrere nicht an der Produktion, sondern an der Zirkulation beteiligte Personen[18]. Daran schließe ich an, indem ich nach der Entfernung des einzelnen Verlagsgliedes vom Konsumenten das nachstehende Schema für die mannigfaltige Gliederung der verlagsmäßigen Produktionsorganisation aufstelle.

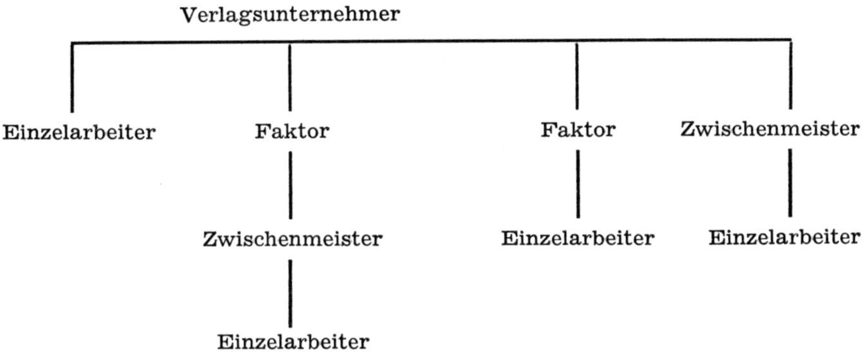

Es sind danach in der Hauptsache drei Kategorien von Gliedern zu unterscheiden:

I. *Der Verlagsunternehmer*

In Betracht kommen Fabrikanten, Verleger, Konfektionäre, Großhändler, Handwerksmeister, eventuell auch Kleinhändler, alle, insoweit sie als Leiter der hausindustriellen Produktionsorganisation und Träger des Risikos der Produktion außerhalb ihrer eigenen Betriebsstätte auftreten.

Äußert sich das Leiten der Produktion vornehmlich darin, daß der Verleger als Auftraggeber überhaupt erst die Arbeitsgelegenheit schafft, die Arbeit veranlaßt, so wird das Tragen des Risikos mindestens immer schon dann anzunehmen sein, wenn der Verleger den Hauptstoff für die Ver- oder Bearbeitung an die verlegten Arbeiter liefert. Mit der allgemeinen Bezeichnung „liefert" wird dann nicht nur das Lohnsystem, sondern auch das Kaufsystem erfaßt, sofern es nur eine die Umgehung der Versicherungspflicht bezweckende Verhüllung des verlagsmäßigen Lohnarbeitsverhältnisses bedeutet. Wenn der Verleger den Rohstoff an den Verlagsarbeiter gleichwohl gegen einen Preis verkauft, um diesen dann doch wieder bei Ablieferung der fertiggestellten Verlagserzeugnisse dem Verlagsarbeiter außer dem Arbeitslohn zurückzuzahlen, dann hat man es nur mit einem Scheinkauf zu tun und im wesentlichen stets nur mit einem Lohnarbeitsvertrag, der für den Arbeitgeber,

[18] Bücher, a. a. O., S. 381.

den Verlagsunternehmer, die Beitragspflicht zur Versicherung unzweifelhaft begründen muß.

Allerdings sind Arbeitsverhältnisse, bei welchen die Arbeitnehmer die Rohstoffe unabhängig und selbständig liefern, wo also ein Kaufverhältnis wirklich vorliegt, deswegen noch nicht unbedingt des Verlagscharakters entkleidet. Mit Liefmann möchte ich meinen, daß es theoretisch hier bei auf das Verhältnis des Wertes der im Produkte steckenden Arbeit zum Wert des Rohstoffes ankommt. Praktisch wird sich für die Gesetzgebung eine solche Differenzierung aber kaum durchführen lassen.

II. *Die Zwischenglieder (Arbeitsvermittler)*

Als solche unterscheide ich:

a) den nicht selbst arbeitenden Faktor, der nur die Verbindung der letzten Glieder oder eventuell weitere Zwischenglieder (II b) mit dem Verlagsunternehmer besorgt. Er kann sein

1. ein Subunternehmer, der bis zu einem gewissen Grade dem Verlagsarbeiter gegenüber insofern selbständig erscheint, als er gleich einem Unternehmer die Arbeitsverträge mit den Verlagsarbeitern abschließt, also die Lohnzahlung auf sich nimmt, eventuell sogar den Hauptstoff, den er allerdings vom Verlagsunternehmer „bezieht", an die Verlagsarbeiter hinausgibt. Charakteristisch für ihn ist der Umstand, daß er aus dem Durchlaufen der Verlagserzeugnisse durch seine Hände eine Erwerbsquelle macht und so von seinem Standpunkt gleichfalls ein Risiko übernimmt;

2. ein bloß als Organ des Verlagsunternehmers fungierender Angestellter, der nur organisatorisch, nicht wirtschaftlich, in erster Linie Aufsichtszwecken dienend, ein Zwischenglied in der verlagsmäßigen Organisation ausmacht;

b) den selbst mitarbeitenden Zwischenmeister, der zur Ausführung der ihm übertragenen Verlagsarbeiten Hilfsarbeiter im Lohn beschäftigt. Auch dieser kann

1. Subunternehmer sein, das heißt Unternehmer-Charakter haben, insofern auch er die Entlohnung der Hilfsarbeiter auf eigene Rechnung nimmt und demzufolge als unmittelbarer Arbeitgeber derselben, die sowohl bei ihm in der Betriebsstätte als auch in der eigenen Wohnung oder Betriebsstätte arbeiten können, erscheint, oder

2. er kann bloß Übernehmer der Arbeit in der Weise sein, daß er wie das Organ des Verlegers, eventuell eines Faktors mit Unternehmer-Charakter (II, a, 1) nur das Weitergeben der Arbeit an andere Verlagsarbeiter, die aber gleichfalls eventuell auch in seiner Betriebsstätte gegen ein Platzgeld arbeiten, besorgt, demzufolge nicht als unmittelbarer Ar-

beitgeber fungiert; das Arbeitsverhältnis besteht zwischen Verlagsunternehmer und den Arbeitern, an die der Zwischenmeister die Arbeit weitergibt.

III. *Die Endglieder*

Unter diesen sind zu unterscheiden:

a) Die Alleinarbeiter, die einzelnen in ihrer Wohnung oder eventuell Betriebsstätte allein, d. h. ohne gegen Lohn beschäftigte Hilfsarbeiter, arbeitenden Verlagsarbeiter, die Heimarbeiter im eigentlichen Sinn. Sie können in einem Arbeitsvertragsverhältnis stehen:

1. unmittelbar zum Verlagsunternehmer,

2. mittelbar zum Verlagsuntermehmer, und zwar durch die Vermittlung eines nicht als Subunternehmer zu betrachtenden Zwischengliedes (wie unter II, a, 2 und II, b, 2), sei es Faktor, sei es Zwischenmeister,

3. unmittelbar zu einem als Subunternehmer auftretenden Zwischen-Gliede (II, a, 1 und II, b, 1).

b) die Werkstattgehilfen des Zwischenmeisters, die Arbeitshilfskräfte des hausindustriellen Gehilfenbetriebes. Entsprechend der Stellung des Zwischenmeisters stehen sie entweder im Lohne des Zwischenmeisters oder des Verlagsunternehmers.

c) Die in Zentralwerkstätten (Gewerkschaftsateliers) vereinigt arbeitenden Verlagsarbeiter. Auch bei diesen kann ein oder das andere Zwischenglied zwischen dem Verlagsunternehmer und den Endgliedern eingeschoben sein und entsprechend seiner Stellung die unmittelbare Beziehung der verlegten Endglieder zum Verlagsunternehmer so durchbrechen, daß es als unmittelbarer Arbeitgeber zu betrachten sein wird.

Mit der bevorstehenden Gliederung scheint mir das ganze Gebiet der Verlagsarbeit nach den Arbeitselementen in einer den Zwecken der Versicherung entsprechenden Weise erschöpft. Der Umstand, ob ein Arbeiter von einem oder mehreren Verlegern oder Zwischengliedern beschäftigt wird, ist hierbei ebensowenig berücksichtigt worden wie die Frage, ob eine Verlagsarbeit als Haupt- oder als Nebenbeschäftigung betrieben wird. Bezüglich des Arbeitens für mehrere Arbeitgeber bemerke ich nur noch, daß es fast bei jeder der unterschiedenen Gruppen von Verlagsarbeitern denkbar ist. Aber, wie schon gesagt, halte ich dieses Moment an und für sich für kein durchgreifend charakteristisches Kriterium; am wenigsten aber ginge es an, die Wohltat der Versicherungspflicht davon abhängig zu machen, ob ein Arbeiter jeweilig mehr oder minder dauernd von einem oder von mehreren Verlegern Aufträge erhält. Etwas anders steht es hinsichtlich der Frage, ob eine Verlagsbeschäftigung als Haupt- oder als Nebenbeschäftigung betrieben wird. Es ist eine spezifische Frage der Versicherungstechnik, ob Personen, welche nur vorübergehend, zeitweilig aus der Verlagsarbeit ihren Erwerb zu gewinnen suchen, der Versicherung teilhaftig werden können; eine spezifische Frage der sozialökonomischen Politik ist es, zu entscheiden, ob die nicht als Hauptberuf ausgeübte Beschäftigung die Versicherungspflicht begründen soll.

Beide Fragen sind prinzipiell für jede Versicherungsgesetzgebung allgemein für jede Beschäftigung zu beantworten und nicht allein mit Rücksicht auf die Verlagsarbeiter. Es ist im Hinblick darauf eine Unterscheidung der Verlagsarbeiter nach diesem Gesichtspunkte für unsere Zwecke gegenstandslos. Im Zusammenhange mit der Erörterung des Bedürfnisses nach der Versicherung und ihrer Durchführbarkeit bei den einzelnen Gliedern des Verlagssystems ist noch darauf einzugehen.

3. Die Versicherungsbedürftigkeit

Hält man den Grundsatz im Auge, daß derjenige, welcher von seiner eigenen Hände Arbeit lebt, der Versicherung bedarf, dann erhellt schon aus den wenigen, die einzelnen Gruppen von verlegten Arbeitern skizzierenden Worten, daß nicht alle in der verlagsmäßigen Produktionsorganisation tätigen, vom Verlagsunternehmer verlegten Glieder der Versicherung bedürftig sind.

Bezüglich der „Endglieder" (Gruppe III) wird ein Zweifel über ihre Versicherungsbedürftigkeit wohl nur nach zwei Seiten hin möglich sein, nämlich hinsichtlich der Fragen: 1. ob die vom Einzelarbeiter zur Unterstützung in seiner Arbeit verwendeten Familienangehörigen der Versicherungspflicht zu unterwerfen sind, 2. ob für die Verlagsarbeiter, die die Arbeit nur als Nebenerwerb betreiben, die Versicherung als eine soziale Notwendigkeit erscheint.

Die Beschäftigung eines *Familienangehörigen* kann selbstverständlich die Stellung des Verlagsarbeiters verschieben; wird nämlich das Familienmitglied durch seine Verwendung selbst zum Endglied der Verlagsorganisation, so wird gegebenenfalls der Verlagsarbeiter zum Zwischenglied. Dies ist dann gegeben, wenn der Familienangehörige zu einem *Lohn*arbeitsverhältnisse zu irgendeinem Gliede der Verlagsorganisation, sei es auch zum Familienoberhaupte, steht; dann wird eben auch für diese Familienangehörigen wie für jedes andere Endglied der Verlagsorganisation die Frage der Versicherungspflicht zu beantworten sein. Um diese mitarbeitenden Familienangehörigen handelt es sich demnach hier nicht, sondern nur um jene, deren Verwendung sich nur als Beihilfe für den Einzel-Verlagsarbeiter, der dann ja stets ein Heimarbeiter sein wird (III, a), darstellt. Für diese Familienglieder, deren Verwendung in der Verlagsorganisation also nicht einen Erwerb schafft, der als Grundlage einer ökonomischen Existenz zu betrachten ist, scheint auch die Einbeziehung in die Versicherungspflicht nicht geboten, ihre wirtschaftliche Existenz ist nur eine abgeleitete.

Was nun die Frage betrifft, ob die als *Nebenbeschäftigung* getriebene Verlagsarbeit die Versicherungspflicht begründen soll, so wurde bereits vermerkt, daß darüber grundsätzlich bezüglich jedes Arbeitsverhältnisses zu entscheiden ist. Die Frage ist jedoch für das Gebiet der Verlags- und speziell der Heimarbeit jedenfalls verhältnismäßig noch häufiger als die Werkstattarbeit als Nebenbeschäftigung vorkommt.

Jedenfalls wird man zwei Arten von Nebenerwerb auseinanderhalten müssen: einerseits die Nebenbeschäftigung im engeren und eigentlichen Sinne, das ist jene Beschäftigung zum Zwecke des Erwerbs, die neben einer die Hauptgrundlage der ökonomischen Existenz bildenden Erwerbsbeschäftigung betrieben wird, andererseits jene Beschäftigung, die nur zeitweise als Ersatz bei Mangel an Beschäftigung im Haupterwerb — eventuell auch innerhalb desselben Berufszweiges — übernommen wird (Ersatzbeschäftigung). Vom Standpunkt ökonomischer Gerechtigkeit kann kein Zweifel darüber walten, daß die Ersatzbeschäftigung stets, auch dann, wenn sie hinsichtlich ihres Ertrages nicht geeignet ist, die Grundlage der Existenz zu bilden, die Versicherungspflicht begründen soll. *In dem Augenblick, da eine wenngleich unzulängliche Erwerbsbeschäftigung an Stelle der regelmäßigen Haupbeschäftigung tritt, wird sie zur Haupterwerbsquelle und begründet die Versicherungpflicht.* Sobald übrigens die Ersatzbeschäftigung den Charakter regelmäßiger Saisonarbeit annimmt, kann wohl überhaupt von einer Nebenbeschäftigung nicht mehr geredet werden, sie ist dann als Hauptbeschäftigung zu behandeln.

Ein unbedingtes Bedürfnis, mit der Nebenbeschäftigung im engeren Sinne die Versicherungspflicht zu verknüpfen, wird sich kaum allgemein für alle solche Arbeitsverhältnisse nachweisen lassen. Allein es ist nicht zu verkennen, daß eine solche Verknüpfung sich vom sozialökonomischen Standpunkte aus als sehr wünschenswert und mitunter gewiß auch als notwendig erweist, letzteres zumal in allen denjenigen Fällen, in welchen nur zwei oder mehrere Beschäftigungen zusammen eine auskömmliche Existenz sichern, ohne daß eine für sich als Grundlage derselben bezeichnet werden kann. Die Komplikationen, die sich aber gewiß bei Festsetzung der Versicherungspflicht auch für die als Nebenerwerb betriebene Verlagsarbeit ergeben, sind technischer Natur und noch von diesem Gesichtspunkte aus zu erörtern.

Die Frage nach der Versicherungsbedürftigkeit ist von noch größerer Bedeutung bei den Zwischengliedern, und zwar namentlich auch im Hinblick darauf, daß die Versicherung zum Teil wenigstens nicht bloß von den unmittelbar beteiligten Elementen des Arbeitsvertragsverhältnisses, Arbeitgeber und Arbeitnehmer, bestritten wird, sondern auch unter Mitwirkung der Allgemeinheit, d. h. unter Beiziehung öffentlicher Mittel, vor allem der staatlichen erfolgt. Es geht doch wohl nicht an, zugunsten eines doch immerhin unter Umständen in ganz gesicherten ökonomischen Verhältnissen sich befindenden Arbeitgebers eine staatliche Leistung in Anspruch zu nehmen, die ein anderer, weit schlimmer gestellter, für Kunden arbeitender Kleinmeister nur deshalb entbehren muß, weil er nicht einem Verlagsunternehmen eingegliedert ist.

Von den Zwischengliedern sind jedenfalls diejenigen, welche eine Art von Subunternehmer sind, nicht schlechthin als versicherungsbedürftig zu bezeichnen. Indem man sie von der Versicherungspflicht ausnimmt, begegnet man hinsichtlich der Invaliditätsversicherung der Unbilligkeit bezüglich der Beitragsleistung des Staates, hinsichtlich der Krankenversicherung den gewiß nicht unberechtigten Klagen der Ärzte über den Mißbrauch der Verbilligung der ärztlichen Hilfe im Wege der Krankenkassen.

Die Ausscheidung solcher Zwischenglieder kann allerdings auch zu Härten führen, denn der Verdienst des Faktors oder Zwischenmeisters (Typus II, a, 1 und b, 1) aus der Vermittlung der Arbeit für die von ihnen beschäftigten Heim- oder Verlagsarbeiter kann möglicherweise ein recht unbedeutender sein, wie beispielsweise dann, wenn der eventuelle Gewinn nur darin besteht, daß der Zwischenmeister vom Verleger nach Stück gezahlt wird, seine Hilfsarbeiter aber selbst im Taglohn zahlt, wobei er selbstverständlich geradezu das Risiko übernimmt, zu verlieren. Wichtiger noch aber ist es, dabei in Rücksicht zu ziehen, daß auch ein geringer Gewinn vom einzelnen Heimarbeiter oder Gehilfen durch die Vervielfältigung bei mehreren solchen Hilfskräften ganz ansehnlich werden kann. Es wird daher ein Unterschied zu machen sein nach der Ausdehnung des Betriebes, den das Zwischenglied leitet. Die Zahl der beschäftigten Heimarbeiter oder Werkstattgehilfen zum Unterscheidungsmerkmal für das Vorhandensein der Versicherungspflicht des Zwischengliedes zu machen, erweist sich jedoch aus naheliegenden Gründen, auf die schon Blankenstein hinweist[19], als untunlich. Die Möglichkeit der Maschinenverwendung müßte dabei vor allem in Betracht gezogen werden, aber ganz abgesehen davon auch die Natur des Gewerbes.

Ich nehme daher keinen Anstand, den Vorschlag Blankensteins aufzunehmen, wonach die Höhe des tatsächlichen Einkommens etwa an der Hand der Steuergrundlage für die Versicherungspflicht in der Weise zum entscheidenden Merkmal gemacht würde, daß die als Subunternehmer auftretenden Zwischenglieder von einem gewissen Maximalbetrage des steuerpflichtigen Einkommens aufwärts der Versicherungspflicht nicht unterliegen.

---

[19] Blankenstein, a. a. O., S. 876.

Von den Zwischengliedern würden danach unter die Versicherungspflichtigen nur die folgenden einzureihen sein:

1. Von den Faktoren diejenigen, die nur als Angestellte des Verlagsunternehmers fungieren (II a, 1).
2. Von den Zwischenmeistern:

   a) Zunächst und ohne Beschränkung alle diejenigen, welche als Übernehmer der Arbeit bloß das Weitergeben derselben an andere Arbeiter besorgen, gleichviel, ob diese die Arbeit in eigenen Wohnungen oder Werkstätten als Heimarbeiter oder außerhalb derselben als Gehilfen, eventuell auch beim Zwischenmeister selbst ausführen.

   b) Alle jene, die zufolge der rechtlichen Natur des Verhältnisses zu den von ihnen beschäftigten Hilfsarbeitern als Arbeitgeber angesehen werden müssen, solange ihre Einkommensteuerpflicht ein gewisses Höchstmaß nicht übersteigt.

4. Technische Durchführbarkeit der Verlagsarbeiter-Versicherung

Die vom technischen Standpunkte zu berücksichtigenden Bedenken betreffen, wie schon in den einleitenden Bemerkungen angedeutet wurde, vornehmlich die Aufbringung der Mittel, welche zur Prästierung der versicherten Leistungen erforderlich sind.

Diese Frage nach der Aufbringung der Mittel hat in der sozialen Versicherung bekanntlich besondere Eigenheiten, durch welche sie sich, wie ich schon eingangs bemerkte, von der analogen Frage im privaten Versicherungsbetriebe wesentlich unterscheidet. In der sozialen Versicherung hat man es mit dem Versicherungszwang zu tun. Bei der freiwilligen Versicherung muß das Interesse des Versicherten selbst an dem Fortbestande der Versicherung so stark sein, daß er den privatrechtlichen Vertrag durch Erfüllung seiner Vertragsverbindlichkeiten aufrechterhält. Die ordnungsmäßige Prämienzahlung ist die wichtigste Voraussetzung für die Erfüllung der zugesicherten Versicherungsleistungen. Anders in der Zwangsversicherung. *Das Prinzip der Zwangsversicherung fußt auf dem Interesse, das die Allgemeinheit daran hat, daß der einzelne dem Versicherungszwange Unterworfene bzw. zu Unterwerfende bei Eintritt jener Schadenfälle, für welche die Versicherung erfolgt, auch wirklich in den Genuß der Leistungen tritt.* Hier wirkt nun nicht der starke Faktor des eigenen Interesses des Versicherten, es bedarf daher eines Ersatzes für denselben, um die Mittel zur Erfüllung der Versicherungsleistungen aufzubringen. Dieser Ersatz muß in der Haftung der Arbeitgeber für die ordnungsmäßige Einzahlung der Beiträge für die versicherungspflichtigen Individuen gefunden werden.

Diese Haftung wieder erstreckt sich in der Hauptsache auf zwei Verpflichtungen: 1. auf die Pflicht zur Einzahlung der ganzen Beiträge und

2. *auf die für die Betriebsführung unerläßliche Pflicht der Anmeldung der versicherungspflichtigen Personen.*

Bei der Zwangsversicherung der Verlagsarbeiter treten demzufolge gleichfalls die Fragen bezüglich der Zuweisung dieser Haftungsverpflichtungen in den Vordergrund, und sie sind hier von um so größerer Bedeutung, zunächst weil die Erleichterung der gegenseitigen Kontrolle der Versicherungspflichtigen untereinander, die in einem geschlossenen Betriebe wirksam wird, hier fehlt, weiter aber auch, weil die Unmittelbarkeit des Arbeitsverhältnisses durch die Zwischenglieder so häufig beeinträchtigt zu sein pflegt und dann die Möglichkeit gegeben ist, daß eine gewiß bedenkliche Unsicherheit die Umgehung der Versicherungspflicht und deren Erfüllung fördere. Es sind hier mit besonderer Achtsamkeit die Fragen zu beantworten: 1. Wer haftet für die ordnungsmäßige Beitragseinzahlung? oder wie man die Frage noch präziser stellen muß: für welche Verlagsarbeiter kann dem Verlagsunternehmer die Pflicht zur Einzahlung der ganzen Versicherungsbeiträge aufgelastet werden? und 2. wer haftet für die Anmeldungen? welche Glieder der verlagsmäßigen Organisation sind zur Anmeldepflicht heranzuziehen und für die ordnungsmäßige Erfüllung dieser Verpflichtung haftbar zu machen?

Es ist klar, daß diese Fragen um so schwieriger zu beantworten sind, je weniger gefestigt die Beziehungen zwischen Arbeitgeber und Arbeitnehmern sind. In dieser Hinsicht sind insbesondere nachstehende Verhältnisse ins Auge zu fassen, die eine Lockerung oder wenigstens eine Unklarheit der Beziehungen verursachen können:

1. die Beschäftigung eines Verlagsarbeiters seitens mehrerer Verleger,
2. der Betrieb einer Verlagsarbeit als Nebenbeschäftigung,
3. die Beschäftigung von Familienangehörigen eines Heimarbeiters bei der Verlagsarbeit,
4. endlich die Mitwirkung von Zwischengliedern, die sich zwischen den Verlagsunternehmer und das Endglied der Organisation, den einzelnen Verlagsarbeiter, einschieben.

Ehe ich auf die Erörterung der einzelnen Punkte eingehe, muß ich noch vorausschicken, daß auch bezüglich der Organisation der Verlagsarbeiterversicherung gerade der Standpunkt der Technik der sozialen Versicherung besonders berücksichtigt werden muß.

Bei der Organisation ist vor allem festzuhalten, daß nach Tunlichkeit die Zersplitterung der Verwaltung zu vermeiden ist, wofür in erster Linie die Verbilligung des Betriebes maßgebend ist. Die Zentralisierung der Verwaltung darf jedoch nicht so weit gehen, daß dadurch die Kontrollierung der Versicherten, die ja nach verschiedenen Seiten notwendig ist, beeinträchtigt wird. Die Kontrolle muß vor allem auf die Erfüllung der Versicherungspflicht gerichtet sein bzw. auf ihre erste Bestätigung, die Anmeldung, und im weiteren auf die Beitragsleistung, schließlich aber auch — und dafür empfiehlt sich ja allerdings eine möglichst dezentralisierte Verwaltungsorganisation — auf die Beobachtung der im Genuß von Versicherungsleistungen Stehenden hinsichtlich ihrer Bezugswürdigkeit.

Die drei großen Zweige der sozialen Versicherung, Alters- und Invaliditäts-, Kranken- und Unfallversicherung kommen für die Heimarbeiter nicht in gleicher Weise in Betracht. Die Alters- und Invaliditäts- sowie die Krankenversicherung sind es, an die bei den Heimarbeitern namentlich, aber wohl auch bei den Verlagsarbeitern überhaupt zunächst gedacht werden muß.

Es liegt nun in der Natur der Sache, daß die ordnungsmäßige Erfüllung der Anmelde- und Beitragspflicht bei demjenigen Versicherungszweig am besten gesichert ist, bei welchem die Wahrscheinlichkeit der Inanspruchnahme einer Versicherungsleistung am größten und gleichzeitig das Ausmaß der Versicherungsleistungen von der Dauer der Beitragsleistung abhängig ist. Das erstere ist in den Augen der großen Masse der Arbeiter gewiß die Alters- und Invaliditätsversicherung, auch das letztere Kriterium trifft bei dieser zu. Das Interesse für diesen Versicherungszweig darf daher bei den Versicherten in weit höherem Grade vorausgesetzt werden als für die Krankenversorgung, die ja schließlich immer auch noch bei drohender Gefahr durch nachträgliche Anmeldung gesichert werden kann, und ich kann mich dem Glauben nicht verschließen, daß gerade in den Kreisen der Verlagsarbeiter für die Anmeldung zur Invaliditätsversicherung weit eher mit dem Eigen-Interesse der Individuen an der Versicherung gerechnet werden kann als in der Krankenversicherung. *Auch von diesem Gesichtspunkt aus,* ganz abgesehen von allen übrigen dafür geltend gemachten Argumenten[20], *gilt es aber,* nach Möglichkeit beide Versicherungszweige organisatorisch zu *vereinigen*[21]. Sobald der Umfang der Versicherungspflicht für beide derselbe ist, werden sich einer solchen Vereinigung kaum besondere Schwierigkeiten in den Weg stellen.

Aus diesem Grunde halte ich dafür, daß die Durchführung der sozialen Versicherung der Verlagsarbeiter am leichtesten dann erfolgen wird, wenn sie nicht stückweise, sondern von allem Anfange an in allen Versicherungszweigen in Angriff genommen wird, daß die Verlagsarbeiter

---

[20] Vgl. insbesondere Freund, Die Vereinfachung der Arbeiterversicherung, in: Preußische Jahrbücher, Jg. 1896 (Maiheft).

[21] Diese Lösung ist für die Versicherung im Deutschen Reiche wiederholt ins Auge gefaßt worden (vgl. die Motive zum Entw. einer Novelle z. Invalidenvers.-Ges. 1896). Sie scheiterte an der berufsgenossenschaftlichen Organisation der Unfallversicherung. In Österreich, wo man die Reform der Versicherung schreitet, besteht diese Schwierigkeit nicht.

also nicht erst für den Krankheitsfall, sondern sofort auch für die Invalidität und das Alter, eventuell auch für Unfälle zu versichern sind.

Für die Beurteilung der einzelnen technischen Fragen kommt dann aber noch die Notwendigkeit der Rücksichtnahme auf die Billigkeit der Verwaltung in Betracht. Das Prinzip tunlichster Verbilligung des Betriebes verlangt, daß dem Rufe nach einer besonderen Organisation der Versicherung für die Verlagsarbeiter entschieden entgegengetreten wird. Die Kosten der Versicherung der Verlagsarbeiter, die man ohnehin bereits zur Genüge als ungünstige Risiken kennengelernt hat, würden durch eine besondere Organisation für diesen Kreis von Arbeitern, von einigen ganz großen Konfektionszentren abgesehen, so sehr gesteigert werden, daß die zur Bedarfsdeckung erforderliche Höhe der Beitragsleistung wahrscheinlich die bedenklichsten Gesetzesübertretungen (Nichtanmeldungen, Beitragshinterziehung u. a. m.) befürchten ließe und daß die Verwirklichung des langangestrebten Zieles der Heimarbeiterversicherung doch noch in Frage gestellt wäre.

Hält man an der Einheitlichkeit der Organisation aller Arbeiter, also auch der Verlagsarbeiter zum Zwecke der Versicherung fest, dann muß dies auch bei der Beantwortung der vorhin aufgeworfenen Probleme, die ich im folgenden versuche, mit in Rücksicht gezogen werden.

1. Was die Behandlung der Verlagsarbeiter anlangt, die in einem zwei- oder auch mehrseitigen Arbeitslohnverhältnisse stehen, muß ich zunächst bemerken, daß ich Blankenstein nicht ohne weiteres zustimmen kann, wenn er meint, mit der Ausscheidung der wirtschaftlich besser gestellten Zwischenglieder aus der Zwangsversicherung würden auch zahlreiche, und zwar gerade die schwierigsten Fälle der Doppel-Lohnverhältnisse ausgeschieden[22]. Ich verkenne nicht, daß dies für die großen Verlagsindustrien, namentlich in den Textilgewerben, zutreffen dürfte, insofern dort die Faktoren es vor allem sind, die vielfach für mehrere Verlagsunternehmungen die Weitervergebung der Arbeit besorgen, während die letzten Glieder der Verlagsorganisationen fast immer nur für einen Verleger arbeiten, also nur von einem unmittelbaren Arbeitgeber abhängig sind. Gewiß trifft dies aber schon nicht in der Konfektionsindustrie zu; hier sind es gerade die Endglieder, welche besonders häufig genötigt sind, von mehreren Arbeitgebern Arbeit zu übernehmen, beziehungsweise zu suchen[23].

Es fragt sich hier nun, ob die Beitragsleistung der Arbeitgeber möglich ist, ohne ein der ausgleichenden Gerechtigkeit widerstreitendes

[22] Blankenstein, a. a. O., S. 881.

[23] Aus eigener Anschauung kann ich dies für die Gewerbe der Schneider, Schuhmacher, Handschuhmacher und Weißnäher bestätigen. Die Monographien, die der Verein für Sozialpolitik veröffentlicht hat (Bd. LXXXIV bis Bd. LXXXVIII) weisen vielfach auch darauf hin. Vgl. auch Schwiedland, a. a. O., S. 203.

Verhältnis herbeizuführen, das namentlich dann vorliegen würde, wenn ein Arbeitgeber Vrrsicherungsbeiträge für einen Arbeiter leistet, den noch ein anderer Arbeitgeber beschäftigt, ohne zu dessen Versicherung beizutragen und weiteres, ob die Beitragsleistung mehrerer Arbeitgeber für einen Arbeiter durchführbar ist, ohne daß eine Überlastung derselben dadurch herbeigeführt wird.

Die Bestimmungen, mit denen diese Aufgabe im deutschen Versicherungsrechte, und zwar speziell im deutschen Invalidengesetze zu lösen versucht wird, sind unzulänglich. Die Verpflichtung desjenigen Arbeitgebers zur Beitragsleistung, welcher den von mehreren Arbeitgebern beschäftigten Arbeiter zuerst in der Beitragswoche beschäftigt (§ 140 Inval.-Vers.-Ges.), ist nicht nur an und für sich hart und nur ein Notbehelf, sondern für Heimarbeiter auch deshalb schon nicht anwendbar, weil es sich hier nicht um zeitlich aufeinanderfolgende Beschäftigungen handelt, sondern um mehrere Arbeitsleistungen, deren Vornahme selbstverständlich ganz in das Belieben des Arbeiters gestellt werden und deshalb auch nicht maßgebend sein könnte.

Die Beitragsleistung kann aber trotz der vielleicht berechtigten Vermutung eines erhöhten Interesses an der Invalidenversicherung auch nicht schlechthin und zur Regel dem Versicherten überlassen werden (§ 144 Inv.-Vers.-Ges.), zumal die als Ergänzung dieser Bestimmungen gedachte solidarische Haftung aller Arbeitgeber (§ 140 u. 176 Inv.-Vers.-Ges.) zu großen Härten gerade für den gewissenhaften Arbeitgeber führt und schon deshalb nur als eine sehr unvollkommene Lösung angesehen werden kann.

Bei den Verhandlungen der Gewerbedeputation des Berliner Magistrates über den Antrag auf Ausdehnung der zwangsweisen Krankenversicherung auf die Hausindustriellen durch Ortsstatut[24] wurde vom Delegierten des Gewerbegerichtes in dieser Richtung ein Vorschlag gemacht, dahingehend, daß die Beiträge einfach in Prozenten des tatsächlich verdienten Arbeitslohnes zu berechnen und einzuheben seien. Damit würden nun allerdings die Schwierigkeiten betreffend die Heranziehung aller in Betracht kommenden Arbeitgeber zu einer gerechten Beitragsleistung aus der Welt geschafft sein. Allein ich halte den Vorschlag gleichwohl in der Weise, wie er vorgebracht wurde, nicht für durchführbar. Ich räume ein, daß dieses System sich für die Krankenversicherung dann wird diskutieren lassen, wenn wirklich, wie der Vorschlag weiter ausführt[25], vorgesehen wird, daß ein Fehlerfordernis im Wege

[24] Im Sinne des § 2a des Krankenversicherungsgesetzes für das Deutsche Reich.

[25] Eine eingehende Auseinandersetzung dieses Vorschlages des Delegierten des Gewerbegerichtes findet sich bei Weigert, Die obligatorische Krankenversicherung der Hausindustriellen, a. a. O., S. 483 ff., der auch in dem oben zitierten Aufsatze der Sozialen Praxis diesen Vorschlag vertrat.

der Umlage von den Arbeitgebern hereingebracht werden soll. Damit ist man aber bereits bei der Notwendigkeit der Schaffung besonderer Krankenkassen oder wenigstens besonderer Kassenabteilungen für die Verlagsarbeiter angelangt (denn es liegt dann eben nicht mehr ein Prämiensystem, sondern ein System gemischter Bedarfsdeckung vor), welche meines Erachtens, wie ich oben schon ausgeführt habe, aus gewichtigen Gründen zu vermeiden ist. Abgesehen davon müßte dann aber auch wenigstens das Krankengeld in bestimmten Prozenten des tatsächlich verdienten Lohnes oder nach Maßgabe der erfolgten Beitragsleistung bemessen werden, denn wo die Beitragsleistung in Prozenten des tatsächlich vereinnahmten Lohnes erfolgt, kann von einer versicherungstechnischen Begründung ziffernmäßig bestimmter Versicherungsleistungen nur in jenen Fällen die Rede sein, wo mit einer Regelmäßigkeit der Lohneinnahmen gerechnet werden kann; die Schwankungen des Lohneinkommens der Verlagsarbeiter lassen in der Mehrzahl der Fälle die Annahme einer solchen Regelmäßigkeit völlig ausgeschlossen erscheinen.

Damit stellt sich aber das Problem der Versicherung eines in mehreren Lohnverhältnissen stehenden Arbeiters noch keineswegs als unlösbar dar. Aber es bedingt die Lösung, wie ich sie für möglich halte, einige bei der Versicherung der Verlagsarbeiter unentbehrlich sind. Ich denke mir die Lösung etwa in folgender Weise:

1. Die Zugehörigkeit zu den Versicherungskassen darf sich für die Heim- oder Verlagsarbeiter und die in Zentralwerkstätten arbeitenden Verlagsarbeiter, also für Arbeiter, die vom Arbeitgeber nicht in seiner eigenen Betriebswerkstätte beschäftigt werden, nicht nach dem Wohnsitze oder der Betriebsniederlassung des Verlagsunternehmers, von dem der einzelne Heimarbeiter beschäftigt ist, richten, sondern muß nach der Wohnung, eventuell dem Arbeitsorte des Arbeiters bestimmt werden.

2. Der einzelne Arbeitnehmer hat sein Lohneinkommen in bestimmten Perioden unter Angabe der Arbeitgeber und des von jedem in der betreffenden Woche erhaltenen Lohnes ebenso bei den Kassen anzumelden, wie der Arbeitgeber (Verleger) die Lohnliste einzuschicken hat.

3. Jedes Arbeitsverhältnis, welches an und für sich die Versicherungspflicht begründet, verpflichtet jeden Arbeitgeber zur Beitragsleistung nach Maßgabe des von ihm dem Arbeiter gezahlten Lohnes.

4. Jedem Arbeitgeber wird das Recht eingeräumt, die auf den Arbeiter entfallende Quote des Beitrages von dem ausgezahlten Lohne in Abzug zu bringen.

5. Die Höhe der Versicherungsleistungen bestimmt sich nach derjenigen Lohnklasse, in welche der Versicherte eingereiht wäre, wenn er sein ganzes Lohneinkommen nur von einem Arbeitgeber bezogen hätte, und zwar hätte die Einreihung stets für ein Vierteljahr auf Grund des Lohn-

einkommens (der Mehrzahl der Wochenlöhne) innerhalb des letzten Vierteljahres (13 Wochen) zu erfolgen[26]. Sämtliche von allen Arbeitgebern zusammen für den Arbeiter eingezahlten Beiträge bilden nach Maßgabe der folgenden Bestimmung einen einheitlichen Wochenbeitrag. Bei entsprechend abgestuften Lohnklassen und ebensolchen Beiträgen wird die Summe der auf solche Weise für einen Arbeiter eingezahlten Beiträge in der Regel nur ganz unbedeutend von dem Beitrage abweichen, welcher nach dem gesamten tatsächlichen Lohneinkommen, wenn es von einem Verleger herkäme, zu zahlen wäre.

Ergibt sich bei der Jahresabrechnung, daß für den Heimarbeiter mehr an Beiträgen gezahlt wurde, als mit Rücksicht auf ein tatsächliches Lohneinkommen in jeder Jahreswoche hätte entrichtet werden sollen, so sind die überschüssigen Beträge, soweit sie von den Arbeitgebern stammen, zur Anrechnung auf solche Wochen zu verwenden, in welchen für den Versicherten zu wenig oder Beiträge überhaupt nicht entrichtet wurden, und wenn solches nicht der Fall war, zur Erhöhung der Beiträge für die Wochen mit den niedrigsten Lohneingängen, soweit sie von dem Arbeiter (als Lohnabzüge) stammen, nach dessen Wahl ihm auszuzahlen oder wie die von den Arbeitgebern gezahlten zu verwenden.

Die Pflichten, welche in diesen Vorschlägen aufgestellt werden, insbesondere die doppelte Anmeldepflicht für Arbeitgeber wie für Arbeitnehmer können ebensowenig als ein besonderes Hemmnis betrachtet werden, wie die Verlegung der Kassenzugehörigkeit, durch welche der Verleger allerdings gezwungen wird, seine Arbeiter bei mehreren Kassen versichert zu haben. Soll nun gleichwohl das Verlagssystem nicht unmöglich gemacht werden, so ist doch kein Grund einzusehen, warum die Arbeitgeber, die sich die in wirtschaftlicher und gewiß noch mehr in sozialpolitischer Hinsicht vielfach bedenklichen Eigenheiten des Verlagssystems zunutze machen, wenn es solche Erschwerungen für die Durchführung der Versicherung schafft, nicht auch für die Erschwerung aufkommen sollen.

Eine größere Belastung der Arbeitgeber, welche Arbeiter nur teilweise beschäftigen, steht allerdings bei einer solchen Beitragseinhebung außer Frage. Ein erheblicher Nachteil ist aber auch darin nicht zu erblicken. Es steht vielmehr zu erwarten, daß die allenthalben im wirtschaftlichen

[26] Eine derartige Bestimmung wird überhaupt notwendig sein für die Versicherung aller im Stücklohn stehenden Arbeiter, soferne die Versicherungsleistungen bzw. die Lohnklasseneinreihung nicht nach einem durchschnittlichen, sondern nach dem wirklichen Lohneinkommen bestimmt werden soll. Ich halte eine solche Einrichtung bei den Heimarbeiten gerade mit Rücksicht auf das Vorkommen mehrfacher Arbeitslohnbeziehungen für vorteilhafter, als die Festsetzung der Lohnklassenzugehörigkeit, wie sie im § 34 des Invalidenversicherungsgesetzes vom 22. Juni 1899 geregelt ist. Denn nach diesen Bestimmungen müßten die Verleger verpflichtet werden, sich stets darum zu bekümmern, ob seine Heimarbeiter außer dem von ihm gezahlten Lohn noch ein anderes Lohneinkommen haben, durch welches sie in eine andere Lohnklasse gelangen.

Getriebe zur Geltung kommende Ökonomie der Kraft auch hier Einfluß nehmen und dahin führen wird, daß die Arbeitgeber (Verlagsunternehmer) nach Tunlichkeit ihre Arbeitskräfte voll auszunutzen trachten werden. Die Zersplitterung der Arbeitsverhältnisse dürfte dann wohl selten werden, zumal die Konzentration der Arbeit auf eine geringere Zahl von Verlagsarbeitern jedenfalls eine Intensivierung der Arbeit bedeutet, eine Erleichterung des Verkehrs zwischen dem Verlagsunternehmer und den Arbeitern zur Folge hat und so gewiß auch geeignet ist, das lose Band des Verlagsverhältnisses in einer Weise zu festigen, die keineswegs gerade zum Nachteile des Verlagsarbeiters sein muß.

Gewiß ist aber bei diesem System der Beitragsleistung ausschließlich nach Maßgabe der gezahlten Löhne der Arbeitgeber auch geschützt gegen die Gefahr einer zu langen Inanspruchnahme für die Versicherung, wenn der Arbeiter mit der Fertigstellung der Arbeit säumig ist. Eine Schädigung des Arbeitgebers in dieser Richtung ist ausgeschlossen, sobald die Beitragspflicht ausschließlich mit der Lohnzahlung verknüpft wird. Vor allem aber ist jeder seiner Beitragspflicht nachkommende Arbeitgeber davor gesichert, daß er Beiträge zahlt, während ein anderer Arbeitgeber, der den Arbeitnehmer vielleicht in demselben Ausmaße beschäftigt, keine Beiträge entrichtet.

2. Nicht allein das Prinzip der Gerechtigkeit ist es, welches dazu drängt, auch den Arbeitgeber einer Nebenbeschäftigung gleichwie jeden Arbeitgeber einer Hauptbeschäftigung zur Beitragspflicht heranzuziehen, sondern es ist in einer solchen Heranziehung auch ein unentbehrlicher Schutz gegen Umgehungen des Versicherungszwanges zu erblicken, die nur zu leicht in ausgedehntem Maße Anwendung finden könnten, daß die Vergebung von Arbeit als nebengewerbliche Heimarbeit statt als Hauptbeschäftigung erfolgt. Die lohndrückende Konkurrenz am Heimarbeitsmarkte, welche aus der Beschäftigung von Beamten-Frauen und -Töchtern in merklicher Weise resultiert, bietet einen deutlichen Fingerzeig, welche Wege das Verlagsunternehmertum dann einschlagen würde, wenn die Nebenbeschäftigung als solche die Versicherungspflicht ausschlösse.

Für die Frage nach der legislatorischen Behandlung ist, wie schon erwähnt wurde, die Nebenbeschäftigung im engeren Sinne von der Ersatzbeschäftigung zu unterscheiden.

a) Läuft eine gewerbliche Heimarbeit als versicherungspflichtige Beschäftigung neben einer die Versicherungspflicht begründenden Hauptbeschäftigung, dann empfiehlt es sich einfach, die für den Fall mehrfach bestehender Arbeitsbeziehungen eines Heimarbeiters vorgeschlagene Methode der Beitragspflicht auch hier in Anwendung zu bringen, gleichviel ob die Hauptbeschäftigung Verlagsarbeit ist oder nicht, ob sie in der eigenen Wohnung des Arbeiters oder in einer fremden Betriebsstätte getrieben wird. Eine Schwierigkeit ergibt sich dabei allerdings hinsichtlich der Kassenzugehörigkeit. Die Nebenbeschäftigung muß dann nämlich auch bei jener Kasse angemeldet werden, bei welcher der Arbeiter zufolge der Beschäftigung im Hauptberufe schon versichert ist.

b) Läuft die Verlagsarbeit als Nebenbeschäftigung neben einer nicht versicherungspflichtigen Hauptbeschäftigung, wie beispielsweise neben selbständiger Landwirtschaft her, dann ist sie wie eine Hauptbeschäftigung zu erfassen, und es sind dann technisch nur jene Schwierigkeiten zu erwägen und zu überwinden, die überhaupt bei Unregelmäßigkeiten in der Beschäftigung sich ergeben, mit welchen die Arbeiterversicherung aber immer rechnen muß.

Ich verkenne jedoch nicht, daß für die Versicherungspflicht von Nebenbeschäftigungen eine untere Grenze gezogen werden muß. Es geht nicht an, daß jede Nebenbeschäftigung, wenn sie auch in einem noch so geringen Maße entlohnt wird, die Versicherungspflicht und damit auch das Recht auf die Versicherungsleistungen begründet. Es darf das Verhältnis der Versicherungsleistungen zu dem Arbeitslohnverdienst nicht ein derartiges sein, daß es geradezu den Anreiz bietet, den Genuß der Versicherungsleistungen auf unrechtlichem Wege durch Simulation und ähnliches zu erlangen. Ganz besonders gilt das für die Krankengeldversicherung.

Bei der Verlagsarbeit besteht ohnehin die Gefahr, daß die Krankengeldversicherung zur Versorgung in den Fällen der Arbeitslosigkeit ausgebeutet wird. Wenn nun gar erst der durchschnittliche Tagesarbeitsverdienst sich etwa niedriger oder auch nur gleich hoch stellt wie das versicherte Krankengeld, dann verliert jede, wenngleich auf statistischem Material aufgebaute versicherungstechnische Bemessung der Versicherungsbeiträge ihre Grundlage.

Es wird sich daher aus technischen Rücksichten die Notwendigkeit ergeben, solche Arbeitslohnverhältnisse, deren durchschnittlicher Lohnertrag für den Arbeiter sich nicht wenigstens höher stellt als das niedrigste zu versichernde Krankengeld (der I. Lohnklasse), von der Versicherung auszuschließen oder aber wenigstens die Versicherung von Krankengeld für dieselben auszuschließen.

In diesem Zusammenhang muß, insbesondere auch mit Rücksicht auf die Frage nach der Versicherungsmöglichkeit bei Ersatzbeschäftigungen, zunächst der Belastung gedacht werden, welche durch die Unstetheit der Beitragsleistung bei Ersatzarbeiten dann entsteht, wenn diese nur vorübergehend für ein Mitglied die Versicherungspflicht begründen, welches zufolge seiner sonstigen Beschäftigung nicht versicherungspflichtig ist. Ersatzarbeit im weitesten Sinne ist Saisonarbeit. Wenngleich diese immerhin bereits zu ständigeren Arbeitsverhältnissen und demzufolge auch zu konstanterer Beitragsleistung führt, so resultiert aus der

Versicherung der Saisonarbeiter dennoch, was namentlich die Krankenkassen nur zu sehr erfahren mußten, eine merkliche Verschlechterung der finanziellen Lage der Kassen. Nicht wenig wirkt dabei freilich auch die sowohl im deutschen wie auch im österreichischen Krankenversicherungsrecht geltende Bestimmung der Nachwirkung der Versicherung nach Auflösung des Arbeitsverhältnisses (sechs Wochen nach österreichischem Gesetz) mit.

Auch beim Verlagssystem würden oft genug Versicherungsansprüche durch Hinziehung eines Arbeitsverhältnisses in die Länge gezogen werden können, was eine erhebliche Schädigung der Kassen zur Folge haben könnte. Ich meine jedoch, daß die oben vorgeschlagene Begrenzung der Versicherungspflicht durch ein Lohneinkommen-Minimum auch eine Ausbeutung der Versicherungsgelegenheit einigermaßer einzuschränken vermag, da ja die willkürliche Hinziehung eines Arbeitsverhältnisses die Verteilung des Gesamtlohnes auf einen größeren Zeitraum zur Folge hat, was wieder ein Herabsinken in der Lohnklasse, schließlich möglicherweise auch das Ausscheiden aus der Versicherung überhaupt mit sich bringen würde. Unbedingt hintangehalten ist jedenfalls die Schädigung der Arbeitgeber, deren Beitragsleistung nur zum Lohne, nicht zur Dauer des Arbeitsverhältnisses in Beziehung gestellt ist.

Zu beantworten bleibt jedoch noch die Frage, inwieweit der Umstand berücksichtigt werden muß, daß bei den nur einen kurzen Teil des Jahres währenden Arbeitsverhältnissen einerseits wohl die vollen Versicherungsansprüche begründet werden, daß aber andererseits für diese Ansprüche doch nur ein Bruchteil der Jahresprämie eingezahlt wird. Die Berücksichtigung dieses Umstandes würde eine Erhöhung der Beiträge für kurzperiodische Arbeitsverhältnisse bedingen. Vom technischen Standpunkte kann jedoch darüber völlig hinweggegangen werden; andere die Risikenqualität weit mehr beeinflussende Momente, die, wie statistisch nachgewiesen, namentlich auf die Mobilität stark differenzierend einwirken — ich erinnere an die Verschiedenheit des Alters, die Berufsverschiedenheit — werden vernachlässigt, ihnen gegenüber ist zu geringe Beitragsleistung für kurzperiodisch versicherte Saisonarbeiter nicht besonders beachtenswert.

3. Die Hilfsarbeit von Familienangehörigen, die ein Lohnverhältnis der mitarbeitenden Familienmitglieder überhaupt, also auch zu dem sie beschäftigenden „Allein-Heimarbeiter" nicht begründet, kann selbstverständlich auch die Versicherungspflicht nicht begründen, sobald ein Lohnvertrag zur Voraussetzung für diese gemacht ist.

Es ist nun aber sehr wohl möglich, daß lohnvertragsartige Verhältnisse zwischen einem Endglied der Verlagsorganisation und seinen Familiengliedern bestehen. Auch für diese aber, glaube ich, wird die Versicherungspflicht nicht statuiert werden können, weil die Durchführung einer solchen Versicherung zu sehr von der Willkür der in Betracht kommenden Faktoren (ein solcher ist vor allem der die Familienglieder unmittelbar zur Arbeit heranziehende eigentliche Heimarbeiter der Verlagsorganisation) abhängig ist.

Wo der ernste Wille vorhanden ist, dem Familienmitglied, welches die Arbeit nicht auf eigene Verantwortung und für sich vom Verlagsunternehmer, sondern nur durch Vermittlung des heimarbeitenden Familienvaters, Bruders oder welches Familiengliedes auch immer übernimmt, die Wohltat der Versicherung gleichfalls zugänglich zu machen, wird kein Hindernis dafür bestehen, dasselbe als versicherungsberechtigt und -pflichtig anzuerkennen und entsprechend zu behandeln, sobald es von dem unmittelbaren Arbeitgeber, dem Heimarbeiter, der dann eben, wie wir sahen, zum Zwischengliede wird, angemeldet wird. Wo aber dieser ernstliche Wille fehlt, wird auch eine Strafsanktion wirkungslos bleiben, welche die Nichtanmeldung erzwingen wollte. Eine Kontrolle über das Vorhandensein der Versicherungspflicht bei solchen Verhältnissen wird kaum durchgeführt werden können. Wo eine solche aber fehlt, läßt sich eine auf so unsichere Grundlage gestellte Versicherung auch nicht erzwingen, denn objektiv unbedingt maßgebende Kriterien für den Bestand eines Arbeitslohnverhältnisses werden sich gegen den Willen der Beteiligten nicht feststellen lassen.

Vom Standpunkt der Arbeiterschutzpolitik wird man sich mit der Fiktion darüber hinweghelfen müssen, daß die Versicherung dort weniger Bedürfnis ist, wo der Arbeitsverlust nicht unbedingt die Existenz bedroht. Es ist ja immerhin Veranlassung gegeben zu der Annahme, daß in allen Fällen, in welchen ein Familienglied nicht Träger oder wenigstens nicht hauptsächlichster Träger der ökonomischen Existenz der Familie ist, die Notwendigkeit seiner Versicherung keine so dringende ist. Der Wegfall dieser Arbeitskraft bedeutet für das Familienganze dann wohl eine Minderung der Gesamtleistungs- und Erwerbsfähigkeit, aber nicht den Verlust derselben.

Der Erwerb der mitarbeitenden Familienangehörigen kommt übrigens dann ohnehin in der gesamten Lohneinnahme des Heimarbeiters zur Geltung und bewirkt vielfach jedenfalls ein Aufrücken in eine höhere Lohnklasse. Der Heimarbeiter wird demnach höher versichert sein als seinem persönlichen verdienten Arbeitslohn entsprechen würde. Eine Schädigung der Versicherungsanstalt ist dadurch kaum zu gewärtigen. Unklarheiten werden nur dann eintreten, wenn der Träger der Versicherungsansprüche in den Genuß von Versicherungsleistungen tritt und dennoch der Arbeitsverdienst zufolge der Arbeit der Familienangehörigen nicht ganz versiegt. Solche Fälle werden sich in der Praxis oft genug ereignen; sie werden wohl kaum anders ihre Lösung finden können, als daß dann ein neues Arbeitsvertragsverhältnis zwischen dem Arbeitgeber und einem der bisher „mitarbeitenden“ Familienglieder angenommen wird, durch welches für dieses Familienglied die Versicherungspflicht neu begründet wird. Es kann wohl nicht Aufgabe der Gesetzgebung sein, diesen internen Vorgang besonders zu regeln.

4. Ich komme endlich zu dem Einfluß, den die Mitwirkung von Zwischengliedern, die sich zwischen den Verlagsunternehmer und die Endglieder, die eigentlichen Arbeiter der Verlagsorganisation, einschieben, auf die Durchführung der Versicherung ausübt.

Die Entfernung des eigentlichen Verlagsunternehmers von dem Heim- oder sonstigen Verlagsarbeiter durch das Dazwischentreten solcher Vermittlungsglieder löst die persönliche Beziehung zwischen demjenigen, der die Arbeit wirklich ausführt und demjenigen, der sie veranlaßt und der das ökonomische Risiko der Arbeit trägt, nicht immer, aber doch in vielen Fällen fast vollständig. Aus dem Arbeitsverhältnisse erwachsen aber die beiden wichtigen Pflichten der Anmeldung und der Beitragszahlung. Die erste muß durch eine Strafsanktion verstärkt werden und so ergibt sich die Notwendigkeit dieser doppelten Haftung. Für die Zuweisung der Haftung an eines der Elemente des verlagsmäßigen Arbeitsverhältnisses ist folgendes zu beachten.

Die Anmeldungspflicht kann auch dem Arbeitnehmer auferlegt werden, aber die Anmeldung durch diesen kann nicht als hinlängliche Sicherstellung der Erfüllung der Anmeldepflicht erachtet werden, zumal auch aus dem Grunde, weil die Strafsanktion wahrscheinlich häufig wirkungslos bleiben wird. Die Anmeldungspflicht des Arbeitnehmers kann nur Kontrollzwecken dienen, und zwar, wie oben schon (unter I) angedeutet wurde, für die Kontrollierung der Lohnzahlung.

Es gilt also auch hier die Anmeldepflicht dem Arbeitgeber zu übertragen. Aber welchem von den mitunter zahlreichen Arbeitgebern? Der Verlagsunternehmer kennt zumeist wohl seine Arbeiter nicht. Das ist freilich noch kein Hindernis, denn auch der Inhaber einer großen geschlossenen Betriebsunternehmung wird seine Arbeiter häufig nicht kennen; der eine wie der andere bedient sich seiner Organe zur Vermittlung mit dem Arbeiter. Allein zwischen dem Verlagsunternehmer und dem Werkstättenbetriebsbesitzer besteht doch der Unterschied bezüglich der Evidenzführung der beschäftigten Arbeiter, daß der letztere viel leichter in der Lage ist, sich Gewißheit über die ordnungsmäßige Erfüllung der Anmeldepflicht durch seine Organe zu verschaffen, als der Verlagsunternehmer, sobald dieser die Beziehung zu den eigentlichen Arbeitern nicht mehr unmittelbar aufrechterhält. Namentlich die lokale Dezentralisierung der für ihn arbeitenden Heimarbeiter und damit seine Entfernung von den einzelnen Produktionsstätten schließen die Verantwortlichkeit des Verlagsunternehmers für die Anmeldung, sobald er nur mittelbarer Arbeitgeber ist, aus. Die Heranziehung der unmittelbaren Arbeitgeber zur Anmeldepflicht ist daher nicht zu umgehen. Wie wir gesehen haben, kann die Funktion des Zwischengliedes diesem Unternehmer Charakter geben, und sie kann auch wieder nichts weiter sein als Arbeitszuweisung durch einen Vorarbeiter. Die Gesetzgebung wird sich jedoch nicht darauf einlassen können, die zahlreichen Varianten, in welchen diese Zwischenglieder in der Verlagsorganisation auftreten, besonders zu berücksichtigen. Sie muß vielmehr m. E. an dem Grundsatze festhalten, daß alle diejenigen, welche Arbeit vergeben, gleichviel ob für sich oder für einen Dritten, sich denjenigen Pflichten unterwerfen müssen, welche den Arbeitgeber im Gesetze schlechthin aus einem Lohnverhältnis treffen: das ist sowohl die Pflicht zur Anmeldung der Arbeiter als auch die zur Beitragsleistung. Zu der letzteren sind allerdings nicht alle Zwischenglieder auch wirtschaftlich sicher genug. Es muß daher überdies noch, und zwar aus finanziell-technischen Gründen, die Haftung für die Beitragsentrichtung dem kapitalkräftigen Verlagsunternehmer aufgebürdet werden. Das Funktionieren der Versicherungsinstitute darf nicht durch die Unzuverlässigkeit oder auch nur die Unpünktlichkeit in der Beitragszahlung wegen der Kapitalschwäche der Verpflichteten in Frage gestellt werden. Die Haftung des Verlagsunternehmers ist dann allerdings eine subsidiäre. Die Verpflichtung der Zwischenglieder zur Abstattung der Beiträge bleibt aufrecht.

Ich hoffe mit den vorstehenden Ausführungen einen nicht ganz wertlosen Beitrag zur Beantwortung jener wichtigsten Fragen geliefert zu haben, welche vom Standpunkte der Technik bei der Zwangsversicherung für die Verlagsarbeiter sich aufdrängen. Ich habe die Fragen nur de lege ferenda erörtert und bin mir wohl bewußt, daß diese Vorschläge nicht schlechtweg als Ergänzungen, sondern nur im Rahmen bestimmter Prinzipien für ein Arbeiterversicherungsgesetz brauchbar sind. Im deutschen Versicherungsrecht sind die Fragen ja zumeist in anderer Weise gelöst. Wenn diese Lösung bislang wenigstens mehrfach, das heißt in einer Reihe von Industriezweigen nicht unbedingt unbefriedigende Resultate gezeitigt hat, so ist der Grund hiervon jedoch m. E. nicht so sehr in der Trefflichkeit der geltenden gesetzlichen Normen zu suchen, sondern weit mehr darin, daß die Interessenten sich des Nutzens und der Wichtigkeit der ihnen gesetzlich gewährten Ansprüche auf Versicherung bewußt sind und ihr Recht nutzen. Daß die Bestimmungen des deutschen Versicherungsrechtes noch nicht zulänglich sind, um die Durchführung der Versicherung der gesamten Verlagsarbeiterschaft zu bewirken, das zeigen die immer noch laut werdenden Klagen, daß die Versicherung nicht durchgeführt sei.

Gesetzliche Bestimmungen allein werden es allerdings kaum jemals irgendwo erreichen, daß den Arbeitern dasjenige auch wirklich wird, was ihnen von der Gesetzgebung zugedacht ist, wenn sie nicht selbst ihre

Rechte wahrnehmen. Auch von der Versicherung der Verlagsarbeiter gilt ja, was Philippovich von sonstigen Schutzmaßregeln für die Hausindustrie in der Generalversammlung des Vereins für Sozialpolitik in Breslau (1899) gesagt hat: *es bedarf der tätigen Mitwirkung der Arbeiterschaft selbst und es bedarf einer Agitation unter den Verlagsarbeitern, die es ihnen zum Bewußtsein bringt, daß Gesetze für sie da sind und daß deren Einhaltung von ihnen selbst zum größten Teil abhängt.*

Aber gleichwohl ist es die Aufgabe der Gesetzgebung, die Bestimmungen, welche die Verwirklichung der Versicherung garantieren sollen, so auszugestalten, daß das Ziel auch wirklich erreicht werden kann.

Das Projekt einer Zwangs-Pensionsversicherung für Angestellte in Österreich (1901)*

Die österreichische Regierung hat in der jüngsten Frühjahrstagung des Reichsrates einen Gesetzentwurf eingebracht, der die Einführung einer Zwangs-Pensionsversicherung für die in privaten sowie einige in öffentlichen Diensten angestellten Personen zum Gegenstand hat. *Wie schon der Ausdruck „Angestellte" andeuten soll, handelt es sich um die zwangsweise Versicherung von Angehörigen der oberen Schicht von unselbständigen Berufsarbeitern, die man mit mehr oder weniger Rechtfertigung zum Teil wegen ihrer günstigeren ökonomischen Stellung, zum Teil schon wegen ihrer Beschäftigung von den Arbeitern im engeren Sinne zu unterscheiden pflegt.*

Eine lebhafte, in zahlreichen Petitionen und Memoranden zum Ausdruck gekommene Bewegung in den Kreisen der in privaten Unternehmungen verschiedenster Art (bei Advokaten und Notaren, in industriellen, kaufmännischen und landwirtschaftlichen Unternehmungen) angestellten Beamten zielte seit einer Reihe von Jahren auf die Einführung einer Invaliditäts- und Altersversorgung für alle Privatangestellten sowie einer Versorgung ihrer Witwen und Waisen ab, die im Wege der gesetzlichen Zwangsversicherung für diesen Stand unter Beitragsleistung der betreffenden Dienstgeber und der Bediensteten zu verwirklichen wäre.

Hierdurch veranlaßt, *hat das Ministerium des Innern zunächst eine umfassende amtliche Erhebung über die Standesverhältnisse der Privatangestellten eingeleitet,* deren Ergebnisse in zwei Bänden im Jahre 1898 veröffentlicht worden sind[1]. Das reiche und nach vielen Seiten äußerst interessante Verhältnisse (namentlich hinsichtlich der Lohnverhältnisse) aufdeckende statistische Material bildet die Grundlage für den nunmehr dem Reichsrat vorgelegten Gesetzentwurf „betreffend die Pensionsversicherung der in privaten Diensten und einiger in öffentlichen Diensten Angestellten."

Der Motivenbericht (Erläuternde Bemerkungen) zum Entwurf spricht allerdings nur von einer Ausdehnung des für die definitiv Angestellten

* Schmollers Jahrbuch, XXV. Bd.

[1] Die Ergebnisse der über die Standesverhältnisse der Privatangestellten im Jahre 1896 eingeleiteten amtlichen Erhebungen, Wien 1898. Vom k. k. Ministerium des Innern mitgeteilt.

des Staates, der Staatseisenbahnen und der Länder sowie für die Arbeiter einzelner Berufszweige (Bergbau und Hüttenindustrie) in der Gesetzgebung bereits verwirklichten Problems; gleichwohl bedeutet der Entwurf, ganz abgesehen von den Einzelheiten, schon durch die Allgemeinheit, mit der eine ganze Schicht von Berufsarbeitern einer über das bisher übliche Maß hinausgehenden staatlichen Fürsorge teilhaftig gemacht werden soll, ein Novum.

Der Gesetzentwurf regelt die Alters- und Invaliditätsfürsorge der dauernd „Angestellten". Versicherungspflichtig sind nach der Definition des Entwurfes (§ 1) vom vollendeten 18. Lebensjahr an alle in privaten Diensten gegen Monats- oder Jahresgehalt Angestellten, sofern deren Bezüge bei ein und demselben Dienstgeber mindestens 600 Kronen (ca. 500 Mark) jährlich erreichen, dann auch solche in öffentlichen Diensten Angestellte, sofern sie keine normalmäßigen Ansprüche auf Alters- und Invalidenpension sowie auf Pensionen zugunsten ihrer Hinterbliebenen haben. Ausgeschlossen sind die im Hofdienste, die im Dienste des Staates oder einer staatlichen Anstalt Angestellten; ferner Männer und Frauen, welche erst nach Vollendung des 50. beziehungsweise 40. Lebensjahres eine die Versicherungspflicht begründende Anstellung erhalten, endlich Personen, die ausschließlich oder vorwiegend Gesindedienste verrichten.

Nach den Bestimmungen über den Umfang der Versicherungspflicht werden die Wohltaten des im Entwurfe vorliegenden Gesetzes etwa 80 000 bis 90 000 Berufsarbeitern und ihren Angehörigen zukommen.

Dieses auf dem Gebiete der Versicherungsgesetzgebung neue Unternehmen, für die Schicht der materiell, wenigstens relativ günstiger gestellten Berufsarbeitskreise eine besondere Versorgung zu schaffen, wird im Motivenbericht in folgender Weise gerechtfertigt.

Anknüpfend an den bekanntlich *schon von Simonde de Sismondi*[2] *vertretenen Grundsatz, daß das Einkommen aus der Arbeit selbst dem Arbeiter außer einem angemessenen Lebensunterhalt während der Arbeit auch die Mittel schaffen soll zur Bestreitung seines Daseins in den Zeiten, in welchen die Arbeitskraft in Abnahme begriffen oder gänzlich geschwunden ist,* bemerkt der Motivenbericht, daß die Verwirklichung dieser Idee nach zwei Seiten hin durch die konkreten realen Verhältnisse bedingt sei, einerseits durch das Ausmaß des Arbeitsentgeltes, andererseits durch die Inanspruchnahme der Arbeitskraft und demzufolge die Dauer der Erwerbsfähigkeit. Beide Elemente weisen von Beruf zu Beruf die bedeutendsten Verschiedenheiten auf.

Bestimmend dafür, daß die ins Auge gefaßte Versorgung für den Kreis der Privatangestellten im engeren Sinne in besonderer Weise zu regeln

---

[2] Simonde de Sismondi, Nouveaux principes d'économie politique ou de la richesse etc. Tome I., p. 350 (Ed. 1819).

unternommen wird, seien daher zunächst die materiellen Verhältnisse der Interessenten gewesen. Die in einem fixen Dienstverhältnisse stehenden Angestellten müßten in höherem Maße als die größere Menge der Berufsarbeiter zufolge ihres Arbeitseinkommens als befähigt erachtet werden, die Sicherung ihrer und ihrer Hinterbliebenen Existenz im Falle verminderter oder gänzlich geschwundener Erwerbsfähigkeit, beziehungsweise im Falle ihres Todes, wenigstens unter Beihilfe ihrer Dienstgeber, ja zum Teil wohl auch ganz aus eigener Kraft zu bewirken.

Aber auch das zweite Moment, durch welches die Möglichkeit beziehungsweise Leichtigkeit der Versorgung bedingt ist, wirke bei diesem Kreise von Berufsarbeitern günstig mit, denn die Abnützung der Arbeitskraft gehe in den Schichten der „Angestellten" zum mindesten wegen der größeren Regelmäßigkeit in der Erwerbsgelegenheit und deshalb einer größeren Gleichmäßigkeit in der Beschaffung der Lebensbedürfnisse, in der Regel aber wohl auch wegen einer geringeren Aufreibung durch die Arbeit selbst im allgemeinen langsamer vor sich. Demzufolge trete in diesen Kreisen die Erwerbsunfähigkeit verhältnismäßig nicht so früh ein wie in der großen Menge der „nicht angestellten", in ihrem Dienstverhältnisse ungleich weniger beständigen Arbeiter; derjenige Abschnitt des Lebens, in welchem nur eine geminderte Erwerbsfähigkeit zur Beschaffung der Lebensbedürfnisse eingesetzt werden könne, sei im großen und ganzen relativ kürzer, das heißt, die Invalidität spiele hier eine unbedeutendere Rolle, wodurch selbstverständlich die Kosten der Versorgung geringer werden.

„Wenn sich", so führt der Motivenbericht daran anschließend weiter aus, „trotz dieser relativ günstigen Gestaltung der Bedingungen die notwendige Organisation für diese Zwecke aus der eigenen Kraft der interessierten Kreise bisher noch nicht in zulänglichem Ausmaße entwickelt hat, so muß darin notwendigerweise ein Symptom dafür erblickt werden, daß von der Selbsthilfe ein befriedigender Ausbau der sozialen Versicherung selbst in diesen wirtschaftlich besser gestellten Berufskreisen überhaupt nicht erwartet werden darf. Es erübrigt sich sonach für den Staat, soweit einzugreifen, daß jenes Maß von Fürsorge erreicht werde, welches einerseits unbedingt erreicht werden kann im Hinblick auf die vorhandenen Kräfte und Mittel, welches aber auch erreicht werden muß, insoweit es *Aufgabe des Staates ist, durch präventive Maßnahmen dem Fortschreiten des Pauperismus Einhalt zu gebieten und zu verhüten, daß gerade auch aus den Kreisen der materiell besser gestellten Berufsarbeiter infolge des Mangels einer die Zukunft bedenkenden Privatökonomie im Haushalte des einzelnen der Armenversorgung allzu oft und immer häufiger Bedürftige zugeführt werden.*"

Es wird anerkannt, daß den bestehenden, privater Initiative entsprungenen Versorgungsinstituten für Privatangestellte immerhin einige Bedeutung zukomme, daß ihre Tätigkeit segensreich sei, allein außer der Unzulänglichkeit der bestehenden Versorgung hinsichtlich der Zahl der versorgten Personen sei auch eine Mangelhaftigkeit in dem Ausmaße und der Fundierung der Ansprüche in Einzelfällen nicht zu verkennen, ein autoritärer Eingriff daher geboten.

Nur eine kurze Übersicht über die wichtigsten Bestimmungen kann beigegeben werden, welche die Grundzüge des Gesetzentwurfes erkennen lassen.

Den Gegenstand der Versicherung bilden die Anwartschaft des Versicherten selbst auf eine Rente im Falle der Invalidität und im Falle der Stellenlosigkeit, ferner die Anwartschaft der Witwe eines Versicherten auf eine Rente, endlich der Kinder auf Erziehungsbeiträge; für den Fall noch nicht zurückgelegter Karenzzeit geht die Anwartschaft der Witwe und Kinder nur auf eine einmalige Abfertigung.

Das Ausmaß der Leistungen, welche versichert werden, wird wenigstens bezüglich der Invaliditätsrente als Existenzminimum bezeichnet. Ein Zwang zur Versicherung, der als solcher insbesondere unter Hinweis auf die Unzulänglichkeit der bestehenden Versorgungseinrichtungen als unabweislich erklärt wird, soll, so bemerkt der Motivenbericht, sich nur auf die Sicherung eines Existenzminimums erstrecken.

Dieser Grundsatz war für die Bestimmung der Höhe und der Form der Versicherungsleistungen maßgebend. Führt der sozialökonomische Gedanke des Schutzes der auf ihr Arbeitseinkommen angewiesenen Angestellten gegen die Verarmung und Mittellosigkeit in den Fällen abnehmender oder gänzlich geschwundener Erwerbsfähigkeit zur obligatorischen Versicherung gegen diese Gefahren, so schließt derselbe Gedanke gleichzeitig auch die Forderung in sich, daß ökonomische Leistungen versichert werden müssen, welche dem einzelnen Individuum die Existenz zu sichern vermögen und dasselbe vor der Gefahr bewahren, die Armenversorgung in Anspruch nehmen zu müssen, auch schon dann, wenn es durch vorzeitige, nicht vorherzusehende körperliche oder geistige Gebrechen erwerbsunfähig geworden sein sollte.

Die Form, in welcher dieses Existenzminimum geleistet werden soll, ist eine Rente. Nur eine solche biete die Gewähr, daß den Versorgungsberechtigten dauernd die die Existenz sichernden Unterhaltsmittel zur Verfügung stehen.

Für die Bemessung der Rentenhöhe wurde ein System der Gehaltsklassen gewählt. Durch das im Gesetzentwurf durchgeführte Prinzip, die Sicherung eines Existenzminimums obligatorisch zu machen, ist der Gedanke der Anpassung des Existenzminimums beziehungsweise der Versicherungsleistungen an den durch die gewohnte Lebensführung geschaffenen Kreis von Lebensbedürfnissen keineswegs ausgeschlossen, ja man mußte, von der Bedürfnisfrage ausgehend, notwendig zu einer Unterscheidung von Klassen der zu Versorgenden gelangen, die nach den Aktivitätsgehalten sich bilden.

Die versicherungspflichtigen Personen werden daher nach Maßgabe ihrer Gehaltsbezüge in drei Gehaltsklassen eingereiht, und zwar in die

I. Gehaltsklasse mit Jahresbezügen bis zu 1200 Kronen,

II. Gehaltsklasse mit Jahresbezügen von 1200 Kronen bis zu 2400 Kronen,

III. Gehaltsklasse mit Jahresbezügen von mehr als 2400 Kronen,

wobei bei der Ermittlung der Gehaltsklassen in die Jahresbezüge auch Quartiergelder, Aktivitätsbezüge und Funktionszulagen sowie alle Arten von Naturalbezügen einzubeziehen sind.

Die Festsetzung der Gehaltsklassen im Entwurf erfolgte mit besonderer Bedachtnahme darauf, daß 1. die Bediensteten desselben Berufszweiges. derselben Dienstqualifikation und desselben Landes dauernd in derselben Gehaltsklasse stehen, also auch während der ganzen Beitragsdauer das gleiche Existenzminimum versichern, und 2. daß die Bediensteten desselben Berufszweiges und Landes für höhere und niedere Dienstleistungen um je eine Gehaltsstufe verschieden sind.

Die Leistungen, welche versichert werden, betragen:

	Invaliditätsrente	Altersrente	Witwenrente
	jährlich in Kronen		
I. Gehaltsklasse	600	900	300
II. Gehaltsklasse	900	1350	450
III. Gehaltsklasse	1200	1800	600

Es stellt sich demnach die Altersrente auf 150 Prozent, die Witwenrente auf 50 Prozent der als Existenzminimum gedachten Invaliditätsrente. Die Unterstützung im Falle der Stellenlosigkeit wird monatsweise gewährt und beträgt für jeden Monat der Stellenlosigkeit ein Zwölftel der Invaliditätsrente, auf welche der Versicherte Anspruch gehabt hätte, wenn er im Zeitpunkte des Beginnens der Stellenlosigkeit invalid geworden wäre. Die Erziehungsbeiträge endlich betragen im allgemeinen für jedes Kind 20 Prozent jener Invaliditätsrente, welche der verstorbene Elternteil bezog bzw. auf welche er Anspruch gehabt hätte, wenn er im Zeitpunkte des Todes bzw. der Erlangung der Altersrente invalid geworden wäre. Die Summe der Erziehungsbeiträge ist in Prozenten der Invaliditätsrente begrenzt.

Die Festsetzung der Altersrente mit 150 Prozent der Invaliditätsrente wird damit begründet, daß einerseits eine besondere Prämie für die Überwindung der Mühsale des Berufes in dem höheren Alter ausgesetzt, andererseits hierdurch vorzeitigen Invaliditätserklärungen vorgebeugt werden soll.

Sämtliche Rentenleistungen sind an die Zurücklegung einer Wartezeit geknüpft. Diese beträgt für die Invaliditätsrente, die Witwenrente und die Erziehungsbeiträge 60 Beitragsmonate (also 5 Jahre), für die Altersrente im allgemeinen 480 Beitragsmonate (40 Jahre). Der Anspruch auf den Bezug der Altersrente wird jedoch erst mit der Vollendung des 65 Lebensjahres von männlichen, des 50. Lebensjahres von weiblichen Versicherten erworben. Es macht hierbei aber keinen Unterschied, ob dieselben noch weiterhin in einer Anstellung verbleiben oder nicht. Der Entwurf sieht übrigens einige Begünstigungen für den Bezug der Altersrente durch Kürzung der Wartezeit unter gewissen Voraussetzungen vor. Ununterbrochene Dienstzeit vorausgesetzt, wird diesen zufolge die Altersrente bezogen werden können: z. B. bei einem Beitrittsalter des männlichen Versicherten von 25 Jahren im Alter von 65, bei einem Beitrittsalter von 35 oder 40 Jahren aber nicht erst 480 Beitragsmonate später, sondern im Alter von 71 bzw. 74 Jahren.

Von besonderem Interesse ist die Voraussetzung für den Bezug der Invaliditätsrente. Der Entwurf knüpft nämlich diesen Bezug an die Voraussetzung der Berufsinvalidität. Begründet wird dies damit, daß der Kreis der nach dem Gesetze zu Versichernden ganz überwiegend Arbeitskräfte umfaßt, welche durch langjährige Vorbildung, theoretische wie praktische Schulung und Beschäftigung in einem bestimmten oder wenigstens demselben analogen Berufe besonders qualifiziert sind. Durch eine andere Bestimmung erfährt jedoch diese Voraussetzung des Rentenbezuges eine Verschärfung. Der Entwurf erklärt nämlich zwar zunächst denjenigen als erwerbsunfähig und deshalb rentenbezugsberechtigt, der infolge eines geistigen und körperlichen Gebrechens seinen bisherigen Berufspflichten nicht weiter zu obliegen vermag, knüpft jedoch die Fortdauer der Bezugsberechtigung an die weitere Voraussetzung, daß der Rentenbezieher nicht durch eine seinen Arbeitskräften entsprechende Beschäftigung — also nicht notwendig eine Beschäftigung in seinem bisherigen Berufe — einen die Invaliditätsrente übersteigenden Bezug verdient. Die Regierungsvorlage begründet diese Bestimmung mit folgenden Bemerkungen:

„*Das geringe Ausmaß der Invaliditätsrente wird den Ansporn zur Betätigung vorhandener Erwerbsfähigkeit, eventuell auf einem neuen Berufszweige, gewiß bilden.* Den Übergang zu einem neuen Berufszweige sucht der Entwurf aber ohnedies dadurch zu erleichtern, daß die vorübergehende Invalidität, als welche sich die Berufsinvalidität dann häufig nur darstellen wird, schon Anspruch auf die Rente gewährt. Dabei kam es aber darauf an, eine Cynosur für das zulässige Höchstausmaß eines Arbeitseinkommens neben dem Bezuge dieser Invaliditätsrente festzusetzen. Die Festsetzung einer ziffermäßigen Grenze für die Begründung eines Rechtsanspruches wird niemals ganz ohne Härten bleiben. Gleichwohl schien es nur folgerichtig, die Rechtsvermutung aufzustellen, daß ein in seinem Berufe leistungsunfähig Gewordener dennoch eine seiner Qualifikation wenigstens annähernd entsprechende Verwertung seiner Arbeitskraft gefunden hat, sobald er aus der Arbeit jenes Maß von Einkommen verdient, welches als Existenzminimum für die Angehörigen seines bisherigen Berufes vom Gesetzentwurfe selbst festgesetzt ist. Es schien daher nicht angezeigt, einen höheren Betrag als dieses Existenzminimum als Grenze zu bestimmen. Da der Entwurf den Versicherten die Sicherheit des notdürftigsten Lebensunterhaltes bieten will und hierfür den Betrag der Invaliditätsrente vorsieht, so muß notwendig die beabsichtigte Fürsorge immer dann eintreten, wenn den Versicherten zwar ein Teil ihrer Erwerbsunfähigkeit geblieben ist, dieser aber nicht mehr hinreicht, um jenen niedrigen Betrag zu verdienen. Es konnte daher auch nicht unter diesen Betrag herabgegangen werden. Ein Abzug des noch möglichen und tatsächlichen Erwerbes von der Invaliditätsrente — eine Eventualität, die gleichfalls ins Auge zu fassen war — schien in der Durchführung erhebliche Schwierigkeiten zu bereiten und überdies in zahlreichen Fällen zu ganz krassen Härten zu führen.“

Über die Grenzen des Geltungsgebietes des zu schaffenden Gesetzes hinaus dürfte der Gesetzentwurf durch die Bestimmungen über die Arbeitslosigkeitsunterstützung lebhaftes Interesse erwecken. Durch die gesetzliche Vorsorge, Angestellten, welche ohne ihr Verschulden ihren Dienstposten verlieren, bis zur Wiedererlangung einer Stelle Unterstüzungen in der Höhe der Invaliditätsrente zu gewähren, soll einem gewiß tief empfundenen Bedürfnisse abgeholfen werden.

Die Einbeziehung dieses schwierigen Problems, dessen praktische Lösung bisher ohne nennenswerten Erfolg wiederholt versucht wurde, in den Rahmen des vorliegenden Versicherungsgesetzentwurfes *darf geradezu als eine sozialpolitische Tat bezeichnet werden.* Der Entwurf trägt damit dem Gedanken Rechnung, die Fürsorge für den Kreis der Privatangestellten in der Weise auszudehnen, daß dieselben nicht nur gegen die Nachteile des Schwindens und des Verlustes ihrer Arbeitsfähigkeit gesichert, sondern auch davor geschützt sein sollen, mangels entsprechender Erwerbsgelegenheit auf eine tiefere Stufe des Berufslebens und damit ihrer Lebensführung herabzusinken. Diese Verbindung zweier sozialer Aufgaben entsprang übrigens, wie der Motivenbericht hervorhebt, nicht bloß einem platonischen Wunsche, sondern geradezu einem Bedürfnisse. Die starke Verbreitung unverschuldeter Stellenlosigkeit wurzelt in der Tat vielfach, ja man darf wohl sagen, von den durch Krankheit verursachten abgesehen, in der Mehrzahl der Fälle allenthalben zu beobachtenden Unzulänglichkeit der Bestimmungen der Dienstverträge, beziehungsweise dem Fehlen einer ausreichenden Dienstpragmatik. Die willkürliche Entlassung des Angestellten ohne ein Verschulden auf dessen Seite wird auch bei sehr eingehend stipulierten Dienstverträgen möglich sein, ohne daß dem Angestellten ein rechtlicher Ersatz des ihm dadurch erwachsenden Schadens zustehen würde. Der Motivenbericht weist hierbei auf den allerdings bereits gesetzlich bestehenden Schutz der Handelsangestellten hin (die im Handelsgesetzbuch Art. 61 festgesetzte sechswöchentliche Kündigungsfrist) und bemerkt, daß dieser wohl nicht mehr als zulänglich angesehen werden könne; wenn man die heutigen Zustände am Arbeitsmarkte ins Auge faßt, hat es allerdings den Anschein, daß durch diese Gesetzesbestimmung die bedenkliche ökonomische und soziale Schädigung der Angestellten im Falle der Entlassung kaum gemindert wird. Insofern nun der Gesetzentwurf in der Tat überhaupt schon die Tendenz verfolgt, im Wege positiver Gesetzesnormen eine gewisse Rechtssicherheit für Verhältnisse zu schaffen, die eigentlich bei Abschluß des Dienstvertrages geregelt werden müßten, entspricht es ganz dem Geiste des Entwurfes, durch die Aufnahme der Arbeitslosenunterstützung diesen Nachteil des Mangels einer Dienstpragmatik zu paralysieren.

Anspruch auf die Stellenlosigkeitsunterstützung soll der Versicherte nach dem Entwurf haben, sofern folgende Voraussetzungen gleichzeitig vorhanden sind: 1. wenn er die letzte Bedienstung nicht infolge freiwilligen Austrittes aus dem Dienstverhältnisse oder infolge einer durch grobe Verletzung wesentlicher Dienstpflichten verschuldeten Entlassung verloren hat; 2. wenn er nachweisbar subsistenzlos ist; 3. wenn er binnen drei Monaten seit Auflösung seines Dienstverhältnisses ohne sein Verschulden keine Anstellung oder Beschäftigung findet, die ihm mindestens einen Bezug in der Höhe der niedrigsten Invaliditätsrente, wenn auch nur vorübergehend, bietet. Der Bezug der Stellenlosigkeitsunterstützung beginnt mit dem ersten Tage des vierten Kalendermonats der Stellenlosigkeit und erlischt mit dem Wiedereintritt in einen Dienst, spätestens aber 15 Monate nach Beginn der Stellenlosigkeit. Hat ein Versicherter eine Stellenlosigkeitsunterstützung durch 12 Monate, wenn auch mit Unterbrechungen, bezogen, so kann er im Falle des Wiedereintritts in die Versicherungspflicht eine solche Unterstützung erst nach einer weiteren Beitragszeit von 60 Monaten wieder erlangen.

Für die Bestimmung der Höhe der zugesicherten Unterstützungen war der Zweck derselben maßgebend: nämlich zunächst dem Stellenlosen einen solchen Rückhalt zu bieten, welcher ihn in den Stand setzt, Stellungsangebote auszuschlagen, durch welche er auf ein niedrigeres Maß der Lebensführung herabgedrückt würde, die er aber, dem Zwange der Not folgend, annehmen müßte, wenn er der vollständigen Mittellosigkeit gegenüberstände. Für die Festsetzung der Maximaldauer der Unterstützung mit 12 Monaten bildeten die Ergebnisse der erwähnten amtlichen Erhebung über die Standesverhältnisse der Privatangestellten die Grundlage. Nach den bezüglich der Stabilität der Anstellung erhobenen Daten überschritt die Dauer der Stellenlosigkeit sowohl bei den Privatangestellten, wie bei den in öffentlichen Diensten ohne Pensionsberechtigung Angestellten nur in wenigen Ausnahmefällen den Zeitraum von 15 Monaten (450 Tagen). Im Durchschnitt betrug sie bei allen in die Erhebung einbezogenen Privatangestellten 167,4 Tage, bei den in öffentlichen Diensten ohne Pensionsberechtigung Angestellten 263,2 Tage. Bei der Bestimmung des Zeitpunktes des Beginnes des Untersützungsbezuges wurde angenommen, daß der unverschuldet zur Entlassung gelangende Angestellte ziemlich allgemein den einmonatlichen Aktivitätsbezug vom Dienstgeber als Abfertigung zu erhalten pflegt, so daß er für die erste Zeit der Stellenlosigkeit nicht aller Mittel entblößt scheint. Im Zusammenhange mit dieser Fürsorge wird die Organisierung der Stellenvermittlung für den Kreis von Berufsarbeitern, welchen die Wohltaten dieses Gesetzes zukommen sollen, als eine der Aufgaben der zu Zwecken der Versicherung zu errichtenden Pensionsanstalt und ihrer Organe genannt.

Die Sicherstellung der gesetzlichen Anwartschaft sieht der Gesetzentwurf in zweifacher Art vor:

Gemäß dem Versicherungsplan erscheinen alle jene Leistungen nach dem Prämiensystem gedeckt, zu deren Berechnung die Mortalitäts- und Familienstandstabelle ausreicht, das sind die Alters- und die Witwenrente. Für die Bestimmung einer festen Prämie zur Versicherung gegen den Invaliditätsfall erschien dagegen das bisher beobachtete und bei der Rechnung allenfalls benutzbare Material nicht zuverlässig genug, zumindest nicht für den vorliegenden Fall, in welchem eine allgemeine Pensionsanstalt für das gesamte Staatsgebiet die Invaliditätsschäden zu bedecken haben wird, ohne auf die Aufnahme des Bediensteten in das Dienstverhältnis sowie die Verwendung im Dienste und, was das wichtigste ist, das Ausscheiden aus dem Dienste Einfluß nehmen zu können, mit einem Worte, wo der Versicherungsfall nicht immer außer Zweifel steht und möglicherweise das Interesse des Dienstgebers und des Bediensteten auf die Wahrscheinlichkeiten Einfluß gewinnen kann. Unter solchen Umständen scheint es allerdings ratsam, die Versicherung der Invalidität gegen feste Prämien zu vermeiden und das Erfordernis umzulegen. Die Umlage für die Invalidität erstreckt sich jedoch nur so weit, als der Bedarf durch die Altersrente nicht gedeckt ist, also auf die Zusatzrente zu der in jedem einzelnen Falle aus der Prämienreserve für die Altersrente liquidierbaren Leibrente.

An festen Prämien werden zu entrichten sein monatlich:

In den Gehaltsklassen	vom Dienstgeber	vom Bediensteten	zusammen
I	4,50 Kronen	3 Kronen	7,50 Kronen
II	6,75 Kronen	6 Kronen	12,75 Kronen
III	9,00 Kronen	9 Kronen	18,00 Kronen

Das Resterfordernis auf die Bezahlung der Invaliditätsrenten, ferner das jährliche Erfordernis für die Stellenlosigkeitsunterstützungen, Erziehungsbeiträge und Abfertigungen, endlich allfällige Betriebsabgänge, sind, insoweit dieselben nicht aus verfügbaren Gebarungsüberschüssen bestritten werden können, durch Ergänzungsbeiträge der Dienstgeber zu decken, welche Beiträge als Umlagen zur Einhebung gelangen.

Im technischen Bericht werden diese Ergänzungsbeiträge mit 4,83 Prozent des Gehaltes veranschlagt, *so daß der Arbeitgeber mit Hinzurechnung seines Anteiles an der festen Prämie 9,46 Prozent des Gehaltes, der Angestellte als feste Prämie im Durchschnitt 4,11 Prozent seines Gehaltes zur Bestreitung der Versicherung beitragen wird.* Die Prämien sind derart berechnet, daß die der ersten Gehaltsklasse angehörigen Versicherten zur Tragung derselben in geringerem Ausmaße herangezogen werden als die der zweiten und diese ebenfalls in geringerem Ausmaße als die der dritten Gehaltsklasse.

Bezüglich der Organisation sei nur noch hervorgehoben, daß eine zentrale Anstalt Trägerin der Versicherung sein soll, als deren Organe Lokalverbände errichtet werden sollen, die den Verkehr zwischen der Pensionsanstalt und den Versicherten, sowie ihren Dienstgebern vermitteln sollen. Grundsätzlich soll ein Lokalverband für einen politischen Bezirk zur Errichtung gelangen, jedoch ist nach Bedarf die Zusammenfassung der Versicherten mehrerer Bezirke ebenso zulässig wie die Errichtung mehrerer Lokalverbände für einzelne größere Bezirke.

Der im vorstehenden skizzierte Gesetzentwurf hat bisher eine sehr geteilte Aufnahme gefunden. Ein großer Teil der privaten Beamtenschaft und überhaupt jene Kreise, welche in die Versicherung einbezogen werden sollen, erklärten sich in der Hauptsache mit dem Entwurf einverstanden. Hingegen wird derselbe sowohl von seiten der Sozialdemokratischen Partei als auch von der in Österreich in neuerer Zeit ziemlich geschlossen organisiert auftretenden Arbeitgeberschaft aufs heftigste bekämpft, und zwar — es muß dies zur Ehre der sozialdemokratischen Presse anerkannt werden — mit wirklich fachlichen Argumenten, während nicht dasselbe von den übrigen Gegnern des Entwurfes behauptet werden kann.

Es ist hier auf eine Darstellung der gegen den Gesetzenwurf erhobenen Bedenken nicht näher einzugehen. Nur so viel sei in dieser Hinsicht bemerkt, daß sich allerdings nicht verkennen läßt, daß, wie speziell auch von sozialdemokratischer Seite hervorgehoben wurde, in dem Entwurf in der Tat die Versicherungstechnik mehr zum Worte gelangt ist, als das sonst bei sozialen, auf dem Prinzip des Zwanges beruhenden Versicherungsgesetzen der Fall zu sein pflegt. Es sind mehrfach Ansätze zu eminent sozialpolitischen Maßregeln vorhanden, deren Durchführung im Entwurfe offenbar an Rücksichten versicherungstechnischer Natur gescheitert ist. Daß dabei gewiß auch die Kostenfrage zur Geltung gelangt ist, insbesondere mit Rücksicht darauf, daß die Dienstgeber und Dienstnehmer (Angestellten) die Kosten der Versicherung ganz aus eigenen Mitteln ohne Staatszuschuß zu bestreiten haben sollen, liegt nur in der Natur der Sache. Sowohl das Maß dessen, was von der Pensionsanstalt den Anspruchsberechtigten geleistet werden soll, als auch die Bedingungen, unter welchen die verschiedenen Ansprüche erworben werden können, mußten den übrigen Prinzipien des Gesetzentwurfes selbstverständlich angepaßt werden. *Das wichtigste Prinzip für die Art und Weise der Durchführung der Versicherungsidee lautet aber: Versorgung aus eigener Kraft.*

Man mag über die Details des Entwurfes völlig anders denken als die Schöpfer des Entwurfes, das eine wird man nicht in Abrede stellen können: der Entwurf bedeutet immerhin einen beachtenswerten Versuch einer Spezialisierung der zwangsweisen Alters- und Invaliditätsversorgung für die wirtschaftlich besser gestellten Schichten von Berufsarbeitern, womit eine Lücke in dem Gefüge der sozialen Versicherungsgesetzgebung ausgefüllt würde.

Im deutschen Invalidenversicherungsgesetz wurde bekanntlich bei den Arbeitern mit einem Arbeitseinkommen von mehr als 2000 Mark die Versicherungspflicht abgeschlossen. Ebenso ist der Kreis der Versicherungspflichtigen im deutschen Unfallversicherungsgesetz sogar mit 3000 Mark Lohneinkommen, in der Krankenversicherung gleichfalls mit 2000 Mark begrenzt. Der neue französische Gesetzentwurf betreffend die Alters- und Invaliditätsversicherung erstreckt die Versicherungspflicht auf Arbeiter mit Gehalten über 4000 Francs, geht also entschieden weiter als die deutsche Gesetzgebung. Es scheint aber doch wohl sehr fraglich, ob der völlige Ausschluß der ökonomisch noch besser gestellten Berufsarbeiter bedingungslos gerechtfertigt werden kann. Den Gefahren, welche die ökonomische Existenz des unselbständigen Arbeiters bedrohen, ist auch der Arbeiter mit höherem Arbeitseinkommen nicht schlechthin entrückt. Die Gefahr der Krankheit ist allerdings für diese mit erheblich geringeren

Nachteilen verbunden, und es ist auch zuzugeben, daß die Gefahr einer Verminderung der Erwerbsfähigkeit durch Invalidität und zufolge höheren Alters in den Kreisen der höher entlohnten Berufsarbeiter von geringerer Bedeutung ist. Verschiedenheiten in dem Grade und in der Bedeutung der Gefahr können nun zwar wohl bei der Frage nach der Art und Weise und den Bedingungen der Versicherung ausschlaggebend sein, die geringere Gefahr ist aber meines Erachtens noch kein hinlänglicher Grund für die Ausschließung von der Versicherungspflicht.

Die durch ein höheres Arbeitseinkommen erhöhte Möglichkeit, zur Sicherung der ökonomischen Existenz in größerem Ausmaße mit eigenen Mitteln beizutragen, ist das eine, die im großen und ganzen geringere Imminenz der Gefahr der Aufreibung der Arbeitskraft durch die Beschäftigung ist das andere der beiden Momente, welche die Grundlagen für eine besondere Art der Versorgung der wirtschaftlich gekräftigten Berufsarbeiter bilden können. Auf ihnen beruht in der Hauptsache auch der besprochene neue Entwurf.

Ob die Erfassung der ökonomisch stärkeren Schichten der unselbständigen Berufsarbeiter mit der im Gesetzentwurf festgelegten Abgrenzung des Kreises der Versicherungspflichtigen besonders geglückt ist, läßt sich kaum ohne weiteres so leicht entscheiden. Erst bei der Durchführung des Gesetzes wird es sich zeigen, ob das Kriterium des monatlich oder jährlich vereinbarten Gehaltes durchgreifend wirksam bleibt und nicht nach Willkür eines der Beteiligten verschoben werden kann, ob also demzufolge die Einbeziehung eines Angestellten unter der Versicherungspflicht nicht etwa bloß in das Belieben der Arbeitgeber gestellt ist. Dieses Bedenken, welches nämlich dem Entwurfe entgegengehalten wird, mag manches Richtige an sich tragen. Es dürften sich aber wohl gesetzliche Normen feststellen lassen, durch welche den Arbeitnehmern oder Angestellten, wie sie der Entwurf nennt, der nötige Rückhalt gegen die Versuche zu solchen Umgehungen der gesetzlichen Versicherungspflicht gegeben würde.

An und für sich kann die Erfassung des Momentes der Dauer der Lohn- oder Gehaltsperioden für die Beurteilung der ökonomischen Widerstandsfähigkeit der betreffenden Arbeitnehmer nur als ein ganz glücklicher Gedanke bezeichnet werden, denn so viel steht fest, daß in der längeren Dauer der Vertragsperioden ein Element steckt, welches zur Stabilisierung der Arbeitsverhältnisse zu führen geeignet ist und welches dadurch schon eine Kräftigung der ökonomischen Stellung des Arbeitnehmers in sich schließt.

Deshalb aber kann in der Spezialisierung der Alters- und Invaliditätsversicherung nicht nur kein Bedenken in dem Sinne erblickt werden, daß sich daraus ein schärferer Klassengegensatz zwischen den weniger gut und den besser gestellten Arbeitnehmern entwickeln könne, sondern es wäre vielmehr durch eine solche Sonderstellung nur der Anreiz zur Erreichung langperiodiger Dienstverträge geweckt, der wohl kaum zu wirtschaftlichen Schädigungen, sondern nur zur Förderung der Beziehungen zwischen beiden Parteien führen dürfte.

Ein Anreiz aber besteht gewiß schon darin, daß die Leistungen, welche nach dem Gesetzentwurfe versichert werden sollen, reichlicher und wertvoller sind, als dies bisher im Wege der gesetzlichen Zwangsversicherung irgendwo festgesetzt worden ist, wenngleich die Arbeitnehmer selbst in höherem Maße durch die Beitragsleistung in Anspruch genommen werden sollen.

Eine besondere Frage ist es allerdings, ob nicht die „eigene Kraft" der in Betracht kommenden Beteiligten, daß sind die Parteien des Arbeitsvertrages, zu stark in Anspruch genommen wird. Ein solches „Zuviel" des Vertrauens auf die Leistungsfähigkeit der Angestellten und der — Industrie könnte allerdings das in seinen Grundgedanken wenigstens wohl gerechtfertigte Werk zum Scheitern bringen. Einerseits von jeder Staatshilfe absehen und andererseits noch besonders reichliche Leistungen zusichern, — und namentlich fällt bei den Kosten bekanntlich die Witwenrente schwer ins Gewicht — erscheint mindestens für die der ersten Gehaltsklasse angehörigen Kreise von Berufsarbeitern und deren Dienstgeber als ein gewagter Schritt, der wirtschaftlich kaum gerechtfertigt werden kann. Wollte man das Projekt, die Versorgung durch die Arbeitsvertragsparteien allein, also als Teil des Arbeitsentgeltes, sicherzustellen, durchführen, so mußte man sich eben darauf beschränken — wenigstens für den Anfang; der Ausbau dieser Versorgung, durch Aufnahme der Witwenversorgung z. B., wäre mindestens einem späteren Zeitpunkt zu überlassen gewesen. Man ist hierin aber wohl vor allem nur mit Rücksicht auf das Drängen der Interessenten, d. h. der zu Versichernden, von vornherein so weit gegangen. Ob es in diesem Falle praktisch war, mehr sozial- als wirtschaftspolitisch zu sein, wird sich wohl erst zeigen, wenn die Arbeitgeber im Parlamente zu Wort kommen.

Simulation und Rentenhysterie bei der Reform der sozialen Versicherung (1906)*

Es ist gewiß eine sehr bedauerliche, aber eine durch wirtschaftlich-soziale Verhältnisse leider ausreichend erklärbare Tatsache, daß *die soziale Versicherung in allen Zweigen unter einem irregulären Kostenelement zu leiden hat und daß sie mit diesem weit mehr zu rechnen hat, als dies von Anfang an vorausgesehen und bedacht wurde, nämlich mit der Simulation von Zuständen, auf welche das Gesetz einen vermögenswerten Anspruch begründet.*

So hat vor allem die Krankenversicherung, wie von den Arbeitervertretern selbst zugestanden wird, zum Teil die Funktionen einer Arbeitslosenfürsorge übernommen — ein Zustand, der gleichfalls nur möglich ist auf der Basis der Simulierung einer Krankheit seitens derjenigen, die die Unterstützung der Krankenkasse in Fällen der Arbeitslosigkeit für sich erreichen wollen. Am schärfsten spricht sich diese „Praxis" natürlich in den finanziellen Ergebnissen der Krankenkassen von Saisongewerben aus, und zwar namentlich jener, deren Arbeitsperiode, wie bei den Baugewerben, in die für die Beschaffung der Lebenserfordernisse günstigere Jahreszeit fallen.

Diese Kategorie von Simulationen hat heute schon fast eine Art Sanktion durch die öffentliche Meinung erhalten. Werden doch schon ganz ernstlich Projekte über eine Kombinierung der Krankenversicherung mit einer Arbeitslosenversicherung auf diese ungesetzliche Praxis gestützt. Man hat sich geradezu damit abgefunden. Wenn auch selbstverständlich das unehrlichere oder aber wenigstens unverfrorenere Element unter den Versicherten dabei in der Regel den Vorteil vor dem gewissenhaften und bescheidenen voraus hat, so ist doch zu erwägen, daß die Aufwendung für diese Arbeitslosenfürsorge in fraudem legis im Hinblick auf das Beitragsverhältnis zwischen Arbeitgeber und Arbeitnehmer, wie es bei den Krankenkassen geregelt ist, zum größeren Teil von den Arbeitern selbst bestritten werden. Auch ist es ja immer nur eine vorübergehende Untersützung, die hier gewährt werden kann.

Ganz anders liegen die Dinge bei der Invaliditäts- und bei der Unfallversicherung. Hier handelt es sich nicht nur um viel dauerndere Rentenbezüge, sondern hier kommt auch noch in Betracht, daß die Mittel zum

---

* Zeitschrift für die gesamte Versicherungs-Wissenschaft, 6. Bd. (1906), H. 1.

geringsten Teil nur bzw. überhaupt nicht von den Arbeitern aufgebracht werden. Hier tritt man Simulationen, soweit sie zur Massenerscheinung werden, mit einem viel schärferen Urteil entgegen, und ganz begreiflich ist es, daß die Bestrebungen zur Hintanhaltung solcher Simulationen viel energischer verfolgt werden. Über den Umfang, in dem durch Simulierung Renten erworben werden, läßt sich natürlich nichts aussagen. Statistisch bieten einen, aber auch nur sehr vorsichtig zu behandelnden Anhaltspunkt die Verhälniszиffern der wirklich zur Entschädigung gelangten zu den überhaupt geltend gemachten Unfällen, vielleicht wohl auch bis zu einem gewissen Grade die Ziffern über das Anwachsen der Inanspruchnahme der Unfallversicherung überhaupt. Die Vermutung, daß man es dabei nicht allein mit einer tatsächlichen Vermehrung der Unfälle und mit Verbesserung des Unfall-Anzeigewesens zu tun hat, erweist sich immer mehr als richtig; man hat die fortschreitend intensivere Verfolgung der Entschädigungsansprüche genugsam schon erfahren, man hat aber auch *schon genügende Grundlagen in der Verwaltungspraxis der Berufsgenossenschaften und der Landesversicherungsanstalten dafür sammeln können, daß die Simulation keinen geringen Einfluß auf die Steigerung des Erfordernisses dieser Anstalten zu üben vermag.*

Wie solches möglich wurde, ist nicht allzu schwer zu erklären. Es kommt natürlich auf die Organisation der Rentengewährung und auf die Revisionsverhandlungen außerordentlich viel an. Seitdem die Rentengesuche sich so bedeutend vermehrt haben, ist eine einigermaßen genügende Vertiefung bei der Prüfung der Rentenanträge nicht mehr erreicht worden. Das haben die im Auftrage des Reichsversicherungsamtes vorgenommenen Revisionsverhandlungen genugsam dargetan. *Man wird in der Tat kaum umhin können,* was die Vermehrung der Rentenanträge anlangt, *dem jüngst geprägten Schlagwort „Rentensucht" eine gewisse Richtigkeit zuzusprechen.*

Eine ganz analoge Erscheinung ist die auffallende Steigerung der entschädigten Unfälle mit vorübergehender Erwerbsunfähigkeit. Sie haben sich bei konstanter Steigerung in Österreich innerhalb 12 Jahren mehr als verdoppelt, während die Zahl der entschädigten Todesunfälle ziemlich konstant blieb.

Es ist nur ganz begreiflich, ja notwendig, daß gegen diese Art der Rentenerwerbung mit Hilfe der Simulierung der erforderlichen Krankheitssymptome angekämpft wird. *Allein in diesem Kampf hat sich immer mehr eine große Schwierigkeit fühlbar gemacht, das ist die symptomatische Abgrenzung der simulierten gegenüber einer, wie wir schlechthin sagen dürfen, neuen wirklichen Krankheit, die durch die moderne Unfallversicherung und ganz besonders durch die soziale Versicherung zur Auslösung gebracht worden ist: gegenüber der sogenannten Rentenhysterie.*

Ich muß hier zunächst etwas weiter ausgreifen.

Der englische Chirurg Erichsen war es, der, wie Bruns berichtet,[1] zuerst (1866) auf Erkrankungen des Nervensystems hinwies, die bei einem durch einen Unfall Geschädigten in der Weise auftraten, daß die Krankheitssymptome nicht gleich nach dem Unfall vorhanden sind, sondern daß der Verletzte zunächst meint, gut davongekommen zu sein, sogar seiner Beschäftigung nachgeht und erst einige Tage nach dem Unfalle nervöse Folgeerscheinungen unter erheblichen seelischen Erregungen zeigt. Nach ihm haben vor allem Leyden und Erb diesen Erkrankungen ihr Augenmerk besonders zugewendet und wie Erichsen, ungeachtet zahlreicher psychischer Störungserscheinungen, an der organischen Natur der Läsionen festhalten zu müssen geglaubt. Das Festhalten an dieser ätiologischen Erklärung führte nur zu bald zur Geneigtheit, in allen Fällen, in denen z. B. Eisenbahnunfallverletzte kein objektives Zeichen der Rückenmarkverletzung erkennen ließen, Simulation anzunehmen. Charcots und Openheims Forschungen brachten neben den Schriften einiger amerikanischer Ärzte eine entscheidende Wendung in der Auffassung der Unfall-Nervenerkrankungen, indem sie die Erkenntnis in der Richtung förderten, daß es sich bei den Unfallneurosen um Mischungen von Hysterie und Neurasthenie handle. Seither wurde immer mehr auf die psychotische Seite dieser Erkrankungen Bedacht genommen, und man darf wohl sagen, daß die Angelegenheit zu einem eminent psychopathologischen Problem geworden ist[2].

Neben Bruns, Freund, Strümpell, Freud hat sich Hellpach um die Sache sehr verdient gemacht, indem er gerade von dem zuletzt erwähnten Gesichtspunkte aus, also psychopathologisch die Tatbestände zu erklären unternimmt, die als Simulation aufgefaßt zu werden geeignet sind. Er gibt ihnen eben eine andere Deutung, indem er dafür eintritt, daß die Rentensucht wenigstens zum Teil, d. h. für eine große Zahl von Fällen als eine Erscheinungsform der Hysterie aufzufassen sei.

Neben die religiöse Hysterie des Mittelalters und die erotische des weiblichen Geschlechts stellt Hellpach eine moderne spezifische proletarische Hysterie[3]. Eine Hysterie, ein Sichhineinleben in eine künstliche, phantastische Welt resultiere auch im Zusammenhang mit einem Unfall als

---

[1] Zu vergleichen: Bruns, Die traumatischen Neurosen (Unfallneurosen) Wien 1901, insbesondere S. 17 ff.

[2] So schreibt Bruns (a. a. O., S. 19): Können wir uns also auch der Ansicht nicht verschließen, daß bei einem gewissen Teile der heute zu den Unfallneurosen gerechneten Fälle ... organische Veränderungen wenigstens die Ursache eines Teils der Symptome sind, so darf das doch nicht die mühsam errungene Erkenntnis erschüttern, daß die weitaus meisten Unfallnervenkrankheiten echte Neurosen ohne jede anatomische Grundlage sind ... daß seelische Erschütterungen die Hauptrolle spielen.

[3] Zu vergleichen Hellpach: Grundlinien einer Psychologie der Hysterie, Leipzig 1904, insbesondere das Schlußkapitel: Das sozialpathologische Hysterieproblem. Ferner derselbe Autor Aufsatzserie: Rentenhysterie und Sozialgesetzgebung, in der Schles. Zeitung, Januar 1905.

seelische Krankheit beim Arbeiter aus dem Bestreben, die peinlichen seelischen Erlebnisse eines Unfalles zu verdrängen, und die Verdrängung der Vorstellung des erlebten Unfalles mit all ihren quälenden, psychischen Begleiterscheinungen werde auch hier durch gewolltes Sichhineinversetzen in eine frohe Erregung angestrebt; die frohe Erregung aber sei der Gedanke an die Rente. *Der Kranke stürzt sich sozusagen blindlings kopfüber in den Kampf um die Rente, weil er diesen Kampf braucht, um die peinlichen, ängstigenden Vorstellungen des Unfalles verdrängt zu halten.* Dieser Kampf, der am Beginn des ganzen Prozesses liegt, erteile dem Komplex der Unfallfolgen die verhängnisvolle Wendung (Hellpach). Man geht von dieser Seite so weit, zu sagen, daß neben der schweren, hoffnungslosen Krankheit die Möglichkeit, daß der eine oder andere der Rentenhysteriker hier und da einmal übertreibe oder simuliere, gar keine Rolle spiele. Die Krankheit liege darin, daß er simulieren muß[4]. Es seien nicht an sich minderwertige Naturen, die dieser Erkrankung verfallen, vielmehr, wenngleich neuropathische, so doch sittlich und intellektuell hochwertige Personen, in denen die Anlage zur Hysterie als Volkskrankheit Prophylaxe gefordert. Zu erreichen sei dieselbe, indem die Unfallfürsorge so aufgefaßt wird, daß *ihre wichtigste Aufgabe ist, den Verletzten vor Not zu schützen, ihm aber auch sobald als möglich seinen Platz im Getriebe der Arbeit wieder anzuweisen,* also Arbeitsnachweis und Übergangsrente für die Zeit bis zur Wiedererlangung einer Arbeitsstelle.

Das Problem ist noch durchaus keine res judicata. Der literarische Kampf wogt im medizinischen Lager noch hin und her. Gerade diese wissenschaftliche Unsicherheit zieht weit über die beteiligten Kreise hinaus die bedeutsamsten Folgen nach sich. In dieser Richtung genügt es eigentlich, schon auf die von Bruns verzeichnete Tatsache hinzuweisen, daß bei Unfallneurosen, bei denen die Frage einer Entschädigung wegfällt, die Krankheitssymptome oft geringer angegeben werden, was wieder insofern Bedeutung gewinnt, als man erkennt, daß immer mehr auf das gesamte Krankheitsbild bei der Diagnostizierung eingegangen werden müsse, wenn Simulation ausgeschieden werden soll.

Fast erscheint es ausgeschlossen, zwischen hysterischen und bewußt simulierten Symptomen in der Praxis zu unterscheiden, wie weit auch immer theoretisch die Unterscheidungsmerkmale klargestellt sein mögen. Das ganze Gebiet ist eben auch offenbar um so unsicherer geworden, je mehr Beweise man aus konkreten Fällen dafür gewonnen hat, daß rein psychische Momente, die Angst, der Schrecken, vielfach die Ursachen von Neurosen sind, daß die seelischen Erschütterungen für ihre Entstehung

[4] So wies namentlich Strümpell auf die Autosuggestion des Verletzten hin, er suggeriere sich die Symptome, die er zu haben wünscht, um mit seinen Renten-Begehrungsvorstellungen zum Ziele zu kommen.

die Hauptrolle spielen. Was die Symptomatik anlangt, dürfte wohl die Hellpachsche Theorie — Verbindung der Verdrängung der peinlichen Erinnerung mit dem Begehren nach Rente — die besten Anhaltspunkte bieten. Er selbst schreibt darüber: „Wir haben dann dieses Gesamtbild in Anknüpfung an die Unfalltatsache, den Komplex von Begehren, Sorge, Mißtrauen und daneben, scheinbar ganz unmotiviert, eben „krankhaft" die körperlichen Erscheinungen, die sich ehemals an Schreck und Angst knüpften. Die sinnlich detaillierte Unfallerinnerung samt Schreck oder Angst aber befindet sich in der Verdrängung. Und dafür, daß sie sich darin befindet, gibt es zwei schlagende Beweise: einmal die Erfahrung, daß diese verdrängte Gruppe nur im Traum auftaucht, was eine Neigung aller verdrängten seelischen Erlebnisse ist, und dann die Hartnäckigkeit, mit der die Psyche sich in die Ersatzgruppe der Entschädigungsansprüche verbeißt." Hellpach neigt dazu, die Existenz wirklich spezifischer, der Rentenhysterie eigentümlicher Begehrungsvorstellungen in Abrede zu stellen; danach wäre, was dem Laien als Rentensucht erscheint, dieses sich Stürzen in den Kampf um die Rente, eine sekundäre Erscheinung. Dazu stimme aber trotzdem, daß der Kampf um die Rente schon am Anfang liege und kaum mehr „bewußt im Blickpunkt des Seelenlebens steht". — Mag sein! So wenig gelegen diese Theorie der Verwaltungspraxis auch kommen mag, sie hat sich mit diesen Forschungsergebnissen des Fachmannes abzufinden, wie lähmend für die Behandlung der ganzen Angelegenheit auch immer schon das Bekenntnis des Fachmannes wirkt: zwischen Hysterie und Simulation ist überhaupt alle Abgrenzung verlorene Liebesmühe, soweit der Beobachter in Frage kommt, und „wem es um die Rentenhysterie ernst ist, der hütet sich überhaupt, viel Wesen von dem bißchen Simulation zu machen, das dabei mit unterlaufen ist".

Die wirklich zweckmäßige Nutzanwendung dieser Untersuchungsergebnisse weist also eigentlich ganz streng auf eine einzige Aufgabe hin: *Therapie gegen die Rentenhysterie — mit so gut wie völliger Aufgabe des Kampfes gegen die Simulation.* Denn — so müssen wir fragen — läuft man nicht Gefahr, die aussichtsreiche Behandlung eines Hysteriefalles zu untergraben, wenn man gegen offenbare Simulation vorzugehen unternimmt?

Doch wir wollen nicht Kritik üben, sondern uns mit den Forderungen des Psychiatrie, wohl richtiger der Psychopathologie, abfinden und nach den Maßnahmen forschen, die von dieser Seite empfohlen werden.

Bruns, der anerkannte Monograph der Unfallneurosen, fordert bezüglich der Prophylaxe, daß der Arzt von vornherein auf die phychiatrisch-neurologische Therapie neben der chirurgischen bedacht sei, in dem Verletzten die Hoffnung stärke, daß in kurzer Zeit alles wieder gut sein werde, um hypochondrische Vorstellungen, die zumeist der Ausgangspunkt für eine krankhafte Spannung des Seelenlebens sind, schon im

Keime zu ersticken. Von diesem Gesichtspunkte aus unterstützt Bruns zum Beispiel die Bestimmung, daß die Unfallversicherungs-Anstalt berechtigt wird, Verletzte von vornherein ohne Rücksicht auf die Verpflichtung der Krankenkasse in eigene Behandlung zu nehmen, weil damit jedenfalls die Verhütung von Unfallneurosen erleichtert werde. Freilich dürften die Unfallversicherungs-Ärzte nicht bloß Chirurgen sein, sondern sie müßten auch psychiatrisch und neuropathologisch soweit geschult sein, daß sie die psychische Entwicklung von Unfallneurosen verstehen und dadurch auf diese Einfluß gewinnen können.

Ist aber der ganze Fall schon soweit gediehen, daß hypochondrisch-neurasthenische oder hysterische Folgezustände sich bereits festgesetzt haben, dann gilt es in der Tat, *vor allem das Renten-Festsetzungsverfahren zu beschleunigen, so gut es geht, um den Verletzten möglichst rasch in einen Zustand psychischer Ruhe zu bringen.*

Bezüglich dieser prophylaktischen Behandlung legt Strümpell und mit ihm Bruns aber noch auf einen Umstand besonderes Gewicht; *der Arzt muß das volle Vertrauen des Verletzten genießen,* und dieses Vertrauen werde in aller Regel z. B. jener Arzt besitzen, der den Kranken von den ersten chirurgischen Folgen des Unfalles geheilt hat. Dann werden die prophylaktischen Maßnahmen größere Wahrscheinlichkeit eines Erfolges erlangen. Solche Prophylaxe sei, meint Bruns, nach drei Seiten am Platz, denn drei Umstände tragen zur Weiterbildung und Fixierung der Unfallneurosen bei: erstens hypochondrische, ängstliche Vorstellungen über die eigene Gesundheit, Arbeitsfähigkeit und die Existens der Familie, zweitens die damit schon verbundenen Begehrungsvorstellungen, eine möglichst hohe Rente zu gewinnen, drittens die mit dem Kampf um die Rente verbundenen nervösen Aufregungen durch Untersuchungen, Überprüfungen, Prozesse u. dgl. m. Was die hypochondrischen Vorstellungen anlangt, die Befürchtung des Kranken: „Was wird aus mir werden?", die unmittelbar mit dem Heilungsverfahren schon auftreten: so könne eine nach genauer Untersuchung bestimmt ausgesprochene Versicherung des Arztes, daß die Sache nicht so schlimm sei, daß in kurzem alles wieder gut sein werde, von der allergünstigsten Wirkung sein und die hypochondrischen Ideen an der Wurzel ausrotten. Dazu müsse aber eben der behandelnde Arzt von Anfang an nicht nur eine chirurgische, sondern auch eine psychiatrisch-neurologische Behandlung dem Kranken zuteil werden lassen.

Daran knüpft Bruns auch die Notwendigkeit, daß das den Berufsgenossenschaften gewährte Recht, Verletzte gleich von Anfang ohne Rücksicht auf die Verpflichtung der Krankenkassen in eigene Behandlung zu nehmen, mehr ausgeübt werde als bisher, daß aber auch die betreffenden Vertrauensärzte der Berufsgenossenschaften nicht nur Chirurgen sein dürften, sondern auch psychiatrisch und neuropathologisch soweit geschult sein müßten, daß sie die psychische Entwicklung von Unfallneurosen verstehen und dadurch auf diese Entwicklung Einfluß gewinnen können.

Die rechtzeitige Unterdrückung dieser hypochondrischen Vorstellungen, die aber oft erst nach wiederaufgenommener Arbeit und dabei vom Verletzten selbst empfundener eigener Schwäche, geringerer Ausdauer u. s. f. auftreten, kann sehr häufig, ja in der Regel auch die Begehrungsvorstellung zum Schweigen bringen. Es kommt auf das entschiedene, energische Auftreten des Arztes fast alles an. Diese Rückkehr des Verletzten von der Arbeit zum Arzt bezeichnet Strümpell als den wichtigsten Zeitpunkt für die Prophylaxe. Ebenso schreibt Bruns auf Grund seiner eigenen Erfahrungen, daß, wenn der nun wieder konsultierte Arzt jetzt, nach nochmaliger genauer Untersuchung des Verletzten und in der festen Überzeugung von der rein hypochondrischen Natur des Falles, dem Kranken seine Befürchtungen energisch ausredet, er oft imstande sein wird, auch diesen von der Geringfügigkeit der Sache zu überzeugen; „der Verletzte macht dann nochmals, mit gestärktem Vertrauen, den Versuch zur Arbeit, er gelingt, und dauernde Heilung ist erreicht". Festigung des Willens, Befreiung von Befürchtungen, das ist die wichtigste Therapie, wenn der Arzt in diesem Stadium noch einzugreifen Gelegenheit hat — aber es muß eben auch, wie gesagt, derselbe Arzt sein, der die erste Behandlung durchgeführt hat. Und daran fehlt es in großen Städten meisten — fast immer: erst ist es fast immer der Chirurg irgendeines Krankenhauses, und wenn die sekundären neurotischen, oder sagen wir, um etwas genauer zu gehen, hypochondrischen Zustände auftreten, dann ist es in der Regel der Kassenarzt, dem der Verletzte leider so oft wenig Vertrauen entgegenbringt. Dann treten sehr bald die Begehrungsvorstellungen auf, der Kampf um die Rente beginnt. Das gleiche ist der Fall, wenn die hysterischen Folgezustände an sich zu schwer sind oder sich zu sehr festgesetzt haben. „Dann beginnen alle aus der Rentenfestsetzung, den wiederholten Untersuchungen mit nachfolgenden Rentenkürzungen und -Erhöhungen, den Prozessen hervorgehenden Schädigungen auf den Kranken einzustürmen, dann werden auch die Begehrungsvorstellungen immer mächtiger, der Kranke hat nicht mehr die Willenskraft, freiwillig auf eine selbst kleine Rente zu verzichten... er hält ihren Fortbezug für sein gutes Recht, das er jedem Angriff gegenüber verteidigt; so wird er schließlich Querulant und Prozeßkrämer" (Bruns).

Was hier als therapeutische Maßnahmen empfohlen wird, hat mit der eigentlichen ärztlichen Behandlung kaum mehr etwas zu tun und *steht schon im engsten Zusammenhang mit dem Problem der Ausgestaltung der sozialen Versicherung.*

Daß der bisherige Renten-Feststellungsapparat besonders geeignet ist, psychopathologische Zuständige zu zeitigen, darüber werden in den Kreisen der mit den Verhältnissen Vertrauten kaum Zweifel bestehen. In dieser Hinsicht wird schon ein Abgehen von den quälenden Untersuchungen, Begutachtungen, wiederholten Beobachtungen und Supergutachten manche Besserung bringen können. Die „Ausschaltung der hysterisierenden Ursache", wie Hellpach alle diese Aufgaben zusammenfassend nennt, gipfelt aber vor allem in der Organisation eines Arbeitsnachweises für minder leistungsfähige Unfallverletzte bei gleichzeitiger Gewährung einer temporären, vielleicht, wie Bruns mit Erfolg versucht hat, allmählich zu vermindernden Übergangsrente.

Ob Arbeitsstätten mit Beschäftigungsmöglichkeit für teilweise Erwerbsfähige eigens geschaffen werden sollen, geschaffen werden können? Gewiß ist diese Arbeitsnachweisung eine ganz gewaltige Aufgabe. Denn eines steht fest: nicht um die Verwendung in medico-mechanischen Instituten, die nur der Wiedergewinnung der machanischen Funktionen irgendwelcher Organe dienen soll, handelt es sich, sondern um die Festigung der Zuversicht, daß die Verdienstmöglichkeit noch besteht und vielleicht wieder gesteigert werden kann. *Das psychologische Element, das dem Arbeiter zum Bewußtsein komme, er sei wieder erwerbsfähig, muß wirksam werden, muß geweckt und, wo vorhanden, gekräftigt werden.* Dieses wird zum Ausgangspunkt nicht allein der psychopathologischen Zustände, der Neurosen und der hysterischen Erscheinungen, sondern geradezu auch zur Wiedergewinnung jener Seelenkräfte, die dazu beitragen können, daß die chirurgische Erkrankung, die der Unfall herbeigeführt hat, an Bedeutung für die Einschränkung der Arbeitsfähigkeit verliere, sozusagen durch psychische Energie überwunden wird, wie dies beim nicht versicherten Unfallverletzten so oft zu beobachten ist. Die psychische Freude über die allmähliche Wiederkehr der ursprünglichen Erwerbsfähigkeit ist zweifellos einer der wertvollsten therapeutischen Faktoren in der Bekämpfung nicht nur der phsychopathologischen, sondern sehr oft auch der primären Unfallschäden.

Diese Erwerbsnachweisung ist also, ein so schwieriger Arbeitsnachweis sie auch sein mag, eine kaum entbehrliche Ergänzung der ganzen sozialen Versicherung. An einen Zwang des Arbeitgebers, den Unfallverletzten, sofern er überhaupt, wenn auch nur partiell, arbeitsfähig ist, wieder in Arbeit zu nehmen, ist wohl nicht ernstlich zu denken. Damit würde schon aus psychopathologischen Gründen für den Unfallverletzten zu oft gar nicht das Richtige getroffen sein. Dann aber muß doch wohl der ökonomische Grundsatz Berücksichtigung finden, daß die Leistungsfähigsten im Vordertreffen stehen sollen und daß der Mechanismus eines Wirtschaftsbetriebes nicht durch gebrechliche Räder gefährdet oder gelähmt werden darf.

Auch ist zu bedenken, daß es sich ja gar nicht bloß um Unverletzte handelt, wenn eine Rentenhoffnung zu hysterisieren droht und in ihren schädigenden Wirkungen paralysiert werden soll. *Die von der Simulation so oft überhaupt nicht zu unterscheidende Renten-Hysterie zeigt sich ja nicht nur im Anschluß an Unfälle, sondern ganz ähnlich auch auf dem Gebiete der Invalidenversicherung.* Hier ist der Verlust der Erwerbsgelegenheit infolge zurückgegangener Leistungsfähigkeit der letzte Anstoß, durch den beim modernen Arbeiter die latente Hysterie zur Auslösung gebracht wird, durch den der spezifisch aus dem Klassenbewußtsein und dem beständigen lebenslangen Kampf um die Lebensführung sich allmählich entwickelnde Seelenzustand eine Erschütterung erfährt, die seinen Vorstellungskreis nunmehr hemmungslos in die Parole „Ich kann nicht mehr!" hineinjagt. *Berufsinvalidität mag dann vielleicht sogar nur zum Teil vorliegen, aber die Idee, daß möglicherweise die Voraussetzungen für die Erwerbung einer Rente gegeben sind, zeugt, einmal geboren, immer neue Begehrlichkeit.*

Ist hier Rentenverweigerung, ist strenge Handhabung der gesetzlichen Bestimmungen das Richtige gegenüber solchen Rentenanträgen? Oder soll etwa zur Hintanhaltung der zu starken Belastung der Versicherungsanstalt ein Druck auf den Arbeitgeber ausgeübt werden, daß er den durch Unfall oder ohne Unfall minder leistungsfähig gewordenen Arbeiter, wenn auch gegen geringeren Lohn wieder in Arbeit stellt, beziehungsweise behält?

Hier ist der Verlust der Arbeitsstelle die Folge der verminderten Leistungsfähigkeit, sagen wir Berufsinvalidität; — wie widersinnig wäre da ein solcher Zwang gegenüber dem letzten Arbeitgeber, den Arbeiter wieder zu verwenden, dessen Psyche, einerseits von der Vorstellung der Erwerbsunfähigkeit gepeinigt, andererseits von dem Glauben an sein Recht auf eine Rente erfüllt, in krankhafte Betätigung, wie wir sahen, pathologische Simulation sich verliert? Daran kann also ernstlich gar nicht gedacht werden.

Ich glaube in der Tat, daß der Weg zu verfolgen sein wird, den die Psychopathologen weisen. Nach der einen Seite hin ist die Beruhigung der Psyche durch Gewährung einer Rente herbeizuführen. Ob diese als Übergangsrente, wie Hellpach und Bruns meinen, von vornherein nur auf eine bestimmte Zeit dem Arbeiter zuzusprechen ist, derart, daß dem Arbeiter ohne weiteres bewußt wird, daß er wieder auf eigenen Erwerbs werde Bedacht nehmen müssen, und die Rente nur für die Dauer „vollständiger Ausheilung seiner Nerven" beziehe, scheint mir nicht generell entscheidbar. Ich halte diesen Vorgang dem Unfallhysteriker gegenüber jedenfalls eher für zweckmäßig als dem ohne Unfall vorzeitig invalid gewordenen gegenüber. Bei solchen Fällen ist es vielleicht unter Umständen sehr zweckmäßig, die Rente zunächst schlechthin zu gewähren und durch den Nachweis einer entsprechenden anderen Arbeit dem Rentenanwärter allmählich das Bewußtsein beizubringen, daß seine Leistungsfähigkeit nur partiell, nämlich auf dem früheren Arbeitsgebiet so sehr vermindert ist, daß nur eine berufliche Invalidität, keine allgemeine vorliegt[5].

Auf diesen Arbeitsnachweis kommt dann aber natürlich fast alles an. Und deshalb muß die Organisierung desselben ernstlich ins Auge gefaßt werden. Auch der in seinem Berufe ohne Betriebsunfall minder leistungsfähig gewordene muß wie der Unfallverletzte vor einem Versinken in die hysterische Vorstellung der Erwerbsunfähigkeit bewahrt werden.

Unsere heutige Wirtschaftspolitik steht erst in den Kinderschuhen der Arbeitsnachweisung, dennoch soll keinen Augenblick gezögert werden, diesen Zweig der Wirtschaftsorganisation in der Richtung zu spezialisieren, daß auf die „demi-ouvriers" — denn um solche handelt es sich schlechthin — beim Arbeitsnachweis besonders Bedacht genommen wird.

Es ist ein ganz schwieriges Problem hier seiner Lösung in der Praxis näher zu bringen, ein Problem, zu dessen Aufhellung aber durchaus nicht bloß Verwaltungsjuristen und Nationalökonomen genügen, sondern bei dem es der Mitarbeit technischer und vor allem ärztlicher Kräfte bedarf. Es ist recht sehr zu bedauern, daß die Schrift „Forderungen und Vorschläge der Ärzte zur Abänderung der deutschen Arbeiterversicherungsgesetze", welche zum VII. internationalen Kongreß für Arbeiterversicherung vorgelegt worden ist, diese Fragen so gut wie gar nicht berührt. Verdienstlich ist die scharfe Stellungnahme dieser Schrift gegen die geplanten und zum Teil (so bei der Versicherungsanstalt der Rheinprovinz) schon eingeführten „Landesmedizinalräte". Die Idee solcher möglichst hochstehenden, bürokratisch, schablonenhaft verfahrenden Kontrolleure läuft den Bestrebungen der oben erwähnten Neurologen direkt entgegen. Mit diesen der unmittelbaren Behandlung tunlichst fernstehenden ärztlichen Organen erfährt die Organisation der Rentenfeststellung eine Veränderung, die geeignet ist, das zur Hintanhaltung hysterischer Rentenverfolgung so notwendige Vertrauen der Arbeiter nach Möglichkeit herabzudrücken. Aber eben deshalb und nicht wegen der damit drohenden Verstaatlichung des Ärztestandes hätte die Schrift gegen dieses Projekt sich wehren sollen.

Richtiger ist es, wenn die Schrift es billigt, daß „Berufsgenossenschaften in ihr Büro einen Vertrauensarzt aufgenommen haben, der jede Neuanmeldung eines Unfalles darauf prüft, ob das Heilverfahren genügend gesichert ist im Rahmen der für die 13 ersten Wochen zuständigen Krankenkasse". Aber damit ist es wahrlich noch nicht abgetan. Ebensowenig wie mit dem nachträglichen Kontrollturnus, in dem die Berufs-

[5] Für diese Auffassung dürfte auch sprechen, was Bruns als seine und Strümpells Erfahrungen mitteilt (a. a. O., S. 117), daß es sich empfiehlt, die Rente allmählich immer knapper zu bemessen und so den Kranken langsam an ein immer größeres Maß von Arbeit zu gewöhnen.

genossenschaften durch Vertrauensärzte die Rentenempfänger auf die Fortdauer ihrer Rentenwürdigkeit prüfen lassen.

Vielmehr wäre es Sache einer solchen Denkschrift gewesen, mit Vorschlägen dafür zu kommen, in welcher Weise der ärztliche Dienst mit Rücksicht auf dieses notwendige Ineinandergreifen des Kranken- und Unfallversicherungsdienstes zu organisieren wäre. Es genügt nicht, daß man eine „weitere Beschränkung der ärztlichen Unfallbehandlung ablehnt" und es ist zu wenig, wenn schlechthin gefordert wird, daß die Behandlung der Verletzten nicht ohne Grund dem erstbehandelnden Arzte entzogen werden soll. Es wäre auch zu zeigen gewesen, wie diese letzte Forderung ökonomisch und für alle beteiligten Elemente, Verletzte, Anstalten und selbstverständliche Ärzte am zweckmäßigsten zu erfüllen wäre[6].

Aber auch bezüglich des besonderen Arbeitsnachweises halte ich die Mitwirkung der Ärzte für unentbehrlich und es fehlt, wenn ich von den Leistungen Bruns und Strümpells, Auerbachs und Möbius absehe, an praktischen großzügigen Versuchen in dieser Richtung gänzlich. Vielleicht stehen die üblichen Erfahrungen, die die Ärzte machen mußten, einer regeren Beschäftigung auf diesem Gebiete im Wege. Der Pessimismus liegt ja nahe, zumal die Fälle schwerer eingewurzelter Hysterie, wie Bruns mitteilt, fast jede Mühe vergebens erweisen. Aber es darf der Mut nicht aufgegeben werden, denn das Problem selbst ist zu wichtig, als daß man einen Weg, der auch nur zum Zeil hinweist, außer acht lassen dürfte.

Die Rentenhysterie ist eine der bedenklichsten Begleiterscheinungen des sozialen Prinzipes: „Alle für einen", das in der sozialen Versicherung am allerschärfsten realisiert erscheint. Da gilt es denn, das Prinzip zu schützen vor seinen eigenen extremen Konsequenzen. Die soziale Zwangsversicherung schränkt die ökonomische Selbstverantwortung des Individuums für seine Zukunft ein und mit gutem Grund, weil die Gesellschaft sich immer mehr bewußt wird, daß sie selbst und gewisse Kreise, die ihr angehören, ganz besonders mitverantwortlich zu machen sind für das Schicksal der besitzlosen Arbeiter. *Aber die Einschränkung der Selbstverantwortung darf nicht dahin führen, daß das Gefühl für diese Selbstverantwortung in den Kreisen der Arbeiter verkümmert.* Wohl fußt die soziale Versicherungsgesetzgebung auf Prinzipien, die in einem gewissen Ausmaß geeignet sind, das Bewußtsein im Arbeiter zu erhalten, daß er aus eigener Kraft zur Fürsorge für seine Existenz in der Zukunft beiträgt, so vor allem die eigene Beitragspflicht des Arbeiters, im gewissen

[6] Hier spielen auch noch andere Fragen hinein. Ich erinnere nur an das schwierige Problem der Bestimmung des Grades der Unfallinvalidität. Auch diesem wird man nur mit einer entsprechenden Organisation beizukommen vermögen. Jedenfalls bedarf die ärztliche Entscheidung in dieser Hinsicht der Unterstützung durch eine entsprechende Organisation.

Sinne auch die Karenzzeit und dergleichen; aber wenn durch die Versicherung der Anreiz geschaffen wird, sich ein arbeitsloses Einkommen zu gewinnen, dann wird das Selbstverantwortungsgefühl unfehlbar in seinem Wirkungskreise verkürzt. Und da braucht die erhoffte Rente gar nicht so hoch zu sein, daß das Renteneinkommen als solches dazu verlokken könnte. Vielmehr genügt es, daß der Arbeiter mit wachsendem Vertrauen zur sozialen Versorgung das Vertrauen zur Existenzsicherung aus eigener Kraft und damit immer mehr die ökonomische Energie, die er so notwendig hat, einbüßt.

Die erwähnte Ausgestaltung eines besonderen Arbeitsnachweises für minder Leistungsfähige dient therapeutischen, aber an sich auch eminent ökonomischen Zwecken, die Institution der Übergangsrente überdies erziehlichen. Die erstere kann unumschränkt Verwendung finden, die Übergangsrente wird aber davor geschützt bleiben müssen, daß psychisch gesunde Simulanten sich die Rente zu verschaffen vermögen.

Damit kommen wir auf den Ausgangspunkt zurück. Die Bekämpfung der Simulation kann und darf auch bei der größten Vorsicht in der Behandlung der nur unter Umständen, und zwar krankhaft simulierenden Rentenhysteriker nicht verabsäumt werden. Aber da muß eben, wie schon angedeutet, der ärztlichen Behandlung die Unterstützung von einer anderen Seite her zuteil werden. Gegen die Simulation ist wohl keine Maßnahme absolut zulänglich, allein durch Schaffung eines entsprechenden Unterbaues der ganzen sozialen Versicherungsorganisation vermag man jedenfalls Mittel zur Eindämmung der Simulation zu gewinnen. *Die mit den Versicherten in engster Berührung stehenden lokal engerbegrenzten Krankenkassen sind sozusagen die geborenen Geschäftsträger der Invaliden-, meines Erachtens auch der Unfallversicherung.* Die leitenden Organe der Krankenkasse, über die Versicherten ihrer Kasse gut unterrichtet und mit ihren Verhältnissen meist vertraut, werden naturgemäß und nach dem Grundsatze der Ökonomie der Kräfte auch zu Organen der anderen Versicherungszweige.

Wie sehr eine derartige Ausgestaltung der Funktionen der Krankenkassenorgane dem Bedürfnisse der Praxis entspricht, beweißt der Umstand, daß die sozusagen aus der Praxis hervorgegangenen Urteile über die Vereinheitlichung der Arbeiterversicherung, soweit sie nicht parteipolitisch beeinflußt und gefärbt sind, eine Ausgestaltung der Krankenkassenorganisation in diesem Sinne befürworten.

Der Staatssekretär Graf Posadowsky hat bekanntlich diese Reformbedürftigkeit in der Organisation speziell der deutschen Arbeiterversicherung mit den charakteristischen Worten zugegeben: „Es ist ein Riesenbau geschaffen, aber er hat keinen Unterbau“. Etwas weniger schwarzseherisch möchte ich meinen, daß der Unterbau nicht ganz fehlt, die Stockwerke sind vorhanden, aber sie stehen nebeneinander und nicht in der richtigen Verbindung und Fühlung übereinander. Die Änderung der Organisation der deutschen Arbeiterversicherung kann und darf aus administrativen wie aus spezifisch ökonomischen und zwar nicht nur nach der Ausgabeseite hin ökonomischen Gründen nicht länger auf sich warten lassen. Die österreichische Regierung hat mit dem Programm für die Reform und den Ausbau der Arbeiterversicherung einen entscheidenden Schritt voraus getan, indem der Programmentwurf die Krankenkassen zu Geschäftsträgern der Unfall- und Invalidenversicherung zu machen unternahm. Mögen dafür auch immerhin andere Zweckmäßigkeiten in erster Linie bestimmend gewesen sein, unbedingt muß es als ein besonders wertvoller Erfolg bezeichnet werden, wenn auch die Entscheidungen und Entschließungen der Invaliden- und Unfallversicherungs-Anstalten sich in Zukunft auf die Information lokaler Verwaltungsorgane stützen werden, die besser als irgend welche staatliche oder kommunale Verwaltungsbehörde der Simulation entgegentreten können, wie viel auch immerhin auf die Menschen- und Sachkenntnis der Krankenkassenbeamten ankommen mag. Auf sie kommt freilich genug an, und insoweit möchte man fast sagen: die Durchführung ist alles! Meines Erachtens ist aber auch großes Gewicht darauf zu legen, daß die untersten Verwaltungsstellen nicht mit zu großen Sprengeln, vor allem nicht für einen zu großen Kreis von Versicherten konstruiert werden. Sie sollen nur einen so großen Kreis von Versicherten umfassen, daß die betreffenden Organe wirklich auch noch jenes notwendige Maß von Kontrolle gegenüber den innerhalb ihres Sprengels wohnenden Rentenbezieher aufbringen können und daß sie genügend Fühlung mit den Versicherten behalten, um zur richtigen Beurteilung der Rentenansprüche den Ärzten und den Renten zahlenden Anstalten die nötige Untersützung zuteil werden zu lassen, sofern es gilt, bei zweifelhaften Fällen zwischen krankhaft und überlegt betrügerisch simulierten Symptomen zu unterscheiden. Aber mindestens muß das Gesetz auch den nötigen Spielraum für die Ausgestaltung der Organisation und geradezu für die Organe selbst lassen. Die Bestimmungen des Programmes zeigen auch darin manch glücklichen Ansatz; es steht zu hoffen, daß bei der endgültigen Fassung des Gesetzes die notwendige gesetzliche Basis dafür geschaffen wird, daß die hysterisierenden Ursachen auf ein Minimum beschränkt, die nicht hysterische Simulation aber erkannt und mit um so größerer Energie bekämpft werden kann.

Diese Arbeit bleibt nationalwirtschaftlich von der größten Tragweite und Wichtigkeit. Die Einengung der Rentenhysterie auf das möglichste Minimum, die Zurückweisung der Simulation, also *die Verteidigung der sozialen Versicherung gegen die menschliche Disposition zur ökonomischen Verweichlichung,* wie man es nennen könnte, — das ist die Voraussetzung dafür, daß der spezifisch ökonomische Charakter der sozialen

Versicherung gewahrt bleibe. Worin aber liegt dieser ökonomische Charakter, wenn nicht darin, daß die Institution der Versicherung die vorhandenen Kräfte der Volkswirtschaft erhalten helfe? Wenn nicht darin, daß durch die Organisation selbst Kautelen dagegen geschaffen werden, daß durch Rentengewährung und durch die Aussicht auf Rente, auf arbeitsloses Einkommen leistungsfähige Kräfte der nationalen Arbeit entzogen werden? — Nichts droht die soziale Versicherung mehr zu einer unökonomischen Einrichtung werden zu lassen, als eine Organisation, die es ermöglicht, daß durch die Rentenhoffnung Verweichlichung gefördert, Simulation großgezogen, ja herausgefordert wird.

Darum gilt es, alle Kräfte aufzubieten, die gegen diese schleichende Gefahr zusammenwirkend Erfolg versprechen, sowie alle Mittel, die dahin wirken können, den Arbeitern in seinem Selbstverantwortungsgefühl wach zu halten und die Mittel sind für unsere Zwecke zunächst:

1. richtige Organisation der Versicherungsverwaltung mit einem zweckmäßigen Ineinandergreifen der verschiedenen Versicherungszweige;

2. hingebungsvoller individualisierender ärztlicher Dienst auf der Grundlage des unentbehrlichen Verständnisses für die Prophylaxe und Therapie der Rentenhysterie, insbesondere bei Anwendung der Idee der möglichst beweglichen, veränderlichen Übergangsrente;

endlich

3. das vielleicht am schwierigsten zu handhabende Mittel des erziehlich wirkenden Arbeitsnachweises für wirklich und eingebildet (hysterisch) nicht normal leistungsfähige Arbeitskräfte.

Über einige Prinzipienfragen der Invaliditäts- und Alters-Versicherung mit Rücksicht auf Hinterbliebenen- und Zusatzversicherung (1910)*

Trotz des lebhaften Widerspruchs, dem die deutsche Sozialversicherungs-Gesetzgebung im Ausland schon in der ersten Zeit ihrer Entwicklung, namentlich aber nach dem Inkrafttreten der Alters- und Invalidenversicherung begegnet ist, *hat man doch in diesem Kernelement der deutschen sozialen Gesetzgebung* vielfach, ja man darf wohl sagen überwiegend, *ein Vorbild für die Sozialgesetzgebung überhaupt erblikken zu können und zu müssen geglaubt.* In der Tat, man hat wirklich den Glauben gehabt, daß wenigstens die materiellen Prinzipien der deutschen Sozialversicherung, darüber hinaus aber doch auch noch manche formelle Lösung der Versicherungsprobleme vorbildlich für andere Gesetzgebungen wirken würden, man war in weiten Kreisen überzeugt, daß sich die in den deutschen Gesetzen entwickelten und verwirklichten Ideen durchringen würden gegen alle grundsätzlichen Bedenken, die man dagegen ins Feld zu führen vermochte.

Es liegt aber nahe, daß man in dem Augenblick, in dem die Reformierung des ganzen Gesetzeskomplexes in Angriff genommen wird, die Frage aufrollt, wie es mit dieser vorbildlichen Wirksamkeit eigentlich bestellt ist. Hat die deutsche Arbeiterversicherungs-Gesetzgebung als Muster gewirkt? *Hat die Gesetzgebung ausländischer Staaten die Wege eingeschlagen, die man in Deutschland für die richtigen angesehen hat* und auf denen nunmehr die deutsche Alters- und Invalidenfürsorge mit mehr oder minderer Schwerfälligkeit dahinrollt? — *Die Antwort lautet nicht allzu glanzvoll für das deutsche Gesetzgebungswerk.* Zwei Jahrzehnte sind seit dem Abschluß des ganzen Baues dahingegangen, wenn man aber die deutsche Sozialversicherung nach der Wiederholung der Organisationsmethoden, wie sie bei uns durchgeführt sind, beurteilen wollte, wenn man insbesondere die Nachahmung des Zwangsprinzips zum Kriterium der Wertschätzung der deutschen Gesetzgebung machen wollte, dann hätten wir wirklich noch nicht allzuviel Stützpunkte für den Glauben an die Mustergültigkeit unserer Einrichtungen.

Beschränken wir uns auf die Alters- und Invaliditätsversicherung, so ist die vorbildliche Wirkung der deutschen Gesetzgebung wirklich fest-

---

* Veröffentlichungen des Deutschen Vereins für Versicherungs-Wissenschaft, Heft XVIII, 1910.

stellbar doch wohl nur bezüglich der österreichischen und französischen Sozialversicherung und der Finnlands. In diesen drei Staatswesen ist man tatsächlich bereits bis zur Vorlage von Gesetzentwürfen an die maßgebenden Gesetzgebungsfaktoren gelangt und bezüglich dieser Gesetzentwürfe, *namentlich bezüglich des finnländischen, ist unverkennbar, daß die deutsche Reichsinvalidenversicherung den Verfassern der Entwürfe weitgehend Anregungen gegeben hat und Vorbild gewesen ist.*

Nun wäre gewiß nichts irriger, als etwa wirklich in dem geringen Ausmaß, in dem die Grundsätze der deutschen Invalidenversicherungsgesetzgebung in anderen Staaten sozusagen rezipiert worden sind, ein Kriterium für die Unzweckmäßigkeit oder die geringere Qualität der ganzen Lösung, sei es nach der sozialökonomischen, sei es nach der ethisch-politischen Seite, erblicken zu wollen. Denn es wäre geradezu bedenklich, unbeachtet zu lassen, wie sehr die Grundzüge und insbesondere die Methoden der sozialen Versicherungsgesetzgebung und allgemeiner der sozialen Fürsorge überhaupt von völkerpsychologischen Faktoren abhängen, und das schließt dann eben auch die Folge ein, *daß sich auf dem Gebiete der Sozialgesetzgebung sehr wohl für das Volk etwas zweckmäßig erweisen kann, was für ein anderes geradezu bedenklich erscheint.* Es ist natürlich eine Frage für sich, ob die sehr energischen Angriffe, die von englischer und amerikanischer Seite in der Literatur gegen die deutsche Sozialversicherung gerichtet worden sind, nicht etwa berechtigt sind, ob namentlich die Verwerfung des Zwangsprinzips nicht vielleicht doch manches wohl überlegte Argument zur Grundlage hat. Es ist unsere Pflicht, auch diesen Fragen nachzugehen, und wir werden dabei völkerpsychologische Verschiedenheiten beiseitezusetzen haben, da es dann gilt, ausschließlich die Verhältnisse innerhalb des Wirkungsgebietes des Gesetzes klarzustellen und zu prüfen, um gelegentlich der Reform zu bessern, was zu bessern ist. Also nicht mit dem Gedanken, daß es für uns in Deutschland kein Zurück auf dem Gebiete der Sozialversicherung gebe — mag das nun auf politische oder wirtschaftliche Motive gestützt werden — haben wir an die Reform heranzutreten, sondern mit einem sehr energischen „Dennoch“! ist diese Aufgabe vorzubereiten: Obwohl es kein Zurück zu geben scheint, haben wir die Pflicht, uns darüber zu vergewissern, ob nicht heute noch die eingeschlagenen Bahnen zu verlassen wären, weil auf anderen die Ziele zweckmäßiger, und das heißt ja natürlich vor allem mit geringerem Kraftaufwand, also wirtschaftlicher erreicht werden können.

Besondere Wichtigkeit gewinnt aber natürlich die Kritik der alten Methoden dadurch, daß die Reform auch eine Vermehrung der Zweige unserer Sozialversicherung bringen soll, daß insbesondere der Kreis der unter Zwang gestellten Versicherungsgegenstände mit der Reliktenversicherung erweitert werden soll. *Es handelt sich glatt um die Frage: Soll der Ausbau mit Fortsetzung der Methode erfolgen?* Die Frage ist umsoweniger zu umgehen, als mit der Möglichkeit gerechnet werden muß, daß die Versicherungsleistungen für Hinterbliebene die Leistungen der Armenfürsorge in vielen Gegenden nicht übersteigen wird und daß von kompetenter Seite im Hinblick darauf der geplante Ausbau, wie es scheint, für ungerechtfertigt angesehen wird.

Was für uns im Augenblick der Reform demzufolge besonders wichtig ist, das ist nicht nur die Spärlichkeit, mit der die Ideen weiterwirken, sondern auch die Tatsache, daß das Problem der Versorgung, das die deutsche Gesetzgebung mit dem Gesetz vom 22. Juni 1889 und der Novelle vom 13. Juli 1899 zu lösen unternommen hat, seither wohl auch in anderen Staaten in Angriff genommen worden ist, aber unter Anwendung völlig anderer Methoden und Prinzipien. Es ist allerdings nicht überall dasselbe Problem, sondern es ist in der Mehrzahl von den hier ins Auge zu fassenden Gesetzgebungseingriffen nur ein Teil des im deutschen Invalidenversicherungsgesetz gelösten Versicherungsproblems, nämlich nur die Fürsorge für das Alter einer solchen neuartigen Lösung zugeführt worden.

In Betracht kommen die Gesetzgebungen Belgiens, Frankreichs, Italiens, Großbritanniens, Australiens und Dänemarks.

Beginnen wir mit der letzterwähnten Gesetzgebung des dänischen Staates, so kommen wir damit zu einem *(I.) Typus der Altersfürsorge,* der wohl als der primitivste bezeichnet werden darf, insofern er über das Niveau der Armen-Unterstützung nicht sehr erheblich hinausreicht. Das Gesetz vom 9. April 1891 über „Altersunterstützung für würdige Hilfsbedürftige außerhalb der Armenpflege“ rief eine Vorsorge für Altersunterstützung ins Leben, die, wie der Titel des Gesetzes besagt, neben der öffentlichen Armenpflege wirksam werden soll. Nach dem Gesetz sollen nur erwerbsunfähige Inländer von mehr als 60 Jahren einen rechtlich gesicherten Anspruch auf Altersunterstützung haben, wenn sie längere Zeit hindurch Armenuntersützung nicht bezogen haben und hinsichtlich der Würdigkeit und der Hilfsbedürftigkeit gewissen im Gesetz gestellten Bedingungen entsprechen. Charakteristisch für das Gesetz sind folgende Momente: 1. Das Gesetz enthält keine Norm über die Höhe der Unterstützung, deren Festsetzung erfolgt von Fall zu Fall durch die Gemeinde, die zur Bewilligung der Unterstützung berufen ist. 2. Die Mittel zur Gewährung der Unterstützungen sind zu gleichen Teilen vom Staat und von den Gemeinden aufzubringen. Die Unterstützungsanwärter haben keine Beiträge zu leisten. 3. Die Verwaltung der ganzen Einrichtung stellt sich als eine Agende des gemeindlichen Verwaltungs-Wirkungskreises dar, ohne Mitwirkung der Anwärter.

Das Gesetz, das zwar wohl auch für Fälle vorübergehender Hilfsbedürftigkeit Unterstützungen vorsieht und damit auch Kranken- und Arbeitslosenunterstützungen für die über 60jährigen Inländer statuiert (nicht bloß inländische Arbeiter!) scheint keine große Gegenliebe im dänischen Volk gefunden zu haben, gewiß freilich schon wegen des weit, offenbar zu weitgehenden Entscheidungswortes der Gemeindebehörden, zumal da u. a. der Gemeindevorstand darüber zu entscheiden hat, ob Einkünfte eines Unterstützungswerbers in Betracht zu ziehen sind oder nicht. Aber auch die Erschlaffung des Selbstverantwortlichkeitsgefühls der von jeder Beitragspflicht entbundenen „Anwärter" wird hervorgehoben, und so steht man denn in Dänemark vor der Tatsache, daß trotz der schon zweimal erfolgten Novellierung (Gesetz vom 7. April 1899 und vom 23. Mai 1902) die Stimmung für einen Ausbau der Gesetzbung in Richtung der deutschen Invalidenversicherung vorhanden ist.

Im wesentlichen denselben Typus stellt das französische Gesetz vom 14. Juli 1905, betreffend die Unterstützung subsistenzloser Greise, Invaliden und Unheilbarer, vor (assistance obligatoire aux vieillards, aux informes et aux incurables, privés de ressources). Es gewährt Unterstützungsanspruch jedem subsistenzlosen, erwerbsunfähigen Franzosen, der entweder mindestens 70 Jahre alt oder vom Siechtum oder von einer unheilbaren Krankheit befallen ist. Die Unterstützung hat primär die Gemeinde des Unterstützungswohnsitzes, subsidiär das Departement, eventuell der Staat zu gewähren und zu tragen. Über die Zulassung zur Unterstützung entscheidet der Gemeinderat. Die Höhe der Geldunterstützung wird für jede Gemeinde vom Gemeinderat (vorbehaltlich der Genehmigung des Generalrates und des Ministers des Innern) mit mindestens 5 Francs Monatsrente festgesetzt, 20 Francs soll die Rente in der Regel nicht übersteigen. Anderweitige Einkünfte des Unterstützungswerbers, u. a. auch Einkünfte aus anderen Wohltätigkeitsunterstützungen werden in besonders geregelter Weise bei Bemessung der individuellen Unterstüzungsbeträge in Anrechnung gebracht. Auch hier also ist der eingeräumte Anspruch von der Bedürftigkeit abhängig, über die fallweise entschieden wird. Eine Ausgestaltung erfuhr das Gesetz mit dem Finanzgesetz vom 31. Dezember 1907, durch welches für 70jährige Unterstützungswerber das Erfordernis der Erwerbsunfähigkeit beseitigt und festgesetzt wurde, daß ein etwaiges Arbeitseinkommen nicht mehr in Anrechnung zu bringen sei. Auch wurde mit diesem Gesetz der Staatszuschuß an Gemeinden für diese Zwecke erhöht. Trotz mancher Abweichungen der Gesetzesnormen von den Armenunterstützungs-Grundsätzen anderer Staaten, insbesondere trotz der Klagbarkeit des Anspruches, bleibt die ganze Einrichtung im Rahmen der Armenpflege, und es ist dieser Akt der Gesetzgebung in der Hauptsache mit der Primitivität der Armenfürsorge in Frankreich zu erklären. Die Rolle, die dem Gesetz zufällt, geht aus den Ziffern hervor, die die tatsächliche Inanspruchnahme der Unterstützungen dartun: im April 1908 belief sich die Zahl der Unterstützungen auf 404 177, davon 59 427 mit Monatsrenten von 5 bis 9 Francs, 216 215 mit Renten von 10 bis 19 Francs, 86 552 zwischen 20 und 25, 41 983 (in Paris) mit Renten von 30 Francs (Österr. Motivenbericht zum Sozialversich. Ges. Entwurf 1908).

Man könnte meinen, die Erörterung dieses Gesetzes gehöre gar nicht in den Rahmen der hier zu pflegenden Betrachtungen. Aber man erblickt in dem so Geschaffenen in maßgebenden Kreisen, vor allem im Senat, eine Versorgungseinrichtung, und die Tatsachen ihres Bestehens dürfte voraussichtlich die Fassung der im Zug befindlichen Gesetzgebungsarbeiten für eine obligatorische Alters- und Invalidenpension beeinträchtigen.

Sozusagen um eine Stufe höher steht das *englische* Gesetz vom 1. August 1908 (Old age pensions act), mit welchem die Einführung von Alterspensionen für alle jene Staatsangehörigen, die das 70. Lebenshahr überschritten haben, beschlossen worden ist. *Das Gesetz stellt einen II. Typus dar, insofern der Unterschied gegenüber der Armenfürsorge* vor allem dadurch prägnant *gegeben erscheint,* daß die vorgesehenen Leistungen nicht nur den im eigentlichen Sinne Armen gewährt werden, sondern auch Personen, die über Subsistenzmittel verfügen.

Der Grundgedanke, der trotz überaus zahlreicher Abänderungsvorschläge, die im Laufe der Jahre an ihn anschlossen, noch im jetzigen Gesetz nachwirkt, stammt von dem bekannten Sozialpolitiker Charles Booth. Dieser erhob die Forderung, das jeder Mensch, der über 65 Jahre alt geworden ist, gleichgültig in welchen Verhältnissen er sich befinde, eine Pension von 5 Schilling wöchentlich erhalten solle. Beiträge irgendwelcher Art sollte niemand leisten, die ganze Last hätte der Staat, das ist der Steuerzahler, zu tragen gehabt. Die Diskussion über das ganze Problem der Altersfürsorge zeichnete sich in sehr anerkennenswerter Weise in England dadurch aus, daß man an alle Projekte mit einer sehr sachlichen Prüfung der finanziellen Tragweite herantrat, und da ergab sich denn auch für das Boothsche, durch seine elementare Einfachheit bestechende Projekt eine jährliche Belastung des Staates durch eine solche Versorgung in der Höhe von 550 bis 600 Millionen Mark. So sehr dieses Projekt auch in weitesten Kreisen der englischen Bevölkerung Anklang fand, mußte es von der Regierung doch im Hinblick auf die hohen Kosten als praktisch undurchführbar zurückgewiesen werden. Aber der Gegenvorschlag der Regierung, der in der Hauptsache die Vorschläge der 1899 eingesetzten Chaplin-Kommission aufnahm, hielt noch an der fixen Alterspension von 5 Schilling wöchentlich (13 Pfund jährlich) für alle Unterstützungsberechtigten fest und räumte die Erwerbung des Rentenanspruchs vom 70. Lebensjahre ab allen britischen Untertanen ein, die nicht gerichtlich bestraft sind und keine Armenunterstützung beziehen. Die in den früheren Vorschlägen enthaltene Bedingung, daß der Anspruchsberechtigte durch eine längere Zeit (20 Jahre nach Vorschlag der Chaplin-Kommission) Armenunterstützung nicht genossen haben dürfe, wurde als zu hart fallen gelassen. Man glaubte mit 120 Millionen Mark für die erwarteten 500 000 (Maximalzahl) Rentner das Auskommen zu finden. Die parlamentarische Behandlung dieses Programms spielte sich überraschend schnell ab. Sie brachte noch einige wichtige Änderungen, vornehmlich eine Abstufung der Altersrenten nach dem Einkommen der Rentner.

Die gesetzlichen Bedingungen für den Bezug einer Alterspension sind im übrigen hauptsächlich folgende: 1. die Person muß ein Alter von 70 Jahren erreicht haben; 2. sie muß nachweislich 20 Jahre britischer Untertan gewesen sein und sich im Vereinigten Königreich aufgehalten haben; 3. man geht des Anspruches verlustig a) solange man im Genuß einer Armenunterstützung steht und ebenso, falls man zwischen dem 1. Januar 1908 bis 31. Dezember 1910 eine solche bezogen hat oder fernerhin empfängt; b) wenn man gewohnheitsmäßig unterlassen hat, zur Beschaffung des notwendigen Unterhalts zu arbeiten; c) durch Internierung, wegen Irrsinns oder wegen eines Verbrechens; d) durch Überführung wegen eines Vergehens auf 10 Jahre nach Entlassung aus dem Gefängnisse; e) durch Bestrafung nach dem Trunkenheitsgesetz; der Verlust des Rentenanspruchs kann nach dem Dafürhalten des Richters bis zu 10 Jahren ausgesprochen werden.

Über die Pensionsansprüche entscheiden lokale Pensionsausschüsse mit Appellationsrecht des Interessenten an die Zentralpensionsbehörde. Der lokale Pensionsausschuß wird vom Stadtdistrikts- oder Grafschaftsrat ernannt. Die Kosten der Alterspensionen sind für das Jahr 1907 mit rund 125 Millionen Mark geschätzt worden, für 1911 schon auf 148, für 1921 auf rund 184 Millionen Mark, aber natürlich sind weitere Steigerungen zu gewärtigen.

Nach dem Ausgeführten kann dieser Versorgungseinrichtung gleichfalls nicht der Charakter einer Versicherung zugeschrieben werden. Wohl sind die Leistungen fixiert, aber von einer versicherungstechnischen Fundierung ist keine Spur, und ebenso fehlt das für die soziale Versicherung charakteristische wirtschaftliche Moment der Beitragsleistung. Die Leistungen ruhen vollständig auf öffentlichen Mitteln: die Altersrenten gewährt voll und ganz der Staat seinen minderbemittelten Staatsangehörigen.

Alles in allem ist, soweit die Gestaltung des Gesetzes maßgebend erscheint, nicht im entferntesten eine Ähnlichkeit mit der deutschen Einrichtung der Invaliden- und Altersversicherung zu erkennen. Zwar wird man einen gewissen Eindruck, den die kontinentale Gestaltung auf manche Kreise jenseits des Kanals ausgeübt zu haben scheint, nicht ganz in Abrede stellen dürfen. Freilich hat wohl vor allem Charles Booth, wie Henry W. Wolff berichtet[1], mit seinem überidealen, aber kräftigen Wirken und zwar gerade durch das „Zuviel", das er verlangte, den Boden für maßvollere Forderungen auf dem Gebiete der Alters- und Invalidenfürsorge geebnet. Und ihm ist jedenfalls ein großer Teil des Verdienstes zuzuschreiben, daß selbst unter den schärfsten Verfechtern der Selbsthilfe, den Friendly Societies und Genossenschaften, das Verlangen nach staatlicher Hilfe behufs Sicherung von Altersrenten Boden gewonnen hat. Doch darf auch nicht vergessen werden, daß Chamberlain, *der die Idee einer staatlichen Unterstützung der Altersrenten lanzierte, ursprünglich geradezu an die getreuliche Nachahmung der deutschen Methode gedacht hatte.* Freilich, wenn nunmehr aus dieser staatlichen Unterstützung eine einseitige staatliche Leistung geworden ist, so bedeutet das eben doch unverkennbar den Sieg eines anderen Prinzips. Gerade deshalb aber vermag ich auch der Prognose, die Manes stellt[2], nicht beizustimmen, wenn er meint, daß die Zeit nicht mehr weit abzuliegen scheint, in der in rationeller Ausgestaltung des Old age pensions act von 1908 eine eigentliche Sozialversicherung Aussicht auf Annahme in Großbritannien hat, zumal sich in dem Zustandekommen dieses Gesetzes — worauf Manes ja selbst hinweist — die beachtenswerte Macht der englischen Arbeiterpartei im Parlament erkennen läßt. Die Arbeiter sind gegen jedwede Beitragspflicht.

Das Gesetz bedeutet einen gewaltigen Ruck heraus aus der Herrschaft des Prinzips der ökonomischen Selbstverantwortlichkeit, es bietet nicht den geringsten Ansatz, durch den das Individuum das Gefühl gewinnen könnte, daß seine Altersversorgung von seiner eigenen Energie mit abhängt. Man müßte denn die Bestimmung, wonach die Anspruchsberechtigung ausgeschlossen sein soll, wenn der Anspruchswerber durch schlechtes Verhalten seine Notlage herbeigeführt hat, als zulänglichen Ansporn anerkennen, stets für die Existenzsicherung vor allem selbst tätig zu sein. Mit gutem Grund bemerkt der österreichische Motivenbericht, daß es sich hier um sehr dehnbare Begriffe handele und daß der Nachweis für die Erfüllung einer solchen Anspruchsbedingung schwer zu erbringen ist. Ein vollgültiger Nachweis kann wirklich nur in den Ergebnissen der persönlichen Sparbetätigung oder aber eben in regelmäßiger Beitragsleistung zu einer Versorgungs-, insbesondere einer Versicherungseinrichtung gefunden werden.

Das englische Gesetz ist dem wenige Wochen älteren *australischen* Alters- und Invalidenversorgungsgesetz nachgebildet, ist jedoch, wie

[1] Die Arbeiterversicherung im Ausland, Heft Va (Großbritannien und Irland).

[2] Ebenda, Heft XVIIIa.

Manes gezeigt hat (a. a. O.), in den Voraussetzungen der Rentenerwerbung strenger und auch im Ausmaß der Leistungen karger. Das australische Gesetz sieht auch die Gewährung von Invalidenrenten (von einem erst zu bestimmenden Zeitpunkt ab) vor. Dennoch ist der Typus beider Gesetze hinsichtlich der Fürsorge-Methode der gleiche; der australische Gesetzgebungsakt ist nur dadurch noch um eine Idee von dem Niveau der Armenversorgung weiter abgerückt, daß die Rentengewährung bis zu einer höheren Einkommengrenze hinauf eingeräumt ist.

Der Typus III repräsentiert die Altersrentenversicherung, wie sie in Belgien mit den Gesetzen vom 10 Mai 1900 und von 18. Februar und 20. August 1903 *ausgestaltet worden ist.* Der damit eingeschlagene Weg der Altersfürsorge ist in den Grundzügen wohl schon seit der Mitte des vorigen Jahrhunderts vorhanden. Der freiwillige Anschluß an die Caisse générale de Retraite (später d'épargne et de retraite) wurde durch reichliche Zuschüsse des Staates erleichtert und in gewissem Sinne erst ermöglicht. Auch die neueren Gesetze ändern nichts an der Freiwilligkeit des Anschlusses, aber sie halten auch am Versicherungscharakter der Einrichtung fest. Den Teilnehmern der Altersrentenkasse werden, wenn sie gewissen Bedingungen entsprechen, namentlich den minderbemittelten Bevölkerungskreisen angehören, zu ihren eigenen Einlagen bei der Kasse noch beträchtliche Zusatzeinlagen aus Staatsmitteln in Aussicht gestellt, die zur Erhöhung der aus eigenen Einlagen erworbenen Altersrentenansprüche dienen, bis die Einlagesumme hinreicht, um eine jährliche Leibrente von 360 Francs zu begründen. Den freiwilligen Beitritt sucht der Staat aber noch besonders dadurch zu fördern, daß er ein Netz von 5000 wechselseitigen Hilfsvereinen, die die Verbreitung der Alterskassenmitgliedschaft verfolgen, besonders unterstützt (eine Art von Provision). Bei Einzahlungen bis zu 15 Francs jährlich beträgt der Staatszuschuß 60 v.H. der Einlage. Die Zuschußleistung ist von der nach der Steuerleistung zu beurteilenden wirtschaftlichen Lage des Einzahlenden abhängig. Die übrigen Bestimmungen kommen hier nicht weiter in Betracht.

Dieser Einrichtung ist ungefähr ein Neuntel der gesamten Bevölkerung Belgiens, überwiegend der Arbeiterklasse angehörend, angeschlossen mit einem durchschnittlichen Jahresbeitrag auf die Person von 16,3 Francs (1905), auf eine der 1905 im Rentenbezug stehenden 7332 Personen entfiel durchschnittlich eine Rente von 224 Francs. Das System ist unverkennbar namentlich zur Versicherung der minder- und unbemittelten selbständig Erwerbstätigen besonders geeignet, zumal die Einlage in beliebigen Zeitabschnitten und beliebigen Beiträgen, wie sie die jeweilige Leistungsfähigkeit gestattet, erfolgen kann. Wie die belgische fußt auch die bestehende italienische gesetzliche Alters- und Invaliditätsversicherung des Arbeiters und Kleinunternehmers auf Freiwilligkeit und staatlicher Subvention, neuestens (Novelle vom Dezember 1906) mit stärkerer Berücksichtigung der Invalidenfürsorge.

Der IV. Typus ist in der deutschen Invalidenversicherung, wie sie bisher besteht, und natürlich ebenso in den nach ihr gestalteten Entwürfen anderer Staaten, *zu erkennen:* gewisse Bevölkerungskreise, unständig Erwerbstätige sind ex lege versichert und unterliegen dem Beitragszwang. Aber nicht auf sie allein erstreckt sich die Beitragspflicht, sondern auch auf die Arbeitgeber. *Hier liegt also ein materielles Zusammenwirken dreier Kräfte: Staat, Interessenten, d. h. Versicherte und Arbeitgeber vor.* Soweit ist diesem Typus eine Reihe von Entwürfen ausländischer Gesetzgebungen zuzurechnen: ein finnländischer, ein französischer (von der Deputiertenkammer 1906 angenommen, vom Senat aber noch nicht endgültig erledigt), und bezüglich der Versicherung der unselbständig Erwerbstätigen auch der österreichische Entwurf. Geplant ist auch für Rußland die Ausarbeitung eines Gesetzentwurfes auf gleichartigen Grundlagen[3].

Nun wären endlich noch die Ansätze zu einer weiteren Entwicklung festzustellen. Im deutschen Gesetz ist bekanntlich der freiwillige Anschluß Nicht-Versicherungspflichtiger ermöglicht, und zwar 1. als Selbstversicherung für gewisse beruflich und nach dem Arbeitseinkommen im Gesetz näher abgegrenzte Bevölkerungsschichten, 2. als Weiterversicherung ursprünglich Versicherungspflichtiger, sobald sie aus der die Versicherungspflicht begründenden Erwerbsstellung ausscheiden, 3. endlich als Höherversicherung durch Bezahlung der Beiträge einer höheren Lohnkasse. Zu registrieren ist die zweifellos darin sich dokumentierende Tendenz zu einer Erweiterung des Kreises von Personen, die der Wohltaten der sozialen Versicherung (insbesondere des Beitrages aus öffentlichen Mitteln) teilhaftig werden sollen.

Geradezu eine Modifikation des Typus, vielleicht wirklich eine weitere Entwicklungsstufe, bedeutet es aber wohl, wenn die Versicherungspflicht auf selbständig Erwerbstätige in gewissen Einkommensverhältnissen, also sozusagen mit Berücksichtigung einer ex lege zu praesumierenden Bedürftigkeit ausgedehnt wird, wie das im österreichischen Entwurf von 1909 vorgesehen ist.

Was nun in dieser Reihe von Typen zu erkennen ist, das ist die allerdings eine reiche Abwechslung aufweisende, aber im ganzen doch aufsteigende Linie der im einzelnen natürlich sehr variationsfähigen Fürsorgeeinrichtungen für allmählich erwerbsunfähig gewordene Erwerbstätige. Von der primitiven gesetzlichen Regelung der Armen-Greisenfürsorge bis zur technisch sorgfältig fundamentierten Versicherung gegen Invalidität und Alter ist diese Aufwärtsbewegung gekennzeichnet:

[3] Zachers Arbeiterversicherung im Auslande, Heft IXa (Skarzynski). S. 45

1. durch die zunehmende Bestimmtheit des Ausmaßes zu erwartender Leistungen,
2. durch das zunehmende Ausmaß, in dem die zu Versichernden selbst zur Begründung der Leistungen beitragen,
3. durch die zunehmende Ausdehnung des Zwanges zur Beitragsleistung (auf Selbständige!),
4. durch die Erweiterung der Fürsorge mit Einbeziehung der Invaliditätsfälle,

und es wäre endlich wohl auch eine Verschiedenheit in dem Anteil des Staatsbeitrages an der gesamten Mittelaufbringung zu konstatieren. Wenn wir aber den Ausdruck Aufwärtsbewegung gebrauchen, so kann das natürlich nicht im chronologischen Sinne gelten — die Tatsachen sprechen beinahe gegenteilig! — sondern schon im Sinne eines Werturteils. Bleiben wir aber auf wissenschaftlichem Boden, so weit als möglich, dann ist ein solches Werturteil zu perhorreszieren, solange nicht das Werturteil sich nur als vergleichende Tatsachenfeststellung mit Rücksicht auf rein objektive Kriterien darstellt. Die weitere Betrachtung führt aber gerade darauf hinaus.

Es ist im vorstehenden von der Höhe der den Gegenstand der Fürsorge bildenden Leistungen noch nicht geredet worden, als ob hinsichtlich dieses Momentes nicht auch eine Entwicklung in Frage käme. Und in der Tat, die Kritik, die die Reichsversicherungsordnung bisher gefunden hat, läßt darüber keinen Zweifel aufkommen, daß auch dieser Faktor die Höhe der Leistungen ein für die Würdigung des ganzen Elaborates sehr entscheidendes Kriterium sein muß. Denn an der Reichsversicherungsordnung wird, soweit sie eine Reform und Ausgestaltung der Invalidenversicherung in sich schließt, nach folgenden zwei Seiten die Unzulänglichkeit der Höhe der versicherbaren Leistungen behauptet:

1. wird, wie schon erwähnt, geltend gemacht, die Leistungen, die mit der Hinterbliebenenversorgung geschaffen werden sollen, seien entschieden zu niedrig, sie sollten diejenigen der Armenpflege quantitativ übersteigen. Maßgebend sei die Tatsache, daß die Armenpflege heute schon gerade mit Unkosten für Witwen und Waisen erheblich belastet ist, und es gelte eine Fürsorge zu schaffen, die die Armenfürsorge entbehrlich macht;

2. wird die Einführung der Hinterbliebenenversicherung überhaupt, wie notwendig sie ja an sich auch sein mag, insolange für unzeitgemäß und demzufolge ungerechtfertigt erklärt, als nicht das dringendere Bedürfnis einer Erhöhung der Invalidenrente befriedigt sei.

1. Unzulänglichkeit der Leistungen für Hinterbliebene

Die Erörterung der Forderung nach höheren Leistungen muß zunächst mit der Klarstellung einsetzen, daß es sich bei dem Postulat in dieser kategorischen Form offenbar schon um die Richtigkeit des in der Begründung axiomatisch gesetzten Zweckes der sozialen Versicherung handelt und um die Frage: Wird mit dieser Methode der Zweck erreicht? Demgegenüber gilt es aber vor allem, die Tatsache festzustellen, daß dieser Zweck, die Armenfürsorge entbehrlich zu machen, überhaupt bis auf weiteres gar nicht im Machtbereich der Versicherungsgesetzgebung liegt. Das lehren die Dinge, wie sie wirklich zu beobachten sind. Wenn es nämlich richtig ist, daß der Aufwand für Armenfürsorge seit der Wirksamkeit der Invalidenversicherung nicht zurückgegangen, sondern sogar gestiegen sei, so ist das ein Beweis für die ausgesprochen suppletorische Funktion der Armenpflege: sie wendet ihre Tätigkeit nicht nur absolut Einkommenslosen zu, sondern sie unterstützt auch solche, die zwar ein Einkommen, aber ein zu niedriges beziehen. Aus der Konstanz oder gar dem Steigen der Ausgaben für Armenpflege vor und nach Einführung der Invaliden- und Altersversicherung ist außer dem suppletorischen Charakter der Bekämpfung des Pauperismus durch die Armenpflege noch der Wahrscheinlichkeitsschluß zu ziehen, daß der Armenpflege jetzt die Möglichkeit geboten ist, intensiver zu arbeiten, nicht mehr bloß die Hungrigen zu befriedigen, sondern auch bessere Wohnung und Kleidung beschaffen zu helfen. Um die Armenpflege völlig entbehrlich zu machen, müßten erheblich andere Versicherungsleistungen geboten werden, als sie innerhalb der herrschenden Wirtschaftsverhältnisse möglich sind, denn Renten sind teuer. Immerhin, die Leistungen der Reliktenversicherung sind tatsächlich mäßig, sehr mäßig. Die Hinterbliebenen der Versicherten höherer Lohnkassen sind in der Regel in weit schwierigeren Erwerbsverhältnissen, namentlich auch durch die Einschränkung der gewerblichen Kinderarbeit. Außerdem hat man wohl auch die Verhältnismäßigkeit zur Invalidenrente in einigem zu bedenken. Eine solche kann aber den projektierten Sätzen nicht abgesprochen werden. Welch bedeutender Schritt vorwärts ist damit dennoch gegenüber dem, was die private Versicherung (Volksversicherung) leistet, hier wirklich ermöglicht.

Schließlich und endlich kommen wir aber darüber nicht hinweg, daß sich über derartige Zulänglichkeitsfragen nur Werturteile formulieren lassen, denen gegenüber wissenschaftliche Argumente nicht in Frage kommen. Allein das aufgeworfene Postulat gewinnt duch die Formulierung einen Inhalt, der zu einer die Methode selbst betreffenden weitergreifenden Erörterung zwingt. Wohl wäre nach dem oben ausgeführten die Spannung zwischen Armenpflege einerseits und versicherungstechnischer Organisation der Fürsorge mit den Grundzügen des Typus IV andererseits eigentlich groß genug, daß man meinen könnte, gegenüber diesen Gradunterschieden in der Methode komme der Höhe der Leistungen eine zu geringfügige Bedeutung zu. Allein dem scheint nicht so zu sein.

Nun kommen wir zu grundästzlichen Frage, ob die deutsche Gesetzgebung Ursache hat, die Fürsorge für die Hinterbliebenen auch unter der Voraussetzung, daß die Leistungen über das Maß des von der Armenpflege Gebotenen nicht hinausgehen, auf die Grundlagen der sozialen Versicherungsmethode, wie sie für die Invaliden- und Altersfürsorge bestehen zu stellen oder nicht. Es ist dabei abzusehen davon, daß die im Entwurf vorgesehenen Leistungen jene der Armenpflege in vielen Gegenden und Orten übersteigen werden, es handelt sich um das Prinzip.

Eine wissenschaftlich begründete Antwort auf die namentlich auch von Stier-Somlo aufgerollte Frage, ob es gerechtfertigt werden könne, schlechthin eine Umwandlung dem Namen nach vorzunehmen, den Leistungen der Armenpflege den „großartig klingenden Namen der Hinterbliebenenversicherung“ zu geben — eine wissenschaftliche Antwort scheint auch hier auf den ersten Blick ausgeschlossen zu sein, denn es fungieren unter den Argumenten für eine solche Umwandlung allem Anschein nach nur Werturteile gegenüber den eben hervorgehobenen differenzierenden Merkmalen, fast nur Imponderabilien, mit denen wohl das sozialpolitische Wollen operiert, die aber für eine wissenschaftliche Kausalreihe kein brauchbares Material bieten. Aber auch wirklich nur auf den ersten Blick. Denn wissenschaftlich meine ich, kann hier wohl geltend gemacht werden, daß der tiefgreifende Unterschied zwischen beiden Fürsorge-Methoden durchaus nicht bloß auf dem Gebiete psychologischer Imponderabilien liegt und ebensowenig in den technischen Grundlagen. Daß solche psychologischen Faktoren mit in Frage kommen, und in der Motivierung eine große Rolle spielen, ist ja nichts Nues. *Vor allem handelt es sich da um die Tatsache, daß der Armenpflege nicht nur die Konsequenz der Minderung politischer Rechte, sondern auch die einer Herabdrückung der Individuen auf ein Niveau geringerer sozialer Achtung anhaftet, daß in ihrem Gefolge aber überdies eine Verkürzung der individuellen Energie und des im Kampf ums Dasein unentbehrlichen Selbstgefühls, namentlich in der sehr bedenklichen Atmosphäre des Armenhauses und des Bettlerwesens auftaucht.*

Aber es erweist sich schon da als unerläßlich geboten, den Werdegang des Armenwesens im Auge zu behalten. *Die Armenfürsorge ist aus dem kategorischen Imperativ mit überwiegend religiöser Basis emporgewachsen,* ist ein Produkt des moralisch zu qualifizierenden Pflichtgefühls und hat, auf diesem Nährboden gedeihend, auch wirtschaftlich außerordentlich bedenkliche Konsequenzen gezeitigt. Die Wirkungen dieser Armenfürsorge gipfeln nach dieser Seite in einem Nachlassen der Energie zur Schaffung der ökonomischen Daseinsgrundlagen; das unerläßliche Ringen um eine Erwerb schaffende Tätigkeit wird nicht nur nicht gefördert, sondern geradezu unterdrückt, durch die Aussicht auf eine arbeitslose Daseinsmöglichkeit, die die Armenpflege schafft. Der Ausgangspunkt der staatlichen Ingerenz war daher Abhilfe gegen die Auswüchse des Armen-Unterstützungswesens statt gegen die der Armut, und der Weg, der erst beschritten werden mußte im gesellschaftlichen Interesse, war der der Armenpolizei, des Bettelverbotes u. dergl. *Aus dieser Armenpolizei ist erst in langsamer Evolution die systematische Armenpflege herausgereift.* Seitdem ist nun wohl die Armenpflege auf ein ganz anderes Niveau gebracht worden, sie hat im allgemeinen, ja man darf sagen allenthalben, an Rationalität gewonnen, ist in Bahnen gelenkt worden, in denen sie als Verwaltungsaufgabe systematisch geregelt wird und, wenn auch die Zuerkennung klagbarer Ansprüche der Unterstützungswerber in die Armengesetze noch nicht Eingang gefunden hat, so wird doch die Pflicht der kompetenten Verwaltung zur Unterstützung immer schärfer umschrieben, woraus sich doch auch immer präzisere Leistungen in der Armenpflege ergeben.

Allein gerade für die wirtschaftwissenschaftliche Beurteilung der Konkurrenz zwischen Armenpflege und Versicherung kommt die Verschiedenheit der Aufbringung der Mittel in erster Linie in Betracht: *im Falle der Armenpflege werden die Mittel für den Augenblick oder genau genommen für den Bedarf an Armenpflegekosten innerhalb einer bestimmten Wirtschaftsperiode aus den Einkommen der betreffenden Wirtschaftsperiode selbst aufgebracht, während sie im Falle der Versicherung zum großen Teil schon in der Vergangenheit angesammelt worden sind.* Freilich, die Objekte in natura, die unmittelbaren Bedarfsobjekte, die für die Verköstigung, Bekleidung usw. der Armen wie der Versicherten verfügbar sein müssen, die werden auch wieder zum großen Teil erst in der betreffenden Wirtschaftsperiode selbst gewonnen und erzeugt, gleichviel ob die Geldmittel dazu von der Armenpflege oder von der Versicherungskasse verfügbar gemacht werden. Aber durch die vorausgegangene Ansammlung der Wertbestände der Prämienreserven, aus denen der Grundbetrag der Renten gezahlt werden soll, durch Bildung der großen Vermögensbestände der Landesversicherungsanstalten tritt bei der Versicherung ganz systematisch und planmäßig eine Änderung in der Verwendung der gesamten nationalen Produktivkräfte in einer Richtung ein, durch welche die Bedürfnisbefriedigung der mit der Rentenzuerkennung aus dem Produktionsleben ausscheidenden Arbeiter einigermaßen vorbereitet werden kann und bei entsprechender Anlage der Reserven der Versicherungsanstalten auch tatsächlich vorbereitet wird. Nicht vollständig, aber zum großen Teil lastet dann die Erhaltung des Individuums, das arbeitsunfähig geworden ist, nicht mehr bloß auf den Leistungen jener Wirtschaftsperioden, die keinen Nutzen aus der verlorenen bzw. verbrauchten Arbeitskraft des Unterstützungsbedürftigen mehr ziehen, sondern eben vor allem auf den schon abgelaufenen Wirtschaftsperioden, in denen die Arbeitskraft nutzbar gemacht wurde und während deren die Reserven durch die Beiträge dotiert worden sind.

Ich meine, dieser Tatbestand, der für die sozialökonomische Wirksamkeit hinsichtlich seiner Tragweite noch gar nicht genügend untersucht ist, darf unter keinen Umständen übersehen werden. *Die Würdigung dieses Momentes der Vorheransammlung der Wertbetragsbestände,* die den Unterstützungsbedürftigen in Rentenform zufließen sollen, *führt wohl zu einer* freilich nicht privat- und individualwirtschaftlich, aber *volks- und gesamtwirtschaftlich relevaten Überlegenheit der Versicherungsmethode,* die von denjenigen offenbar übersehen oder gering geschätzt wird, die des geringen Ausmaßes der Leistungen wegen die Ausdehnung der Versicherung auf die Relikten-Versorgung verurteilen zu können meinen. Ich gebe zu, es gehört auch noch ein anderes Moment hier herein. Die angesammelten Vermögensbestände der Versicherungsanstalten müssen auch in entsprechenden Anlagen zur kapitalistischen Verwertung gebracht werden, um schon vorher eine wirklich dem endgültigen Verwendungszweck dienende Wirkung auszulösen, nämlich um das Konsumtionsniveau der zu Versichernden zu verbessern. Wenn die Reserven einfach in Staatspapieren angelegt werden, deren Erlös zur Deckung unproduktiver Aufwendung, Zahlung von Kriegsschulden u. dgl. verwendet wurde oder wird, dann bedeutet diese Methode der Versicherung mit Deckungsfonds-Ansammlung, daß die Arbeiter durch das Zwischenglied der Versicherungsanstalt Kollektiv-Gläubiger des Staates, daß sie Kapitalisten werden. Anders liegen die Dinge aber, wenn diese Kapitalien dem wirtschaftlichen Leben unmittelbar zugeführt werden, und zwar derart, daß die Produktionstätigkeit in einer für die reale Bedarfsdeckung der Arbeiterkreise (i. e. der Versicherten) vorteilhaften Richtung angeregt wird, also z. B. zum Bau von Kleinwohnungen. *Da wird die Arbeiterschaft als Kapitalbesitzerin auch gleichzeitig die Leiterin eines Teiles der nationalen Produktion, da sie durch ihre Kapitalverwendung die Verfügung über einen beträchtlichen Teil der gesellschaftlichen Produktivkräfte beherrscht.* Selbstverständlich befruchtet sie damit doch auch wieder den ganzen Markt.

Diese zweite Seite der mächtigen Versicherungsorganisation, die Tatsache, daß Vermögensbestände erspart wurden, die zum großen Teil befruchtend auf die gesellschaftliche Arbeit gewirkt hat, ist es auch, die zur Erklärung des genügend seltsamen Tatbestandes beiträgt, daß die deutsche Volkswirtschaft trotz der gewaltigen Leistungen, die die Sozialversicherung zu verzeichnen hat, eine Erhöhung ihres wirtschaftlichen Ranges erreichen konnte.

Selbstverständlich stellen sich allerdings die Versicherungsbeiträge als Kostenelement für den kalkulierenden Unternehmer dar, sie sind unter gewissen Voraussetzungen schlechthin als Lohnerhöhungen oder Lohnzuschläge wirksam, die das Ertragsergebnis des Arbeitgebers, eventuell sein Einkommen beeinträchtigen. Allein diese Wertbeträge gehen nicht nur der gesellschaftlichen Wirtschaft nicht verloren, sondern sie fließen bei richtiger Verwaltung dem Produktions-Organismus wieder zu, beleben die Unternehmertätigkeit, fördern also sozusagen den Stoffwechsel des Wirtschaftskörpers, mit einem Wort: sie wirken eben als Kapital, das bei dieser Methode der Fürsorge gebildet wird, während es bei der Methode der Armenfürsorge ungebildet bliebe oder aber in Händen gebildet würde, von denen aus es jedenfalls in andere Kanäle geleitet würde. Infolge dieser anderen Verwendung, die durch die Zwecksetzung der sozialen Versicherungsanstalten und ihre Beschränkung hinsichtlich der Anlage der Vermögensbestände gegeben ist, werden andere Teile der nationalen Produktionsmöglichkeit befruchtet. Die Produktionsarbeit wird in der Richtung beeinflußt und abgelenkt in die Richtung derjenigen Wertschaffung, die den Bedürfnissen der Masse entspricht und weniger denjenigen, die aus höherer Kaufkraft resultieren. Jedenfalls kann bei der versicherungstechnisch organisierten Fürsorgearbeit mit einem die Kapitalbildung fördernden Einfluß gerechnet werden, bei der Armenfürsorge nicht, wenigstens normaler Weise nicht. Das ist wohl auch ein Grund für die theoretisch wie praktisch beachtenswerte Erscheinung, daß die deutsche Volkswirtschaft trotz der gewaltigen Leistungen, die die soziale Versicherung allen Volksteilen Jahr für Jahr auferlegt, keine Beeinträchtigung erfahren hat. Als wirklich national- und sozialwirtschaftliche Kosten der sozialen Versicherung sind nach dem Begriff der Wirtschaft nur jene Wirkungen aufzufassen, die sich in der Förderung der Konsumtion und Verminderung der auf Güterbeschaffung gerichteten Tätigkeit — durch Verminderung sei es der Menge der für die Produktion verfügbaren Kräfte, sei es der Dauer der Aktivität bei der einzelnen Kraft, sei es endlich der Intensität der Kräfteeinsetzung nach — äußern.

Im Bereich der möglichen Tragweite der sozialen Versicherung liegt freilich einerseits eine Steigerung der Bedürfnisse weitester Kreise der Versicherten, also der Wirtschaftsaufgaben, anderseits wirkt sie doch auch auf die zweckmäßige Sammlung der für diese Wirtschaftsaufgaben verfügbaren Mittel. M. a. W. jene Wirkungen der sozialen Versicherung, die in einem Nachlassen der individuellen Zähigkeit der Versicherten, die also auch in einer Verkürzung der auf Erwerb gerichteten Lebensperiode und damit einer Verlängerung jenes Lebensabschnittes unverkennbar zutage treten, in dem das Individuum den zehrenden Volksteilen zuzurechnen ist: — diese Wirkungen belasten die wirtschaftliche Bilanz der Gesellschaft. Aber es stehen auf der Aktivseite die Ersparungen an jährlichen Einkommen, die die soziale Versicherung erzwingt. Rechtfertigt diese Konsequenz die Wahl der Versicherungsmethode auch für nur niedrige Reliktenrenten, so darf anderseits die Schwächung des Selbstverantwortlichkeitsgefühls nicht unbeachtet bleiben, ihr muß, soweit möglich, gerade durch die Organisation der Versicherung und eventuell durch das Ausmaß der Leistungen entgegengewirkt werden. Nur wo die Versicherungsleistungen der Produktivkraft der Gesellschaft zugute kommen, nicht der bloß konsumtiven Lebensperiode der Versicherten selbst, dort scheint die Ausdehnung der zwangsweisen Sicherung der Fürsorge voll berechtigt: höhere Leistungen für die Waisen wären ganz unbedenklich, da stehen die oben erwähnten Passivposten nicht in Frage.

Die Entwicklung solcher Passivposten zu hemmen, dürfte wohl unbestreitbar ein Gesichtspunkt sein, dem bei der Gestaltung der sozialen Versicherungsgesetze Beachtung zuzuwenden ist. Und das leitet uns zu dem zweiten Anwurf gegen die Reform:

2. Die Unzulänglichkeit der Invalidenrenten

Nach dem bisher Gesagten ist der Zusammenhang dieses Problems mit der Erörterung des Ausbaues der Versicherung durch Aufnahme der Hinterbliebenenversicherung nicht zu bezweifeln. Er folgt schon aus der notwendigen Verhältnismäßigkeit der Leistungen dieser und der einfachen Invalidenversicherung. Es ist kein geringerer, als der Vorsitzende der Landesversicherungsanstalt Berlin, Dr. Freund, der den Zeitpunkt für die Reliktenversicherung noch nicht für gekommen hält, weil die Renten bisher so niedrig, so unzulänglich seien, daß in weitesten Kreisen der Bevölkerung unter Versicherten und Arbeitgebern eine Mißstimmung herrsche. Wenn man von wirklicher Invalidenfürsorge sprechen wolle, müßten erst die Invalidenrenten erheblich vergrößert werden, und es sollte die Erhöhung der Beiträge um ein geringes, 1 bis 2 Pfennig, verwendet werden, um die Invalidenrente zu erhöhen, es könnte mit diesen Beiträgen ein um 50 v. H. des Anteils der Versicherungsanstalt höherer Rentenbetrag geleistet werden. Freund gemängelt, daß der höchstmögliche Rentenbeitrag bei weitem nicht an die Unfallrenten heranreiche.

Unbedingt zugegeben ist gegenüber diesem Standpunkt, daß jenes Ausmaß von Gütern, also jene Lebensführung oder richtiger jene Quote der Lebensführungskosten, die die gesetzgebenden Faktoren bei dem Inslebentreten der Invalidenversicherung dem Invaliden zu sichern meinten, heute tatsächlich diesem nicht zukommt; daran trägt aber natürlich nicht die Konstruktion des Gesetzes, sondern die seither eingetretene Verminderung der Kaufkraft des Geldes die Schuld. Eine Erhöhung der Invalidenrente wäre daher gerade im Hinblick auf diese Änderung des Geldwertes gelegentlich der Reformierung der Versicherungsgesetzgebung zweifellos gerechtfertigt, obgleich — wie ich in anderem Zusammenhang nachzuweisen versuchte[4] — wohl auch die Hebung der Geldeinkommen der arbeitenden Schichten zu der eine Geldentwertung bedeutenden Preissteigerung nicht wenig beigetragen haben dürfte. Gegenüber dieser Veränderung des inneren Wertes der Renten kommt natürlich jenes allmähliche Steigen des Durchschnitts aller Renten auch nicht in Betracht, das seine Wurzel in dem Anwachsen der durchschnittlichen Wartezeit hat, das sich wieder aus dem Alter der ganzen Versicherungsorganisation ergibt.

Aber abgesehen von diesem außerhalb des Gesetzgebungskomplexes liegenden Moment der Geldwertänderung dürfte es mit den neuen Argumenten für die Erhöhung der Leistungen in der Invaliden- und Altersversicherung nicht besonders reich bestellt sein, sobald man die tatsächlich schon in der bisherigen Fassung des Gesetzes gegebenen, durch die Reichsversicherungsordnung noch erheblich erweiterten Möglichkeiten zur Erwerbung höherer Rentenansprüche in Betracht zieht. Ich halte dafür, daß die Zusatzversicherung, wie sie die R. V. O. projektiert, und in ganz ähnlicher Weise auch der österreichische Sozialversicherungs-Gesetzentwurf, fürs erste die passendste Entgegnung auf das Postulat höherer Versicherungsleistungen ist. In der Zusatzversicherung wird man einen gewissen Ruck nach links in der Gestaltung unserer Sozialversicherung nicht verkennen dürfen. Die Möglichkeit, jeden Sparbetrag auf diesem Wege in die Rentenform zu überführen, ohne daß dieser Rentenkauf durch hohe Verwaltungskosten belastet wird, ist in gewissem Sinne ein geradezu ideales Mittel, durch das vielleicht ein Gegengewicht gegen die oben schon berührte Gefahr der sozialen Zwangsversicherung geschaffen werden kann, gegen die tatsächlich nicht zu verkennende und nicht wegzuleugnende Gefahr eines Nachlassens der Energie und Zähigkeit in der Selbstfürsorge der zu Versichernden. *Die Berücksichtigung des Selbstverantwortlichkeitsgefühls und der darauf sich ergebenden Pflicht, sich um die Versorgung in der Zukunft zu kümmern, läßt ja bei der sozialen Versicherung nur allzu viel zu wünschen übrig,* und in dieser Richtung kann jeder Anhaltspunkt zu einer erziehlichen Einflußnahme nicht freudig genug begrüßt werden. Vollkommen berechtigt ist es in diesem Sinne u. a., die Befugnis zur freiwilligen Erneuerung der Versicherung zu beseitigen, wenn der einmal versichert Gewesene die Versicherung nicht fortgesetzt hat, und so stellt sich auch die Zusatzversicherung als eine geradezu glückliche Lösung des schwierigen Problems dar, zwischen der Pflicht zur sozialen Fürsorge und dem notwendigen Streben, das Selbstverantwortlichkeitsgefühl hier nicht auszuschalten, einen passenden Mittelweg zu finden, der beide Ziele erreichen läßt: Es wird dem einzelnen eine gewisse Grundlage zur Eristenzsicherung in der Haupt-

[4] Die Einkommensgestaltung als Geldwertbestimmungsgrund, in: Schmollers Jahrbuch, Bd. 33.

sache (d. h. mit durchschnittlich erheblich mehr als der Hälfte) kraft Gesetzes aus anderen als seinen eigenen Beiträgen geschaffen. Auf dieser Grundlage nun durch mehr oder minder regelmäßiges Einkleben der Ein-Mark-Zusatzmarken weiter zu bauen, ist dann Sache jedes einzelnen.

Nun haben wir allerdings in der Art und Weise der Begründung von Renten-Anwartschaften in der Invalidenversicherung bereits ein System, das geeignet sein kann, die Energie des Versicherten zur tunlichst weitgehenden, d. h. ausdauernden Ausnutzung der ihm gegebenen Erwerbskräfte anzuspornen, da die Steigerung der Anwartschaft von der Höhe der Beitragsleistungen u. z. insbesondere auch von der Zahl der Beitragswochen abhängt. Aber diese Steigerungsmöglichkeit ist verhältnismäßig nicht allzu groß, und dem von dieser Chance ausgehenden Reiz zur Fortsetzung der Versicherung und das heißt natürlich auch Fortsetzung der Berufstätigkeit und zur Überwindung der allfällig vorhandenen schwächeren Invaliditätsgründe wirkt die Aussicht entgegen, durch frühzeitige Erlangung einer Rente die Institution besser auszunutzen, mehr herauszuschlagen und namentlich, wo aus öffentlichen Mitteln, also nicht durch Beitragsleistung, Rentenquoten begründet werden, lockt die Möglichkeit, auf der Basis des Rechtsanspruches die Zuschußleistung aus eben diesen öffentlichen Mitteln sich kräftig zunutze zu machen. Leider spricht ja hier das ganze Elend der Krankheits-Simulation, Rentenhysterie u. dg. auf dem Gebiete der Praxis eine recht beredte Sprache, aber chrakteristischerweise vor allem bei jenen Versicherungen, bei denen mit der Dauer der Beitragsleistung keine Steigerung der Leistung vor sich geht: Unfall- und Krankenversicherung.

Bedeutet Wirtschaft ein Zuratehalten, *ein Sorgen nicht bloß für den Augenblick, sondern auch für die Zukunft, dann haben wir es bei dieser Einrichtung der deutschen Sozialversicherung mit einem höchst wirtschaftlichen Prinzip zu tun,* mit einem Prinzip, durch das der Typus der deutschen Invaliden- und Altersfürsorge nach dem objektiven Kriterium der Wirtschaftlichkeit, der Zweckmäßigkeit im Hinblick auf das gesteckte Ziel eine höhere Form bedeutet als die übrigen Typen und insbesondere auch der Typus, den wir in der englisch-australischen Fürsorge verzeichnet haben. Die Zusatzversicherung weist nun einen weiteren Weg zur Betätigung der eigenen Kraft in der Richtung der Fürsorge für die Zukunft und durch die Art ihrer Einrichtung (jede Einzahlung wird als Rentenkauf betrachtet) ist auch der weiteste Spielraum für die größtmögliche Freiheit in der Betätigung der Mehrversicherung gegeben. Freund will offenbar eine Erhöhung der zwangsweise versicherten Leistungen, und zwar der Anstalts-Leistungen. Die weitere Steigerung der Renten soll also sowohl vom Arbeitgeber wie vom Arbeiter durch Beiträge begründet werden. *Ich meine, es wäre an der Zeit, daß man es bei uns einmal mit etwas Freiheitlicherem versucht.*

Ich räume ein, die bisher mit der freiwilligen Versicherung gemachten Erfahrungen lassen nicht allzu viel Erfreuliches erwarten. Bisher kann man nur auf rund 630 000 Selbstversicherungen hinweisen. Aber es ist doch gar nicht ausgeschlossen, daß gerade die Möglichkeit der Zusatzversicherung zur Selbst- und Weiterversicherung einen besonderen Impuls geben wird. Den Optimismus Stier-Somlos, der da meint, daß die Elite der Arbeiterschaft und des Mittelstandes von dieser Zusatzversicherung einen erheblichen Gebrauch machen werde, kann ich nicht übertrieben finden.

Allerdings hat die Hoffnung auf diese impulsierende Kraft der Zusatzversicherung sozusagen zwei Pferdefüße: 1. die Steigerung der Invalidenrente durch die Zusatzversicherung wird nicht auch auf die Reliktenversicherung ausgedehnt werden. Vielmehr ist hier nur die Rückerstattung des Kapitalwertes der Zusatzversicherungsbeiträge an die Hinterbliebenen im Falle des Todes des Versicherten vorgesehen. Maßgebend für diese Bestimmung (§ 1555) ist wohl einerseits die Unzulänglichkeit der versicherungstechnichen Grundlagen, welche diese Ausdehnung unmöglich macht, ohne anderseits das Prinzip, durch die Zusatzversicherung den Versicherungsträgern kein Risiko aufzulasten, zu durchbrechen; 2. für die Selbst- und Weiterversicherung werden wegen der vollständig anderen Häufigkeit, mit der bei diesen Versicherungen Relikten-Renten fällig werden — von den Versicherungspflichtigen sind nur 46 v. H. der männlichen verheiratet — die Beitragswochen während der freiwilligen Versicherung nur halb angerechnet. Das geschieht auch in der Erwägung, daß nur diejenigen Personen hauptsächlich von dieser freiwilligen Versicherungsmöglichkeit Gebrauch machen werden, die verheiratet sind und Kinder unter 15 Jahren haben.

Aber diese Schwächen treffen gar nicht jenen Punkt der Erörterung, nicht jenen Zwck der Zusatzversicherung, der über das von Freund geltend gemachte Bedenken hinweghilft. Der Arbeiter, der regelmäßig in Arbeit steht, wird bei der heutigen Verfassung des Arbeitsverhältnisses (Zunahme der kollektiven Vertragschließung, planmäßige Lohnpolitik u. dgl.) auch in der Regel, nämlich bei rationeller Lebensführung und wenn ihn nicht besondere Unglücksfälle heimsuchen, in der Lage sein, Zusatzversicherungsbeiträge zu leisten, er kann und soll aus eigener Kraft zur Erhöhung seiner Invalidenrenten, eventuell zur Sammlung eines kleinen Geldkapitals für seine Hinterbliebenen etwas beitragen. Derjenige aber, bei dem diese Voraussetzungen nicht zutreffen, bei dem wird auf die suppletorische Funktion der Armenpflege auch dann wahrscheinlich nicht verzichtet werden können, wenn die Invalidenrente in dem Maße erhöht wird, wie Freund es im Auge hat.

Ich gelange zu dem abschließenden Ergebnis, daß der Entwurf der Reichsversicherungsordnung in den Grundzügen der neuen Bestimmungen, insbesondere des Ausbaus, jene Richtungen erkennen läßt, in denen sich die Ausgestaltung unserer sozialen Versicherung zunächst zu bewegen haben wird, da — soweit wirtschaftswissenschaftliche Gesichtspunkte in der Wirtschaftspolitik durchgreifen können — er jenen Tendenzen Rechnung trägt, die in der Flut der sozialwirtschaftlichen Bewegung als Entwicklungsrichtung erkennbar sind: einerseits die Ausgestaltung der Existenzsicherung für gewisse Bedarfskategorien (Todesfall für die Hinterbliebenen) nach jenen Prinzipien, die das höchste Maß von Wirtschaftlichkeit derzeit repräsentieren, nämlich obligatorische Versicherung mit Beitragspflicht, öffentlichem Zuschuß und Kapitaldeckung, anderseits aber auch *Stimulierung zur Selbstfürsorge in weiterem Ausmaße durch Anbietung der denkbar billigsten Erwerbung von Rentenansprüchen.*

Die Möglichkeit einer Ausnutzung dieser Gelegenheit für weite Kreise des deutschen Volkes wird, nach der Lebensführung der Masse zu schließen, nicht bestritten werden können. Es kann diese Ausgestaltung ein Prüfstein auf das Maß der Wirtschaftlichkeit des deutschen Volkes werden.

Hat die deutsche Sozialversicherung die in sie gesetzten Erwartungen erfüllt? (1913)*

Von den Vorzügen der Sozialversicherung hört und liest man genug. Daß aber auch unter den Anhängern der Sozialpolitik — nicht bloß unter ihren offenen und verkappten Widersachern — in wesentlichen Punkten über die Bedeutung des Versicherungsgedankens für die soziale Reformarbeit belangreich widerstreitende Meinungen bestehen, könnte fast überraschen. Noch vor wenigen Jahren war es, vom nationalen Ehrgeiz-Standpunkt aus wenigstens, wenig genußreich und recht unbefriedigend, zur Frage Stellung zu nehmen, ob die deutsche Arbeiterversicherungs-Gesetzgebung als Muster sozialer Reformarbeit gewirkt habe, ob die ausländische Politik und Gesetzgebung den Wirkungswert der deutschen Sozialversicherung so eingeschätzt habe, daß man von der Richtigkeit der Wahl dieses Weges sozialer Reform in Verbindung mit dem Versicherungsgedanken überzeugt worden wäre[1]. Überaus spärlich war diese vorbildliche Wirkung geblieben. Namentlich, sofern man diese Übernahme des Zwangsprinzips zum Kriterium der Wertschätzung der deutschen Gesetzgebung zu machen Anlaß hat, waren es recht wenige gesetzgeberische Akte des Auslandes, die als Stützpunkte für den Glauben an die Mustergültigkeit der deutschen Einrichtungen angesehen werden konnten.

In der jüngsten Zeit nun — so hat es den Anschein — hat sich diese Auffassung des Auslandes von unserer deutschen Sozialversicherung wesentlich geändert. *Sowohl in der Krankenversicherung als auch in der Unfallversicherung haben sich bekanntlich mehrere Staaten in mehr oder minder weitem Umfange dem Zwangsprinzip zugewendet,* so insbesondere Serbien, Rumänien und Rußland für beide Versicherungszweige, Großbritannien und Norwegen für die Kranken-, Italien für die Mutterschafts-, die Schweiz für die Unfallversicherung, während die eidgenössische Gesetzgebung für die Krankenversicherung die Zwangsfestsetzung der Kantonsgesetzgebung überließ; endlich für die Invalidenversicherung die großbritannische Gesetzgebung von 1911 (26. XII.), dann Luxemburg (16. VII. 1910) und Rumänien (27. I. 1912). Verschiedene Gesetzentwürfe mit Vorsehung des Zwangsprinzips stehen überdies da und dort im Stadium der Beratung.

* Zeitschrift für die gesamte Versicherungswissenschaft, 13. Bd. (1913), H. 3.

1 Zu vgl. mein Referat im Deutschen Verein für Versicherungs-Wissenschaft im Dezember 1909 in Heft 18 der „Veröffentlichungen".

Wenn nun anderseits die deutsche Sozialversicherungs-Gesetzgebung, teilweise im Zusammenhang mit der Reformbewegung, geradezu eine Reihe von schweren Angriffen erfahren hat, so ist darin noch nicht notwenig ein auffallender Kontrast gegenüber der Verbreitung des Versicherungsgedankens, weder an sich, noch in Verbindung mit dem Zwangsprinzip gegeben, denn für den Erfolg im guten wie im schlechten Sinne ist immer die Lösung eines Versicherungsproblems, das System, ja selbst das Detail von größter Tragweite. Wir können heute freilich kaum mehr von einem ausschließlich deutschen System sprechen, sofern es etwa gilt, seinen Sieg oder seine Niederlage zu behaupten, da sich bereits in Gesetzen und Gesetzentwürfen ein beträchtlicher Reichtum an Formen bzw. Systemen feststellen läßt, unter denen die von der deutschen Gesetzgebung gewählten Prinzipien in weniger und in stärker variierter Form auftreten. Dennoch können und müssen wir leider von Schwächen und Mängeln des deutschen Systems reden, soweit solche eben tatsächlich im Bereich unserer Gesetzgebung in die Erscheinung getreten sind.

Die Eigenheiten des deutschen Systems kommen in gewissem Sinne gerade mit den nachteiligen und unerwünschten Nebenwirkungen erst zu einer gewissen Prägnanz, und das um so mehr, als die ausländische Gesetzgebung nach solchen Richtungen bestrebt ist, besseres als die deutsche zu schaffen. Das eine sei daher vorausgeschickt, daß nicht bloß das Zwangsprinzip dabei in Frage kommt, sondern natürlich ebensosehr z. B. die Beschränkung des Zwanges etwa auf die Unselbständigen, wovon neuestens ja wieder Schweden und Norwegen abzugehen scheinen, ebensosehr die Heranziehung der Arbeitgeber zur Beitragsleistung und das Maß dieser Heranziehung — ich erinnere an die Skala im englischen Kranken- und Invalidengesetz, die die Beitragsleistung des Arbeitgebers mit steigendem Lohneinkommen des Versicherten fallen läßt —, ebensosehr die Heranziehung des Reiches oder Staates zu der Lastentragung oder, wie jetzt in Norwegen beabsichtigt ist, auch der Gemeinden, ebensosehr, um endlich noch eines zu nennen, der unmittelbare Zusammenhang der Präventivfürsorge durch Heilstätten u. dgl. mit der Versicherung, während in England und nach dem Entwurf auch in Belgien unmittelbar der Staat für jene aufkommen will, und so noch manches andere.

Aber das für unsere Betrachtung Wichtige ist, daß sich die schwersten Angriffe gar nicht gegen solche Besonderheiten der Lösung richten, sondern viel allgemeiner gegen den Versicherungsgedanken, der in seiner sozialpolitischen Gestaltung von dem Prinzip des Zwanges und der Allgemeinheit wohl kaum mehr scheint getrennt werden zu können. Das ist natürlich das viel Verhängnisvollere, und wir haben ebensosehr angesichts der vorhin erwähnten Verbreitung und Neueinführung des Versicherungsprinzips in anderen Staaten, wie im Hinblick darauf, daß auch im Deutschen Reich das Mittel der Versicherung für neue Anwendungsgebiete Verwertung finden soll, höchst begründeten Anlaß, uns über die Rolle, die die Verwirklichung des Versicherungsgedankens bisher in der deutschen Sozialpolitik gespielt hat und die sie noch weiter spielen kann, Klarheit zu verschaffen.

Es ist bekannt genug, daß nicht nur von rechts, ganz oder dreiviertel rechts, sondern auch von ganz links die schäfsten Attacken gegen die deutsche Sozialversicherung geritten werden. Es ist leider ein gewaltiger Irrtum, wenn man meint, daß die organisierte Arbeiterschaft im Laufe des Bestehens der deutschen Versicherung gelernt habe, die guten Seiten derselben mit ihren Schwächen ehrlich zu vergleichen und danach erst ein Gesamturteil zu bilden und zu begründen. Vielmehr ist es eine traurige Tasache, daß in Kursen, die der Jugendpflege gewidmet sind, von Sekretären der freien Arbeiterorganisationen unsere Sozialversicherung von Anfang bis zum Ende schlecht gemacht wird, daß den schulentlassenen, eben erst erwerbstätig gewordenen Jungen die Verachtung dieses wie aller anderen Teile unserer sozialpolitischen Gesetzgebung systematisch eingeimpft wird, damit nur ja kein Funken von Glauben an das Wirken des Staates glimmend erhalten bleiben oder in das Innenleben des jungen Proletariers fallen könne.

Kann es uns da wundern, wenn bezahlte und unbezahlte Interessenvertreter derjenigen, die die Versicherung als Nur-Belastete mitbestreiten, mit ebenso schwunghaften als maßlosen Übertreibungen und höchst einseitig advokatorisch die Schwächen der Sozialversicherung aufbauschen und so darstellen, als gäbe es eigentlich nur unerwünschte Folgen dieses Mittels der Sozialpolitik?!

Mehr oder minder verhüllt steckt in diesen Angriffen der Vorwurf, die deutsche Arbeiterversicherung hätte die Erwartungen nicht erfüllt, die man an sie geknüpft gehabt habe, und darin liegt unverkennbar ein wahrlich nicht zu unterschätzender Angriffspunkt nicht mehr gegen die Versicherung allein, sondern gegen die Sozialpolitik überhaupt, die das Verschulden auf sich ladet, große nationale Opfer, einen mächtigen Komplex von Leistungsfähigkeit auf ein ungeeignetes Mittel zur Erreichung ihrer Ziele zu vergeuden. Zu dieser Frage wollen wir demnach Stellung nehmen. Denn danach richtet sich, wenn wir es mit den Zielen der Sozialpolitik ehrlich meinen, die Entscheidung darüber, *ob die Methode der Versicherung für weitere Aufgaben der Sozialpolitik,* deren Inangriffnahme da und dort eingeleitet ist oder unmittelbar bevorsteht, *noch in Frage kommen kann und darf oder nicht.*

Wenn wir aber nun darangehen, die Frage nach der Erfüllung der gewollten Versicherungszwecke aufzurollen, so stoßen wir auf die Schwierigkeit, daß wir es überhaupt nicht mit einem einheitlichen Motivenkomplex zu tun haben. Ich sehe dabei ganz ab von jenem schon sehr eindeutigen Kausalzusammenhang, der in der ersten auf die Versicherungs-Gesetzgebung abzielenden berühmten Kaiserlichen Botschaft von 1881 und in den Motiven des ersten Arbeiterversicherungsgesetz-Entwurfes prägnantesten Ausdruck gefunden hat, wonach es sich bei dem geplanten großen Werke nicht bloß um eine Pflicht der Humanität und des Christentums handelte, von dem allerdings die staatlichen Einrichtungen auch durchdrungen sein sollten, sondern wonach auch in den besitzlosen Klassen der Bevölkerung, dem numerisch schwerwiegendsten und ungebildetsten Teil, das Besußtsein davon geweckt werden sollte, daß der Staat als eine nicht bloß notwendige, sondern auch wohltätige Einrichtung zu erkennen sei, daß er nicht nur als eine notwendige Schutzanstalt für die Interessen der besser situierten Klassen der Gesellschaft erfunden, sondern eine auch den Bedürfnissen jener Masse dienende Einrichtung sei. Wir wollen davon ganz absehen, daß der Schritt näher zu einer sozialistischen Gestaltung der ökonomischen und gesellschaftlichen Beziehung ganz und gar nicht geleugnet, ja vielmehr ausdrücklich in jenem Motivenbericht zugegeben wird mit dem Hinweise darauf, daß man es dabei doch nur mit einer Konsequenz der aus christlicher Gesittung erwachsenen Staatsidee zu tun habe, mit einer Anerkennung der nicht bloß defensiven, sondern notwendig aggressiven Funktion des Staates, die nach dem zu orientieren sei, was man als das Wohlergehen der Gesamtheit anerkenne.

Wir greifen weiter zurück auf den Ursprung dieser grundlegenden Programmerklärungen, auf die Anschauungen, die auf den Kongressen zu Anfang der siebziger Jahre bestimmteren Ausdruck gefunden haben. Daß damals noch die Meinungen über das „Was“ und das „Wie“ der Lösung in der Frage der Bekämpfung des materiellen Massenelendes keine einheitlichen waren und daß in Zusammenhang mit diesen Vorstellungen auch die Erwartungen, die mit dem Eingreifen in diese Dinge sich verbanden, nichts weniger als einheitlich waren, auch innerhalb des Kreises jener, die die Aktion an sich für unerläßlich hielten, das beweisen die Verhandlungen des Vereins für Sozialpolitik über die Invaliden- und Alterskassen im Oktober 1874.

Da gab es eine Gruppe von Sozialpolitikern, die wollte eine enge Verbindung der Versicherung mit freien Kassen, die noch anderen Zwekken, insbesondere dem wirtschaftlichen Kampfe, ihre Kräfte widmen; die andere Gruppe wollte das nicht, sondern hing damals schon mit ihren Hoffnungen an weitgehender, unmittelbarer Mitwirkung des Staates bei der Schaffung von Versicherungsträgern. Damals schon stand der Gegensatz im Vordergrund: ob es richtiger sei, durch Zwangskassen eine Sicherheit der Alters- und Invaliditätsexistenz herzustellen oder freie Kassen mit etwas geringerer Sicherheit für diese Interessen, dagegen um so intensiver für die Interessen des unmittelbaren aktiven Lebens der Gegenwart wirken zu lassen.

Damals machte sich der Korreferent, Verlagsbuchhändler Duncker, die Worte aus dem Gutachten Dr. Hirsch's zu eigen, indem er sagte, diese Sicherheit des jungen Mannes und des jungen Weibes, im Falle der Arbeitsunfähigkeit nach 30 oder 40 Jahren nicht Not leiden zu müssen, sei freilich wünschenswert, aber es sei doch unendlich viel wünschenswerter daß dies jungen Leute nicht während der 20, 30 oder 40 Jahre ihrer Arbeitsfähigkeit Not leiden, nicht durch ungenügenden Lohn, übermäßige Arbeitszeit, schlechte, mangelhafte Nahrung, ungesunde Wohnung usw. einem elenden Leben, frühem Siechtum und Tod verfallen. Jedes Pfund guten Brotes und Fleisches, jeder Liter unverfälschter Milch, jeder Kubikfuß trockener Luft, das der großen Masse des deutschen Arbeiterstandes und ihren Kindern zugelegt wird, jede Stunde übermäßiger und gesundheitsschädlicher Arbeit, die ihnen abgenommen wird, sei weitaus heilsamer für Gedeihen und Lebensglück als die reichsten Pensionen, wenn die Lebenskraft erst gebrochen ist, und nur von freien Kassen erwartet man sich gleichzeitig auch die Führung des für das aktive Leben notwendigen Kampfes.

Von derselben Seite wurde aber auch bestritten, daß die Hoffnung der Vertreter des Zwanges berechtigt sei, wonach die Aussicht auf eine gesicherte Zukunft eine moralische Hebung des gesamten Arbeiterstandes herbeiführen müsse, und es ist eine genügend interessante historische Reminiszenz, daß, als es zur Abstimmung kam (es war noch die Zeit, in der der Verein für Sozialpolitik Resolutionen beschloß), diese Skepsis gegenüber der Versicherung überhaupt — obgleich das freie Kassenwesen und für dasselbe eine Kontrolle des Reiches als förderlich bzw. notwendig erachtet wurde — die recht erhebliche Mehrheit der Versammlung hinter sich hatte.

Nicht allein innerhalb dieser Versammlung stand es so, sondern die Denkweise der großen Masse, gerade auch der an der Sozialversicherung vor allem Interessierten, war unzweilhaft dem Wege abgeneigt, der in der Hauptsache weniger als ein Jahrzehnt später doch beschritten wurde. So abgeneigt, daß Ad. Wagner es zurückzuweisen Anlaß hatte, daß man ihn und die anderen Anhänger des Versicherungsgedankens warnte, die Popularität des Vereins für Sozialpolitik mit dem Eintreten für den Zwang nicht aufs Spiel zu setzen.

Wir wollen ferner nicht vergessen, daß Brentano, wohl derjenige von den Sozialpolitikern, der stets für das ethische Element der idealistischen Selbsthilfe-Politik das stärkste Gefühl und den kräftigsten Optimismus an den Tag legte, *mit ihm viele andere noch 1879 die Zwangsversiche-* befürchten zu müssen, und daß diese Richtung der Sozialpolitik von einer solchen Versicherung mit staatssozialistisch angehauchten Zwangskassen eine Gefährdung aller persönlichen Freiheit und Individualität glaubten befürchten zu müssen, und daß diese Richtung der Sozialpolitik von einer regen, freien Gewerkvereinsbildung und ihrer Wirksamkeit, der vom Staat kein Hemmnis in den Weg gelegt würde, eine befreiende, ethisch zu rechtfertigende Arbeiterversicherung sich versprechen konnten, die zudem, was die Schadensgefahren, die Objekte der Versicherung anlangt, einen recht weiten Umfang haben, insbesondere Arbeitslosen- und Reliktenversicherung umfassen sollte.

Wollten wir aber weiter die Erwartungen derjenigen richtig einschätzen, deren Forderungen in jener Richtung lagen, in der die Reichsgesetzgebung später vorgegangen ist, so gilt es zu würdigen, welche Rolle das Versicherungsproblem im Rahmen des sozialpolitischen Programms damals überhaupt spielte. Da ist kaum eine authentischere Quelle zu gewinnen, als die Eröffnungsrede Schmollers zur Eisenacher Versammlung 1872. Dort sagte er, von den Versammlungsteilnehmern unwidersprochen, sie wollten eine starke Staatsgewalt, die, über den egoistischen Klasseninteressen stehend, Gesetze gebe, mit gerechter Hand die Verwaltung leite, die Schwachen schütze, die unteren Klassen hebe; aber gleich weit von dem einen Extrem einer naturrechtlichen Verherrlichung des Individuums und seiner Willkür einerseits, von dem anderen Extrem einer alles verschlingenden Staatsgewalt anderseits, forderte man vollste Freiheit für den Arbeiter, bei Feststellung des Arbeitsvertrages mitzureden, Kontrolle der Freiheit durch die Öffentlichkeit, und wo diese fehle, das staatliche Organ, forderte man ein Fabrikinspektorat, Kontrollämter u. a. für das Versicherungswesen, Arbeiterschutz, Einigungsämter, Gewerbegerichte usw., und schließlich, was für unsere Betrachtung besonders charakteristisch sein muß, Koalitionsfreiheit. Dem entspricht es auch, daß Schmoller von der sozialen Umbildung verlangt, daß das, was die Gesellschaft dem Arbeiter bietet, nicht bloß als Geschenk gereicht werden, sondern daß das Gegebene stets zugleich erarbeitet sein müsse. Die Erziehung zu einem anderen inneren Menschen müsse dem äußeren Vorwärtskommen parallel gehen. Darin glaubte man das wahre Prinzip der Selbsthilfe erblicken zu sollen.

Das alles zusammen zwingt zu einer für unsere Betrachtung und für unser Gesamturteil wichtigen Schlußfolgerung, die nur allzuoft vernachlässigt wird: der Versicherungsgedanke ist überhaupt nicht so sehr in den Vordergrund getreten im Rahmen des ganzen sozialpolitischen Programms. *Die Versicherung* ist als einer der Bausteine des ganzen Gebäudes sozialer Wirksamkeit angesehen worden und *hat jene, alle anderen sozialpolitischen Aufgabengebiete an Bedeutung so weit überragende Stellung erst nach und nach, vor allem aber unter dem Eindrucke des gigantisch anwachsenden Verwaltungsorganismus der staatlichen Sozialversicherung gewonnen.* Mit der Verschiebung dieser Bedeutung haben sich auch die Licht- wie die Schattenseiten zu schrofferen Kontrastwirkungen verschärft, und so kommt es, daß einerseits die Ausdehnung des Versicherungsgedankens auf neue Aufgaben, anderseits die Zurückdämmung der versicherungsenthusiastischen Ideen mehr oder minder leidenschaftlich gefordert wird.

Freilich, die Form, in der das Fürsorgewesen für Alter und Invalidität geregelt worden ist, steht nicht mehr mit jenem Gegensatz der Prinzipien zur Diskussion wie vor vier Dezennien. Über die Frage des damals so stark verlangten Zusammenwirkens der Kampforganisationen mit den Versicherungseinrichtungen ist man hinausgekommen. Die Einsicht mußte sich angesichts der Massenhaftigkeit der Versicherungsaufgabe schon ausbilden, daß mit jenem Zusammenwirken immer nur eine Halbheit zu erreichen ist, und es konnte schließlich — wieviel anders die Dinge in Großbritannien auch liegen mögen — auf die Dauer die tatsächliche Unzulänglichkeit dieses Zusammenwirkens in den englischen Trade-Unions nicht unbeachtet bleiben. Denn dazu hat sich die Überzeugung immer weiter durchgerungen, daß die Versicherungseinrichtungen gar nicht mehr bloß jene dritte und letzte Funktion der Schadenabwehr, nämlich die Schadenverteilung zu erfüllen habe, sondern daß sie ihren vielleicht größeren Kulturwert heute in ihrer Tragweite und tatsächlichen Wirksamkeit auf dem Gebiete der Prävention und der Repression von Schaden zu entwickeln hat.

In Deutschland ist die Sozialversicherung die Bahnbrecherin für diejenige Arbeit, die anderwärts — ich erinnere da vor allem an England und Wales — *primär und ohne Zusammenhang mit der Versicherung in Angriff genommen war*. Damit ist der Charakter der Kranken- und Invalidenversicherung vor allem schon im Verlauf der verhältnismäßig kurzen Zeit ihres Bestehens unversehens ein anderer geworden: es ist ganz unzulässig, die Krankenversicherung immer, auch heute noch, nur als besondere Wohltat gegenüber der Arbeiterschaft aufzufassen. War auch das Motiv dieser Aktion des Staatssozialismus nach der Seite der Arbeiterschafts-Interessen orientiert, so belehrt der Blick auf das Versicherungswerk, das das englische Parlament nunmehr ins Leben gerufen hat, daß das Interesse der Gesamtheit an einem gewissen Maß von Krankheitsfürsorge zur treibenden Kraft weit über die spezifisch sozialpolitischen Gesichtspunkte hinaus geworden ist. Dort hat man eben das vorhandene System der Krankenfürsorge mit den 700 kommunalen Krankenhäusern, Beobachtungsstationen, Beratungsstellen für Phthisis, Hautkrankheiten, Mütter- und Säuglingsfürsorgestellen u. s. f. doch schließlich ohne Versicherung für unzulänglich erkannt und glaubt, mit dem Versicherungszwang für Arbeiter die Krankenfürsorge für das ganze Volk auf eine rationellere Basis stellen zu müssen. *Die Kranken- und Invalidenversicherung stellt sich demzufolge für die Staatsverwaltung schlechthin als Eck- und Grundstein der Volksgesundheitspflege dar* und so paradox es auch klingen mag: je vollkommener die Versicherung funktionieren soll, um so vollkommener müssen die Maßnahmen der Prävention und Repression ausgestaltet sein, und sie werden es um so besser, je unmittelbarer die Verbindung des sozialhygienischen Verwaltungsdienstes mit den Krankenkassen und den Invaliditätsversicherungs-Anstalten, je größer der Einfluß im gewissen Sinne dieser auf jene ist. In dem zielbewußten Ausbau dieses Versicherungszweiges, in der Erfüllung der großen, vorher noch ganz vernachlässigten Aufgabe des Krankendienstes und in der damit erst zu erhoffenden Verallgemeinerung der sozialhygienischen Pflichterfüllung, an der jeder einzelne mitwirken muß und zu der er durch die Versicherung erzogen werden muß: darin liegt vielleicht die größte Bedeutung der Reichsversicherungsordnung, wenigstens des einen Teiles ihrer Reformtendenz.

Die Ausgestaltung der Versicherung in dieser Richtung geht alles in allem erheblich über das hinaus, was man an Wirkungswert vor vierzig Jahren und noch vor fünfundzwanzig sich zu erwarten getraute, und wir dürfen in diesen Beziehungen wohl behaupten: *die Tatsachen übertreffen erheblich die seinerzeitigen Erwartungen.*

Anders liegen die Dinge bezüglich des sozialen Friedens. Die Hoffnung auf diesen, die man damals genährt habe, soll ja so völlig Schiffbruch gelitten haben. Ganz verläßlich ist freilich der Beweis für diese Anklage nicht zu erbringen. Der rückblickende Beobachter wird allerdings feststellen müssen, daß der Begriff des sozialen Friedens unsicher ist. Wenn jene Sozialpolitiker von Eisenach nicht sehr kurzsichtig gewesen sein sollen, dann konnten sie bei ihrer programmatischen Anerkennung der Koalitionsfreiheit eine allzu lebendige Förderung des sogenannten sozialen Friedens doch wohl fürs erste wenigstens nicht erwarten. Allzu groß, so vermuten wir, dürfte der Glaube an die friedenstiftende Wirkung der Versicherung nicht gewesen sein, wenn man etwa mit dem tönenden Worte „sozialer Frieden" die Vorstellung verbindet, daß die Arbeitnehmer auf ihren Einfluß bei der Arbeitsvertragsfestsetzung verzichten. Man kann wohl nicht in einem Atem von Koalitionsfreiheit und von solchem Verzicht reden.

Wir wollen uns doch darüber keinen Illusionen hingeben, als ob der Kampf, der zwischen Arbeitgebern und Arbeitnehmern um den Anteil am Arbeitsertrag geführt wird, zum Stillstand gebracht werden könnte. Solches ist genau so wenig zu erwarten wie ein Aufhören des Gegensatzes von Käufer- und Verkäuferinteressen bei irgendeiner anderen Ware. Das ist eben eine Konsequenz der volkswirtschaftlichen Organisation des Wirtschaftslebens mit jener ungeheuren Steigerung der Warenmengen, der Tauschvorgänge, der Preisbildungen, der Qualitätsdifferenzierungen in Ware wie in Leistungen, mit jenem fast völligen Verlust von Autarkie, von Unabhängigkeit der Einzelwirtschaft mit jener von einer staatlichen Zentralstelle aus nimmermehr zu durchdringenden Unübersichtlichkeit der Wertungsvorgänge, die sich eben doch in den Preisbildungen, also auch in den Gestaltungen der Arbeitsverträge letzten Endes ausleben. Das ist eine wissenschaftliche Erkenntnis, keine politische Forderung. Was die staatliche Autorität gegenüber diesem durch die Massenhaftigkeit wie durch die Kompliziertheit aller Zusammenhänge bedingten Ringen zwischen den schöpferischen Faktoren des Wirtschaftslebens untereinander zu tun vermag und was wir deshalb auch verlangen, ist: dahin zu wirken, daß nicht in diesem Ringen der Parteien eine Wendung eintrete, die einem der beiden Streitteile die Kraft benimmt, an der ferneren Verfechtung seiner Interessen in wirksamer Weise Anteil zu nehmen, daß nicht die Schwächung des einen Teiles zu einem Diktieren von Friedensbedingungen auf Absterbens-Amen führe.

Wir geben uns keiner Täuschung hin: *hierin, in diesem vermeintlichen Versagen der sozialen Versicherung bezüglich der sogenannten sozialen Pazifizierung liegt eine mächtige Wurzel der Unbefriedigtheit über die soziale Versicherung.* Aber wir müssen feststellen, daß wir darin dennoch nicht eigentlich unerfüllte Erwartungen erblicken dürfen, sondern daß vielmehr die Erwartungen gegenüber der sozialen Versicherung offenbar andere geworden sind, wenn man heute meint, es hätte mit der Versicherungs-Gesetzgebung der Koalitionsfreiheit und allen ihren Begleiterscheinungen der Boden entzogen werden können und sollen. *Wer sich nach dieser Richtung von den Wirkungen der sozialen Versicherung enttäuscht findet, hat das sich selbst und seiner Unkenntnis des realen Lebens* und dem Mißverstehen der Beziehungen zwischen der Versicherung, ihren Zwecken einerseits, dem Koalitionswesen andererseits *zuzuschreiben.*

Wenn sich diejenigen, die den Frieden erhofften, auf die Kaiserl. Botschaften von 1881, 1883 und 1888 berufen, in denen allerdings von der Gewinnung dauernder Bürgschaften des inneren Friedens im Vaterlande und von dem Frieden der Berufsklassen untereinander die Rede ist, so wird freilich zuzugeben sein, daß das Wort „Frieden" in jenen Stellen Hoffnungen zu erwecken vermochte. Sofern jedoch jeder dieser Zusammenhänge auch einen Hinweis auf die einer hohen Auffassung entsprechende kaiserliche Pflicht, auf Forderung der Gerechtigkeit, auf Gebote christlicher Nächstenliebe, Pflichten der staatlichen Gesamtheit enthält, tritt unter allen Umständen die Hoffnung auf jene soziale Friedenswirkung sehr in den Hintergrund der Motive. Letzten Endes aber ist es natürlich immer gefährlich, den Optimismus des Motivenberichtes zu einer Regierungsvorlage zu teilen, namentlich dann, wenn es sich um Voraussagen von Wirkungen ausgesprochen massenpsychologischen Charakters handelt.

In Hinsicht der psychologischen Seite dieser Frage möchten wir doch das eine wenigstens nicht ungesagt lassen: Man wird verschieden denken über die Auffassung, daß die große Masse der Arbeiterschaft durch das angebliche Geschenk der Arbeiterversicherung in ihrem Pflichtgefühl gegenüber der bestehenden Staatsordnung und Gesellschaft gekräftigt werden sollte. Der Standpunkt der Kaiserlichen Botschaften war m. E. nicht der eines solchen do ut des. Aber nimmermehr sollte man übersehen, daß alle solchen Leistungen der Gesamtheit zugunsten eines Teiles, alle Schritte in der Richtung des sozialen Fortschritts diesen ethischen Wirkungswert sehr bald verlieren und verlieren müssen, weil der Mensch, als einzelner wie in der Masse anpassungsfähig, in seinen physiologischen Bedürfnissen wie in seinen Empfindungen psychischer Natur ein Produkt der Gewohnheit ist, und *weil er demzufolge nur allzu rasch als selbstverständlich anzusehen geneigt ist, was ehedem als wertvolle Errungenschaft angesehen und von Dakesempfindungen vielleicht begleitet gewesen sein mochte.*

Die Sozialpolitiker aber haben nicht nur keine Rechtfertigung, mit diesem Argument des unerfüllten sozialen Friedens zu operieren, sondern sie haben im Gegenteil allen Anlaß, gegen die Herrschaft dieses Wortes mit allen seinen Mißdeutungen zu wirken. Ja, auch die Sozialpolitiker erstreben einen Zustand, den man als einen sozialfriedlichen bezeichnen kann, einen Zustand, der beide Arbeitsparteien als Angehörige nicht hinwegzuleugnender verschiedener Klassen stark genug erscheinen läßt, daß sie sich von ruhigem, bestimmtem Wollen erfüllt, aber ohne Haß und Rachegefühl, ohne Freude an der Schädigung des Gegners, zum notwendigen Verhandeln jeden Augenblick Aug' in Aug' gegenübertreten. *Dieser Zustand des sozialen Friedens kann und darf vom Gesamtinteresse freilich nimmermehr* ein solcher der Schlafmützigkeit auf der einen Seite, der Inaktivität, des Duldens sein, nicht *den Charakter des Hörigkeitsverhältnisses,* wie Naumann einmal treffend gesagt hat, *sondern muß den der bürgerlichen Gleichwertigkeit haben.* Und weiter sind sich die verfemten und vielgeschmähten „weltfremden" gelehrten Sozialpolitiker bewußt, daß mit der unablässigen Bewegung im Wirtschaftsleben das Anstreben des sozialen Friedens immer wieder neue Arbeit, neuartige Initiative erheischt, mit einem Wort ein nimmermehr endendes Problem bleibt, weshalb Sozialpolitik angesichts der dynamischen Grundlagen unserer Wirtschaft nimmermehr am Ziele ihrer Bestrebungen anlangen und dort aufhören kann. Sie sind sich dessen bewußt, weil sie von der Kenntnis der Gesellschaftsentwicklung und der in ihr wirksamen ideologischen wie physiologisch-materialistischen Triebkräfte ausgehen.

Von diesem Gesichtspunkte aus kommen wir nun dazu, daß auch eine sozialpolitisch orientierte Kritik an der großen deutschen Sozialversicherung Veranlassung hat, Gründe zur Unbefriedigung festzustellen.

Einmal deshalb, weil jeder, der eine Gefährdung der Persönlichkeitswerte und ihrer unablässigen Neugewinnung aus jener überzeugten eindeutig sozialpolitischen Auffasung vom Begriff des sozialen Friedens heraus bekämpft, auch darin eine Gefahr für die Persönlichkeits-Entwicklung erkennen wird, daß der ins Riesenhafte wachsende Apparat der Sozialversicherung die Bedeutung zu gewinnen droht, als sei mit ihm schon alles Wesentliche an sozialpolitischer Arbeit getan.

Dazu kommt, daß die Bürokratisierung der Versicherungsverwaltung in der Reichsversicherungsordnung weitere Fortschritte gemacht und neue Entwicklungsmöglichkeiten gefunden hat, und zwar trotz der anerkannten Tendenz gegen die Sozialdemokratie, wie ich meine wahrscheinlich nicht so ganz zu deren Nachteil aus hier nicht näher zu erörternden massenpsychologischen Wirkungen des Bürokratismus in der Richtung der Persönlichkeits-Unterdrückung.

Nun ist das, nach den Angriffen auf die deutsche Versicherung und den ganzen Versicherungsgedanken zu schließen, noch nicht das schlimmste Übel, wenngleich die Reichsversicherungsordnung und die Verhandlungen über sie erst so recht erkennen lassen, welche große Bedeutung die Organisationsfrage bei entsprechender Behandlung seitens der staatlichen Autorität auch da gewinnen kann. Wie dieser, so stehen aber auch die anderen behaupteten Mißstände mit dem, was man den Voluntarismus nennt und mit seinem Gegensatz zum Staatssozialismus in nächster Beziehung. *Unter den „unerwünschten Folgen" der deutschen Sozialversicherung, die zu beklagen seien, steht an der Spitze der Untergang der Selbstverantwortlichkeit.*

Man meint, es mit einem Requisit des Liberalismus aus dem älteren Bestande seiner Rüstkammer zu tun zu haben, dessen Geltendmachung gegenüber der Sozialversicherung wenig zeitgemäß scheint, da doch heute kaum eine Meinungsverschiedenheit darüber besteht, daß das Individuum in seiner Isoliertheit im Wirtschaftskampf nicht verantwortlich gemacht werden kann, daß es untergeht, wenn durch die wirtschaftliche Konjunktur die Absatzmöglichkeit seiner Ware ihm plötzlich schwindet. Diese elementare Verantwortlichkeit kann bei der Unübersichtlichkeit der Marktverhältnisse kaum auf die Berufswahl ausgedehnt werden, sie ist an Voraussetzungen geknüpft, die nur durch ein gesellschaftliches Wirken erfüllt werden können. Aber nicht um diese handelt es sich hier. Es kann und soll dem Individuum jedoch eine Verantwortlichkeit aufgeladen werden, wenn die Möglichkeit durch entsprechende gesellschaftliche Einrichtungen geboten ist, seine Qualitäten zur Verwertung zu bringen und den Nutzen daraus in bester Wirtschaftlichkeit für sich und seine ökonomische Situation zu ziehen. Ist der einzelne an die Stelle gelangt, an der er seine der Gesellschaft Dienste leisten kann, dann muß er sich auch jeden Augenblick bewußt bleiben, daß er Pflichten übernommen hat, und daß er bei Vernachlässigung dieser Pflicht dem Elend verfällt, denn ohne Pflichttreue kann die Gesellschaft, wie immer sie gestaltet sein mag, nicht existieren. Ja, die Selbstverantwortlichkeit geht heute noch so weit, daß der einzelne die gesellschaftlichen Funktionen und Einrichtungen ehrlich unterstützen und nach Kräften fördern muß, keinesfalls bewußt beeinträchtigen muß.

Diese Gefahr hat sich verschiedentlich gezeigt. Vor allem darin, daß der Versicherte das Bewußtsein, für seine Zukunft mit verantwortlich zu sein, tatsächlich und nachweisbar in Tausenden von Fällen verloren hat, und zwar so sehr, daß die stärksten Gründe dafür sprechen, daß mit einer Erweiterung der Versicherungsobjekte dieser Rest an Verantwortlichkeits-Bewußtsein vielfach nicht mehr stark genug bleiben würde.

Einen Ausdruck hat dieses Schwinden des Selbstverantwortlichkeitsgefühls in der Richtung gefunden, in der sich der Aufwand der Arbeiterschichten ausdehnt. Man liebt es, von der gestiegenen Spartätigkeit der Arbeiterkreise ein hohes Lied zu singen. Ich vermag auf Grund unmittelbarer Nachfragen und Beobachtungen in diesen Hymnus nicht einzustimmen. Auf der einen Seite fällt es ganz und gar nicht schwer zu beobachten, daß, wo bei gegebenen Einkommenverhältnissen Sparsinn wirklich die ökonomische Kräftigung herbeiführen könnte, statt der Spartätigkeit eine ganz unsinnige Geldverwendung auftritt, in der sich nicht etwa nur Genußfreude, sondern gründlich verfehlte, hochgeschraubte Genußsucht sozialpathologischen Ursprungs äußert. Wirklich nicht um ein Askese-Predigen in der Wüste handelt es sich da. Widersinnig wäre es, wenn man auf der einen Seite auf die Entwicklung von Persönlichkeitswerten Gewicht legte und von diesem Gesichtspunkte aus die staatssozialistischen Gestaltungen bekämpft, vor jenen Tatsachen die Augen zu verschließen, die sich als des nacktesten und unveredeltsten, wenn auch soziologisch erklärlichen Nachahmungsstrebens darstellen. Mögen Hunderttausende Sparkasseneinlagen machen und, vielleicht sogar von dem Gefühl der Unzulänglichkeit der sozialen Versicherung, insbesondere der Invaliditäts- und Altersversicherungsleistungen beherrscht, den Blick in die Zukunft und ihre wirtschaftlichen Erfordernisse geschärft erhalten — natürlich gibt es diese Hunderttausende —, so sind ebenso viele Hunderttausende im entgegengesetzten Fahrwasser, und zwar *gerade die Kreise der jüngeren Generation sind es, die durch die Zuversicht auf wachsende Staatsfürsorge und Rentenaussichten verweichlichen und von wirtschaftlichen Entwicklungsmöglichkeiten abgedrängt werden.*

Nun gehe ich nicht so weit, den ursächlichen Zusammenhang zwischen der Zwangsversicherung und diesem Schwinden der Selbstverantwortlichkeit als einen zwingenden anzusehen. Über eines aber kommen wir nicht hinweg, daß wir in Deutschland aus den praktischen Erfahrungen heraus, die die Verwaltung der Arbeiterversicherung selbst im Laufe eines Vierteljahrhunderts machen mußte, ein Beweismaterial sammeln mußten, aus dem hervorgeht, erstens, daß das Verantwortlichkeitsgefühl, wie es als Bestandteil wirklich sozial wertvoller Persönlichkeit verlangt werden muß, nicht entfernt vorhanden ist, und zweitens, daß die Versicherungsorganisation diesem Minus an Selbstverantwortung, dieser Tendenz zur Abwälzung von Verantwortung ein besonders geeignetes Betätigungsgebiet schafft. Man kann von der auch nicht ganz gleichgültigen Tatsache absehen, daß die freiwillige Weiterversicherungsmöglichkeit keine Ausnutzung gefunden hat, wie man sie erwarten konnte und erwartet hat. Auch von der Selbstversicherung ist nur geringer Gebrauch gemacht worden. Das viel Wichtigere sind folgende Erscheinungen:

1. Man hat Grund, anzunehmen, daß *das Bestreben, Versicherungsfälle zu verhüten, abgenommen hat;*

2. daß gegenüber tatsächlich eingetretenen Ereignissen, die die Geltendmachung eines Versicherungsanspruchs möglich, wenngleich nicht notwendig erscheinen lassen, die Widerstandskraft gesunken ist und im Zusammenhang damit Schädigungs-Symptome, von deren Feststellung die Zuerkennung eines Anspruches abhängt, teils bewußt, teils unbewußt autosuggestiv gesteigert werden, bis eventuell

3. Fälle offenbarer Simulation zutage treten.

Es ist bekannt, daß namentlich diese letzte Erscheinung zum Ausgangspunkt schwerster Angriffe auf die Sozialversicherung und die speziell deutsche Sozialpolitik schlechthin gemacht worden ist, und es liegt mir völlig fern, diesen Schlachtruf aufzunehmen. Aber ich vermag auch nicht so ganz, wie dies von anderer Seite geschehen ist, in dieser „unerwünschten Folge“ nur eine relativ unerhebliche Sache zu sehen, die nur durch kleine Änderungen der Gesetzgebung schon überwunden werden könnte. Zu überwinden ist diese Sache schon im Wege einer strafferen Zügelführung und mancher Besserung im organischen Funktionieren des Apparates. Eine solche ist aber vor allem Sache praktischer Verwaltung, und damit des bürokratischen Apparates, was nicht unter allen Gesichtspunkten unbedenklich sein dürfte. *Dann wollen wir doch Sozialpolitik ebenso ernst und gewissenhaft treiben, daß wir genau wie ein Arzt mit rationeller Therapie wo irgend möglich nicht bloß die Symptome und ihre Äußerungsmöglichkeit, sondern auch die causa causans überwinden und aus der Welt schaffen.* Nicht die Erscheinung selbst oder

der Umfang, in dem sie auftritt, ist bedenklich, sondern das Symptomatische an ihr.

Wenn wir von dieser Seite der Sache zu Leibe rücken, dann dürfen wir aber nicht den Blick nur auf unsere deutsche Versicherung gerichtet halten, und wir sind nicht nur berechtigt, sondern verpflichtet festzustellen, daß alle die drei genannten unerwünschten Folgen nicht nur Begleiterscheinungen der Zwangsversicherung, sondern der Versicherung überhaupt sind. Ein Kronzeuge für die Allgemeinheit dieser Versicherungskonsequenz ist das Ehepaar Beatrice und Sidney Webb. Diese nehmen in ihrem Buch über das Problem der Armut freilich eine der staatlichen Arbeiterversicherung gegenüber ablehnende Haltung ein, mit einziger Ausnahme der Altersversicherung. Denn nur diese sei gefeit dagegen, daß die Versicherungsleistung in einer für den Moralfaktor in der Gesellschaft höchst bedenklichen Weise erschlichen oder erzwungen werden kann, und daß sie die Quelle der Energie-Lähmung wird.

Man wird im übrigen bezüglich der einzelnen Anwürfe der Webbs gegen die obligatorische staatliche Versicherung sehr verschiedener Meinung sein können und namentlich über ihre Kategorisierung des Versicherungsbeitrages der Versicherten als Kopfsteuer anders zu urteilen berechtigt sein. Aber alles, was dort wohlgewertet auf Grund englischen Tatsachen-Materials gesagt ist, nicht nur über die Unzulänglichkeit der Freiwilligkeit der Versicherung, über die körperliche Entartung der Angehörigen von Kranken, wegen der Unzulänglichkeit dessen, was die freiwillige Versicherung zu leisten vermag, sondern auch über das Versagen der Widerstandskraft gegenüber unbedeutenden Leiden; über die Entschlossenheit wenigstens eines Teiles der Beitragzahlenden, ihre Beiträge nicht umsonst zu zahlen, sondern sie in vollem Umfange als Unterstützung zu beziehen; über das Steigen der Krankenrate im Gegensatze zu fallender Totenrate; die besondere Höhe der Krankenrate und des Krankengeldbezuges gerade in den zentralisierten Landesverbänden, deren Mitglieder das Gefühl der Benutzung eines gemeinsamen Geldbeutels hätten, während in den kleineren lokalen Organisationen die niedrigste Inanspruchnahme zu beobachten ist, weil offenbar das Bewußtsein des gemeinsamen Tragens der Erkrankungen des einzelnen lebhafter im Bewußtsein bleibt; all das sind Anklagen, die gegen die Rolle des Versicherungsgedankens überhaupt und nicht allein gegen das staatliche Obligatorium gerichtet sind.

Die gleiche Erfahrung läßt sich aus dem wirtschaftlichen Verkehr allenthalben ziehen. Die Simulation ist eine allgemeine Erscheinung, nicht nur im Rahmen der Arbeiterversicherung mit Entgeltleistung seitens des Versicherten, und es ist charakteristisch genug, daß das private Versicherungsgewerbe sowohl der Unfall- wie der Haftpflichtversicherung sich zu einschneidenden Maßnahmen gegen die Renten-Hysterie und die Simulation genötigt gesehen hat, so z. B. die Herabsetzung der Entschädigung auf die Hälfte, wenn Nervenkrankheiten mit der Unkontrollierbarkeit ihrer Symptome behauptet werden, während bei gewissen Berufsklassen Nervenerkrankungen als alleinige Folge von der Entschädigung sogar ganz ausgeschlossen werden.

Es ist weder die spezielle Arbeiterschicht der Bevölkerung, bei der diese Produkte einer gewissen moralischen Degeneriertheit merkbar werden, noch stehen diese gerade mit dem Zwangsprinzip in einem ursächlich zwingenden Zusammenhang, sondern *es ist die die ganze Gesellschaft, nicht bloß die Arbeiterschaft beherrschende, unverkennbar aus der Zuspitzung der kapitalistischen Denkweise schließlich notwendig herauswachsende Tendenz zur raffiniertesten Vorteils-Verfolgung, die hier ihre verhängnisvollen Blüten treibt*[2].

Ob es richtig ist, wenn die Webb mit dem Ton gefestigter Überzeugung behaupten, das Fehlen der Beitragsleistung des Versicherten, also die rein gemeinwirtschaftlich organisierte Kranken-, Unfall- und Invaliditäts-Fürsorge werde diese Auswüchse des Versicherungswesens beseitigen: das will uns doch arg fraglich erscheinen, und wir glauben, daß der Hebel wohl tiefer eingesetzt werden müßte, um die Gesellschaft von dieser Tendenz, in der wir die treibende Kraft der Erscheinungen erkennen zu müssen glauben, zu befreien.

Deshalb setzen wir auch die allergewichtigsten Zweifel in die Richtigkeit der Anschauung, daß der Beitragsleistung des Versicherten keine andere Bedeutung zukomme als die einer antiquierten und schädlichen Kopfsteuer. Eine der maßgebendsten Grundlagen für unsere Zweifel ist das Fehlen einer Beitragslast der Versicherten in der obligatorischen Un-

---

[2] Ich möchte hier nur ganz kurz den hiermit zusammenhängenden weiteren Vorwurf berühren, daß das Rechtsbewußtsein der Parteien unter der Rechtsprechung gelitten habe, da diese nach Wohlwollen und Hilfsbereitschaft entwickelt worden sei, statt nach der strikten Rechtsnorm. Auch ich halte es mit Rosin, auf den sich Kaufmann (Licht und Schatten der deutschen Arbeiterversicherung, Berlin 1912) beruft, für eine Aufgabe der Jurisdiktion, den Willen des Gesetzgebers zu verwirklichen und die Lebensverhältnisse so zu gestalten, wie es den erkennbaren Zielen und Zwecken des Gesetzgebers am meisten entspricht. Aber ich halte es allerdings für ganz verkehrt, zu meinen, die Jurisdiktion in der Arbeiterversicherung könne oder solle Funktionen der Armenpflege leisten. Denn die Trennung der beiden Sphären sozialer Hilfeleistung, der Versicherung einerseits, der Armenpflege anderseits, halte ich für möglich, sozialpolitisch zweckmäßig und deshalb geboten. Ich maße mir kein Urteil darüber an, ob die Rechtsprechung das Wohlwollen in bedenklichem Umfang walten ließ. Sofern es aber mit der Wirkung geschehen sein sollte, daß die Vorstellung von dem rechtlichen Wesen der Versicherung in weiteren Kreisen geschwunden ist, halte ich dies für grundverfehlt, und zwar zum mindesten schon deshalb, weil der Gesetzgeber die Versicherung geschaffen hat, um das Gebiet der Armenpflege, den Wirkungsbereich der Caritas einzuengen. Er wollte Rechte schaffen, wo ihm Mildtätigkeit unsozial schien: im Arbeitsverhältnis.

fallversicherung im Deutschen Reich, die in viel auffallenderem und bedenklichem Umfange Simulation und Rentenhysterie herbeigeführt und zum Problem der Reform gebracht hat als die Krankenversicherung mit Beitragspflicht der Versicherten.

Daß ganz andere Probleme und Prinzipien anderer Art es sind, die für die Erreichung der Versicherungszwecke entscheidend sind und deren Lösung bzw. Durchsetzung eine Sozialpolitik anstreben muß, die nicht von einem aprioristischen Enthusiasmus für die möglichst staatssozialistische Gestaltung des Versicherungswesens getragen ist, das erkennen freilich die Webb, deren idealistischer Ausgangspunkt ihrer Kritik klar vorliegt, wie Tausende anderer, die man nicht als Anhänger eines bestimmten Systems einzuschätzen hat. Es ist nicht unwesentlich, daß der Zentralverband der amerikanischen Industriellen das deutsche Prinzip der Unfallversicherung zur Durchführung gebracht wissen will, weil man sich dort von ihm die meisten Vorteile in bezug auf die Unfallverhütung verspricht.

Darin liegt m. E. der eine der Kernpunkte aller Raisonnements zur Beurteilung der Bedeutung des Versicherungsgedankens für den modernen Staat und seiner Grenzen: die Versicherung muß, wenn sie rationell wirken soll, so eingerichtet sein, daß sie schadenverhütend wirkt. *Im Wesen der Versicherung selbst liegt diese Funktion noch nicht. Im Gegenteil: das Natürliche ist das Erlahmen der auf Verhütung gerichteten Energie.* Damit gelangen wir zu den maßgebenden Gesichtspunkten für die Würdigung der Versicherungsaufgaben, daß das Objekt der Wertung zwar wohl auch der Inhalt dessen ist, was mit der Versicherung erreicht werden soll, die materielle Fürsorge, daß aber in der Hauptsache die Versicherung doch immer nur als einer der technischen Wege zu bestimmten Zielen, als Methode funktioniert und als solcher zu werten ist.

Nun gelangen wir zur konkreteren Fragestellung: *Hat dieser technische Weg zur „Armuts- und Elendabwehr“ auch wirklich verhütend gewirkt?* Die Erreichung des letzten Zieles der vorbeugend-verhütenden Funktion der Versicherung wäre zunächst allgemein an der Entbehrlichmachung der Armenpflege zu messen. Wie weit in dieser Hinsicht die Sozialversicherung gewirkt hat, das ist bekanntlich eine Frage, die auch von den Skeptikern aufgeworfen wird, die die an die Versicherung geknüpften Erwartungen als nicht erfüllt behaupten.

Zu beantworten ist die Frage vorsichtigerweise weder mit einem unbedingten „Ja“ noch mit einem ebensolchen „Nein“.

Gewiß, die Armenverbände sind in hohem Maße durch die Rentengewährung an erwerbsunfähige Personen entlastet worden, sei es, daß die Armenunterstützung ganz entbehrlich gemacht, sei es, daß sie neben einer Rentenleistung in viel geringerem Ausmaße in Anspruch genommen wurde. Aber so wie die österreichischen Regierungsbegründungen der Invaliditätsversicherungsvorlagen mit dem Argumente der von dieser zu erwartenden Verminderung der Armenlasten operieren, so waren auch in Deutschland die Hoffnungen auf eine absolute Verminderung der Armenlast gerichtet gewesen, und diese Hoffnung hat sich nicht erfüllt[3]. Die Verhütungsaufgaben liegen aber natürlich noch auf anderem Gebiete.

Daß die Unfallversicherung durch ihre Organisation zur Erfüllung der Verhütungsaufgabe beigetragen hat, steht außer Zweifel. Fraglich ist dies bei der Krankenversicherung, und es dürfte nicht zu viel gesagt sein, daß mit den fortschrittlichsten Neugestaltungen des ärztlichen Dienstes die erste Voraussetzung für eine bewußtere Erfassung und für sichere Erreichung des Zieles der Krankheitsverhütung, der zunehmenden Volksgesundheit seitens des Krankenversicherungsapparates geschaffen wird.

In besonderen Verhältnissen liegt die Sache bezüglich der Invaliditätsversicherung. Hier ist die Methode der Versicherung geradezu zum treibenden Element für die Verhütungsarbeit geworden, und zwar, so paradox es klingt, durch das kapitalistische Prinzip hindurch. Die Technik dieses Versicherungszweiges mit ihrer Ansammlung von Vermögenswerten und das Problem der Verwertung dieser Wertbestände, das sind die treibenden Kräfte geworden für die Ausbildung der auf Verhütung und Hemmung von sozialem Elend gerichteten Einrichtungen eben durch die Invalidenversicherung.

Die praktische Konsequenz unserer Betrachtungen ist eine doppelte: Einmal der bestehenden Versicherungs-Organisation gegenüber kann es sich zwar, wie ich nochmals betone, trotz der nicht zu leugnenden Mängel, die mit ihr aufgetreten sind, nun und nimmermehr um einen Rückzug handeln, aber doch um ein Korrigieren. Daß diese Korrektur darin zu finden sein wird, daß man, wie vorgeschlagen wurde, den Dämon Rente aus der Welt schafft, indem man Kapital-Abfertigungen an die Stelle setzt, scheint mir zweifelhaft. Meines Erachtens macht der Vorschlag denselben Fehler wieder, gegen den wir uns ja eigentlich zu wenden haben, er sorgt ebenso wenig, wie bisher geschehen ist, für die Erfüllung psychologischer Voraussetzungen der sozialpolitisch wünschenswerten Wirkungen der Sozialversicherung. *Wir können auf die Versicherung im Rahmen der aufbauenden Sozialpolitik nicht verzichten, und deshalb müssen wir alle Kräfte daransetzen, die Voraussetzungen für ihr wirklich gesellschaftlich zweckmäßiges Funktionieren zu schaffen.* Voraussetzungen, die wir allerdings erst im Laufe der fast drei Jahrzehnte kennengelernt haben und die wir nicht voraussehen mußten.

---

[3] Vgl. hierzu Zahns einschlägigen Aufsatz im Archiv für Sozialwissenschaft, Jg. 1913.

Was Schmoller 1872 als Programmpunkt der Sozialpolitik aufgestellt hat, daß ihr Erfolg eine innere Wandlung des Menschen mit umfassen müsse, liegt auf der Linie dieser Voraussetzungen. Ohne Pessimist sein zu wollen, meine ich, zur Erfüllung dieses Programmpunktes ist so gut wie nichts Systematisches geschehen, wir sind von dem Ziele eher abgerückt als ihm näher: die Freiheit der Individuen ist einer zunehmenden Dogmenherrschaft gewichen und die Befreiung des Individuums muß da gerade, gegenüber diesen Dogmen und ihren psychischen Wirkungen einsetzen: die schwerste Arbeit, weil die Masse immer Dogmen gebraucht hat und brauchen wird.

Der staatssozialistische Charakter aber, der uns an manchen Erscheinungen, Mitteln und Wegen der Sozialpolitik als Übel und bekämpfenswert erscheint, weil er mit einer ihm wesenseigenen Steigerung der Bürokratisierung die Gesellschaft erst recht zu scheiden und nach einer hierarchischen Skala zu klassifizieren droht und weil er alle üblen sozialpsychologischen Begleiterscheinungen der Über- und Unterordnung fördert, die Machtgelüste sowohl wie die A-priori-Gebrochenheit der Persönlichkeit jener Individuen, die in dieser Hierarchie ihre Kräfte verwerten wollen — der staatssozialistische Charakter ist in der obligatorischen Versicherung noch nicht allzu gefährlich geworden. Aber wir haben allen Anlaß, Prozesse wie z. B. die drohende, da und dort angestrebte Bürokratisierung des ärztlichen Dienstes und Standes nicht aus dem Auge zu lassen, weshalb wir beispielsweise die Gegenwehr dieses Standes wohl begrüßen dürfen, freilich immer unter der Voraussetzung, daß der Stand den Berufsstandpunkt gegenüber dem Nichts-als-Erwerbsstandpunkt hochhält.

Zu einer zweiten praktischen Konsequenz müssen wir aber, glaube ich, noch weiter den Mut haben, als Sozialpolitiker — ich betone das: die Ausdehnungsideen bezüglich des Versicherungsgedankens vorerst zurückzustellen, und zwar einmal im Hinblicke auf die mehrerwähnten Schwächen der Arbeiterversicherung und ihre massenpsychologischen Grundlagen, und zweitens weil mit der Ausgestaltung neuer Versicherungszweige wieder Erwartungen geweckt werden, die nicht erfüllt werden, weil wir viel mehr ein Steigen der Passivität zu gewärtigen haben als eine Zunahme der Aktivität des einzelnen.

Danach sind m. E. die Grenzen der Verwendbarkeit dieses sozialpolitischen Mittels zunächst einmal erreicht, und es wird gut sein, im Rahmen des Erreichten die Dinge erst ausreifen zu lassen und unablässig den Boden dafür bei jeder neuen Generation zu bereiten, daß das Saatkorn des Versicherungsgedankens, wie das bei jeder großen sozialen Reformaktion erforderlich ist, gedeihen kann, eine Arbeit, die freilich auf sozialpädagogischem Gebiet im engeren Sinne liegt, die wir aber gerade im

Zusammenhange mit der *Sozialversicherung* ganz anders zu pflegen gehabt hätten, als es geschehen ist; denn diese *kann solcher Pflege der Massenpsyche nicht entraten. Auch diese Erkenntnis, die in Übereinstimmung mit Schmollers Wort von der Umwandlung des inneren Menschen steht, sollte als ein Gewinn der Wirksamkeit des Versicherungsgedankens weiter nutzbringend verwertet werden.*

Die Bedeutung der Sozialversicherung im Wandel der Wirtschaftsentwicklung (1928)*

Mit besonderer Freude erfüllt es mich, Ausführungen machen zu können an einer Stelle, bei der sich Vertreter aus den leider so feindlichen Lagern beider Parteien des Arbeitsvertrages zu friedlicher Gemeinschaftsarbeit vereinigt haben. Allzu gern wird dem Volkswirt, der nur nach Erkenntnis der Zusammenhänge und Abhängigkeiten, wie sie wirklich sind, also nach Erkenntnis der Wahrheit ringt, dann, wenn seine Feststellungen einer Partei günstig sind, von der Gegenseite Parteinahme vorgeworfen, während es uns gleichgültig sein muß, ob es einer Partei gefällt, was wir feststellen müssen, so daß bei Behandlung besonders umstrittener Fragen unser fast immer das Los harrt, von einer der beiden Parteien, womöglich mit unserem Worte, also repräsentativ, totgeschlagen zu werden. Da ich mir wohl bewußt bin, daß das, was ich auszuführen haben werde, nicht meinem Gefühl entspringen darf, denn man will doch nicht hören, was ich als Mensch von der zu behandelnden Frage halte, sondern nur das Ergebnis der wissenschaftlichen Arbeit interessiert, und da diese wissenschaftliche Auffassung von den Beziehungen zwischen Sozialversicherung und Wirtschaftsentwicklung weder dieser noch jener der beiden sozialen Gruppen: Arbeiter und Arbeitgeber ganz zusagen wird, *gehe ich bewußt dem Schicksal entgegen, entweder als Wissenschaftler sachlich befunden zu werden oder gründlich, nämlich von zwei Seiten, totgeschlagen zu werden.*

In diesem Zusammenhang glaube ich der Erinnerung an meine Lehrtätigkeit an der Karlsruher Hochschule, in Hinsicht auf ihren sachlichen Zusammenhang mit meinen heutigen Darlegungen, Raum geben zu dürfen. In Karlsruhe war es, wo ich in enger Fühlung mit Männern des praktischen Lebens, selbst auch in dem sozialen Ausschusse der Stadtverwaltung tätig, unterstützt durch die Erfahrungen meiner ehemaligen Schüler, mein Handbuch der Sozialpolitik verfaßte, dessen Grundauffassung vom Wesen der Sozialpolitik heute mehr als damals Anerkennung findet. Nämlich die Auffassung, die auch für die folgenden Ausführungen bestimmend ist, daß *alles sozialpolitische Geschehen und Wollen auf den gesicherten Bestand und das gesicherte Wirken der Gesellschaft als Ganzes gerichtet sein muß.*

---

* Die Betriebskrankenkasse, 21. Jg., 1928, Nr. 17.

Meine Darlegungen könnten sehr neutral, nur im Hinblick auf hinter uns liegende Tatsachen, also geschichtlich, gehalten sein. Aber das Wort von den sozialen Lasten, das häufig fällt, wenn von sozialer Versicherung geredet wird, und die Tatsache, daß im Deutschen Reiche 1927 vielleicht 4,5—4,8 Milliarden Mk. für die Zwecke der Sozialversicherung aufgebracht wurden und weitere Steigerungen in Aussicht stehen, drängt dazu, den Zusammenhang zwischen Sozialversicherung und dem Wandel der Wirtschaftsentwicklung unter den Gesichtspunkten gegenseitiger Bedingtheit und der Wechselwirkung zu betrachten.

Ist es berechtigt, den Gedanken der Last in den Vordergrund zu rükken, vielleicht sogar den Gedanken, daß Sozialversicherung etwas der Wirtschaft Fremdes sei, mindestens daß sie Kosten verursache, die den Erfolg der Wirtschaftsarbeit schmälern, daß es sich um wirtschaftliche Ausgaben handle, die den Ertrag, auf den jede wirtschaftliche Arbeit abzielen muß, verkürzen und sich damit wirtschaftsfeindlich auswirken?

Mit solcher Auffassung sieht man sich in die ersten Zeiten knospender sozialpolitischer Werbetätigkeit zurückversetzt, in die Tage der Gründung des Vereins für Sozialpolitik, in denen von einer staatlich organisierten Arbeiterversicherung sogar von tatkräftigen Verfechtern sozialpolitischer Gedanken, vom Verlagsbuchhändler Duncker, von Dr. Hirsch, von Brentano, wenn auch von anderen Gesichtspunkten aus, große Gefahren erwartet wurden. Hat sich doch die Sozialversicherung erst die Sozialpolitik erobern müssen. Schon bei der Gründungsversammlung des Vereins 1872 in Eisenach waren nach Schmollers Eröffnungsrede in den besten sozialpolitischen Köpfen und Herzen Bedenken gegen die pflichtmäßige Sozialversicherung wach geworden, und als 1874 bei der zweiten Tagung des Vereins die Invaliden- und Alterskassen zur Beratung standen, sind die Zweifler Sieger geblieben. Nicht nur gegen eine staatliche Versicherung, sondern gegen die Versicherung überhaupt richtete sich das Abstimmungsergebnis.

Die Wirtschaft müsse frei bleiben, und die Arbeiter müßten frei bleiben. Das war die überwiegende Denkrichtung jener hohen Zeit des wirtschaftlichen Liberalismus! Jeder Zwang sei geeignet, das höchste Maß von wirtschaftlicher Leistungsfähigkeit zu beeinträchtigen. Nur wenn sich alle Kräfte ohne Hemmung frei regen, komme es zur höchstmöglichen Produktivität. Diejenigen, die es anders sahen, blieben damals auch im Verein für Sozialpolitik in der Minderheit. Als die Kaiserliche Botschaft von 1881 die Sozialversicherung im heutigen Sinne einleitete, wurde von großer Gefahr für die Wirtschaft gesprochen. *Daß mit der Sozialversicherung selbst Wirtschaft getrieben wird, hat man sich nicht genügend klar gemacht. Dies lag freilich auch an einer etwas engherzigen Auffassung des Begriffes Wirtschaft zur damaligen Zeit.* Wirtschaft ist nicht schlechthin das Beschaffen von Gütern, die Arbeit hinterm Pfluge und die Leistung im Schacht, am Hochofen, an der Spinnmaschine, auf der Lokomotive usw., sondern Wirtschaft ist im Unterschiede von diesen technischen Vorgängen das Verfügen über Kapital, Boden und Arbeitskräfte, um auf möglichst rationelle (vernunftmäßige) Weise Güter, die wir für unsere Zwecke brauchen, zu gewinnen.

Das, was man wirtschaftliche Entwicklung zu nennen pflegt, ist nicht eindeutig. Es handelt sich einmal um den gewissermaßen mikroskopisch zu sehenden Entwicklungsgang des Alltags, das sich unablässig abspielende Fortschreiten innerhalb der einzelnen Wirtschaft. Und dann gilt es zweitens, makroskopisch, das allmählich und aus dem Kleinen bei den einzelnen Gewordene in seiner Auswirkung auf das Ganze des gesellschaftlichen Wirtschaftskörpers innerhalb einer größeren Spanne Zeit zu verfolgen, also den Ergebniszustand dem Anfangszustand, der weit — etwa eineinhalb Jahrhundert — zurückliegt, gegenüberzustellen.

Die Beobachtung der Vorgänge des Alltags überzeugt bald, wie sehr der Verstand, die nüchterne Logik des auf das Abwägen von Nutzen und Kosten gerichteten, also des ökonomischen Denkens, das wirtschaftliche Handeln immer stärker beherrscht. Die Ratio, die Vernunft herrscht, es wird rationalisiert. Steigerung der Wirtschaftlichkeit kennzeichnet dieses unablässige Fortschreiten in der Güterverwaltung und Güterbeschaffung vor allem in der Unternehmung und insbesondere erkennbar erstens in dem Streben, den Ertrag je aufgewendeter Geldeinheit zu steigern, zweitens in der Sorge für die Erhaltung der Sachkapitalien, Verlängerung ihrer Lebensdauer, drittens in der immer stärkeren Berücksichtigung zukünftiger Bedürfnisse und Notwendigkeiten.

Von der Entwicklung der Wirtschaft ist aber noch in dem Sinne zu reden, daß sich das ganze System des Wirtschaftens ändert. Auch das geschieht nur allmählich und für die, die mitten darin stehen, unmerklich, aber dem Rückschauenden ist es deutlich erkennbar.

Das, was ein Wirtschaftssystem kennzeichnet, ist dreierlei: Erstens der Geist der Wirtschaft oder wie Sombart, dem ich hierin folge, sagt, die Wirtschaftsgesinnung, zweitens die Wirtschaftsform und drittens die Wirtschaftstechnik.

Das Wirtschaftssystem, in dem wir leben und das als das kapitalistische gilt, sei zunächst kurz gegenüber voraufgegangenen Wirtschaftssystemen in Hinsicht auf die Wirtschaftsgesinnung gekennzeichnet durch seine Einstellung auf schrankenloses Erwerben im Gegensatz zu bloßer Bedarfsdeckung, durch den Rationalismus im Gegensatz zur überlieferten Gestaltung der Wirtschaft und, wie man heute wohl noch sagen darf, durch eine individualistische Gesinnung, die man negativ auch als Mangel an Gemeinschaftsgefühl deuten kann.

Hinsichtlich der Form der kapitalistischen Wirtschaft ist kennzeichnend, daß die Wirtschaftsordnung, um aufzukommen, frei von Bindungen sein mußte, daß private Einzelwirtschaften Träger des wirtschaftlichen Geschehens sind, und zwar immer mehr gesellschaftliche Privatwirtschaften, daß sie das Bestreben zu großbetrieblichen Unternehmen zeigt und daß sie teilweise oligarchisch-aristokratisch genannt werden muß, sofern nur verhältnismäßig wenige hervorragende Köpfe besonders maßgeblich die Richtung der Industrie bestimmen.

Endlich die Technik: Sie wird vielleicht durch nichts so sehr gekennzeichnet wie durch ihre Unbeständigkeit. Sie ist heute allenthalben auf wissenschaftliche Grundlagen gestellt. Unablässig ringen die Wissenschaften nach neuen Methoden, Mittel zu beschaffen und in den Dienst der Wirtschaft zu stellen, während sich die vorwissenschaftliche Technik auf die Erfahrung gründete, die überliefert wurde und sich so allmählich weiter bildete. Von der neuen Technik sagt Sombart mit Recht, daß sie revolutionären Charakter habe.

Die Wirtschaft unserer Tage kann allerdings nicht eine einheitlich kapitalistische genannt werden, weil und insoweit eine große Menge von Wirtschaftserscheinungen aus anderen Wirtschaftssystemen noch fortwirkt. Gerade im Bauerntum und im Handwerk haben wir Kulturelemente, die, mag auch, wie Bücher sagte, die Uhr ihrer Vorherrschaft abgelaufen sein, an bescheidener Stelle als früher fortfahren, mitzuwirken an dem Ziele, die Menschheit immer vollkommeneren Daseinsformen entgegenzuführen.

So wenig unsere Wirtschaft vollauf kapitalistisch ist, ebensowenig vollkommen sind auch die vorhin besprochenen Merkmale durchgedrungen. Es leben viele Wirtschaftszweige in dem mehr demokratischen Aufbau handwerklicher Wirtschaftsform, sie wirken nicht gesellschaftlich, sondern individuell kleinbetrieblich und was für unsere Betrachtungen von der anderen Seite her das wichtige ist: Unsere kapitalistische Wirtschaft ist ganz und gar nicht mehr völlig frei, sondern sie zeigt von verschiedenen Seiten her ein Streben, an die Stelle der schrankenlosen Freiheit des einzelnen eine körperschaftliche Gebundenheit zu setzen, also Wesenszüge des kapitalistischen Wirtschaftssystems zu ändern, ehe dieses überhaupt ganz zur Verwirklichung gekommen ist.

Trotz dieser Uneinheitlichkeit ist aber die Erwerbsabsicht, das Streben nach möglichst hohen Erträgen, soweit allgemein geworden und geblieben, daß *die Sozialpolitik und ihr Kernstück, die Sozialversicherung,* auf den ersten Blick geeignet erscheinen, mit ihren Kosten die Reinerträge zu schmälern, also sie *stellt sich als etwas der Wirtschaftsentwicklung in kapitalistischer Richtung Entgegenstehendes, als etwas System-Fremdes dar.*

Sozialpolitik ist eine Zusammenfassung nicht gleichartiger Maßnahmen, gleichartig und einheitlich ist nur der allen Maßnahmen gemeinsame Beweggrund der nachhaltigen Wahrung der Gesellschaftsbelange durch Kraftausgleichung zwischen den Klassen. Wenn und soweit man daher in der Sozialpolitik ein Verfügen ihrer Mittel für bestimmte Zwecke (und zwar auch ein rationales Verfügen) erkennen muß, ist die wirtschaftliche Natur ihrer Maßnahmen nicht ohne weiteres offenbar. Zwar werden sie in der Regel wirtschaftlich und rational vom Standpunkte der durch sie zu schützenden Gesellschaftsgruppen ohne weiteres erscheinen, aber auch das muß nicht immer der Fall sein; es sei nur erinnert an die Schwierigkeiten, die die Maßnahmen des Heimarbeiterschutzes lange Zeit in den Kreisen der Heimarabeiter selbst gefunden haben.

Es ist nicht meine Aufgabe, hier die schon berührte Frage nach den sozialwirtschaftlichen Grenzen der Sozialpolitik zu erörtern: wo fängt sie an, die Wirtschaft zu stören, wo beginnt sie, die Zwecke, denen die Wirtschaft dient, so zu hemmen, daß die Gesellschaft als Ganzes beeinträchtigt wird. Ich kann es mir aber nicht versagen, darauf hinzuweisen, daß der maßgebende Gegensatz zwischen Sozialpolitik und den Wirtschaftskräften gerade darin liegt, daß man die aus sozialpolitischen Beweggründen zu fördernden Schichten, insbesondere also die Arbeiter, durch Einrichtungen und Gestaltungen fördern will, durch die der bisherige Anteil der anderen Schichten, namentlich wieder der Unternehmer, an dem Ertrage der ganzen Wirtschaft verkleinert werden soll. Damit verschiebt sich die Frage nach den Grenzen, die der Sozialpolitik durch die gesellschaftswirtschaftlichen Belange gezogen sind, zu der Frage, wie weit ist die bestehende Gesellschaftswirtschaft an einer gewissen Höhe des Anteils der Unternehmer, der Kapitalisten und der führenden Köpfe der Wirtschaft interessiert.

Eine solche Verschiebung der Anteile der Gesellschaftsgruppen am Sozialprodukt innerhalb der Gesellschaft wird sozialpolitisch immer wieder zweckmäßig sein, den Belangen der ganzen Gesellschaft entsprechen, solange sie nicht widerspruchsvoll ist, d. h. solange sie nicht das Ziel der Sozialpolitik: Förderung der beeinträchtigt erscheinenden Schichten, weiter hinausschiebt. Wer wollte heute leugnen, daß der uns unbegreiflich gewordene Tiefstand der Lebensführung englischer Arbeitermassen im ersten Drittel des vorigen Jahrhunderts, in der Zeit des rücksichtslosesten Kapitalgewinnjagens, eine Gefahr für die englische Gesellschaft gewesen sei? Wer wollte leugnen, daß dieser Tiefstand nur zum Vorteil der ganzen Gesellschaft beseitigt worden ist. Die Erscheinungsformen, mit denen sich der Chartismus, die große Arbeiterbewegung der dreißiger Jahre, den besitzenden Klassen fühlbar machte, war ein wuchtiger Mahnruf, der keinen Zweifel darüber läßt, daß in dem Maße der Nichtachtung von Berufs- und Erwerbs-, ja Menschentums-Belangen großer Massen, wie es in jener Zeit so kraß zutage getreten ist, die Gefährdung des Bestandes der Gesamtgesellschaft wächst, und daß *die gesellschaftliche Leistungsfähigkeit mit einem Schlage eine Verminderung auf Bruchteile erfahren kann, wenn die ausgleichende Wirksamkeit der Sozialpolitik fehlt oder unzulänglich ist,* wie es auch der europäische Osten mit der Vernichtung von vielen Tausenden von Intelligenzträgern erlebt hat.

Aber diese ausgleichende Wirksamkeit der Sozialpolitik, dieses Wirken im Dienste der ausgleichenden Gerechtigkeit, dieses Fördern der einen Schicht auf Kosten anderer, kann auch Grenzen überschreiten derart, daß mit dieser Überschreitung die gesamtgesellschaftlichen Wirtschaftsbelange mehr geschädigt werden als durch die betreffenden sozialpolitischen Maßnahmen Nutzen geschaffen wird und daß dann die zu fördernden Schichten selbst in Mitleidenschaft gezogen werden.

Daß die Sozialversicherung auch, ja sie ganz besonders von Anfang an, der Ausgleichsidee dienen sollte, ist geschichtliche Tatsache. Ob aber solches Ausgleichen schon als ein Wirtschaften gelten kann, das hängt davon ab, was man mit Wirtschaften begreifen will. Wenn man nur das Erzeugen von Sachgütern Wirtschaften nennen will, dann ist es in der Tat fraglich, ob von Wirtschaften geredet werden kann, denn dann kommt es darauf an, ob vor oder nach der Ausgleichung mehr Güter erzeugt werden oder richtiger — da Brillantschmuck und Nordlandsfahrten der Reichen mit den bescheidenen Lebensgenüssen, die nach der Ausgleichung etwa den invaliden Arbeitern oder den Wöchnerinnen zukommen, mengenmäßig nicht verglichen werden können — es kommt dann auf die Verkehrswerte an, die durch eine solche Ausgleichung mehr oder weniger erzeugt werden und wurden.

Ganz anders, wenn man den Begriff in dem weiteren Sinne faßt, daß es sich, wenn es wirtschaften gilt, um ein rationelles Verfügen über knappe Mittel handelt. Solches Verfügen für bestimmte Zwecke liegt offenbar in der Ausgleichung, sie bedeutet eben nur ein Bevorzugen anderer Zwecke, eine Verschiebung in den Zwecken, wie sie der Reihe nach verwirklicht werden sollen. Es kann nun aufs erste kaum ein Zweifel darüber aufkommen, daß die Sozialversicherung an und für sich im Sinne dieser Auffassung von Wirtschaft als wirtschaftliche Erscheinung zu gelten hat.

Es gilt, bestimmte menschliche Zwecke zu verwirklichen; *es gilt, wirtschaftliche Schäden der Mittellosigkeit und die Gefahr solcher Schäden zu bekämpfen,* und wenn wir den Inhalt der Sozialversicherung genauer bestimmen wollen: Es gilt, die wirtschaftlichen Wirkungen, die aus der Beeinträchtigung der Erwerbsfähigkeit für gewisse Menschengruppen, nämlich für Erwerbstätige und ihre Angehörigen, eintreten können, zu überwinden oder wenigstens abzuschwächen, es gilt, die Bedürfnisbefriedigung zu sichern, die bei Eintritt solcher Erwerbsbehinderung gefährdet ist. Für die Erreichung dieser Zwecke wird in der Sozialversicherung planmäßig über Mittel verfügt, werden Mittel beschafft. Es kommt also zu einem Problem nur für die Frage, ob die Sozialversicherung das Verfügen über Mittel im Hinblick auf die angedeuteten Zwecke dem Rationalprinzip, d. h. dem Grundsatz des kleinsten Mittels, entsprechend durchführt.

Die Versicherung ist nun keineswegs die einzig mögliche Art, Schaden abzuwehren, vielmehr haben die wirtschaftenden Menschen drei Systeme der Schadenbekämpfung allmählich entwickelt:

1. Die Meidung einer Schadengefahr, z. B. gewisse Einrichtungen bei elektrischen Leitungsanlagen, um die Feuergefahr zu meiden.

2. Die Unterdrückung eines Schaden bewirkenden Ereignisses, z. B. alle Maßnahmen des Feuerlöschwesens.

3. Die Versicherung, die nichts anderes zu leisten vermag als die Verteilung eines tatsächlich eingetretenen Schadens auf eine Vielheit von Interessenten, die nicht alle von dem Schaden betroffen werden, obgleich sie alle der Gefahr ausgesetzt sind.

Die Versicherung in solcher Unentwickeltheit ist nicht die jüngste unter diesen Systemen, jedenfalls aber die wenigst wirtschaftliche. Trotz aller Rationalität, mit der die Versicherung eingerichtet und durchgeführt wird, ist sie unrationeller als die beiden anderen Systeme, weil diese den Schaden gar nicht aufkommen lassen oder ihn so klein als möglich gestalten.

In der Sozialversicherung, wenigstens in der deutschen, *haben wir es aber nicht mehr mit solcher unentwickelten Form der Versicherung zu tun, sondern mit einem umfassenden System der Schadenbekämpfung, in dem der Verhütung schon eine bedeutende Rolle zufällt.* Ich brauche dafür nur auf das ganze Gebiet der Krankenversicherung zu verweisen. Indem der Bedarf für den Krankheitsfall bereitgestellt wird, die Krankenpflege und die Mittel zur Wiederherstellung der Gesundheit, wird nicht nur der unmittelbare Schaden, der in der Erkrankung besteht, bekämpft, sondern es wird die ohne Sicherstellung dieser Mittel drohende Verelendung des Kranken sowie durch das Krankengeld und die Familienhilfe auch der Familie abgewehrt. Ich nenne ferner die Genesungsheime, die Maßnahmen zur Bekämpfung der Tuberkulose und der Geschlechtskrankheiten, die Zahnbehandlung usw. Dies alles wirkt sich vorbeugend und verhütend aus. Ein Kapitel für sich ist die Wochenhilfe, von der noch zu sprechen sein wird. Umfassend ist die Entwicklung von der bloßen Versicherung zu rationelleren Stufen der Schadenbekämpfung in der Unfallversicherung: Mit allen Maßnahmen zur Wiederherstellung der Erwerbsfähigkeit des Unfallbeschädigten und insbesondere mit all dem, was die Träger der Unfallversicherung (Berufsgenossenschaften) für die Unfallverhütung leisten.

Was nun gar die Invalidenversicherung in der Vorbeugung und Unterdrückung von Schäden leistet, ist so bedeutsam, daß man fast von einem Überwiegen dieser Wirksamkeit reden darf. Es handelt sich nicht darum, die deutschen Leistungen besonders zu rühmen. Ich bitte, mich nicht mißzuverstehen, wenn ich rein sachlich glaube, betonen zu dürfen, daß bei aller Bewunderung für die für Großbritannien herbeigeführte Sozialreform die Invaliditätsversicherung der National Health Insurance acts nicht in eine Linie gestellt werden kann mit unseren Einrichtungen, abgesehen von manchen Prinzipienfragen, jedenfalls gerade hinsichtlich der Rationalität im Bereiche der Schadenvorbeugung. Nicht ganz so Gutes kann meines Erachtens von der Arbeitslosenversicherung gesagt werden. Nach meinen bisherigen Eindrücken ist es weniger der Wortlaut des Gesetzes als die praktische Durchführung der gesetzlichen Bestimmungen, wo die Quelle bedenklicher psychologischer Auswirkungen zu suchen ist, die das Gegenteil der anzustrebenden Rationalität bedeuten. Ich möchte nicht in dem Sinne verstanden sein, als ob nicht in der Richtung der Wirtschaftlichkeit bei den anderen Versicherungszweigen, insbesondere auch in der Krankenversicherung, noch vieles anders werden könnte und müßte. Damit berühre ich nicht nur die Verwaltungskosten, die noch ungelöste Rationalisierungsprobleme aufweisen, sondern auch die Krankengeldleistung und das so sehr umstrittene Problem des ärztlichen Dienstes.

Das Wort von den „sozialen Lasten“ ist namentlich in Hinsicht auf die Sozialversicherung bedenklich, denn es verhüllt die Feststellung, daß die sozialen Lasten in Wirklichkeit jene Tatsachen sind, die die Gesellschaft infolge ihrer heutigen Verfassung zu tragen hat: Die Arbeitsunfähigkeit infolge Krankheit, die Unvermeidbarkeit einer gewissen Zahl von Unfällen mit ihren Folgen, die vorzeitige Invalidität, die Stauungen auf dem Arbeitsmarkt usw., kurzum alles das, was von der Sozialversicherung bekämpft wird. Aber zu diesen Schäden und Lasten tritt, allerdings wenn sie nicht rationell die Übel bekämpft, rationell die Schäden abzuschwächen sucht, die Sozialversicherung selbst. Diese Möglichkeit, diese Gefahr besteht, darüber darf man sich keinen Täuschungen hingeben.

Mir liegt daran, darzutun, daß die Sozialversicherung nicht als eine Einrichtung angesehen werden darf, die nur im Dienste der einzelnen Gefährdeten, der Versicherten, zu wirken hat. Es ist die ganze Wirtschaftsgesellschaft, um die es geht. Die Schäden, die zu beheben oder doch abzuschwächen sind, nur auf der Seite der unmittelbar betroffenen einzelnen, der Arbeiter und ihrer Angehörigen, zu erblicken, ist weder mit dem sittlichen Verantwortungsgefühl der erreichten Gesellschaftskultur noch mit der wirtschaftlichen Verbundenheit aller Gesellschaftskreise vereinbar.

Ist aber damit, daß die Sozialversicherung als ein Stück der Wirtschaft wirkt, nicht auch ausgeschlossen, daß sie die Wirtschaft in ihren übrigen Teilen beeinträchtigt? Darauf ist unbedingt mit „Nein" zu antworten. Diese Möglichkeit besteht hier ebenso wie in der Haushaltwirtschaft, wenn der Hausvater für irgendeinen gleichwohl notwendigen Zweck zu viel aufwendet, so daß andere Zwecke, die ebenso wichtig sind, darunter leiden. Ein Staat, der die Sozialversicherung ausgestalten würde, z. B. auf Kosten der Schulbildung oder der Förderung der technischen wie der Kultur-Wissenschaften, würde seine Wirtschaft schädigen. Deshalb ist an der Kritik, die an der Sozialversicherung unter dem Gesichtswinkel der Wirtschaftlichkeit geübt wird, nicht achtlos vorbeizugehen. Es wird z. B. im Hinblick auf die große Arbeitslosigkeit die Auffassung vertreten, daß, wo zwischen dem nationalen Kapital und dem Arbeitsfonds ein Mißverhältnis besteht, alle Aufwendungen zur Erhaltung der einzelnen Arbeitskraft unter dem Gesichtswinkel der Humanität und des Gerechtigkeitsideals, nicht aber der Wirtschaftlichkeit gesehen werden könnten. Das ist eine oberflächliche, rein mechanisch quantitative Wirtschaftsauffassung, die in den Wirtschaftsgrößen nur Mengen, nicht Qualitäten sieht. Es ist der Standpunkt, der in der einzelnen Persönlichkeit nichts als eine Einheit lebendiger Kraft anerkennt und außer acht läßt, *daß im Wandel der Wirtschaft jeder Mensch immer mehr einen Teil nationaler Erzeugungskraft darstellt, die in ihrem Gewicht, ebenso mit gewissen technischen Fertigkeiten, wie mit wachsendem Ernst der Lebens- und Pflichtauffassung, mit Erfahrung und zunehmendem Verstehen der gesellschaftlichen Zusammenhänge, also auch der wirtschaftlichen Abhängigkeiten, größer wird.*

Wohl neigt die Wirtschaft dazu, ihr fixes Kapital so rasch als möglich zu amortisieren, abzuschreiben. Daneben aber geht das Streben auch dahin, das Kapital in der Sachform, die Gebäude, die Maschinen usw., solange als möglich zu erhalten. In eben diesem Sinne wirkt die Sozialversicherung, indem sie ihre Mittel einsetzt, um den einzelnen solange wie möglich in dem Lebensabschnitt, in dem er Überschußwerte über seine Erhaltunskosten erzeugt — etwa zwischen dem 20. und 60. Lebensjahre —, vollkräftig zu erhalten. Im Interesse der Gesellschaft gilt es, diesen Abschnitt des Lebens möglichst voll zur Auswirkung zu bringen, damit die von der Gesellschaft für den einzelnen aufgewendeten Kultur- und Erziehungswerte nicht vergeblich ausgegeben waren.

Man hat die Niedrigkeit der Rentenleistungen der Invalidenversicherung oft, namentlich gern im Hinblick auf die Kosten der Verwaltung, als unrationell bezeichnet und in Frage gestellt, ob es gerechtfertigt werden könne, die geringe Leistung namentlich für die Hinterbliebenen als einen Fortschritt gegenüber den Unterstützungen der früheren Armenpflege aufzufassen. Ich halte auch diesen Standpunkt für verkehrt und habe schon 1909 in einem Vortrage im Verein für Versicherungswissenschaft darauf hingewiesen. Abgesehen von psychologischen Unabwägbarkeiten und von der unvergleichlich gediegeneren technischen Grundlegung — es sei an die Beeinträchtigung der sozialen und rechtlichen Stellung, an die Schwächung der persönlichen Tatkraft und das Selbstgefühls erinnert, die durch eine Armenpflege leicht eintreten kann — liegt die Überlegenheit der Versicherung über die Armenpflege in dem Aufbau und in der Aufbringung der Mittel, die nicht nur an sich rationell ist, sondern auch eine höhere Wirtschaftlichkeit darstellt, insofern durch sie künftiger möglicher Bedarf in die Pläne der Gegenwartswirtschaft einbezogen wird, sofern gegenwärtige wirtschaftliche Kraft für künftige Erfordernisse zurückgestellt wird.

Freilich wird eingewendet, unsere Kapitalarmut gestatte zur Zeit nicht, in solchem Umfange für Zukunftsbedarf vorzusorgen, die Not des Heute sei so groß, daß alle Mittel für die Gegenwart eingesetzt werden müßten, daß man die Sorge für die Notwendigkeiten der Zukunft späterer Zeit überlassen müsse. Ich kann nicht umhin, auch solchen Einwendungen gegenüber die Unsachlichkeit und die Ungerechtigkeit zu betonen. Mit dem Übergang zum Umlageverfahren sind unsere Leistungen für die Zukunft ohnehin viel bescheidener geworden. Aber der Einwand ist auch unsachlich insoweit, als die Mittel, die jährlich für die Invalidenversicherung eingezogen und soweit sie nicht für den Jahresbedarf verbraucht werden, in Kapital verwandelt werden. So ist die Versicherung auch hier wie so oft ein Weg zur Förderung der Kapitalbildung. Ungerecht aber ist der Einwand angesichts des Aufwandes und des Luxus, der vielfach in durchaus nicht kulturfördernder Weise getrieben wird. Die Aufbringung der Mittel auf versicherungstechnischem Wege geschieht aber auch mit Heranziehung der Versicherten, und das ist insofern wertvoll, als das Gefühl, zu der späteren Rentenleistung selbst beigetragen zu haben, ein Faktor ist, in dem etwas von dem guten Prinzip der Selbstverantwortlichkeit des individualistischen Wirtschaftssystems fortlebt, ein psychologischer Gesichtspunkt von hohem Wert für die Spannkraft des einzelnen und somit in höchstem Maße im Interesse der Gesamtgesellschaft.

Das Interesse der Gesellschaft wird, so will mir scheinen, noch in einer anderen wenig beachteten Richtung und gerade in besonders maßgebender Weise gefördert durch die Wochenhilfe unserer Sozialversicherung. Sie ist in unseren Tagen bevölkerungspolitisch von größter Tragweite, da die Fehlgeburten erschreckend zunehmen. Zum größten Teile können diese auf eine Art Abtreibungsseuche zurückgeführt werden. Man streitet allerdings darüber, ob die Bevölkerungsvermehrung angesichts der Lage unseres Arbeitsmarktes noch erwünscht sein könne. Der Streit erscheint aber vom Standpunkte nüchterner wissenschaftlicher Auswertung geschichtlicher Beobachtungen längst zugunsten einer Bevölkerungsvermehrung entschieden, die sich erheblich über dem Stande hält, den die Statistik für unsere Tage aufweist. Eine gesunde Sozialwirtschaft bedarf einer gewissen Vermehrung der Wirtschaftsgesellschaft, sie bedarf eines gewissen Überschusses.

Da ist nun, da andere Maßregeln gegen die Abtreibung und gegen die noch wirksameren Formen der Empfängnisverhütung versagen, die Gewährung von Wochenhilfeleistungen für die Wirtschaft um so bedeutungsvoller, als weitaus die Mehrzahl der Kinder, die jährlich im Deutschen Reich geboren werden, nämlich etwa drei Viertel, von Frauen geboren werden, die unter dem gesundheitlichen und wirtschaftlichen Schutze der Krankenkassen stehen. Wenn 1925 mit 830 000 Wochenhilfefällen 62 vH aller Geburten der Wohltaten des Mutterschutzes durch die Krankenkassen teilhaftig geworden sind, so liegt die Bedeutung dieser Ziffern nicht nur in der Richtung, daß in einem gewissen Ausmaße die Geburtenscheu überwunden wird, sondern — und darin liegt gerade sozialwirtschaftlich ihre Tragweite — vor allem in der beträchtlichen Erhöhung der Wahrscheinlichkeit, daß die Leistungsfähigkeit der Mutter erhalten bleibt und daß das Säuglingsalter weniger gefährdet ist, daß der Kraft- und Geldaufwand bei der Geburt nicht vergeblich gewesen ist, daß namentlich dank des Stillgeldes ein gesünderes Kleinkindalter und eine gefestigtere Leistungsfähigkeit und Widerstandskraft den späteren Träger von Arbeitskraft zu einem erfolgreichen Gliede der Wirtschaftsgesellschaft werden läßt.

Damit sind wir mitten im Gegenstande dieser Darlegungen: Führt die Wirtschaftsentwicklung zu immer umfassenderer Rationalisierung, die nicht haltmacht vor dem edelsten und heiligsten Vorgange, der sich in der Natur des Menschen abspielt, vor dem Werden des Menschen, und damit die Grundfesten untergräbt und einreißt, auf denen sich die Fortpflanzung des Volkes, das Sein der Wirtschaftsgesellschaft aufbaut; ist es die wachsende Wirtschaftlichkeit, die mit so tiefgehender Wirkung die Überlegung künftiger Bedürfnisse und künftigen Bedarfs an Mitteln in den Gegenwarts-Wirtschaftsplan hineinträgt, daß der Zeugungswille, die Freude am Kinde, an diesem Bedachtnehmen auf das Leisten-Können zerschellt; droht von der Wirtschaftsentwicklung geradezu die Dezimierung der Bevölkerung, also der Untergang der Wirtschaftsgesellschaft, für die die ganze Wirtschaft doch nur wirkt: *dann erfüllt die Sozialversicherung, indem sie dieser Dezimierung, dieser Selbstaufhebung der Wirtschaft, entgegenwirkt, nichts Geringeres als die Daseinssicherung der Gesellschaft und somit eben auch der Wirtschaft.*

Gewiß, auf die Sozialversicherung allein kommt es nicht an. Aber neben einer Wohnbaupolitik steht die Wochenhilfe obenan in dieser Richtung der Gesellschaftssicherung.

Ich habe bisher meine Ausführungen der Feststellung gewidmet: erstens, daß die Sozialversicherung selbst ein Stück Wirtschaft ist, zweitens, daß auch die Entwicklung der Sozialversicherung dem Zuge der Zeit zu immer höherer Rationalisierung der Mittelverwendung in der Wirtschaft überhaupt gefolgt ist.

Nun gilt es, noch der großen Linie der Wirtschaftsentwicklung unsere Aufmerksamkeit zuzuwenden. Welches ist die Bedeutung der Sozialversicherung im Lichte dieser makroskopischen Wirtschaftsentwicklung, der Wirtschaftsentwicklung, wie sie sich uns darbietet?

Ich betonte vorhin die dreifache Kennzeichnung der Wirtschaftssysteme und damit die Veränderung des Wirtschaftscharakters in den drei Punkten: Wirtschaftsgesinnung oder Wirtschaftsgeist, Wirtschaftsform und Wirtschaftstechnik.

Bezüglich der Technik liegt es näher, die Frage umzukehren: Welche Bedeutung hat die Technik für die Entwicklung der Versicherung? Da ist mit dem einen Wort „Unfallversicherung" schon das Wichtigste angedeutet. Die sich überstürzende Entwicklung der Technik, mit ihr aber auch die Beschleunigung des Zeitmaßes des Arbeitsfortganges dürften meines Erachtens die Unfallgefahr in mancher Beziehung und damit die Aufgaben der Versicherung gesteigert haben. Wollte man eine Bedeutung der Versicherung für die technische Seite der wirtschaftlichen Entwicklung feststellen, so könnte man das vielleicht in dem Sinne tun, daß die Versicherung mit zu jenem vorbeugenden Geiste in der Technik erzogen hat, der alles technische Schöpfen neuer Methoden, neuer Verfahren heute kennzeichnet. Mit welcher Sorgfalt wird gerade auch an den technischen Hochschulen in dieser Richtung gestrebt. Im übrigen geht die Entwicklung der Technik ihren Weg, sie stürmt revolutionär, d. h. unter Vernichtung vorhandener Kapitalien, indem sie neue fordert, dahin ohne jeden Zusammenhang etwa mit der Versicherung. Man kann nur sagen, die Versicherung ist eine wirtschaftliche Einrichtung, die berufen ist, jenen umstürzlerischen Charakter der technischen Entwicklung in seinen schroffsten Auswirkungen auszugleichen, was am offenbarsten in der Arbeitslosenversicherung der Fall ist, da sie die Folgen der technischen Rationalisierungen, mit denen Arbeitskräfte ausgeschaltet werden, zu verteilen hat.

In ganz anderem Lichte steht das Verhältnis der Sozialversicherung zu den Wandlungen des Wirtschaftsgeistes und der Wirtschaftsform. Die Sozialversicherung ist, was zunächst die Form betrifft, in ihrer rationalsten Form kollektivwirtschaftlich aufgebaut. Das Normale, das dem Geiste der Sozialversicherung Entsprechende ist, daß genossenschaftliche oder sonstige Gebilde auf öffentlicher Rechtsgrundlage die Träger der Zwangsversicherung sind, die das Gesetz mit den Rechten und Pflichten gegenüber den Versicherten und ihren Arbeitgebern betraut. Wie immer die Ausgestaltung auch sein mag, der Grundtendenz der Sozialversicherung entspricht es, daß sie nicht Gegenstand einer Gewinnmöglichkeit für Dritte sein soll. Wir empfinden den Zusammenhang der sozialen Unfallhaftpflicht mit privaten Versicherungsverträgen als inneren Widerspruch. Es liegt also, ich möchte sagen, in der Idee der Sozialversicherung, daß sie im Sinne des Bedarfsdeckungsprinzips, nicht des Erwerbsprinzips wirtschaftlich aufgebaut sein muß, sie hat lediglich das Bedürfnis nicht etwa nur des einzelnen Versicherten, nein, das der Gesellschaft nach Bereitstellung der Mittel für die verschiedene Bekämpfung sozialer Schäden zu erfüllen, sie hat nicht den Zweck, Geld zu verdienen.

Damit ist auch schon der Wirtschaftsgeist berührt; eine ebensolche Gegensätzlichkeit zeigt die Sozialversicherung im Grundlage, Ziel und Methode auch hinsichtlich dessen, was man die Wirtschaftsgesinnung nennen kann. Dem Überlieferungen ablehnenden, nichts als rationalistischen Individualismus mit aristokratisch-oligarchischem Einschlage tritt, noch nicht ganz ausgereift, aber in den Grundlinien bewußt und klar angebahnt, *in der Sozialversicherung ein Geist der Solidarität* entgegen: *Alle für einen und einer für alle.* Besonders deutlich zeigt sich die Stärkung des Gemeinschaftsgedankens in der Neugestaltung der Invalidenversicherung, soweit sie mit dem durch den Währungsverfall herbeigeführten Vermögenszusammenbruch der Invalidenversicherung notwendig geworden ist: Solidarität innerhalb der Arbeiterschaft, soweit der weniger Gefährdete ebensoviel zur Aufbringung der Mittel beiträgt wie der Arbeiter, der das höhere Wagnis (Risiko) bedeutet, und Solidarität zwischen Versicherten und Arbeitgebern.

Erinnert das nicht ans Mittelalter? Paßt ein solcher Geist in unsere Zeit? — Natürlich, nicht weil er mittelalterlich, weil er ein Zug mittelalterlichen Lebens ist, galt es, dem Gemeinbewußtsein einen Weg zu bahnen, sondern weil es erstens ein Stück Wirtschaftsethik, ein Stück Menschentum bedeutet, das doch Zweck aller Zwecke ist, zweitens, weil es vom Standpunkte der Gesellschaftsbelange im höchsten Maße rational ist, ja, wie wir sahen, folgerichtig ist, Sozialversicherung zu pflegen und zu begründen, wo sie nicht ist.

Was frommt alle persönliche Machtsteigerung des einzelnen, wenn die Gesellschaft als Ganzes verkommt und verfällt? Was frommt alle Anhäufung von Vermögen, wenn die für die Kapitalverwertung notwendige Ergänzung, die menschliche Arbeitskraft nicht mehr reichlich genug zur Verfügung steht? *Die Kraft dieses Gemeinbewußtseins bedarf freilich gerade in der Sozialversicherung noch beträchtlicher Stärkung: Allzu lebendig ist noch der Gedankengang: Ich habe so viel eingezahlt, da muß ich auch etwas davon haben. Solcher Gedankengang ist, wenn er sich ausbreitet, der Anfang vom Ende.* Deshalb ist erzieherisch in dieser Richtung noch eine gewaltige Aufgabe zu er füllen, denn solche Anschauung steht in Widerspruch mit dem Versicherungsprinzip, daß nicht alle, die Beiträge leisten, die Einrichtung in Anspruch nehmen.

Wenn nun aber ein so schroffer Gegensatz im Geiste der Sozialversicherung gegen den Geist des Wirtschaftssystems besteht, ist es dann nicht wichtiger, von diesem Gegensatz zu reden? Wie soll es zu rechtfertigen sein, die Sozialversicherung als organisch gewachsen anzusehen im Rahmen der Entwicklung der Gesamtwirtschaft? Ist nicht der Tatbestand in Großbritannien mit seiner lange Zeit weit höher entwickelten Wirtschaft, ist nicht insbesondere das Fehlen einer umfassenden Sozialversicherung in den Vereinigten Staaten von Nordamerika ein Beweis gegen die Behauptung eines organischen Hineinwachsens der Sozialversicherung als eines Wirtschaftszweiges in die Wirtschaft überhaupt?

Man darf freilich das organische Wachsen nicht in dem Sinne verstehen, als ob gewisse Gegebenheiten in der Wirtschaftsentwicklung, eine gewisse Struktur der Wirtschaft, mit gesetzmäßiger Notwendigkeit zur Ausbildung der Sozialversicherung führen müßten. Darin liegt doch immer der Wert der Persönlichkeit, daß sie es ist, die den Dingen den ersten Schwung gibt, den sie dann selbst verstärken, wenn sie einmal in Gang sind. *Man mag über die Sozialpolitik von Bismarck urteilen, wie man will, man wird sein unsterbliches Verdienst, die Schöpfung der deutschen Sozialversicherung, niemals verkleinern können.* Trotz aller Bedenken der Kleingläubigen und Ungläubigen ist die mit der Kaiserlichen Botschaft 1881 gestreute Saat mächtig aufgegangen und gewachsen. Vergessen dürfen wir allerdings auch nicht, was allzu gern übersehen und vergessen wird: Wirtschaften heißt auch die Zwecke, die man verwirklichen will, werten und gegeneinander abwägen.

Wenn die Sozialversicherung Vorsorge für künftigen Bedarf ist, so darf dieser an sich berechtigte Zweck nicht ohne Bedachtnahme auf gegenwärtige Notwendigkeiten entwickelt und gefördert werden. Zu diesen Notwendigkeiten gehört die Reinertragserzielung in der wirtschaftlichen Unternehmung. Solange das Wirtschaftssystem im Erwerbsprinzip verankert ist, solange der Zweck der Schuhfabrik nicht nur Deckung des Bedarfs an Schuhen, sondern mittelbar auch Erzielung eines Einkommens für den Unternehmer ist, solange die wirtschaftliche Initiative, jenes Überlegen, Berechnen und Einsetzen von Mitteln, jenes Wagen durch die Unternehmerköpfe und Unternehmerseelen geschieht, solange wir nicht darauf verzichten können, daß diese ihre verstandesmäßige, ihre intellektuelle Kraft, ihre Kombinationsgabe, ihr Erkennen von Bedarf und ihre Organisationskraft als Mittel einsetzen und sich in den Dienst der Gesellschaft stellen, in deren Dienst eine bedeutsame Aufgabe erfüllen, solange muß diesen Funktionären so viel Ertrag ihrer Wirksamkeit bleiben, daß sie einen Anreiz zu diesem Einsetzen ihrer qualifizierten Mittel empfinden. Die Gewinne der Unternehmungen dürfen nicht so tief herabgedrückt werden, daß der Antrieb zum Einsetzen der eigenen Verantwortlichkeit für richtiges Verwenden aller produktiven Kräfte, auch der menschlichen Arbeitskraft, eines Tages erlahmt.

Wo diese Grenze liegt?

Auf diese Frage gibt es keine befriedigende Antwort. Daß sich gerade hierin die Wirtschaft elastisch zeigt, elastischer als Wirtschaftsführer oft gedacht haben, ist außer Frage. Elastisch deshalb, weil die Menschen mit ihren Ansprüchen an das Leben und mit ihren Wertungen von ihren Gefühlen geleitet werden, nicht von Rechnungsergebnissen. Unter diesem Gesichtspunkte ist es schließlich nicht ausschlaggebend, daß wir, wie es einleitend schon angedeutet wurde, für das Jahr 1927 in der Sozialversicherung mit einem Aufwande von etwa 4,5—4,8 Milliarden Mk. rechnen müssen, das ist etwa ein Zehntel des ganzen deutschen Volkseinkommens. Ein Drittel der Bevölkerung ist damit gegen die ihre Existenz bedrohenden Gefahren gesichert. Trotz der gewaltigen Höhe dieser Ziffer und ihres Verhältnisses zum Volkseinkommen ist damit auch nicht gesagt, daß die sogenannte Wirtschaft an dieser Riesenleistung zugrunde gehen müsse. Umgekehrt: Es ist berechtigter, wenn die Wirtschaft, die werktätig in ihr schaffende Gemeinschaft, mit Stolz sagt: Wir leisten diese Sicherheit der Existenz auch für die Schwachen unter uns.

Kein geringerer als der hervorragende Chirurg Sauerbruch aber ist es, der die Auffassung immer wieder vertritt: wenn der Kranke mit seinem Willen nicht mithilft, ist die ärztliche Kunst von geringem Erfolge. *Die Sozialversicherung darf sich nicht so auswirken, daß der Wille, ein gesunder Mensch zu sein, der sein Teil zum Sozialprodukt beiträgt, geschwächt wird und dahinsiecht.* Ich habe mich schon in anderem Zusammenhange dafür eingesetzt, *daß auch die Krankenversicherung in dieser Beziehung noch der Reform bedarf,* daß sich nicht die Weichlichen und Arbeitsunwilligen auf Kosten derjenigen, die sich zusammenraffen und mit der Kraft des Willens und der Seele über unbedeutende Krankheitszeichen und Krankheiten hinwegstreben, besondere Vorteile verschaffen.

Da ist ein organisatorisches Übel zu beseitigen, auf das hier nur hingedeutet werden kann. Es kann nicht gleichgültig sein, wenn in den Vereinigten Staaten von Nordamerika jeder Arbeiter nur jedes fünfte Jahr erkrankt, dann allerdings auf durchschnittlich 35 Tage, während im Bereiche der Segnungen der deutschen Krankenversicherung der Arbeiter jedes zweite Jahr, und zwar nur für 24 Tage, erkrankt. Wer sich für die Sozialversicherung einsetzt, ist verpflichtet, diesem Unterschiede von 20 vH und 50 vH Krankheitsfällen die sorgfältigste Beachtung zu schenken. Äußert sich da doch, wenn die Ziffern richtig sind, eine wirkliche Gefährdung der Gesellschaftsbelange, wo es um ihre Förderung geht ...

Meine Darlegungen möchte ich wie folgt zusammenfassen.

1. Die deutsche Sozialversicherung stellt sich als eine Ergänzung der kapitalmäßigen Wirtschaft dar. Das Gesetz hat die von der Sozialversicherung zu verfolgenden Zwecke in der Rangordnung der Gesamtbedürfnisse der Gesellschaft an eine Stelle gerückt, an der sie auch angesichts beschränkter Mittel sicher erfüllt werden. Dieser Rang ist den Zwecken der Sozialversicherung nicht nur vom Standpunkte sozialer Ethik, sondern auch unter dem Gesichtswinkel der Sicherung der deutschen Wirtschaft zugewiesen.

2. Die Sozialversicherung ist damit an sich eine wirtschaftliche Erscheinung, ein Teil der Gesamtwirtschaft. Damit ist aber nicht gesagt, daß sie den Ablauf der Wirtschaft nicht beeinträchtigen kann, ebenso wie zu hohe Löhne, denn auch sie sind ein Kostenfaktor dessen Steigerung die noch an der Grenze der Ertragsfähigkeit stehenden Betriebe zum Stillstand zwingen und die Weltwettbewerbsfähigkeit, die wir brauchen, untergraben kann.

3. Die Freiheit in der kapitalistischen Wirtschaft mit Selbstverantwortlichkeit des einzelnen erfährt durch die Sozialversicherung eine Einengung ihres Wirkungsbereiches zugunsten einer solidarischen Gemeinschaftsauffassung.

4. Die Sozialversicherung hat damit einem Grundsatz zur Durchsetzung verholfen, der in der Gesellschaftswirtschaft ohne ihre Gefährdung auf die Dauer nicht fehlen kann ...

Wenn sich die in ihrem Wesen auf Individualismus und Freiheit eingestellten Wirtschaftsführer aus dem Wettbewerbskampfe heraus zu einem Gemeinschaftswirken in allerdings engerem Kreise einstiger Konkurrenten bequemen lernen, wenn der solidarische Zusammenhalt selbst für solche Kraftnaturen unentbehrlich wird, wieviel mehr ist er dort am Platze, wo es sich nicht um Geld, sondern um Menschenwerte handelt. Die Führer im besten Sinne haben diese Notwendigkeit längst erkannt und der Sozialversicherung als einer wesentlichen Äußerung des Gemeinschaftsgeistes diesen Charakter nicht abgesprochen.

In diesem Lichte sehe ich die Bedeutung der Sozialversicherung für die Wirtschaftsentwicklung und hoffe, einigermaßen überzeugt zu haben, daß es kein Truglicht ist. Aber ich möchte doch auch nicht den Glauben erwecken, daß, weil der Gemeinschaftsgeist die Sozialversicherung beherrscht, die Einrichtung an sich schon die Gewißheit einer untadeligen, wirklich fehlerfreien Verwirklichung der in der Sozialversicherung verfolgten Ziele bedeutete. Ich glaube nicht so stark an die alles überragende Macht der Dinge. Sowenig ich die Bedeutung des Anwachsens des festen Kapitals für die Wirtschaftsgestaltung, für gemeinschaftliche Ordnung und Zusammenfassung des Unternehmertums verkenne, ebensowenig verkenne ich die Tragweite der Sozialversicherung als solche. Aber wie sich die Tatsachen und Einrichtungen auswirken, wieweit zum Segen, wieweit zum Nachteil, dafür kommt es immer noch darauf an, was die Menschen daraus machen. Darum glaube ich ebenso stark, daß es nicht nur gegolten hat und gilt, eine Organisation in die Welt zu setzen als Träger des Gemeinschaftsgeistes, sondern daß wir auch die Menschen zu dem Geiste der Solidarität erziehen müssen. Gewiß, der individualistische Geist war leichter zu verbreiten. Aber es hat doch eine Zeit gegeben, in der der Gemeinschaftsgeist so lebendig war, wie er es nur sein konnte.

Die Idee der Gesellschaft ist solange nicht viel mehr denn Phrase, solange sich nicht jeder einzelne immer mehr bewußt wird, daß er diese oder jene Kopf- oder Handleistung ausführt, nicht damit eine Unternehmung zu ihrem Gewinne kommt, sondern daß er — der abhängige Arbeiter wie der Unternehmer — sie der Gesellschaft des Staates und schließlich der ganzen menschlichen Gesellschaft leistete.

Wie mit den sozialen Machtverschiebungen immer mehr das Problem der Sozialpolitik in den Vordergrund tritt, die Menschen zu einer wirklichen Gesellschaftsauffassung, zum Pflichtgefühl gegenüber der Gesellschaft als Ganzem zu erziehen, sie mit ihrer Überzeugung dafür zu gewinnen, so wird auch die Sozialversicherung die Entwicklung der Wirtschaft nur dann nachhaltig und dauernd fördern können, nur dann sich organisch mit ihr entfalten, wenn sich die einzelnen darauf einstellen lernen, daß der persönliche Vorteil und die möglichst weitgehende Ausnutzung einer Vorteilsmöglichkeit nicht dauernd der ausschlaggebende Grundgedanke der Gesellschaftsentwicklung sein könne.

So ist meiner Überzeugung nach das Problem der sozialen Politik und des sozialen Friedens mehr denn je ein Menschenproblem, an allen Ecken und Enden ein Erziehungsproblem, ein Problem der Verbreitung von wahrem Wissen über die Gesellschaftszusammenhänge und ein Problem des Wollens.

Selbstverantwortung und Rationalität in der Sozialversicherung (Grundsätzliches zur Reform*)

Als vor fast zwei Menschenaltern die Idee der Zwangsversicherung in Deutschland zur Diskussion gestellt wurde, erhob sich ein Sturm aus den Reihen des Liberalismus, und was in den liberalen Argumenten gegen diese Idee zur Geltung kam, war der Glaube an die segensreiche Wirkung der Selbstverantwortlichkeit. Sie wollte man nicht bedroht wissen durch Bevormundung und Zwang.

Seltsam genug, daß heute, wo die letzten Reste jenes Liberalismus sich so mühsam behaupten, dieselbe Idee von der Selbstverantwortung auch wieder in der Kritik an dem schweren Werk der Sozialversicherung auflebt und namentlich gegenüber der Fortbildung, die die Sozialversicherung in der Richtung auf eine Staatsbürgerversorgung erfahren hat, das Haupt erhebt.

Seltsam in der Tat! Denn wenn in den 70er Jahren des vorigen Jahrhunderts die Geltendmachung der Selbstverantwortlichkeit gegen die Sozialversicherung ernst genommen werden konnte, so überrascht das ja nicht. Hatte man doch alle Veranlassung, die in den Gesetzgebungen der Staaten des europäischen Kulturkreises eben erst erkämpfte wirtschaftliche Freiheit als die Mutter der ungeheueren Steigerung der Güterproduktion und der technischen Produktivität anzusehen, und erschien doch das Selbstverantwortungsprinzip als das Rückgrat des wirtschaftlichen Liberalismus. Heute liegen aber die Dinge doch so ganz anders. Nicht nur weil sich das Geschick des Wirtschaftsliberalismus gewendet hat, daß seine Anhänger numerisch wenigstens erheblich an Bedeutung und Einfluß verloren haben, sondern weil doch auch die Einstellung der wirklich liberalen Politiker zu den Fragen der Sozialpolitik wesentlich anders geworden ist, als es die der Duncker, Hirsch, Brentano und Genossen war, die auf der Eisenacher Tagung des Vereins für Sozialpolitik sich gegen Zwang und für Selbstverantwortung eingesetzt haben.

Heute lautet die Frage nach der Vereinbarkeit der Zwangsversicherung mit dem Prinzip der Selbstverantwortung denn auch nicht mehr so, als ob die Versicherung dem Selbstverantwortungs-Prinzip geopfert werden könnte, sondern natürlich nur umgekehrt, *ob denn das Prinzip der*

---

* Aus dem Nachlaß als Manuskript entnommen.

Selbstverantwortung nicht durch die soziale Idee überhaupt schon als überwunden anzusehen ist.

Aber mit dieser Umkehrung ist die Frage noch nicht erschöpft, denn es geht heute in der Sozialversicherung, obwohl sie sowohl durch Extensivierung wie durch Intensivierung eine gewaltige Verankerung in der Welt des sozialistischen Geschehens erlangt hat, doch auch, wie schon angedeutet, um die innere Rechtfertigung dessen, was an der „Sozialversicherung" wirklich Versicherung ist. Alle die eine Reform für notwendig halten, wollen Rationalität in höherem Ausmaße, als sie bisher besteht. Die Stellung sowohl der Selbstverantwortung als auch der Rationalität ist aber innerhalb der Sozialpolitik problematisch und die Sozialversicherung erscheint ja nur als ein Glied, als ein Mittel der Sozialpolitik.

Ertönt nun der Ruf nach Reform der Sozialversicherung, so ist die Forderung, daß man sich über die Beziehung zwischen Sozialpolitik und Versicherung im klaren sein muß, ebenso selbstverständlich wie die Voraussetzung anatomischer Kenntnisse bei einem Arzt, wenn er eine Diagnose stellen und eine ätiologische Therapie einleiten soll.

Die Sozialversicherung als Gesamterscheinung gesehen, wie auch hinsichtlich aller einzelnen Zweige, in denen die Versicherungszwecke verfolgt werden, ist eine eminent wirtschaftliche Schöpfung der Sozialpolitik. Sie ist ein Mittel der Sozialpolitik und zwar insofern ein ausgesprochen wirtschaftliches Glied in der Kette aller Mittel, die sie einsetzt, als es sich bei ihr um ein ganz zentralisiertes Disponieren über Mittel der Wirtschaftsgesellschaft handelt. Denn das Wesen des Wirtschaftens liegt gerade in einem planmäßigen Disponieren über knappe Mittel für menschliche Zwecke nach dem Rationalprinzip. Und in der Sozialversicherung werden durch Gesetz die Einzelwirtschafter zur Verwendung von Mittel in der Richtung der Sozialversicherungszwecke gezwungen.

Nun ist aber allerdings die Versicherung ihrem Wesen nach nur eine Methode eines wirtschaftlichen Handelns also eines rationalen planmäßigen Mitteldisponierens für die Verfolgung von Wirtschaftszwecken, nämlich eine Methode, durch welche die Bereitstellung von Mitteln dank einem bestimmten Disponieren sichergestellt wird für einen eventuellen Bedarf.

Man hat ja wohl lange Zeit geglaubt, die Versicherung immer in Zusammenhang damit bringen zu müssen, daß das Ereignis mit dem der Bedarf auftritt, eine Schädigung sein müsse, so daß diese Schadensvorstellung bei den Vertragsparteien als wesentliches Element der Versicherung angesehen wurde. Für die ursprünglichen Fälle der Anwendung der Versicherungsmethode traf das wohl zu. Aber mit der Entwicklung, die eben in der Anwendung der Versicherungsmethode vor sich gegangen ist, hat sich das geändert: man wählte die Methode der Versicherung auch für Fälle eines Bedarfes an Mitteln, die nicht gerade als Schadenfälle bezeichnet werden können, wie z. B. die Aussteuer eines Kindes oder auch nur die abstrakte Verfügbarmachung eines Kapitals auf einen bestimmten Termin: die Versicherungsmethode wird dafür angewendet entweder, wei die Gefahr besteht, daß das Ziel der Mittelbereitstellung durch irgend welche Hindernisse nicht erreicht wird, oder weil der Versicherte für sich allein die Mittelbereitstellung mit Sicherheit nicht erreichen kann.

Das ökonomische Wesen dessen, was unter dem Namen der Versicherung geht, ist genau gesehen zunächst eine bestimmte Mittelbeschaffung für einen eventuell auftretenden Bedarfsfall. Dieser eventuelle Bedarf ist aber von dem ganz wirklichen Bedürfnis nach Versichertheit für diesen eventuellen Bedarfsfall ganz scharf zu unterscheiden[1].

Überall wo eine Unsicherheit des Wirtschafters in der Verfolgung seiner Wirtschaftsziele auftritt, kommt die Anwendung der Versicherungsmethode in Frage. Es kann sich auch hier um das incertus an et quando oder aber eben auch nur um das incertus quando handeln, wenn die Abwendung nachteiliger Folgen der Unsicherheit angestrebt werden soll. Nur ist zu beachten, daß die zu bekämpfende Unsicherheit eben nicht auf den Eintritt des Ereignisses beschränkt geblieben ist, sondern daß die Erreichung eines wirtschaftlich verfolgten Zieles in Frage gestellt sein, unsicher sein kann und daß diese Unsicherheit zum Anlaß, ihre Überwindung zum Motiv der Versicherungsnahme wird. Bei der reinen Todesfallversicherung ist das Ereignis selbst gewiß (certus an), nur der Zeitpunkt ist fraglich (incertus quando). Das wirklich zu versichernde Interesse ist die Erreichung eines Sparzieles, also eine Mittelbeschaffung, und das Unabhängigstellen ihrer Erreichung von dem unsicheren Zeitpunkt des Todes. Es ändert nun natürlich nichts an dem Motiv der Versicherungsnahme für einen Wirtschaftszweck, nämlich für das Sparziel, wenn die Sparfähigkeit auch bei fortdauerndem Leben fraglich ist. Ein Wirtschaftszweck ist aber immer Objekt des gegenwärtigen von einem Wirtschafter verfolgten Wirtschaftsplanes. Im Augenblick des Entschlusses zur Versicherung und in jedem Augenblick einer Prämienzahlung ist das Bedürfnis, das Sparziel gesichert zu sehen, unmittelbar bestimmter gegenwärtiger Wirtschaftszweck, für dessen Erreichung Mittel verwendet werden.

Diesem Tatbestand entspricht es daher logisch nicht, wenn man mit *Gobbi* auf die Eventualität des Bedürfnisses abhebt. Eine solche liegt eben gar nicht vor. Denn das Bedürfnis nach Gesichertheit dieser Mittel-

[1] Daran läßt es auch Lindenbaum fehlen, obgleich er mit Recht das Nebeneinander zweier Bedürfnisse eines gegenwärtigen und eines künftigen gelten läßt. (Vgl. Lindenbaum: Ein Vierteljahrhundert der Bedarfstheorie der Versicherung in der Zeitschrift für Nationalökonomie, II. Jg., S. 75 ff., insbes. S. 91.)

beschaffung ist ganz und gar lebendig, gegenwärtig und wirklich, nicht bloß eventuell. Es ist definitiv und bleibt es offenbar solange die Versicherung vom Versicherungsnehmer aufrechterhalten wird, denn für dieses aktuelle Bedürfnis nach dem Bewußtsein des Gesichertseins ist man zu einem Opfer eines Preises, einer Prämie bereit. Es ist also z. B. bei einer Aussteuerversicherung der Mittelbedarf selbst nur eventueller Bedarf, weil die Aussteuerung vielleicht gar nicht notwendig wird. vielleicht bald, vielleicht später eintretendem Aussteuerfall nicht zur Aber die Beseitigung der Gefahr, daß einfache Spartätigkeit bis zu dem Beschaffung der dann benötigten Mittel führen könnte, vor allem, daß die Spartätigkeit durch eine Schicksalswendung unmöglich wird, diese Gefahrbeseitigung ist Gegenstand eines aktuellen wirklichen Bedürfnisses.

Der eventuelle Bedarf an Mitteln und ihre rechtzeitige Beschaffung einerseits, sowie das unmittelbare aktuelle Gegenwarts-Bedürfnis des Gesichertwissens dieser Beschaffung anderseits gehen an sich nebeneinander her als Impulse zu einer bestimmten Mitteldisposition. Daß nur eine Leistung für die Deckung beider Bedürfnisse aufgewendet werden muß, ist die Folge der Methode, die zur Deckung eingeschlagen wird: *die Vergemeinschaftung der hinsichtlich des Sicherheitsbedürfnisses Gleichgefährdeten, also gleich d. h. nicht gleich stark, sondern in gleicher Richtung Interessierten.*

Daß die ganze Mittelbeschaffung unter dem Namen der Versicherung geht, stellt sich sprachlich-logisch als eine rhetorische Lizenz, als eine Metonymie dar.

An dem, was also als Komplexerscheinung metonymisch Versicherung genannt wird, ist nun gerade das Methodische ganz ausgesprochen individualistischer Natur. Denn das Wesen dieser Methode liegt darin, daß eine Vielheit von durch die gleiche Gefahr bedrohten und gleichartig auf eine Mittelbereitstellung für denselben Eventualfall abzielenden Einzelwirtschaftern sich zusammenschließt, um durch relativ kleine Beiträge aller Gefahrbedrohten für die von dem gefährdenden Ereignis wirklich Betroffenen das rechtzeitige Vorhandensein der bereitzustellenden Mittel zu sichern. Es ist daher ganz richtig, wenn von *Weddigen* geltend gemacht wird, daß es ein Irrtum sei, die Versicherung an sich als eine von „Gemeinsinn“ getragene Einrichtung aufzufassen. Es ist kein Kollektivbedürfnis das zum Versicherungsgeschäft führt. Der wirtschaftlich verfolgte Zweck ist ein individueller und die Wirtschaftsgesinnung, die zur Eingehung der Versicherung führt, ist absolut individualistisch. *Der Zusammenschluß der gleichartig Gefährdeten ist ja nur das Mittel und die damit bewirkte Gemeinschaft hat mit echter Kollektivität nichts zu tun.* Die mit dem Zusammenschluß auftretenden Gemeinschaftsinteressen sind absolut sekundären Ursprungs.

Die individualwirtschaftliche Existenz als Ganzes oder einzelne ihrer Zwecke sollen gesichert werden. Richtig ist nur, daß diese Sicherung — ohne daß dies von den einzelnen beabsichtigt wäre — auch der Wirtschaftsgesellschaft zum Nutzen gereicht, soweit eben deren Schicksal von der wirtschaftlichen Kraft der einzelnen abhängt.

Nun kann freilich fraglich sein, ob die Versicherung als Methode etwa eine Wesensveränderung dadurch erfahren kann, daß sie für einen besonderen Fall eventuellen Bedarfs oder für einen besonderen Kreis von Gefährdeten in Anwendung kommt und deshalb ist es ganz korrekt, wenn *Manes* feststellt[2], daß auch die Sozialversicherung sich nur der Methode der Individualversicherung bedient. Nur vertrete ich insoweit eine etwas andere Auffassung, als ich nicht einsehen kann, weshalb nicht auch die Sozialversicherung dem Interesse der Einzelwirtschaft dienen soll. Gewiß kommt in der Sozialversicherung das Interesse der ganzen Wirtschaftsgesellschaft zur Geltung und dieses ist sogar treibendes, impulsgebendes Motiv für die Schöpfung des Sozialversicherungszwanges. Aber dieses Bedürfnis — nun wirklich ein „Kollektivbedürfnis" — wird gerade durch die Wahrnehmung der Einzelwirtschaftsschicksale und ihrer Bedürfnisse befriedigt. *Wie das soziale Elend in dem Elend der einzelnen seine Wurzel hat, so ist auch seine Überwindung durch Bekämpfung der Gefahren zu erreichen, die die Einzelwirtschaften als Elemente der sozialen Klasse bedrohen.*

Es ist die Methode also vor allem auf Verteilung von Schaden auf die versicherten Personen eingestellt (persönliche Verteilung), nur kommt allerdings vielfach auch eine zeitliche und örtliche Verteilung hinzu, wonach man verschiedene Grade der Vollkommenheit der Versicherungsmethode zu erkennen vermag. Die persönliche Verteilung aber wird durch Vergemeinschaftung bewirkt, weshalb diese eben nur ein Mittel, eine Methode für die Mittelbeschaffung und nicht das Ziel ist.

Sozialen Charakter erhält die Anwendung dieser Methode einer Mittelsicherung für gewisse Gefahren ausschließlich durch die sozialpolitische Absicht, durch den sozialpolitischen Zweck. Nicht der Zwang zur Versicherung also macht das Charakteristische der Sozialversicherung aus. Die obligatorische Brandschadenversicherung für Immobilien kann sowohl sozialpolitischen als rein ökonomischen Zwecken dienen.

Der Gedankengang, der zum Versicherungszwang führt, ist alternativ entweder die Erkenntnis, daß eine Reihe von wirtschaftlichen Bedarfsmöglichkeiten der großen Masse der unselbständig Erwerbstätigen, also kurz insbesondere seitens der Arbeiter und Angestellten, von diesen nicht in ihrer Dringlichkeit erkannt werden, oder die Erfahrung, daß die Dringlichkeit zwar erkannt wird, daß bei dieser Masse aber nicht die genügende

---

[2] Versicherungslexikon, 3. Aufl., Art. „Sozialversicherung".

wirtschaftliche Kraft zur Tragung der Versicherungskosten gesehen wird, so daß die Sicherung der Mittel durch freiwillige Versicherung niemals von ihnen erwartet werden kann.

Das führt aber notwendig zur Klarstellung des Sinnes der Sozialpolitik. Es kann in diesem Zusammenhang die Gegensätzlichkeit, die in der Literatur heute über das Wesen und den Sinn der Sozialpolitik besteht, nur flüchtig berührt werden. Aber sie ist viel zu wichtig, als daß ich über sie ganz hinweggehen dürfte.

Die eine Auffassung, — sie ist heute eigentlich schon eine ältere Auffassung, wenn auch nicht mehr diejenige der sozusagen heroischen Periode der Sozialpolitik[3] — die Auffassung, daß es sich in der Sozialpolitik im wesentlichen um Mittel zur Beseitigung der Ursachen gesellschaftsgefährdender Zustände handelt (Amonn), geht davon aus, daß offenbar das gesunde Funktionieren der Gesellschaft dasjenige ist, was durch die Sozialpolitik erhalten bleiben und gesichert werden soll. Nicht um seiner selbst willen, sondern weil die Gesellschaft d. i. die durch Arbeitsteilung und Leistungsdifferenziertheit hergestellte Verbundenheit der Einzelwirtschafter, weil diese Gesellschaftsgefüge der Erreichung von Zwecken dient, auf die nicht mehr verzichtet werden will und kann: vor allem die außerordentliche Erhöhung der Leistungsfähigkeit der Gesamtheit durch diese arbeitsteilige Organisiertheit, die wieder alle jene Kulturleistungen ermöglicht, die einerseits wie z. B. die Entwicklung der Wissenschaften das Dasein der Menschenmassen auf engen Raum überhaupt gestatten, anderseits dieses Dasein zu veredeln bestimmt ungeeignet sind. Also die Erhaltung und Sicherung der gesellschaftlichen Einheit gilt es und sie ist nur erreichbar durch die Abschwächung der Klassengegensätze, Verminderung der sozialen Spannungen zwischen den Angehörigen verschiedener Berufe und verschiedener Gesellschaftsschichten.

Dieser Auffassung der Sozialpolitik im weiteren Sinn entspricht freilich die Förderung jeder Gesellschaftsklasse, die sich gedrückt fühlt, sofern durch ihre Förderung eine Gegensätzlichkeit in ihren Reihen zu irgend einer anderen abgeschwächt oder überwunden würde. Es liegt klar auf der Hand, daß auch Agrarpolitik sozialpolitisch sinnvoll sein kann. Es besteht heute tatsächlich schon eine gewaltige Spannung zwischen der Masse der agrarisch Berufstätigen einerseits, der übrigen Masse der Bevölkerung anderseits. Diese Spannung abzuschwächen soweit die agrarisch Erwerbstätigen auf einem besonderen Tiefstand der Lebensführung und einem Höhepunkt der Lebensmühe angelangt sind, liegt im Interesse der gesellschaftlichen Einheit, ganz abgesehen davon, daß es sozialpolitisch wichtig ist, diese Massen ihrer Berufstätigkeit zu erhal-

---

[3] Als die „heroische" Periode der Sozialpolitik ist gerade die Zeit anzusehen, in der die Idee der Versicherung zuerst in ihren Dienst gestellt wurde.

ten d. h. sie wenigstens davon abzuhalten, daß sie ihre bescheidene, ja oft kümmerliche Existenz aufgeben, um nach den Industrie- und Handelszentren abzuwandern und dort das Heer der Arbeitslosen zu vermehren.

Also die Sozialpolitik in solchem weiteren Sinne kann auch agrarpolitische Mittel in ihren Dienst stellen, um die Einheit der Gesellschaft und die Erreichung der Gesellschaftszwecke zu bewirken, wozu eben auch die Existenzsicherung der Massen gehört, die mit ihrem Schaffen den Boden als wichtigsten Teil des Volksvermögens auswerten.

Gegenüber diesem Sinn der Sozialpolitik ist aber neuestens eine Auffassung aufgekommen, die das Wesen der Sozialpolitik in der Verfolgung eines individualistischen Interesses erkennen zu sollen glaubt, indem das Wesen der sozialpolitischen Bestrebungen darin liegen soll, daß sie auf eine Beschränkung der vollen Selbstverantwortlichkeit des Individuums u. z. in dessen eigenem Interesse abzielen und die Verantwortlichkeit auf andere Faktoren übertragen[4]. Formal vollkommen nennt *Pribram,* der diese Auffassung vertritt, jene Maßnahmen, die den Kreis der Individuen genau bestimmt, deren Selbstverantwortlichkeit entlastet wird, die zugleich den Träger der korrespondierenden Verantwortlichkeit bestellen und die Ansprüche jener Individuen gegen diese Träger genau angeben, wie es gerade bei der Sozialversicherung der Fall ist.

Endlich muß noch einer dritten Auffassung gedacht werden, die in den sozialpolitischen Maßnahmen zwar ein notwendiges Produkt des Kapitalismus anerkennt, aber doch die Sozialpolitik als einen Fremdkörper in dem kapitalistischen System kennzeichnet, der geradezu auf den Abbau desselben gerichtet ist, denen ihre Maßnahmen dienen:

1. der Sicherung des Wirtschaftsverlaufes
2. der Veränderung des Wirtschaftsverlaufes
3. der Beeinträchtigung des Wirtschaftsverlaufes

und um diese auch noch gleich vorweg zu nehmen im Sinne dieser Klimax der sozialpolitischen Wirksamkeit gegen den Kapitalismus gebe es keine Grenze für die Sozialpolitik. Denn der Inhalt der sozialen Idee sei Freiheit und Würde der Arbeit, ein Ziel das absolut sei und im letzten Grunde auch mit irgend einem Rest von Kapitalismus nicht zusammen gedacht werden könne, weil Kapitalismus immer Herrschafts-Organisation sei.

Es liegt außerhalb des Rahmens unserer Betrachtungen, zu diesen Auffassungen kritische Stellung zu nehmen. Hier ist nur die Tragweite der verschiedenen Auffassungen für den Sinn der sozialen Versicherung oder das, was unter diesem Namen geht, zu erfassen. *Es handelt sich sozu-*

---

[4] Pribram, Die Sozialpolitik als theoretische Disziplin. Arch. f. Soz., 58. Bd. (1926), S. 595 ff.

sagen um den logischen Standort der Sozialversicherung innerhalb der Sozialpolitik und der hängt eben von deren Auffassung wesentlich ab.

Die erste besprochene Auffassung sieht die Unterdrückten- oder Bedrückten-Schichten und die einzelnen in ihnen von Unsicherheiten und damit von Gefahren bedroht, die ihre Existenz gefährden und so erscheinen die sozialpolitischen Maßnahmen als ein System der Gefahr- und Schadenbekämpfung, das sich einteilen läßt in:

1. Maßnahmen zur Meidung der Gefahr, also Hintanhaltung von Schädigungen
2. Maßnahmen zur Unterdrückung eines bereits im Gang befindlichen Schadens
3. Versicherung gegen tatsächlich aufgetretenen Schaden.

Die Versicherung gliedert sich also völlig harmonisch in das System der von der sozialpolitischen Idee getragenen Einrichtungen ein. Sie ergänzt die Meidungs- und Vorbeugungsabsicht, wie sie uns im Arbeiterschutz, der Unfallverhütung, dem Koalitionsrecht, der Lohnpolitik usw. gegenübertritt, die Unterdrückungs-Einrichtungen, als welche Arbeitsnachweis, Schlichtungs- und Schiedseinrichtungen aufgefaßt werden können, und als drittes Glied, indem sie die geförderten Arbeiter in Versicherungsverbänden vergemeinschaftet, um den da und dort wirklich auftretenden Schaden weniger fühlbar zu machen. Die deutsche Sozialversicherung selbst ist aber gar nicht bloß Versicherung in diesem Sinne, sondern sie funktioniert weitestgehend als Unterdrückungseinrichtung (z. B. Sachleistungen der Krankenversicherung) und sie wirkt in der Richtung der Meidung, soweit sie dem Eintritt von Schädigungen vorbeugend zu begegnen sucht (z. B. durch indirekte Erzwingung der Unfallverhütungs-Technik).

Ein Blick in die Tatsachenwelt der Sozialversicherung belehrt über die Notwendigkeit, zwei Methoden zu unterscheiden, mit denen die Sozialpolitik zum Teil der Sicherung der Individuen gelangen will:

1. *Die echte Versicherung:* jene Organisierung der zu Versichernden, die in der Bildung von Gefahren-Gemeinschaften zwecks gemeinschaftlicher Aufbringung der für den Schadeneintritt erforderlichen Mittel besteht: wie *Weddigen* hervorhebt: nach Art der Friendly Societies, auch der amerikanischen „Volkslebensversicherungen“, oder im Anschluß an Gewerkschaften oder Zünfte, wesentlich innerhalb ein und derselben Bevölkerungsklasse, die als organisierende Sozialversicherung zu bezeichnen wäre. Die Gefahrengemeinschaft ist eine Erscheinungsform der Selbsthilfe.

2. *Die Versorgungseinrichtungen, Schaffungen der vergemeinschaftenden Sozialpolitik,* die die Angehörigen beider Arbeitsparteien zum Zweck der Mittelaufbringung oder der Verwaltung, oder für beide Aufgaben vereinigen.

Diese Unterscheidung ist für unsere Betrachtung besonders wichtig, weil die erste Methode den Gedanken der Selbstverantwortlichkeit noch weitgehend festhält, jedenfalls festhalten kann und wahrscheinlich soll, während bei der zweiten je nach dem Maße, in dem die Leistungen immer weniger noch durch die Beiträge der zu Versichernden aufgebracht werden, die Versicherung zur öffentlichen Versorgung wird, mit der dem einzelnen irgend eine Verantwortlichkeit völlig abgenommen wird. Vom Standpunkt der *Pribramschen* Kennzeichnung der Sozialpolitik aus, stellt sich die zweite Methode als die vollkommenere dar, weil die Abwälzung der Verantwortung auf neue Faktoren (die Träger der Sozialversicherung) am weitestgehenden erreicht wird.

III. Zum Lohnproblem

Das Problem des Minimallohnes im Lichte der christlichsozialen Literatur (1900)*

Es war von jeher einer der wichtigsten Faktoren, die zur Kräftigung der Stellung der katholischen Kirche beigetragen haben, daß sie stets bestrebt war, eine moderne Kirche zu sein. Wohl hat es Zeiten gegeben, wo sie in mancher Hinsicht hinter dem Zeitgeist zurückblieb. Aber auch in solchen Epochen, wo sie es versäumte, der fortschreitenden Entwicklung in den Kulturidealen und dem rastlosen Fleiß in der Gestaltung der sozialen Organisation Rechnung zu tragen, fanden sich in den Reihen der Glieder dieser Kirche doch immer wieder rechtzeitig die nötigen führenden Köpfe, die der Arbeit der Kirche wieder jene Richtung gaben, welche geeignet war, den Fortbestand ihres Einflusses über die Gemüter der großen Menge zu befestigen.

Die in dieser Hinsicht ihr erwachsende Aufgabe war keineswegs immer so leicht. Das Streben, modern zu sein, steht doch in einem gewissen natürlichen Antagonismus zu dem gebotenen Festhalten an der Tradition und den Lehren der geistigen Autoritäten aus älterer Zeit. *Das Bestreben, diesen Antagonismus zu überbrücken, einerseits der Entwicklung der Dinge, dem Entstehen neuer moderner Ideen Rechnung zu tragen und andererseits doch auch an den überlieferten dogmatischen und moralphilosophischen Lehren festzuhalten, gelang begreiflicherweise nicht immer mit dem gleichen Erfolg.*

Auch auf dem Boden der sozialen Wissenschaften ist der katholischen Literatur die in mancher Beziehung sehr schwierige Aufgabe erwachsen, einen solchen Einklang herzustellen. Wir haben hier eines der wichtigsten Probleme der Wirtschaftslehre und Wirtschaftspolitik, die Arbeitslohnfrage im Auge. Mit wahrem und, wie nicht zu verkennen ist, tiefem Eifer haben sich die literarischen Vertreter der katholisch-konservativen Wirtschaftspartei auf die Erörterung der Notwendigkeit, beziehungsweise der Berechtigung zur Festsetzung einer untersten Lohngrenze, eines Lohnminimums geworfen, und fast alle größeren, einem moralphilosophischen Thema gewidmeten Werke der jüngsten Jahre, die aus diesem Kreise hervorgegangen sind, haben zur Frage des Minimallohnes Stellung genommen. Es ist dies nicht so sehr an und für sich, als vielmehr im Hinblick auf die heutige Rechts- und Wirtschaftsordnung

* Zeitschrift für Volkswirtschaft, Sozialpolitik und Verwaltung, Bd. IX, Wien 1900.

ein modernes Problem. Die Idee der Lohnbestimmung durch die Obrigkeit ist keineswegs neu und war auch manchem Kirchenlehrer aus älterer Zeit nicht fremd. Dennoch steht die Minimallohntheorie in ihrer heutigen Gestalt mit den Anschauungen der mittelalterlichen Autoritäten der katholischen Kirche nicht nur nicht im Einklang, sondern geradezu in einem Gegensatz. Allein desungeachtet wird auch hier ein Zusammenhang zwischen den überlieferten Anschauungen und dem modernen Problem von einzelnen Schriftstellern behauptet und nachzuweisen versucht.

Der Weg, der hier gegangen werden muß, um diesen Zusammenhang zu zeigen, ist begreiflicherweise nicht sonderlich klar. Von einer Nachwirkung der ursprünglichen kommunistischen Ideen, wie sie in den Zeiten der Ausbreitung der christlichen Lehre, wenngleich vielleicht nicht allenthalben, so doch in einem großen Kreise der Gläubigen herrschend gewesen, da und dort aber gewiß verwirklicht waren, findet man in den Auseinandersetzungen sozialethischer oder wirtschaftspolitischer Natur der modernen katholischen Schriftsteller keine Spur mehr. Das „Modern-Bleiben“ hatte natürlich starke Verschiebungen auch in verschiedenen wirtschaftlichen Fragen zur Voraussetzung gehabt. Besonders in der Lehre von der Güterverteilung macht sich eine vollständige Wendung, die von der kanonistischen Literatur vollzogen wurde, auffallend bemerkbar. Mit dem energischen Eintreten für das Privateigentum und seine Begleiterscheinungen sowie mit dem völligen Abgehen vom Zinsverbote bei Gelddarlehen hat die strenge auf dem Boden des katholischen Dogmas und der katholischen Moral stehende Wirtschaftslehre sich selbst die Schranken gezogen für die Wege, die ihre Vertreter auf dem Gebiete der Arbeitslohnpolitik einschlagen durften: das Recht des Arbeiters auf den vollen Arbeitsertrag mußte vor allem bekämpft werden, und die Lehre von der Gerechtigkeit mußte dazu die Waffe bieten.

So ist die Arbeitslohnfrage heute in der christlichen Literatur zu einem moralphilosophischen Problem geworden; man hat die Lehre des heiligen Thomas v. Aquin vom justum pretium der Erörterung der Frage nach der gerechten Lohnhöhe zugrunde gelegt, aber man hat doch, weit über die Grundsätze dieser Lehre hinausgehend, geradezu ein System der Gerechtigkeitslehre ausgebaut, welches die Interessen der Arbeitnehmer zu fördern bestimmt war, das aber ebensogut zur Zurückweisung mancher billiger Forderungen der Arbeiter sich als geeignet erweist.

Zur Frage der gerechten Lohnhöhe nimmt Thomas nur nebenbei Stellung; sein wichtigster Ausspruch über diese ist wenig bedeutsam. Er schreibt: *Gleichwie es eine Art der Gerechtigkeit ist, jemandem für die Sache, die man von ihm erhält, den gerechten Preis zu zahlen, ebenso ist es eine Art der Gerechtigkeit, den Lohn einer Arbeit zu zahlen*[1]. Es darf dabei eben nicht vergessen werden, daß zur Zeit Thomas v. Aquins das Arbeitslohnverhältnis im heutigen Sinne als Rechtsverhältnis zwischen einem selbständigen berufsmäßigen Unternehmer einerseits, einem unselbständigen Arbeitnehmer andererseits erst in den allerersten Anfangsstadien sich befunden hat. Wo solche Beziehungen zwischen einem wirtschaftlich selbständigen Arbeitgeber und einem unselbständigen Arbeitnehmer bestanden, bildete ein besonderes Personenrechtsverhältnis, ein „Status", die Grundlage von Recht und Pflicht beider daran Beteiligten, nicht aber ein freier Vertrag, wie es seiner rechtlichen Natur der Lohnvertrag ist.

Was damals allgemein und gewiß auch von Thomas (1225—1274) als Lohn bezeichnet wurde, war nur ein Preis, den der Konsument, bzw. Besteller dem um Lohnwerk arbeitenden Meister oder Gesellen zu zahlen hatte. Daß dieser aber etwas wesentlich verschiedenes ist von dem Arbeitslohn, den der moderne Arbeitgeber als Unternehmer seinen Arbeitern zahlt, bedarf wohl keines besonderen Nachweises.

Gleichwohl greift eine große Zahl von Schriftstellern katholischer Richtung in der Erörterung der Frage, welche Elemente für die Lohnhöhe bestimmend sein sollen, auf die Grundsätze zurück, die von den Scholastikern hinsichtlich der von den Konsumenten zu zahlenden Preise aufgestellt wurden. Für die Schwierigkeit, den Zusammenhang der scholastischen Theorie vom gerechten Preis mit dem modernen Problem des gerechten Lohnes herzustellen, ist es bezeichnend, daß sowohl die für als auch die wider die Bestimmung eines Minimallohnes eintretenden Wirtschaftslehrer katholischer Richtung ihren Standpunkt auf die thomistischen Preislehren zu stützen suchen. Es hängt allerdings die Verschiedenheit in der Beurteilung der Gerechtigkeit der Lohnhöhe aufs engste zusammen mit den Gegensätzen in den Anschauungen über die Natur und das Wesen des Lohnarbeitsverhältnisses.

In dieser Hinsicht weist die katholisch-konservative Wirtschaftsliteratur die denkbar schärfsten Gegensätze auf. Rambaud, selbst ein streng auf dem Boden der katholischen Sittenlehre und Dogmatik stehender Wirtschaftslehrer, unterscheidet in der katholischen Volkswirtschaftslehre drei Richtungen. Der Arbeitsvertrag, schreibt er[2], ist nach einer Anschauung „une convention d'échange entre le patron et l'ouvrier", nach einer zweiten, „une association entre le patron et l'ouvrier" und nach einer dritten Auffassung schließe er in sich „une délégation de fonction sociale". Mag nun auch zugegeben sein, daß diese letzte Auffassung, die in dem Prinzen Alois v. Liechtenstein und im Grafen de Mun

[1] Thomas, 1 c. quaest. 114 a. 1.

[2] Rambaud, Joseph, Eléments d'économie politique. Paris und Lyon 1895, S. 538 ff.

ihre bekanntesten Vertreter besitzt, keine allzu große Anhängerschaft gefunden hat, so bleibt zum mindesten der Widerstreit der beiden zuerst genannten Meinungen ein tief einschneidender.

Die überwiegende Mehrheit der katholischen Wirtschaftstheoretiker hält daran fest, daß das Arbeitsverhältnis seiner rechtlichen Natur nach in der weitaus größeren Zahl der Fälle nichts anderes als einen einfachen Lohnvertrag („locatio conductio operarum" seltener „operis") zur Grundlage hat, daß es aber auch vom Standpunkte der katholischen Ethik geboten erscheint, die Forderungen der Gerechtigkeit auf diesen Vertrag in Anwendung zu bringen. Die eingehendste Rechtfertigung dieser Auffassung des modernen Arbeitsverhältnisses als eines Lohnvertragsverhältnisses ganz im Sinne des römischen Rechtes ist die Lehmkuhls[3], der dieselbe mit einer in vieler Hinsicht glücklichen und zweifellos geistvollen Kritik der Theorie vom Gesellschaftsvertrag zwischen Arbeiter und Arbeitsherrn verbindet. Lehmkuhl greift hierbei auf die Theologen scholastischer Richtung zurück. Vielfach sei von diesen die Forderung der Gerechtigkeit nach „gleich proportionierter Teilung" des Arbeitsertrages erhoben worden, allein keiner von ihnen habe sich auf das Vorhandensein eines Gesellschaftsvertrages berufen, wenn die Gerechtigkeit im Verhältnisse zwischen beiden Teilhabern am Arbeitsvertrage behandelt wird. Ein aus einem gesellschaftlichen Verhältnis notwendig abzuleitender Anspruch auf Beteiligung am Gewinn wurde von den Scholasten nirgends anerkannt. Eine besonders bezeichnende Stelle bei Thomas v. Aquin, die zur Charakterisierung der Stellung der scholastischen Schule in der Frage dient, ist die, wo der große Scholast Thomas v. Aquin das Arbeitsverhältnis mit den Beziehungen der Glieder der Kirche zu Gott in Parallele stellt. Ausgehend von dem Gleichnis vom Weinbergbesitzer, der Knechte für die Weinbergarbeiten dingt (Matthäus 20) schreibt Thomas: „Zur Eigenschaft eines guten Lohnarbeiters gehört es, daß er seine Arbeit auf den Vorteil seines Herrn hin richte; ebenso müssen auch wir, wenn wir im Weinberge der Kirche arbeiten, alles auf Gott beziehen." Thomas erblickt demnach ganz offenbar in dem Verhältnis zwischen dem Arbeiter und dem Arbeitsherrn in wirtschaftlicher Hinsicht wenigstens dieselbe untergeordnete Stellung, wie sie die Glieder der Kirche Gott gegenüber haben sollen, und man wird Lehmkuhl wohl auch Recht geben müssen, wenn er sich auf Thomas v. Aquin als Stütze für seine Anschauung beruft, daß eine Unterordnung, nicht eine Gleichstellung als Gesellschafter das Arbeitsverhältnis begründen soll.

Zu denjenigen Literaten, die sich mehr oder minder entschieden zur Gesellschaftstheorie bekennen, gehören vor allem alle diejenigen, die die

---

[3] Lehmkuhl, August, Arbeitsvertrag und Streik; Zweites Heft des Sammelwerkes: „Die soziale Frage, beleuchtet durch die Stimmen aus Maria Laach."

Haider Thesen[4] geschaffen und vertreten haben. Ihr bedeutendster Führer ist Vogelsang gewesen. Es ist nicht ganz richtig, wenn Rambaud, wie oben bemerkt wurde, aus den Haider Thesen schlechthin den Schluß zieht, daß ihre Verfechter das Arbeitslohnverhältnis in seiner gegenwärtigen Fassung als Gesellschaftsverhältnis ansehen. Vielmehr wird dies als Aufgabe und Ziel sozialer Reform von Vogelsang und seinen Anhängern erklärt, daß das jetzige rechtlose Verhältnis zwischen Arbeiter und Arbeitgeber „sich allmählich aber unwiderstehlich zu einem wahrhaften Gesellschaftsverhältnis entwickle[5]. Aber hinsichtlich der Prinzipien der Lohnpolitik steht doch diese Richtung auf einem Standpunkte, als wäre der Arbeitsvertrag ein Gesellschaftsvertrag. *Dem Arbeiter wird ein Recht auf den Arbeitsertrag zugesprochen und der Staat zur Wahrung dieses Rechtes berufen erklärt. Dieser erscheint danach unbedingt berechtigt, ja verpflichtet, in die Lohnverhältnisse einzugreifen.*

Als eine vierte Richtung in der katholischen Literatur über den Arbeitslohn wäre endlich noch jene Gruppe der meisten französischen und einiger westdeutscher Schriftsteller zu erwähnen. Hinsichtlich der Frage, ob, eventuell inwieweit der Staat auf die Regelung des Lohnwesens Einfluß zu nehmen befugt sei, steht diese Gruppe auf dem Boden — obwohl dies von den Vertretern dieser Richtung geleugnet wird — geradezu manchesterlicher Grundsätze.

Einer eingehenderen Erörterung dieser Gegensätze in der katholisch-konservativen Wirtschaftspartei bedarf es wohl nicht. Hier handelte es sich nur darum, zu zeigen, daß und wie weit schon die grundlegenden Sätze der einzelnen literarischen Richtungen katholischer Sozialpolitik auseinandergehen, die doch, wie man meinen sollte, alle auf den gleichen ethischen und moralphilosophischen Grundlagen, der Offenbarung Gottes und den Lehren der Kirche fußend, wenigstens in der Hauptsache das einzelne Problem einheitlich behandeln könnten. Von einem einheitlichen Standpunkt der katholischen Literatur ist, nach dem Vorstehenden zu schließen, natürlich keine Rede. Wenn sich aber doch in jüngster Zeit in den Kreisen der katholischen Wirtschaftstheoretiker allgemeiner das Bestreben bemerkbar macht, für die Lohnvertragstheorie einzutreten und in Behandlung der weiteren sozialen Probleme von der

---

[4] Eine von der XXIX. Generalversammlung deutscher Katholiken in Frankfurt/M. eingesetzte Kommission tagte im Schlosse Haid in Böhmen zum Zwecke der Beratung über Wucher, Arbeitslohn und Grundentlastung. Von dieser Kommission wurden Thesen aufgestellt, die Haider Thesen, die als Ergebnisse der Beratung von Vogelsang veröffentlicht (Österreichische Monatsschrift für christliche Sozialreform Bd. V), erläutert und verteidigt wurden.

[5] Auch Vogelsang suchte für seine Anschauung die Autorität des hl. Thomas v. Aquin ins Treffen zu führen, allein mit wenig Glück; vgl. darüber Fristôt, C. P., Etudes religieuses p. 326; vom 15. Februar 1894 den Artikel: Quelques malentendus.

Anerkennung dieser Theorie auszugehen, so ist der Grund dafür wohl auch darin zu suchen, daß der Papst zu der Frage Stellung genommen und sich zugunsten der Vertragstheorie geäußert hat, vielleicht freilich wohl auch, weil die Verfechter sozialistischer Ideen den reinen Lohnvertrag bekämpfen. In einzelnen gemeinsamen Forderungen finden sich ohnehin manche der Parteien, so vor allem in der Bekämpfung des Einflusses des Verhältnisses der Nachfrage zum Angebot auf den Arbeitslohn.

Schon der bekannte Bischof Ketteler hat es aufs tiefste beklagt, daß die materielle Stellung fast des gesamten Arbeiterstandes, also des weitaus größten Teiles der Menschen, in den modernen Staaten die Existenz ihrer Familie, die tägliche Frage um das notwendige Brot allen Schwankungen des Marktes und der Warenpreise ausgesetzt sind, daß aber auch der Arbeiterstand selbst täglich auf dem Weltmarkt bezüglich seines Lohnes, der ihm das Brot gibt, als Ware ausgeboten wird[6]. Mit großer Entschiedenheit haben sich auch Vogelsang und seine Anhänger gegen die Zulässigkeit des ausschließlichen Einflusses von Angebot und Nachfrage auf den Arbeitslohn erklärt. „Daß bei Bemessung der Gegenleistung für die zur Verfügung gestellte Arbeitskraft auch das Verhältnis von Angebot und Nachfrage innerhalb gewisser Grenzen Einfluß haben darf", schreibt Vogelsang, „soll hiermit durchaus nicht bestritten werden; sie dürfen mitwirken, aber auch nicht mehr; *die objektiven Normen müssen ausschlaggebend sein". Daraus erhellt der wichtige Satz, daß von dieser Seite die Arbeitskraft oder die menschliche Arbeit selbst denn doch nicht als Ware schlechthin angesehen sein will.*

In Übereinstimmung mit dieser Stellungnahme gegen den Einfluß der Marktpreisschwankungen steht die auf den ethischen Grundlagen der katholischen Sozialpolitik beruhende Forderung einer besonderen Berücksichtigung der Person des Arbeitnehmers. Trotz der Einreihung des Arbeitsvertrages unter die Kategorie der Mietverträge im römischrechtlichen Sinne wird die abweichende Stellung des Lohnvertrages innerhalb dieser Kategorie von Verträgen unter dem Einfluß eben der ethischen Grundsätze der christlichen und speziell der katholischen Kirche anerkannt. Wenngleich — so argumentiert man — beim Arbeitslohnvertrag der Arbeiter nur seine Kraft verdingt, so bleibt dieselbe ja doch unzertrennlich mit seiner Person verbunden, und dieser Persönlichkeit müsse eine besondere Rücksicht geschenkt werden, sowohl in der Art und Weise des Gebrauches der Arbeitskraft, wie auch in der Vergeltung derselben. „Das ist nicht nur eine Forderung der Liebe, sondern auch der Gerechtigkeit. Auch der Arbeiter hat ebensogut wie der Arbeitgeber eine unsterbliche, nach Gottes Ebenbild geschaffene Seele, auch

[6] Wilhelm Emanuel Freiherr v. Ketteler, Die Arbeiterfrage und das Christentum, Mainz 1864, S. 16—31.

seine Aufgabe ist hienieden Gott zu dienen und dadurch seine Seele zu retten. Er hat ferner Pflichten gegen seine Familie, wenn er verheiratet ist, er hat Pflichten gegen sich selbst. Der Arbeitgeber soll deshalb die gebührende Rücksicht auf das Leben und die Gesundheit des Arbeiters aus seine Stellung zur Familie und überhaupt auf die religiösen und sonstigen sittlichen Pflichten desselben nehmen[7]."

Es ist nach diesem Satz wohl klar, daß die christliche Ethik auch die Sorge für den Berufsstand und die äußeren Lebensgüter in den Bereich ihrer Theorien und Dogmen zieht.

So wie die katholische Moral den Menschen als zur Arbeit geboren hinstellt[8] und ihn zwingt, einen passenden Beruf zu wählen, in dem er am sichersten sein ewiges Ziel erreichen und zugleich der Gesellschaft am meisten nützen kann, so legt sie dem Menschen auch die Pflicht auf, „äußere Güter" zu erwerben. Den sicheren Maßstab für diese Pflicht, erklärt Cathrein[9], gebe einzig das Bedürfnis. „Nur soweit sind wir nach irdischen Gütern zu streben verpflichtet, als sie uns zur Erfüllung unserer Berufspflichten notwendig sind." *Das Streben nach irdischen Gütern über das Maß des Bedürfnisses hinaus ist eigentlich in zu reichem Ausmaß im Menschen vorhanden.* Im Zusammenhang damit steht ein erhebliches Stück Eigennutz, namentlich unter den Reichen. Aus dem Umstand nun, daß der Reichere in der Regel der Stärkere ist und dem Arbeitnehmer gegenüber als Käufer der Arbeit aufzutreten pflegt, ergebe sich bei der Lohnfestsetzung, die an und für sich doch immer unter dem Drucke des Angebotes vor sich gehe, daß die aus dem Eigennutz des Reicheren entspringende Tendenz, den Kaufpreis für die Arbeitskraft auf ein möglichst tiefes Niveau herabzudrücken, in der Regel Erfolg habe. Allein in dem Umstande, daß diese Neigung zum Durchbruch und zu Erfolg zu gelangen pflegt, könne und dürfe kein ökonomisches Gesetz erblickt werden. Eigentlich liegt auf seiten des reicheren Arbeitgebers eine Pflichtverletzung vor, gegen die doch im Wege der Erziehung zu wahrhaft religiöser Denk- und Handlungsweise angekämpft werden könnte.

Damit ist von dieser Seite auch die Möglichkeit und die Berechtigung einer Änderung des herrschenden Zustandes dargetan; es wird, von der ethischen Erwägung über die Aufgaben des irdischen Daseins und über die für den einzelnen daraus erwachsenden Pflichten ausgehend, der Schluß gezogen, daß *die Lohnhöhe nicht beliebig tief sinken darf, das heißt, nicht sinken kann, ohne daß dabei das ethische Gewissen des zu niedrige Löhne zahlenden Arbeitgebers belastet würde.*

---

[7] Cathrein, Moralphilosophie, II. Bd., S. 327 f.
[8] Ebenda, S. 62.
[9] Ebenda, S. 63.

Es ergibt sich nunmehr daraus die weitere Frage nach jenem Ausmaße des Arbeitslohnes, das erreicht werden muß, wenn den Forderungen der christlichen Ethik Rechnung getragen werden soll.

Hier treten nun die Verschiedenheiten in der Auffassung über die Wesenheit des Arbeitsverhältnisses scharf in den Vordergrund, und es sind auch in dieser Frage wieder drei Gruppen von Wirtschaftstheoretikern und Moralphilosophen, die alle auf dem Boden des katholischen Dogmas stehen, ziemlich klar auseinanderzuhalten.

I. Vorerst soll der Standpunkt jener Gruppe von Schriftstellern kurz besprochen werden, welche die durch die päpstlichen Enunciationen gewiesenen Bahnen der Sozialpolitik nicht nur schlechthin anerkennen, sofern diese eben vom Oberhaupte der katholischen Kirche vorgezeichnet worden sind, sondern die in diesem Sinne geradezu als Interpreten Wirtschafts- und Gesellschaftstheorien auftreten. Allen voran sind hier die Mitarbeiter an den „Stimmen aus Maria-Laach" zu nennen, Theodor Meyer, Peesch, ferner Biederlack und Eberle, endlich doch in gewissem Sinne auch Lehmkuhl, der in dieser Gruppe, insoweit er überhaupt hierher gezählt werden muß, als der vornehmste Schriftsteller und der gewichtigste Wortführer erscheint.

Eberle unterscheidet in seiner Monographie „Arbeit und Lohn"[10] folgende Gesichtspunkte, nach denen die Lohnhöhe im Hinblick auf die Gerechtigkeit in erster Linie beurteilt zu werden pflegt: 1. nach dem inneren Wert des Arbeitsproduktes, 2. nach der Höhe der Bedürfnisse des Arbeiters, 3. nach der Größe des Arbeitsangebotes, 4. endlich nach der Wertschätzung der Arbeit seitens des Arbeitgebers. Im Anschluß an diese nicht eben sehr scharf durchdachte Gruppierung von Faktoren bemerkt er, daß die Lohnhöhe nicht willkürlich festgesetzt werden dürfe, sondern „sich messen müsse nach Tatsachen, welche als Naturzwecke in ihrem tieferen Grunde Bestimmungen des göttlichen Schöpferwillens selbst sind". „Die Gerechtigkeit des Lohnes gründet daher in der richtigen Schätzung von Verhältnissen, welche als Tatsachen des göttlichen Schöpferwillens sich darstellen und folglich in gewissen Beziehungen mit unverrückbaren Forderungen erscheinen. Mit anderen Worten: nicht nur fordert Gottes Heiligkeit, daß Jedem das Seine gegeben wird, sondern es fordert auch seine Weisheit und Güte, daß es gegeben wird nach dem Maße jener Tatsachen, welche als Naturzwecke unverkennbar den Charakter göttlicher Willensäußerungen an sich tragen." Der gerechte Lohn werde also durch Tatsachen bestimmt, die selbst gewissermaßen als kategorische Forderungen der Natur unbedingt berücksichtigt werden müssen. Es sind dies die *Forderungen der sogenannten natürlichen Gerechtigkeit;*

[10] Eberles Schrift „Arbeit und Lohn", Stans 1894, stellt sich als eine systematische Auseinandersetzung mit der Lohnlehre dar, die die Anschauungen aller katholischen Wirtschaftslehrer jener Richtung zusammenfaßt, die den Vertragscharakter des Arbeitsverhältnisses vertreten.

ihr entspricht es, daß der Arbeitslohn dem Arbeiter die Mittel zur Erhaltung seines Daseins sichert.

Aber auch die Grundsätze der ausgleichenden Gerechtigkeit bilden mit die Grundlage für die Bemessung des gerechten Lohnes. Ein Grundsatz dieser strengen Gerechtigkeit ist es aber, jedem das Seine zu geben. Der Lohnarbeitsvertrag wird im Interesse beider Vertragsteile geschlossen, folglich darf er, da er zu gemeinsamem Nutzen ist, zu keines Nachteil sein, es muß ein Kontrakt der Gerechtigkeit bestehen in Übereinstimmung mit dem Prinzip der Gerechtigkeit, der die ausgleichende Gerechtigkeit zugrunde liegt. *Der ausgleichenden Gerechtigkeit entspricht eine auf den Elementen der objektiven Wertschätzung fußende Lohnbemessung.*

Mit der Anerkennung und der Anwendung dieser beiden Gerechtigkeiten treten also für die Beurteilung der Gerechtigkeit der Lohnhöhe vor allem die beiden Faktoren: 1. innerer Wert der Arbeitsleistung, der sich im Werte des Arbeitsproduktes dokumentiert, und 2. Umfang der Lebensbedürfnisse des Arbeiters in den Vordergrund.

Eigentlich gibt es eine ganz konsequente Berücksichtigung beider Faktoren nicht. Die Frage der Zulässigkeit eines Minimallohnes, der den Bedürfnissen des Arbeiters Rechnung tragen soll, führt notwendig zu dieser Erkenntnis. Es gibt nur zu häufig eine Grenze, wo die Lebensbedürfnisse eines Arbeiters aus dem Ertrag seiner Arbeit nicht mehr befriedigt werden können und wo trotzdem nicht von einer Verletzung der Lohnfestsetzung nach dem Werte der Arbeitsleistung geredet werden kann. Tatsächlich tritt da auch in der Literatur der hier besprochenen Richtung eine ganz unentschiedene und unklare Haltung zutage. So schreibt Eberle selbst: „Die Höhe und das Maß des gerechten Lohnes ist daher grundsätzlich und eigentlich nicht in den Bedürfnissen des Arbeiters als solchen zu suchen, sondern in dem gerechten Verhältnisse zwischen Entgelt von seiten des Arbeitgebers und der Arbeit des Arbeiters, der allerdings von seinen Bedürfnissen nicht zu trennen ist, insofern dieselben die unerläßliche Bedingung bilden, daß er eben das tun kann, was er im Arbeitskontrakte tut, nämlich dem Arbeitgeber seine Arbeit anbieten.“ Danach bliebe also überhaupt als maßgebender Gesichtspunkt für die Bemessung des gerechten Lohnes doch nur der „innere Wert“ des Arbeitsproduktes, der wieder durch „Zusammenzählen sämtlicher Wertfaktoren einer Arbeitsleistung“ gefunden werden soll.

Zu diesen Wertfaktoren gehören freilich auch die betreffende Persönlichkeit des Arbeiters mit ihren Anlagen und ihrer Tüchtigkeit, die Anforderungen der Arbeit an die Persönlichkeit, verbunden mit den Zufälligkeiten, welche die Arbeit für eben diese Persönlichkeit mit sich bringt, usw. Mit den Bedürfnissen des Arbeiters haben diese Elemente aber nichts zu tun. Diesen Wertfaktoren kann genügt werden, ohne daß den Forderungen der natürlichen Gerechtigkeit entsprochen, ohne daß den Lebensbedürfnissen des Arbeiters voll Rechnung getragen wird. Ein Lohn kann daher nach diesem Gedankenaufbau „gerecht" im ausgleichenden Sinne erscheinen, ohne daß der ethischen Pflicht der Rücksichtnahme auf die Ansprüche des Arbeiters auf die Lebenserhaltung genüge geleistet wäre.

Gegenüber den in solcher Weise anerkannten Forderungen, die an das Ausmaß des Lohnes vom Standpunkte der beiden Arten von Gerechtigkeit aus gestellt werden, resultiert beide zusammenfassend die Frage: *Wo endet die Gerechtigkeit in der Lohnzahlung, welcher höchste Lohn ist nicht mehr gerecht? Welcher niedrigste Lohn ist noch gerecht?* Diese Umkehrung der Frage ergibt sich aus der Verschiedenartigkeit der Grundlagen der beiden Gerechtigkeitsprinzipien.

Ungenügend, nach dem Standpunkte der eben besprochenen Literaturrichtung sogar unrichtig, wäre die allerdings einfache Antwort: Der Lohn hört auf gerecht zu sein, wenn er weder der ausgleichenden Gerechtigkeit entspricht, weil Arbeitsleistung und Entgelt, d. i. Lohn inadäquat sind, und wenn er gleichzeitig auch nicht hinreicht, die Bedürfnisse des Arbeiters zu befriedigen. Da der Lohn im Sinne der einen Gerechtigkeit zureichend und gerecht erscheinen kann bei einer Höhe, wo er im Sinne der anderen Gerechtigkeit noch nicht, beziehungsweise nicht mehr als gerecht anerkannt werden kann, so ergibt sich daraus wieder notwendig, daß es in diesem Sinne *zwei Minimallöhne* geben muß. *Der eine ist jener niedrigste Lohn, bei dem gerade noch der ausgleichenden Gerechtigkeit genüge getan ist,* indem Arbeit und Arbeitsentgelt als adäquate Wertgrößen anerkannt sind, und *der zweite ist jener niedrigste Lohnsatz, der gerade hinreicht, um die Bedürfnisse des Arbeiters zu befriedigen.*

Die Anerkennung der Forderung eines der beiden Minimallöhne wird natürlich nicht immer, aber doch allzuhäufig und gerade in den kritischen Verhältnissen die Berücksichtigung der Grundlagen des anderen Minimallohnes ausschließen. Zu dieser Inkongruenz, die also ganz offenbar hier vorliegt, führen die Grundsätze der Lohntheorien, welche von der oben genannten Gruppe von Wirtschaftslehrern und Moralphilosophen vertreten werden.

II. In weitaus klarerer Weise präzisiert die französische Schule der „katholischen Wirtschaftslehre" ihren Standpunkt. Auch sie nimmt Stellung zur Frage von der Gerechtigkeit des Lohnes, behandelt aber das ganze Problem von völlig liberalen Ideen ausgehend.

Rambaud stellt sich die Frage nach jener Grenze, wo die Ausbeutung der Zwangslage des Arbeiters beginnt[11]. Auch er gibt zu, daß mit der

---

[11] Rambaud, a. a. O., S. 545.

Anerkennung des Charakters des Arbeitsverhältnisses als eines Lohnvertrages im Sinne des römischen Rechtes die Ausbeutung der Bedürfnisse des Arbeiters möglich wird. Seine Antwort auf die obige Frage lautet: „Même en admettant, que ces besoins s'entendent du nécessaire social, c'est-à-dire d'après les habitudes acquises du milieu, et non pas d'un nécessaire économique qu'impliquerait strictement, que le maintien possible de la vie et le renouvellement de la familie ouvrière, il faut admettre, que l'employer ne commence à exploiter l'employé que lorsque l'industrie pouvant accorder des conditions meilleures l'industriel les refuse par cupidité."

Für ihn beginnt die Ungerechtigkeit des Lohnes also erst dort, wo der Arbeitgeber sich der Sünde der Habsucht schuldig macht. Ganz unzweideutig spricht sich Rambaud nach dieser Richtung hin in einem anderen Zusammenhang aus, indem er bemerkt: „Le salaire convenu n'est pas injuste, lorsqu'il est égal au rendement du travail, encore qu'il soit inférieur aux besoins du travailleur."

Es dürfte wohl kaum gelingen, einen gewissen Gegensatz zwischen diesem Standpunkte einerseits und jenem der päpstlichen Encyclica „Rerum novarum" völlig zu überbrücken. Diese Encyclia stellt, die Gerechtigkeit des Lohnes berührend, den Satz auf, daß es ganz irrig sei, zu meinen, ein Unrecht hinsichtlich der Lohnzahlung läge nur dann vor, wenn entweder der Lohnherr einen Teil des Lohnes zurückbehalte oder der Arbeiter nicht die vollständige Arbeitsleistung dem Vertrage gemäß verrichte. Ein wesentliches Moment sei dabei übersehen: „Arbeiten heißt seine Kräfte anstrengen zur Beschaffung seines Lebensunterhaltes und zur Besorgung aller irdischen Bedürfnisse." Die Arbeit sei zwar persönlich freigestellt, wo sie aber um der Erhaltung des Daseinswillen nötig werde, dort trete die Forderung der natürlichen Gerechtigkeit in den Vordergrund: „daß der Lohn nicht etwa so niedrig sei, daß er einem genügsamen, rechtschaffenen Arbeiter den Lebensunterhalt nicht abwirft." Diese schwerwiegende Forderung sei aber unabhängig von dem freien Willen der Vertragsteile.

Allerdings versucht Périn, gleichfalls einer der vornehmsten französischen Wirtschaftstheoretiker katholischer Richtung, eine Interpretation der Encyclia in dem Sinne, daß er erklärt, der Papst gehe hinsichtlich des Satzes, es müsse der Lohn einem genügsamen, rechtschaffenen Arbeiter den Lebensunterhalt abwerfen, von der Voraussetzung aus, daß die Arbeitsleistung des Arbeiters einen Wert geschaffen habe, der dem Werte seiner Bedürfnisse gleichkommt[12]. Von Rambaud wird zur Kräftigung dieser Interpretation auf einen Ausspruch des Papstes hingewie-

[12] Périn, L'économie politique d'après l'Encyclique sur la condition des ouvriers, pag. 20 sequ.

sen, den er zu den französischen Pilgern, die unter Führung des Grafen de Mun vor ihm erschienen, getan hat: „La solution de la question ouvrière est de sa nature liée aux préceptes de la parfaite justice, qui réclame que le salaire réponde adéquatement au travail.“ Daraus sei zu schließen, daß der Papst hinsichtlich der Lohnhöhe es für das Wichtigste halte, daß der ausgleichenden Gerechtigkeit genüge getan wird.

Die Fälle, die man hierbei ins Auge fassen müsse, wenn die Lohnhöhe auf die Gerechtigkeit hin geprüft werden solle, seien vor allem jene, wo der Arbeitgeber entweder gar keinen Gewinn aus der Arbeit des Arbeitnehmers zieht oder nur einen so geringen, daß, wenn er nur einen adäquaten Lohn zahlen würde, dieser Gewinn zur standesgemäßen Erhaltung seines (des Arbeitgebers) Lebens nicht hinreichen würde.

Dieses Bestreben, die eigene Theorie mit den Enunciationen des päpstlichen Stuhles in Einklang zu bringen, ist wohl sehr begreiflich, aber es muß bei objektiver Beurteilung beider Standpunkte doch als ein vergebliches erklärt werden. Der päpstliche Stuhl steht mit dem Rundschreiben „Rerum novarum“ ganz und gar nicht auf dem Boden des laissez faire, laissez aller, wie dies bei der in Rede stehenden Gruppe französischer Wirtschaftstheoretiker der Fall ist.

Im großen und ganzen ist nicht zu verkennen, daß die französische Literatur[13], soweit nicht eben einzelne ihrer Vertreter der Schule von Lüttich zuzuzählen sind, mit großer Konsequenz gegen die Rücksichtnahme auf die Lebensbedürfnisse des Arbeiters bei der Beurteilung der Lohnhöhe auftritt. Gegen das Prinzip, die Lebenserhaltung des Arbeiters als einen maßgebenden Faktor bei der Lohnbildung zur Geltung kommen zu lassen, wird in der Regel der Einwand erhoben, daß einerseits das Alter, Schwäche, Ungeschicklichkeit des Arbeiters, andererseits aber auch die Leistungsfähigkeit der Industrie Faktoren seien, über die man nicht hinwegkommen könnte. Diese würde, solange die Freiheit des Arbeitsvertrages anerkannt sei — und die muß ja vom christlichen Standpunkt, wie wir oben gezeigt haben, anerkannt werden — immer dazu führen, daß der Arbeitgeber nur solche Arbeitskräfte einstellen würde, die auch tatsächlich jene Arbeitsleistung aufzuweisen vermögen, welche einem den Bedürfnissen des Arbeiters genügenden Lohn adäquat wären. Rambaud geht daher auch geradezu von der These aus: „L'individu qui accepte moins que ses besoins, mais autant que son travail n'est pas violenté et le contrat avec lui n'est donc pas injuste.“

Ganz abgesehen von dieser theoretischen Bekämpfung der Idee eines Minimallohnes wird von dieser Seite dem Problem die Möglichkeit der

[13] Hierbei sind vor allem zu rechnen Rambaud, Périn, Fristôt, aber auch der Bischof von Angers, Charles Emile Freppel, der Führer der Schule von Angers, die überhaupt eine fast manchesterliche Sozialpolitik treibt.

Durchführung im Hinblicke auf die Schwierigkeiten, die sich bei der Verwirklichung in der Praxis ergeben würden, abgesprochen.

III. Namentlich zu dieser französischen Richtung der katholischen Wirtschaftslehre in schroffem Gegensatz steht eine dritte Gruppe von katholischen Sozialreformern, die in ganz gleicher Weise streng auf dem Boden des katholischen Dogmas stehend doch von wirklich sozialwirtschaftlichen Ideen getragen, in der Lohnfrage eine in gewissem Sinne geradezu radikale Stellung einnehmen. Gekennzeichnet ist diese Richtung durch die Namen von Vogelsang, A. M. Weiss, Prinz Liechtenstein, Prälat Schindler und Professor Hitze, die als Führer in Österreich und Deutschland, Graf de Mun, Abbé de Pascal, Victor Brants und Bischof Doutreloux, die in Frankreich und Belgien das größte Verdienst um die Verbreitung wirklich sozialer Ideen in den Kreisen der gläubigen Katholiken sich erworben haben.

Am weitesten gehen wohl von Vogelsang und seine engeren Gesinnungsgenossen. In Übereinstimmung mit P. Albert Maria Weiss, dem bekannten Dominikaner, beantwortet er die Frage, was Lohn sei, mit dem, daß er die Gegenleistung, welche dem Arbeiter vom Unternehmer gewährt wird, einteilt: 1. In den Kostenersatz der Arbeit, und 2. in den Lohn der Arbeit im eigentlichen Sinne[14]. Er verweist dabei auf das nach guter alter Sitte bestehende Verhältnis der Hausdienstboten zu ihren Arbeitgebern, die außer der vollständigen Verpflegung heute noch vielfach Kleidung und darüber hinaus einen Lohn gewähren. Anders beim industriellen Arbeiter. Unter dem Einflusse des Überangebotes an Arbeitskraft sei der sogenannte Lohn, in einem die Gesamtbezüge des Arbeiters, soweit herabgesunken, daß als Lohn im eigentlichen Sinn gar nichts mehr und zur Befriedigung der Lebensnotdurft nur ein unzureichender Teil übriggeblieben ist.

Hier wird also die Forderung nicht nur auf einen den Bedürfnissen des Arbeiters genügenden Lohn gestellt, also auf einen Minimallohn, der dem Erfordernisse der natürlichen Gerechtigkeit genügt, wie ihn die Encyclica „Rerum novarum“ verlangt, sondern es wird gefordert, daß über die zur Bedürfnisbefriedigung notwendigen Mittel hinaus dem Arbeiter ein Einkommen aus dem Lohne zukomme, wodurch ihm ein Spielraum in seinen budgetären Verfügungen gegeben ist; damit soll der Gewinn erzielt werden, daß der größere Prozentsatz der der Kirche von Gott Anvertrauten nicht durch einen menschenunwürdigen Kampf ums Dasein ihrer heiligenden Einflußnahme entfremdet werde[15].

Einen ganz ähnlichen Standpunkt vertritt der im übrigen weniger radikale P. Costa-Rossetti in der Lohnfrage, wenngleich bei diesem

---

[14] Vgl. Vogelsang, Die Arbeit und ihr Recht, Österreichische Monatsschrift, Bd. V, S. 462.

[15] Vgl. Vogelsang, Zur Arbeiterfrage, Österreichische Monatsschrift, Bd. V, S. 523.

Schriftsteller formell die Forderungen nicht gleichlauten und demzufolge auch der Widerspruch zu dem päpstlichen Rundschreiben über die Arbeiterfrage („Rerum novarum") nicht auffällt. Er schreibt: „Damit bei der Klasse von Arbeitern, die beständig oder doch längere Zeit hindurch für einen anderen arbeiten, der niedrigste Arbeitslohn noch immer dem Gesetze der Gerechtigkeit entspreche, muß er größer sein, als der standesgemäße momentane Unterhalt des Arbeiters absolut erfordert; er muß mit anderen Worten so groß sein, daß der Arbeiter imstande sei, eine Gattin zu ernähren, wenn diese wegen der Sorge für die Kinder nicht um Lohn arbeiten kann, usw. Freilich wenn der Mensch ein vernunftloses Tier wäre und wenn man an der menschlichen Arbeit den Kosten- und Kraftaufwand allein ins Auge fassen wollte, dann würde es zum niedrigsten Arbeitslohn unbeschadet der Gerechtigkeit allerdings genügen, daß der Arbeiter davon allein standesgemäß leben könne; aber er ist zu klein, wenn man die Würde der menschlichen Person und die natürlichen Rechte und Pflichten betrachtet, welche jeder Mensch, auch der Arbeiter als vernünftiges und als Gesellschaftswesen hat[16]." Costa fordert dann darüber hinaus auch, daß *der Arbeiter für die Zeit seiner Erwerbsunfähigkeit, der Krankheit und des Alters vor allem vorsorgen könne mit den Mitteln seines Arbeitslohnes.*

Wie schon oben angedeutet wurde, nimmt der geistvolle Jesuit Aug. Lehmkuhl eine vermittelnde Stellung ein[17]. In seiner Grundanschauung vermag sich Lehmkuhl doch nicht davon zu emanzipieren[18], daß Lohn und Preis einer Ware theoretisch in gleicher Weise zu behandeln sind. Der Wert des Erzeugnisses der Arbeit ist „mitbestimmendes Moment" für die Lohnhöhe und soll es sein, wenngleich auch er zugibt, daß diese nicht schlechthin nach dem Arbeitsprodukte anzusetzen ist. Mit großer Entschiedenheit sucht er aber der Unklarheit in der Unterscheidung der beiden Arten von Gerechtigkeit entgegenzuarbeiten, obgleich auch er mit denselben rechnet.

Die anscheinend gerechte Festsetzung des Lohnes im freien Arbeitsvertrage nach den Forderungen der ausgleichenden Gerechtigkeit, erklärt Lehmkuhl ausdrücklich, werde dennoch im Grunde eine ungerechte, „wenn der Lohn im allgemeinen niedriger ist, als daß der Arbeiter aus ihm seinen entsprechenden Lebensunterhalt und den Unterhalt seiner

---

[16] Costa-Rossetti, Philosophia moralis, pag. 745.

[17] Wenn von mancher Seite behauptet wird, Lehmkuhl stehe der Richtung Vogelsangs besonders nahe (Peesch S. J.), er vertrete dieselben Ideen, so trifft dies im allgemeinen wohl nicht zu. Den Haider Thesen steht er schroff ablehnend gegenüber, und er gehört gerade zu jenen, die der Richtung Vogelsangs den Widerspruch mit den Lehrworten des Papstes zum Vorwurfe gemacht haben.

[18] Lehmkuhl, Die soziale Not und der kirchliche Einfluß. 4. Heft der Sammlung: Die soziale Frage, beleuchtet durch die „Stimmen aus Maria-Laach", S. 45.

erwerbslosen Familie bestreiten könnte". Freilich fügt er hinzu: „Wenigstens ist das festzuhalten, solange der Gesamtgewinn eines industriellen Unternehmens eine solche Lohnhöhe zuläßt. Sänke der Gesamtgewinn dauernd tiefer, so würde das Geschäft eben unrentabel und nicht mehr bestandfähig sein." Zufällige Verluste des Geschäftsinhabers, zufällige Verteuerung des zu verarbeitenden Materiales könnten aber keine gerechte Veranlassung bieten, unter den sonstigen Minimalsatz des Arbeitslohnes herunterzusteigen. Besserung der Konjunktur erfordere aber dagegen auch keine Hebung des Lohnes.

Diese Hindernisse erkennt Vogelsang überhaupt nicht an. *„Eine Industrie, welche mit Hungerlöhnen arbeitet, ist als gemeinschädlich zu verbieten."* Wohl fordert auch er Schutz der Industrie und darin soll sogar das letzte Mittel zur Hinanhaltung der Arbeiterausbeutung zu suchen sein. Werde der Druck der zügellosen Weltkonkurrenz von den Fabrikanten genommen, werde das Staatsgebiet gegen die Invasion der ausländischen Konkurrenz geschützt, so lasse sich wohl unschwer das Gleichgewicht zwischen Konsumtion und Produktion herstellen und regeln. Ist aber dies erreicht, dann lasse sich wohl auch der gerechte Lohn für den Arbeiter finden und überwachen.

Dieser Programmpunkt führt natürlich zur weiteren Frage, ob der Staat als zur Regelung des Arbeitsverhältnisses hinsichtlich der Lohnhöhe berufen anerkannt werden soll. Sie wird von katholischer Seite ebenso lebhaft erörtert wie die nach dem berechtigten Ausmaß eines eventuell anzuerkennenden Minimallohnes[19]. *Die Berechtigung zur staatlichen Einflußnahme hinsichtlich des Lohnvertrages wird wohl überwiegend zugegeben*[20] und hierbei nicht ohne Grund auf *Thomas v. Aquin* zurückgegriffen, der ja als Schüler des großen Stagiriten auch die Unzulänglichkeit und das Ergänzungsbedürfnis der isolierten Familie und Privatvereine als die treibende Elemente erklärt, die zur Staatenbildung führen. Zweck des Staates ist es bekanntlich, diesem Ergänzungsbedürfnis abzuhelfen. Daher müsse es auch Zweck des Staates sein, „alle die Güter zu beschaffen, die allen notwendig oder nützlich sind, aber von den Einzelnen durch bloße Privattätigkeit nicht genügend erreicht werden können", denn „das reichliche Vorhandensein dieser Güter ist eben das öffentliche Wohl".

Auch in der Encyclica Leos XIII. „Rerum novarum" wird die Einflußnahme des Staates auf das Arbeitsverhältnis ausdrücklich gerechtfertigt. „Allerdings", so heißt es in derselben, „besteht das Gemeinwohl vor allem in der Pflege von Rechtschaffenheit und Tugend, und es gehört

---

[19] In dieser Hinsicht ist vor allem die Frage zu erwähnen, ob der Minimallohn eines Arbeiters zur Erhaltung einer Familie hinreichen solle, welche Gegenstand einer lebhaften Kontroverse geworden ist. Für den Familienlohn tritt eine Reihe der namhaftesten Schriftsteller ein.

[20] Die französische Schule verhält sich auch hier grundsätzlich ablehnend.

zum Begriffe sozialer Wohlfahrt, daß sie den Menschen besser mache. Aber auch die irdischen Mittel, deren Vorhandensein und Gebrauch zur Ausübung der Tugend unerlässlich ist, fallen ebenso in den Bereich des Staates. Zur Herstellung dieser Mittel ist nun die Tätigkeit der niederen arbeitenden Klassen ebenso wirksam wie unentbehrlich. Ja, es ist eigentlich die Arbeit auf dem Felde, in der Werkstätte, der Fabrik, welche im Staate Wohlhabenheit herbeiführt. Es ist also nur eine Forderung strengster Billigkeit, daß der Staat sich der Arbeiter in der Richtung annehme, ihnen einen entsprechenden Anteil am Gewinne der Arbeit zuzusichern; die Arbeit muß ihnen für Wohnung, Kleidung und Nahrung soviel abwerfen, daß ihre Dasein kein gedrücktes ist. Wenn der Staat somit, wie es seine Pflicht ist, zur Hebung der Lage des arbeitenden Standes alles Tunliche ins Werk setzt, so fügt er niemandem Nachteil zu, er nützt aber sehr der Gesamtheit, die ein offenbares Interesse daran hat, daß ein Stand, welcher dem Staate so notwendige Dienste leistet, nicht im Elende seine Existenz friste."

Über das Wie des „Ins-Werk-Setzen alles Tunlichen" äußert sich das Rundschreiben des Papstes nur vorübergehend und in unzulänglicher Weise. Die ausdrückliche Festsetzung eines Lohnminimums durch den Staat wird nicht verlangt. Von Seiten einzelner Schriftsteller wird diese Aufgabe allerdings zugeschrieben, aber auch ohne daß dem praktischen Problem und der Durchführung desselben dabei ernstlich nähergetreten wird.

Auch auf diesem Gebiete sind die Ideen von Vogelsang, wenn auch wohl von Illusionen nicht ganz frei, doch die wertvollsten unter allen im Schoße der katholisch-konservativen Wirtschaftspartei ausgebildeten. Mit größter Schärfe wendet er sich gegen jene literarisch-politische Parteirichtung, die von der Überzeugung ausgeht, es gebe keine Hilfe für das Massenelend der arbeitenden Klasse, vielmehr seien „die Arbeitermassen auf den Trost der Kirche auf das Jenseits und die milden Gaben derer angewiesen, zu deren Nutzen die Einrichtungen und Gesetze des Staates funktionieren".

Vogelsang verweist demgegenüber auf die Verhältnisse früherer Zeiten. Die Aufrechterhaltung der gerechten Lohnhöhe sei Sache der christlichen Obrigkeit gewesen, so wie es ihre Aufgabe gewesen sei, für die Einhaltung der gerechten Preise der notwendigen Waren zu sorgen. *In dem reich organisierten Gesellschaftsleben des Mittelalters haben die einzelnen sozialen Organismen über den gerechten Lohn gewacht,* heute, da diese verknöchert und zerfallen sind, erübrige nichts anderes, als daß, „bis die Gesellschaft ihren jetzigen amorphen Zustand aufgegeben hat", die Autorität des Staates ein soziales Notrecht ausüben müsse.

„Das regulierende Eingreifen des Staates", schreibt Vogelsang, „in die Festsetzung des gerechten Lohnes hat man sich nun allerdings *nicht so zu denken, daß der Staat Lohntarife für alle menschlichen Arbeiten aufsetzt und überwacht. Seine Einwirkung muß mehr als eine mittelbare gedacht werden.*" Das Bestreben der Industrieunternehmer, unter dem Zwang der Konkurrenz die Herstellungskosten herabzudrücken, lasse sich bei zahlreichen „Posten des Fabrikationskontos" nicht verwirklichen. Der Arbeitslohn sei am meisten dem Druck nach abwärts ausgesetzt, der Lohn müsse sinken. Die Konkurrenzfähigkeit sei der Vorwand für die Zahlung von Jammerlöhnen, die jeder Gerechtigkeit spotten. Dieser Konkurrenz, die solche Löhne zeitige, müsse innerhalb der Grenzen eines Staates ein Ende gemacht, es müsse der Bedarf mit der Produktion in Harmonie gebracht werden. Solange die sozialwirtschaftliche Harmonie nicht international hergestellt werden könne, erübrigte nichts anderes, als daß der Staat sich als eine in sich abgeschlossene sozialpolitische Individualität erkenne, sich demgemäß organisiere und nach außen verhalte. Werde das Staatsgebiet gegen die Invasion der auswärtigen Konkurrenz geschützt, so lasse sich wohl unschwer das Gleichgewicht zwischen Konsumtion und Produktion herstellen und regeln. Sei aber dieses erreicht, dann lasse sich wohl auch der gerechte Lohn für den Arbeiter finden und überwachen. Die genossenschaftliche Organisation der Industrie müsse allerdings helfend zur Seite stehen.

Das Studium der katholischen Literatur über die Lohnfrage ruft in dem objektiven Beurteiler den Eindruck hervor, daß man der Sache selbst das beste Wollen entgegenbringt, daß man es aber zum größeren Teile zu keiner Klarheit des Standpunktes bringen kann, weil es an der notwendigen Freiheit fehlt, das Problem ganz zu durchdenken, und zwar sowohl in seinen Voraussetzungen, als auch in seinen Konsequenzen.

Man wird sich der Überzeugung nicht verschließen dürfen, daß alle Richtungen und Schattierungen der katholisch-konservativen Reformpartei — ich möchte selbst die stark liberale französische Gruppe nicht ausnehmen — die Forderungen der natürlichen Gerechtigkeit verwirlicht sehen möchten. Allein in diesem Wunsche begegnen sie einem der Gesamtheit der Glaubenssätze und dem Sittengesetze der Kirche entspringenden Einfluß, der sie hindert, die notwendigen Folgerungen für eine praktische Politik in der Lohnfrage zu ziehen, und dieser Einfluß geht von den Moralsätzen über die Caritas aus.

Fast immer laufen die katholischen Lohntheorien in letzter Linie darauf hinaus, daß das Schwergewicht auf die Caritas und auf die zu dieser Caritas führende christliche Erziehung zu legen sei. *Die Erziehung der Gläubigen zu einer caritativen Weltanschauung soll es mit sich bringen, daß die Arbeitgeber motu proprio Löhne im Sinne der natürlichen Gerechtigkeit zahlen.*

Wieder ist es auch hier von Vogelsang, der sich in seinem Urteile und in seinen wirtschaftlichen Reformideen hiervon nicht beeinflussen läßt. Unter Anerkennung des cercles catholiques d'ouvriers[21] nimmt er den völlig klaren und präzisen Standpunkt ein, daß die christliche Caritas zwar notwendig ist zur Regelung des Verhältnisses zwischen Arbeitgebern und Arbeitern, daß sie aber bei weitem nicht genügt, um dem Arbeiter wie dem Unternehmer sein Recht zu verschaffen. Eine patriarchale caritative Bestrebung der Fabrikbesitzer dürfe den Mangel einer commutativen Gerechtigkeit nicht verhüllen. Die Caritas kann die Gerechtigkeit nicht ersetzen, sie ist nur eine Vervollkommnung der Gerechtigkeit; wollte sie die Gerechtigkeit ersetzen, dann wäre sie eben nicht mehr Caritas. *Gerechtigkeit will die Handlungen der Menschen in ihren Beziehungen untereinander regeln. Die Caritas hat den Menschen in dem zu vervollkommnen, was er sich selbst schuldig ist.*

Vogelsang hat in der Erkenntnis dieses Fehlers beim Aufbau seines Reformplanes denselben zu vermeiden gewußt. Deshalb ist auch seine Lohntheorie und seine Idee, die Arbeitslohnverhältnisse zu bessern, unter allen, welche aus dem Kreise der christlich-sozialen Reformpartei katholischer Richtung hervorgegangen sind, nicht nur die sympathischste, sondern auch die wertvollste, weil sie mit tatsächlichn Verhältnissen, mit den Menschen, wie sie sind, nicht wie sie sein sollen, wie man sie haben möchte, rechnet. Zudem verfallen ja auch alle übrigen Theorien dieser Partei, die einigermaßen bekannt geworden sind, in den Fehler, daß sie zwischen zwei Gerechtigkeitsidealen schwankend beiden zu entsprechen suchen, obgleich dies unmöglich ist. Ein Lohn kann nur entweder gerecht sein oder ungerecht, nicht aber beides zugleich, gerecht und ungerecht — wenigstens nicht vom Standpunkte eines objektiven Beurteilers, wie es der Sozialreformator und nicht minder der Wirtschaftstheoretiker sein muß.

[21] Vgl. Österreichische Monatsschrift für christliche Sozialreform, Bd. VII, 1883, S. 351.

Das sogenannte Arbeiterbeamtentum und die nächsten Ziele in der Umgestaltung des staatlichen und kommunalen Arbeitslohnverhältnisses (1903)*

Es ist schon von verschiedenen Seiten darauf hingewiesen worden, daß die Gestaltung, welche das Arbeitsverhältnis der von öffentlich-rechtlichen Gebietskörperschaften beschäftigten Arbeiter vielfach schon gewonnen hat, zahlreiche charakteristische Züge des Beamtenverhältnisses aufweist[1]. Am schärfsten und eingehendsten wurde diese Analogie zwischen den beiden Dienstverhältnissen, dem eigentlichen Beamtentum und dem sogenannten Arbeiterbeamtentum, in dem vor Jahresfrist von mir besprochenen Buche Dr. Kliens[2] zur Darstellung gebracht. Der eben Genannte unternimmt es, auf Grund der Arbeiterstatute einiger deutscher Städte den Typus des Arbeiterbeamten als den eines wirklichen Beamten zwar, aber doch mit einigen wesentlichen Unterscheidungen gegenüber diesem, festzustellen. Ich selbst habe bei Besprechung des Klienschen Buches seinerzeit schon auf fundamental irrige Anschauungen Kliens bei der Entwicklung des Begriffes dieses spezifischen Arbeiterbeamtentums hingewiesen, und nun ist in neuerer Zeit eine noch viel schärfere Opposition hiergegen von zwei Seiten entstanden.

Ihren Ausgang nimmt diese neue Kritik, gleich wie Klien, vom kommunalen Arbeitsverhältnis, dem sich ja im Laufe der letzten Jahre das sozialpolitische Interesse in erfreulicher, aber, wie sich immer mehr zeigt, auch sehr notwendiger Weise lebhafter zugewendet hat. Daß die Verhältnisse der Stadtgemeinden gegenüber denen der anderen politischen Gemeinwesen in den Vordergrund gerückt erscheinen, ist freilich naheliegend. *An die moderne Stadtgemeinde sind in den letzten Jahren Aufgaben herangetreten, die sie zwingen, nach verschiedenen Seiten hin zum Unternehmer zu werden, und in dieser Unternehmerstellung werden die Stadtgemeinden zu den einflußreichsten Arbeitgebern.* Wie die Dinge zur Zeit liegen, wird bei Städten mit forgeschrittener Verwaltung die

---

* Schmollers Jahrbuch, XXVII. Bd., S. 129—158.

[1] Vgl. vor allem Schmoller, „Arbeitsverhältnis, Arbeitsvertrag und Arbeitslohn", Soz. Praxis XI. Jahrg. (1900), Nr. 8—18, insbesondere Sp. 246. Ferner auch Steinbachs geistvolle Ausführungen in „Genossenschaftliche und herrschaftliche Verbände in der Organisation der Volkswirtschaft", Wien 1901, insbes. S. 70 ff, sowie meine „Lohnpolitik und Lohntheorie", Leipzig 1900, S. 295 u. 395.

[2] Schmollers Jahrbuch, XXVI. Bd., S. 867.

Zahl der in mehr oder minder dauernder Beziehung zur Stadt als Arbeitgeberin stehenden Arbeiter durchschnittlich 1 vH erreichen.

Freilich ist die Bewegung für eine Fortbildung des stadtgemeindlichen Arbeitsverhältnisses, gewissermaßen unter dem Zeichen der Existenzsicherung in einem weiteren Sinne, noch ziemlich jung. Den Anfang hat man wohl in der Stellungnahme politischer Gemeinwesen Englands zur Lohnfrage überhaupt zu suchen. Mit der sogenannten fair-wages-Clauses, d. h. der Submissionsbedingung bei Zuweisung von Staats- oder Kommunalarbeiten, daß die Arbeitgeber ihre Arbeiter anständig entlohnen, setzen diese Bestrebungen ein. Alsbald wendet man sich aber auch dem Kehren vor den eigenen Türen zu, und zwar auch deutsche Städte. In Leipzig und Frankfurt a. M. wurden 1897 die ersten entscheidenden Schritte getan, um das Arbeitsverhältnis der städtischen Arbeiter in andere Bahnen zu lenken. Das Verdienst, dem Prinzip der Stabilisierung des Arbeitsverhältnisses die Bahn gebrochen zu haben, fällt jedoch, soweit ich sehen kann, nicht einer städtischen Verwaltung, sondern der gerade auch in sozialpolitischen Dingen so oft geschmähten österreichischen Staatsverwaltung zu; ziemlich gleichzeitig haben in der Schweiz die Verhältnisse eine ähnliche Wendung genommen. Das war in der ersten Hälfte der neunziger Jahre.

Aber ganz abgesehen von der Frage der Priorität kann wohl auch hinsichtlich des Ausmaßes dessen, was geleistet wurde in der Verbesserung der Lage der städtischen Arbeiterschaft, nicht gerade besondere Befriedigung herrschen, wenn man das Ziel ins Auge faßt und die Tatsache, daß staatliche Verwaltungen schon viel höhere Stufen der Entwicklung auf diesem Gebiete erklommen haben.

Es gilt, im folgenden kurz zu skizzieren, welche Maßnahmen städtischer Verwaltungen in der Regelung des Arbeitsverhältnisses der in Diensten der betreffenden Städte stehenden Arbeitskräfte als wirkliche Fortschritte, sozusagen als Etappen auf dem Wege zur Sicherung der Existenz der städtischen Arbeiter zu bezeichnen sind. An Hand der zusammenfassenden Darstellung des kommunalen Arbeitsverhältnisses durch Mombert[3] lassen sich die folgenden Momente unter den Anstellungsbedingungen stadtgemeindlicher Arbeiter als solche sozialpolitische Errungenschaften feststellen:

1. Die Schaffung einer allgemeinen Arbeitsordnung für alle Arbeiter einer Stadt, die in der Tat, um den Unterschied zwischen den Betriebsarbeitsordnungen von den einheitlichen Normen für alle Arbeiter besser hervorzuheben, nach Lindemanns Vorschlag[4] als allgemeines Arbeiterstatut zu bezeichnen wäre.

---

[3] Mombert, Die deutschen Stadtgemeinden und ihre Arbeiter, passim.

[4] In einem Aufsatz „Fortschritte der kommunalen Sozialpolitik“ in den Sozialistischen Monatsheften 1903, I. Bd., S. 53 ff.; der Ausdruck „Arbeitsord-

2. Die Stabilisierung des Arbeitsverhältnisses, aber nur in dem Sinne, daß zwar, wie Mombert hervorhebt[5], der Begriff „ständiger Arbeiter“ ein ausgesprochenes Rangverhältnis, und der Übergang eines nicht-ständigen Arbeiters in die Kategorie der sogenannten ständigen ein Aufrücken innerhalb der städtischen Arbeiterschaft bedeutet, welches mit wichtigen Rechten verknüpft ist, daß jedoch die Auflösung dieses ständigen Arbeitsverhältnisses doch auch immer noch ohne Entschädigung seitens der arbeitgebenden Stadtgemeinde jederzeit auf Kündigung erfolgen kann.
3. Der Übergang zu größeren Lohnperioden, insbesondere zunächst zur Anstellung mit Wochenlohn, wodurch die Unabhängigkeit des Arbeitsverdienstes von den Unterbrechungen durch Feiertage und sonstige Störungen vorübergehender Natur, die nicht auf Seite des Arbeitnehmers ihren Grund haben, erreicht wird.
4. Die Gewährung eines kurzen Urlaubes.
5. Die Einführung längerer Kündigungsfristen.

Von anderen besonderen Einrichtungen, die namentlich das Arbeitsentgelt betreffen, sind noch hervorzuheben:

6. Die Festhaltung des einmal zugesicherten Lohnsatzes auch im Falle eines allgemeinen krisenhaften Sinkens der Löhne.
7. Die Zusicherung von Lohnsteigerungen nach einem bestimmten, vorher aufgestellten Plane, und zwar so, daß der Arbeiter, auch wenn er in seiner Stelle verbleibt, allein schon durch die Dauer seiner Dienstzeit sich eine Aussicht auf Erhöhung des Lohnes erwirbt.
8. Die Auszahlung des Lohnes an geeigneteren Terminen, z. B. vor dem Sonnabend.
9. *Die Vertretung der Interessen der Arbeiterschaft durch einen Ausschuß.*
10. Gewährung einer Krankenunterstützung, die über das gesetzlich vorgeschriebene Ausmaß hinausgeht, Gewährung einer besonderen Invalidenrente, teils als Zuschuß zur reichsgesetzlichen, teils ohne Rücksicht auf diese, mit geringer oder ganz ohne Beitragsleistung seitens der Arbeiter, teilweise Zuerkennung eines Anspruches auf Altersrente ohne Rücksicht auf die Erwerbsfähigkeit.

Die Überlassung von Wohnungen in städtischen Häusern gegen billige Miete fällt streng genommen nicht in diese Betrachtung, wenngleich ihre Bedeutung meines Erachtens zu wenig gewürdigt wird; geht man doch immer noch vielfach so weit, diese Einräumung von Arbeiterwoh-

---

nungen“ soll nach Lindemann für die internen Arbeitsvorschriften der einzelnen Betriebswerke oder Zweige der städtischen Verwaltungen vorbehalten bleiben, während das Arbeiterstatut die allgemeinen Anstellungsverhältnisse zu regeln hätte.

[5] Mombert, a. a. O., S. 38.

nungen durch den Arbeitgeber als höchst bedenklich, also geradezu als eine Schattenseite eines Arbeitsverhältnisses zu erklären.

Ein flüchtiger Blick über diese Reihe von Vertragsbedingungen könnte wohl die Meinung erwecken, daß die Lage der stadtgemeindlichen Arbeiter nunmehr ohnehin schon überaus weit gediehen ist, so daß sich wohl kaum noch viel mehr wünschen läßt, als daß diese Maßregeln auch in denjenigen Städten Eingang fänden, wo sie noch nicht eingeführt sind.

Die Sache hat aber zunächst schon den einen Haken, daß die obige Zusammenstellung eben nicht so aufzufassen ist, als ob alle diese Maßregeln in den wenigen einheitlichen Arbeitsordnungen vereinigt wären, welche die fortgeschritteneren Städteverwaltungen für ihre Arbeiter geschaffen haben. Diese Anstellungsbedingungen sind nur zusammengestellt aus der Summe aller Arbeiterordnungen deutscher Stadtgemeinden, die Momberts Untersuchung zu Grunde lagen. Abgesehen davon aber, daß demzufolge in der Richtung einer Vereinigung aller dieser Bedingungen noch ganz gewaltige Arbeit zu leisten sein wird, setzt die Kritik noch mit einem anderen recht gewichtigen Vorwurf ein, den Mombert dahin zusammenfaßt, daß die ganze Entwicklung zu sehr von einem patriarchalischen Zug getragen sei; alle die segensreichen Einrichtungen, die zu konstatieren seien, trügen noch zu sehr den Stempel der Wohltätigkeit.

Den patriarchalischen Charakter erhalte das Arbeitsverhältnis schon dadurch, daß die wenigsten Stadtverwaltungen den Arbeitern die Vertretung in eigenen Arbeiterausschüssen gestatten, so daß den Arbeitern so gut wie kein Selbstverwaltungsrecht eingeräumt sei oder daß, wo die Einrichtung bestehe, dies mehr dem Namen als der Wirklichkeit nach der Fall sei. Es wird die Fortschrittlichkeit in der Gestaltung der Arbeitsvertragsbedingungen weder von Mombert noch von Lindemann in Abrede gestellt, aber die Kritik der beiden Genannten spricht von dem beamtenartigen Charakter des Arbeiters kommunaler Verwaltungen doch nur mit einem stark ironischen Beigeschmack. Nach der formellen Seite seien ja in verschiedenen städtischen Arbeiterordnungen Bestimmungen getroffen, die einer beamtenartigen Stellung entsprechen würden, allein *daß von einem Beamtentum nicht geredet werden könne, solange der angeblich beamtete Arbeiter mit 14tägiger Kündigungsfrist aus seinem Beamtentum hinausgeworfen werden kann, das dürfte in der Tat kaum in Zweifel zu ziehen sein.*

Die Kritik setzt meines Erachtens in sehr wohl begründeter Weise sowohl gegen diese Mängel des Arbeitsverhältnisses: Unsicherheit in dem Bestand des Dienstverhältnisses und Fehlens gewisser rechtlicher Ansprüche, insbesondere jenes auf Invaliden- und Reliktenversorgung als auch gegen die Bezeichnung dieses Arbeitsverhältnisses als Beamtentum ein. Daß auch von dieser Seite gegen die Aufstellung eines ganz besonderen Typus eines Arbeiterbeamten, wie es Klien unternommen hat, in stark ablehnendem Sinne Stellung genommen wird, ist wohl ziemlich selbstverständlich. Kliens Gedanke, daß der Arbeiterbeamte von dem regulären Beamten sich dadurch unterscheiden müsse, daß das Arbeitseinkommen des Arbeiterbeamten stets den Konjunkturen und damit den Schwankungen auf dem Arbeitsmarkte unterworfen bleiben müsse, ist in diesem Jahrbuch schon gekennzeichnet und zurückgewiesen worden[6]. Es ist eine Reihe sehr richtiger Einwendungen, die nun auch die mehrfacht erwähnte Kritik gegen den Klienschen Gedanken vorbringt. Allein diese Kritik schießt einerseits selbst übers Ziel hinaus, wenn sie meint, daß die volle Übereinstimmung der für den regulären Beamten geltenden Bestellungs- und Entgeltsbedingungen mit den für die ständige Arbeiterschaft festzusetzenden Normen erreichbar oder auch nur wünschenswert sei, und die Kritik fällt so anderseits selbst wieder in einen Fehler, der meines Erachtens darin liegt, daß sie den eigentlichen Charakter des Dienstverhältnisses eines Beamten nicht ganz richtig erfaßt.

Ehe aber darauf eingegangen werden soll zu zeigen, daß mit der Anstrebung einer vollständigen Übertragung der Grundlagen des Dienstverhältnisses regulärer Beamten auf jenes der in ähnlicher Weise unter ähnlichen Bedingungen ständig zu bestellenden Arbeiter einigermaßen vorsichtig umgegangen werden muß, empfiehlt es sich doch, vorerst einen Blick auch auf diejenigen Regelungen des Arbeitsverhältnisses von in öffentlichen Diensten stehenden Arbeitern zu werfen, die weit mehr wirkliche Berührungspunkte mit dem beamtenartigen Verhältnissen aufweisen, und zu diesem Zwecke unternehme ich im folgenden eine kurze Skizzierung einiger wichtiger Arbeitsbedingungen der Arbeiter in vier vom österreichischen Staate betriebenen Verwaltungsunternehmungen, den Salinen, Tabakfabriken, dem Münzamt und der Druckerei.

Arbeitsbedingungen in österreichischen Staatsbetrieben

1. Salinenarbeiter[7]

Mit Ende des Jahres 1900 waren bei sämtlichen Salzbergbauen und Sudhütten der k. k. österreichischen Salzmonopol-Verwaltung (einschließlich der Salz-Verschleißämter zu Wieliczka und Bochnia) 4492 Arbeiter beschäftigt. Von diesen waren aber 4152, das sind 91,83 Prozent der Arbeiter, ständig beschäftigt.

Fragen wir zunächst nach der Bedeutung des Attributes „ständig“, nach dem Rechtsinhalt, der mit der Ständigkeit verbunden ist, so gibt hierüber die sogenannte Provisionsordnung Aufschluß. Dem genauen

[6] Vgl. meine Besprechung des Klienschen Buches: Minimallohn und Arbeiterbeamtentum, Schmollers Jahrbuch, Bd. XXVI, S. 867 ff.

[7] Mitteilungen des k. k. Finanzministeriums Wien 1901, Jg. V, S. 67 ff., Jg. VI, Heft 5 (S. 1305—1817), Jg. VII, S. 1770 ff. und Jg. VIII, S. 1823 ff.

Wortlaute dieser Normalien nach beginnt für die wegen Alters oder Krankheit dauernd erwerbsunfähig gewordenen ständigen Salinenarbeiter der Anspruch auf den Bezug einer Alters- oder Invaliditätsprovision nach einer vom Tage der Aufnahme in die Salinenarbeit anzurechnenden Dienstzeit von fünf Jahren. Rührt die dauernde Erwerbsunfähigkeit aus einem Betriebsunfall her, so ist der Anspruch unabhängig von der Dienstzeit.

Ständige Salinenarbeiter werden des Provisionsanspruches nur dann verlustig, wenn sie, bevor sie dauernd erwerbsunfähig geworden sind, aus dem Salinendienst austreten, oder wenn sie aus demselben nach Maßgabe der Disziplinarvorschriften entlassen werden. Alle diese Bestimmungen sind auf die Ausgestaltung des Arbeitsverhältnisses zu einem lebenslänglichen gerichtet.

Ich bemerke hier schon, daß *Stabilität im Arbeiterstand ein sprechender Beweis ist für die große Bedeutung, welche seitens der Arbeiter der Ständigkeit des Arbeitsverhältnisses beigemessen wird,* ein sprechender Beweis gerade in diesem staatlichen Verwaltungszweig, um so mehr, als die absolute Lohnhöhe nicht als besondere Anziehungskraft betrachtet werden kann. Ja im Gegenteil werden die Verdienstsätze der Salinenarbeiter immer und immer wieder zum Gegenstand von Beschwerden und Klagen seitens der Sozialdemokratie gemacht.

Noch ein Wort über die Erwerbsverhältnisse der ständigen Arbeiter. Die ständigen Arbeiter sind entsprechend dem Lohnregulativ in drei Lohnklassen gereiht; in jeder Lohnklasse werden drei Lohnstufen zurückgelegt ...

Die Vorrückung von einer Lohnstufe in die nächsthöhere Lohnstufe derselben Lohnklasse erfolgte bis vor 2 Jahren im Falle einer befriedigenden Dienstleistung bei den alpinen Salinen nach drei, bei den galizischen Salinen nach fünf Jahren. Mit einer Verfügung des Finanzministeriums vom 17. Oktober 1900 wurde diese Bestimmung in dem Sinne interpretiert, daß diese Vorrückung unabhängig von der sonstigen Qualifikation des Arbeiters nach einer dreijährigen straflosen Dienstzeit einzutreten habe.

Diese Lohnsätze stellen sich, wie die Bezeichnung „Grundlohn" schon erkennen läßt, nur als Minima dar; sie erhöhen sich zunächst tatsächlich dadurch, daß Teuerungszulagen nach Maßgabe des jeweiligen Marktpreises des Getreides gewährt werden, worüber ich schon an anderer Stelle berichtet habe[8]. Ferner stehen 30 bis 60 Prozent der Arbeiter in höheren Verdiensten dadurch, daß die Schichten im Gedinge vergeben werden. Endlich kommen besondere Zulagen in Rechnung bei allen je-

---

[8] Zwiedineck-Südenhorst, Lohnpolitik und Lohntheorie mit besonderer Berücksichtigung des Minimallohnes, Leipzig 1900, S. 298.

nen Arbeitern, die eines Handwerks kundig sind, wenn sie bei Bauten irgend welcher Art verwendet werden.

2. Tabakarbeiter[9]

Die Arbeitsverhältnisse der in Diensten der österreichischen Tabakmonopolverwaltung stehenden Arbeitskräfte sind kürzlich durch drei Vorschriften neu geregelt worden, und zwar 1. durch eine Arbeitsordnung für die k. k. Tabakfabriken, 2. durch eine Arbeitsordnung für die k. k. Tabakverschleißmagazine und Einlösungsämter und 3. durch eine Dienstvorschrift für die Aufseher der k. k. Tabakregieämter. Die hier vor allem in Betracht kommenden beiden erstgenannten Arbeitsordnungen traten am 1. November 1899 zunächst provisorisch in Kraft. Wie die folgenden Mitteilungen erkennen lassen, liegen Gründe vor, welche bei Einführung eines Arbeitsverhältnisses wie das im folgenden kurz zu skizzierende immerhin eine gewisse Vorsicht bedingten, aber auch an sich mindestens eine Prüfung notwendig erscheinen lassen.

Nach der Arbeitsordnung für die Tabakfabriken werden drei Kategorien von Arbeitern unterschieden: 1. ständige, 2. provisorische und 3. nichtständige. Der Einreihung unter die Kategorie der ständigen Arbeiter geht eine einjährige Probedienstleistung voraus, und die in solcher Prodienstleistung befindlichen Arbeiter bilden die Gruppe der provisorischen. *Die Aufnahme unter die ständigen Arbeiter steht nur Personen zwischen dem vollendeten 14. und 35. Lebensjahre offen und zwar ohne Unterschied für Arbeitskräfte beider Geschlechter.*

Jede Fabrikleitung hat die Befugnis, innerhalb des von der Generaldirektion der Tabakregie für jede Fabrik systemisierten Arbeiterstandes unter Beobachtung der gegebenen Vorschriften Arbeiter als stabile aufzunehmen. Zur Aufnahme sind danach sämtliche in den Fabriken beschäftigten Arbeiter des besagten Alters zugelassen, die Aufnahme selbst aber ist der Fabrikdirektion anheimgestellt; der Fabriksvorstehung ist die Beurteilung überlassen, ob die Voraussetzungen für die Einreihung in die Kategorie ständiger Arbeiter zutreffen.

Der ständige Arbeiter aber unterscheidet sich von den nichtständigen durch folgende nur ihm eingeräumte Begünstigungen: Die Entlassung eines diensttauglichen ständigen Arbeiters kann unter regulären Verhältnissen nur im Fall eines Dienstvergehens im Disziplinarwege erfolgen; nur die ständigen Arbeitskräfte haben Anspruch auf einen Alters- oder eventl. Invaliditätsbezug. Erst bei der Übernahme einer Arbeitsperson in die Kategorie der ständigen oder, wie sie die ältere Arbeitsordnung eigentlich besser kennzeichnet, der „bestimmten" Arbeiter ist die Eintragung in das Arbeitergrundbuch vorzunehmen. Erst die Arbeits-

[9] Mitteilungen des k. k. Finanzministeriums, Jg. V, S. 338 u. Jg. VI, S. 1—371.

ordnung vom Jahre 1899 hat die Bezeichnung „bestimmte" in „ständige" Arbeiter umgewandelt. Der Aufnahme in die Reihe der ständigen Arbeiter hat eine körperliche Prüfung auf die Diensttauglichkeit hin vorauszugehen.

Zu den nicht ständigen Arbeitern gehören jene, welche bloß für einen vorübergehenden Bedarf an Arbeitskräften aufgenommen und dann wieder entlassen werden, wenn die der Zeit oder dem Objekte nach begrenzte Arbeit durchgeführt ist. Ihre Entlassung kann jederzeit ohne vorausgegangene Kündigung erfolgen.

Die Löhne sind teils Zeitlöhne, sie stehen aber nur für verhältnismäßig wenige Arbeitskräfte in Verwendung, teils Gedinglöhne und zwar Individualgedinglöhne, Gruppengedinglöhne und Kumulativgedinglöhne, endlich Akkordlöhne[10]. Jeder Gedinglöhner ist in eine bestimmte Taglohnklasse eingereiht, deren Höhe nach Beschäftigung und lokalen Verhältnissen verschieden bemessen ist; der betreffende Taglohn bildet auch die Mindestgrenze, unter welche der Grundverdienst nicht herabsinken darf.

In formalrechtlicher Beziehung liegen für die ständigen Arbeiter der Tabakverwaltung die Verhältnisse ziemlich gleich wie für die Arbeiter der Salinen. Materiell sind schon innerhalb jeder der beiden Verwaltungen zu auffallende Verschiedenheiten zu beobachten, als daß eine Vergleichung möglich wäre. Wirklich ungünstiger sind jedoch die Voraussetzungen für die Erwerbung des Anspruches auf Altersversorgung bei den Tabakarbeitern. Diese Voraussetzungen sind 1. mindestens 15jährige in bestimmten (systemisierten) Arbeiterstande zurückgelegte ununterbrochene Dienstzeit, 2. erwiesene gänzliche Erwerbsunfähigkeit. Allerdings wird auch für vorübergehende Invalidität eine Rente gewährt und der Invalidenrentenbezug wird den Berechtigten mittels Dekrets auf Rechnung des allgemeinen Zivilpensionsetats bei einer k. k. Finanzkasse angewiesen und monatlich im voraus ausgezahlt. Zur Feststellung der Fortdauer der Erwerbsunfähigkeit finden alljährlich Invalidenmusterungen statt. Die Invalidenrente kann für eigene Dienstleistung neben einer Witwenrente nach dem verstorbenen Beamten oder dergl. bezogen werden.

Die größere Strenge dieser Normen dürfte einen inneren Grund wohl darin haben, daß das weibliche Element so stark überwiegt. Namentlich die Forderung einer 15jährigen Dienstzeit wird damit zu erklären sein, daß von den zahlreichen weiblichen Arbeitskräften doch ein großer Teil

[10] Bezüglich der sehr interessanten Lohnformen ist hervorzuheben, daß bei Gedinglohn die Lohnbestimmung nach Einheiten der Arbeitsleistung stattfindet, beim Akkordlohn hingegen der Gesamtverdienst aller an der Fertigstellung einer gewissen Arbeit beteiligten Arbeiter von vornherein pauschaliert ist.

von vornherein nur auf wenige Jahre in den Tabakfabrikdienst eintritt, und der Staatssäckel allerdings nicht dazu verwendet werden kann, den nach 5—8 Jahren sich verheiratenden Arbeiterinnen, die unter Umständen unschwer eine Dienstuntauglichekeit nachweisen werden, eine Lebensrente zu zahlen ...

3. Arbeiter des k. k. Hauptmünzamts in Wien[11]

In meinem Buch über Lohnpolitik und Lohntheorie sind die Stabilisierungen im Hauptmünzamt schon erwähnt. Hier gilt es, noch einige die Stabilität besonders charakterisierende Momente hervorzuheben. Dazu gehören vor allem die Bestimmungen der Arbeitsordnung über die Auflösung des Arbeitsverhältnisses und über Lohnzahlungsperioden.

Als Kündigungsfrist ist beiderseits für Wochenlöhner eine dreimonatliche, für Arbeiter und Arbeiterinnen im Tagelohn eine vierzehntägige festgesetzt. Wochenlöhner sind nun allerdings nur die Oberaufseher und Aufseher, welche letzteren neben dem Aufsichtsdienst in ihrer Manipulationsabteilung auch Arbeitsdienste und zwar als Vorarbeiter verrichten, es sind aber durchweg ältere, brauchbare und intelligentere Arbeiter.

Wichtig ist aber, daß Wochenlöhner wie auch alle stabilen Arbeiter außer über Disziplinarerkenntnis nur mit Genehmigung des Finanzministeriums und nur im Falle einer Reduktion des Betriebes entlassen werden können. In diesem Falle werden die Entlassenen jedoch, insoweit und insolange sie einen Provisionsanspruch nach den Statuten der Bruderlade zu stellen nicht in der Lage sind, zu Lasten der Kasse des k. k. Hauptmünzamtes nach Maßgabe der Arbeitsordnung provisioniert oder abgefertigt. Die Löhne von Wochenlöhnern und stabilen Arbeitern können gleichfalls nur über Disziplinarerkenntnis verringert werden.

Grundsätzliche Bedeutung kommt auch der Bestimmung zu, daß sämtlichen Arbeitern und Arbeiterinnen, welche im Tagelohn stehen, der Tagelohn für solche Feiertage, die auf einen Wochentag fallen, voll ausbezahlt wird, so daß jede Arbeitskraft im Tagelohn, falls nicht eine freiwillige Unterbrechung der Arbeit innerhalb der Arbeitswoche eintritt, für jede Woche mindestens einen sechsfachen Tagelohn erhält; mithin besteht formell Tagelohn als Lohnform, tatsächlich aber Wochenlohn.

Eine andere, gleichfalls sehr zahlreiche Kategorie von in staatlichen Diensten stehenden Arbeitern, deren beamtenähnliche Anstellung auch in anderen, namentlich deutschen Staaten bereits erreicht ist, brauche ich hier wohl nur kurz erwähnen; es sind die in staatlichen Eisenbahnverwaltungen beschäftigten Arbeiter.

---

[11] Vgl. meine Lohnpolitik, a. a. O., S. 296 f. Mitteilungen des k. k. Finanzministeriums, Jg. II, S. 581 ff., Jg. III, S. 568 ff., Jg. IV, S. 386 ff. und Jg. V, S.636 u. 656.

Die vorstehend skizzierten Dienstverhältnisse bilden nach mancher Richtung eine wertvolle und interessante Ergänzung des Materials, das die kommunalen Arbeiterstatuten für die Beurteilung des sogenannten Arbeiterbeamtentums bieten.

Der Unterschied zwischen diesen staatlichen Dienstverhältnissen einerseits, den kommunalen Arbeitsverhältnissen anderseits ist scharf gekennzeichnet durch die ausgesprochene Einseitigkeit der Rechte zur Auflösung des Verhältnisses ohne materielle Entschädigung, meines Erachtens das wichtigste Moment in der Stabilisierung der beschäftigten Arbeitskräfte, und gleichzeitig jene Eigentümlichkeit, durch die das reguläre Beamtenverhältnis in materieller Hinsicht ganz besonders charakterisiert ist: *die Kündigung kann nach einer im voraus bestimmten Dienstzeit nur mehr seitens des Arbeiters erfolgen, die Entlassung seitens der arbeitgebenden Staatsverwaltung nur bei ordnungs- oder pflichtwidrigem Verhalten* des Arbeiters über disziplinäres Erkenntnis oder gegen Zahlung einer Provisionsrente. Freilich handelt es sich hier überwiegend um Arbeitskräfte, bei welchen die Betriebsleitung auf eine gewisse Schulung nicht verzichten kann, aber dies rechtfertigt eine differenzielle Gestaltung der kommunalen Anstellungsbedingungen schon deshalb nicht, weil einerseits bei den besprochenen staatlichen Betrieben durchaus nicht etwa bloß gelernte Arbeitskräfte diese feste Anstellung erreichen, sondern auch, wie namentlich in den Salinen und Tabakfabriken, Arbeitskräfte, deren Beschäftigung eine solche Schulung nicht voraussetzt, und weil andererseits nicht bei allen städtischen Verwaltungen auch nur überwiegend ungeschulte Arbeitskräfte Verwendung finden.

Noch klarer und bestimmter als in den wenigen städtischen Arbeitsordnungen, die bezügliche Normen überhaupt enthalten, sind in diesen staatlichen Dienstordnungen die Rechte der Arbeiter für den Fall vorübergehender Arbeitsunterbrechungen gewahrt; dies gilt insbesondere von Feiertagen, die auf Arbeitstage fallen. Besonders hervorhebenswert ist im allgemeinen noch die Tatsache, daß die Gewährung der reinen Dienstalterszulagen, das ist das Aufsteigen in höhere Lohnstufen derselben Lohn- oder Dienstklasse, soweit solche zugesichert werden, bereits nicht mehr abhängig ist von „guter dienstlicher Führung und gutem außerdienstlichen Verhalten“, sondern nur mehr Straflosigkeit zur Voraussetzung hat, womit *die Erfüllung dieses Anspruches, der dem Arbeiter bei seinem Eintritt in den Dienst als Anwartschaft eingeräumt wird, der Willkür und dem persönlichen Wohlwollen der Vorgesetzten wohl fast ganz entrückt ist.*

Man wird selbstverständlich auf Grund der mitgeteilten Tatsachen den für die österreichische staatliche Arbeiterschaft geschaffenen Anstellungsverhältnissen in toto kein unbedingtes Loblied singen können; hierfür ist doch schon die Regelung zu wenig einheitlich durchgeführt, wenngleich ich mir nicht verhehle, daß eine weitgehende Uniformierung der Dienstes- und Anstellungsbedingungen mit Rücksicht auf die Verschiedenartigkeit der in Betracht kommenden Unternehmungen nicht geringen Schwierigkeiten begegnen dürfte. Was aber meines Erachtens uneingeschränkt als ein Verdienst dieser fiskalischen Betriebsverwaltungen, beziehungsweise in letzter Instanz wohl der obersten Finanzleitung im österreichischen Staatswesen anerkannt werden kann, ist das zielbewußte Vorgehen, das *eine Ausbildung eines ständigen, man darf sagen: lebenslänglichen Dienstverhältnisses* in dem Sinne verfolgt, daß nach einer gewissen Zeit der Erprobung des Arbeiters im Dienste seine Entlassung nur auf Grund eines Straferkenntnisses wegen Verletzung der Disziplinarvorschriften oder gegen Zuerkennung einer Provisionsrente erfolgen darf. *Und darin ist meines Erachtens in der Tat ein wichtiges Element des Beamtentums hier wiederzufinden.*

Freilich wird damit aber der patriarchale Zug des Arbeitsverhältnisses noch nicht gänzlich aus der Welt geschafft, wenngleich er doch erheblich verblaßt. Das hängt mit der Natur des Beamtentums überhaupt und mittelbar der Rechtssubjekte, um die es sich handelt, des Staates, der Gemeinden usw. zusammen, und bedarf noch einer kurzen Betrachtung, denn es drängt sich die Frage auf, ob es denn unter solchen Ummständen überhaupt im Interesse einer Arbeiterschaft gelegen ist, wenn die Prinzipien des Beamtentums völlig auf ihre Dienstverhältnisse übertragen werden. Bisher wurde die Bejahung dieser Frage für gerade selbstverständlich erklärt, meines Erachtens mit viel zu geringer Rücksichtnahme auf die Besonderheiten des beamtlichen Dienstverhältnisses.

Die Überleitung des Arbeitsverhältnisses staatlicher, gemeindlicher oder sonstiger gebietskörperschaftlichen Arbeiter auf das Gebiet des Beamtentums könnte vielfach geradezu einen rückschrittlichen Charakter haben. Das Beamtendienstverhältnis ist hinsichtlich des Ausmaßes an Rechten und Pflichten durchaus nicht überall so klipp und klar und erschöpfend geregelt, als man gemeiniglich anzunehmen pflegt. Es gibt große europäische Staatswesen, für deren Beamte es gar keine einheitliche Dienstpragmatik gibt, in denen nur eine mehr oder minder große Zahl von Gehalts- und Pensionsnormen, sowie Disziplinarvorschriften für die Staatsdiener der einzelnen Verwaltungszweige zu Recht besteht, von welchen oft nur die erstgenannten auf gesetzlicher Grundlage fußen. Die Formel, welche bei Ablegung des Beamteneides zu sprechen ist, ist aber nicht selten von der Art, daß der gewöhnliche Arbeitsmann sich in seiner Bewegungsfreiheit wahrscheinlich beengt fühlen würde.

Es ist von diesem Standpunkt aus daher durchaus irrig, in dem Beamtenverhältnisse etwa einen Ausbund von subjektiven Rechten des Arbeitnehmers erblicken zu wollen; ganz im Gegenteile ist *die rechtliche Stellung des öffentlichen Beamten nach verschiedenen Richtungen viel ungünstiger als die des in privaten Diensten stehenden Arbeiters,* der auf Grund seines Arbeitsvertrages klagbar werden kann, während der Beamte in vielen Fällen, wo die Billigkeit eine Entscheidung zu seinen Gunsten fordern wird, auf die Willkür in der Auffassung des Falles seitens der Vorgesetzten angewiesen ist. Nur darin schwächt sich diese der Gesetzbasis entbehrende Härte ab, daß diese Vorgesetzten materiell an den Leistungen des untergebenen Beamten meist nicht interessiert sind und daß zweifellos ein gewisses Gemeingefühl des Klassenangehörigen dem sogenannten Kollegen gegenüber mitspielt, so daß die Schroffheit der Abhängigkeit nur in Ausnahmefällen zu Tage tritt.

Aber auch dort, wo das Beamten-Dienstverhältnis in feste Gesetzesnormen gefaßt ist, wäre erst noch wohl zu erwägen, ob nicht schon im Hinblick auf die derzeitige Entwicklung der Arbeitsbedingungen privater Arbeitsverhältnisse verschiedene Abweichungen in den Prinzipien der Dienstpragmatiken eintreten müßten, wenn sie, die für die überwiegend am Schreibpult arbeitenden Beamten geschaffen und eingelebt sind, auch für die Arbeiter in der Werkstätte, Fabrik, auf der Straße usw. Anwendung finden sollten.

Es kann nicht daran gedacht werden, hier alle Momente zu beleuchten, hinsichtlich welcher alle diejenigem im Irrtum sind, die für die Arbeiterschaft die Behandlung ihres Arbeitsverhältnisses nach den Prinzipien des Beamtendienstes unbedingt als einen Fortschritt erklären. Dies kann schon deshalb nicht geschehen, weil die beamtlichen Dienstverhältnisse selbst zu große Verschiedenheiten aufweisen. Gleichwohl sei hier auf folgende Punkte, die gewiß ziemlich wesentlich und vor allem materiellen Charakters sind, hingewiesen.

So ist es zunächst eine fable convenue, daß die Beamten einen Anspruch auf Aufrücken erlangen. Allerdings ist hierbei im Auge zu behalten, daß ein solcher Anspruch eine doppelte Bedeutung haben kann, denn er könnte gerichtet sein 1. bloß auf die Erhöhung der Bezüge, also ausschließlich auf eine materielle Ausgestaltung der Stellung, 2. auf ein Aufrücken in der Rangklasse, womit in der Regel wohl eine Änderung der amtlichen Funktionen und der sozialen Stellung verknüpft zu sein pflegt. Was die erstere „Beförderung" anlangt, so ist allerdings mehrfach in den Beamtengehaltsgesetzen ein solcher Anspruch auf ein Ansteigen der Bezüge innerhalb gewisser Grenzen festgelegt, und zwar als ein bedingungsloser. Das Aufrücken in die höheren Gehaltsstufen ist nur befristet, von der zurückgelegten Dienstdauer abhängig — selbstverständlich aber immer unter der Voraussetzung, daß nicht Disziplinarerkenntnisse einer solchen Aufrückung im Wege stehen. Den Vorgesetzten ist jedoch kein Einfluß auf die Gewährung von Dienstalterszulagen eingeräumt.

Das Bestehen eines solchen Anspruches konnte aber bereits für gewisse Gruppen von in österreichischen Staatsbetrieben beschäftigten Arbeitern festgestellt werden. Auch das System der Lohntarife oder von Lohntafeln für städtische Arbeiter, wie es in Frankfurt a. M., Freiburg i. Br., München, Mannheim, Charlottenburg und Ludwigshafen in Geltung steht, entspricht der Anerkennung, beziehungsweise Einräumung dieses Anspruches. Allerdings weist Mombert für keinen Fall die Bedingungslosigkeit des Anspruches nach; vielmehr soll dem Tarif überall die zwingende Kraft fehlen[12].

Etwas hiervon völlig Verschiedenes ist die Versetzung von einer Lohn- und Gehaltsklasse in die nächst höhere; es ist der Vorgang, den man in der Regel als Avancement oder Beförderung zu bezeichnen pflegt, der meines Wissens in keinem Beamtenstaat Gegenstand eines Anspruches der Beamten ist. In dieser Richtung hat demnach der Beamte in öffentlichen Diensten vor dem Arbeiter in öffentlichen Betrieben nichts voraus.

Die Aufgabe, die sich daher hinsichtlich der Übertragung der Beamtungsprinzipien auf das gewöhnliche Arbeitsverhältnis ergibt, wird in der Hauptsache nur in einer Verallgemeinerung der Einführung bedingungslos zu gewährender Dienstalterszulagen bestehen, ähnlich wie sie für die österreichischen Staatsbetriebe nachgewiesen ist, und wie die besten Ansätze dazu auch in den genannten Stadtgemeinden vorhanden sind.

Aber auch ein Blick auf eine andere materielle Seite des Beamtentums läßt keine Vorzugsstellung vor der der österreichischen Staatsbetriebsbediensteten erkennen. Auch hinsichtlich der Alterversorgung ist streng rechtlich genommen die Lage der Beamten der österreichischen Salinenverwaltung z. B. nicht günstiger als die der Arbeiter in denselben Betrieben, ja es stellt sich im Gegenteil die Lage der Arbeiter insofern günstiger dar, als sie zur Zahlung von Beiträgen zur Provisionierung nicht verpflichtet sind, während die Beamten einen sogen. Provisionsabzug von 3 v.H. ihres Gehaltes erfahren. Auch ist im allgemeinen hervorzuheben, daß die Wartezeit, ein wichtiges Moment für die Beurteilung der Invaliditätsfürsorge und der Hinterbliebenenversorgung, gleichwie für die Beamten in den kommunalen Verwaltungen auch für die Arbeiter mit 10 Jahren festgesetzt ist, während für die österreichischen Staatssalinenarbeiter der Anspruch auf den Bezug der Provision nach einer vom Tage der Aufnahme in die Salinenarbeit an vollstreckten Dienstzeit von fünf Jahren schon beginnt[13].

[12] Mombert, a. a. O., S. 119 ff.

[13] Also nicht erst von der Aufnahme in die Kategorie der „ständigen“ Arbeiter, wie dies z. B. in München der Fall ist, wo allerdings auch insgesamt nur eine sechsjährige Dienstzeit den Pensionsanspruch begründet. Mombert, a. a. O., S. 178, Fußnote.

Ein vielleicht noch tiefer einschneidender Unterschied in der rechtlichen und materiellen Gestaltung des beamtlichen gegenüber dem einfachen Arbeitsverhältnis ist jedoch in der Tatsache zu erblicken, daß *der Beamte einen Anspruch auf Bezahlung von Überstunden nicht hat, während beim Arbeiter nur in besonderen und immerhin vereinzelten Fällen von Akkordlöhnung eine Unabhängigkeit des Lohnes von der Arbeitsdauer zu beobachten ist.* Die Sache hängt eben damit zusammen, daß der Beamte mit seiner ganzen Persönlichkeit, seiner ganzen Arbeitskraft sich ausschließlich dem Dienste zu widmen hat, womit eben auch die Beschränkung in der Erwerbsfreiheit verbunden ist, während eine solche Beschränkung bzw. Ausschließlichkeit in der Verwendung beim einfachen Arbeiter bisher wohl nirgends bestand. Man wird allerdings unter Umständen eine gewisse paradoxe Ähnlichkeit in der Art und Weise der Arbeitsentlohnung bei Beamten und Arbeitern nicht leugnen können. Wenn die Straßenreiniger in Karlsruhe in dem Ausmaß ihrer Arbeitszeit abhängig sind von dem ihnen auferlegten Pensum, und sie ohne Rücksicht darauf, wieviel Stunden zur Durchführung der Reinigungsarbeit erforderlich waren, ihren bestimmten Lohn erhalten, so ist darin tatsächlich eine Arbeitszuteilung zu erkennen, wie sie im Beamtentum üblich und natürlich ist. Allein, ein solches Arbeitsverhältnis bildet zur Zeit noch eine Ausnahme, und es ist kaum zu gewärtigen, daß die große Menge der Arbeiter darauf eingehen würde, das Ausmaß ihrer täglichen Leistung von dem Belieben eines Vorgesetzten oder vom Zufall abhängig sein zu lassen. Diese Verschiedenheit in der Formulierung des Arbeits- und Pflichtenausmaßes ist physiologisch nur zu sehr begründet. *Geistige Arbeit darf längere Zeit hindurch über ein Normalmaß hinaus erheblich verlängert werden, bei physischer Arbeit ist solches überhaupt oder wenigstens ohne Schädigung oder mindestens erhebliche Gefährdung der Arbeitskraft selbst nicht möglich.*

Noch ein Moment bedarf einer besonderen Erörterung: es betrifft das Problem der Koalitionsfreiheit.

Man hat allerdings in den letzten Jahren verschiedentlich von den Petitionen hören können, die aus Beamtenkörpern an die Regierungen oder Stadtverwaltungen gerichtet wurden, um günstigere Gehaltsverhältnisse für diese oder jene Kategorie von Beamten zu erbitten, und es ist auch gar nicht in Abrede zu stellen, daß ein solches Vorgehen von Beamtenvereinigungen zur Wahrung der Standes- und Berufsinteressen vielfach Erfolg gehabt haben wird. Allein, ein solches Vorgehen oder gar nur die Bildung von solchen Beamtenvereinen, die Bittdeputationen an Minister und Abgeordnete oder Stadtverordnete entsenden, ist nicht als Ausfluß des Koalitionsrechtes zu betrachten, auf welches eine reifere Arbeiterschaft in der Regel wohl die bessere Gestaltung ihrer Existenz aufzubauen pflegt, nicht aber eine Beamtenschaft.

Es ist entweder eine Verkennung des auf die persönliche Subordination unter die Befehlgebung von Vorgesetzten begründeten Beamtenverhältnisses oder aber eine Inkonsequenz, wenn einerseits die Beamtung der städtischen Tagelohnarbeiter gefordert, andererseits aber in abfälliger Weise kritisiert wird, daß die Stadtverwaltungen die Bildung von Arbeiterausschüssen nicht oder nur mit sehr beschränkter Initiative den städtischen Arbeitern gestatten wollen. *Die Gehorsamspflicht gegenüber den Befehlen der Vorgesetzten, die im Rahmen der Verfassung und der allgemeinen Gesetze gehalten sind, ist ein wesentliches Merkmal für den Begriff des öffentlichen Beamten. Die Koalitionsfreiheit ist damit unvereinbar.*

Um eine Alternative handelt es sich daher: man hat sich entweder für die Verbeamtung der Arbeiter oder für die Freibeweglichkeit der Arbeiterschaft, aber dann auch mit den unerläßlichen Konsequenzen der Selbstverantwortung, zu entscheiden. Darin liegt aber durchaus nicht etwa bloß ein Streit um Worte, sondern es ist eine überaus wichtige grundsätzliche Entscheidung zu treffen, denn es ist das eine ebensowohl denkbar wie das andere.

In dem Verhältnis zwischen dem privaten Arbeitgeber und dem Arbeitnehmer wird jenem niemals die Fürsorge für die Existenzsicherung des letzteren ohne weiteres allgemein überlassen werden können. Die Grundlage einer solchen Existenzsicherung verlangt eben, so, wie man sie heute sich denkt, die Unabhängigkeit vom menschlichen Individuum. Deshalb mußten auch in der Arbeiterversicherung vom Leben einzelner Individuen unabhängige Organisationen geschaffen werden. Bei dem Arbeitsverhältnis zwischen dem politischen Gemeinwesen und seinen Arbeitnehmern braucht man dieses dritte Element nicht. Die natürliche und wirtschaftliche Kontinuität des Gemeinwesens als Arbeitgeber ermöglicht eine andere Einrichtung der Versicherung als bei privaten Arbeitgebern. Warum sollte nun nicht auch die Ausgestaltung des Arbeitsvertrages bei den öffentlich-rechtlichen Korporationen eine etwas andere Entwicklung erfahren dürfen?

Ist es dort die Kontinuität des wirtschaftenden Subjektes, welche die Sachlage zu einer besonderen macht, so ist es hier die Uninteressiertheit derjenigen, welche als handelnde Vertreter für das politische Gemeinwesen funktionieren. Das ist heute freilich noch cum grano salis zu nehmen; denn wo das entscheidende Wort über die Arbeitsbedingungen wie gerade bei städtischen Arbeitsverhältnissen von den Vertretungskörpern gesprochen wird, dort kann leicht nicht nur die Empfindlichkeit des Steuerzahlers, sondern auch das Bedenken einer Rückwirkung auf die privaten Arbeitsverhältnisse, also eine ganz offenbare Interessiertheit dem besten Willen zur Fürsorglichkeit, der in der Verwaltungsexekutive vorhanden sein kann, einen Strich durch die Rechnung machen. Vielfach wird es zur Zeit in der Tat noch zu früh sein, auf die energische Vertretung der Arbeiterinteressen durch die städtischen Arbeiterausschüsse zu verzichten.

Allein, die Zeit dürfte nicht allzu fern sein, in der das Interesse der Arbeiter öffentlicher Gemeinwesen der Vertretung durch einen besonderen Arbeiterausschuß im Sinne einer Koalitionsorganisation entraten kann, in der die Arbeiterschaft mit größerem Vertrauen der Stadtverwaltung gegenübersteht und dem Arbeiterausschuß eigentlich nicht mehr viel anderes zu tun übrig bleibt, als die Initiative zu geben, indem er die Aufmerksamkeit der städtischen Verwaltung auf Mißstände oder auf ein Zurückbleiben der wirtschaftlichen Lage kommunaler Arbeiter lenkt.

Die Staatsverwaltung hat gewiß darin manches voraus, denn der weiterschauende und ruhigere Blick der mit der Leitung großer staatlicher Arbeitsbetriebe betrauten Beamten, die Tag für Tag den Verhältnissen unmittelbar gegenüberstehen, ist in solchen Dingen der ausschlaggebende Faktor in dem großen Räderwerk der Verwaltung, und der Initiative dieser Organe fällt der schwerfällige Mechanismus parlamentarischer Entschließungen nicht hemmend in den Arm.

Freilich ist eine größere Vertrautheit mit sozial-ökonomischen Tatsachen und Kausalzusammenhängen oder, um es nur gerade heraus zu sagen, eine regere Beschäftigung mit den verschiedenen Kapiteln der Volkswirtschaftslehre für Techniker wie für Juristen, mit einem Worte für die künftigen Organe der exekutiven Verwaltung noch immer recht wünschenswert, ja geradezu unerläßlich.

Auch in dem kommunalen Arbeitsverhältnis dürfte in nicht zu ferner Zeit eine Wandlung der Dinge dadurch bewirkt werden, daß die so sehr befürchtete Rückwirkung, welche man von der Verbesserung des kommunalen Arbeitsverhältnisses für die Lage des privaten Arbeitsmarktes glaubte gewärtigen zu müssen, wie wir ja leider nach den vorliegenden Erfahrungen sagen müssen, kaum zu konstatieren ist[14]. Deshalb ist es auch unbedingt klüger, dieses Argument endgültig fallen zu lassen und die Ausgestaltung des kommunalen Arbeitsverhältnisses nur um seiner selbst willen zu fördern; es wird dann vielleicht leichter möglich sein, die einer solchen Regelung noch so sehr abgeneigten Vertreter der Arbeitgeberkreise in den städtischen Vertretungskörpern für dieselbe zu gewinnen.

---

[14] Wenigstens nicht in dem positiven Sinne ist eine Rückwirkung zu beobachten, daß eine relativ hohe Minimallohnfestsetzung und ebensolche Lohnstufen für städtische Arbeiter auch zu einer Erhöhung der Löhne in privaten Unternehmungen führen würden. Allerdings ist ein Zurückbleiben der politischen Gemeinwesen in der Fortbildung des Lohnverhältnisses ein allgemein retardierendes Element, was sich neuerlich bei der Lohnbewegung der Gärtnereiarbeiter Berlins und den bezüglichen Verhandlungen gezeigt hat. Soz. Praxis, XII. Jg. Sp. 883.

Schmoller hat in seinen Ausführungen über die gesellschaftliche Verfassung der Volkswirtschaft angedeutet[15], daß der patriarchalische Zug etwas ist, was sich nicht für alle schickt, und damit läßt er durchblicken, daß es auch in der modernen Volkswirtschaft Arbeitsverhältnisse geben kann, denenn der patriarchalische Charakter durchaus nicht völlig fremd ist. Auch seine jüngeren Erörterungen über die heutigen Rechtsformen, die das Arbeitsverhältnis ordnen, klingen wohl dahin aus, wenn er die heutigen öffentlichen Berufsbeamten als Vorbild dafür bezeichnet, wie es möglich wäre, zu erreichen, daß die Arbeiter das Maß von Unterordnung, Disziplin, Gehorsam, Treue und Hingebung behalten und immer wieder erlernen, ohne das große Organisationen nicht möglich seien[16].

In dem Zurücktreten der Bedeutung der Arbeiterausschüsse für die Regelung des kommunalen Arbeitsverhältnisses ist zweifellos ein Symptom dafür zu erkennen, daß der patriarchalische Charakter dieses Arbeitsverhältnisses neuen Nährstoff erhält.

Wäre das unbedingt bedenklich?

Mich dünkt, es kommt darauf an, was man unter dem patriarchalischen Zug verstehen will. Schmoller faßte, die bezüglichen Gedanken seines Grundrisses (I, S. 417) interpretierend, den Begriff patriarchalische Behandlung der Arbeiter dahin, daß darunter eine Art väterlich bevormundender Beeinflussung zu verstehen sei, aber freilich auf der Grundlage „sympathischer Gefühle der oberen Schicht und solcher der hingebenden Treue und Unterordnung der unteren Schicht"[17].

Worin hingegen die neuere mehrfach erwähnte Kritik des kommunalen Arbeitsverhältnisses den patriarchalischen Zug erblickt, ist, wenn ich diese Kritik recht verstehe, doch nur der Mangel an Recht auf das, was dem Arbeiter an Entgelt geboten werden soll, und der Vorbehalt der Freiwilligkeit bei Gewährung der betreffenden Anwartschaften.

Das Beamtentum trägt unverkennbar heute noch den patriarchalischen Zug, wie ihn Schmoller versteht, an sich, aber den patriarchalischen Charakter in diesem letzteren Sinne hat es lange schon abgestreift[18], und insonderheit können wir feststellen, daß allerdings die kommunale Sozialpolitik noch eine recht bedeutende Strecke Weges nachzuholen hat, um jene staatliche Fürsorge für die Arbeiter zu erreichen, die die rechtliche Stellung der Arbeiter derjenigen der Beamten vereinzelt wenigstens schon gleichgemacht hat. Deshalb ist aber auch von einem Arbeiterbeamtentum bei kommunalen Arbeitsverhältnissen besser nicht zu re-

---

15 Grundriß I, S. 438.

16 Soziale Praxis, XI. Jg., Sp. 241 ff.

17 Soziale Praxis, XI. Jg., Sp. 241 ff.

18 Wie Schmoller (Umrisse und Untersuchungen, Leipzig 1898: Der deutsche Beamtenstaat vom 16. bis 18. Jahrhundert, S. 307) bemerkt, war im Beamtentum mit Beseitigung der Gebühren, Sporteln und Naturalien ein wichtiger Schritt vorwärts getan.

den. Man mag das moderne Beamtentum als patriarchalisches wie Schmoller oder als besonderes modernes, nicht feudalisiertes Gewaltverhältnis auffassen wie der ausgezeichnete Jurist Emil Steinbach[19], auf alle Fälle wird man sich darüber klar sein müssen, daß in dem derzeitigen Stadium der Entwicklung die Voraussetzungen für eine gedeihliche Wirksamkeit eines Gewaltverhältnisses zwischen den deutschen Stadtgemeinden und ihren Arbeitern noch nicht gegeben sind; die Ausnahmen, jene Fälle, in denen ein wirklich sozialer Geist in dem Sinne herrscht, daß auch seitens der Stadtvertretung und Stadtverwaltungsorgane dem Wirken der Arbeiter und ihrem Anspruch auf Sicherung einer angemessenen Existenz mit der erforderlichen Achtung begegnet wird, lassen nur die Kluft noch größer erscheinen, die bei der überwiegenden Mehrzahl der Stadtverwaltungen noch zu überbrücken ist.

Was soll man doch von einer Stadtverwaltung an Fürsorglichkeit erwarten, deren leitende Organe Arbeiterausschüsse ins Leben rufen wollen, „um die einen Arbeiter gegen die anderen ausspielen zu können und auf diese Weise den Stadtsäckel davor zu bewahren, daß er durch die Lohnsteigerungen am Arbeitsmarkt in Mitleidenschaft gezogen werde"! Dies die Anschauung des Leiters des Tiefbauamtes einer größeren Stadt Süddeutschlands! In der Tat: *Es wird vorerst noch manches durch die Arbeiterschaft erreicht werden müssen, ehe zu gewärtigen sein wird, daß genügend für sie geschieht. Insolange nicht bei diesen Verwaltungen das Bewußtsein ihrer sozialen Pflicht als Arbeitgeber gegenüber dem Arbeiter in ganz anderer Weise lebendig geworden sein wird, kann auch die Herstellung eines Arbeitsverhältnisses im Sinne eines im wesentlichen einseitigen Herrschafts- oder Gewaltverhältnisses durchaus nicht als im Interesse des allgemeinen Wohles liegend erkannt werden.*

Dies muß aber um so mehr hervorgehoben werden, als vielfach keine Klarheit darüber zu herrschen scheint, welche Konsequenzen mit der Einfügung des Arbeitsverhältnisses in das Beamtentum verbunden sind. Ich komme damit auf den letzten Punkt, in dem die Kritik Momberts und Lindemanns an den kommunalen Arbeitsordnungen mir fehlerhaft zu sein scheint, auf den Vorwurf, daß die Bestimmung des § 616 BGB[20] im städtischen Arbeitsvertrag nicht durchweg rezipiert erscheint. Diesem Vorwurf gegenüber gilt es nämlich festzustellen, daß das Beamtenverhältnis kein Privatrechtsverhältnis ist und demzufolge nicht Privatrechtsnormen, sondern Normen *öffentlichen Rechts* unterliegt. Es kann selbstverständlich keiner arbeitgebenden Gebietskörperschaft verwehrt sein, den Rechtsinhalt der dispositiven Bestimmung des

---

19 Steinbach, a. a. O., S. 30 ff.

20 § 616 bestimmt, daß der zur Dienstleistung Verpflichtete des Anspruches auf Vergütung dadurch nicht verlustig wird, daß er für eine verhältnismäßig nicht erhebliche Zeit durch einen in seiner Person liegenden Grund ohne sein Verschulden an der Dienstleistung verhindert wird.

§ 616 BGB für das kommunale Arbeitsverhältnis gelten zu lassen. Aber es läge darin eine juristische Anomalie, wenn das Arbeitsverhältnis öffentlich-rechtlichen Charakter erhalten soll.

Auch hier handelt es sich also wieder um ein „entweder—oder". Man möge ein öffentlich-rechtliches Dienstverhältnis anstreben nach dem Muster des modernen Beamtentums, dann aber kann die Rezeption des § 616 nicht in Frage kommen, oder aber man will auf diese nicht verzichten, dann bleibt es bei einem privatrechtlichen Verhältnisse.

In den vorstehenden Ausführungen habe ich die Frage, ob die Idee eines besonderen Arbeiterbeamtentums, wie es Klien formuliert hat — eines wirklichen Beamtentums mit dauernder Abhängigkeit der Lohnhöhe von der jeweiligen Lage des Arbeitsmarktes — ernstlich zu verfolgen ist, überhaupt nicht berührt. Daß ich einen gegenteiligen Standpunkt in dieser Frage einnehme und die Existenzsicherung, also die Übertragung der materiellen Seite des Beamtentums auf das Arbeitsverhältnis, für die wichtigste Aufgabe und jedenfalls für wichtiger halte als die Ausstattung des staatlichen und kommunalen Arbeiters mit idealistischen Vorrechten des Beamten, dürfte nach dem oben Ausgeführten wohl nicht zweifelhaft sein. Mir scheint aber übrigens das von Klien aufgerollte Problem nicht so recht aktuell zu sein; weit wichtiger ist denn doch die Frage, wie es mit der Übertragung der Prinzipien des Beamtentums auf die Arbeiter steht, ob denn eine solche wünschenswert und inwieweit sie möglich ist.

So wie die Dinge zur Zeit liegen, kann die erste Frage jedenfalls nicht so unbedingt bejaht werden; eine Bejahung erscheint heute jedenfalls verfrüht. — Das schließt aber nicht aus, daß gleichwohl eine Reihe von Fortschritten, die wir da und dort tatsächlich schon gemacht fanden, möglichst allgemeine Verbreitung findet. *Es ließe sich der wichtigste Programmpunkt zusammenfassen in die Parole: Schaffung unkündbarer, also lebenslänglicher Arbeitsdienstverhältnisse mit Probedienstzeit, nach der die definitive Anstellung des Arbeiters erfolgen kann, und mit dauernder Versorgung.* Es gilt dabei, *mit dem pessimistischen Vorurteil aufzuräumen, daß die nicht akademisch gebildete oder wenigstens die nicht gerade mit Tinte und Feder, also nicht am Schreibtisch beschäftigte Arbeitskraft sich für die dauernde, für den Arbeitgeber im allgemeinen unkündbare Anstellung nicht eigne,* daß sie träge und nachlässig werde, weil ihr der Stachel des persönlichen Ehrgeizes fehle. Damit muß gebrochen werden, zumal sobald die Erfahrungen der Praxis die Unbegründetheit dieses Vorurteils dartun, wie das tatsächlich der Fall ist.

Daß einer solchen Verallgemeinerung in der Schaffung lebenslänglicher Arbeitsdienstverhältnisse für die städtischen Verwaltungen genügend Schwierigkeiten im Wege stehen, ist nicht zu verkennen; so hat beispielsweise doch eine Reihe von städtischen Betriebsverwaltungen mit namhaften Schwankungen im Bedarf an Arbeitskräften zu rechnen[21]. Es ist gewiß keine geringfügige Aufgabe, die Arbeit einer Stadtgemeinde so einzuteilen, daß auch größere Schwankungen im Arbeitsbedarf, sofern sie nicht allzu unvermittelt und unregelmäßig auftreten, kein Hindernis einer tunlichst umfassenden Einstellung dauernd beschäftigter Bediensteter bilden.

Aber diese Schwierigkeiten sind absolut keine unüberwindbaren Hindernisse, und es heißt daher zunächst das eine nähere Ziel fest im Auge zu behalten und darauf loszuarbeiten. Ist im Prinzip nur einmal die lebenslängliche Anstellung des Arbeiters staatlicher und städtischer Betriebe als unerläßlicher Ausbau dieser Arbeitsverhältnisse erkannt und durchgeführt, dann wird sich auch die Frage nach der Angemessenheit patriarchalischer Bevormundung — die doch eigentlich auf nichts anderes als auf das Maß der den Arbeitern einzuräumenden Ingerenz auf die Fortbildung des Arbeitsverhältnisses hinausläuft — von selbst gelöst haben, und die Entscheidung darüber, ob das privatrechtliche Arbeitsverhältnis in ein modernes Herrschaftsverhältnis umzugestalten sei, dürfte dann keine Schwierigkeiten mehr bereiten.

Mit der Anstrebung dieses Zieles verknüpft sich aber geradezu selbstverständlich noch ein anderes: das Abgehen von tage- oder stundenweiser Lohnberechnung. *Das Einkommen des Arbeiters muß wenigstens von jeder nicht in seiner Person verursachten vorübergehenden Arbeitsunterbrechung unabhängig werden, und das wird unschwer durch die Einführung längerer Zeiteinheiten für die Lohnberechnung erreicht.*

21 Vielleicht am allerstärksten kommen die Schwankungen in dem Arbeiterbedarf mit der Jahreszeit bei den städtischen Gaswerken vor. Auch wo Städte in eigener Regie Bauten auszuführen haben, ergeben sich begreiflicherweise größere Differenzen. Gerade solche Schwankungen in der Jahreszeit müßten aber gegenseitig kompensiert werden, soweit das möglich ist. Gewisse Ausnahmefälle, wie etwa die Straßenreinigung nach großen Schneefällen u. dgl., werden freilich immer die vorübergehende Beschäftigung nichtständiger Arbeiter notwendig machen.

Zur Kritik der Lohngesetze (1906)*

Wenn von Lohngesetzen im ökonomisch-theoretischen Sinn gehandelt wird, so pflegt man — eine richtige Anwendung des Begriffes „Gesetz“ überhaupt vorausgesetzt — damit spezifisch wirtschaftliche Gesetze zu meinen, d. h. nicht bloß wirtschaftliche Massenerscheinungen als solche erfassende Feststellungen, sondern Kausalgesetze. Und damit hat man... *eine aus bestimmten Ursachen als solchen im allgemeinen hervorgehende Wiederkehr von wichtigeren wirtschaftlichen Erscheinungen, hier also Lohntatsachen oder Lohnerscheinungen im Auge.*

Nun ist freilich mit dieser Formulierung der Spielraum für die Feststellung von Lohngesetzen recht weit abgesteckt. Diese Tatsachen und Erscheinungen in der Einkommenskategorie „Lohn“ können, sofern sie in ihrer Wiederkehr auf bestimmte Ursachen zurückgeführt werden wollen, statisch, ruhezuständlicher Art sein oder sie haben dynamisch-motorischen Charakter. In beiden Richtungen kann eine Fülle von Regelmäßigkeiten schon empirisch oberflächlich oder auf rationell statistischem Wege ermittelt werden, und in beiden Richtungen kann es sich um eine Vielheit erklärungsbedürftiger, und zwar wieder absoluter oder relativer, wiederkehrender oder, wie man auch sagen könnte, von Massenerscheinungen handeln. *Die Aufdeckung einer regelmäßig und wiederkehrend wirkenden Ursache oder eines solchen Ursachenkomplexes ist stets Kernpunkt solcher Forschung.*

Es ist denkbar, daß ein wiederkehrender ursächlicher Zusammenhang aufgedeckt wird für die Tatsache, daß, wenn die Arbeitskategorie A den Lohn x abwirft, der Lohn für die Arbeitskategorie B regelmäßig y, gleich einer Funktion von x (Fx) erreicht. Und es kann ebenso als Problem einer Kausalforschung die Feststellung einer bestimmten regelmäßigen Ursachenwirkung für Änderungen des Lohnes in der Arbeitskategorie A an und für sich auftauchen. Mit einem Wort: so viele Regelmäßigkeiten verschiedenen Charakters bezüglich des Lohnes sei es in gleichzeitiger Häufung nebeneinander, sei es in zeitlicher aufeinanderfolgender Wiederkehr beobachtet werden, ebensoviele wirtschaftliche Lohngesetze sind möglich.

Ausgangspunkt aller Kausalforschung müßte aber dem Gesagten zufolge die durch Massenbeobachtung erreichte Ermittlung von Lohn-

---

* Archiv für Sozialwissenschaft und Sozialpolitik, XXIII. Bd., Jg. 1906.

massentatsachen sein, d. h. *um Lohngesetze aufzudecken, müßte von statistischen Massenerhebungen von Lohntatsachen ausgegangen werden.*

Das ist nun merkwürdigerweise bei den Lohngesetzen, die bisher in unserer Disziplin ernst genommen wurden, ganz und gar nicht so der Fall, wie dies zu wünschen wäre, und speziell bei den klassischen Theoretikern vermißt man diesen Ausgangspunkt vollständig. Damit soll durchaus nicht die deduktive Forschungsmethode als ungeeignet zur Entwicklung bestimmter Kausalgesetze bezeichnet werden. Würde man, ausgehend von als richtig erkannten allgemeinen Sätzen, lohnbestimmende Ursachen gefunden und durch Kontrolle auf induktivem Wege die deduktiv erkannten Zusammenhänge als tatsächlich wiederkehrend wirksam beobachtet haben, so wäre nichts dagegen einzuwenden. Aber bei den bisher aufgestellten Lohngesetzen, das Thünensche nicht ausgenommen, kann genau genommen gar nicht von einer regelrechten deduktiven Ableitung geredet werden. *Die Theorie in unserer Disziplin ist in der Hauptsache Mittel zum Zweck, das Endziel der Theorie ist die Praxis.* „Werden praktische Zwecke postuliert, sollen Ideale verwirklicht werden, dann fällt der Wissenschaft die Aufgabe zu, die Rechtfertigung und Begründung zu suchen. Da wird dann aus eilig zusammengelesenen Beobachtungen ein Gesetz oder eine Theorie konstruiert, die das Seinsollende als das allein Richtige und Naturgebotene oder gar als schon Seiendes und nur durch Ungeschicklichkeit und bösen Willen Verdunkeltes, hinstellen. Das Gesetz erstarrt alsbald zum bloßen Schema, zur Formel, die man auf den verschiedensten Gebieten anwenden kann, aus der man deduziert und die man einsetzt wie eine mathematische Größe[1].“

Bei den ersten Vertretern der Lohnfondsidee, also vor allem bei Adam Smith, mag ein mehr oder minder bestimmtes Gefühl für gewisse ökonomische Tatsachen und Zusammenhänge durch individuelle möglichst zahlreiche und häufige Beobachtung gewonnen worden sein. Solche Gefühle wurden unmerklich zu Prämissen schwerwiegender Syllogismen, und man hat doch nicht das Bedürfnis empfunden, diese Prämissen auf die Dauerhaftigkeit ihrer Basis zu prüfen. So kam man zu apriorischen Thesen, die auf immerhin zahlreiche Erscheinungen zuzutreffen schienen, und so auch zu Lohngesetzen. Damals übrigens gewiß mit mehr Rechtfertigung, als es nach dem, was wir über die Methotik der Kausalforschung eingangs bemerkt haben, zulässig erscheint. Die Lohngesetze fußten so, wie sie von den Klassikern uns überliefert sind, gewiß nicht bloß auf Spekulationen. Mangel an Tatsachen-Beobachtung darf einem Smith, Turgot, Ricardo usf. nicht schlechthin zum Vorwurf gemacht werden. Uns scheinen nur ihre Beobachtungen oberflächlich, weil sie ungleich häufiger als wir mit dem Begriff des Lohnes schlechthin, also mit

---

[1] Salz, Arthur, Beiträge zur Geschichte und Kritik der Lohnfondstheorie, Stuttgart 1905.

einheitlichen oder Durchschnittsgrößen arbeiten. Auch sind die Belege für die gebrachten Behauptungen, die man in Gestalt konkreter Daten erwartet, zweifellos recht karg zugemessen. Aber es waren die Tatsachen eben doch wirklich einheitlicher und die Zusammenhänge weniger kompliziert als heutzutage. Insoweit fällt die Kritik der klassischen Theorien, auch der Lohngesetze nur allzuoft auf den Kritker selbst zurück, denn es ist, worauf Marx längst aufmerksam gemacht hat, die Aufgabe der Theorie, die Augen dafür offen zu halten, daß wenigstens möglicherweise die Lohngesetze für die Wirtschaftsperioden, denen sie sozusagen abgelauscht sind, wohl ihre Gültigkeit gehabt haben, während sie ihnen für die heutigen Wirtschaftsverhältnisse nicht mehr zukommt. Aber selbst wenn der Ursprung der Lohngesetze so in ein milderes Licht gerückt werden kann, darf nicht unbeachtet bleiben, daß man gerade auf dem Gebiete der Lohnbestimmungstheorie, für die ja die „Gesetze“ fast allein eine Rolle spielen, von jenem Maß von Exaktheit, auf das auch eine Geisteswissenschaft nicht verzichten kann, betrübend weit entfernt geblieben ist[2]. Galt es z. B. nur oberflächlich den Zusammenhang zwischen Kapitalmenge und Lohnhöhe zu erörtern, so hätte eine rationelle Forschung längst zur systematischen Untersuchung einer Reihe von Fragen kommen müssen, die bis heute kaum berührt worden sind.

Dieser Vorwurf trifft aber nicht nur die Verfechter der Theorien, sondern fast ebenso ihre Kritiker. Die Aufgabe der Kritik ist von Salz nach einer Seite gewiss von einer hohen Warte aus zu erfassen gesucht worden, wenn er schreibt: Die Kritik der ökonomischen Theorien ... „muß sich ihre eigene Methode erst schaffen; sie muß nicht nur die logischen Widersprüche der Theorien enthüllen, sondern auch zeigen, welche Fehler bei ihrer Konzeption begangen wurden. Sie wird zeigen, welche bestimmte ökonomische Konstellation der Autor im Auge hatte und wie er sie gemäß seinen allgemeinen Anschauungen über Ökonomik, Ehtik usw. deutete, endlich dartun müssen mit welchen Modifikationen und unter welchen genau umschriebenen Bedingungen die einzelne Theorie fernerhin Geltung beanspruchen dürfe.“ — Dagegen ist nichts einzuwenden; wenn aber Salz in der Kritik die notwendige Vorbedingung einer künftigen ökonomischen Theorie überhaupt erfüllt sehen will, dann muß außer der Enthüllung logischer Widersprüche usf. doch wohl auch die Vollständigkeit der Problembehandlung nach logischen Prinzipien ihre Aufgabe sein, und zwar grundsätzlich, nicht bloß historisch, d. h. hier im Hinblicke auf die Wirtschaftsstufe zur Zeit der Konzeption jener Theorie.

Wie wenig weit ist doch bisher die Systematik des möglichen Kausalnexus zwischen Kapitalkraft und Lohnaufwand gediehen? Gerade nur zur Not wird die Summe der gezahlten Löhne von dem berühmten

[2] Neumann, Zur Lehre von den Lohngesetzen, Jahrbuch für Nationalökonomie 1892, S. 224 f.

Durchschnittslohnsatz auseinandergehalten, und wie lange hat es doch gedauert, bis die Diskussion überhaupt einmal auf eine Form des Kapitals beschränkt war, so daß wenigstens nicht mehr der Ballast der Konfusion nach dieser Seite noch mitgeschleppt werden muß! Ganz überwunden ist die Vorstellung eines Zusammenhanges zwischen flüssigem d. h. Geldkapital und Lohnhöhe ohnehin auch noch nicht. Von den Klassikern und ihren meisten Kritikern ganz unbeachtet geblieben ist das zeitliche Moment. Erst die Böhm-Bawerksche Lohntheorie hat der Frage Beachtung geschenkt, auf welchen Zeitraum denn eigentlich das Verhältnis von Kapital und Lohn projiziert zu denken ist, da doch die Summe von Wertbeträgen, die in einem gegebenem Augenblick zur Verfügung steht, an und für sich auf Entlöhnung innerhalb eines Tages, einer Woche, eines Monats, eines Jahres usf. Verwendung finden kann. Die Bedeutung der Vertiefung, welche die Lohnfondslehre durch Böhm und Taussig erfahren hat, ist noch gar nicht genügend anerkannt worden und wenn Böhms Theorie auch irrig ist, so ist sie doch durch diese Ausgestaltung der Problemstellung hervorragend verdienstlich.

Im großen und ganzen fehlt es an Gründlichkeit an allen denkbaren Enden der Lohngesetze. Wenn nichts weiter als der Begriff Lohnhöhe genannt wird: so müssen wir sagen, über die Grundzüge der Bewegung in den Ziffern wissen wir noch recht wenig. Und zudem läßt die Klarheit über die Größen, die man im Auge hat, noch viel zu wünschen übrig. Mit „Lohn“ kann so verschiedenartiges gemeint sein: 1. die Gesamtheit der in einer längeren Periode innerhalb einer Volkswirtschaft gezahlten Löhne einmal für einen „Teilmarkt“ d. h. für eine Industrie, 2. Die Gesamtheit aller an einem Tag zu zahlenden Löhne in verschiedenen Zeitpunkten einer längeren Periode. 3. Die sogenannte durchschnittliche Höhe des im Laufe eines Jahres von einem Manne, von einer Frau in verschiedener Leistungsfähigkeit verdienten Lohnes. 4. Der analoge Tagesdurchschnitt. Die Größe aller dieser Kategorien ist jeweils hinsichtlich ihrer Bestimmungsgründe erklärungsbedürftig ... Dennoch schwirren alle diese verschiedenen Größenvorstellungen in dem Streit um die Lohngesetze ungetrennt wirr durcheinander, mit geringen Ausnahmen auf der Basis der recht dürftigen Kenntnisse über die realen Beträge. Und nun gar erst die Kapitalvorstellung! Konkretes Material ist meines Wissens in der Erörterung der Lohnfondstheorie überhaupt nicht verwendet worden[3].

[3] Dann gilt es freilich auch, gewisse Begriffe nur so zu verwenden, daß Mißverständnisse vermieden werden. Was soll man aber von einer Diskussion erwarten, in der die folgenden Behauptungen von einer Seite aufgestellt werden: „Die Minimalgrenze (scil. ‚des Lohnes‘) ist das Maß des gewohnten Klassenbedarfs. Auch hier ist die dieser Grenze entsprechende Lohnhöhe eine „verschiedene für die verschiedenen Arbeiterklassen und sie ist ebenfalls eine variable.“ Was ist von einer Minimalgrenze zu halten, die eine variable ist?

Die Lehre von den Lohngesetzen gilt mit Unrecht als ein steriler Teil der ökonomischen Disziplin. Trotz aller Mängel hat die Disziplin aus dem Kampf um die Lohngesetze doch schon recht viel Nutzen gezogen, und das sollte denn auch zum Ansporn werden, die Forschung auf diesem Gebiet zu vertiefen. Arbeit ist genug zu leisten, sie ist ebenso notwendig in der Richtung einer Prüfung der behaupteten Gesetzmäßigkeiten an den Tatsachen wie hinsichtlich der Schärfe und Vollständigkeit der Deduktionen; sie wird stets erneut notwendig gegenüber der durch die Wirtschaftsentwicklung geschaffenen neuen Beobachtungsgrundlage.

Das Bedürfnis nach der Kontrollierung der überkommenen Lohngesetze an der Hand der Lohntatsachen macht sich denn auch immer stärker bemerkbar. Von diesem Gesichtspunkt aus sind Diehls Erläuterungen[4] eine dankenswerte Erweiterung des, wie gesagt, spärlich bisher in dieser Richtung Gebotenen. Diehl zieht überwiegend das in Parlamentsenquêten zu Ende des 18. und Beginn des 19. Jahrhunderts zusammengetragene Tatsachenmaterial zur Prüfung der Ricardoschen Lohnlehre heran und gelangt zur Verwerfung derselben. Der Hauptirrtum dieser Theorie Ricardos entspringe aus der falschen Grundanschauung, von der Ricardos Wert- und Preistheorie ausgegangen war, in der Sucht nach objektiven Maßstäben und der damit verbundenen Ignorierung all der vielen subjektiven Momente, ohne die eine befriedigende Lösung des Problems nicht gegeben werden könne. Dieses Bedenken Diehls hat nun gewiss seine Richtigkeit, allein er übertreibt die Subjektivität der Lohnbestimmungsgründe weit über dasjenige Maß hinaus, das nach dem von ihm beigebrachten Beweismaterial dem tatsächlichen Lauf der Dinge entsprechen würde. „Der Lohn ist das Resultat eines Interessenkampfes zwischen Arbeitgebern und Arbeitnehmern, und für die Lohnhöhe ist entscheidend, mit welchenm Nachdruck die beiden Parteien nach der wirtschaftlichen Gesamtlage ihre Forderungen bez. Anerbieten aufrecht erhalten können" (S. 23). — Damit ist denn doch etwas zu wenig erreicht, vor allem insofern, als damit kein Wort über die Grenzen der Lohnmöglichkeit gesagt ist, und der Leser kann verlangen, mindestens darüber aufgeklärt zu werden, was für Kräfte in der „wirtschaftlichen Gesamtlage" stecken sollen, durch die der Nachdruck der Parteien in seinem Erfolge bedingt ist. *Es geht meines Erachtens nicht an, die Einwirkung objektiver Momente als nebensächlich zu behandeln, solange man nicht die letzten Gründe der subjektiven Bestimmungsfaktoren genauer geprüft hat.*

Diehl hat sich aber noch des weiteren Fehlers schuldig gemacht, den Zusammenhang zwischen Kapital und Lohn nicht sehr eingehend erwogen zu haben, gewiß nicht nach allen möglichen Seiten. Denn anderen-

[4] Diehl, Karl: David Ricardos Grundgesetze der Volkswirtschaft und Besteuerung, III. Bd. Leipzig 1903.

falls wäre es kaum möglich gewesen zu bestreiten, daß Ricardo Lohnfondstheoretiker gewesen ist. Diehl schreibt: „Es wäre zu weit gegangen, aus ... Stellen bei Ricardo zu folgern, er habe die Lohnfondstheorie vertreten. Viele Stellen sprechen dagegen, daß er eine feste unveränderliche Kapitalquote für Lohnzwecke angenommen hat ... Auch ist nicht zu übersehen, daß das eherne Lohngesetz und die Lohnfondstheorie in gewissem Sinne sich diametral entgegengesetzt sind. Nach der ersten Theorie wird die Lohnhöhe bestimmt durch die Kosten des Lebensunterhaltes der Arbeiters, wechselt also mit den Änderungen dieser Kosten, nach der zweiten ist die Lohnhöhe bestimmt durch eine feste Kapitalsumme, die den Arbeitgebern zur Verfügung steht. Der Lohn ist also Dividendus dieser Summe und ändert sich nur mit einer Änderung des betreffenden Kapitalfonds."

Ricardo hat das eherne Lohngesetz vertreten, also könne er schon deshalb nicht Lohnfondstheoretiker gewesen sein ... Selbst wenn man von der Seltsamkeit dieses Syllogismus absieht, bleibt die Argumentation Diehls unrichtig, denn die Prämisse ist falsch, daß die beiden Lohntheorien nicht vereinbar wären. Nur wenn man beide so eindeutig und — ich behaupte: im Widerspruch zu Ricardo! — starr formuliert, gelangt man zur Kontrarität beider Theorien.

Lohnfondstheorie und ehernes Lohngesetz sind wenigstens ihrem Ursprung nach nichts anderes als Ausgestaltungen der Lehre, daß das Verhältnis von Angebot und Nachfrage die Lohngestaltung bestimme, fast möchte man sagen Varianten dieser Lehre. Sie stehen nur insofern scheinbar in einem Gegensatz, als man in der einen Theorie das für die Lohnbestimmung gewichtigere Moment in der Gestaltung des die Nachfrage nach Arbeitern bedingenden letzten Grundes erkennen zu können glaubt, während in dem anderen Lohngesetz der Hauptbestimmungsgrund auf der Seite des Angebotes von Arbeitskräften gesucht wird, und zwar in einer eigentümlichen Elastizität der Angebotsgröße, deren Anspannung durch die Lohnhöhe und ihr Verhältnis zu einer selbst wieder schwankenden Größe, den Erhaltungskosten, bestimmt wird.

Aber auch dieser Gegensatz ist eben wirklich nur scheinbar vorhanden. Denn, ganz zu schweigen von den oben erwähnten verschiedenen Möglichkeiten einer Abhängigkeit zwischen Lohn und Kapitalfonds, ist dabei gänzlich übersehen, daß das eherne Lohngesetz ein Gravitieren der einzelnen, d. h. von einem Arbeitsindividuum verdienbaren Lohnbeträge nach einem mehr oder minder variablen Punkt, den Lebenskosten behauptet, während die Lohnfondstheorie — wenigstens nach dem Inhalt, den diese Lehre bei den Klassikern hat — im Wesen zunächst nur von einer oberen Grenze handelt, die für die Gesamtheit aller in einer Volkswirtschaft in einem gegebenen Zeitpunkt zu zahlenden Lohnbeträge durch die Kapitalfondshöhe gezogen sei. *Mit der Behauptung dieser Begrenzung der Lohnsummen ist aber natürlich über die tatsächliche Höhe des dem einzelnen Arbeiter zufließenden Arbeitsentgeltes nichts gesagt und kann auch nichts gesagt sein, weil die Nachfragegröße allein den Preis nicht bestimmt, sondern erst ihr Größenverhältnis zum Angebot bestimmen die konkrete Lohnhöhe.* Nur die Annahme, daß die Kapital- und damit die Lohnfondsvergrößerung beständig dem Angebotszuwachs voraus sei, veranlaßte Smith zu seiner optimistischen Deutung der Wirksamkeit dieses Zusammenhanges in der Praxis. Es kommt also erst auf die Bevölkerungsbewegung an und, da die Lohnfondstheorie als solche diese Seite des Lohnbestimmungsproblems überhaupt nicht diskutiert, so ist im Rahmen der theoretischen Möglichkeit, daß der Lohnfonds die Nachfrage nach Arbeit bestimmt, ein tatsächliches Gravitieren der Löhne nach irgend einem beliebigem Durchschnittsniveau, also gegebenenfalls auch den Lebenshaltungskosten, durchaus nicht ausgeschlossen.

Diehls Behauptung ist also dogmenhistorisch und dogmenkritisch unhaltbar. Über die Lohnfondstheorie eingehender zu handeln, hätte sich bei der sonstigen breiten Behandlung einzelner Probleme wohl rechtfertigen lassen. Entbehrlich gemacht ist diese Arbeit allerdings durch die Arbeit Salzens. Die Lohnfondstheorie hält Salz für eine aus der Menge der Theorien, „deren eigentümliches Schicksal es ist, daß sie die entgegengesetztesten Folgerungen zulassen, weil sie jedesmal nur ganz bestimmte Tatsachen berücksichtigen." Das weist er im einzelnen für die verschiedenen Fassungen, in der die Theorie auftauchte, nach. Weniger auf das Widerlegen und Abweisen, als auf das Verstehen und Kennenlernen kommt es ihm an. Er verfolgt die Theorie von ihrem ersten Keimen „ursprünglich ein Versuch, die Tatsachen der Lohnbildung in einem Bilde anschaulich zu machen" bei den Klassikern Turgot, Steuart, Ad. Smith, „in realer Kraft" bei Malthus, zur „Idee geworden" bei Ricardo, in ihrer weiteren Ausgestaltung und Variierung bei den „Epigonen" MacCulloch, James Mill, Rob. Torrens, De Quincey und Sismondi in ihren wirklichen oder nur vermeintlichen Erschütterungen bei den ersten „Kritikern" Richard Jones, Nassau Senior, auf ihrer Höhe bei J. St. Mill, indem er daran anschließend die erfolgreichen Widerlegungen Hermanns und Brentanos skizziert. In seinem fünften Kapitel gelangte die „erste bedeutende theoretische" Gegnerschaft wider die Lohnfondstheorie in Longe, Thornton, Cliffe Leslie, dann Mills Umkehr und schließlich die jüngere Anhängerschaft in Cairnes zur Darstellung, die der Verfasser der Verfasser durchweg als „die Radikalen" ansieht.

Er stellt die gedanklich zusammengehörigen Schriftsteller in zwei Reihen nebeneinander, Ricardo, MacCulloch, Torren, Cairnes einerseits, Longe Thornton, den Mill der späteren Zeit, Cliffe Leslie andererseits und meint, daß sich im Hinblick auf diese Gegenüberstellung nicht eine bloße Meinungsverschiedenheit in dem Streit um den Lohnfonds, also in einer wissenschaftlichen Spezialfrage abspiele, sondern daß zwei völlig verschiedene Auffassungen und Urteile über soziales Geschehen gegenüber stehen. Es handle sich um einen Prinzipienstreit: dort naturrechtliche mechanistische, deduktive und indivudualistische Konstruktion der wirtschaftlichen Vorgänge, hier ein Bemühen um kritische Erkenntnis des Realen, empirische Behandlung und ethische Beurteilung. Den Fortschritt in der Entwicklung der Diskussion erblickte Salz vor allem darin, daß neue bisher unberücksichtigte Gesichtspunkte eingeführt werden, daß die Lohnfrage nicht mehr vom bloß ökonomischen, sondern jetzt auch von ethischem und kulturidealem Standpunkte aus geprüft wird. Die Bedeutung des Salzschen Buches liegt deshalb auch vor allem in dem letzten Kapitel „Die zwei modernen Richtungen: Kritiker und Synthetiker"; dieses bringt außer einer Darstellung und Besprechung des Jevonsschen Standpunktes zur Lohnfondsfrage, sowie der Lehren einiger anderer neuerer Theoretiker im Anschluß an diesen, eine wirklich gute Detailkritik der Böhm-Bawerkschen Subsistenzfondstheorie und der daran anknüpfenden Theorie Taussigs von dem Zusammenhang zwischen Lohn und Kapital.

Böhm-Bawerk hat selbst seine Lehre von der Abhängigkeit der Lohnhöhe vom Subsistenzmittel-Markt davor zu schützen gesucht, daß sie mit der von der älteren englischen Schule vertretenen Lohnfondstheorie identifiziert werde. Er hat die Eigentümlichkeiten seiner Lehre denen der englischen Theorie gegenübergestellt und vor allem hervorgehoben, daß der Subsistenzfonds zwar wohl den Lohn aller vorhandenen Arbeiter begreife, aber daß damit noch nicht gesagt sei, für welche Zeit dieser den Lohn darstelle, daß die Vergrößerung des Subsistenzfonds in erster Linie und hauptsächlich zur Verlängerung der Produktionsperiode benutzt werde und nur sehr vermittelt eine verhältnismäßige Lohnsteigerung nach sich ziehe.

Salzens Kritik läuft nun in der Hauptsache auf den Nachweis hinaus, daß Böhm nicht viel mehr als ein „Wiedererneuerer und Wiedererwecker der toten Lohnfondstheorie" sei. Auch sein Lohnfonds hänge wie der der Engländer in der Luft. Die Detailbemängelung an Böhms Theorie ist verschiedentlich absolut treffend. So stimme ich Salz bei, wenn er Böhm zum Vorwurf macht, daß er den Subsistenzfonds ohne irgendwelche Bedenken einer Geldsumme gleichsetzt (S. 176). Auch ist die Frage gut am Platze, welche Ursache die offenbar behauptete Proportionalität zwischen Länge der Produktionsperiode und Größe des Vermögensstückes bedinge; denn der Hinweis Böhms auf die Rationalität wirtschaftlicher Spekulation stellt sich dem vorliegenden Problem gegenüber (das auch die Frage in sich schließt, warum Subsistenzmittel-Vermehrung nicht zur Lohnerhöhung Verwendung finde) als petitio principii dar. Zutreffend ist auch der Einwand gegen Böhms Agiogedanken (S. 174 f), daß die Arbeiter sehr häufig Gegenwartsgüter bieten, bevor sie ihren Lohn erhalten, daß also der Unterschied zwischen Gegenwarts- und Zukunftswert einer Ware für die Differenz zwischen Lohn und Arbeitswert nicht zur Erklärung dienen könne. Aber etwas kleinlich ist schon dieser Einwand gegenüber dem Tatsachentypus im großen und ganzen entsprechenden Gedanken Böhms. Immerhin bedeutet Salzens Kritik einen sehr ernstzunehmenden Vorstoß gegen Böhms Lohntheorie. Nur hätten wir sie noch gern erschöpfender gehabt. Böhm sagt über die wichtige den Kernpunkt seiner Lehre stützende Wahl der Produktionsperiode: Gewählt wird jene, bei der das gegenseitige Über- und Unterbieten, das bei zu hohem Lohnsatz von den beschäftigungslosen Arbeitern, bei zu niederem vom werbenden Kapital ausgeht, einen Ruhepunkt findet, das sei dort, wo die Einschlagung der rationellsten Produktionsperiode gerade mit der wechselseitigen Absorption von Lohnfonds und angebotener Arbeit zusammentrifft. Dazu sagt Salz nur: „Das ist eine negative und indirekte Bestimmung, die nicht befriedigen kann." Er hätte aber, wenn er Böhms Gedanken und auch seine Rechnungen genau verfolgt hätte, sagen müssen: das ist gar keine Bestimmung, denn es liegt eine Gleichung mit zwei Unbekannten vor, die eine Vielheit von Lösungen gestattet. Eine „negative und indirekte" Bestimmung kann an sich sehr wohl befriedigen. Und deshalb kann die Salzsche Kritik trotz des großen Scharfsinnes eben doch nicht ganz befriedigen.

Manche Vorwürfe gegen Böhm kann ich wiederum überhaupt nicht als begründet anerkennen. Salz hat z. B. die „staffelweise Produktion", die Böhm ja allerdings nicht ganz glücklich formuliert hat, m. E. mißverstanden; jedenfalls ist nicht zuzugeben, daß diese Staffelung nie oder nur in höchst seltenen Fällen vorkommen könne. Auch die ironische Bemerkung S. 180 f. ist nicht am Platze. Ich habe die bemängelte Stelle bei Böhm nie anders verstanden als in dem Sinne, daß bei verhältnismäßig geringem Subsistenzfonds-Bestande nicht etwa die Maschinen zerstört zu werden brauchen, um die Produktionsperiode zu verkürzen, sondern daß nur ein großer Teil der Arbeiter zur unmittelbaren Produktion von Subsistenzmitteln Verwendung finden müsse, die möglichst bald auf den Subsistenzmarkt gebracht werden müssen.

Die Lohnfondstheorie hat eine neue Richtung durch Taussig bekommen. Mit der Besprechung der Taussigschen Theorie schließt die Salzsche Darstellung. Auch diesem letzten Teil ist die Anerkennung einer guten Beobachtung und der Schärfe in der Heraushebung gewisser Schwächen des kritisierten Gedankenganges nicht zu versagen. Salz hat den bedeutenden Fortschritt, der mit Taussigs Untersuchung gemacht wurde, wohl erfaßt, und er weiß ihn richtig zu würdigen. Wenn ich gegen seine Kritik wider Taussig etwas einzuwenden habe, so ist es hauptsächlich dieses: Taussig betont wiederholt ausdrücklich, daß die Steigerung des Realeinkommens (d. h. hier der Lebensführung) infolge Erhöhung des Nominaleinkommens für Arbeiter wie für andere bloß nicht sofort, sondern erst nach einer gewissen Spanne Zeit eintrete. Und das ist in der Hauptsache richtig. Die Einschränkung, die dabei zu machen ist, hat Taussig selbst erkannt und angedeutet. Was Salz dagegen einwendet, trifft den Kern des Taussigschen Gedankens, des Hinweises auf das Zeiterfordernis vom ersten Auftreten der gesteigerten Nachfrage nach Gütern bis zum Erscheinen des erhöhten Quantums auf dem Subsistenzmarkt — überhaupt nicht.

Die wichtigsten Schicksale der Lohnfondstheorie erörtert auch Bernstein[5]. Thompson und Hodgskin sind ihm die grundlegenden Gegner dieser Lehre, Hermann und Rodbertus, aber auch Brentano nur Epigonen in der Gegnerschaft und, soweit sie neue Gesichtspunkte vorbringen, bekämpft er sie. Namentlich das Hauptargument Hermanns, das ja auch von Brentano aufgenommen worden ist, daß den Lohn nicht der Kapitalist, sondern der Konsument zahle, wird, weil auf Tatsachen überhaupt kaum sich stützend, verworfen. (S. 24 f) Die Vertreter dieser Auffassung seien den Beweis also eigentlich schuldig geblieben. Gegen Thorntons Beweisführung dafür, daß und unter welchen Umständen Lohnerhöhungen durchführbar sind, zeigt Bernstein sogar, daß Thornton, indem er den Unternehmergewinn als „Noli me tangere" behandelt, selbst zu einer Abhängigkeit der Löhne von den Kapitalverhältnissen gelange. Die Widerlegungen der Theorie, die bisher versucht worden seien, verschieben nach Bernsteins Ansicht die Frage, ohne sie zu beantworten.

Der Satz, daß der Konsument für den Lohn aufkomme, könne einer scharfen Kritik nicht standhalten. Mit ihm sei nichts anderes gesagt, als daß der Konsument dem Unternehmer den Preis der im Produkt enthaltenen Arbeitsleistung zahle; aber der Konsument biete ihm nicht, sondern er diktierte diesen Preis, und der Konsument sei niemand anderer als der Markt und dessen Gesetze seien die Gesetze der Konkurrenz, so daß man an demselben Punkte angelangt sei, von dem Ricardo ausging, und es gelte also nur erst zu untersuchen, nach welchen Grundsätzen die Verteilung des Ertrages der Produktion vor sich gehe. Die Tatsache des Umlaufes der Produkte beweise nichts für die von Anti-Lohnfondstheoretikern behauptete Falschheit des Satzes, daß die Lohnhöhe von der Größe der Fonds abhänge, die sich in den Händen der Unternehmer behufs Verwendung als Lohnkapital befinden, denn auch diese Fonds gehörten eben der Zirkulation an.

Wohl verwirft aber auch Bernstein selbst die Lohnfondstheorie, aber natürlich von ganz anderen Gesichtspunkten aus. Das Verhältnis zwischen demjenigen Teil des Kapitales, der als Produktionsmittel funktionieren

[5] Bernstein, Eduard, Zur Theorie und Geschichte des Sozialismus, Teil I: Zur Theorie des Lohngesetzes und Verwandtes, Berlin 1905.

soll, und demjenigen, der in lebendige Arbeitskraft umgesetzt wird, sei veränderlich, es befinde sich in beständiger Wellenbewegung. „Auch bei gleichbleibendem Preise der menschlichen Arbeitskraft und aller hier in Betracht kommenden Produkte verschiebt es sich in verhältnismäßig kurzen Zwischenräumen, und zwar in der Richtung, daß y, der konstante, als Produktionsmittel funktionierende Kapitalteil im Verhältnis immer größer, x, der in Arbeitslöhnen umgesetzte Kapitalteil, relativ immer kleiner wird."

Bernstein nimmt den Gedanken Marxens auf, indem er die Konstanz des Verhältnisses zwischen dem in Arbeitswerkzeugen, Rohmaterialien usf. verwendeten Kapitalteil zu dem in Arbeitslohn umzusetzenden, für die sog. Manufakturperiode, also für die Wirtschaftsgestaltung vor 100—150 Jahren zugibt, für die auf der ausgedehnten Maschinenverwendung beruhende Produktion aber absolut in Abrede stellt. *In der durch die Maschine revolutionierten Gesellschaft könne für den einzelnen Unternehmer von einem Lohnfonds als einem genau bestimmbaren Teil seines Betriebskapitals nur in sehr bedingtem Sinne die Rede sein; ganz unanwendbar aber sei die Vorstellung auf die Gesellschaft als Ganzes angewendet.* „Der einzelne Unternehmer kann und muß sich wenigstens in allgemeinen Umrissen berechnen, welchen Betrag er unter gegebenen Verhältnisse für Löhne aufzuwenden hat. Er wird aber die Frage, ob er diesen Betrag auch aufwenden kann, nicht von der Länge seines Geldbeutels, sondern von dem voraussichtlichen Ertrag des Geschäftes abhängig machen. Die Länge des Geldbeutels entscheidet nur die Frage, ob er das ganze Unternehmen anfangen bzw. fortführen soll." Für das „gesellschaftliche Kapital", dieses Buch mit sieben Siegeln, sei an eine Abgrenzung eines Teiles als „Lohnfonds" aber ganz und gar nicht zu denken. Seine Größe lasse sich nur schätzen, seine potentielle Kraft entziehe sich im Hinblick auf das Kreditsystem, auf das es vor allem ankomme, jeder Kontrolle.

Der Hinweis auf die Elastizität der zu den verschiedensten, also auch zu Lohnleistungen verfügbaren flüssigen Kapitalien dank der Ausgestaltung des Kreditwesens ist zweifellos berechtigt; allein etwas neues ist das nicht. Wenn der voraussichtliche Ertrag des Geschäftes bestimmend sein soll, ob der Unternehmer einen im allgemeinen berechneten Betrag für Löhne aufwenden kann, so ist man doch auch wieder zu nichts anderem gelangt als zur Abhängigkeit des Lohnbetrages von der Kaufkraft und Kauflust des Konsumenten, also zu jenem Element, das von Hermann und Brentano als Quelle der Lohnzahlungen angesehen wird, so daß also Bernstein selbst sich in dem Gedankenkreis bewegt, aus dem das Argument der gesamten Bekämpfer der Lohnfondstheorie stammt, das er verwirft.

Interessant ist es, daß auch diese sozialistische Kritik der Lohnfondstheorie zur Anerkennung einer Elastizität kommt. Die großindustrielle Betriebsweise, schreibt Marx (Kapitel I, 473) und Bernstein weist darauf hin, erwirke eine Elastizität, eine plötzliche sprungweise Ausdehnungsfähigkeit, die nur an dem Rohmaterial und an dem Absatzmarkt Schranken findet. Hier gilt also die Elastizität der kapitalistischen Wertbeträge als ein Stützpunkt für die Ansicht, daß bei gegebener Kapitalgröße ein sehr verschiedenes Quantum Arbeitskraft Beschäftigung finden kann. Die Elastizität des für die Lohneinkommen maßgebenden Subsistenzmittelfonds ist bekanntlich eine Einschränkung, durch welche die Starrheit der Lohnfondstheorie bei den jüngsten Vertretern, vor allem Taussig, eine wesentliche Abschwächung erfahren hat.

Die Bernsteinsche Kritik geht in ihrer älteren Fassung von einer einseitigen Betrachtung des Kapitals aus, sie geht darüber hinweg, daß die Veränderung des Realeinkommens, was immer für eine Schicht der Bevölkerung es sei, bedingt ist durch das rechtzeitige Vorhandensein der Güter, um die sich der bisherige Komplex einkommender Güter für die betreffende Schicht erweitern soll; sie geht hinweg über den wichtigen Unterschied zwischen Arbeitsmittel und Werkzeugen einerseits, Subsistenzfonds i. e. S. andererseits; auch Nominal- und Reallohn sind doch zu wenig auseinandergehalten. Die Kritik behandelt lediglich das Verhältnis von Kapital zu Lohn in dem Sinne x/y, wobei x den in Arbeitslohn umgesetzten Kapitalteil, y den konstanten als Produktionsmittel funktionierenden Kapitalteil vorstellt. B. hat gewiß recht, daß dieses Verhältnis keine konstante Größe ist, aber darum handelt es sich bei der Widerlegung der Lohnfondstheorie kaum und deshalb trifft die Kritik den Kern dieser Lehre nicht, und zwar um so weniger, je fortgeschrittenere neuere Gestalten derselben herangezogen werden. Freilich geht B. auf diese letzteren gar nicht ein.

In verschiedenen Punkten glücklicher ist im großen und ganzen die Betrachtung über das Verhältnis der modernen Industrie zum „Bevölkerungsgesetz“ und dem darauf fußenden Lohngesetz. So kann auch ich mich zu der Überzeugung Brentanos von der unbedingten lohnhebenden Kraft der Koalition nicht bekennen und halte die bezügliche Kritik Bernsteins bis zu einem gewissen Grad, d. h. mit gewissen Einschränkungen für ebenso berechtigt, wie mir die Behauptung zu allgemein erscheint, daß überall, wo Koalition nicht aufkommt, das eherne Lohngesetz „seine Richtigkeit habe“. Die automatischen Pendelbewegungen, die das eherne Lohngesetz behauptet, sind erst noch nachzuweisen. Das Zurücksinken des Lohnes bis zu einem den Verwertungsbedürfnissen des Kapitales entsprechenden Niveau ist jedenfalls nicht mit dem „Pendeln“ des Lohnes um das Existenzminimum zu identifizieren. Betrachtet man die Lohnentwicklung im großen und ganzen in den letzen zwei Generationen, so ist eher eine Lohnkurve, etwa in der Form einer, nebenbei bemerkt, recht unregelmäßigen Wellenlinie mit allmählich aufsteigender Achse zu ermitteln, als eine Pendelbewegung. Zutreffend ist nur in gewissem Ausmaße die mit dem Bild vom Pendel herangezogene Vorstellung einer gewissen Gravitation zu einem Ruhepunkt. Aber Bernstein hat mit der Kritik der Schwächen der Brentanoschen Polemik gegen Marx weit übers Ziel geschossen. Der Beweis von der Ohnmacht der Koalition enttäuscht (S. 53 f). Bezüglich der industriellen Reservearmee, die von ihm erst als lebendige Widerlegung des ehernen Lohngesetzes hingestellt wurde, erkennt Bernstein, daß eine „dem Kapital beliebig zur Disposition stehende und den Lohn auf einem bestimmten Niveau haltende, die allgemeine Bewegung des Arbeitslohnes regelnde industrielle Reservearmee", eine der Wirklichkeit nicht entsprechende Verallgemeinerung ist; die große Verschiedenheit der Löhne und Arbeitsbedingungen stehe mit ihr in Widerspruch. Mit großer Ehrlichkeit bekennt Bernstein, daß man sich mit einer viel zu weitgehenden Verallgemeinerung und mit einer den Tatsachen nicht entsprechenden Verwendung allgemeiner Begriffe wie Gesamtarbeitskraft, gesellschaftliches Gesamtkapital usw., theoretisch-methodischer wie auch geradezu logischer Fehler schuldig gemacht hatte, auf denen unvermeidlich gewaltige Irrtümer sich ergeben mußten. Und so gelangt Bernstein dann zu einem doch erheblich anderen klareren und richtigeren Standpunkt in der Lohntheorie als vorher.

Wer sollte ehrlicherweise nicht zustimmen können, wenn gesagt wird „Lohnfondstheorie, Bevölkerungstheorie, Krisentheorie, Lehre von der Reservearmee haben sämtlich reale Verhältnisse zur Grundlage, sie alle stellen Teilwahrheiten dar, die innerhalb bestimmter Grenzen bei der Erklärung der Erscheinungen des Lohnproblems heranzuziehen sind, es aber nicht erschöpfend klarlegen. Dasselbe gilt von dem Hinweis auf Bodenmonopol und Feudalrechte sowie — von der etwaigen Berufung auf Arbeitswerttheorie und Grenznutzenlehre, welch letztere auch dabei ein Wort mitzureden hat." *Gewiß, das Lohnproblem ist ein eminent soziologisches Problem* und insofern trifft wahrscheinlich zu, was Bernstein im Anschluß an einen ähnlichen Gedanken von Marx sagt, daß jede *besondere historisch-gültige Produktionsweise auch ihre besonderen historisch-gültigen Lohngesetze hat.* Ja, man wird kaum Entscheidendes dagegen einwenden können, daß die Gesetze, die heute die Löhne der Arbeiter bestimmen, nicht die gleichen sein können wie die vor 100 oder 150 Jahren wirkenden, sofern man sich nicht damit begnügt, von Angebot und Nachfrage sowie dem Existenzminimum als den schlechthin wichtigsten Bestimmungsgründen zu sprechen, sondern auf die sehr verschiedenartigen Bestimmungsgründe dieser Bestimmungsgründe eingeht.

Aber das Lohnproblem ist doch nicht ein so wenig ökonomisches, sondern soziales Problem, daß man sich damit zufriedengeben dürfte, wenn

Bernstein sagt: „Die Masse der jährlich erzeugten Genußgüter ist in steter Zunahme begriffen, es gibt kein wirtschaftliches Naturgesetz, das vorschreibt, wieviel davon den produzierenden und dienstleistenden Schichten der Gesellschaft und wieviel dem Besitz als Tribut zufallen soll. Die Verteilung des gesellschaftlichen Reichtums war zu allen Zeiten eine Frage der Macht und der Organisation." Wenn dem wirklich so wäre, dann scheint es mir einen inneren Widerspruch in sich zu schließen, daß „die Forderung des vollen Arbeitsertrages für den Arbeiter als wirtschaftlich und sozial gleich widersinnig heute allgemein aufgegeben ist", und es ist unerfindlich, weshalb dann „im Gegenteil Wert darauf gelegt wird (scil. seitens der Arbeiter), die Lohnform der Arbeit hervorzuheben und zu erhalten."

Deshalb glaube ich nicht fehl zu gehen, wenn ich behaupte, daß der obige in seiner Richtigkeit bezweifelte Satz auch noch den „zu vermeidenden" Verallgemeinerungen zuzurechnen ist. Es sind doch letzte Gründe wirksam, die die schrankenlose Herrschaft des einen von beiden kämpfenden Teilen bis zur Vernichtung des anderen und bis zur Hinwegfegung seiner Interessen ökonomisch unmöglich machen. Und auf einen solchen spezifisch letzten Grund deutet Bernstein genau genommen selbst hin, wenn er meint: die Zunahme der Zahl der Reichen und ihres Reichtums ist vorteilhaft und notwendig für die Gesellschaft, solange der Fortschritt der Produktion abhängt von der Anhäufung von Produktions- und Betriebsmitteln in einzelnen Händen. Mit der Vermehrung und dem Ausbau kollektivistischer Einrichtungen nehme die Notwendigkeit der Anhäufung von Betriebsmitteln in Einzelhänden ab, eine gleichmäßigere Verteilung werde mit dem ökonomischen Fortschritt vereinbart, was sich in dem Anwachsen der Kapitalmacht von Staat und Gemeinde zeigt.

Die ultima ratio ist also: Steigerung des Reichtums, der sozialen Akkumulation, nicht aber Abnahme ist Voraussetzung für das Fallen der Profitrate. Das bedeutet natürlich eine merkliche Annäherung an die Produktivitätstheorie, und nur logisch folgerichtig ist es, wenn Bernstein schließt: „Der Kampf der Arbeiterklasse richtet sich heute nicht gegen die Form der bestimmten Entlohnung der Arbeit, sondern gegen die Formen und Abhängigkeitsverhältnisse in der Wirtschaft, die auf den Lohn niederdrückend wirken und ihn verhindern, im Verhältnis der Zunahme des gesellschaftlchen Reichtums zu steigen." Und richtig scheint mir die Massenpsyche der Arbeiterkreise in ihren Regungen erfaßt, wenn Bernstein das Streben nach Änderung des Wirtschaftssystems nur symbolisch als einen Kampf gegen das Lohnsystem, faktisch als einem Kampf um das System der Lohnbestimmung gelten lassen will. Die sozialistische Theorie freilich hat sich bisher mit dieser Formulierung nicht begnügt. Aber Bernstein ist eben zu ehrlich, als daß er des Ausdrucks wegen nicht die Gefahr auf sich nehmen würde, daß die Differenz der Anschauungen gegenüber der Bourgeoistheorie vom prinzipiellen Gegensatz zu einem bloßen Unterschied des Maßes werden könnte.

Der im vorstehenden skizzierte Gedankengang drängt Bernstein konsequenterweise u. a. zu einer positiven Politik der Lohnbemessungsmethoden, auf die gleichfalls noch in anderem Zusammenhang einzugehen sein wird. ...

Die Suche nach letzten spezifisch-ökonomischen Gründen der Lohnbestimmung geht neben den praktisch-politischen mehr oder minder vom soziologischen Prinzip getragenen Bestrebungen unablässig weiter. Die Möglichkeit, einen von konkreten Umweltbedingungen losgelösten oder wenigstens unabhängigen theoretischen Zusammenhang aufzudekken, der unter allen Umständen wirksam werden muß, diese Möglichkeit erfüllt noch manches Theoretikers Gedankenwelt.

Auch der rühmlich bekannte Professor der politischen Ökonomie an der Columbia-Universität John Bates Clark unternimmt es denn, eine absolute Lohntheorie aufzustellen, indem er eine Theorie der Güterverteilung entwickelt und in derselben ein allgemeines Prinzip als auch für die Lohnbildung naturgemäßes nachzuweisen versucht[6]. Freilich nur für einen vorgestellten Sozialwirtschafts-Organismus, für einen solchen Organismus im Zustande eines sozusagen statischen Gleichgewichts. Clark unterscheidet nämlich statische und dynamische Kräfte im Wirtschaftsleben. Inmitten aller fließenden Bewegung und Veränderung wirkten gewisse Kräfte auf die Bildung von Lohn- und Zinsraten hin, denen sich Löhne und Zinsen anzupassen streben; das sind Kräfte, die unabhängig von irgend einer Form der gesellschaftlichen, beziehungsweise industriellen Organisation wirksam sind, sozusagen absolut ökonomische Kräfte, Um diese Kräfte theoretisch zu erfassen, gilt es nach Clark, von anderen dynamischen Kräften, die neben den statischen innerhalb einer realen Gesellschaft wirksam sind, zu abstrahieren. Solche dynamischen Kräfte, die die Struktur der Gesellschaft und damit auch des sozialökonomischen Lebens verändern, sind Bevölkerungswachstum, Kapitalvermehrung, Verbesserung der Produktionsmethoden, Änderung der industriellen Unternehmungsweise, Vervielfachung des Konsumentenbedarfs (S. 56 u. 401). Die „statische Untersuchung" hat demnach die Gesetze des ökonomischen Lebens, die „dynamische" die Gesetze des ökonomischen Wachstums zum Gegenstand.

Wird so bei Feststellung der statischen Kräfte eine Abstraktion notwendig, so ist der Verfasser gleichwohl bestrebt, die Brücke zum realen Leben zu gewinnen. Der statische Zustand erscheine dem realen Leben schon dadurch näher gerückt, daß die Gesellschaft in jedem Augenblick

[6] Clark, John Bates, The distribution of wealth, a theory of wages, interest and profits, New York, 1902.

dynamischer Gestaltung die Tendenz habe, sich zu einem bestimmten statischen Gleichgewicht zu entwickeln. Das Prinzip der Isolierung ist dadurch methodisch festgehalten, aber es handelt sich um eine Isolierung ganzer Gruppen von ökonomischen Kräften, nicht bloß einzelner Kausalreihen. Es ist ein völlig neuer Aufbau der ökonomischen Theorie, der hier angebahnt wird, aber freilich fehlt noch der Hauptteil dieser Grundlegung.

Der Gedankengang, den der Verfasser bei der Feststellung des natürlichen Lohnes verfolgt, ist sehr einfach und insoweit bestechend. Seine Fragestellung geht dahin: Welcher Lohnsatz käme zustande, wenn Arbeit und Kapital stetig blieben in ihrer Menge, wenn Verbesserungen in der Produktionsweise ausblieben, wenn die Konsolidierung stillstände und wenn die Bedürfnisse der Konsumenten konstant blieben? Die Lohn- und Zinshöhe, die unter solchen Voraussetzungen herrschen würden, wären die natürlichen, zu denen die Lohn- und Zinssätze im Verlaufe der tatsächlichen Wirtschaftsbewegung hinneigen. Die unter solchen Voraussetzungen zu beobachtenden Prinzipien sind dann absolute ökonomische Grundprinzipien, von denen die Prinzipien des sozialen Lebens zu unterscheiden seien, wenngleich diese auf jenen sich aufbauen. Zu den absoluten Prinzipien rechnet Clark das Prinzip des Grenznutzens, er herrscht auch in der primitiven isolierten Wirtschaft. Die Abnahme des Nutzens jeder einem Vorrat zuwachsenden Einheit veranlaßt den Erzeuger irgend eines Gegenstandes, mit seiner Produktion inne zu halten und eine andere zu beginnen. Ein Seitenstück zu diesem Grenznutzenprinzip (of diminishing utility) ist das Prinzip der „spezifischen Produktion", das Lohn- und Zinsbildung beherrscht. Die Aufteilung des Einkommens einer gewerblichen Arbeitsgruppe in Lohn und Zins sei freilich ein soziales Phänomen, aber das Prinzip, welches diese Aufteilung beherrscht, eben das Prinzip der spezifischen Produktivität, gelte auch für, die nicht soziale Wirtschaft.

Und dieses Prinzip besteht darin, daß die Arbeit nur immer so viel als Lohn erzielen könne, als sie tatsächlich Wert produziere. Die folgende eigentümliche Feststellung des spezifischen Arbeitsproduktes bildet den eigentlichen Kern der Theorie des natürlichen Lohnes.

Unter der Voraussetzung stationären Kapitalbestandes vergegenwärtigt sich der Autor das allmähliche Inverwendungsetzen einer Vielheit von Arbeitseinheiten, eine nach der anderen. Durch jeden neuen Arbeitszuwachs vermehrt sich das Produktionsergebnis und der Zuwachs an Produktionseinheiten ist das Element, das der Arbeit allein zuzuschreiben ist. Wenn alle Einheiten bis auf die letzte in der Gesellschaft vorhandene in Tätigkeit versetzt sind, dann ist der Zuwachs, der der letzten Grenzeinheit (final unit of labour) zuzuschreiben ist, ihr virtuelles Produkt. Da nun jede Einheit gewissermaßen auch die letzte sein könnte, da sie ja alle als gleichartig angenommen sind (S. 163), ist dieser letzte Produkt- oder Grenznutzenzuwachs der Lohnsatz zu dem alle Löhne hintendieren unter dem Einfluß des Wettbewerbes. Analog lautet die Ableitung für den natürlichen Zinssatz bei Annahme konstant bleibender Arbeitsmenge[7].

Gleichwie der Güterwert durch den Grenznutzen, werden Lohn und Zins durch die Grenzproduktivität bestimmt. Ein und dasselbe Gesetz beherrsche demnach die Ergebnisse des Produktions- und Konsumtionsprozesses, den Güterwert in der Konsumtionssphäre und die Produktivität der Produktionsfaktoren Arbeit und Kapital in der Produktionssphäre. Und sofern Produktion und Konsumtion in ihrem Wesen einander entgegengesetzt sind, nennt Clark dieses Gesetz das Gesetz der Variation ökonomischer Resultate (law of variation of economic results).

Unverkennbar eine geistvolle Idee, allein so gründlich und scharfsinnig Clark auch die Grundgedanken seiner Theorie ausgearbeitet hat, so viele geistreiche und wertvolle Aperçus den Wert der Untersuchungen auch erhöhen, die Kritik muß doch schließlich zur Verurteilung gelangen.

Die Clarksche Theorie ist im letzten Grunde eine Verknüpfung der Grenznutzentheorie mit einer Erweiterung des Thünenschen Gesetzes von der abnehemden Produktivität des Kapitals. Das Gesetz von der abnehmenden Produktivität faßt Clark in einem Sinne und in einer Allgemeinheit auf, wie es durch die Tatsachen nach unserer Meinung nicht gerechtfertigt werden kann. Ein Parallelismus zwischen der Wertkurve bei wachsendem Gütervorrat und der Kurve der Produktivität von Arbeit oder Kapital bei zunehmender Arbeitskraft — beziehungsweise Kapitalmenge ist absolut unbewiesen; Clark stützt die von ihm behaupteten Kurven der Produktivität von Arbeit und Kapital auf nichts als auf den axiomatisch in den Vordergrund gestellten Lehrsatz, daß unter allen Umständen mit wachsender Zahl von Arbeitseinheiten bei sonst gleichbleibenden Produktionsbedingungen also namentlich gleichbleibendem Kapital die Produktivität der Arbeit konstant falle und ebenso mutatis mutandis der Kapitalzins. Und dieser Satz ist falsch. Wenn zu einem Arbeiter, der über das Kapital N verfügt und mit demselben P_1 Produktionswert erzielt, ein zweiter Arbeiter hinzutritt, so daß nunmehr P_2, Produktwerte erzielt werden, so ist durchaus nicht ausgeschlossen, daß P_2 doppelt und mehr als doppelt so groß sein kann, wie P_1. Als ob es nicht auch eine extensive Kapitalverwendung gäbe, die erst

[7] Daß, wie Clark an einer Stelle besonders ausdrücklich hervorhebt (S. 218 Note), man sich den Zuwachs an Arbeit nicht bloß quantitativ, etwa als neuen Arbeiter, sondern auch qualitativ vorzustellen habe, d. h. daß auch jeder Zuwachs an Arbeitsenergie durch Erziehung, Training usf. als Vermehrung von Arbeitseinheiten wirkt, sei nur nebenbei bemerkt, für die Theorie selbst ist es meines Erachtens nicht wesentlich.

durch Vermehrung der darauf in Tätigkeit gesetzen Arbeitskräfte ökonomischer würde?!

Doch sehen wir davon ganz ab. Der Verfasser kann ja einwenden, es sei ein Schulfall, und noch wichtiger ist sein Gegenargument: in der statischen Wirtschaftsverfassung herrscht eben ein solcher Zustand nicht, da fließt jeder Produktionsgruppe nur so viel Kapital zu, als zur Erreichung der höchsten Produktivität erforderlich ist (S. 161). Wie steht es dann aber mit der logischen Harmonie der folgenden zwei Sätze?

I. Mit zunehmender Arbeiterzahl wird bei gleichbleibendem Kapital eine Abnahme der Gesamtprodutivität beobachtet, also fallende Produktivität bei sinkender auf die Arbeitseinheit entfallender Kapitalmenge.

II. Bei gleichbleibender Arbeiterzahl mit zunehmender Kapitalinvestierung wird ebenfalls eine Abnahme der Gesamtproduktivität behauptet, also fallende Produktivität bei steigender, auf die Arbeitseinheit entfallender Kapitalmenge.

Der Unterschied zwischen beiden Fällen abnehmender Gesamtproduktivität soll nur darin bestehen, daß im Falle I die Produktivität der Arbeit zurückgehe, im Falle II die des Kapitals. Wird aber damit der Widerspruch in den beiden Sätzen überwunden? Selbstverständlich nein! — Ja, nicht genug daran. Die Abnahme der auf die Arbeitseinheit entfallenden Kapitalmenge als Grund fallender Produktivität spielt bei Clark noch in anderer Hinsicht eine wichtige Rolle. Clark führt (S. 323) den Nachweis, daß in dem mit der Zahl der Arbeiter notwendig eintretenden[8] Sinken des Lohnsatzes keine Ausbeutung liege, daß also seine natürliche Lohntheorie wie die Thünens und seine eigene keine Ausbeutungstheorie sei. Folgen wir noch kurz diesem Raisonnement.

Auf das Kapital 1000 erbringt die Arbeit:

	Produkt des letzten Arbeiters
von 1 Arbeiter einen Produktwert von 100	100
von 2 Arbeitern einen Produktwert von 180	80
von 3 Arbeitern einen Produktwert von 240	60
von 4 Arbeitern einen Produktwert von 280	40
von 5 Arbeitern einen Produktwert von 300	20

so ist der dem letzten (5.) Arbeiter zuzuschreibende Produktionserfolg 20 und dieser Produktivitätswert wird dann zum Lohnsatz für alle fünf Arbeiter, die Differenz 300 — (5 x 20) = 200 wird —: Kapitalrente. Der erste Arbeiter hatte noch einen Lohn von 100 erworben, eine Kapitalrente tritt noch gar nicht in die Erscheinung. Das geschieht erst in dem Augenblick, da durch das Eingreifen einer zweiten Arbeitskraft die Produktivität fällt!

---

[8] Mit Vermehrung der Arbeiter wird eben die Produktivität des letzten Arbeitszuwachses immer kleiner.

Die Differenz zwischen dem Lohn bei Verwendung nur eines Arbeitters und dem niedrigeren Grenzproduktivitätslohn bei Einstellung von mehr Arbeitern (in dem Zahlenbeispiel ist die Differenz 80) sei nun aber ganz selbstverständlich (S. 325), denn dem einen Arbeiter stand eben so viel mehr Kapital zur Verfügung! Das mag immerhin gelten. Aber dann geht es doch wohl nicht an, eine Produktivitätsabnahme auch für den Fall zu behaupten, wenn auf die Arbeitseinheit eine Kapitalvermehrung erfolgt.

Diesen Fehler kann weder eine hübsch ausgeführte Konsumentenrententheorie, noch das Gesetz von der ökonomischen Verursachung, noch die unverkennbar scharfsinnige Argumentation zugunsten der Absolutheit der Rente als preisbestimmenden Faktor korrigieren, und der Gedankengang bietet nur eine Reihe interessanter Anregungen in verschiedener Hinsicht, ohne von der Auffindung einer Theorie des natürlichen Lohnes überzeugen zu können. Es ist aber ganz interessant, daß das Gesetz von abnehmenden Bodenertrag einmal umgekehrt aufgefaßt wurde, d. h. so, als ob die Abnahme des Ertrages bei den auf den Boden verwendeten Produktionselementen zu suchen wäre, nur ist der Verfasser in der Verfolgung dieser Idee auf Abwege gekommen.

Jedenfalls aber fehlt die Untersuchung darüber, ob und wenn ja, aus welchen Gründen es gerechtfertigt werden kann, daß die Abnahme der Erträge, also der Produktivität, die man bisher allein auf dem Boden sozusagen projizierte (gleichwie die Rente), in gleichem Maße auf beide Faktoren Arbeit und Kapital zurückgeführt wird. Als Axiom darf dieser Prämisse in der theoretischen Argumentation kein Eingang gestattet werden.

Eines ist noch zu erwähnen. Der Einfluß des Verhältnisses zwischen Kapital und Arbeit steht geradezu im Mittelpunkt der Clarkschen Theorie, aber in einem ganz anderen Sinne, als die Lohnfondstheorien zu operieren pflegen. Die natürliche Lohnhöhe ist zwar auch hier in einem bestimmten Ausmaße abhängig von der Kapitalmenge, jedoch nicht etwa, weil die Löhne vom Kapital aufgebracht werden müssen oder sofern das Kapital den Existenzfonds umschließt, sondern weil bei gegebener Kapitalgröße nur eine bestimmte Grenzproduktivität von der vorhandenen Arbeit erreicht werden kann.

Die Gedanken Clarks haben unverkennbar schon zahlreiche Anhänger gewonnen. Auch Bolen[9] steht stark unter dem Einfluß der Clarkschen Theorie, wenngleich er in mancher Hinsicht ganz andere Pfade einschlägt, als man nach diesen theoretischen Grundlagen erwarten sollte.

Bolen sagt, der Lohnsatz sei bestimmt durch das Zusammenwirken zweier Wettbewerbskräfte, die auf Seite der Arbeitgeber wirksam

[9] Bolen, George I., Getting a living, the problem of wealth and proverty, of profits, wages and trade-unionismus. New York 1903.

sind; eine dieser Kräfte ist ihre Konkurrenz beim Güterverkauf, durch die ein Druck auf die Preise und den Profit ausgeübt wird, die andere ist ihre Konkurrenz in der Beschaffung von Arbeitskräften, die die Tendenz hat, die Löhne zu steigern und die gesteigert wird durch den Umstand, daß fallende Preise eine Steigerung der Verkäufe auslösen. Auf dem Treffpunkt dieser beiden Kräfte stehe sozusagen die Lohnrate: das sei der Punkt, bei dem fallende Produktpreise und steigende Arbeitslöhne für den „Grenz-Arbeitgeber" gerade den notwendigen Profit übrig lassen, der ihn abhält, zu einer anderen Beschäftigung überzugehen. Der Betrag, den also dieser „marginal employer" von diesem Gesichtspunkt aus zahlen kann, werde zum herrschenden Lohnsatze. Dieser Gedanke findet seine Ergänzung durch die Produktivitätstheorie, die ja auch Clark so scharf dahin formuliert hat, daß die Lohnrate, was immer für Scharfsinn und Festigkeit der Trade-Unionismus auch erreichen mag, begrenzt werde, durch den Wert der Arbeit, d. h. durch das, wofür der Arbeitgeber das Produkt verkaufen könne (S. 125).

Daß es im Hinblick auf die verschieden günstige Unternehmerstellung verschiedene Lohnmöglichkeiten gebe, ist mit dieser Lohnauffassung voll anerkannt. Bolen räumt auch ein, daß tatsächlich gewisse Lohnverschiedenheiten auf die Verschiedenheit der Unternehmerstellung, ich möchte kurz sagen auf die besondere Rentenkraft einzelner Betriebe zurückzuführen sei (S. 141). Das sei aber dann immer nur ein Ausfluß des guten Willens des Arbeitgebers oder seiner Politik, aber keine ökonomische Notwendigkeit. Entscheidend sei die Stellung des marginal employer, und das entspricht noch durchaus dem Kern der Clarkschen Theorie von der Grenzproduktivität und ihrer bestimmenden Bedeutung für die Lohnhöhe.

Allein der Boden der Clarkschen Argumentation ist verlassen, insofern Bolen in — wie mir scheint unbewußter — Anlehnung an Lohnfondstheoretiker wie Cairnes, aber auch Jevons eine Residualtheorie vertritt und diese mit der Produktivitätstheorie zu verknüpfen sucht. Die primären, festen Einkommen seien die Landrente und der Kapitalzins, Arbeitslohn und Unternehmerprofit aber seien die veränderlichen Größen. Damit ist selbstverständlich der „Kosten"- Charakter der Löhne in Frage gestellt. Grundrente und Kapitalzins sollen von vornherein unveränderlich festgelegt sein, ehe die Produktion eingeleitet wird, Unternehmergewinn und Arbeitslohn aber könnten nach Maßgabe des wirtschaftlichen Ergebnisses verschoben werden. In der Praxis denke man zwar an diese Residualtheorie nicht, da sei der Unternehmergewinn allein der Rest von dem, was nach Abzug der Löhne und anderer Ausgaben verbleibt, eventuell treffe den Unternehmer ein Defizit (S. 124). Bolen aber scheint doch dem entgegengesetzten Kausalzusammenhang näher zu stehen und Lohnschwankungen auf diese Residualfunktion zurückführen zu wollen. Die Aufteilung des Residuums zwischen Unternehmer und Arbeiter bleibt immer noch ein besonderes Problem, sozusagen eine Gleichung mit zwei Unbekannten. Die Ergänzungsgleichung sucht Bolen dann aber eben in dem eingangs erwähnten „Gesetz", daß der marginal employer noch einen so großen Profit erzielen muß, daß er dem Produktionszweig nicht abtrünnig wird. Daß dieser aber auch eine bewegliche Größe ist, ist ohne weiteres klar und nur eine Grenze für die Lohnbewegung nach aufwärts ist damit bezeichnet. In der Tat seien sich die Arbeiter dieser Situation wohl bewußt. *Die Löhne steigen nicht nur durch die Vermehrung der Nachfrage nach Arbeitern, die durch die Erweiterung und Entwicklung der Industrie bedingt sei, sondern auch dank der wachsenden Intelligenz der Arbeiter und ihrer zunehmenden Geschäftstüchtigkeit,* die die meisten von ihnen instand setzt, all das zu erringen, was der Unternehmerprofit abgeben kann. Die meisten Arbeiter seien wachsam genug, um zu erspähen, welche Abzüge die notwendigen Profite der Grenzarbeitgeber noch vertragen können (S. 429).

Die Lohnhöhe werde natürlich auch von all den übrigen Einflüssen mitbestimmt, welche die Profite der Unternehmer fördern oder schmälern. Das sind 1. die Preisbewegung in den Produkten, 2. die Veränderung der sachlichen Produktionskosten. Das Steigen der Produktpreise errhöht die Unternehmergewinne und ermöglicht so die Lohnsteigerung. Der Grundgedanke bleibt also immer: Steigerung der Nachfrage erhöht die Preise, aber die dadurch ermöglichte Lohnerhöhung geht wieder verloren, wenn die Hochflut der Beschäftigung zurückgeht, oder es sinkt wenigstens der Jahresgesamtverdienst wieder, falls etwa durch Gewerkvereinsmittel das Sinken der Lohnrate hintangehalten wird.

Sind wir nicht damit zu einer der Lohnfondstheorie ähnlichen Vorstellung gelangt? — In der Tat hat es den Anschein, als ob Bolen diese Theorie, wenigstens in der Gestalt wie sie bei Taussig auftaucht, für richtig hielte. Er unterscheidet zwischen Nominal- und Reallohn, aber beide fließen aus einem Fonds von Wertbeträgen, die Geldlöhne aus einem Kapitalfonds, der mit dem jeweils entlehnbaren Geldbetrag schwankt, die Reallöhne aus dem in Kaufmannsvorräten bestehenden Kapital, welche Vorräte beständig durch einen Strom von Gütern ergänzt werden. Dieser Fonds schwankt mit dem Steigen oder Fallen der Profite, wodurch entweder Investierung oder Entnahme von Kapital und damit Steigerung oder Abnahme in der Nachfrage nach Arbeitskräften, also Lohnsteigerungen oder Erniedrigungen ausgelöst werden. Dieser Lohnfonds bestehe aus all dem, was die Arbeitgeber auf Löhne auszugeben bereit sind, gleichviel ob das ausgezahlte Geld aus originalausgehendem Kapital oder vom Produktenerlös herrühre. In der Auffassung der Reallöhne sei zwar gegenüber den früheren Ökonomisten eine Wandlung eingetreten, aber nach wie vor seien die realen Löhne wie die Geldlöhne durch die Ergebnisse der jeden Augenblick der Beobachtung vorausgegangenen Industriearbeit bestimmt, soweit sie noch zur Verfügung stehen (S. 131). Der Unterschied liege nur darin, daß heute die Vorräte in solchem Überfluß vorhanden sind, daß praktisch die für irgendein Unternehmen erforderlichen Güter und Geld unbeschränkt vorhanden scheinen, während in armen Ländern die alten Bedingungen fortbeständen.

Die Grundvorstellung der klassischen Ökonomisten, daß das einfache, ungehemmte Walten der freien Konkurrenz als die natürlichen Grundlagen für eine ökonomisch richtige Preis- und Lohnbildung anzuerkennen seien, kehrt auch hier wieder; aber mit dem Unterschied, daß an die Stelle der Generalisierungen eine sorgsame Betrachtung der Differenzierungen getreten ist. Es wird die Verschiedenheit der Unternehmerlage im Konkurrenzkampf berücksichtigt und die dadurch bezüglich der Lohnzahlungsmöglichkeit geschaffene Verschiedenheit zwingt, einmal erkannt, zu einer Verfeinerung der alten Grundlage der Lohntheorie. Der Begriff des „marginal employer" folgt mit Notwendigkeit aus dem ganzen Gedankengang. Der marginal employer bildet mit seinen Interessen ein wichtiges Element für die Erklärung der Lohntatsachen.

Daß der Profit des Unternehmers für die Lohnbildung bestimmend sei, hatten schon verschiedene Lohnfondstheoretiker — u. a. MacCulloch und Mill — behauptet, und ebenso findet sich ja auch die Produktivitätstheorie bei Klassikern. Aber es ist nicht mehr die oberflächliche Verallgemeinerung, in der die Lehren gebracht werden, nicht mehr Generalisierung, die für die beschränkteren Wirtschaftsverhältnisse der damaligen Zeit allenfalls ihre Richtigkeit in der einen oder anderen Hinsicht haben konnte, aber doch schon damals Irreführungen mit sich bringen mußte. Vielmehr ist die Wirkung dieser ursprünglich als gleichmäßig wirkend gedachten Kräfte differenziert beobachtet worden, und gerade die Erkenntnis dieser Differenziertheit wird zum Ausgangspunkt für die Betrachtung neuer Gleichmäßigkeiten, die mit den Elementen der alten Lehre zusammen eine neue ausmachen. Innerhalb dieser neuen theoretischen Zusammenhänge haben die in unserer zeitgenössischen Volkswirtschaft so scharf ausgeprägten neuen Einflüsse sozusagen Raum gewonnen, *die Interessenenergie der ihrer Bedeutung sich bewußt werdenden Arbeit ist endlich auch nach den so gewissermaßen umgestalteten Grundlehren der klassischen Ökonomie als vollwertiges Kraftelement unter den Lohnbestimmungsgründen auffaßbar.*

Eine Verbesserung der Form des Systems gleitender Lohnskalen (1911)*

Ein hervorragender deutscher Industrieller äußerte sich unlängst über die Frage der privaten Lohnpolitik in sehr bezeichnender Weise. Er spricht von den Wirkungen gewisser falscher Vorstellungen in leitenden industriellen Kreisen und meint, „zu den immer wiederkehrenden gefährlichen Experimenten gehört, daß man die Betriebsleitung Leuten überträgt, *die keine Ahnung von dem wirtschaftlichen Nutzen eines richtig gewählten Lohnsystems haben.* Es gehört zu den verbreitetsten Irrtümern — die Lektüre von Gutachten und Rentabilitätsberechnungen bestärkten ihn in dieser Überzeugung —, daß ‚billiger Lohn' ohne weiteres mit ‚guten Arbeiterverhältnissen' als gleichbedeutend betrachtet wird". Häufig habe er erstaunte Gesichter gesehen, wenn er sich dahin äußerte, daß es einem Fabrikanten an sich ganz gleichgültig sein könne, ob die Löhne niedrig oder hoch seien, die Frage laufe doch lediglich darauf hinaus, wie sich die Löhne zur Leistung verhalten, wie hoch sich also der Lohn auf die Tonne oder die Stückzahl, Produkt oder Fabrikat rechne. Unzähliche Verluste wären schon vermieden worden, wenn nicht falsche Vorstellungen von den Vorteilen des niedrigen Lohnes verbreitet wären und wenn nicht ein hoher Lohn an sich als ein Nachteil empfunden würde.

Viele von den immer wiederkehrenden Mißgriffen und Kämpfen sind, so fährt der betreffende Unternehmer mit Recht weiter fort, darauf zurückzuführen, daß, sobald der Betriebsleiter herausfindet, daß der Lohn nach seiner Ansicht zu hoch auskommt, die Akkordlöhne reduziert werden. Aber auch ohne Kampf habe dieses Vorgehen den noch größeren wirtschaftlichen Nachteil, daß der Arbeiter seine Leistungen entsprechend herabsetzt, weil er weiß, daß er, wenn er auch mehr arbeitet, doch nicht über den Lohn hinauskommen kann, den ihm der Betriebsleiter zubilligen will. *Dieses Verfahren wirke im Grunde genommen wie eine Prämie auf niedrige Leistung und erreiche gerade das Gegenteil der Zwecke, die mit einem wirtschaftlichen Betriebe verfolgt werden.*

Für alle diejenigen, die das sogenannte Akkordreißen oder Akkordbrechen als eine direkte Gefahr hingestellt haben und literarisch dagegen zu wirken versucht haben, wie u. a. der Verfasser[1], bringt die

* Annalen für Sozialpolitik und Gesetzgebung, 1911, 1. Bd., Heft 2/3.

[1] Vgl. Zwiedineck, Beiträge zur Lehre von den Lohnformen, Tübingen 1904.

Tatsache, daß Auffassungen wie die eben dargelegte über die *private* Lohnpolitik sich in den Unternehmerkreisen verbreiten, eine außerordentliche Genugtuung. Es konnte ja freilich auch gar nicht ausbleiben, daß die Rückwirkung dieser Akkordlohnpolitik sich zum Schaden der Unternehmungen fühlbar machen würde.

Es bedarf aber eben, wie der zitierte Ausspruch des Unternehmers ganz richtig andeutet, noch eines ganz gehörigen Stückes Schulung, wirtschaftlicher Bildung, der Durchdringung der Kausalverhältnisse in den Wert- und Preisgestaltungen, bis die Betriebsleitungen auch nur erst aus ökonomisch rationellen Verhalten in Lohnsachen gelangen werden, bis sich die Betriebsleiter wirklich als homines oeconomici bei der Einflußnahme auf die Lohnhöhe verhalten werden, wobei wir von sozialpolitischen Idealen zunächst ganz absehen wollen.

Wieviel es aber im einzelnen noch zu lernen, zu probieren und experimentieren gilt, das möchten wir hier an dem einen Falle der gleitenden Lohnskalen zeigen. Der von Liefmann vorgetragenen Art, das Problem der gleitenden Lohnskala zu lösen[2], kommen unzweifelhafte Vorteile zu. Der wichtigste ist wohl der, daß ein Maßstab gefunden ist, der die Lohnveränderung viel mehr der Beeinflussung durch die Unternehmer entzieht, als dies bei den bisherigen Methoden der Fall war. Auch ist mit der Änderung des Maßstabes, mit dem Fallenlassen der Produktionspreisänderung als dem Maßstabe für die Lohnänderung wahrscheinlich wohl für manche Industrie eine glückliche Lösung gefunden. Aber die Sache hat einmal doch auch ihre Schwächen, und Liefmann hat selbst auf sie hingewiesen, dann aber kommt noch in Betracht, daß vom Gerechtigkeitsideal vieler Arbeiter und sonstiger Interessenten aus die Abhängigkeit des Lohnes von dem Angebot-Nachfrage-Verhältnisse auf dem Arbeitsmarkt verurteilt wird. Es wird im allgemeinen wohl als gerechter empfunden, daß der Lohn, der Preis der Arbeit wenn schon mit einem Marktwerte so mit dem des Produkts der Arbeit in Übereinstimmung steht.

Deshalb dürfte es wohl keine geringe Bedeutung haben, daß auch auf die Verbesserung des Systems der gleitenden Lohnskala im älteren Stil die Bemühungen gerichtet sind, jenes Systemes, das die Produktionspreisgestaltung zum Maßstab der Lohnänderung macht.

Im „Quarterly journal of economics" berichtete Lincoln[3] über die Verbreitung der sliding scales in der nordamerikanischen Baumwollindustrie. Nach längerer Kampfperiode in dem Hauptbaumwollgebiet Fall River hat sich allmählich dieses Lohnsystem nach verschiedenen Experimenten zu einer sehr beachtenswerten Anerkennung namentlich in Ar-

---

[2] Annalen für Sozialpolitik und Gesetzgebung, 1. Bd., Heft 1.

[3] Quarterly journal of economics, XXIII, p. 450 ff.

beiterkreisen durchgerungen. Ursprünglich hatten dort nur eingeborene Arbeiter — bei ziemlich gleichartigem sozialen Rang der beiden Arbeitsvertragsparteien — gewirkt. Agitatorische Bewegung brachten jedoch aus Lancashire eingewanderte Elemente: man wandte jenes System an, das allerdings notwendig gewesen war, um die Baumwollarbeiter aus dem Banne des Factory-Systems zu befreien. Vor allem erlangten die Spinner ein Übergewicht gegenüber allen anderen Arbeiterkategorien, sie erzielten Löhne, die höher waren als die von Buchhaltern, dank der Rührigkeit der von den Spinnern beherrschten Organisation. Schon 1879 war gelegentlich eines großen Streiks die gleitende Lohnskala in Erwägung gezogen worden, aber auf beiden Seiten meinte man, es würde sich immer nur um ein Hinauf-, nie um ein Zurückgleiten handeln können. Nebenbei bemerkt: ein Beweis dafür, daß man an die Umkehrung des ehernen Lohngesetzes glaubte[4].

Der Tod einiger Arbeiterführer führte zum Zusammenbruch der Spinnerorganisation, und es folgte eine Epoche der Kampflosigkeit, in der die Arbeitgeber, immer mehr an Übergewicht gewinnend, friedliche Regulierungen, die die Arbeiter forderten, zurückwiesen. Erst 1904 kam es zu einem großen Ausstand, in der die sliding scale-Idee konkrete Gestalt gewinnen konnte. Der Grundgedanke dieses Lohnbesserungssystems fand immer mehr Anhang: daß „prosperity" und das Gegenteil von der Marktlage abhängen, die die Preise des Rohmaterials wie die des Fertigfabrikates bestimmen, also von Bedingungen, die weder Arbeitgeber noch Arbeiter beherrschen.

Die sliding-scale-Vereinbarung schuf einen Grundlohn von 18 Cents für die Leistungseinheit, für ein „cut" und statuierte die Spannung zwischen dem Marktpreise von 8 Pfund middling upland cotton einerseits und dem der Gewebemenge andererseits, die aus dieser Menge Baumwolle erzeugt wird.

Für jeden Cent, um den die Spannung von 72,5 Cents stieg, sollte auch eine Prämie von 1 vH dem Lohn hinzugefügt werden; von 85 Cents ab sollte die Prämie um die Hälfte steigen.

Der Erfolg war für die Arbeiter unbefriedigend. Oktober 1905 bis Juni 1906 erzielten sie nur eine Prämie von durchschnittlich 3,84 vH bei Schwankungen von 0—10 vH. So konnte es nicht fehlen, daß die Forderung auftauchte, die sliding-scale wieder zu beseitigen, da für sie die Arbeiter ohne entsprechenden Vorteil das Moment der Unsicherheit brachte. Andere wieder verlangten Erhöhung des Minimums, das bei der Festsetzung der Skala vereinbart worden war.

---

[4] Etwa in dem Sinne: Wo durch Hebung des Lohnniveaus eine Erweiterung der Lebensführung eingetreten ist, die sich nur halbwegs geraume Zeit halten läßt, dort wird alsbald der betreffende Lohn als zur Beschaffung des zum Leben notwendigen Unterhalts unerläßlich verteidigt werden (Vgl. meine Sozialpolitik, 1911, S. 283).

Die Wurzel der Verstimmung lag vor allem darin, daß die Arbeiter nicht begreifen konnten, weshalb sie anfangs März 19,80 Cents für jeden Abschnitt gewebten Tuches, Anfang Mai nur 18 Cents erhalten sollten, da doch normalerweise die Baumwolle längst vorher eingekauft sein mußte, also die Preisbewegung der Produkte von März bis Mai nicht den geringsten Einfluß auf die Möglichkeit haben konnte, denselben (März-)Lohn zu zahlen, zumal doch auch das Produkt schon geraume Zeit vor der Erzeugung verkauft zu sein pflegte.

Die wenigen Einsichtigen unter den Arbeitern betonten, daß eine Baumwoll-Preiserhöhung nur dann eine Produktionsverteuerung bedeute, wenn der Einkauf tatsächlich zu dem höheren Preise erfolgt sei und umgekehrt bezüglich der Fabrikatpreise. *Und so bestritten denn die Arbeiter, daß die wöchentlichen Schwankungen der Spannung den Gewinn der Arbeitgeber beeinflussen.* Die Schwäche dieser ersten sliding-scale lag also in der zu weitgehenden Berücksichtigung der Schwankungen in den Grundlagen der Skala.

In einem neuerlichen Konflikt erreichten die Arbeiter ihr Ziel, die Aufhebung des Sliding-scale-Systems und Herstellung der Lohnhöhe vor 1904 vor dem großen Streik.

Mit dieser Rückkehr zum alten Lohnsystem war aber neuerlich eine für die Arbeiter ungünstige Wendung herbeigeführt, denn die nun folgende Hausseperiode belehrte die Arbeiter, daß sie sich geschädigt hatten. Nicht weil sie in den Motiven ihrer Forderung unrecht gehabt hatten. Die waren wohl gerechtfertigt. Aber man hatte das Kind mit dem Bade ausgeschüttet. Statt zu korrigieren und zu entwickeln, hatte man gleich das ganze System wieder aufgegeben. Das sah man nun ein, und nach verschiedentlichen Lohnerhöhungen kam im Februar 1907 nochmals eine Skalavereinbarung zustande mit einfacherem Aufbau und — was das wichtigste war — mit nur zweimaliger Revision des Lohnes in jedem Jahre.

Mit dem höchsten jemals dagewesenen Lohn (30 vH Prämie) von 23,96 Cents per cut trat die Lohnskala in Kraft im Mai 1907. Als im November 1907 die erste Revision stattfand, ergaben sich wieder dieselben Voraussetzungen für die Lohnbesserung, der Lohn blieb 23,96 Cents. Und das wurde nun zum ausschlaggebenden Moment, denn man stand schon in der Zeit der absteigenden Konjunktur. Die Spannung zwischen dem Baumwoll-Einkaufspreis und dem Gewebeverkaufspreis war durchschnittlich für die Zeit von Mai bis November 1907 noch mit 1,31 Dollar (Ende November noch 1,303) ermittelt worden. Erst vom November ab fiel die Spannung bis Januar (28) auf 0,899 Dollar. Nun war das Interesse der Arbeiter gleichwie die Aufmerksamkeit der Arbeitgeber konzentriert auf die Notierungen: *die Gemeinsamkeit der Interessen trat scharf zutage wie nie vorher, und damit war auch das Verständnis für das ganze Lohnproblem mit einem Schlage um ein gutes Stück vorwärts geschoben.*

Der weitere Verlauf war der, daß die Spannung unausgesetzt weiter zurückging: am 10. April war sie aus 62,5 Cents, also 10 Cents unter dem Minimum, am 25. Mai auf 50 Cents, also 22,5 unter dem Minimum gefallen, die Durchschnittsprämie nach den gesamten Notierungen der vorausgegangenen 6 Monate sank von 5,96 der vorausgegangenen Periode auf 1,66, so daß der Lohn statt 23,96 nun 19,66 Dollar für die folgende Periode (Mai-November 1908) betrug, die Arbeiterschaft demnach eine Reduktion um 17,94 vH über sich ergehen lassen mußte. War es schon in den letzten Monaten bei sinkenden Preisnotierungen aufgefallen, daß alle unfreundlichen Vorbereitungen eines Widerstandes ausblieben, so war die ernste Entschlossenheit, mit der die Arbeiter diese Einkommenkürzung ohne Zögern auf sich nahmen, nicht minder beachtenswert. Diese Lohnreduktion bildete die Krise in dem Erfolge der gleitenden Skala.

Gegen die Lohnvereinbarung gab es in den folgenden Monaten wohl vereinzelte Gegenströmungen, aber nur eine unbedeutende Änderung wurde schließlich wirklich gefordert, und der Verzicht der Arbeitgeber auf eine weitere Reduktion, die nach dem Stande der Spannung berechtigt gewesen wäre, förderte die Festigkeit des Abkommens und damit das Verhältnis zwischen beiden Parteien.

Das wertvollste Moment an einer solchen Struktur der Lohnskala ist, abgesehen von der Konzentrierung der Aufmerksamkeit der Arbeiter auf die Marktvorgänge, noch ganz besonders darin zu erkennen, daß sie privatwirtschaftlich erziehlich wirken kann. Es handelt sich im Wirtschaftsleben — mag es nun kapitalistisch verkehrswirtschaftlich oder mag es verkehrslos naturalwirtschaftlich sich abspielen — doch immer um ein gewisses Anpassen des Konsums an die Produktionergebnisse. Die Ungleichheit der Naturernten wird schließlich sogar durch die umfassendste Verkehrsvervollkommung immer nur in beschränktem Ausmaße ausgeglichen werden können, dadurch daß die Ernteschwankungen der verschiedenen Produktionsgebiete der Erde sich kompensieren nach den Gesetzen der großen Zahlen.

Und niemals wird in ungünstigen Perioden ganz verzichtet werden können auf eine Anpassung der Lebensführung an das geringere Ausmaß im Konsumgüterbestand.

So ist aber eine Lohnkonstruktion, die diese Anpassungsnotwendigkeit schon geraume Zeit vorher erkennen läßt, die die Arbeiter schon bei sinkender Spannung aber noch dauerndem Lohnhochstande zur Anpassung, zur Wirtschaftlichkeit mahnt, unzweifelhaft sehr zweckmäßig. Es ist dies geradezu der Weg, um eine wirklich gesunde Wirtschaftsführung der arbeitenden Klassen herbeizuführen, da mit ihm eine Übergangszeit von einem halben Jahr geschaffen ist, nach der die sinkende Konjunktur erst in aller Regel in den Löhnen zur Geltung kommt.

Die Gestaltung der Dinge in der nordamerikanischen Baumwollindustrie lehrt, daß man kein Recht hat, ein Lohnsystem bei den ersten Mißerfolgen fallen zu lassen, sondern, daß es immer gilt zu individualisieren, das heißt: nach Industriezweigen zu verbessern, anzupassen, kurz zu differenzieren. *Mit der Idee eines Lohnsystems allein ist es noch nicht getan. Es kommt außerordentlich viel auf die konkrete Gestaltung an.* Das, meine ich, lehrt gerade der eben geschilderte Verlauf, in dem die Entwicklung des gleitenden Lohnsystems im konkreten Falle sich vollzogen hat.

Lohnpolitik der modernen kapitalistischen Industrien (1923)*

I. Begriff und allgemeiner Charakter

Das, was man rationelle und *systematische Lohnpolitik der modernen Großindustrie* nennen kann, *ist in erster Linie ein Produkt der Verbesserung und Rationalisierung der Selbstkostenberechnung in den Unternehmungen, in zweiter Linie aber wohl auch ein Ergebnis der Lohnpolitik der Gegenpartei, der Arbeitnehmer.* Freilich, das Prinzip der tunlichsten Verbilligung der Arbeitskraftkosten war immer herrschend, und die Lohnbemessungsmethoden, die in den Rahmen des Akkordsystems fallen, sind zum großen Teil so alt wie die Großindustrie.

Aber die Sachlage hat sich für die Unternehmungen ebensowohl mit der Verschärfung und Internationalisierung der Konkurrenz durch Transportvervollkommnung wie mit der immer vollkommeneren Ausbildung der Arbeiterkoalitionen sehr erheblich geändert. Gewiß gibt es immer noch und wird es immer wieder geben eine große Zahl von Unternehmungen in jeder Industrie, die eine ausgesprochene Rentenstellung (gegenüber dem Gros der Konkurrenz besonders günstige Produktions- oder Absatzverhältnisse) einnehmen und hinsichtlich der Selbstkosten nicht auf größte Genauigkeit und auf Sparsamkeit zu achten gezwungen sind. Aber von einer verschwindenden Zahl von Fällen abgesehen, muß die Großindustrie heute (nicht etwa nur in Deutschland, sondern überhaupt, nur unter der Voraussetzung, daß die Arbeiterschaft ziemlich geschlossen auftritt), mit Arbeitspreisen rechnen, die ihr aufgezwungen werden, entweder durch die Organisation der Gegenpartei oder durch die Intensität ihres eigenen Arbeitsbedarfs oder durch beides, wo Arbeitermangel herrscht, immer schon durch den Wettbewerb der Unternehmungen als Arbeitgeber auf dem Arbeitsmarkte. Die Kosten der Arbeit aber macht das Verhältnis zwischen Lohn und Leistung des Arbeiters aus, und daraus folgt für den Unternehmer die Notwendigkeit, in der durch den Arbeitsvertrag verfügbaren Zeit ein Optimum an Arbeitsleistungsaufwand des Arbeiters herbeizuführen. Das bedeutet eine Reihe verschiedener Maßnahmen. Nur einige sind hier als Beispiele zu nennen, denn solche Maßnahmen sind nach Industriezweigen differenziert.

---

* Abschnitt VI der Abhandlung: Arbeitsbedarf und Lohnpolitik der modernen kapitalistischen Industrien. Grundriß der Sozialökonomie, VI. Tübingen, 1923.

1. Es gilt den Arbeiter nur unter Verhältnissen einzustellen, die für die Arbeitskraftausnutzung günstig sind, z. B. bei Maurern wird gebrochen mit der Winterbeschäftigung der Stammleute, so sich eine entsprechende Leistung nicht erwarten läßt, ebenso in Tongruben, Steinbrüchen, Ziegeleien u. dgl.; in einer Reihe von Fabriken zieht man die Einführung der Nachtschicht der Überstundenbeschäftigung vor, weil diese sich als so viel weniger ergiebig erweist, und bleibt bei letzterer nur, wenn die Doppelbesetzung z. B. wegen Mangel an geeigneten Arbeitskräften nicht erreichbar, so in der Feinmechanik und Metallindustrie, in Deutschland schon vor dem Krieg und jetzt allenthalben angesichts der Knappheit auf dem Arbeitsmarkt.

2. Man geht zu schärferer Auslese unter den Arbeitern über, und zwar nicht nur durch Ausschalten der älteren Klassen, sondern man bevorzugt bei Beschäftigungen, die physische Kraft besonders erheischen, auch Arbeiter, die am Ort wohnen, scheidet jene womöglich aus, die weite Wege oder Fahrten zur Arbeitsstelle haben (z. B. bei Maurern).

3. Man zog in Deutschland Leute, die ihre Militärzeit zurückgelegt hatten, für Verwendungen mit hohen Lohnsätzen vor, weil man größere Arbeitswilligkeit vermutete, und zieht aus demselben Grunde gern (z. B. auch wieder im Maurergewerbe) von fern zugewanderte Saisonarbeiter vor, die sich noch etwas ersparen wollen, um im Winter zu Hause leben zu können.

4. Man verkürzt freiwillig die Arbeitszeit in einem gewissen Rahmen, wenn man die Abnahme der Leistungsfähigkeit beobachtet, namentlich dort, wo die variablen (mit dem Produktionsumfang steigenden) allgemeinen Betriebskosten hoch sind, eine Maxime, die z. B. durch die Tarife für elektrische Kraft ... gefördert werden dürfte.

Noch viel unmittelbareres Produkt der Arbeiterlohnpolitik und namentlich des systematischen Widerstandes der einzelnen Arbeiter gegen intensive Ausnutzung ihrer Kraft ist die Ausgestaltung der Unternehmerlohnpolitik, die mit Erhöhung der Löhne immer allgemeiner wurde, freilich immer noch sehr verschieden energisch verfolgt wird. Festzuhalten ist, daß die Rentabilitätsgrenze des Lohnes für die verschiedenen Unternehmungen verschieden ist, a) nach der Kapitaldichte, b) nach der Höhe der konstanten Kosten, c) nach dem Wert des verarbeiteten Materials, d) nach dem Unternehmungsertrag. Wie viel ein Unternehmer zum höchsten für Arbeitslöhne ausgeben kann, hängt sehr von der relativen Quote der Arbeitskosten am Gesamtproduktpreis ab. *Diese allgemeine Abhängigkeit in möglichst präzise Rentabilitätsgrenzen für die einzelnen Arbeitsleistungen aufzulösen, ist eine der wertvollsten unter den Vorarbeiten der Lohnpolitik.*

Die Zahl der Unternehmungen, die erheblich elementarere Grundsätze in der Lohnpolitik verfolgen, ist freilich noch sehr groß. Vor allem:

man nimmt die Arbeitskräfte zu dem möglichst niedrigen Lohnpreis, zu dem sie zu gewinnen sind. Wo dieser Gesichtspunkt vorherrscht, entstehen erhebliche Verschiedenheiten von Unternehmung zu Unternehmung, ja auch innerhalb einer Unternehmung von Betrieb zu Betrieb, namentlich wo solche örtlich getrennt liegen mit verschiedenen Arbeitsmarktverhältnissen. Dann sind in überwiegend agrarischen Gegenden die Löhne eines Industriebetriebes in der Regel erheblich niedriger als in Städten oder industrialisierten Landgemeinden. Dabei läßt sich beobachten, daß für die Löhne der gelernten Arbeiter diese Differenzierung weniger starke Spannungen auslöst als für ungelernte. Bei den gelernten kommt eben die individuelle Leistungsfähigkeit schon so viel mehr zur Geltung und bewirkt, daß der Wettbewerb der Unternehmungen untereinander größere Gebiete zu einem einheitlichen Arbeitsmarkt werden läßt.

In der Lohnpolitik der Unternehmer hat man längst der Doppeltheit des Lohnproblems Rechnung getragen: dem „Lohn" als Einkommen in längerer Wirtschaftsperiode, insbesondere dem Jahreslohn läßt man seine Bedeutung für die Detaillohnvereinbarungen ebenso gelten wie dem Lohnsatz, man weiß, daß dieses Jahreseinkommen eine bestimmte Höhe haben muß, wenn der Arbeitgeber sich die Erhaltung seiner Arbeiter sichern will und geht davon bei Vereinbarung des Lohnsatzes aus. Aber als etwas Mögliches, nicht schon Tatsächliches funktioniert die Größe „Lohnverdienst". Dieses Vielfache des Lohnsatzes wirkt in der Auseinandersetzung über den Lohnsatz am wenigsten bei Taglohn, am meisten bei langperiodigen Akkordleistungen.

Dem Gesamtverdienst käme möglicherweise auch die besondere Bedeutung einer günstigen Beeinflussung der Leistungsfähigkeit zu. Das reguläre und offizielle Objekt der Vereinbarung aber ist der Lohnsatz, denn er ist heute der Arbeitspreis der marktmäßig zustande kommt und gilt. Freilich das eigentliche Kampfobjekt ist dem Gesagten zufolge auch er nicht mehr, denn er ist unter normalen, d. h. wenigstens nicht katastrophal erschütterten und desorganisierten Wirtschaftsverhältnissen, das stabilere Element in dem Verhältnis zwischen Lohn und Leistung. *Das wirkliche Streit- oder eben noch richtiger Kampfobjekt ist der Leistungsaufwand des Arbeiters.* Er ist es um so mehr, je kapitalintensiver insbesondere die Technik eines Industriezweiges oder eines Betriebes ist, auch die Kapitalüberlegenheit infolge der Höhe des Rohmaterialwertes wirkt in gleichem Sinne. Ob dieser Kampf schärfer oder weniger scharf geführt wird, hängt einmal allgemein innerhalb gewisser Grenzen zweifellos auch von dem Machtverhältnis zwischen den beiden Parteien ab, es hängt dies aber im einzelnen industrieweise und betriebsweise, ja schließlich bei jeder einzelnen Arbeit von sehr konkreten Verhältnissen ab. Für eine und dieselbe Arbeitsleistung z. B. für einen Graveur kann in zwei Industrien, im Juweliergeschäft und in der Baumwolldruckerei, vom Standpunkte der Rentabilität des Betriebes ein sehr verschiedener Lohn gezahlt werden. Die Umkehrung ergibt, daß man sich in der einen Industrie mit geringeren Leistungen für denselben Lohn begnügen kann, als in der anderen. Im großen und ganzen spiegelt sich die Intensität dieses Kampfes um die Leistung auch einigermaßen in den Lohnbemessungsmethoden.

Für die Unternehmungsleitung ist namentlich in jüngster Zeit in Deutschland die Tendenz zur Uniformierung und möglichsten Vermeidung von Lohnunterschieden Gegenstand besonderer Aufmerksamkeit geworden. Die Lohnpolitik der Unternehmung muß an der Individualisierung in der Lohngestaltung festhalten und insoweit ist die Tarifvertragsmethode in ihrem Wesen etwas dem Unternehmertum Fremdes. *Wenn die Unternehmer sich auf den Tarifvertrag einlassen, so geschieht es unter dem Druck der Einsicht einer sozialen Zweckmäßigkeit.* Es ist jedenfalls ganz falsch, in dem Mangel an Tariffreundlichkeit bei den Unternehmern etwas Reaktionäres sehen zu wollen, sondern es sind innere Gegensätze: der Tarifvertrag widerstreitet geradezu dem Prinzip der rationalen Lohngestaltung, soweit er die Gleichmachung der Löhne ohne Rücksicht auf die Leistung bewirken soll. Deshalb ist es auch nur zu begreiflich, daß die Arbeitgeberschaft alles daran setzt, dieses notwendige Übel mit individualistischen Grundsätzen zu durchsetzen, insbesondere durch die Staffelung der Lohntarife. *Der Unternehmer kann nicht darauf verzichten, daß die Höhe des Arbeitspreises auch einen Anreiz zur Einsetzung der Leistungsfähigkeit bildet, und er muß deshalb auch auf die Differenzierung der Löhne gelernter und ungelernter Arbeiter abheben.* (Die Angelernten sind eine besondere Kategorie, zu ungleichartig in sich, über sie kann nicht einheitlich geurteilt werden.)

In weiterer Verfolgung des sozialen Gesichtspunktes streben die Verbandsleistungen der Arbeitgeber auch eine stärkere Lohnabstufung nach dem Alter an, und folgerichtig wird mit der Verteuerung der Lebensführung auch die Differenzierung nach dem Familienstand weiter entwickelt. Die fortschreitende Teuerung drängt die sozialen Gesichtspunkte gegenüber den wirtschaftlichen immer mehr in den Vordergrund, läßt sie aber sogar selbst zu wirtschaftlichen werden. *In der Natur der Sache, ja rechnerisch begründet ist es, daß mit der Verteuerung der Befriedigung notwendiger Lebensbedürfnisse auch die Spannung der Löhne nach dem Familienstand des Arbeiters entwickelt und, wo vorhanden, gesteigert wird.* Wenn die Brotpreiserhöhung den ledigen Arbeiter ohne Unterhaltsaufgabe für andere Angehörige mit 2—3 vH des Einkommens belastet, so trägt die Belastung des Arbeiters mit einer 5köpfigen Familie etwa 12—15 vH. Es hat nun den Anschein, als ob dieser Gesichtspunkt der Lebenskosten in der rationalen Lohnpolitik der Unternehmung keinen Raum hätte. Dies trifft bei der ungeheuren Bedeutung, die dem Leistungswillen und damit allen psychologischen Grundlagen derselben, aber selbstverständlich diese mitbestimmend auch den physiologischen Bedingungen und Voraussetzungen eines seelischen Gleichgewichts zukommt, ganz und gar nicht zu. Es ist durchaus nicht erst die nachrevolutionäre Lagerung der sozialen Machtverhältnisse, die den Unternehmer zur Berücksichtigung der vitalen und kulturellen Interessen seiner Arbeiter gebracht hat. Die Erkenntnis des Wertes einer zufriedenen Arbeiterschaft, den in dem Gedeihen des sie beschäftigenden Unternehmens die Grundlage ihrer wirtschaftlichen Existenz erblickt, ist doch auch einer der Eckpfeiler jener patriarchalischen Arbeiterpolitik, die man als Sozialpolitik Stummschen Angedenkens der Vorkriegszeit in Deutschland befehdet hat. Wie immer man darüber denken mag, Tatsache ist, daß die Arbeitgeber in Deutschland heute in merklichem Gegensatz zur Arbeiterschaft eine Individualisierung der Löhne, d. h. *eine Vereinigung des Leistungs- mit dem Sozialprinzip* anstreben[1]. Die höhere Entlohnung der Familienversorger unter den Arbeitern[2] aber auch der höheren Leistungen: mit beiden strebt man den Tarifschematismus abzuschwächen, beides soll helfen, die Gleichgültigkeit, das Gefühl des Arbeiters eine Nummer zu sein, zu überwinden.

II. Die Lohnbemessungsmethoden

Die Herstellung eines bestimmten Verhältnisses zwischen Arbeitsaufwand und Lohn, von dem der Unternehmer bei der Lohnvereinbarung sich leiten läßt, wird durch die Lohnbemessungsmethode sehr verschieden vollkommen und präzis erreicht, z. T. gar nicht. *Die Lohnzahlung nach Maßgabe tatsächlicher und berechenbarer Leistungsergebnisse,* nach Maßgabe eines Werkes, der Werk- oder Leistungslohn, oder wie er gewöhnlich genannt wird, *Akkordlohn, ist unverkennbar die vom Standpunkt* des Unternehmerinteresses natürliche Methode, während vom Standpunkt *des Arbeiters,* für den der Lohn immer die Existenzgrundlage in einer gewissen Zeit bedeutet, die Bemessung nach Zeit, also die Absehung von einem Leistungserfolg, *der Zeitlohn das natürlichere zu sein scheint,* den der Unternehmer nur unter bestimmten Voraussetzungen vereinbart.

Der Unterschied zwischen beiden Methoden wird hinsichtlich der materiellen Tragweite allerdings vielfach überschätzt, denn beim Zeitlohn ist die Beziehung zwischen Lohn und Leistungsaufwand in der Kalkula-

---

[1] Duisberg, Soziallohn — Leistungslohn (Der Arbeitgeber 1922, Nr. 6).

[2] Allerdings möglichst mittels Ausgleichkassen für Unternehmungsgruppen, vgl. G. Braun, Der Soziallohn 1922, um die Verheirateten vor Bevorzugung Lediger zu schützen.

tion des Unternehmers vorhanden, und umgekehrt wird der Akkordsatz heute durchweg in den rationellen Betrieben mit einem bestimmten Zeitverdienst in Zusammenhang gebracht. Ein merklicherer Unterschied ist der, daß in einer Gruppe von Arbeitsaufgaben der Leistungserfolg den Leistungsaufwand offensichtlich kontrollierbar macht und daß damit für den Unternehmer die unentbehrliche Basis für die Beurteilung des Arbeiters gewonnen ist, die in anderen Fällen fehlt. Dies ist ein Zweck der Werklöhnung.

Die Lohnbemessungsweise hat noch eine andere Aufgabe: durch die Bemessung des Lohnes nach dem Leistungserfolg soll ein Einfluß auf den Leistungswillen ausgeübt werden, und es gilt daher entweder den Akkordsatz so festzusetzen, daß dessen Höhe diesen Druck auf den Arbeiter (im Hinblick auf dessen Verdienstabsicht) wirklich bewirkt, oder falls der Akkordsatz nicht variabel ist, gilt es auch bei Akkordlöhnung wie bei Zeitlohn durch besondere Maßnahmen den Leistungswillen zu steigern[3]. Auch da ist es das Natürliche, mit dem Erwerbssinn des Arbeiters zu rechnen, der dank der Akkordlöhnung von der Steigerung seiner Energie selbst Nutzen zieht, beim Zeitlohn in der Regel nicht. Sofern die Zeitlöhnung auch größeren Aufsichtsaufwand bedingt, erscheint auch seine Einsparung oder Verminderung als Zweck der Werklöhnung. *Dazu kommt aber, daß die Aufsicht zumeist nicht entfernt den Leistungswillen so zu steigern vermag wie die Aussicht auf Mehrverdienst dank der Werklöhnung.*

Wo nun andere Möglichkeiten vorliegen, den Arbeiter zu einem Optimum an Leistungsaufwand zu bringen, verzichtet der Unternehmer leichter auf den Akkordlohn. Entscheidend ist aber im allgemeinen und in erster Linie jedenfalls die durch die Technik gegebene Sachlage. Dabei sind etwa folgende Möglichkeiten auseinanderzuhalten:

1. Der technische Apparat, den der Arbeiter bedient, hat Einfluß a) auf die Qualität des Produktionsergebnisses, und zwar teils entscheidend, so bei der großen Zahl automatischer Prozesse vom Hochofen, Mahlmühle usf. bis zu den Fräs-, Hobel- u. dgl. Automaten des Maschinenbaues, teils mitbestimmend, z. B. in der Baumwolldruckerei beim Rouleau. b) auf die Qualität: aa. entscheidend: den Arbeitern wird durch den Prozeß selbst, durch den Lauf des Apparates die Leistungsenergie aufgedrängt, so überall, wo Automaten nur zu beaufsichtigen sind, oder die Materialzufuhr zu regulieren ist, Kesselheizen, Maschinenwartung, zahlreiche chemische und Waschprozesse, Abstechen des Hochofens, Vorpro-

---

[3] Allerdings muß dieser Zweck bei Akkordlohn nicht immer vorliegen. Es gibt Fälle in der Großeisenindustrie, wo im Akkord gelohnt wird, ohne daß die Ausbringung durch den Arbeiter gesteigert werden könnte, sondern wo es nur gilt, die Lohnbemessung enger an die Arbeit anzupassen, z. B. im Interesse der Kalkulation.

zesse der Spinnerei usf., bb. Mitbestimmend: der Apparat hat ein bestimmtes Tempo, aber sein Funktionieren kann verschieden rasch vorbereitet werden. Typisch im Stahlwerk, Walzwerk, in den meisten Textilprozessen.

2. Ein solcher Einfluß fehlt ganz, der Arbeiter ist Herr des Tempos oder der Arbeitsanordnung und damit der Leistungsergiebigkeit: auch bei mechanischem Antrieb immer häufiger dank der elektrischen Kraftzuleitung, die durch den Arbeiter beliebig ein- und ausgeschaltet werden kann, heute die große Masse der Arbeitsmaschinen.

Neben diesen Möglichkeiten steht die große Zahl Arbeiten ohne maschinellen Apparat oder ohne unmittelbaren Zusammenhang mit dem technischen Prozeß überhaupt (sog. unproduktive Arbeiten). Alles in allem kann hinsichtlich des Quantitätsergebnisses der Einfluß des Arbeiters sein:

a) Unbeschränkt: die große Zahl reiner Handarbeiten, typisch in Kartonnage- und vielen Montagearbeiten, Pinselerzeugung, dann Emballage u. dgl.

b) Beschränkt und zwar 1. durch die Maschine, 2. durch Mitarbeiter, also organisatorisch, 3. durch Materialqualität.

c) Völlig aufgehoben.

Immer ist aber bei Quantitätseinfluß nicht bloß an Veränderlichkeit der Produktmenge zu denken, sondern auch an das Verhältnis dieser Menge als gegebener Größe zur Zahl der Arbeitskräfte, also daran, daß bei unveränderlichem Gesamtleistungserfolg an Arbeitskräften (Lohn) gespart werden kann.

Allgemeine Regel: Je unbeschränkter der Einfluß des Arbeiters, um so unentbehrlicher eine Entlohnung nach Leistung und zwar um so individualistischer, denn assoziativ geregelte Leistungslöhnung tritt bei Abhängigkeiten (insbesondere b, 2) auf, der Gruppenakkord. *Ausschaltung des Arbeitereinflusses ist typische Zeitlöhnungssituation.* Durchbrechungen dieser Regel entspringen: 1. der Bedachtnahme auf Qualität des Ergebnisses: je wichtiger diese, oder je gefährdeter durch Hast, um so mehr tritt Akkordlöhnung zurück. Typisch in der Feinmechanik bei besonderen Präzisionsarbeiten, in der Kartonnageerzeugung (die sonst stark akkordgelohnt), wenn feine Arbeit zu leisten, sogar bei heiklen Emballagearbeiten (für Bijouterie- und Kosmetikwaren).

Qualitative Einflußsphäre des Arbeiters ist: erstens der Grad des technischen Gelingens, der Tadellosigkeit, zweitens der Grad der Wirtschaftlichkeit: Schonung der Werkzeuge, Maschinen usf., Sparsamkeit mit dem Material, Rohstoff oder Hilfsstoff.

Eine Kombination ergibt: Erstens: Quantitativer unbeschränkter Einfluß des Arbeiters, a) mit Einfluß auf Qualität: eine große Zahl manueller Arbeiten, dann Arbeit an Maschinen, Bohr-, Fräs-, Hobelmaschinen, Schleif- und Polierarbeit; b) ohne solchen Einfluß z. B. an der Drahtheftmaschine, ferner viele Stanzarbeiten. Zweitens: Quantitativ beschränkter Einfluß des Arbeiters, a) ohne Einfluß auf die Qualität, so im Hüttenbetrieb viele Arbeiten; b) mit solchen, so in der Weberei, wo es gilt, Fehler rechtzeitig zu entdecken, um das Auftrennen zu verhüten.

Der Zusammenhang ist nicht so zu verstehen, als ob immer mit der Verschärfung des Tempos die Qualität gefährdet wäre. Zum Beispiel in der Weberei ist das Tempo durch die Maschine gegeben, reißt ein Kettfaden, so ist das möglichst rasch zu korrigieren, die Qualität der Arbeit liegt in der rechtzeitigen Entdeckung des Fehlers.

2. Aus der Ungleichmäßigkeit in der Beschäftigung: die Wiederholung einer Aufgabe muß mit einer gewissen Häufigkeit auftreten. Namentlich die Stückberechnung versagt gegenüber Arbeiten, die nur selten in gleicher Ausführung wiederkehren und daher den Charakter der Gleichartigkeit und Summierbarkeit der Leistungen vermissen lassen.

3. Wenn — in einem gewissen Zusammenhang mit einer solchen Ungleichmäßigkeit — die Berechnung der Akkorde zu kostpielig ist: Typisch für Setzer in der Akzidenzarbeit.

Die Schwierigkeit des Akkordsystems taucht von zwei Seiten her auf. Einmal von der Beschränkung des Einflusses des einzelnen Arbeiters durch die Mitwirkung anderer Arbeiter. Dem Widerstand kommt man bei teils durch den Gruppenakkord, die Zusammenfassung mehrerer so in ihrem Arbeitsfortgange verbundener Arbeiter zu einer Lohngruppe, teilweise auch durch entsprechende Gliederung der Arbeit und Einteilung der Arbeiter, also Organisierung.

Der Gruppenakkord bewährt sich nicht immer schon an und für sich. Er *hat das vielfach zutage tretende Gute, daß die Arbeiter der Gruppe selbst auf die beste Verteilung der einzelnen Teilaufgaben kommen und dadurch so an Arbeitskräften sparen können, daß sie selbst die Verkleinerung der Gruppe beantragen.* So wurden in der Zelluloiderzeugung durch dieses System aus Gruppen von 20 innerhalb Jahresfrist solche von nur 16. Schlechtere Erfahrungen hat man gemacht, wenn man von Arbeitgeberseite unterließ, auf die Gleichwertigkeit der Arbeiter einer Gruppe aufmerksam zu sein. Sind einige schwächere oder lässigere Elemente neben energischen in einer Gruppe, so erlahmen die letzteren möglicherweise (beobachtet z. B. in der Lederindustrie, wo Gruppen für das Einweichen der Häute, das Verbringen von einem Aescher in den anderen bestehen). Die Arbeiter fordern dann wohl auch gleichmäßigere Gruppierung. *Auch ist im gleichen Sinne die Abnahme der Leistungsenergie der Gruppen mit ihrer Vergrößerung festgestellt worden* (Steinbrucharbeit). *So ist also das Interesse des Arbeitgebers im großen und ganzen auf nicht zu große, gleichmäßig zusammengesetzte Gruppen gerichtet.*

Eine spezielle Art der Akkordgruppen sind die Kolonnen, die z. B. bei Transportarbeiten (Verladekolonne) und namentlich in der Maschinenindustrie Verbreitung gefunden haben als Niet-, Former-, Schmiede-, Gußputzer- und Montagekolonnen, in der Kartonnageindustrie, im Waggonbau (Massenkolonne: 12—40 und mehr Waggons auf einmal, als Arbeit der Kolonnen), der Schreiner, Sattler, Schlosser usw., die sämtliche ihre besondere Kolonnen-Vereinbarung haben. Dabei handelt es sich zumeist um die Zusammenfassung verschiedener Arbeitsprozesse zu einer Gruppe. Sie sind noch dadurch unterscheidbar, daß es Kolonnen mit fixer Teilung der Arbeit und solche mit wechselnder Teilung gibt. In diesem letzteren Falle ist fortgesetzte Regulierung des Arbeitsprozesses notwendig. Jedoch kommt es vor, daß die Kolonnenorganisation auch einen im Arbeitsprozeß nicht gegebenen Zusammenhang der Kolonnenarbeit herstellen soll, um den einzelnen Arbeiter an der Kontrolle seiner Mitarbeiter zwecks schneller Beendigung des Akkords zu interessieren. Bekannt sind die Lipper Zieglerkolonnen.

Das System der Organisierung neben dem der Akkordmethode kommt mit den vielgestaltigsten Variationen vor. Im Maurergewerbe z. B. werden gewöhnliche Maurer an einer Mauer durch tüchtige Eckenmaurer „eingespannt“, sie werden durch diese gedrängt. Ebenso typisch ist der Schlachtprozeß in amerikanischen Großschlächtereien, in denen ein Schwein z. B. von einer Hand in die andere weitergeht und jeder Arbeiter sich einem vorgegebenen Arbeitstempo fügen muß, bei sonstigem Verlust der Verwendung.

Als eine Voraussetzung für die Ausnutzung der Akkordlöhnung galt lange die leichte Feststellung einer Bemessungseinheit. Diese Aufgabe kommt als Hemmnis heute kaum mehr zur Geltung, man findet über solche Schwierigkeiten auf verschiedenste Weise hinweg, teils durch sog. indirekte Akkorde, teils eben auch durch Anschließung gewisser Arbeiter an andere Akkordarbeiter zu einer Gruppe oder Kolonne, teils durch das von Amerika ausgegangene Teilungssystem.

Als indirekte Akkorde sind alle jene anzusehen, in denen die Entlohnung nach einem Arbeitsergebnis erfolgt, das nur mittelbar mit der betreffenden speziellen Arbeit in Zusammenhang steht. Ein typischer Fall ist die Entlohnung des Werkzeugmachers in der Drahtstifterzeugung: auf je 6 Drahtstiftmaschinenhersteller entfällt ein solcher für die häufigen, rasch vorzunehmenden Reparaturen an den Automaten erforderlicher Werkzeugmacher. Von seiner Raschheit hängt die Wiederverwendbarkeit der Automaten ab, daher wird sein Lohn nach der Gesamtausbringung der 6 Maschinensteller bemessen. Ein anderer typischer Fall der indirekten Werklöhnung liegt beim sog. Gehilfenarbeiter vor, der nach dem Arbeitsergebnis seines Hauptarbeiters entlohnt wird.

Das sog. Teilungssystem, das gleichfalls durch den Fabrikleiter *F. W. Taylor*[4] in der Literatur bekannt wurde und einen Bestandteil seiner „wissenschaftlichen“ Betriebsführung bildet, ist nicht eigentlich ein Lohnbemessungs-, sondern ein rein technisches Prinzip der Organisation irgendwelcher Arbeitsprozesse. Es besteht seinem Wesen nach darin, daß 1. jede Arbeitsverrichtung derart in Teilprozesse zerlegt wird, daß diese Teilprozesses wenigstens als öfter wiederkehrende Arbeitsvorgänge behandelt werden können und daß jede kompliziertere Aufgabe, die als Ganzes selten vorkommt, auf solche Teilverrichtungen reduziert und damit akkordmäßig behandelt werden kann, was allerdings zweitens zur Voraussetzung hat: genaueste Zeitstudien über alle Einzelverrichtungen. Die allgemeine Anwendbarkeit dieses Systems geht aus folgendem, von *Taylor* mitgeteilten Beispiel hervor, daß die Beladung eines Wagens mit Roheisenmasseln betrifft: 1. Aufnehmen der Massel (Zeit in Hundertstel von Minuten), 2. Tragen auf wagrechtem Wege (Zeit für die Längeneinheit in Metern), 3. Tragen auf schiefer Ebene in den Wagen (für die Längeneinheit), 4. Niederlegen der Massel (in Hundertstel von Minuten), 5. Zurückgehen zum Holen einer neuen Massel (für die Weg-Längeneinheit). Die Methode setzt also mit genauer Zeitstudie an angestrengt arbeitenden Leuten ein, und zwar mit der Stoppuhr. Bei wichtigen Einzelleistungen wiederholte Messung. Auf Grund dieser Ergebnisse wird den Arbeitern eine Tagesleistung aufgegeben unter Zusage eines allerdings erheblich höheren Lohnsatzes als der vorherige Verdienst der Arbeiter war, aber mit dem Bemerken, daß nur, wer die Arbeit prästiert, an dieser hoch entlohnten Arbeitsstelle behalten wird. Es ist das Pensumsystem, das so an die Prinzipien des Teilungssystems anschließt ... Schwächen dieses Teilungssystems für den Unternehmer wie für den Arbeiter liegen in der Abhängigkeit des Leistungserfolges von Materialqualität. Ist z. B. einmal ein großes Gußstück besonders hart, so ist die ganze Kalkulation unhaltbar.

Außer diesem Pensumsystem (nach Ing. *Gantt)* kommt auch das schärfere Differentiallohnsystem vor. Dieses von Taylor selbst entwickelte, heute aber auch in Europa mehrfach (z. B. in rheinischen Walzwerken) angewandte Prinzip besteht darin, daß der Lohnsatz nach der Leistungs-

---

[4] Gute Erläuterung des Taylorsystems gibt Wirz, Taylors Betriebssystem, Z. f. Handelswiss. und Handelspraxis 1913, S. 133. Über die hier nicht in Frage kommende sozialökonomische und sozialpolitische Bedeutung vgl. Lederer im Arch. f. Sozialw. 38. Bd., S. 769. Eine Apologie des eigentlichsten und ursprünglichen, also unverfälschten Systems Taylors gibt G. Winter, Der Taylorismus, 1920, er wendet sich insbesondere gegen die Angriffe des Chicagoer Professors Hoxie, der mit der staatlich angeordneten Prüfung des Systems betraut war, und seines Mitarbeiters John P. Frey. Gegen Taylor mit Hinblick auf deutsche Verhältnisse vgl. Frenz, Kritik des Taylorsystems, 1920; für ihn auch Meyenberg in Technik und Wirtschaft 1921, S. 402. Söheim, Taylor-System für Deutschland, 1922.

menge differenziert ist ... In all diesen Fällen liegt Verbindung von Zeit- und Werkbemessung vor (Zeitwerklohn)[5].

Zur Orientierung über die Bemessungseinheiten: Akkorde werden geschlossen im Stahlwerk nach Tonnen Ausbringung, Gießerei nach Kilogramm Gußware, Ziegelei nach 1000 Stück, Töpferei im Stück oder Dutzend (manchmal, allerdings gegen den Willen der Arbeiter, nach Brettern, auf die die Arbeiter ihre Ware legen), Steinbruch nach Feldbahnwagen, Spinnerei nach der Garnmenge, in Gewichtseinheit mit der Feinheit des Garnes wachsend, weil die gröberen Garne die schwereren sind und rascheres Arbeiten der Maschine gestatten, Weberei nach Stücken Gewebe, Kartonnage meist nach Dutzend, Hundert oder Tausend, Maurerarbeit bei Backstein, meist Zahl der verarbeiteten Steine, sonst und namentlich bei stärker dimensionierten Mauern nach m^3, Mauerverputz nach m^2; kompliziertere Verhältnisse sind z. B. im Walzwerk; da ist bei der Röhrenerzeugung das Problem zu lösen, die je nach Länge, Durchmesser und Wandstärke verschiedene Schwierigkeit der Arbeit im Akkordsatz zu berücksichtigen, so bedeutet z. B. der Sprung von 5,5 m auf 6 m Länge je nach der Maschinerie eine wesentliche Steigerung der Arbeit. So bedarf es für manche Arbeiten recht komplizierter Akkordtarife. In der automatischen Massenfabrikation, in der die Fabrikation von kleinen Maschinenteilen, Fahrradteilen, Fahrrädern, Nähmaschinen, Nadeln, Stahlfedern, Hülsen aller Art usf. technisch eine enorme Kompliziertheit und Differenziertheit des maschinellen Apparates fordert, erledigt sich die Frage des Lohnsystems überwiegend einfach durch die Zerlegung der Produktionsprozesse, die den Einzelstückakkord ermöglicht. Die Zahl solcher Akkorde ist Legion; in einer größeren Fahrradfabrik z. B. 8—10 000.

Im System der Akkordlöhnung sind in jüngster Zeit verschiedene wichtige Entwicklungen vor sich gegangen. So ist das früher stark verbreitete Akkord-(oder Zwischen-)meistersystem sehr zurückgegangen. Es ist das jene Art der Akkordlöhnung, bei der der Meister mit den Arbeitern den Lohn für die ganze Leistung vereinbart, die Arbeiter durch ihn vertreten oder aber sogar von ihm (da und dort wie von einem Zwischenunternehmer) aufgenommen und entlohnt werden. Sogar in der Ziegelei-Großindustrie, in der das System längere Zeit eine Vorherrschaft annahm, weicht es gegenüber dem „direkten System“ das einer Zentralisierungstendenz besser entspricht, einigermaßen zurück. *In der Großeisen- und Maschinenindustrie ist der Einfluß und die Machtstellung des Akkordmeisters nach der Seite der Lohngestaltung sehr bescheiden geworden. Bei gruppenweiser Arbeitsvergebung kommt auch die Akkord-*

[5] Über die Ausbreitung der Rationalisierung der Betriebsführung im Sinne der Taylorschen Ideen in Deutschland berichten die Jahresberichte der preußischen Regierungs- und Gewerberäte (insbes. für 1920).

verteilung auf sozusagen genossenschaftlicher Grundlage vor, wenn die Berechnung des Anteiles jedes einzelnen Arbeiters der Gruppe nach einem bestimmten, im Einverständnis der Gruppenmitglieder zustande gekommenen Schlüssel erfolgt, wobei bald eine besondere prozentuale Norm, bald die Taglöhne u. dgl. zur Verteilungsgrundlage gemacht werden.

War der Fabrikant früher bestrebt, mit dem Akkord- oder Zwischenmeister auch für die Lohnkalkulation zwischen sich und die Arbeiter ein Zwischenglied zu schieben, um die kaufmännische und technische Leitung von dieser Verwaltungsarbeit zu entlasten, die das Arbeits- und Lohnverhältnis mit sich bringt, so ist mit der Vergrößerung der Betriebe die Schaffung eines zentralen Lohnbüros zweckmäßig und immer notwendiger geworden. Ein solches hat ganz anders die Möglichkeit, die Grundlagen der Lohngestaltung und Lohnbemessungsmethoden systematisch auf Grund einer rationellen Statistik zu sammeln und auszubilden. Die Vermehrung der „unproduktiven" Kosten, die Steigerung des papierenen Apparates, hat sich allenthalben in kürzester Zeit als gerechtfertigt erwiesen. Namentlich jene exakte Vorbereitung von Akkorden, wie sie das Teilungs- und Pensumsystem notwendig macht, ist ohne solchen Apparat nicht erreichbar. Auch in der Erkenntnis der Tragweite dieser strafferen Zentralisation ist man in den Vereinigten Staaten vorausgegangen. Die gemischten Werke der Eisenindustrie haben auch in Deutschland diese Notwendigkeit bald erkannt. Allerdings hat sich das Verhältnis zwischen wirklich ausführender Arbeit einerseits und Vorberatungs- und Kontrollarbeit anderseits unter dem Einfluß dieser Organisations-Vorgänge von 1 : 10 bis 12 auf 1 : 4 bis 5, ja in einzelnen Fällen bis auf 1 : 1 verschoben[6].

Eine andere Erscheinung ist die, daß *die Akkordlöhnung unvergleichlich weniger als früher als Mittel zur Abwälzung eines Risikos auf die Arbeiter aufgefaßt wird.* Den Nachteil mangelhafter Werkzeuge oder unpraktischer Betriebsverhältnisse ließ man gern den Akkordarbeiter tragen: heute ist das Unternehmertum so sehr auf die ungehemmteste Ausnutzung der Arbeitskraft gerichtet, daß man die Hemmung des Arbeitsfortganges z. B. durch schlechteres Material wenn irgendmöglich zu vermeiden sucht[7]. Alles, was bisher als Kleinigkeit galt, was jeder Mann nach seinem Belieben machen konnte, wird nun sorgfältigst geregelt, von der Herrichtung und Fertigmachung der Werkzeugstähle, Aufbewahrung der Werkzeuge bis zur Sorge für die Instandhaltung der Riementriebe usf.

---

[6] Meyenberg, Zur Kritik des Taylorsystems. Technik und Wirtschaft, 14. Jg., S. 407.

[7] Es ist bezeichnend, daß die Gußputzer bei größeren Stücken, wenn die Umhüllung sich besonders hart erweist, im Zeitlohn entlöhnt werden, sonst im Akkord.

Aber auch die Befreiung des Unternehmers von dem Risiko eines Mißverhältnisses zwischen Lohn und Leistung (Philippovich) ist heute nichts weniger als Nebenzweck der Akkordlöhnung; sie ist gegenstandslos, da der Großbetrieb die Arbeiter zu bestimmten Schichtsätzen (Zeitlohn) einstellt, die zu Mindestlöhnen werden, von den tatsächlichen Verdiensten aber übertroffen werden.

Die Festsetzung von Stundenlöhnen bei Akkordlöhnung ist überdies zweckmäßig: 1. Zur Gewinnung eines Maßstabes für die Akkordverteilung im Gruppenakkord; 2. zwecks Berechnung richtiger und zweckmäßiger Abschlagzahlungen bei langen, mehrere Wochen dauernden Akkorden; 3. weil bei Nichtbeendigung einer Akkordarbeit die Arbeit nach geleisteten Arbeitsstunden bezahlt zu werden pflegt (Laudé). Diese Stunden- als Mindestlöhne haben, solange sie nur eine Basis sind, über der die tatsächlichen Akkordverdienste sich bewegen, eine andere Bedeutung als die z. B. in der englischen Bergarbeiterbewegung geforderten Minimallöhne, die die Höhe der durchschnittlichen Akkordverdienste erreichen sollen. Solche sind vom Unternehmerstandpunkt nur mit einer Mindestleistung verbunden annehmbar, wenn die Beurteilung der Leistungsmöglichkeit sehr schwierig, die Akkordleistung also undurchsichtig ist.

Nur was die Qualität der Leistung anlangt, muß der Unternehmer an einem Risiko des Arbeiters festhalten; das geschieht einerseits durch Lohnverlust bei schlechter Produktion (wichtig für alle Arbeiten im Zusammenhang mit einem Ofenprozeß: Former, Gießer, Steinzeugarbeiter, Töpfer usf.), anderseits durch Anspornung der Aufmerksamkeit mittels Qualitätsprämien (vgl. weiter oben). Darin liegt aber freilich keine Eigentümlichkeit des Leistungslohnsystems, denn die Prämien spielen auch im Rahmen der Zeitlohnung vielfach eine große Rolle.

Was den Akkordlohn immer, auch wo ihm Hemmungen im Wege stehen, dem Unternehmer wertvoller macht, ist die ungleich bessere Verwendbarkeit für die Kalkulation.

Bezüglich der Anwendung des Zeitlohnes bei rationeller Betriebsführung ist teilweise Gesagtes zu rekapitulieren:

1. Vor allem kommt er für alle jene Arbeitsaufgaben in Frage, bei denen eine maßgebende Einwirkung des Leistungswillens des Arbeiters auf den Arbeitserfolg überhaupt nicht besteht, sei es, daß die technischen Voraussetzungen fehlen, sei es, daß die Natur der Arbeitsverwendung solches ausschließt (Versuchsfabrikation, meist auch Reparatur).

2. Zeitlohn wird auch in Fällen, wo ein solcher Einfluß möglich ist, angewendet, wenn die oben erwähnten Bedenken dem Akkordlohn definitiv im Wege stehen. a) Qualität der Leistung; b) zu geringe Häufigkeit der Wiederkehr einer Arbeit; c) Kostspieligkeit der Akkordverrechnung und Kontrolle, wobei die Betriebsleitung gegen diese Kosten den

Wert der Leistungssteigerung abzuwägen hat, die durch das Leistungslohnsystem erreicht werden könnte. Daß man diese Hemmungen überwinden kann, wurde gezeigt (Qualitätsprämien neben Akkord, Teilungssystem). Das geschieht aber verschieden intensiv. Denn

3. Zeitlohn wird auch abgesehen davon dem Akkord vorgezogen, wo die Arbeitskosten gegenüber dem spezifischen Wert der zu erzeugenden Ware sehr gering sind, eine genaue Kalkulation daher auch nicht entsprechend entwickelt ist. Eine Parfüm- und Kosmetikfabrik (Riesenbetrieb z. B., deren Erzeugnisse hochwertig sind, braucht das Abfüllen in Fläschchen nicht so dringend auf das Minimum an Kosten herabzudrücken, wie eine Brauerei die Bierabfüllung.

4. Die Lohnhöhe hat Einfluß, sofern billige Arbeitskräfte (jugendliche, alte, demi ouvriers) in Zeitlohn stehen. *Die Ausbildung vollkommenerer Lohnmethoden mit dem teueren Apparat wird erst bei einer gewissen Lohnhöhe rentabel.*

Was den Zeitlohn im großen und ganzen kennzeichnet, ist betriebswirtschaftlich das höhere Erfordernis an Aufsicht. Das „höhere", denn der Aufsicht kann auch das Leistungslohnsystem nicht entraten. Namentlich im Rahmen der Gruppenakkorde wächst dies Erfordernis mit der Zahl der beteiligten Arbeiter. In welchem Maße ein Akkord auf die Arbeitsenergie einwirkt, hängt stark von psychologischen Momenten ab und damit von den Individuen. Daß der Gruppenakkord oft versagt, ist danach — da massenpsychologische Unterströmungen (Mißtrauen gegen die Mitarbeiter!) mitwirken — leicht zu erklären.

Es ist charakteristisch, daß manche Fabriken ungern Akkordarbeiter zeitweilig in Zeitlohn beschäftigen, weil sie sich an die bequemere Zeitarbeit gewöhnen. Mißstände der Zeitlöhnung steigern sich bis zu planmäßigem Langsamarbeiten, damit dadurch Überstunden notwendig werden, die wieder bei besserer Bezahlung unter geringerer Aufsicht zu verlaufen pflegen. *Je leichter die Aufsicht durchführbar, je kleiner die Zahl der zu Kontrollierenden, auf die ein Aufsichtsorgan kommen muß, um so leichter Verzicht auf Akkord.*

Die Nachkriegszeit hat in Deutschland für die Betriebsleitungen hinsichtlich der mit der Lohnbemessungsmethode verbundenen Aufgaben überaus schwierige Probleme gezeitigt. Die seit dem Brüsseler Internationalen Arbeiterkongreß (1891) fest verankerte grundsätzliche Feindseligkeit der Arbeiterschaft gegen die Akkordlöhnung loderte gewaltig auf und machte die nach den tariflichen Arbeitsbedingungen immer noch möglichen Werklöhnungen so gut wie unwirksam. Der Tarif brachte allenthalben neben der Einführung des Achtstundentages eine erhebliche Heraufsetzung aller Grundlöhne (Lohnsätze) und, um diese Erhöhung auch für die Akkordlöhne festzulegen, bestimmte er, „jeder Akkord sei so zu bemessen, daß bei fleißiger und tüchtiger Arbeit vom Akkordlöhner mindestens ein bestimmter Satz in der Zeiteinheit verdient werden könne. Den Maßstab dafür, ob fleißig und tüchtig gearbeitet werde, solle der früher bei gleichartiger Arbeit erzielte Durchschnittsakkordverdienst abgeben[8]". Die Wirkung war der tatsächliche Übergang zum reinen Zeitlohn, jener Durchschnittsakkordverdienst mußte als Mindestzeitlohn gezahlt werden, die Leistung aber blieb weit hinter derjenigen zurück, die der Durchschnittsverdienstberechnung zugrunde zu legen war. Die Lohnbemessungsmethode hat gegenüber den anderen psychologischen Faktoren, die auf den Leistungswillen bestimmenden Einfluß haben, solange versagt, bis durch beträchtliche Akkordsatzerhöhungen die Überschreitung der Mindestverdienstgrenze auch bei der seit dem Kriegsende üblich gewordenen verminderten Arbeitsintensität leicht möglich wurde. Gegenüber einem bestimmten massenpsychischen Einfluß, der den Leistungswillen beeinträchtigt, können sich die lohnpolitischen Maßnahmen der Unternehmung, die auf den Erwerbssinn des Individuums eingestellt sind, als völlig wirkungslos erweisen. *Das geistige, sittliche, durch das Maß von Pflichtgefühl gekennzeichnete und nicht zu vergessen, das wirtschaftliche Niveau einer Arbeiterschaft erscheint nach diesen Erfahrungen als überaus maßgebende Voraussetzung des Erfolges einer Lohnpolitik der Arbeitgeber.* Man wird sagen dürfen, daß mit der zunehmenden Einsicht der Arbeiter in gewisse elementare wirtschaftliche Zusammenhänge und insbesondere in die Abhängigkeit ihres eigenen Schicksals von ihrer eigenen Leistung auch die Erfolgwahrscheinlichkeit der auf Ertragssteigerung gerichteten Lohnbemessungsmethode gebessert wurde. Und umgekehrt: nimmt diese Einsicht ab, dann wird auch der Arbeitgeber in brutalere Methoden der Erzwingung einer gewissen Leistung zurückverfallen.

Abgesehen von der Aufsicht, der das Antreiben zufällt, stehen der Unternehmung andere Mittel zur Leistungssteigerung bei Zeitlohn zur Verfügung: Lohnverbesserungen und Prämien, die natürlich eine Annäherung an den Akkord bedeuten, als Pünktlichkeits-, Produktions- oder allgemeine Anerkennungs-(z. B. Weihnachts-)Prämien. Zwischenformation zwischen Leistungs- und Zeitlohn sind auch die in den letzten Jahrzehnten besonders im amerikanischen Maschinenbau ausgebildeten Prämiensysteme, die einerseits nichts anderes darstellen als Zeitlöhnung mit Prämien für die Beschleunigung der Arbeit, anderseits ebensogut als Akkordlöhnung mit fallenden Lohnsätzen aufgefaßt werden können. Es handelt sich um folgendes:

---

[8] Die dadurch bedingte Entwicklung der Löhnungsverhältnisse und insbesondere die Lohnpolitik der Unternehmung schildert an Hand der Erfahrungen des größten privaten Waggonbaubetriebes Deutschlands W. Weddigen, Lohn und Leistung, Jb. f. N., Bd. 118, S. 317 ff.

1. Für die zu entlohnende Arbeitsaufgabe wird eine Grundzeit eingeräumt, die in der Regel auf der Basis längerer Beobachtungen berechnet worden ist; 2. der Arbeiter erhält einen sicheren Stundenlohn für jede tatsächliche, auf die Arbeit aufgewendete Arbeitsstunde als Grundlohn; 3. für jede gegenüber der Grundzeit (1.) ersparte Stunde wird dem Arbeiter eine Prämie von fester oder auch veränderlicher Größe zuerkannt. Die verschiedenen Methoden der Prämienbemessung ergeben verschiedene Systeme, von denen das des kanadischen Direktors F. A. Halsey und jenes des Maschineningenieurs James Rowan die bekanntesten sind. Halsey räumt eine konstante Quote des Lohnes jeder ersparten Arbeitsstunde, z. B. 33 1/3 vH (bei schwierigeren Arbeiten aber auch bis zu 50 vH) als Prämie ein, bei Rowans System ändert sich die Prämie, sie besteht darin, daß der zur Auszahlung gelangende Zeitgrundlohn um ebensoviele Prozente erhöht wird, als Zeit von der Grundzeit in Ersparung gebracht wurde.

Diese Prämiensysteme haben, wie heute die Dinge liegen, vor allem den Zweck, Fehler des Lohnbüros in der Veranschlagung des wahrscheinlichen Zeiterfordernisses so weit abzuschwächen, daß das Werk den Nutzen der Zeitersparungen mitgenießt, und zwar bei Halsey gleichmäßig, bei Rowan aber richtigerweise um so mehr, je größer der Fehler der Kalkulation war, je geringer also das persönliche Verdienst des Arbeiters an der Zeitersparung. Rowans System hat denn auch ziemlich Erfolg gehabt. Im übrigen haben diese Zeitprämiensysteme mit Teilung des Gewinnes (aus gesteigerter Energie des Arbeiters) zwischen Arbeiter und Unternehmer ähnliche Schwächen wie das uralte Teilpacht-System (Mezzadria), und werden daher in der Regel nur unter der Voraussetzung günstig wirken: 1. daß eine gewisse Verhältnismäßigkeit in dem Zusammenwirken von Kapital und Arbeit vorliegt, 2. daß auf seiten der beteiligten Menschen entsprechende Qualitäten wirksam sind.

III. Der Kampf um die Arbeitsleistung

Das hohe Interesse des Unternehmers an der Steigerung der Arbeiterleistung ist keineswegs identisch mit der Verbilligung der Arbeitskosten schlechthin. Die neuere Art, die Generalunkosten auf die Produkteinheit zu berechnen nach Maßgabe der verbrauchten Arbeitsstunden, läßt dies deutlich erkennen.

Dem Zusammenhang, um den es sich für den Unternehmer handelt, ist von Taylor mit dem Grundsatz Ausdruck gegeben worden, daß hohe Löhne bei niedrigen Herstellungskosten das Fundament für gute Werkstättenleitung bilden. Dem entspricht, daß die fortgeschrittensten Unternehmungen bedacht sind, jedem Arbeiter die höchste Klasse der Arbeit, die er zu verrichten fähig ist, zuzuweisen, den Arbeiter anzuregen, die Höchstleistung eines geschickten Mannes seiner Klasse zu erreichen und jedem eifrig vorwärts strebenden Arbeiter einen Verdienst zu ermöglichen, der 30—100 vH höher ist als der Durchschnitt für seine Klasse. Diese Aufgaben sind nicht immer erkannt, selten befolgt worden. Daß heute den Arbeitgebern der Kampf um die Leistung wichtiger geworden ist als der nominelle Lohnsatz, hängt mit den schon erörterten Lohnbildungstatsachen zusammen.

Der Kampf um den Lohnsatz wird wohl auch geführt, aber weit seltener, nur periodisch wiederkehrend, der Kampf um die Leistung alle Tage. Der Arbeiter wird allenthalben in den großen Werken zu einem Mindestlohn aufgenommen, einige Zeit, etwa 2 Wochen beobachtet und dann eventuell mit einem höheren Mindeststundenlohn, sei's im Zeit-, sei's im Akkordlohn definitiv eingestellt. Und nun beginnt bei Akkordlöhnen schon das unablässig sich fortspinnende Ringen um Leistung. Es ist zäher oder weniger zäh je nach der Anlage des Arbeiters. Die Zahl der aufstrebenden Arbeitsfreudigen ist immer groß genug. Aber die große Masse folgt Prinzipien, die das Mißtrauen der Unternehmer wekken, und auf seiner Seite die Mittel zur planmäßigen Hinaufschraubung der Arbeiterleistungen einerseits, Entlassung anderseits, eine schroffe Alternative, veranlassen.

Diese Prinzipien der gegnerisch gesinnten wie auch der neutralen, jedoch den Masseninstinkten und der Agitation folgenden Arbeiter sind mit dem Schlagwort des Bremsens (engl. Ca'canny) gekennzeichnet: der Arbeiter hält mit seiner Leistung zurück, bleibt bewußt entfernt von dem, was er leisten könnte. Dazu veranlaßt ihn ein Doppeltes. Einmal das Mißtrauen, daß der Akkordsatz zu niedrig ist und keine Erhöhung erfahren wird, wenn der Arbeiter nicht durch langsames Arbeiten beweist, daß der Akkord nicht geeignet ist, durchschnittlichen Verdienst zu schaffen. Noch stärker aber zweitens wirkt die Furcht vor einem Arbeitsergebnis, das die Verdiensthöhe hinauftreibt, als Folge aber die Akkordherabsetzung herbeiführt[1]. *Dieses Akkordreißen der Unternehmer, wenn ein Akkord zu großen Akkordverdiensten geführt hat, das war es, was ihnen die Erfolgmöglichkeit einfacher Akkorde so sehr beeinträchtigt hat.* Hauptzweck des Bremsens ist nunmehr heute, die Betriebsleitung über die möglichen Leistungen von Maschinen und Arbeiter im Unklaren zu lassen.

Die Fehlerhaftigkeit des Akkordreißens hebt Taylor mit dem Hinweis hervor, daß er in seinem Betriebe (Bethlehem-Werke) in einer bestimm-

---

[9] Vgl. Brentanos klassische Untersuchung: Über das Verhältnis von Arbeitslohn und Arbeitszeit zur Arbeitsleistung, 1893. Brassey, Work and wages, 1873. Brassey-Chapmann, Work and wages, 1904. Schulze-Gävernitz, Zum sozialen Frieden, 1890. Hasbach, Zur Charakteristik der englischen Theorie, J. f. G. V., XXVII, S. 388 und 416. Schmitz, Regelung der Arbeitszeit und Intensität der Arbeit (Thünen-Archiv 1910, Bd. III).

ten Aufgabe dank dem ungekürzten Differentiallohn eine Leistung von 10 Akkordeinheiten täglich erreicht habe, während das Konkurrenzwerk (Midvale-Stahlwerke) nicht über 5 hinauskam, weil es seine Dreher nicht über 8—10 Mark täglich verdienen ließ, er habe seine Leute 14 verdienen lassen. Das Akkordreißen ist vom Unternehmerstandpunkt aus wohl erklärlich (der Konkurrenzfurcht wegen), aber meist viel zu derb und unvermittelt durchgeführt worden. Der Akkord war zeitweilig dermaßen in Mißkredit, daß die Unternehmer zum Zeitlohn übergehen mußten. So fand man das Zeitprämiensystem (Halsey) und andere Zwischenformen, führte aber auch Kämpfe um den Leistungslohn, auf den eben nicht verzichtet werden kann. In der Hauptsache darf diese Phase des Kampfes zugunsten des Akkordes als erledigt gelten.

Entscheidend für die Überwindung des unbedingten Bremsens ist die Summe aller jener Maßnahmen geworden, die als Inbegriff einer exakten Betriebsführung gelten: 1. genaueste Zeitkontrolle für alle akkordierbaren Arbeiten. 2. Festsetzung der Akkorde auf Grund dieser Kontrollerfahrungen, insbesondere auch mittels des Teilungssystems. 3. Zuweisung eines täglichen Pensums, bei dessen Nichterfüllung der Arbeiter Stellenverlust zu gewärtigen hat (natürlich nur bei entsprechender Arbeitsmarktlage durchführbar), Lohnkürzung bei Minderleistung. 4. Festheit der Akkordsätze auch bei hohen Tagesverdiensten.

Am verbreitetsten war wohl die Akkordbegrenzung (namentlich in Staatsbetrieben vielfach angewendet) mit einem bestimmten Bruchteil des nach Stunden zu berechnenden Grundlohnes. Sehr verbreitet war die Akkordgrenze 50 vH. Die Arbeiter verstanden es meist sehr gut, sich ziemlich knapp unter der Grenze zu halten.

Rationell verfahrende Betriebsleitungen stellen heute ganz planmäßig „feste“ und „bewegliche Akkorde“ einander gegenüber. Die große Masse der Akkorde sind die festen. Diese meist gut ausprobierten Akkorde werden nur dann „reguliert“, wenn eine technische Änderung im Arbeitsprozeß eingeführt wird. *Die Fortzahlung der Akkorde auch bei hohem Verdienst weckt Vertrauen.* Beweglich, d. h. mit dem Vorbehalt der Änderung werden in der Regel nur Akkorde für die komplizierteren und für selten vorkommende Arbeiten gehalten.

So wird die genaueste Erfassung der möglichen Leistung für den Durchschnittsarbeiter ungemein wichtig.

Ein Gegenmittel hinwiederum der Arbeiter gegen die genaue Kalkulation ist das sog. Akkordschieben. Es ist undurchführbar, daß jeder Arbeiter stets nur mit einem Auftrag beschäftigt ist. Meist vereinigen und zwar gerade die geschickteren Arbeiter gleichzeitig mehrere Aufträge, und zwar länger dauernde in ihrer Hand. Sie sollen dann für jede Arbeit genau die darauf verwendeten Zeiten anmerken. Das geschieht nun mit Rücksicht auf die Akkordgrenze oft so, daß Zeiten von einer auf die andere Arbeit verschoben werden, wodurch z. B. zu hohe Zeitannahmen des Kalkulationsbüros verhüllt werden. Der Unternehmer kämpft dagegen und muß es tun, um die Verläßlichkeit seiner Kalkulation, das genaue Lohnmaß zu sichern. Erfolgreiche Maßnahme dagegen ist nur genaues Zeitstudium und Aufsicht. Wiederholte Entdeckung führt im rationellen Betrieb zum Ausschluß des Arbeiters.

Das Schema der Bestimmungsgründe des tatsächlichen Leistungserfolges weist darauf hin, daß sowohl Leistungsfähigkeit als Leistungswille erfolgbestimmend sind. Beide können auch tatsächlich von der Lohnhöhe günstig beeinflußt werden. Die Hebung einer schon annehmbaren Lebensführung, die durch dauernde Verdiensterhöhung ermöglicht worden ist, wird die gestiegene Leistungsfähigkeit sehr wahrscheinlich in der nächsten Generation, vielleicht auch die gegenwärtige, deutlich erkennen lassen. Aber gewiß auch nur bis zu einem gewissen Grad, dann hört die bessere Lebensführung auf, die Leistungsfähigkeit zu fördern, sie wird sogar hemmend wirken[9]. Und der Unternehmer ist wenig gesonnen, dieser Wahrscheinlichkeit großen Einfluß einzuräumen, zumal da für den einzelnen in Frage kommt, ob die Wirkung der besseren Lebensführung ihm selbst und nicht einem Konkurrenten zugute kommt, oder ob sie dem Kreis von Arbeitsaufgaben überhaupt nützt, in dem die lohnerhöhten Arbeiter wirken, da bislang höhere Lebensführung Abströmen, wenigstens der Nachkommenschaft in andere Facharbeiten, wenn nicht sogar Berufe auszulösen pflegt. Noch problematischer ist die Wirkung einer Lohnsatzerhöhung. Sie wirkt erfahrungsgemäß oft auf eine Verminderung der geleisteten Arbeitstage hin. Der Arbeiter, der dank hoher Akkordverdienste bei Fortsetzung seiner Lebensführung nicht mehr auf jeden Tagesverdienst angewiesen ist, bleibt öfter aus, was für den Betrieb natürlich sehr störend ist, wenn auch kulturell die anderweitige Beschäftigung des schwänzenden Arbeiters unbedenklich, vielleicht sogar — natürlich ganz nach der Verwendung der vom Arbeiter im Betrieb geschwänzten Zeit — wünschenswert sein mag. Hohe Lohnsätze sind ferner direkt geeignet, das Arbeitstempo herabzudrücken, und zwar um so mehr geeignet, je undurchsichtiger die Arbeitsaufgabe für die Akkordeinschätzung ist, d. h. je mehr schwankende natürliche (Materialqualität!) oder betriebliche Einflüsse den Arbeitserfolg mit beeinflussen, Erfahrungen, die in Steinbrüche reichlich gemacht werden.

---

[10] Schloß, Industrial remuneration, 3. ed. p. 288, 1898. Webb, Theorie und Praxis der Gewerkvereine, 1898, I. 207. Knoop, Industrial Conciliation and arbitration 1905. Report on collective Agreements between employers and work people. London 1910, Cd. 5366; Liefmann, Eine neue Form gleitender Lohnskalen in England. Annalen f. soz. Pol. und Ges.I; Zwiedineck, Lohnpolitik und Lohntheorie, 1900, S. 231. Ders., Eine Verbesserung der Form des Systems gleitender Lohnskalen. Ann. f. soz. Pol. u. Ges. I., Hdw. d. Stw. VI 4, Art. Lohnskalen, gleitende (Zwiedineck).

Nicht Lohnerhöhungen, sondern Herabsetzungen der Lohnsätze haben dann die treibende Kraft in der Richtung der Steigerung des Leistungsaufwandes. Beobachtungen, die für die Lohnpolitik des Unternehmers begreiflicherweise kräftige Direktiven und Stützpunkte abgeben.

Mit W. *Weddigen* (a. a. O., S. 326) wird man in der Tat eine gewisse Regelmäßigkeit etwa als ein Gesetz vom abnehmenden Lohnertrag behaupten können. Innerhalb gewisser Schranken wird die Hebung des Lohnes normalerweise in solchem Umfang zur Förderung der Lebenshaltung verwendet, daß durch sie schon eine Steigerung der Leistungsfähigkeit und wohl auch des Leistungswillens regelmäßig bewirkt werden dürfte. Bei weiterer Hebung der Lebenshaltung aber würde die Leistungsfähigkeit des Handarbeiters wenigstens nicht mehr im gleichen, sondern im abnehmenden Verhältnis zu dieser Hebung, und zwar um so weniger steigen, je näher man dem Optimum der Ernährung kommt, weil dann die Verfeinerung der übrigen Bedürfnisbefriedigung beim Arbeiter einen immer weniger günstigen, schließlich ungünstigen Einfluß auf seine Leistungsfähigkeit ausübt. Die Wirkung der Lohnerhöhung kann also, gewisse Masseninstinkte vorausgesetzt, sich ins Gegenteil verkehren. Denn bei steigendem Reallohn befriedigt, sagt Weddigen, naturgemäß der Arbeiter mit den hinzutretenden Quanten seines Lohnes immer weniger dringend empfundene Bedürfnisse, Bedürfnisse also, deren Befriedigung für die Hebung seiner Arbeitskraft immer unwesentlicher werden und schließlich seine Arbeitskraft beeinträchtigen. Vom Standpunkt des Arbeitgebers aus, der den Lohn als Produktionsaufwand auffaßt, läßt sich eben der Wirkungswert dieses Lohnaufwandes auch nicht beliebig steigern, sondern wahrsechnlich wird die Lohnerhöhung nur bis zu einem gewissen Punkt (selbstverständlich individuell sehr verschieden) vielleicht von überproportionalem, dann geraume Zeit von proportionalem, schließlich aber doch nur von merklich sinkendem Erfolg für die Leistung begleitet sein. Dieser Zusammenhang spielt in den Argumenten der Unternehmerideologie keine kleine Rolle, wenngleich die Exaktheit der Beobachtung noch so sehr fehlt, daß die Behauptung auf wirkliche Erfahrung sich wohl nur selten stützen kann. Theoretisch, apriorisch hat die Annahme einer solchen Gesetzmäßigkeit ihre Richtigkeit, da es sich um den technischen Zusammenhang handelt, daß die Verbesserung der Lebensführung von einem gewissen Punkt ab auf Arbeitsfähigkeit und Arbeitswilligkeit nachteilig wirkt. Daß diese Ursächlichkeit technischer Art durch psychische Faktoren (Auffassung der Arbeit als Beruf, Pflichtgefühl, Sparsinn, Verständnis für die sozialwirtschaftlichen Zusammenhänge u. dgl.) ausgeglichen und ausgeschaltet werden kann, steht außer Zweifel, und es spielen auch diese Einflüsse wieder in der lohnpolitischen Denkweise vieler Unternehmer eine Hauptrolle; sie führen zu Wohlfahrtseinrichtungen, deren Wert und Tragweite freilich überwiegend einer ganz anderen Auslegung begegnet.

IV. Herstellung einer Beziehung des Verdienstes oder der Lohnsätze zum Geschäftsgang

Die Regulierung des Arbeitsertrages nach dem Ertrag der Unternehmung, in dem die Arbeit geleistet wird, ist überwiegend eine Idee der sozialen Friedensbestrebungen. Das Unternehmerinteresse weist jedoch auf solchen Zusammenhang, auch schon ganz abgesehen von Friedensinteressen, hin. Der Ertragswert der Arbeitskraft ist für den Unternehmer die Spannung zwischen Arbeitskosten und Nutzen der Arbeitskraft, der im Produktpreis einen gewissen Niederschlag findet. Jene Idee entspricht also auch den ökonomischen Voraussetzungen der Arbeitsertragskraft. Ein solcher Zusammenhang ist in zwei Formen herzustellen gestrebt worden:

1. In einer Art der gleitenden Lohnskala. 2. In der Gewinnbeteiligung.

1. Die gleitenden Lohnskalen[10]

Es ist hier dieser Lohnbestimmungsmethode nur insoweit zu gedenken, als sie sich als Maßnahme der Unternehmung zur Steigerung des Leistungserfolges der Arbeitskräfte darstellt. Dies gilt von jenen gleitenden Lohnskalen, die von der Idee getragen sind, daß der Lohn eine Funktion des Unternehmergewinnes sei.

Sie bezwecken eine automatische Bewegung der Lohnsätze nach den Produktpreisen und damit allerdings nur eine Beziehung zwischen Lohnhöhe und der Möglichkeit eines bestimmten Reinertrages des einzelnen Unternehmens. Der Wert derartiger Skalen für den Unternehmer ist keineswegs durchsichtig. Bei kapitalextensiven Industrien mit hoher Quote der Löhne an den Produktionskosten ist die Verhältnismäßigkeit zwischen Lohn und Produktpreis relativ einfach, daher die Skalen die stärkste Verbreitung in der Bergwerks- und Hüttenindustrie gefunden haben. Immerhin kommen sie auch in Walzwerken, Eisen- und Stahlverarbeitung und in Baumwollindustrien häufiger vor. Da aber die Produktpreisbewegung in solchen Industriezweigen häufig stark von Schwankungen anderer Produktionskosten beherrscht wird, müssen die Unternehmer darauf bestehen, daß ihre Ertragsmöglichkeit nicht bloß nach dem nackten Marktpreis der Produkte beurteilt wird, sondern nach der Spannung zwischen Produktpreisen und den übrigen maßgebendsten Kosten. So ist in dem Hauptbaumwollgebiet Rall River in den Vereinigten Staaten eine gleitende Lohnskala eingeführt, deren Leitskala[11]

[11] Die gleitende Lohnskala (sliding scale) ist immer ein System zweier Skalen; die eine (leitende) umfaßt die verschiedenen Preislagen des Produkts, die andere eben die Löhne, wie sie den einzelnen Produktpreisen angepaßt werden.

durch die Spannungen zwischen dem Marktpreis der Baumwolle einerseits, dem Gewebepreis anderseits gebildet wird. Je mehr Abhängigkeiten von anderen Produktionsfaktoren mehr oder minder gleich stark die Produktpreise beeinflussen, um so schwieriger wird der Aufbau einer solchen Skala, was auch die geringe Verbreitung derselben erklärt. Auch die Schwierigkeit, eine angemessene Funktionalbeziehung zwischen beiden Zahlenreihen zu finden, steigt mit der Undurchsichtigkeit.

Die gegenwärtig namentlich in Deutschland und Österreich so lebhaft umstrittenen gleitenden Lohnskalen haben mit der Lohnpolitik der kapitalistischen Unternehmung nichts zu tun. *Sie sind ein Verteidigungsmittel der Arbeiterschaft gegen die Reallohnminderung bei konstant bleibendem Nominallohn, also gegen die Kaufkraftminderung des Geldes.* Die Unternehmung hat an solchen gleitenden Skalen, deren Zweck automatische Lohnsteigerung im Anschluß und nach Maß der Geldentwertung ist, höchstens das Interesse der Vermeidung schwieriger Verhandlungen über die Lohnhöhe. Im übrigen stellen sich mit solchen gleitenden Lohnskalen, je länger sie wirksam werden, für die Unternehmung überwiegend Nachteile ein[12], so daß sie keinesfalls als Mittel im Dienst der Unternehmung auftreten werden. Immerhin ist beachtenswert, daß auch in Großbritannien die Arbeitgeber sich in großer Zahl zu dieser Methode verstanden haben. August 1921 sollen 2 3/4 Millionen Arbeiter im Bezug von Löhnen gestanden sein, die sich automatisch nach einem Lebenskostenindex bewegten.

2. Die Gewinnbeteiligung[13]

Während die gleitende Lohnskala nur die Voraussetzungen für die Möglichkeit einer gewissen Lohnhöhe in der ganzen Industrie der Arbeitsertragsgestaltung zugrunde legt, will die Gewinnbeteiligung den

---

[12] Erwähnt ist vor allem die Beschleunigung des Dreh-Tempos der „Schraube ohne Ende". Eine mit der Teuerung proportional gestaltete gleitende Lohnskala muß eine Verkehrswirtschaft in die schwerste Geldzerrüttung und damit dem Zusammenbruch zuführen, wenn nicht die Quelle der Lohnunzulänglichkeit z. B. die Kleinheit des Sozialprodukts verstopft wird. Das ist gut erkannt in den „Untersuchungen und Vorschlägen zur Beteiligung an dem Ertrage wirtschaftlicher Unternehmungen". RABI. 1920, Sonderteil, Nr. 3.

[13] Hdw. d. Stw. V[3] Artikel Gewinnbeteiligung (Wirminghaus); Böhmert, Die Gewinnbeteiligung, 1878; Ders., Die Gewinnbeteiligung der Arbeitnehmer in Deutschland, 1902; Waxweiler, La participation aux bénéfices, 1898; Schloß. Industrial remuneration 17., 21. Kap. 3. ed. 1898; Gilmann, N. P., Profitsharing 1900; Heissner, Die Gewinnbeteiligung der Arbeiter in Deutschland. Ann. d. D. R. 1907; Brandt, Gewinnbeteiligung und Ertragslohn, 1907, dort auch weitere Literatur. Gruner, Arbeitergewinnbeteiligung, 1919. Untersuchungen und Vorschläge zur Beteiligung der Arbeiter an dem Ertrage wirtschaftlicher Unternehmungen. Sonderbeilage z. RABl. Nr. 3, 1920. Goldschmidt, Die Gewinnbeteiligung der Arbeitnehmer, 1922. Wendlandt, Die Umsatz-, Gewinn- und Kapitalbeteiligung der Arbeitnehmer in Handel und Industrie (1922 mit guter Literaturübersicht). Lippert, Der Gewinnbeteiligungsgedanke und seine

Arbeitern einen Ertrag zukommen lassen, der unmittelbar nach dem tatsächlich erzielten ökonomischen Erfolge einer konkreten Unternehmung sich ändert. Automatische Regulierung soll also auch hier erreicht werden, aber immerhin schon nicht für alle gleichartigen Arbeiter eines Industriezweiges gleichmäßig, sondern eben in Abhängigkeit von der individuellen Wirtschaftslage der unter sehr verschiedenen Bedingungen produzierenden Unternehmungen.

Die Beteiligung der Arbeiter am Gewinn ist eine höchst individuelle und heute immer noch sehr vereinzelte Aktion der Unternehmerpolitik, die häufig mehr in sozialpolitischen als erwerbswirtschaftlichen Zwecken wurzelt. *Als Unternehmermaßnahme zielt sie auf Steigerung der Arbeitswilligkeit und Erhöhung der Beständigkeit des Arbeitsverhältnisses ab, wie durch Prämien und Akkorde. Ferner soll erreicht werden: Interesse des Arbeiters am Gedeihen des Werkes, ein gewisses Verantwortlichkeitsgefühl im Arbeiter für dieses Gedeihen und allmähliches Erfassen der Bedingtheit des ökonomischen Erfolges der Unternehmung durch anderes als den Arbeitsaufwand.*

Von Gewinnbeteiligung ist streng genommen nur zu reden, wenn neben dem vereinbarten Lohn (der aber im Hinblick auf die Gewinnbeteiligung nicht herabgedrückt sein darf), nach festen Bestimmungen ein auch der Höhe nach nicht von der Willkür des Unternehmers bestimmter Gewinnanteil dem Arbeiter zukommt. In allen anderen Fällen von Zuweisungen aus den Gewinnen liegt irgendeine Art von Prämienzuweisung oder dgl. nicht aber Gewinnbeteiligung vor. Die vorkommenden Fälle lassen folgende Kategorien der Gewinnbeteiligung erkennen:

Erstens: Individualanteilsysteme, bei denen der Anteil des einzelnen Arbeiters aus dem „Gesamtbonus" berechnet und ihm zugewiesen wird. Zweitens Kollektivbeteiligungen, bei denen ein dem einzelnen Arbeiter zufallender Bonus überhaupt nicht berechnet wird, der Gesamtanteil aller Anteilsberechtigten vielmehr zu kollektiven Zwecken Verwendung findet, insbesondere zur Unterhaltung gewisser Wohlfahrtseinrichtungen u. dgl. (vorbildlich ausgebildet in den Krupp-Werken, wo dieser den Wohlfahrtseinrichtungen zugeflossene Gewinnanteil Jahre hindurch die Höhe der ausgeschütteten Dividende erreicht[14]. Drittens: Die Fälle eines gemischten Systems, das sich als Kombination aus beiden ersten Arten ergibt.

Grundlagen 1922; Feilchenfeld, Die Gewinnbeteiligung der Arbeiter und Angestellten in Deutschland, 1922. Für englische Verhältnisse der „Report on profitsharing and labour copartnership in the United Kingdom" des Ministry of labour 1920 (Cmd. 544). Fortlaufend berichtete „Der Arbeiterfreund" über die Gewinnbeteiligung 1862—1914.

[14] Vgl. Kruppsche Mitteilungen vom 8. März 1919.

Je weiter die Einflußnahme auf die Leistungswilligkeit gehen soll, um so größer müssen die individuellen Anteilmöglichkeiten sein. Wird die Gewinnbeteiligung als direkte Unternehmermaßnahme verwirklicht, so liegt es nahe, anzunehmen, daß die Absicht darauf gerichtet ist, eine kapitalistische Denkweise im Arbeiter zu erwecken; aber dann müssen, soll das Ziel erreicht werden, die Gewinnanteile individuellem Rechtserwerb entspringen (Individualanteilsystem) und entsprechend hoch sein. Leichter ist's, begnügt sich der Unternehmer mit bloßer Fesselung der Arbeiter an seinen Betrieb. Verschiedene Enquêten (die letzte vom Böhmert 1901 unternommene) haben gezeigt, wie oft Versuche, mit vollen Hoffnungen begonnen, an den großen Schwierigkeiten der Durchführung scheiterten. In vielen Geschäftszweigen ist die Gewinnbeteiligung fest eingelebt, aber nur für beamtenartig gestellte Hilfskräfte. Die Übertragung der Gewinnbeteiligung auf die Entlohnung des niedrigen Hilfspersonals der Massen eines Betriebes ist das eigentliche umstrittene Problem. Die erfolgreichsten Fälle: des Baumalereigeschäfts Léclaire in Paris, der Einrichtungs- und Gerätefabrik J. B. A. Godin zu Guise und der Carl-Zeiß-Werke in Jena (optische Werkstätten)[15] sind aus sozialpolitischen Motiven und Gerechtigkeitsidealen entstanden. Auch der Deutsche Freese[16] hat trotz günstiger Erfahrungen, die er mit dem System gemacht hat, nicht überzeugen können, daß das Unternehmerinteresse durch das System an sich — also abgesehen von dem Einfluß der Persönlichkeit des Betriebsleiters — gefördert wird.

Auf die betriebliche Eigenart kommt zweifellos auch viel an. Das Zahlenverhältnis: Gewinnanteil zur Lohnsumme, das nur in Ausnahmefällen 7 vH und darüber erreicht, meist aber unter 5 vH geblieben ist, wird nur bei einer sehr aufgeklärten Arbeiterschaft jene dem Unternehmer günstige Wirkung ausüben. Das Verhältnis selbst wird aber meist dann gerade höher sein können, wenn die Zahl der Arbeiter relativ niedrig, also in kapitalintensiven Industrien und Betrieben, dort gerade, wo ohnehin der Unternehmer höhere Löhne zu zahlen in der Lage ist und die Arbeiter in Kenntnis dieser Situation des intensiveren Arbeitsbedarfs der Unternehmung relativ hohe Löhne fordern und zu erreichen pflegen. Das sind so und so oft gerade Industrien, in denen die Erfolge von den anderen Produktionsfaktoren mehr abhängen (Rohstoffeinkauf, Betriebskraftverhältnisse u. dgl.) als von dem Maß der Leistungswilligkeit der Arbeiter. Industrien mit einer hohen Lohnquote unter den Produktionskosten, die auf 1 Million Kapital etwa 1000 Arbeiter mit 1—1 1/2 Million Mk. Lohnaufwand aufweisen, sind natürlich viel weniger in der Lage, dem einzelnen Arbeiter einen in Prozenten des Lohnes nennenswerten Gewinnanteil zukommen zu lassen. Der starke Glaube

[15] Abbe, Sozialpolitische Schriften 1906.

[16] Freese, Die Gewinnbeteiligung der Angestellten, 1905.

an die Wirkung der Gewinnbeteiligung ist großenteils auf die Nichtbeachtung dieser Grundverhältnisse zurückzuführen.

In der bekanntlich wirtschaftlich sehr günstig gestellten Carl-Zeiß-Stiftung hat seit 1896 die jährliche Nachzahlung nie mehr als 150 bis 200 Mark je Kopf betragen, ein Jahr hatte sogar nichts gebracht. Man beachte auch die weitgehende Übereinstimmung verschiedener Berechnungen über die mögliche Höhe eines solchen Gewinnanteils der Arbeiter und Angestellten nach Maßgabe der von den Unternehmungen erzielten Reingewinne: z. B. für die Hannoversche Maschinenbau-AG (Hanomag) 270 Mark durchschnittlich für den Arbeiter, 400 Mark für den Beamten, für die Bergwerke des Essener bergbaulichen Vereins 240 Mark, für 66 verschiedene industrielle Großunternehmungen 270 Mark (nach Handelskammerbericht, Berlin 1919), stets unter der Voraussetzung vollständiger Ausschüttung des ganzen Gewinnes an die Arbeitskräfte (RABl. 1920, Sonderbeilage Nr. 3). Im Verhältnis zum Lohn belief sich der Gewinnanteil tatsächlich bei Zeiß in der Regel auf 8—10 vH, bei Freese auf 0,63—3,66 vH des Arbeitslohnes, neuestens $7^{1}/_{3}$ vH, bei Rösler-Rodach 10—15 vH der Gehälter und Löhne.

Gegenüber der Geringfügigkeit der Anteile glaubt man in neuerer Zeit neue Methoden empfehlen zu sollen, mit denen die Gewinnbeteiligung auf eine neue Grundlage, nämlich auf Kapitalsanteil des Arbeiters am Unternehmen gestellt werden soll. *Der Arbeiter soll, sei es in Form von Kleinaktien* (von 200 MK. Nominale), *sei es in Arbeits- oder ternehmung erhalten.* Die leitenden Gedanken sind dabei auf zwei Ziele, *Arbeiteraktien oder in anderer Weise ein Miteigentumsrecht an der Un-* Steigerung der Produktionsenergie, des Leistungswillens, wie auch Steigerung des Sparsinnes eingestellt[17]. Beide liegen in derselben Richtung, in der sich die Lohnpolitik der kapitalistischen Unternehmung bewegt, beide bedeuten eine Entwicklung des Arbeiters, die der Unternehmung nützt.

Daß mit der Veränderung des Arbeitsverhältnisses in Deutschland unter dem Einfluß der Revolutionsgesetzgebung neuartige Voraussetzungen für die Verwirklichung der Gewinnbeteiligung geschaffen worden sind, ist nicht zu verkennen. Die Publizität der Unternehmungserfolge ist eine andere geworden (Betriebsräte), die Gefahr der Überzeitarbeit zwecks Gewinnsteigerung ist sehr vermindert, ebenso auch die Gefahr der Solidaritätsabschwächung angesichts der Verallgemeinerung des Kollektivertrages. Dennoch besteht das Mißtrauen der Arbeiterschaft gegen dieses „Lohnsystem“ noch fort, wie das z. B. die Haltung des Schweizer Gewerkschaftsbundes erkennen läßt. Die deutsche Arbeiter-

---

[17] Vgl. die systematische Übersicht über die Methoden in Kaskels Bericht an den 31. Deutschen Juristentag, RABl. (N. F.) I.

schaft verhält sich weniger feindselig, mehr abwartend[18]. Gleichviel, wie die Arbeiterschaft sich dazu stellt — daß ihre ablehnende Haltung ein Argument für die kapitalistische Zweckdienlichkeit der Gewinnbeteiligung sein müsse, ist jedenfalls unrichtig — sie kann, und zwar namentlich in kapitalintensiven Industrien bei Bestand eines vertrauensvollen Arbeitsverhältnisses ein wirksames Mittel auch zugunsten der Unternehmung sein, obgleich dagegen geltend gemacht werden könnte, daß gerade die schärfer einseitig kapitalistisch orientierten Unternehmungen sie bisher nicht aufweisen. Immerhin verdient es die größte Aufmerksamkeit, daß von deutscher Arbeitgeberseite aus maßgebendem Mund ein Bekenntnis zur Gewinnbeteiligungsmethode aus jüngster Zeit vorliegt[19]. Man bedauert, daß die politischen Hemmungen das Beschreiten dieses Weges zu einem Ausgleich der Gegensätze und zur Leistungssteigerung erschweren. Für die Unternehmungsinteressen kommt aber allerdings immer nur eine individualistische Methode der Gewinnbeteiligung in Frage, kaum die sozialisierenden Formen, etwas jene, bei denen auf die Arbeiterschaft einer ganzen Industrie deren Gesamtgewinne verteilt werden sollen.

Die Gewinnbeteiligung mag man immerhin als Entlöhnungsmethode, die Gewinnanteile der Arbeiter als Teil des Lohnes ansehen, sie *stellt doch keine Lösung des Lohnproblems dar;* dieses bleibt daneben aufrecht bestehen und ist gerade, wo die Gewinnbeteiligung eine unternehmenfördernde Wirkung ausüben soll, um so wichtiger, als die individuellen Gewinnanteile meist nach der Lohnhöhe bemessen, jedenfalls im Verhältnis zu dieser beurteilt werden und danach auch psychologisch wirken[20]. Der Unternehmer begreift es, daß der Arbeiter es vorzieht, den sicheren Lohn seines höheren Leistungsaufwandes im Akkord unmittelbar ausgezahlt zu erhalten, statt sich auf die Dividende in ihrer ganzen Unsicherheit ein ganzes Jahr freuen zu dürfen. *Der Weg vom Leistungsaufwand zum Erfolg ist für die Masse der Arbeiter zu weit und die treibende Kraft verliert wie in der elektrischen Kraftübertragung mit der Länge der Leitung*[21].

---

[18] N. Z. 40. Jg., II., S. 369 (Schöttler), ferner Korresp. Bl. d. A. D. Gew., Bd. 1920, Nr. 9 und 10.

[19] K. Sorge, Vorsitzender der Vereinigung deutscher Arbeitgeberverbände in „Der Arbeitgeber“ 1923, S. 36.

[20] Gegenteiligen Standpunkt vertritt Kumpmann, Zur Systematik der Lohnmethoden. Arch. f. Sozw. 36. Bd. ohne m. E. zu überzeugen, da er das psychologische Moment ganz übersieht; meinen Gedankengang verkennt K. vollständig, denn es fehlt bei mir jede Wertungstendenz. Meine Auffassung findet eine gewisse Stütze in einem der Leitsätze des ausgezeichneten Berichtes Kaskels (vgl. oben): Eine Gewinnbeteiligung darf den Arbeitslohn niemals ersetzen, sondern nur ergänzen, sie ist daher bei der Lohnfestsetzung unberücksichtigt zu lassen.

[21] Eine mehrmalige Ausschüttung kleiner Gewinnteile im Laufe des Jahres wurde als Abhilfe empfohlen, käme namentlich in Zeiten konstant wach-

In Großbritannien ist das Verständnis für die Gewinnbeteiligung nach den Feststellungen des Report on Profit-sharing and labour — Co-Partnership (Cmd. 544; 1920) vergleichsweise besser verankert als auf dem Kontinent. Seit 1865 sind nach den amtlichen Ermittlungen 380 Fälle festgestellt worden, von denen allerdings 1919 nur 182 Verträge noch in Kraft standen. Die deutschen Versuche sind weit weniger an Zahl, etwa ein Viertel. Zur Zeit der englischen Berichterstattung befanden sich rund $^1/_4$ Million Arbeiter in einem Arbeitsverhältnis mit Gewinnbeteiligung. Dazu kam Juni 1921 die Gewinnbeteiligung der Bergarbeiter, so daß damit etwa $1^1/_4$ Millionen Arbeiter gewinnanteilsberechtigt waren, etwa ein Achtel der ganzen Berg- und Industriearbeiterschaft. *Der Report spricht sich im allgemeinen sehr günstig über das System aus, rühmt namentlich die Fälle, in denen mit der Kapitalbeteiligung (Co-Partnership) der Arbeiter die Einsetzung eines Ausschusses verbunden war, dessen Wirksamkeit das Verständnis der Arbeiter für die Unternehmungsprobleme zu fördern vermocht habe.* Vielleicht führt der Gang der Entwicklung in *Großbritannien* in breiterer Linie *von der Gewinnbeteiligung zur Vertretung der Arbeiterschaft in der Betriebsleitung, in Deutschland umgekehrt von den Betriebsräten zur Gewinnbeteiligung.* Das weiteste Maß von Mitbestimmungsrecht der Arbeiter lassen jene allerdings vereinzelte Fälle der Co-Partnership eintreten, in denen dem Co-Partnership-Comittee eine Kontrollbeteiligung auch gegenüber der ökonomischen Führung des Unternehmens nach außen (kaufmännische Aufgaben) zusteht.

sender Teuerung auch besonders in Betracht, ist aber mit erheblichen Schwierigkeiten verbunden z. B .Verständigung beider Parteien über die Notwendigkeit der Abschreibungen u. dgl.

Gewinnbeteiligung (1927)*

1. Begriff und Begriffsmerkmale der Gewinnbeteiligung

Gewinnbeteiligung ist nach dem Stand der Literatur ein Name, der mit teilweise recht wenig gleichartigen Erscheinungen verknüpft wird. *Es sei vorweg gesagt, daß die wissenschaftliche Erörterung neben der spezifisch-politischen unter der Ungeklärtheit des Begriffes Gewinnbeteiligung sehr gelitten hat.* Überraschen kann das jedoch bei einer Erscheinung der Wirtschaftspolitik, bei der sowohl wirtschaftliche als rechtliche Vorstellungen für die begriffliche Kennzeichnung maßgebend sind, durchaus nicht.

Es handelt sich im folgenden, das sei festgehalten, nur um Gewinnbeteiligung von Arbeitnehmern und nicht z. B. von Kunden einer Unternehmung, allerdings um Arbeiter-Gewinnbeteiligung in verschiedenen Formen, also in einem weiteren Sinne, *immer aber um die Erscheinung, daß Lohnempfänger von den arbeitenden und für geleistete Arbeit eben Lohnpreise zahlenden Unternehmungen oder Betrieben über diese Lohnpreise hinaus Geldbeträge aus dem Titel eines Anteiles an dem Reingewinne zufließen müssen,* sobald ein solcher erzielt wird. Danach gehört zu den konstitutiven Begriffsmerkmalen der hier zu behandelnden Gewinnbeteiligung, daß in irgend einem Arbeitsverhältnis zu einer auf Geld-Reinerträge abzielenden Unternehmung stehende Arbeitskräfte (Angestellte, Beamte, Gehilfen, Arbeiter usf.) einen preismäßig ausbedungenen Lohn beziehen und daß außer diesem auf Grund einer rechtlichen Norm (Vertrag, Statut, Betriebsordnung oder dgl.) eben ein Teil des nach bestimmten Grundsätzen ermittelten Reingewinnes ihnen zuzukommen hat.

Das Schillern der Gewinnbeteiligung ergibt sich in der Praxis einmal schon aus der Verschiedenheit der rechtlichen Normen, die die Grundlage der Leistung des Gewinnanteiles an die Lohnempfänger bilden, dann aber auch aus der Verschiedenheit der Motive oder Zwecke, auf die die Entstehung einer Gewinnbeteiligung zurückzuführen ist. Theoretisch ist für die Verschwommenheit des Begriffes der Mangel an Schärfe in der Begriffsbildung und in der Erfassung eben der theoretischen Zusammenhänge verantwortlich zu machen, die in der Motivation der Gewinnbeteiligung bedeutsam sein können.

---

* Handwörterbuch der Staatswissenschaften, IV. Auflage, Bd. IV, Jena 1927.

Der Begriff Gewinnbeteiligung fußt dem Gesagten zufolge auf einem Residuum, einem Restbetrag am Erlös für verkaufte Ware, der sich nach Deckung der auf die Herstellung oder Beschaffung der Ware aufgewendeten Kosten von dem Erlös erübrigt. Dieses Residuum ist abhängig von den Löhnen, die die Lohnempfänger zu erhalten hatten, denn diese sind eben Kosten, deren Höhe als ein Subtrahend über den Rest mit entscheiden. Danach erscheint aber die übliche Auffassung der Gewinnbeteiligung als „Lohnsystem" irreführend und bringt Unklarheit in die Erörterung[1]. *Es ist jedenfalls ein Fortschritt, in der Gewinnbeteiligung ein Arbeitssystem sui generis zu erfassen.*

Gerade mit Rücksicht auf diesen Charakter, den die Gewinnbeteiligung zweifellos erhalten kann, ist nicht zu verkennen, daß die Gewinnbeteiligung offenbar auch in Formen vor sich gehen kann, die das Verhältnis zwischen der arbeitgebenden Unternehmung und den gewinnanteilsberechtigten Arbeitern einem genossenschaftlichen annähern, und insoweit ist es nicht unbegreiflich, daß der Gedanke aufkommen konnte, die Gewinnbeteiligung als Unternehmungsform aufzufassen. Die Grundlage für eine solche Auffassung könnte aber nur aus vereinzelnten Fällen gefunden werden, in denen mit dem System der Gewinnbeteiligung noch ein Mitverwaltungs- und Mitbestimmungsrecht der Gewinnanteilsberechtigten im Rahmen der Unternehmungsleitung verbunden sein mag. Das ist aber eine Rechtsgestaltung, die mit dem Gewinnbeteiligungsprinzip an sich gar nichts zu tun hat, höchsten insofern sekundär aus diesem zur Entwicklung kommen kann, als die Gewinnbeteiligung nicht selten so konstruiert wird, daß den anteilsberechtigten Arbeitnehmern eine Kontrolle an der Feststellung des für den einzelnen Anteil grundlegenden Reingewinnes eingeräumt wird. Aus solchem Kontrollrecht kann natürlich unter Umständen auch ein weitergehender Einfluß auf die Leitung in mehr oder minder raschem Zeitmaß sich entwickeln.

Von solcher bisher nur singulären Gestaltung der rechtlichen Grundlagen der Gewinnbeteiligung ist also das absolut konstitutive Element, daß den Lohnempfängern ein Rechtsanspruch auf einen Gewinnanteil zusichert werden muß, wohl zu unterscheiden. *Kein Gewinnbeteiligungssystem liegt vor, wenn aus den erzielten Gewinnen nach Gutdünken der Unternehmensleitung den Lohnempfängern ein Geschenk (Gratifikation oder dgl.) — mag dasselbe auch immerhin eine bestimmte Quote des Reingewinns sein — zukommt.*

Umstritten ist die Frage, ob es zum Wesen der Gewinnbeteiligung gehört, daß der Anteil am Gewinn, der den Arbeitnehmern zuzukommen hat, auf die einzelnen Arbeitenden und Angestellten verteilt werden

[1] Daß unter Umständen die Gewinnbeteiligung etwas mehr vom Lohnsystem an sich haben kann, ist einzuräumen, so z. B. in dem Übereinkommen mit Gewinnbeteiligung, das den englischen Bergarbeiterstreik 1920 abschloß.

müsse, oder ob auch die Zuweisung eines solchen Gewinnanteiles an irgendwelche zugunsten der Lohnempfänger bestehenden Versorgungs- oder dgl. Kassen oder sonstige Wohlfahrtseinrichtungen, die unter allen Umständen im rechtlichen Zusammenhang mit der Unternehmung bleiben, erfolgen könne, so daß der einzelne Anteilsberechtigte nur indirekt als Nutznießer einer solchen mit Gewinnquoten bedachten Kasse oder dgl. in den Genuß seines Anteiles gelangt. Unseres Erachtens ist darin nur eine besondere Art der Gewinnbeteiligung zu sehen (vgl. unter 3).

Dagegen kann doch wohl eine Gewinnbeteiligung in dem hier angedeuteten Sinne nicht vorliegen, wenn es sich um Leistungen an oder für die Lohnempfänger handelt, die zu dem Gewinnergebnis der Untersuchung in gar keiner Beziehung stehen, so namentlich Prämien (die vielleicht privatwirtschaftlich demselben Zwecke dienen mögen wie die Gewinnbeteiligung) oder sonst irgendwelche Vergeltungen, die nach der Produktionsmenge oder sonst einem Leistungserfolge (rewards proportionate to output or to an increase of outpout) bemessen und zuerkannt werden. Das ist im wesentlichen auch die Auffassung, die in dem 1920 dem englischen Parlament vorgelegten Regierungsbericht vertreten wurde. Daher können auch alle sog. Umsatzbeteiligungen nicht als Gewinnbeteiligungen gelten, wenn mit der neben dem vereinbarten Lohn den Angestellten oder Arbeitern zukommenden Leistung eben auch nur eine Prämie ausbezahlt wird, die nach der Höhe des Umsatzes in einer vorausgegangenen Wirtschaftsperiode bemessen wird. Umsatzhöhe wird zwar wohl in der Regel den Gewinn mitbestimmen und dieser kann dem Umsatz proportional sein, wie namentlich oft in Handelsgewerben, aber diese Proportionalität ist durchaus ohne zwingende Kausalität. Solche Prämien werden aber regelmäßig als Kosten behandelt und sind demnach Abzugsposten, die den Gewinn verkleinern. Gewinnbeteiligung ist die Umsatzbeteiligung also nur dann, wenn die Leistung wirklich aus dem vorher festgestellten Gewinn und die Berechnung der Gewinnquote nach dem Umsatz erfolgt.

2. Motive, Zwecke und Aufgaben der Gewinnbeteiligung

Die Idee einer Beteiligung der Angestellten und Arbeiter am Gewinn der Unternehmung kann drei Kategorien von Beweggründen entspringen:

1. *Dem privatwirtschaftlichen Interesse der Unternehmung,* die ihrer Arbeiterschaft einen Anteil am Reingewinn zugestehen will, weil sie es als zweckmäßig erkennt, Opfer zu bringen, *um sich die Arbeiterschaft zu erhalten oder um die Arbeiter so sehr für den Gewinnerfolg der Unternehmung zu interessieren, daß die Arbeitsleistung aus diesem Interesse heraus aufs höchstmögliche gesteigert wird.* Dem Arbeiter wird also ein Teil des Gewinnes zugestanden, weil die marktmäßige

Erwerbung der Arbeitsleistung, d. h. ihre Erwerbung gegen den Marktpreis „Lohn", den erwünschten Energieantrieb, den Willen zur höchsten und besten Leistung nicht erwarten läßt. Diese auf die Erwerbsinteressen des einzelnen Arbeiters abgestellte Maßnahme wird namentlich dann unternommen werden, wenn dem Leistungswillen des Arbeiters, sei's quantitativ, sei's qualitativ, ein besonderer Einfluß auf den Unternehmungserfolg zukommt.

2. *Einer Gerechtigkeitsidee, indem ausgehend von der Kritik des Unternehmungsgewinnes die Arbeit als am Gewinn anteilsberechtigter Produktionsfaktor erklärt wird.* Die Kritik kann nun verschieden weit gehen, am weitesten in der Idee eines Rechts auf den vollen Arbeitsertrag, dessen Verwirklichung aber nicht zur bloßen Gewinnbeteiligung, sondern zu ausschließlichem Gewinnbezug führen würde[2]. Die Forderung der Gewinnbeteiligung ist getragen von der Überzeugung, daß die marktmäßige Gestaltung des Lohnpreises regelmäßig einen starken Einschlag von seiten der Macht her habe, daß der Anteil des Produktionsfaktors Arbeit am Zustandekommen des im Produktpreis zustande kommenden Wertes mit dem Lohne nicht immer erschöpft werde. Die Gewinnbeteiligungsidee „will nicht Entlohnung ohne Rücksicht auf den Ertrag, sie will nicht Entlohnung durch den Ertrag; sie will Entlohnung teilnehmend am Ertrag" *(Lippert)*, weil sie außer der durch den festen Lohn zu sichernden Existenz den Wert der Arbeitsleistung nur in Abhängigkeit von der Produktivität der Arbeit setzen kann und will, auf die Produktivität aber erst aus dem Reinertrag geschlossen werden kann.

3. *Der sozialen Zweckmäßigkeit,* insofern man sich von der Beteiligung der Arbeitnehmer am Gewinn der Unternehmung, in der sie ihre Arbeitskraft einsetzen, *eine Abschwächung des Interessengegensatzes zwischen beiden Arbeitsvertragsparteien* verspricht. *Die Gewinnbeteiligung wird damit nicht nur zum Mittel der ausgleichenden Gerechtigkeit, sondern im vollsten Sinne der sozialen Politik.* Aber es schließt diese sozialpolitische Motivierung der Gewinnbeteiligung die anderen Zwecke, die Steigerung des Leistungswillens und die tatsächliche Förderung der Produktivität, durchaus nicht aus, im Gegenteil, sie wird sie in der Regel mit verfolgen. Noch selbstverständlicher gilt das von der ethischen Motivierung (2).

Es bedarf keines Beweises, daß alle diese Motivationen ihre Berechtigung haben, wie die Werturteile, von denen sie ausgehen. Wenn es gelänge, die Motive aufzudecken, von denen die Schöpfer der vielen Verwirklichungen des Beteiligungsgedankens sich haben leiten lassen, so

[2] Es ist daher logisch nicht richtig, wenn die Idee eines Rechts auf den vollen Arbeitsertrag nur als Überspannung des Gewinnbeteiligungsgedankens bezeichnet wird (Lippert).

würde gewiß für jede dieser Kategorien eine Reihe von „Beleg“-Fällen beizubringen sein, am wenigsten vielleicht für die erste. Dabei ist nicht zu übersehen, daß die Träger der ethischen Idee am besten daran sind, da die Tatsache der Gewinnbeteiligung ihnen genügt und ein Funktions- oder Wirkungswert, ein bestimmter Erfolg, für sie nebensächlich sein muß. Dagegen ist die Auswirkung des Beteiligungssystems in der den Zwecken entsprechenden Richtung Voraussetzung der Rationalität der Einführung und es bedarf daher die Möglichkeit solchen Erfolges einer Prüfung.

3. Erscheinungsformen und Arten

Die Verwirklichung der Idee, die als Gewinnbeteiligung im weiteren Sinne zu erfassen ist, ist im Laufe der acht Jahrzehnte, die seit dem ersten bekannten Experiment verflossen sind, in verschiedenen Formen vor sich gegangen oder vorgeschlagen worden. Eine Unterscheidung von Arten kann abgesehen von weniger wichtigen Gesichtspunkten in folgenden Beziehungen erfolgen:

I. Nach dem Objekt, das für die Beteiligung in Frage kommt, gibt es drei Möglichkeiten:

1. eine Beteiligung an der einzelnen Unternehmung, der ein Arbeitnehmer angehört
2. eine Beteiligung der Arbeiterschaft eines ganzen Gewerbezweiges an den Gesamterträgnissen aller Unternehmungen des Gewerbezweiges;
3. eine Beteiligung der Arbeiterschaft an der Gesamtwirtschaft eines Landes, höchstens noch nach den großen Erwerbszweigen geschieden.

Als eigentliche Gewinnbeteiligung galten bisher nur Fälle der ersten Art. Unter dem Druck der Nachkriegsnöte gewann der Gedanke auch in sozialistischen Kreisen Raum, und so kam es zu Vorschlägen von Kompromißgebilden zwischen individual- und kollektivwirtschaftlichem Charakter.

II. Nach dem Subjekt, das an dem Gewinn unmittelbar teilnimmt:

1. Individualanteilsysteme, bei denen der Anteil jedes einzelnen Arbeitnehmers unmittelbar in der festgesetzten Höhe (z. B. 5 vH des Jahreslohneinkommens) ausgeschieden oder aus der ganzen an die Arbeiterschaft abzugebenden Quote des Gewinnes (Gesamtbonus) berechnet und zugewiesen wird;
2. Kollektivbeteiligungen, bei denen ein dem einzelnen Arbeitnehmer zufallender Bonus überhaupt nicht berechnet wird, sondern der

Gesamtanteil aller Berechtigten zu kollektiven Zwecken Verwendung findet, insbesondere zur Erhaltung und Ausgestaltung gewisser Wohlfahrtseinrichtungen;

3. gemischte Systeme, die sich als Kombination aus den beiden ersten Arten ergeben. Da auch jede dieser beiden Arten eine Reihe von Unterarten aufweisen kann, kann es eine Mehrheit von Kombinationen geben.

III. Nach der Grundlage des Gewinnbezuges:

1. Gewinnbeteiligung i. e. S., wenn die Gewinnzuweisung unmittelbar auf Grund der Werktätigkeit während der Periode, auf die der Gewinn entfällt, bezogen wird (profitsharing);
2. Kapitalbeteiligung, wenn die Gewinnquote bezogen wird auf Grund und nach Maßgabe eines nominellen Kapitalanteils am Unternehmen (co-partnership);
3. eine Kombination aus den ersten beiden Arten, wenn die nach 1. bezogenen oder zugeschriebenen Gewinne zur Erwerbung von Kapitalanteilen verwendet werden, wobei wieder diese Verwendung
   a) freiwillig oder
   b) zwangsweise
   vorgesehen sein kann.

Auch innerhalb dieser Gruppe von Arten (III) wird man Übergangs- und Zwischenformen feststellen können, so insbesondere die Zuweisung der individuellen Gewinnanteile an eine Zwangssparkasse, sei's mit, sei's ohne Guthabensperre oder wenn die Gewinnzuweisung nach Maßgabe des individuellen Guthabensperre oder wenn die Gewinnzuweisung nach Maßgabe des individuellen Guthabens in einer Zwangssparkasse erfolgt, wobei wieder die Höhe der Gewinnzuweisung zu demselben Hundertsatz geschehen kann wie die Dividende des Aktienkapitals u. dgl. m.

Der Unterschied zwischen einer Sparkasseneinrichtung, bei der die Einlagen der Arbeitnehmer in Höhe der Gesellschaftsdividende verzinst werden, einerseits und einer Kapitalbeteiligung andererseits besteht darin, daß *der Arbeitnehmer als Aktienbesitzer in das Mitbestimmungsrecht über die Unternehmung hineinwächst,* daß er aber eben auch das so erworbene Kapital in der Unternehmung, aus der er sein Arbeitseinkommen bezieht, riskiert, während er als Sparguthabenbesitzer doch ein privilegiertes Gläubigerrecht hat.

Die dargelegten Arten, Unterarten und Kombinierungen solcher lassen wohl schon erkennen, welche Fülle von Möglichkeiten für die Verwirklichung des Prinzips besteht. Da aber die Verwirklichung auch noch von dem Geist, in dem die Durchführung erfolgt, weitgehend abhängt, ist es allzu begreiflich, daß die vergleichende Beurteilung der verschiedenen Arten äußerst schwierig und selten genügend objektiv ist. Man wird z. B. die vielen ungünstigen Urteile über die Kollektivbeteiligungen nicht grundsätzlich gelten lassen können, wenn man einen unmittelbaren Eindruck von dem Segen gewonnen hat, der von den verschiedenen Wohlfahrtseinrichtungen der Firma Krupp in Essen ausgegangen ist, und der seinen Ursprung und Wesen nach nichts anderes als Gewinnbeteiligung war, wenngleich kein bestimmter Gegenkontrahent für die Verpflichtung vorhanden war, die sich die Firma auferlegte und nach denen sie in 10 Geschäftsjahren aus den Gewinnen jährlich durchschnittlich 21 Mill. M. der Arbeiterschaft kollektiv zuwies, allerdings nicht zu freier Verfügung der Arbeiterschaft, aber dafür mit um so intensiverer Nutzung dieser Riesensummen zu deren Vorteil. Je Kopf der Arbeiterschaft würde beim Individualsystem ein Betrag in Höhe von 5—10 vH des Jahreslohnes entfallen sein.

Es ist ohne weiteres klar, daß die praktische Gestaltung der Gewinnbeteiligung, also die Wahl der Erscheinungsform, auf den mit ihr verfolgten Zweck eingestellt werden muß und zwar um so mehr, je mehr auf die Auswirkung der Einrichtung ankommt, also je stärker der Wunsch ist, mit der Gewinnbeteiligung eine Erhöhung des Leistungswillens der Arbeitnehmer, eine Stabilisierung der Arbeitsverhältnisse, eine freundlichere Stellung der Arbeitnehmer gegenüber der Unternehmung und letzten Endes auch den anderen Gesellschaftsschichten herbeizuführen. Gerade von diesem Gesichtspunkt aus ist die Ablehnung der Kollektivbeteiligungen als unechter Gewinnbeteiligungen gewiß nicht zu rechtfertigen, wenngleich zuzugeben ist, daß *die kollektive Nutzung der Gewinnanteile ein höheres Maß von Intelligenz und Vorurteilslosigkeit bei der Arbeiterschaft voraussetzt, wenn sie der sozialen Pazifierung dienen soll.* Die Aussicht auf den Genuß von Wohlfahrtseinrichtungen, die durch Gewinnanteile entfaltet und erhalten werden, wirkt wohl nur bei einer wirtschaftlich reiferen, intelligenteren, oft nur kleinen Minderheit, vor allem am wenigsten bei jungen Arbeitskräften in der Richtung einer Steigerung des Leistungswillens und der sozialen Versöhnlichkeit.

Demzufolge wird aber auch bei Verwendung der Gewinnbeteiligung als sozialpolitisches Mittel die Wahl der Form davon abhängig sein, ob sich die betreffende sozialpolitische Ideologie mit der Herbeiführung tatsächlich besserer Daseinsbedingungen begnügt, oder ob sie jenen massenpsychologischen Erfolg anstrebt, der sich dann eben als Bejahung der bestehenden Gesellschaft auswirken soll.

4. Die wirtschaftswissenschaftliche Seite der Gewinnbeteiligung

Dem Ausgeführten zufolge ist die Gewinnbeteiligung eine ausgesprochen von bestimmtem Wollen getragene Erscheinung. Dieser voluntaristische Charakter der Erscheinung enthebt aber nicht der Aufgabe, sie auch im Zusammenhang des „Verteilungsprozesses" zu betrachten. Das theoretische Problem der Gewinnbeteiligung ist komplizierter, als es aufs erste erscheint.

1. Es handelt sich schon um die Frage der Notwendigkeit einer Abfindung der Arbeitskraft für ihre Leistung durch den marktmäßig zustande kommenden Arbeitslohn, den Lohnpreis. Diese Frage bedeutet in folgerichtiger Umkehrung die Frage: ob eine Entgeltung der Arbeitsleistung, die über den marktmäßigen Lohn hinausgeht, auf die Dauer möglich ist. Gelangt man, wofür schließlich ja auch die Tatsachen der Gewinnbeteiligung sprechen, zur Bejahung der theoretischen Möglichkeit einer solchen Entgeltung über dem marktmäßigen Preis, so führt das

2. zur Frage, ob und wie damit die Auffassung von der Naturgesetzlichkeit der Lohnpreisgestaltung zu vereinbaren ist, gegebenenfalls unter welchen Voraussetzungen eine solche Überschreitung der naturgesetzlichen Arbeitslohnhöhe durch die Gesamtentgeltung der Arbeitsleistung nach Maßgabe des Unternehmungsertrages möglich wird.

Die Möglichkeit einer Entgeltung der Arbeitsleistung in höherem Maße als durch marktmäßig zustandekommende Lohnpreise ist zu bejahren. Dazu führt theoretisch schon die Feststellung, daß für eine bestimmte Arbeitsleistung, die in verschiedenen Betrieben zu verschiedenen Endprodukten verwendet wird, ein einheitlicher Marktpreis gezahlt wird, daß also Unternehmungen mit ganz verschiedener Gewinnchance gleichartige Arbeitskräfte verschieden hoch bezahlen könnten, daß aber die Unternehmung mit höheren Gewinnen doch nicht mehr an Lohn zu bezahlen hat als die ungünstiger gestellte. Wie für Tausende von Waren, so kommen auch für die Arbeitsleistung niedrigere Preise zustande, als die Käufer zu geben bereit wären. Die Marktlage schafft für die Arbeitgeber eine ökonomische Machtlage. Die Spannung zwischen dem Arbeitslohn, den der Betrieb leisten könnte und bei Fehlen dieser Marktlage auch leisten würde, gegenüber dem tatsächlich von ihm gezahlten, eine Spannung, die auch innerhalb einer Industrie von Betrieb zu Betrieb verschieden ist, sie ist es, um die unter allen Umständen das Entgelt der Arbeitsleistung höher sein könnte als der marktmäßige Lohn.

Ist nicht aber dennoch möglich, daß durch Höherentgeltung der Arbeitsleistung zu Ungunsten des Unternehmungsgewinnes, Kapitalertrages usf. eine solche Beeinträchtigung des natürlichen Spieles der Kräfte bewirkt wird, daß damit wirtschaftlich nachteilige Verschiebungen in der Kapital- und Arbeitsverwendung ausgelöst würden? ... Die Frage ist für den Fall eines Zwanges zur Gewinnbeteiligung zu bejahen, die Möglichkeit besteht dann. Wo die Gewinnbeteiligung fakultativ ist, also dem freien Entschluß der Unternehmer entspringt, kommt das nicht in Frage; der freiwillige Verzicht auf höheren Gewinn schließt solche Folgerungen aus dem Beteiligungssystem logisch aus. Dagegen läßt sich umgegekehrt schließen: wo soziale Lasten, Steuern u. dgl. allgemein und *ungünstige Standortverhältnisse lokal schon an sich eine erhebliche Verkleinerung der Gewinnaussicht nach sich ziehen, wird die Geneigtheit zu weiterem Vermindern des Gewinnes entsprechend geringer sein.*

Die Theorie der Wirtschaft hat ferner festzustellen, daß die Quelle der Betriebsüberschüsse, soweit sie nicht Differentialgewinne sind, zunächst immer in der Gesamtkonjunktur liegt: in der Gestaltung der Marktlage für Produktivgüter und derjenigen für die Produkte, und daß eine Zurückführung von Gewinnquoten auf irgendeinen der eingesetzten Produktionsfaktoren nicht zu rechtfertigen ist. Deshalb gibt es insoweit keine wirtschaftstheoretische Beweisführung zugunsten der Gewinnbeteiligung der Arbeitnehmer, allerdings auch keine gegen sie. Gewinnquelle können aber auch Differentialsituationen (Rentenstellung) einzelner Unternehmungen sein, so auch der Tatbestand der Verfügung über besonders tüchtige und vergleichsweise billige Arbeitskräfte. Wo dieser wirklich ausschlaggebend die Gewinnhöhe beeinflußt, wird das privatwirtschaftliche Interesse den Unternehmer zur Gewinnbeteiligung führen, wenn nicht andere Maßnahmen, namentlich die Lohnbemessungsmethode oder der Lohnpreis oder Prämien, sich als die zweckmässigeren Maßnahmen erweisen sollten. Für die große Masse der ungelernten Arbeitskräfte, für die Masse der Arbeiter in der Schwerindustrie, der Textil-, chemischen und mancher anderen Industrie, des Verkehrs, sind angesichts des Standes der Rationalisierung der Betriebsorganisation Qualität und Intensität der Arbeitsleistung der Willenssphäre des einzelnen Arbeiters schon sehr entrückt. Um so mehr erscheinen dem Praktiker, der die Gewinne einzelnen Produktionsfaktoren zurechnet, das Geschick des Unternehmungsleiters, die Energie des Betriebsführers, Geschick und Glück in der kommerziellen Führung als die entscheidenden Quellen des Gewinnes. Allerdings erwächst die Gewinnbeteiligung theoretisch natürlich auch nicht auf dem Boden eines ethischen Postulates, etwa des Rechtes auf den vollen Arbeitsertrag, dessen Inhalt zudem nie festzustellen wäre, aber ihr steht nichts im Wege, wenn die Lohnpreisbildung sich wirklich nach bestimmten Gesetzmäßigkeiten vollzieht, weil durch diese Lohnpreisbildung der Macht immer noch erheblicher Spielraum gelassen ist und weil, wo diese wirkt, auch Gegenkräfte zur Geltung kommen können. *Maßgebend für ihre Verbreitung bleibt daher der Wille des Unternehmers, die nicht zu verkennende Abhängigkeit des Wertes der Arbeitsleistung von der Konjunktur „in möglichst reibungsloser Form“ zugunsten der Arbeitskraft zur Geltung gelangen zu lassen.*

5. Entwicklung der Gewinnbeteiligung und gegenwärtige Verbreitung

Obwohl schon in den 30er Jahren des 19. Jahrhunderts die Frage der Gewinnbeteiligung der Arbeiter auf Grund einzelner Versuche in England erörtert worden war und diese Einrichtung sowohl dort wie auch in Deutschland (R. v. Mohl) damals bereits Fürsprecher gefunden hatte, dauerte es doch noch längere Zeit, ehe das neue Lohnsystem allgemeine Beachtung fand. Erst gegen Ende der 60er Jahre und Anfang der 70er Jahre erfolgte ein Anstoß zur öffentlichen Besprechung der Gewinnbeteiligungsfrage, und zwar durch das Bekanntwerden weiterer praktischer Versuche, welche allem Anscheine nach solch günstige Erfolge aufzuweisen hatten, daß diese Modifizierung des Lohnsystems bald vielfach (unter anderem von Engel, Böhmert, J. St. Mill, Jevons, Leroy-Beaulieu, Charles Robert) als ein durchgreifendes Mittel zur Anbahnung bzw. Befestigung guter Beziehungen zwischen Arbeitgebern und -nehmern gepriesen wurde. *Vereinzelt ging man sogar so weit, von diesem Verfahren die „Lösung der sozialen Frage“ zu erhoffen.* In Deutschland trat unter anderem der Verein für Sozialpolitik der Frage durch Einziehung von Gutachten näher, Professor Victor Böhmert kam 1878 der an ihn ergangenen Aufforderung durch Veranstaltung einer privaten Enquête nach, welche die auf die Gewinnbeteiligung und verwandte Lohnmethoden bezüglichen praktischen Erfahrungen zum ersten Male der Öffentlichkeit zugänglich machte. Sie beruht auf der schriftlichen Beantwortung eines an zahlreiche Privatleute, Aktiengesellschaften, Vereine und Zeitungen versandten Fragebogens. Diesen verdienstlichen Untersuchungen trat 1883 die vom französischen Ministerium des Innern veranlaßte, übrigens auf Frankreich beschränkte Enquête zur Seite, die zum weitaus größten Teil aus mündlicher Befragung der Arbeitgeber hervorgegangen ist. Seitdem ist unter dem Einfluß der fortgesetzten Diskussion von amtlicher wie von privater Seite in zahlreichen Einzelwerken und Zeitschriften weiteres Material über die praktischen Erfahrungen auf dem Gebiete der Gewinnbeteiligung gesammelt worden. In dieser Richtung beteiligte sich namentlich die „Société formée faciliter l’étude pratique des diverses méthodes de participation du personnel dans les bénéfices de l’entreprise“, eine Vereinigung von Geschäftsleuten, die vor dem Kriege ihre Bestrebungen unter anderem auch durch Herausgabe eines eigenen jährlich erscheinenden Organes (Bulletin de la participation aux bénéfices) zu fördern suchte; ebenso die Pariser

„Sociéte du Musée social". Im Jahre 1900 hat in Paris ein internationaler Kongreß zur Förderung der Gewinnbeteiligung stattgefunden. Nach französischem Vorgange sind i. J. 1892 in den Vereinigten Staaten von Amerika die dortigen Anhänger des Systems zu einem Verein, der „Association for the promotion of profit-sharing" zusammengetreten. In Deutschland brachte namentlich der von Victor Böhmert begründete „Arbeiterfreund" regelmäßige Berichte über den Stand der Gewinnbeteiligungsfrage, er war das Organ der deutschen Förderer dieses Systems.

Nachdem in Frankreich zu Anfang der vierziger Jahre die ersten erfolgreichen Versuche mit der Gewinnbeteiligung gemacht waren, fand das System nicht nur in diesem Lande, sondern bald auch in Deutschland, England und später in den Vereinigten Staaten von Amerika sowie in einzelnen anderen Ländern Eingang. Nicht wenige Versuche wurden allerdings nach kürzerer oder längerer Zeit wieder aufgegeben, teils weil man fand, daß die Einrichtung für den betreffenden Betrieb sich nicht eigne, teils aus anderen Gründen sachlicher oder persönlicher Art (infolge von Arbeitseinstellung der Angestellten, ungünstigen Geschäftsverhältnissen, Tod des Geschäftsinhabers usw.). Es ist hierbei zu berücksichtigen, daß in manchen Fällen die Einführung der Gewinnbeteiligung weniger rein praktischen Erwägungen als vielmehr bestimmten sozialökonomischen Anschauungen der betreffenden Unternehmer zuzuschreiben ist, welcher Umstand den dauernden Fortbestand der Einrichtung natürlich nicht begünstigt. (Vgl. dazu das oben unter 2 Z. 1 Gesagte)

Die bisherigen Gewinnbeteiligungsfälle verteilen sich auf die verschiedensten Produktionszweige in bunter Reihe; Landwirtschaft, Fischerei, Industrie, Handwerk, Handel und Verkehr, und zwar sowohl Kleinbetriebe wie Großbetriebe, haben das System aufgenommen. Vielfach erscheint die Gewinnbeteiligung in Verbindung mit sonstigen umfangreichen Wohlfahrtseinrichtungen im Interesse der Arbeiter.

Schon seit langer Zeit ist die Gewinnbeteiligung in der Fischerei, und zwar insbesondere in der Seefischerei, beim Walfischfang usw. üblich; hier hat sie fast in allen Ländern ausgedehnte Anwendung gefunden. Kapitäne und Mannschaften der größeren Fischereiunternehmungen, welche letzteren ihre Angestellten auf hoher See nicht beaufsichtigen können, werden durch die Aussicht auf Gewinn neben ihrem festen Lohn zu erhöhtem Fleiß, größerer Sorgfalt und strengerer Disziplin angehalten, Eigenschaften, welche auf das Ergebnis eines Fischereiunternehmens von sehr wesentlichem Einfluß sind.

Auch in der Landwirtschaft hat das System zu mehrfachen Versuchen geführt, welche teilweise von bestem Erfolge begleitet waren. Als erster war es Johann Heinrich v. Thünen, der berühmte Verfasser des „Isolierten Staates", welcher auf seiner Gutswirtschaft zu Tellow in Mecklenburg-Schwerin, und zwar bereits i. J. 1847, die Anteilswirtschaft im Interesse der auf seinem Gute arbeitenden Dorfbewohner einführte. Nach seinen Anordnungen erhielt jeder der etwa 20—30 Arbeiter, falls die reinen Einnahmen des Gutes einen bestimmten Betrag (zuletzt 18 000 M) überschritten, 1/2 vH des Überschusses. Während dieser Anteil selbst einer Sparkasse zufloß, wurden die Zinsen bar ausbezahlt. Den Berechtigten stand mit dem sechzigsten Lebensjahre die ersparte Summe zur Verfügung. Thünen wollte die Dorfbewohner an dem Wohl und Wehe des Gutsherrn teilnehmen lassen und ihnen neben höherem Verdienste zugleich ein sorgenfreies Alter sichern. In diesem Sinne hat sich das System bewährt. Es fand trotzdem sein Ende, als i. J. 1896 der Enkel des Begründers sein Gut verkaufte ... Inzwischen sind übrigens aus der Landwirtschaft einzelne neuere Versuche bekanntgeworden.

Es verdient Erwähnung, daß der Reichslandarbeiterbund die Verbindung von gleitendem Lohn mit Gewinnbeteiligung als aussichtsreiches Mittel zur Friedewirkung im Landarbeitsverhältnis empfohlen hat. Generalisierung ist allerdings hier bedenklich, und nur für den genauer wirtschaftenden, also in der Regel den größeren Betrieb, ist die Gewinnbeteiligung von Wichtigkeit. Immerhin ist Förderung der Leistungsqualität bei oft unbeaufsichtigter Zeitarbeit wohl anzustreben.

Sieht man von dem verbreiteten Prinzip der Tantièmen für höhere Angestellte ab, so stellt sich die Verbreitung der Gewinnbeteiligung in Industrie und Handel auch heute noch trotz eines nicht zu verkennenden Aufschwunges nach dem Kriege als recht bescheiden dar. Begonnen und versucht wurde die Verwirklichung der Idee nicht zu selten, aber wirklich durchschlagende Erfolge sind nur bei einzelnen Unternehmungen eingetreten, wo die Natur des Geschäfts und sonstige Umstände dem System besonders günstig waren. In dieser Beziehung ist vor allem einiger geradezu paradigmatisch gewordener Fälle in Frankreich zu gedenken und als ältestes und berühmtestes Gewinnbeteiligungsunternehmen die Gebäudemalerei von Redouly & Co. vormals Léclaire, in Paris zu nennen, welches Geschäft schon i. J. 1843 für seine Angestellten (Maler, Anstreicher, Tapezierer, Glaser, Dekorateure usw.) die Gewinnbeteiligung einführte, und zwar zu dem Zwecke, um diese Arbeiter, welche fast stets außerhalb des Geschäftshauses und vielfach in anderen Städten arbeiten, also schwierig zu beaufsichtigen sind, zu größerem Fleiße anzuhalten. Mit dieser Gewinnbeteiligung ist auch eine beträchtliche Kapitalbeteiligung der besseren, erprobten Angestellten verbunden, denen überhaupt sehr weitgehende Befugnisse eingeräumt sind. Es wird dem Anteilsystem in Verbindung mit den sonstigen Unterstützungseinrichtungen der Firma zugeschrieben, daß die Arbeiter zu regelmäßiger, sorgfältigerer Tätigkeit erzogen werden, indem sie sich scharf überwachen und jede Störung der Ordnung zur Anzeige bringen ... Während in dem hier bezeichneten Falle ein handwerksmäßiges Unternehmen vorliegt, gehört die Gewinnbeteiligung der Firma Dequenne & Co., Fabrik für Heizvorrichtungen, Haus- und Küchengeräte, zu Guise (Dép. Aisne) in Frankreich der Großindustrie an. Diese von J. B. A. Godin 1840 in kleinem Maßstabe begründete Fabrik entwickelte sich allmählich zu einem großen Unternehmen, welches bei Godins Tode (1888) etwa 1600 Personen beschäftigte. Die i. J. 1876 eingeführte Gewinnbeteiligung bildet einen wesentlichen Bestandteil der von Godin im Laufe der Jahre geschaffenen großartigen Wohlfahrtseinrichtungen. Durch Fouriers Ideen angeregt, war Godin von Anfang an bestrebt, sein Unternehmen nach genossenschaftlichen Prinzipien umzugestalten. 1860 gründete er ein Arbeiterwohnhaus („Familistère") ausgedehnte Konsumeinrichtungen, Versicherungskassen, Schulen, Kinderbewahranstalten, Bibliotheken, Theater usw. Godin hat durch sein Gewinnbeteiligungssystem dafür gesorgt, daß das Unternehmen durch Erwerb von immer weiteren Kapitalanteilen seitens der Arbeiter nach und nach in deren Hände übergegangen ist, welche an der Leitung desselben je nach ihrer Rangstellung in verschiedener Weise beteiligt sind ... Von den französischen Gewinnbeteiligungsunternehmungen verdient hier weiterhin auch noch das bekannte große Manufakturwarenhaus „Au bon marché" in Paris Erwähnung, welches seit 1876 dem Verkaufspersonal nach dem Erlös der verkauften Artikel eine Tantième zugesteht und das Verwaltungs- und Aufsichtspersonal an dem Gewinn in jedem Warenlager teilnehmen läßt

Von den in Großbritannien mit der Gewinnbeteiligung unternommenen Versuchen sei hier nur auf den vielbesprochenen Fall der Steinkohlenbergwerke von Henry Briggs Son & Co. in Westyorkshire hingewiesen, wo nach vielfachen Arbeiterstreitigkeiten i. J. 1865 die Gewinnbeteiligung eingeführt wurde, um ein besseres Verhältnis zwischen den Prinzipalen und den Arbeitern anzubahnen und die letzteren von den Gewerkvereinsbestrebungen abwendig zu machen. Hierbei wurde das Unternehmen in eine Aktiengesellschaft umgewandelt, derart, daß die Herren Briggs zwei Drittel der Aktien für sich behielten und den Rest unter die Angestellten und die Kunden des Geschäfts sowie an das Publikum abgaben. Der Versuch schlug anfänglich in jeder Hinsicht zur allseitigen Zufriedenheit aus und fand allgemeine Beachtung. Zu Beginn der siebziger Jahre kam es jedoch schon zu Streitigkeiten zwischen den Arbeitern wegen deren Beteiligung an den Gewerkvereinsbestrebungen, was 1875 zur Aufgabe der Gewinnbeteiligung führte. Man hat Grund anzunehmen, daß die Arbeitnehmer auf das Versagen der Einrichtung bewußt hingearbeitet haben (Wendlandt).

Über die Verbreitung der Gewinnbeteiligung in Großbritannien in neuerer Zeit liegt in dem schon erwähnten Report on Profit-sharing and Labour-Co-partnership von 1920 vermutlich sehr verläßliches Material vor. Seit 1865 sind dort 380 Fälle von Einführung der Gewinnbeteiligung amtlich erfaßt worden. Davon ist mehr als die Häfte (192) wieder eingegangen, 182 haben zur Zeit der Berichterstattung noch bestanden, darunter 36 in Gaswerken. 122 waren vor 1914 begründet worden, 26 während des Krieges, 28 seit 1919. Es waren anteilsberechtigt 1/4 Million Arbeiter in Industrie und Handel, zu denen nach dem Bergarbeiterstreik von 1921 noch ungefähr 1 Million Bergarbeiter kamen, also im ganzen etwa 1 1/4 Million Berufstätiger, schon eine recht erhebliche Quote der Gesamtarbeiterschaft. Von den noch bestehenden Gewinnbeteiligungen gehörten an der Gruppe Gaswerke 36, kaufmännische Betriebe 26, Nahrungsmittel und Getränke 16, Maschinen- und Schiffsbau 14, Webstoffgewerbe 17, Buchdruck 13, Landwirtschaft 8, Bank und Versicherung 5, Baugewerbe 3 usf.

Nach einer privaten Arbeit für Deutschland war i. J. 1922 in 29 Unternehmungen die Gewinnbeteiligung im eigentlichen Sinn in Kraft, in 66 Unternehmungen war die Gewinnbeteiligung wieder aufgegeben worden, in 13 bestand Kapitalbeteiligung, 3 Unternehmungen hatten diese gehabt aber wieder aufgegeben. Am häufigsten war das System einfacher Gewinnbeteiligung eingeführt (16 Betriebe); in ursprünglich 13 Fällen war der Anteil einer Zwangssparkasse mit Guthabensperre zugeführt, um bei Eintritt des Greisenalters, bei Austritt oder Tod ausgezahlt zu werden. 10 Betriebe waren davon wieder abgegangen. Das System einer freiwilligen Sparkasse, die neben fester Verzinsung eine Superverzinsung bis zur Höhe der Aktionärdividende leistete, wurde in 5 Betrieben eingeführt und bestand 1922 noch in 4. Auffallend ist in Deutschland die Vernachlässigung des kombinierten Systems von Gewinn- und Kapitalbeteiligung, daß in den Vereinigten Staaten von Amerika und Großbritannien gerade am häufigsten eingeführt worden ist; nur 1 Fall wurde festgestellt. Reine Kapitalbeteiligung war, soweit bekannt, 16mal eingeführt, in 13 aufrechterhalten geblieben, darunter 3 in solcher Art, daß die Gesamtheit der Arbeiter also kollektiv am Unternehmen beteiligt wurde und daß diese Gesamtheit Unterbeteiligungen an die einzelnen Arbeitnehmer verteilt, so bei Krupp und im Stinneskonzern (Feilchenfeld). Auch in Deutschland sind einige Fälle zu historischer Berühmtheit gekommen, so vor allem die Gewinnbeteiligung in den Messingwerken W. Borchert jr. in Berlin, die 1867 zwecks Abschwächung des Interessengegensatzes zwischen Unternehmung und Arbeiterschaft begründet wurde (nach Abzug von 6 vH Kapitalverzinsung Teilung des Restgewinnes je zur Häfte auf Unternehmung und Beschäftigte). Nach 5 Jahren wurde die Einrichtung aufgegeben, einerseits weil die Hoffnung auf den

Bonus nach Jahresschluß zu wenig Anreiz für ein zähes Festhalten der höchsten Leistungsfähigkeit während des ganzes Jahre geboten habe, andererseits und wohl hauptsächlich, weil in diesem Unternehmen glücklicher oder weniger vorteilhafter Einkauf von Rohstoffen (Kupferpreisschwankungen!) von viel ausschlaggebenderer Tragweite für die Gestaltung des Reingewinnes waren als die Intensitätssteigerung bei der Arbeitsleistung. Gerühmt wurden dagegen die Wirkungen der Gewinnbeteiligung in der Halleschen Maschinenfabrik und Eisengießerei auf die Leistungshöhe und die Stabilität der Arbeiter, und *namentlich hat die Jalousiefabrik von H. Freese in Berlin, dem bekannten Anwalt des konstitutionellen Fabriksystems, beste Erfahrungen mit der Gewinnbeteiligung gemacht, und Freese hat sie immer wieder als „wirksamstes Mittel zur Versöhnung" der Arbeitsvertragsparteien begeisternd empfohlen.* Endlich sei der Gewinnbeteiligung in den Optischen Werkstätten in Jena gedacht, wo Carl Zeiß auf Veranlassung des Leiters, Professor Abbe, der übrigens die grundsätzlichen Bedenken gegenüber der Gewinnbeteiligung nicht verkannte, dieses System im Rahmen der sonstigen Wohlfahrtseinrichtungen des Werkes eingeführt hat, und zwar unter dem Gesichtspunkte einer „Lohn- und Gehaltsnachzahlung", die dem Angestellten als regulärer Anspruch gebühre, aber nur in guten Geschäftsjahren zur Auszahlung gelangen soll und bisher fast ohne Ausnahme ausgezahlt worden ist. Über die interessante theoretische Fundierung vgl. Abbes „Sozialpolitische Abhandlungen".

In den Vereinigten Staaten von Amerika hat der amerikanische Stahltrust seit 1903 fast alljährlich seinen „Beschäftigten die Übernahme von Kleinaktien angeboten. Bis Februar 1923 sollen 18 Mill. $ in solchen Kleinaktien der eigenen Beschäftigten angelegt gewesen sein. Damals bot der Trust erneut 60 000 Aktien zu je 107 $ an, und zwar: wer 1070 $ im Jahre verdiente, konnte 1 Aktie, wer 33 170 $ Gehalt hatte, konnte 16 Aktien beziehen. Zahlung durch Lohn- oder Gehaltsabzug binnen 3 Jahren. Verkauf der Aktie gestattet, aber 5 $ Jahresprämie dem Ersterwerber, wenn er Aktien behalten hat[3].

6. Probleme der Praxis

Wie schon mehrfach berührt wurde, entscheidet über die Durchführung der Gewinnbeteiligung der Zweck, dem sie vor allem dienen soll. Gerade im Hinblick auf die Zwecke ergibt sich auch eine besondere Problematik.

1. Zielt die Gewinnbeteiligung auf die Steigerung der Produktivität des Betriebes ab, so kommt schon außerordentlich viel auf die betriebliche Eigenart an. Die materielle Tragweite, das Zahlungsverhältnis:

[3] Intern. Rundschau der Arbeit I, S. 780 (1923).

Gewinnanteil zur Lohnsumme, das nur in Ausnahmefällen 7 vH und darüber erreicht, meist aber unter 5 vH geblieben ist, wird nur bei einer sehr aufgeklärten Arbeiterschaft jene dem Unternehmen günstige Wirkung ausüben. Das Verhältnis selbst wird aber meist dann gerade höher sein können, wenn die Zahl der Arbeiter relativ niedrig, also in kapitalintensiven Industrien und Betrieben, dort gerade, wo ohnehin der Unternehmer höhere Löhne zu zahlen in der Lage ist und die Arbeiter in Kenntnis dieser Situation des intensiveren Arbeitsbedarfs der Unternehmung relativ hohe Löhne fordern und zu erreichen pflegen. Das sind so und so oft gerade Industrien, in denen die Erfolge von den anderen Produktionsfaktoren mehr abhängen (Rohstoffeinkauf, Betriebskraftverhältnisse u. dgl.), als von dem Maß der Leistungswilligkeit der Arbeiter, Industrien mit einer hohen Lohnquote unter den Produktionskosten, die auf 1. Mill. Kapital etwa 1000 Arbeiter mit 1—1 1/2 Mill. M. Lohnaufwand aufweisen, sind natürlich viel weniger in der Lage, dem einzelnen Arbeiter einen in Prozenten des Lohnes nennenswerten Gewinnanteil zukommen zu lassen. Der starke Glaube an die Wirkung der Gewinnbeteiligung ist großenteils auf die Nichtbeachtung dieser Grundverhältnisse zurückzuführen. Wenn ein Arbeiter mit 50 Pf. zugesichertem Stundenlohn im Akkord 80 Pf. verdienen konnte, also in 300 zehnstündigen Arbeitstagen statt 1500 etwa 2400 M., so ist die die Arbeitswilligkeit steigernde Wirkung dieser Ziffern zuverlässiger als die Zuerkennung einer Gewinnanteils selbst von 10 vH des Lohnes, die zudem bei der herrschenden Klassengegensätzlichkeit trotz statutarischer Feststellung der Gewinnbeteiligung so oft den Charakter der unliebsamen Wohltätigkeit in den Augen der Arbeiter nicht verliert.

2. *Soll aber die Gewinnbeteiligung sozialpolitisch wirken, dann ist ihre Hauptaufgabe einmal der Entwicklung des Verständnisses der Arbeitnehmer für die gewaltigen Schwierigkeiten der Organisierung und Leitung eines Unternehmens und die Weckung des gegenseitigen Vertrauens der Arbeitsvertragsparteien.* Das vielumstrittene und oft als unmöglich hingestellte Recht der Mitkontrolle der Anteilsberechtigten ist vielleicht wirklich der Schlüssel des praktischen Problems. Denn gerade sie bringt die Gelegenheit, die Vertrauensmänner der Anteilsberechtigten in die Zusammenhänge hineinblicken zu lassen, deren Verstehen auch schon die Anerkennung der Unentbehrlichkeit der Unternehmerfunktion und der Kapitalsfunktion bedeutet.

Gerade hier kommt es aber allerdings auf die grundsätzliche Einstellung der beiden Parteien und insbesondere auf das Einsehen- und Verstehen-Wollen auf Seite der Arbeiterschaft an. Sowohl in Deutschland wie in Großbritannien sind unverkennbare Fortschritte in der Richtung wachsenden Verständnisses für die möglichen Vorteile des Beteiligungsprinzips feststellbar. Gewiß ist hierfür die Veränderung der ethischen Grundeinstellung (namentlich auch bei den Trägern der Staatsgewalt) zum Wesen der Wirtschaft von Belang gewesen. Aber das muß freilich auch erfaßt werden, „daß die Gewinnbeteiligung zwar dem Wohle der Arbeiter dienen soll, aber nicht aus Gründen des Mitleids, der Humanität und der Almosenbereitschaft, sondern auf Grund einer durchaus objektiven Einstellung, die in ihr etwas aus Gründen der Billigkeit (da ein Rechtsanspruch sich hier niemals zahlenmäßig genau feststellen läßt) zu Gewährendes erblickt" (Lippert). Mit gutem Grund wir an Schäffles „prophetische Worte" erinnert: Europa würde in Barbarei versinken, wenn es nicht gelingen sollte, zwischen Individualismus und Kommunismus einen Ausgleich zu finden. Hier ist wirklich auch ein Stück zur Herstellung der Brücke zwischen beiden zu erkennen.

Das stärkere Wiederaufleben des Glaubens an die Gewinnbeteiligung in der Nachkriegszeit ist zweifellos zu verstehen. Freilich darf man sich auch darüber nicht täuschen, daß überall dort, wo das Marxistische Dogma Wurzel geschlagen hat, der Wirksamkeit der Gewinn- oder Kapitalbeteiligung auf die Mentalität der Arbeitnehmer die stärksten Hemmungen im Wege stehen. Der Sieg wird dieser Methode zur Abschwächung der Gegensätze von ihrer materiellen Tragweite, von den Bonussen oder Dividenden her, nicht kommen. Erfolge dieser Friedenspolitik sind aller Voraussicht nach nur von intellektuellen Entwicklungsvorgängen zu erwarten, von wachsender Einsicht sowohl der Arbeitnehmer in die Problematik der Gewinne als auch von der Erkenntnis der Arbeitgeber über Zweckmäßigkeit, die Arbeitnehmer auch an den Vorteilen einer Rentenstellung teilnehmen zu lassen, weil Arbeit, Natur und Kapital eben doch Komplementärgüter sind, deren jedes auf die Mitwirkung des anderen angewiesen ist. In dieser Komplementärität ist die maßgebendste technisch-ökonomische Grundlage für eine Gewinnteilung gegeben. Innerlich ist ihr Dasein viel zu rationell, als daß man nicht theoretisch ihren Sieg für möglich halten sollte. Nur die Methode, der Weg der Verwirklichung, ist das Problem. *Das hellste Licht fällt dabei auf jene Kombinationen der Gewinn- und Kapitalbeteiligungen, die organisatorisch auch die Mitwirkung der Beteiligungsberechtigten in der Verwaltung am glücklichsten behandeln.* Das entspricht nicht nur dem Zug der Zeit, den alle Kontrollsehnsucht an sich trägt, sondern es trägt dies auch am meisten der Voraussetzung aller sozialen Friedewirkung Rechnung, eben dem vorhin erwähnten Wachsen der Einsicht als Grundlage des Vertrauens. Die Erfahrungen, die der englische Bericht registrieren kann, sprechen in diesem Sinne.

Schwierigkeiten bleiben auch dann noch. Es erheischt kein kleines Maß von Einsicht seitens der Arbeiterschaft, wenn sie in Zeiten, in denen dem Unternehmer gar nicht gelegen ist an einer allzu hohen Produktivität, den Arbeitseifer zurückschrauben soll, um dann, wenn es die Marktlage gebietet, rechtzeitig zu erfassen, daß es nun wieder gilt, alle Kraft einzusetzen. Keine leichte Aufgabe, durch Arbeitnehmervertreter in die großen Probleme der Geschäftsleitung im Zusammenhang mit der Kontrolle einzuführen und die Unternehmung vor der Gefahr zu bewahren, daß das fruchtbare Prinzip der Arbeitsteilung preisgegeben wird, vor der Gefahr, daß die Arbeitervertretung in der Verwaltung zum disponierenden Faktor, der Finger zum Kopf werden will.

Gewinnbeteiligung kann zweifellos in Verbindung mit Kapitalbeteiligung eine Übergangsform zu kollektiverer Wirtschaftsweise werden, aber die Wahrscheinlichkeit besteht doch nur für Verhältnisse und Zeiten, in denen die dynamischen Momente der Wirtschaft fehlen oder wenigstens an Bedeutung erheblich verlieren. Das aber sind auch Zeiten sinkender Unternehmergewinne, in denen die Beteiligung weniger wichtig und weniger bedeutsam sein wird.

7. Positives Eingreifen des Staates, insbesondere Gesetzgebung

Die Gesetzgebung hat in verschiedenen Staaten bereits in die Materie eingegriffen. Das geschah namentlich, um der Idee der Kapitalbeteiligung den Weg zu ebnen, sofern die bestehenden Gesetzeswege für die Verwirklichung der Idee der Kleinaktie Schwierigkeiten boten und damit wenigstens für die Arbeiter der Aktiengesellschaften die Kapitalbeteiligung unmöglich zu machen schienen.

In Deutschland gehen die Bestrebungen bis 1883 zurück. Hervorgehoben sei die Zentrumsaktion von 1910, eine gesetzliche Beteiligung der Arbeiter am Kalibergbau in das Reichskaligesetz zu bringen. Im preußischen Abgeordnetenhaus wurde 1912 ein Gesetz angenommen, wonach in den Bergwerksbetrieben des Staates die höheren Werkbeamten am Gewinn beteiligt wurden. Die Nachkriegszeit zeitigte mit dem Betriebsgerätegesetz die Entwicklung von Einrichtungen, die, wie Potthoff mit Recht geltend macht, die Einführung der Gewinnbeteiligung zu erleichtern geeignet sind. Von unverkennbarer Bedeutung ist die Stellungnahme des Deutschen Juristentages 1921 gewesen, der einem vortrefflichen Referat Kaskels folgend, einen gesetzlichen Zwang zur Beteiligung ablehnte und eine etwaige gesetzliche Regelung auf die fakultative Normierung einzelner typischer Formen der Beteiligung beschränkt wissen wollte, ohne daß dadurch die Anwendung weiterer Formen ausgeschlossen werden dürfte. Die Ausgabe von Musterstatuten über übliche und empfehlenswerte Beteiligungsformen sei einer gesetzlichen Regelung vorzuziehen.

In Großbritannien hat die Gewinnbeteiligungsbegeisterung der sechziger Jahre des vorigen Jahrh. das G. v. 5/VII. 1866 gezeitigt, ohne daß eine erhebliche Tragweite festgestellt werden könnte. Der harte Bergarbeiterkampf von 1921 ist bekanntlich mit dem Eingreifen der Regierung beigelegt worden, daß den Arbeitern die Beteiligung am Gewinn der einzelnen Unternehmung brachte. Aus dem Bereiche anderer Gesetzgebungen ist das französiche G. v. 26/IV. 1917 hervorzuheben, das der Arbeiterbeteiligung bei den Aktiengesellschaften die gesetzliche Anerkennung schuf und hierfür das Prinzip der Arbeitsaktie (neben der Kapitalaktie) wählte, so daß die Arbeitsleistung, nicht eine Kapitalleistung, die Grundlage der Aktie ist; die Arbeitsaktie steht der genossenschaftlich organisierten Arbeitnehmerschaft zu. Die Schwierigkeit der individuellen Bewertung der einzelnen Arbeitskraft wird dadurch umgangen (Kaskel). Einen Anreiz zur Einführung dieser Form der Gewinnbeteiligung schafft das Gesetz durch Gewährung steuerliche Erleichterungen und Vergünstigungen sowie die Bevorzugung bei der Vergebung von öffentlichen Lieferungen.

In Norwegen hat die Gewinnbeteiligung 1922 den Gegenstand von Beratung und Antragstellung eines besonderen Ausschusses gebildet, den die Regierung ad hoc eingesetzt hat. Dieser Ausschuß empfahl mit Zweidrittelmehrheit die gesetzliche Zwangseinführung der Gewinnbeteiligung für bestimmte Betriebe und legte zwei Gesetzentwürfe vor, einer sieht die Einführung der Gewinnbeteiligung für alle Privatbetriebe in Industrie und Handel vor.

Schlußbemerkung

Das Beispiel Norwegen, mit dem die ausgewählten sozialpolitischen Schriften endeten, wirft ein Licht auf die Wandelbarkeit und Anpassungsmöglichkeiten der sozialpolitischen Praxis und ihrer Teilaufgaben. Die gesetzliche Zwangseinführung der Gewinnbeteiligung stand dort schon im Jahre 1922 zur Diskussion. In der Bundesrepublik Deutschland hingegen wird erst in der Gegenwart über Gewinnbeteiligung, Ertragsbeteiligung und Partnerschaft in Richtung einer gesetzlichen Regelung verhandelt. Deutschland, das auf so vielen Gebieten der staatlichen Sozialpolitik der Welt ein Beispiel gegeben hat, folgt in der Frage der Gewinnbeteiligung fast eine Generation später den Spuren des viel kleineren Norwegen. So ändern sich die Zeiten.

Diese Flexibilität der Sozialpolitik hat Otto von Zwiedineck oft genug betont und einmal in folgender Weise formuliert: „Das Anstreben des sozialen Friedens erheischt immer wieder neue Arbeit, neue Initiative, mit einem Wort, es bleibt ein nimmer mehr endendes Problem, weshalb Sozialpolitik niemals am Ziele ihrer Bestrebungen anlangen und damit nie aufhören kann[1]."

Die Tatsache, daß trotz dieser sozialen Dynamik und der sozialpolitischen Wandlungen Zwiedinecks Konzeption der Sozialpolitik heute noch aktuell ist, beweist, mit welcher Berechtigung der große Gelehrte als Mitbegründer und Nestor dieser wissenschaftlichen Disziplin bezeichnet werden kann. An den Grundprinzipien und Grundlinien seiner Konzeption (das muß noch einmal betont werden), hat er Zeit seines Lebens festgehalten, trotz seines wachen Geistes für alle neuen Gedanken und Bestrebungen auf sozialpolitischem Gebiete. In einem Briefe an den Bearbeiter vom 6. Dezember 1953 schreibt er: „Nach 40 Jahren stehe ich begreiflicherweise auch in der Grundlegung der Sozialpolitik zu manchem anders, als bei der ersten Gestaltung. Aber ich kann nicht verhehlen, daß ich vieles auch heute noch richtig und wichtig finde, was der Repräsentant der heutigen Generation anders beurteilt. Mir geht es dabei um die Lebendigerhaltung der soziologischen Grundidee, der Sicherung der Gesellschaft."

Diese Grundidee hatte für ihn nicht nur den Rang einer wissenschaftlichen These, sondern bedeutete ihm eine persönliche Verpflich-

[1] Otto von Zwiedineck, Sozialpolitik und Beamtentum, Zeitschrift für Badische Verwaltung und Badische Rechtspflege, 46. Jhrg. (1914), Nr. 7, S. 63.

tung. Dafür als Zeugnis nochmals die Stelle eines Briefes an den Bearbeiter aus dem Jahre 1951, die geradezu einer confessio gleichkommt: „... *daß ich einer Maxime des Handelns der Menschen huldige,* die mich vom ersten Augenblick, in dem ich mich entschlossen habe, meine Arbeitskraft den sozialpolitischen Aufgaben praktisch und wissenschaftlich zu widmen, zeitlebens begleitet hat: *Wir sind alle für einander da.* Als ich 1890, kurz nach dem großen Dockarbeiterstreik in London, als junger Student die Wohnzustände und sonstigen Lebensbedingungen der Arbeiter in Eastend kennenlernte und unmittelbar sah, welches Elend der Arbeiter das Gegenstück zu den großen Erfolgen der puritanischen Kapitalisten ist, reifte mein oben erwähnter Entschluß ... *Auch heute, nach 100 Lehrsemestern, gehen meine Erfahrungen darauf hinaus, daß wir mehr denn je unsere Menschenerziehung darauf ausrichten müssen, daß die Gesellschafts- und Wirtschaftsordnung und vor allem jene, die Menschen beruflich zu leiten haben, in den anderen nicht bloß Berufsträger, sondern Menschen zu sehen haben.*“

Verzeichnis

der sozialpolitischen und soziologischen Schriften von Zwiedineck-Südenhorst

1. Lohnpolitik und Lohntheorie mit besonderer Berücksichtigung des Minimallohnes. Leipzig 1900, 410 S. Übers. i. Russische 1905.

2. Das Problem des Minimallohnes im Lichte der christlich-sozialen Literatur katholischer Richtung. Österr. Zeitschrift für Volkswirtschaft, Sozialpolitik und Verwaltung, Bd. 9 (1900), S. 182—198.

3. Die soziale Versicherung der Verlagsarbeiter. Zeitschrift für die gesamte Staatswissenschaft, Bd. 57 (1901), S. 577—617.

4. Das Projekt einer Zwangspensionsversicherung für Angestellte in Österreich. Schmollers Jahrbuch für Gesetzgebung, Verwaltung und Volkswirtschaft, Bd. 25 (1901), S. 1395—1409.

5. Das sogenannte Arbeiterbeamtentum und die nächsten Ziele in der Umgestaltung des staatlichen und kommunalen Arbeitslohnverhältnisses. Schmollers Jahrbuch für Gesetzgebung, Verwaltung und Volkswirtschaft, Bd. 27 (1903), S. 1309—1338.

6. Beiträge zur Lehre von den Lohnformen, Zeitschrift für die ges. Staatswissenschaft, Ergänzungsheft 14, Tübingen 1904, 127 S.

7. Arbeiterschutz und Arbeiterversicherung. Aus Natur und Geisteswelt, 78. Bändchen, Leipzig 1905, 147 S.; 2. Aufl. 1912, VI. 143 S. Übers. i. Russische 1914, i. Spanische 1924.

8. Neuere Literatur über die Lohnfrage. Archiv für Sozialwissenschaft und Sozialpolitik, Bd. 20 (1905), S. 203—227; Bd. 23 (1906), Zur Kritik der Lohngesetze, S. 622—646, Bd. 28 (1909), S. 478—509.

9. 25 Jahre Fabrikinspektion. Zeitschrift für die gesamte Staatswissenschaft. Bd. 61 (1905), S. 543—550.

10. Simulation und Renten-Hysterie bei der Reform der sozialen Versicherung. Zeitschrift für die gesamte Versicherungswissenschaft. Bd. 6 (1906) S. 20—34.

11. Neuere Versicherungsliteratur. Archiv für Sozialwissenschaft und Sozialpolitik, Bd. 24 (1907), S. 762—788.

12. Zur Reform der Volksversicherung. Zeitschrift für die gesamte Staatswissenschaft, Bd. 63 (1907), S. 119—132.

13. Über einige Prinzipienfragen der Invaliditäts- und Altersversicherung mit Rücksicht auf Hinterbliebenen- und Zusatzversicherung. Erörterungen zur Reichsversicherungsordnung, Berlin 1910, S. 5—23.

14. Sozialpolitik, B. G. Teubners Handbücher für Handel und Gewerbe, Leipzig u. Berlin 1911, 450 S.

15. Eine Verbesserung der Form des Systems gleitender Lohnskalen. Annalen f. Soziale Politik u. Gesetzgebung, Bd. 1 (1911), S. 176—182.

16. Hat die deutsche Sozialversicherung die in sie gesetzten Erwartungen erfüllt? Zeitschrift für die gesamte Versicherungswissenschaft, Bd. 13 (1913), S. 273—290.

17. Arbeitsbedarf und Lohnpolitik der modernen kapitalistischen Industrien, Grundriß d. Sozialökonomik, Tübingen 1914, Abtlg. 6, S. 247—281; 2. neubearb. Auflage, Tübingen 1923, Abtlg. 6, S. 203—252.

18. Revolution oder soziale Reform. Schmollers Jahrbuch für Gesetzgebung, Verwaltung und Volkwirtschaft, Bd. 43 (1919), S. 1519—1550.

19. Arbeitslohn, Handwörterbuch der Staatswissenschaften, 4. Auflage, Bd. I (1923), S. 788—791.

20. Zum Schicksal der Sozialpolitik in Deutschland. Schmollers Jahrbuch für Gesetzgebung, Verwaltung und Volkswirtschaft, Bd. 47 (1924) S. 77—142.

21. Sozialpolitik und Beamtentum. Zeitschrift f. Badische Verwaltung u. Verwaltungsrechtspflege, Bd. 46 (1924), S. 61—65.

22. Der innere Markt und die Sozialpolitik. Wirtschafts- u. Exportzeitung d. Leipziger Mustermesse, März 1924.

23. Gleitende Lohnskalen. Handwörterbuch der Staatswissenschaften, 4. Aufl., Bd. 6 (1925), S. 369—375.

24. Lohnstatistik, Handwörterbuch der Staatswissenschaften, 4. Aufl., Bd. 6 (1925) 375—396.

25. Lohntheorie und Lohnpolitik, Handwörterbuch der Staatswissenschaften, 4. Aufl., Bd. 6 (1925), S. 396—426.

26. Gewinnbeteiligung. Handwörterbuch der Staatswissenschaften, 4. Aufl., Bd. 4 (1927) S. 1150—1161.

27. Beiträge zur Erklärung der strukturellen Arbeitslosigkeit, Viertelj.-Hefte z. Konjunkturforschung, Bd. 2, Erg.-H. 1, (1927) S. 15—77.

28. Rationalismus und Sozialpolitik im Kassenarzt-Dienste, Ärztliche Mitteilungen, Bd. 28 (Leipzig 1927), S. 36—40.

29. Die Bedeutung der Sozialversicherung im Wandel der Wirtschaftsentwicklung. Die Betriebskrankenkasse, Bd. 21 (1928), S. 193—200.

30. Von den Grenzen sozialpolitischer Arbeit, Stockholm, International Activities of the Churches. Bd. 2 (1929), S. 106 ff.

31. Sozialpolitik, Wissenschaft und — Symbolik. Soziale Praxis, Bd. 39 (1930), S. 273—278; 297—301.

32. Die Arbeitslosigkeit und das Gesetz der zeitlichen Einkommenfolge. Weltwirtschaftliches Archiv, Bd. 34 (1931), S. 361—386.

33. Die dreifache Wurzel der Notbekämpfung. Soziale Praxis, Bd. 40 (1931) S. 897—907 u. 945—954.

34. Soziologie der Primitiven. Zeitschrift für die gesamte Staatswissenschaft, Bd. 94 (1933), S. 107—114.

35. Der Begriff des homo oeconomicus und sein Lehrwert. Jahrbücher für Nationalökonomie und Statistik, Bd. 140 (1934), S. 528—555.

36. Ethnosoziologie, Grundsätzliches und Antikritisches zu Thumwalds Werk: „Die menschliche Gesellschaft." Jahrbücher für Nationalökonomie und Statistik, Bd. 144 (1936), S. 528—555.

37. Von den Grundlagen der sozialen Bewegungen. Abschiedsvorlesung beim Ausscheiden aus der Lehrpflicht (1938); abgedruckt in: Jahrbücher für Nationalökonomie und Statistik, Bd. 148 (1938), S. 1—18.

38. Vom Wirken von Max und Alfred Weber im Verein für Sozialpolitik, Synopsis. Festgabe für Alfred Weber, Heidelberg 1948, S. 763—788.

39. Rasse, Nation und Religion. In: Welt ohne Haß. Aufsätze u. Ansprachen z. 1. Kongreß über bessere menschliche Beziehungen in München, Berlin—Hamburg—Stuttgart 1950, S. 14—34.

40. Vom Werden und Wandel der Demokratie. Studienkonferenzschriften der Deutschen Bundesbahn, Bd. 3, Rothenburger Tagung (1950) Sonderdruck 13 S.

41. Arbeit im Wandel der Zeit. Mensch und Arbeit, Bd. 2 (1950) S. 121—122.

42. Sozialpolitik am Scheideweg. Deutsche Versicherungszeitschrift. Bd. 5 (1951), S. 219—222.

43. Die Notwendigkeit der Tatsachenforschung, Soziale Welt, Jhrg. 3 (1952), Heft 4, S. 337—340.

44. Sozialpolitik gestern und morgen. Wirtschaftliche Entwicklung und soziale Ordnung. Festgabe für Graf Degenfeld, Wien 1952, S. 171—184.

45. Wandlungen in den Voraussetzungen für die Sozialpolitik. Scritti di Soziologia e Politica in Onore di Luigi Sturzo, Bd. III, Bologna 1953, S. 623—639.

Personenregister